Wissenschaftliche Untersuchungen zum Neuen Testament · 2. Reihe

Herausgegeben von
Martin Hengel und Otfried Hofius

117

Michael Labahn

Offenbarung in Zeichen und Wort

Untersuchungen zur Vorgeschichte
von Joh 6,1–25 a
und seiner Rezeption in der Brotrede

Mohr Siebeck

MICHAEL LABAHN, geboren 1964; Studium der ev. Theologie in Oberursel, Tübingen und Göttingen; 1992–95 Repetent der Braunschweiger Landeskirche in Göttingen; seit 199? Wiss. Assistent an der Martin-Luther-Universität Halle-Wittenberg; 1998 Promotion.

Die Deutsche Bibliothek – CIP-Einheitsaufnahme:

Labahn, Michael:
Offenbarung in Zeichen und Wort : Untersuchungen zur Vorgeschichte von Joh 6,1–25 a und seiner Rezeption in der Brotrede / Michael Labahn. –
Tübingen : Mohr Siebeck, 2000
(Wissenschaftliche Untersuchungen zum Neuen Testament : Reihe 2 ; 117)
ISBN 3-16-147306-X

© 2000 J. C. B. Mohr (Paul Siebeck) Tübingen.

Das Buch wurde von Gulde-Druck in Tübingen auf alterungsbeständiges Werkdruckpapier der Papierfabrik Niefern gedruckt und von der Großbuchbinderei Heinr. Koch in Tübingen gebunden.

ISSN 0340-9570

Für Antje

Vorwort

Die vorliegende Untersuchung ist eine überarbeitete und leicht erweiterte Fassung eines Abschnittes meiner im Wintersemester 1997/98 von der Theologischen Fakultät der Georg-August-Universität zu Göttingen unter dem Titel *Jesus als Lebensspender. Exemplarische Untersuchungen zu einer Formgeschichte des vierten Evangeliums anhand der johanneischen Wundergeschichten* angenommenen Dissertation. Daß diese bereits im Vorwort der Druckfassung meiner Dissertation angekündigte Studie so rasch erscheinen konnte, verdanke ich meinem Doktorvater, Landesbischof i.R. Prof. Dr. Eduard Lohse sowie den Herausgebern der *Wissenschaftlichen Untersuchungen zum Neuen Testament*, Prof. Dr. Martin Hengel und Prof. Dr. Otfried Hofius, die das Werk in diese Reihe aufgenommen haben. Auf Seiten des Verlages gilt mein Dank Herrn Rudolf Pflug und Frau Ilse König für ihre Beratung bei der Druckvorbereitung des Manuskripts.

Auch für diese Studie gilt mein Dank allen Wegbegleitern und Freunden, die die Entstehung, den Weg und den Abschluß der Dissertation bis hin zu diesem späteren Ableger begleitet haben. Ich nenne in diesem Sinne noch einmal neben meinem verehrten Doktorvater Prof. Dr. Lohse exemplarisch die Herrn Dr. Ismo Dunderberg, Prof. Dr. Johannes Beutler, SJ, und Prof. Dr. Hans Hübner. Ergänzen möchte ich zudem die Herren PD Dr. Klaus Scholtissek und Prof. Dr. Francis J. Moloney, S.D.B., die mir erste ausführliche Reaktionen zu meiner Studie ‚Jesus als Lebensspender' vorlegten und damit die vorliegende Untersuchung befruchtet haben. Danken möchte ich außerdem den Gesprächspartnern des Neutestamentlichen Doktorandenkolloquiums der Martin-Luther-Universität Halle-Wittenberg; genannt seien Prof. Dr. Hermann von Lips, Dr. Manfred Lang, Dr. Titus Nagel und vor allem Prof. Dr. Udo Schnelle, der das Zustandekommen dieser Studie gefördert und mit großem Interesse vielfältig begleitet hat.

Für die Mühen des Korrekturlesens habe ich den verschiedensten Damen und Herren zu danken; neben meiner Frau und meinem verehrten Doktorvater habe ich meiner Schwiegermutter, Frau Herma Korn, dem Diplomtheologen Jann Branding und nicht zuletzt den bereits bewährten Kräften, Frau Hortense Glücklich und Herrn Helmut Lorenz aus Georgenborn zu danken.

Viele andere, die in den zurückliegenden Jahren meine Arbeit durch Förderung, Gespräche und Rückfragen befruchtet haben, können hier nicht erwähnt werden. Dazu gehören auch die Studenten und Studentinnen, die sich mit mir mit joh. Fragestellungen beschäftigt haben, oder die Gemeinden, in denen ich exegetische Einsichten vor der Predigtsituation verantwortet zu predigen hatte. Genannt werden soll neben den Eltern und den Freunden nah und fern, eine Person, ohne die auch dieses Buch nicht zu Stande gekommen wäre und der es deshalb als Dank gewidmet sei: meine liebe Frau Antje; ihre Liebe und ihre Geduld waren und sind eine unverzichtbare Begleitung meiner Studien.

Wendeburg, am Tag des Apostels
und Evangelisten Johannes 1999   Michael Labahn

Inhaltsverzeichnis

Abkürzungen

1. Die Abkürzungen sind dem Abkürzungsverzeichnis von *Siegfried Schwertner*, Internationales Abkürzungsverzeichnis für Theologie und Grenzgebiete, Berlin · New York ²1992, entnommen.
außer:

ABRL	Anchor Bible Reference Library
Ntl Apokr I/II	Neutestamentliche Apokryphen I/II (s.u. S. 290)
Tusc	Tusculum Bücherei bzw. Sammlung Tusculum
WBC	Word Biblical Commentary

2. Die Abkürzungen der biblischen und der außerkanonischen Schriften sowie der antiken und der altkirchlichen Schriftsteller wurden dem Neuen Wettstein (s.u. S. 292) 1676–1700 bzw. dem Kleinen Pauly (KP) 1, ND 1979, XXI–XXVI, entnommen, die für das rabbinische Schrifttum (H.L. Strack/)G. Stemberger 330–332 bzw. G. Stemberger, Judentum 257–259.

3. Abweichend von diesen Abkürzungsverzeichnissen wurden in der vorliegenden Arbeit die folgenden Abkürzungen verwendet:

bes.	besonders	Frgm.	Fragment
JE	Johannesevangelium	joh.	johanneisch(e)
JohBr	Johannesbriefe	KR	Kirchliche Redaktion
LkEv	Lukasevangelium	MkEv	Markusevangelium
MT	Masoretischer Text	MtEv	Matthäusevangelium
P	Papyrus	SQ	Semeiaquelle

Das Sigel * steht dafür, daß nur auf Teile eines Verses bzw. Abschnittes angespielt ist.

4. Die in den Anmerkungen ausgewiesene Literatur wird dort nur unter dem Verfassernamen angegeben. Bei Benutzung verschiedener Werke desselben Verfassers werden diese zusätzlich durch einen Kurztitel gekennzeichnet.

4a. Bei Kommentaren besteht der Kurztitel aus der Abkürzung für das kommentierte Buch (z.B. Mt, Mk, Lk etc.; aber JE und JohBr; für die Logienquelle: Q; für Holtzmann, Die Synoptiker [s.u. s.v. III.2]: Syn), wenn benötigt, einer römischen Ziffer zum Ausweis des Bandes.

4b. Sonst besteht der Kurztitel aus dem ersten Substantiv des Titels der zitierten Arbeit. Sollte hierbei die Möglichkeit zu einem Mißverständnis bestehen, so wird das Werk bzw. die Reihe angegeben, dem die Arbeit entnommen wurde. Die vollständigen bibliographischen Angaben finden sich im Literatur-verzeichnis.

5. Eingeklammerte Zahlen im Text verweisen auf einen Abschnitt dieser Arbeit. Gelegentlich wurde zwecks besserer Erkennbarkeit ‚Abschn.' hinzuge-fügt.

1 Einleitung

Das sechste Kapitel des Johannesevangeliums kann als „eine *Summe* dieses immer noch rätselhaften Evangeliums" bezeichnet werden; so jedenfalls durch Johannes Beutler in einer sehr treffenden Beobachtung.[1] Theologische und christologische Spitzenaussagen finden sich in diesem Kapitel wie die Selbstvorstellung des joh. Jesus als Brot Gottes (6,33), als Brot des Lebens (6,35. 48) und als das aus dem Himmel herabgestiegene lebendige Brot (6,51a), als der, der die Toten auferweckt (6,40.44), sowie das joh. Petrusbekenntnis, das Jesus als den vorstellt, der Worte des Lebens hat und der der Heilige Gottes ist (6,68f). Die Aussage, daß Gott die Menschen zu Jesus hin zieht als Voraussetzung jeglichen menschlichen Kommens zu Jesus (6,44), beschreibt in unüberbietbarer Weise den Glauben als Geschenk Gottes.[2] Das Schisma unter den Jüngern (6,60ff) stellt vor historische Fragen zur joh. Gemeindegeschichte;[3] zudem bindet es wie das Murren *der Juden* (6,41) die Offenbarungsrede in die joh. Konfliktaussagen ein.[4] Die Wunder der Speisung und des Seewandels werden nicht nur neben die Brotrede gestellt und stellen Jesus als den vor, der in Tat und Wort wahrhaftes Leben vermittelt, sondern deuten dieses Geschehen zugleich im Horizont des Zeichenbegriffs (6,26.30).

Auch literarisch fällt die Dramaturgie auf, wenngleich dieser Abschnitt nicht die gleiche Anerkennung wie die dialogischen Szenen zwischen Jesus und der Samaritanerin (Joh 4,4ff), die Ironie in der Geschichte vom sehend gewordenen Blindgeborenen (Joh 9) oder etwa die von Dialogen mit Maria und Martha durchzogene Geschichte der Auferweckung des Lazarus (Joh 11)[5] gefunden hat. Luxuriöse Freigebigkeit in der Speisung durch den Offenbarer und Rettung aus dramatischer Not[6] leiten nach einem subtil geformten Szenenwechsel

---

[1] J. BEUTLER, Struktur 247; auch HANS WEDER, der dieses Kapitel als Ausgangspunkt für seine methodischen Grundsatzerwägungen nimmt, urteilt analog, wenn er es als „repräsentativ für die johanneische Theologie" begreift (Menschwerdung 363; ZThK 82, 325).

[2] Vgl. U. SCHNELLE, JE 129.

[3] Vgl. z.B. M. HENGEL, Frage 202.

[4] Zur Orientierung der Wundertraditionen als Offenbarung im Widerspruch vgl. M. LABAHN, Jesus 500f. Hierzu s.a. R.A. CULPEPPER, Anatomy 89ff; zu Joh 6: aaO. 91.127; zu seiner Bewertung des Seewandels vgl. meine Kritik unten S. 30 Anm. 61.

[5] Vgl. hierzu M. LABAHN, Jesus 305ff und 378ff.

[6] S.u. S. 31 und S. 212.

in Joh 6 einen charakteristischen Monolog ein. Die diesen Monolog unterbrechenden Zwischenrufe erinnern an die charakteristischen Konflikte des Offenbarers mit der Welt, so daß diese Redepassage mit Recht als *dramatisch*[7] *gerahmte Offenbarungsrede* bezeichnet werden kann. Doch zugleich begegnet in der abschließenden Szene ein neuer Konflikt zwischen einigen Jüngern und Jesus; das petrinisch-joh. Christusbekenntnis (6,68f) und der Vorverweis auf den Verrat des Judas (6,71) bilden auffällige Merkmale der Komposition.

Beiden Wundergeschichten, deren historische Wurzeln und Wachstum ebenso wie die narrative und pragmatische Funktion in der Brotrede durch die vorliegende Untersuchung erhellt werden sollen, haben Christen und Exegeten aller Zeiten herausgefordert. Die wunderbare Speisung mit ihren unterschiedlichen Deutungsmodellen von der sakramentalen Interpretation bis hin zur rationalisierenden ethischen Auslegung, die das Verhalten Jesu als Vorbild versteht, das letztlich gar als Lösung des Hungerproblems bis hin in die heutige Gegenwart gelten kann,[8] reiht sich in eine Reihe von Texten ein, die das existentielle Problem des Hungers durch wundersame Speisungen beenden.[9] Die ntl. Exegese steht dabei vor dem Phänomen einer Doppelüberlieferung dieser Massenspeisung Jesu in einem Evangelium (Mk 6,30–44 und 8,1–10), zugleich aber der Tradierung einer Speisung der 5000 in allen vier Evangelien; dies stellt neben hermeneutischen Fragen sogleich die historische Rückfrage, die in der überlieferungsgeschichtlichen Konsequenz bis hin zur Jesusfrage und damit zu einem erneut intensiv und in methodischer Hinsicht verändert diskutierten Fragenkomplex[10] führt. Die hiermit angerissenen, kontrovers erörterten Problemkreise stehen im Hintergrund der folgenden Analyse. Eine *allein* dem Paradigma *synchroner* Analyse verpflichtete Methodik, der sich die Auslegung des vierten Evangeliums verstärkt zuwendet,[11] kann m.E. diesem Überlieferungsphänomen wie dem Diskussionsstand nicht gerecht werden; vielmehr ist das gesamte methodische Inventar historischer und linguistischer Forschung zu beachten.

Insofern geht es auch in dieser Studie darum, was ich bereits in meiner Dissertation versucht habe, das Methodeninventar integrativ zum Verständnis des vorliegenden Textes fruchtbar

---

[7] Hierzu s.u. S. 11 mit Anm. 8.

[8] Zur Würdigung dieser „*rezeptions- und wirkungsgeschichtlichen Dimension*" biblischer Texte, der in bezug auf die Wundergeschichten in dieser Arbeit nicht weiter nachgegangen werden soll, vgl. K. BACKHAUS 157f.

[9] S.u. S. 181.

[10] Vgl. die Darstellungen der *neuen* Jesusfrage von M.J. BORG, Jesus; G. THEISSEN/A. MERZ 28f; B. WITHERINGTON III, Jesus Quest; hingewiesen sei auch auf die Bibliographie von C.A. EVANS, Life of Jesus Research.

[11] Vgl. z.B. U. SCHNELLE, Blick 21ff.

zu machen und zwar so fruchtbar zu machen, daß dieser Text seinen eigenen Signalen entsprechend als Rezeptionsvorgang verstanden wird. Die Untersuchung möchte somit der Forderung nach einer „integrierenden Zusammenführung" verschiedener methodischer Ansätze mit dem ihnen innewohnenden Interpretationspotential genügen, wie sie beispielsweise Klaus Scholtissek fordert.[12]

Der Seewandel Jesu hat ebenfalls eine Reihe unterschiedlicher Auslegungen erfahren[13] und partizipiert an den historischen Problemen der Speisung, da er auffälligerweise im frühesten wie im spätesten kanonischen Evangelium an die Speisung anschließt. Zugleich stellen sich wiederum aufgrund einer Reihe zeitgenössischer Parallelen das religionsgeschichtliche Problem sowie die hermeneutische Frage, wenn eine symbolische Bedeutung des Seewandels erhoben wird.[14] Bei allem ist der Fokus der Auslegung der joh. Wundersequenz auf die Gesamtkomposition der Brotrede – wiederum in ihrem literarhistorischen Prozeß[15] – zu richten. Angesichts des semantischen Inventars, das eine Präferenz für die Wortformen *Essen* und *Brot* zeigt, ist die Verhältnisbestimmung des Seewandels in seinem Kontext eine wichtige Aufgabe. Aber auch die Bestimmung der Massenspeisung im Kontext der Selbstvorstellung Jesu als Gottes Lebensgabe verdient angesichts der Diskussion um das Wunderverständnis des vierten Evangelisten besondere Aufmerksamkeit.

Die theologische Dichte und die formale und theologische Verschiedenartigkeit der Szenen in Joh 6 führten zur Erprobung unterschiedlicher methodischer Ansätze, nicht allein bei der Analyse der Wundergeschichten, sondern des gesamten Kapitels mit einem breiten Spektrum an Ergebnissen.[16]

Insbesondere das Thema der ‚*Einheitlichkeit*' des Textes wird diskutiert. Einerseits stellt sich das Problem für die Integrität von Kap. 6 selbst, andererseits ergibt sich aus dem Nachdenken über die Stellung dieses Abschnittes zum Gesamttext des Evangeliums das *Problem der literarischen Integrität des vierten Evangeliums* insgesamt. Die Einleitung von Joh 6, die das Fortgehen Jesu an das ‚*jenseitige Ufer des galiläischen Sees von Tiberias*' berichtet, stellt die Exegese vor eine Reihe von Schwierigkeiten, da der zuvor letztgenannte Ort, Jerusalem (5,1.2), schwerlich als Ausgangsort einer Seeüberfahrt

---

[12] K. SCHOLTISSEK, Wege 294.

[13] Vgl. hierzu P.J. MADDEN 1–41, der seinen Forschungsüberblick einsetzt mit der Bemerkung: „This historical survey will show that there is no consensus of opinion among scholars on the interpretation of this pericope."

[14] Z.B. R.H. STRACHAN 183.

[15] Vgl. unten S. 68ff den Exkurs: Joh 6,51c–58, ‚Einlage', Umstellung, eucharistische Deutung des Evangelisten oder (kirchlicher) Nachtrag? sowie die Ergebnissicherung S. 277.

[16] Vgl. dazu auch den von R. ALAN CULPEPPER herausgegebenen Sammelband *Critical Readings of John 6*, die einleitende Bemerkung von P.N. ANDERSON, *Sitz im Leben* 1, sowie die abschließende Auswertung der Beiträge dieses Bandes durch CULPEPPER, John 6, *passim*.

taugt noch als Orientierungspunkt zu der Bestimmung des Ufers in Beziehung zu setzen ist.[17] Einerseits wurde diese Schwierigkeit durch die bekannte Blattvertauschungshypothese zu beantworten gesucht, andererseits gab sie zur Vermutung Anlaß, der Abschnitt könnte als Gesamttext in das vierte Evangelium eingefügt worden sein; sei es als ein Traditionsstück (*Homilie*) durch den Evangelisten selbst,[18] sei es als eine sekundäre Ergänzung gegenüber einer Grundschrift.[19] Beide Fragestellungen nach der Einheitlichkeit können im folgenden nicht ignoriert werden.

Sieht man vielleicht einmal vom Prolog, Joh 1,1–18, ab, so hat kaum ein Kapitel des vierten Evangeliums eine ähnliche Literatur- und damit auch Deutungsfülle erreicht wie Joh 6.[20] Diese Fülle der Literatur und Deutungsvorschläge ist, wenngleich nicht ausschließlich, so doch in besonderem Maße auf die Brotrede, Joh 6,25b–59, fokussiert, die Francis J. Moloney deshalb als „one of the most discussed texts of the New Testament" bezeichnet.[21] Zweifelsohne haben sich an diesem Kapitel historische, literarische und kompositionelle Zugänge der Exegese des vierten Evangeliums zu bewähren. Im folgenden wird versucht, die unterschiedlichen Interpretationsrichtungen, soweit sie im Zusammenhang der historischen und der formalen Fragestellung dieser Arbeit dienlich sind, in repräsentativer Auswahl zu berücksichtigen. Dies gilt auch für den im Zusammenhang mit der historischen Frage unumgänglichen Vergleich mit den synoptischen Parallelüberlieferungen.

Das Interesse dieses Beitrags zielt nicht primär auf die Gesamtkomposition des sechsten Kapitels, vielmehr wird in Aufnahme von Überlegungen meiner Dissertation versucht, die Wundersequenz Joh 6,1–25a *formgeschichtlich* zu

---

[17] Zum Problem und seinen Lösungsversuchen im einzelnen s.u. S. 41–49.

[18] B. LINDARS, JE 234; s.a. 50; DERS., John 39; s.a. P.N. ANDERSON, *Sitz im Leben* 7f. 10; J. BEUTLER, Struktur 247 mit (!) Anm. 2; DERS., Stunde 318; P. PIERSON, bes. 306–308: E integriert Joh 6 im Zuge einer zweiten Edition seines JE. J. ASHTON, Understanding 200: „later insertion" (mit Hinweis auf LINDARS); vgl. schon DERS., Identity 54.

[19] Z.B. C. DEKKER 77f („das sechste Kapitel ist von einem nichtjüdischen Redaktor dem Manuskript eines jüdischen Autors hinzugefügt..."); I. DUNDERBERG, Johannes 133f.140f (hier findet sich der Hinweis auf Affinitäten mit anderen als sekundär angesehenen Passagen; z.B. 6,70 → 15,16.19 [Gedanke der Erwählung, ἐξελεξάμην, der Jünger]; 6,1 → 21,1; 6,11 → 21,12) u.ö. Als Einfügung des Verfassers von Joh 21, der allerdings als der ‚Evangelist' bezeichnet wird, betrachtet auch J. KÜGLER, Jünger 227f; DERS., König 120, Joh 6. Die spätere Einfügung des Speisungswunders erörtert auch schon A. FAURE 109 Anm. 1 aufgrund der Unterbrechung des Zusammenhangs von 7,1 und Kap. 5.

[20] G. VAN BELLE, Bibliography 224–237: N° 3010–3226 für das gesamt Kapitel 6. Diese Zahl der *exegetischen Studien* wird nur für Joh 1,1–18 überschritten: N° 2036–2384.

[21] F.J. MOLONEY, JE: Gospel 207.

verstehen;[22] d.h. die Geschichte der Wundersequenz soll erfaßt werden, soweit „diese im letztlich nur hypothetisch zugänglichen Stadium *vor der Fixierung in*

---

[22] Liegen in Joh 6,25bff eine Dialogpassage und schließlich eine Konfliktgeschichte vor, die ebenfalls formgeschichtlich zu analysieren sind, so sind zunächst einige Überlegungen hierzu vorwegzuschicken. Dies ist zweckmäßig, um die Kompositionsarbeit des Evangelisten und damit seine Quellen- bzw. Überlieferungsbenutzung zu verstehen. Wird die Letztgestalt der Dialoge (zur Form des *Dialoges* vgl. die Lit. bei L. SCHENKE, Dialog 595 Anm. 4.) und Reden des JE mit großer Wahrscheinlichkeit auf den Evangelisten selbst zurückgeführt werden müssen, so hat dieser – wie im einzelnen gezeigt werden kann – bei seiner Komposition Traditionen benutzt: Z.B. B. LINDARS, Traditions 95; John 36f; H. KOESTER, Gospels 257 („the author of the Fourth Gospel did not compose these discourses *de novo*, but utilized and expanded older existing discourses"); Sayings 104f.106; R. SCHNACKENBURG, Tradition *passim*; U. SCHNELLE, Schule 210f: Aufbau der Dialogtexte um sogenannte „Kernlogien" herum. Dies betont im Anschluß an verschiedene Arbeiten von JÜRGEN BECKER (hierzu auch M. LABAHN, Jesus 81 mit Anm. 22) jetzt auch MICHAEL THEOBALD in seinem beachtenswerten Aufsatz zum joh. „Spruchgut"; er verweist u.a. auf die Q-Forschung und will die dort gemachten Beobachtungen zur Entstehung der Redekompositionen auch für die Reden fruchtbar gemacht wissen (Spruchgut 361–363). Für Kap. 6 vgl. z.B. das Votum von G.R. BEASLEY-MURRAY, JE 86; s.a. die Vorschläge von SCHENKE, Vorgeschichte *passim*: E fügt in eine Grundschrift einen umfangreichen Dialog (Joh 6,28–33.49–51b.38.40.41–46) ein; B. KOLLMANN, Ursprung (s.u. S. 71 mit Anm. 146) u.a.

Es kann mit eventuellen ‚Kern'-Dialogen gerechnet werden, für die sich formgeschichtliche Analogien in der Bildung und Tradierung der mündlichen, synoptischen Streitgespräche finden können. Vermutet werden kann zudem, daß am Anfang der Überlieferung Herrenworte standen; so z.B. H. KOESTER, Dialog 553; DERS., Gospels 256–267; DERS., Sayings *passim* (KOESTER verweist auf Parallelen im EvThom und versucht im Vergleich hiermit ältere Quellen auszumachen; demzufolge sei das Material im EvThom originaler bewahrt; zur Darstellung und Kritik dieser Überlegungen vgl. I. DUNDERBERG, I-sayings 37ff: Auch wenn der konkreten Ausarbeitung von KOESTER nicht zugestimmt werden soll, ist die Vorstellung des Wachstums für die joh. Monologe bzw. Dialoge durchaus richtungsweisend.) S. z.B. auch F. HAHN, Glaubensverständnis 51. Die Kernworte konnten dann zu dialogartigen Texten (analog schulischer Disputation?) oder zu Reden ausgebaut wurden. Als Modell für die Rede- und Dialogarrangements des Evangelisten können Formen des joh. Schulbetriebs gedient haben; vgl. H.-J. KLAUCK, Gemeinde 205, der den Dialogstil als „schriftlichen Reflex des Schulbetriebs" versteht. Nach JULIUS GRILL schwebt dem Evangelisten das „Gegenbild … des hellenistisch-philosophischen Lehrers und Schulhaupts" bei der Gestaltung der Reden vor (Untersuchungen II, 358f Anm. 1014). Es ist jedoch auch möglich, die Dialoge als Fortentwicklungen der synoptischen Streitgespräche zu sehen. Beide Überlegungen müssen sich nicht ausschließen.

Weiterhin ist anzunehmen, daß diese Passagen Lehrfragen (‚Theorie' des Glaubens; vgl. für Joh 3 z.B. SCHNELLE, aaO. 210 [„Art Gemeindekatechese"]), innergemeindliche Probleme (‚Praxis' des Glaubens) oder Schwierigkeiten im Verhältnis zur (nichtchristlichen) Umwelt reflektieren und diese im Licht des joh. Christuskerygmas zu lösen suchen. Bemerkenswert ist, daß oft dialogartige Anfänge – wie in unserem Fall in Kap. 6 – in monologische Kompositionen münden (bes. Vv.43ff), die, wenn sie von der Person des Offenbarers oder seiner Sendung und seinem Auftrag handeln, als ‚*Offenbarungsreden*' bezeichnet werden können.

das vierte Evangelium erkennbar ist, *bis hin zu ihrer Fixierung in das schriftliche Evangelium durch den vierten Evangelisten*".[23] Hierzu ist zunächst notwendig, die Wundersequenz in ihrem Kontext synchron zu verstehen und sie
damit als Teil des Lebensbrotkapitels zu erfassen (→ 2). Der Textsegmentie-
rung folgt eine genaue synchrone Analyse der Sequenz, um schließlich die
analysierten Linien aufzunehmen und diese bis in die Lebensbrotrede und die
Schlußszene zu verfolgen. Das Problem von Joh 6,51c–58 ist in diesem Schritt
zu bedenken, da die Beantwortung der Frage der Integrität des sakramentalen
Abschnitts mit Joh 6 Entscheidendes für die Gesamtdeutung dieses Kapitels
austrägt. Die Beurteilung dieser Passage hat aber auch Konsequenzen hinsichtlich der Interpretation und der literarischen Differenzierung für die Wundersequenz Joh 6,1–25. Beispielsweise wäre zu fragen, wie V.11 im Lichte der Diskussion um den wahrscheinlich sekundären eucharistischen Abschnitt 6,51c–58
zu verstehen und welcher Traditionsstufe V.23 zuzurechnen ist?

Die Traditionsbenutzung des Evangelisten bei seiner Komposition des Re-
destoffes kann als relativ gesicherte Hypothese angesehen werden.[24] Die theologisch und literarisch schöpferische Kraft des Evangelisten zeigt sich in der
bewahrenden Eingliederung des Traditionsstoffes in einen erzählerischen Gesamtzusammenhang; zu rechnen ist aber auch mit eigener Gestaltung und
Stofformulierung.

Die *Abschiedsreden* (aus der neueren Lit. vgl. z.B. mit je unterschiedlichem methodischen Ansatz und abweichendem Interesse A. DETTWILER, C. DIETZFELBINGER [vgl. hierzu
meine Rezension in ThLZ 125], C. HOEGEN-ROHLS, F.F. SEGOVIA, Farewell, T.F. TOLMIE,
M. WINTER) und das Gebet des scheidenden Offenbarers (Joh 17) bilden ein eigenes literarkritisches und literar- wie auch ‚theologie‘-geschichtliches Problem; als wichtiges Ergebnis
dieser Arbeiten ist insbesondere die deutlich nachösterliche Perspektive in der Darstellung
des *Lebens Jesu* herausgearbeitet worden; vgl. KLAUCK, Weggang 249.250; SCHNACKEN-
BURG, Jesus Christus 245; s.a. SCHNELLE, JE 21: „Der *nachösterliche Rückblick* ist für Johannes gleichermaßen theologisches Programm und Erzählperspektive, er ermöglicht es
dem 4. Evangelisten, theologische Einsichten in erzählte Geschichte umzusetzen."
Zur Frage, ob Kap. 6 insgesamt einer sekundären Redaktionsstufe zuzuordnen ist, s.u. S.
43.
[23] M. LABAHN, Jesus 4; zum Terminus und zur Methodik aaO. 1ff.
[24] Die Abhängigkeit des Evangelisten in Kap. 6 von Gemeindetradition hat, darin UDO
SCHNELLE (z.B. Christologie 226f) folgend, jetzt vor allem BERND KOLLMANN herausgestellt
(Ursprung 103–128; 128f); der Evangelist wird dabei zu einem Redaktor, dessen Anteil an
der Stofformung sich „primär in der Verknüpfung der Doppelüberlieferung von Brotspei-
sung und Seewandel mit der Lebensbrottradition" zeige (aaO. 129). Man wird schon vorab
fragen dürfen, ob damit nicht eventuell der Anteil des Evangelisten an der Stofformung zu
gering veranschlagt wird.
Ausgeschlossen werden kann allerdings, wie es zumeist auch in den neueren Kommentaren geschieht, der Versuch RUDOLF BULTMANNs, ein Fragment, der von ihm postulierten
Quelle der Offenbarungsreden zu eruieren (JE 163; vgl. H. BECKER 67–70).

Gegenüber den Überlegungen zur Traditionsbenutzung des Evangelisten in den Redepassagen wurde insbesondere nach der ,Struktur' von Kap. 6 gefragt. Diese Fragestellung verdankt sich der Beobachtung, daß der Text dieses Kapitels eine einheitliche Konstitution aufweist (zum Aufbau des Textes → 2.3).[25] Dieses Moment dient zumindest bei einigen Autoren dem Nachweis der *literarischen Integrität vom Joh 6*; eine Frage, bei der es zunächst um die Zugehörigkeit des mutmaßlich eucharistischen Abschnitts Joh 6,51c–58 geht. Andererseits muß aber in der Linie einer konsequenten Berücksichtigung der Problematik der Einheitlichkeit von Kap. 6 für den Zusammenhang unserer Arbeit aufgezeigt werden, ob Joh 6,1–25 auf separierbares Traditionsgut gegründet ist. Oder liegt es in der Konsequenz der von einer Zahl von Exegeten angenommenen einheitlichen Struktur, daß der Wunderabschnitt von dem Erzähler des ,sechsten Kapitels' produktiv (umgestaltend) und/oder innovativ (konstruierend) erzählt wurde?[26] Dann müßte eher die traditionsgeschichtliche Methodik[27] angewendet werden. Beachtet man jedoch, daß sich in Joh 6,1ff Passagen finden, die eng in Terminologie und Theologie mit genuinem Stoff des vierten Evangeliums übereingehen und vernimmt man zugleich die Spannungen und Sprünge im Erzählgefälle, so wird es sich als methodisch gerechtfertigt erweisen, Tradition und Redaktion für die Wundersequenz zu scheiden (→ 3.1 und 4.1).

Dieses Problem wird neuerlich zugespitzt durch die Annahme der Kenntnis der Synoptiker beim vierten Evangelisten; er könnte dann einen der synoptisch redaktionell-bearbeiteten Berichte (z.B. den des MkEv) als Einleitung zu seiner Lebensbrotrede nacherzählt haben.[28] Die Annahme einer eigenen Überlieferungsgeschichte der Wundererzählung würde sich damit erübrigen.

---

[25] Z.B. I. DUNDERBERG, Johannes 127: „eine größere erzählerische Einheit"; B. KOLLMANN, Ursprung 103: ,in sich geschlossener Komplex'; B. LINDARS, JE 234: „a clear internal unity and self-consistency".

[26] Z.B. E. RUCKSTUHL, Speisung, 2003: „ein einziger Verfasser und überlegener Gestalter", der „eine von den synoptischen Parallelen verschiedene, wenn auch verwandte Überlieferung verwendete". Allerdings schließt RUCKSTUHL eine Kenntnis der synoptischen Speisungsgeschichte beim vierten Evangelisten nicht aus (aaO. 2206).

[27] Gemeint ist hiermit eine Analyse der im Text verwendeten traditionellen Themen, Motive und Begriffe.

[28] So z.B. C.K. BARRETT, JE ad Joh 6,1–21 *passim*; W. SCHMITHALS, Johannesevangelium 350: „Die beiden Wunder … sind frei nach den Synoptikern erzählt"; H. WINDISCH, Erzählungsstil 190f („Johannes hat also eine ganze Anzahl synoptischer ,Perikopen' oder wenigstens ihre Hauptmotive…, zusammen mit einer von ihm entworfenen Zeugnis- und Streitrede in der Synagoge zu einem dramatischen Ganzen organisch zusammengefügt." Style 42); F. VOUGA, Jean 6, 269ff; U. WILCKENS, JE 95 (Da Hinweise auf den petrinischen Seewandel, Mt 14,28–31, fehlen, ist MkEv die „Vorlage" des JE. „Der Joh.evangelist könnte sehr wohl die beiden parallelen Speisungsberichte seiner Mk-Vorlage zusammengezogen

Die solchermaßen wiederum virulent gewordene Frage nach der Kenntnis der Synoptiker beim vierten Evangelisten kompliziert die historische Analyse enorm. Lassen sich Spuren synoptisch-redaktionellen Stoffes fixieren und ist Traditionsbenutzung beim vierten Evangelisten wahrscheinlich zu machen, so könnten diese einerseits vom Evangelisten in seine Tradition eingefügt worden, andererseits in der Tradition selbst bereits vorhanden gewesen sein; möglich wäre auch, daß eine von den Synoptikern selbst abhängige Tradition nochmals durch den vierten Evangelisten synoptisch redigiert wurde. Oder sollten mögliche synoptische Spuren erst postevangeliarer redaktioneller Herkunft sein? Die Zahl möglicher Lösungen und ihrer Probleme ist nicht gering; eine Antwort werden die folgenden analytischen Arbeitsschritte zu erbringen haben.

Jede ermittelbare Form der joh. Wundersequenz ist als Gegenstand des Vergleichs mit den synoptischen Speisungs- und Seewandelgeschichten heranzuziehen. Um diesen Sachverhalt angemessen deuten zu können, ist ein methodisch notwendiger Zwischenschritt einzufügen. Daher wird in einem Exkurs zunächst die Geschichte der vormk. Speisungsgeschichten rekonstruiert, um schließlich die Jesusgeschichte Joh 6,5–25a in ihrem Verhältnis zu den synoptischen Parallelen bedenken zu können. Zur Klärung des formalen Charakters von Speisungswundern und zur Vorbereitung eines qualifizierten Vergleichs wird in einem Exkurs die ältest-zugängliche Form des Speisungswunders durch die Analyse der beiden mk. Speisungen ermittelt. Dieser Zwischenschritt ist notwendig aufgrund des Kriteriums, daß Parallelen, die zu redaktionellen Passagen der Synoptiker bestehen, von entscheidender Bedeutung für die Klärung der Abhängigkeit sind.[29] In einem weiteren Schritt findet die formkritische Analyse statt, die sich Aufbau, Struktur und Motivik zuwendet (→ 3.2 und 4.2).

So vorbereitet ist das literarhistorische Verhältnis zu den formalen synoptischen Parallelen zu bedenken. Hierzu wird in einem ersten Zwischenschritt die gegenwärtige Forschungssituation zur Sicherung des methodischen Zuganges analysiert (→ 5). Anknüpfend an die Fragestellungen und die methodischen Prämissen der gegenwärtigen Diskussion wird ein Vergleich vorgelegt, der mögliche Abhängigkeiten prüft und damit Rückschlüsse auf die Entstehung der joh. Form zu gewinnen sucht (→ 6). Die Frage nach dem *Verhältnis zu den synoptischen Evangelien* stellt sich für die Abschnitte Joh 6,1–15 und 6,16–21

---

und sich durch den Kontext von Mk 8 zu dem kritischen Dialog mit ‚den Juden' und zu dem Abschluß mit dem Petrusbekenntnis haben anregen lassen".).

S.a. I. Dunderberg, Johannes 131–174: Speisung, Seewandelbericht und Petrusbekenntnis stammen von dem Redaktor, von dem Kap. 6 ausgearbeitet und in das JE eingefügt wurde. Zur Diskussionslage vgl. F. Neirynck, John and the Synoptics 1975–1990, 50–52.

[29] Hierzu s.u. S. 240.

wie bei kaum einem anderen Text des vierten Evangeliums. Eine Gegenüberstellung der Speisungsberichte (*‚Speisung der Fünftausend‘*: Mk 6,32–44 par Mt 14,13–21 par Lk 9,10–17; vgl. Joh 6,1–15; mit dem Seewandel verbunden: Mk 6,45–52 par Mt 14,22–27 vgl. Joh 6,16–21[.22–25a]; *‚Speisung der Viertausend‘*: Mk 8,1–10 par Mt 15,32–39) zeigt, daß sie inhaltlich und strukturell einen in wesentlichen Punkten übereinstimmenden Vorgang berichten. Wer die Unterschiede zwischen den synoptischen, und hier vor allem dem mk. Bericht, und der joh. Textfolge von Speisung und Seewandel stärker ins Visier nimmt, wird auf eine positive Verhältnisbestimmung zur redaktionellen Ebene der synoptischen Wundersequenz verzichten. Doch auch bei dieser Option kann nicht auf die Beantwortung der Frage verzichtet werden, wie und wann es zu dieser Variationsbreite der vorliegenden Wundererzählungen gekommen ist. Für eine Entscheidung in diesem Problemkreis ist die Untersuchung der synoptischen Berichte, primär der im Markusevangelium überlieferten Speisungen, von äußerster Wichtigkeit.[30] Zudem ist als eine interessante Variante der bei den Synoptikern und im JE überlieferten Speisungsgeschichte die Jüngerspeisung bei einer Einladung durch einen Pharisäer in ActJoh 93 zu beachten;[31] sie teilt mit jenen Speisungen das Motiv einer wunderbaren Speisung mehrerer Personen durch eine kleine Nahrungsmenge.[32]

In den beiden letzten Schritten wird zunächst das Ergebnis des Wachstumsprozesses gesichert (→ 7), um schließlich zum synchronen Text zurückzukehren und die Wundersequenz als ein wohlgesetztes Präludium zum sechsten Kapitel zu verstehen (→ 8).

---

[30] Zutreffend formuliert FRANZ NEIRYNCK: „The question whether John depends upon Mark or upon the sources of Mark is primarily a problem of Synoptic criticism" (John and the Synoptics 87)

[31] Text und Übersetzung s.u. S. 141.

[32] S.u. S. 141ff.

2 Text und Kontext von Speisung und Seewandel Jesu in Joh 6

2.1 Gliederung[1]

Sucht man nach den Gliederungsmerkmalen unseres Abschnittes, so sollten einerseits die *unterschiedlichen Textsorten* berücksichtigt werden, andererseits die im Text vorhandenen Trennungs- und Verbindungselemente.[2] Der Festhinweis V.4 und die Ortsangabe V.59 unterbrechen den Erzählstrom signifikant. Joh 6,59, ein Vers, der im Zusammenhang mit 18,20 (s.a. 7,14.28; 8,20)

---

[1] Die Literatur belegt eine Reihe unterschiedlicher Gliederungsvorschläge (vgl. z.B. die bei H. WEDER, Menschwerdung 365 Anm. 11 [= ZThK 327 Anm. 11] genannte Lit. sowie seinen eigenen Beitrag [Menschwerdung 365f; = ZThK 327f]; J. BEUTLER, Struktur *passim* [heraus sticht die Abtrennung der Brotrede: Vv.22–58]; P. BORGEN, John 6 *passim* [auffällig ist die Identifikation der Zwischenpassage unter der Überschrift: „The Son of Man: the Father's Accredited Envoy"; aaO. 97]; s.a. die Darstellung bei F.J. MOLONEY, Son of Man *89ff), die hier nicht im einzelnen diskutiert werden können; sie zeigen allerdings an, daß keine allgemein anerkannte Kriteriologie für die Aufteilung dieses Kapitels vorliegt.
Eigenwillig ist die Zergliederung von Joh 6 im kompositionskritischen Kommentar von PETER F. ELLIS: Die Speisung der 5000, Joh 6,1–15, weist demzufolge chiastische Parallelen mit der Samaritaner-Perikope 4,4–38 auf (JE 105f), so daß Joh 4,4–6,15 eine Einheit bilden, die auf das Zeugnis für Jesus (1,19–4,3) antwortet. Joh 6,16–21 wird als eigenständige Einheit unter der Überschrift „The New Exodus" gestellt. Dies sei „numerically and dramatically the central sequence of the whole Gospel" (aaO. 107). Dieser „turning point" des Evangeliums erinnere an den Auszug Israels aus Ägypten, den Durchzug durchs Meer und das Essen des Mannas. Wurden bei diesem Vorschlag der Einschnitt in Joh 6,1 außer acht gelassen und bleibt zudem der Anklang des Seewandels an die Exodusgeschichten eher unsicher (kein Durchschreiten des Sees durch die Jünger, allein Jesus schreitet über das Wasser), so bleibt die folgende Abtrennung der Brotrede vom Seewandel in der Argumentation von ELLIS eine unverständliche Option. Überhaupt ignoriert die Abtrennung der Speisung von der Brotrede die Übergangspassage 6,26–29 und die thematische Affinität der beiden Abschnitte. Auch die Gliederungssignale des vierten Evangeliums selbst in 6,1 und 7,1 werden m.E. zu Unrecht entwertet.
[2] J. BEUTLER, Struktur 251f, gewährt den Zeitangaben eine große Bedeutung für die Gliederung dieses Kapitels (zu den Zeitangaben s.a. C.H. TALBERT, JE 131, der auf die Abfolge erster Tag [1–15] – Nacht [16–21] – zweiter Tag [22ff] verweist; J.D. CROSSAN, It is Written 4). Im folgenden wird ihre Bedeutung geringer veranschlagt, da sie nach der anschließenden Interpretation z.T. als traditionell anerkannt werden, ohne daß der Evangelist ihnen m.E. entscheidendes Gewicht zumißt.

zu lesen ist,[3] wirkt wie ein Abschluß der Lebensbrotrede: Ταῦτα εἶπεν ἐν
συναγωγῇ διδάσκων ἐν Καφαρναούμ.[4] Zuvor bildet schon V.58 durch die
Wiederaufnahme von V.51b (!) sowie Vv.31 und 41 (s.u.) eine *inclusio*.
Dennoch ist aufgrund des verbindenden ὁ λόγος οὗτος, das sich auf die vorher gehaltene Jesusrede bezieht (V.60; s.a. V.68), 6,60–71 nicht von der Brotrede abzutrennen, sondern muß vielmehr als deren legitimer Abschluß angesehen werden.[5] Zu vergleichen ist auch die Klammer, die V.44 mit V.65 verbindet: Nur derjenige, dem Gott den Glauben ermöglicht, kann zum Gesandten
Gottes kommen; an diese Stelle wird ausdrücklich erinnert: εἴρηκα ὑμῖν.[6] Ein
weiteres Bindeglied ist in der apophthegmatischen Bildung Vv.25b–29 zu sehen, die die Wundersequenz mit der Rede verknüpft.[7]

Joh 6 läßt sich als eine *dramatische Komposition* begreifen,[8] die im gegenwärtigen Text des vierten Evangeliums in vier Teile zerfällt:[9]

---

[3] Auf die Konkurrenz zwischen der Ortsangabe in V.59 und der in V.25, die πέραν τῆς
θαλάσσης als Stätte für die Lebensbrotrede nennt, hat sehr richtig I. DUNDERBERG, Johannes 130, hingewiesen. Aufgrund der Doppelung des Abschlusses mit V.58 und V.59 ist nach
der Herkunft von V.59 zu fragen, der mit seinem Hinweis auf die Lehre in der Synagoge von
Kafarnaum, trotz 18,20, eher markinisch denn johanneisch klingt; dies könnte einen Lösungsansatz bieten: Signifikant ist die mk. Redaktion: Mk 1,21; 6,2; s.a. 1,39 (auf synoptischen Einfluß weist auch DUNDERBERG, aaO. 139).

[4] Vgl. z.B. B. KOLLMANN, Ursprung 103; L. SCHENKE, Struktur 24; M. THEOBALD, Häresie 215. Nach C.J. BJERKELUND 89–93, bes. 89 verortet dieser sogenannte *Präzisierungs-
satz* die gesamte Rede, deren Anfang er in V.27 bestimmt, in der Synagoge von Kafarnaum.

[5] Vgl. z.B. auch H. WEDER, Menschwerdung 365 (= ZThK 327); er verweist auf das
Murren der Jünger (V.61), das eine Entsprechung im Murren der Juden, V.41, hat, und das
Gegensatzpaar καταβαίνω (V.33) – ἀναβαίνω (V.62); s.a. I. DUNDERBERG, Johannes 129.
Als „Epilog der Brotrede" beschreibt M. THEOBALD, Häresie 222ff, den Abschnitt 6,60ff.

[6] Auf die ähnlich klingende Aussage des Täufers in Joh 3,27 verweist der Randapparat
von NA[27], aber dort handelt es sich eben nicht um ein Jesuswort, sondern um die Antwort
des Täufers auf den Hinweis seiner Jünger, daß Jesus einen größeren Tauferfolg habe.

[7] S.a. J. KÜGLER, Jünger 180; L. SCHENKE, Struktur 24; beide setzten den Anfang der
Brotrede jedoch in V.26 nicht in V.25b.

[8] H. WINDISCH, Erzählungsstil 190f, zählt Joh 6 zu der joh. Erzählform, die die „*Verbindung von Erzählung und Zeugnis- und Streitrede*" bildet (aaO. 188; im Original gesperrt gedruckt); allerdings macht er zugleich auf die „dramatische Ausgestaltung" aufmerksam
(aaO. 190; vgl. jetzt die englische Übersetzung, die diesen klassischen Text der Forschung
wieder leicht zugänglich macht: Style: 40–42) Mit dem Begriff der ‚dramatischen Komposition' soll die Darstellungsart von Joh 6 selbst allerdings nicht als *Drama* beschrieben werden. MATTHIAS REIN hat in seiner Überprüfung, ob Joh 9 ein Erzähltext oder ein Drama ist
(182ff), gezeigt, daß dramatische Stilmittel in epischen Texten ihren natürlichen Ort haben
und daß die Verwendung dramatischer Elemente zu den Gestaltungsmitteln des vierten
Evangelisten gehört (189ff). Die Aufnahme des Diktums von WINDISCH sucht hier, eher
ästhetisch urteilend, dem *dramatischen Charakter der Stoffanordnung des Erzähltextes* zu
entsprechen.

– 6,1–4. Erzählende *Einleitung*, die wesentliche Begriffe des folgenden Wunders vorwegnimmt, aber zugleich einen Spannungsrahmen zu der folgenden Lebensbrotrede herstellt.

– 6,5–25a. *Wundersequenz*, die aus zwei Wundererzählungen und einer angehängten Feststellung des Wunders besteht.[10]

– 6,25b–59. *Lebensbrotrede.* Eine *apophthegmatische Übergangskomposition* (Vv.25b–29) leitet zu einem kurzen *Dialog* hin (Vv.30–34), um schließlich in einen *Monolog Jesu* überzugehen (Vv.35ff), der in V.41f und V.52 durch das Murren bzw. den Unwillen ,*der Juden*' (entscheidend ist die tadelnde Frage V.53) unterbrochen wird. Aufgrund des ἐγώ εἰμι-Wortes (V.35), das im Zentrum unseres Textes steht und zugleich den Monolog Jesu einleitet, kann dieser als *Offenbarungsrede* begriffen werden. Danach folgt ein doppelter Redeschluß (Vv.58 und 59).

– 6,60–71. *Abschluß.* Hier wird in einem *Doppelbericht*[11] eine Bilanz aus der Offenbarungsrede gezogen.[12] Entgegen der herkömmlichen Abtrennung sind zu unterscheiden Vv.60–66 und 67–71,[13] das Abfallen einer Vielzahl der Jünger, das wohl an die historische Erfahrung eines Schismas *in* der Gemeinde erinnert, und das joh. Petrusbekenntnis, das Jesus als *den* Lebensspender *par excellence* bezeichnet. Doch auch die Glaubenden haben einen Verräter in ihren Reihen, Vv.70f.

Einen anderen, durchaus an die Beobachtungen von WINDISCH anknüpfenden formalen Deutungsvorschlag unterbreitet M. THEOBALD, Schriftzitate 334 u.ö., in dem er 6,22ff als ,Dialog' begreift.

[9] S.a. die Gliederungsmodelle von M. GIRARD, L'unité 80 *et passim* und F.J. MOLONEY, JE: Gospel 194.

[10] Eine Dreiteilung der Wundersequenz findet sich auch bei I. DUNDERBERG, Johannes 127, der allerdings nicht die Einleitung in Vv.1–4 abtrennt und die Funktion von Vv.22–25 anders („Seefahrt des Volkes") bestimmt.

[11] Vgl. z.B. auch J. BLANK, JE 1a, 382f; J. BEUTLER, Struktur 253; R. SCHNACKENBURG, JE II, 109; B. WITHERINGTON, III, JE 159f; s.a. die Gliederung in NA[27].

[12] Anders z.B. R. BULTMANN, JE 214f.321.340 Anm. 1, der diesen Text entsprechend dem synoptischen Geschehensablauf an das Ende der öffentlichen Wirksamkeit Jesu (nach Joh 12,20–30) stellt.

[13] Vgl. F.J. MOLONEY, JE: Gospel 194.227; U. SCHNELLE, JE 139; M. THEOBALD, Häresie 216; anders z.B. J. BEUTLER, Struktur 253; R. SCHNACKENBURG, JE II, 109. Auch P.N. ANDERSON, Christology 221 wertet V.67 als Neubeginn; allerdings gliedert er Joh 6 grundlegend anders, indem er Joh 6,25–66 von 6,1–24 und 6,67–71 als jeweils unterschiedlichen Dialogebenen unterscheidet: 167–169.

2.2 Textanalyse der Wundersequenz Joh 6,5–25a[1]

Die den Erzählschritten folgende exegetisch-narrative Analyse wendet sich dem Interesse dieser Arbeit entsprechend allein den Elementen der beiden Wunderberichte und der angeschlossenen analeptisch erzählten Feststellung des Seewandels zu; diese drei Ereignisse sind Teil der narrativen Einleitung zur Brotrede, die auch den situationsbezogenen Rahmenbericht, 6,1–4, umfaßt. Der Rahmenbericht gibt Auskunft über die erzählte Zeit und den erzählten Ort der Gesamtepisode. Das unbestimmte Später (*danach*) wird durch die Nähe zu einem jüdischen Fest, dem Passa, näher definiert.[2] Diese Einleitung, die, wie noch im einzelnen zu zeigen sein wird, primär der Hand des Evangelisten zuzuordnen ist, wird erst in der folgenden Kontextanalyse ausdrücklich thematisiert; ebenso die an die Wundersequenz anschließende Brotrede 6,25bff; demgegenüber wird die Wundersequenz in der Folge der einzelnen Handlungselemente betrachtet.

1. Szene: Die Speisung

5 aα   Ἐπάρας οὖν τοὺς ὀφθαλμοὺς ὁ Ἰησοῦς
  aβ1   καὶ *θεασάμενος*
  aβ2   ὅτι πολὺς ὄχλος ἔρχεται πρὸς αὐτὸν

  aγ   <u>λέγει</u> πρὸς Φίλιππον·
  b   πόθεν ἀγοράσωμεν ἄρτους
  c   ἵνα φάγωσιν οὗτοι;
6 a   τοῦτο δὲ <u>ἔλεγεν</u> πειράζων αὐτόν·
  b   αὐτὸς γὰρ <u>ᾔδει</u>
  c   τί ἔμελλεν ποιεῖν.
7 a   <u>ἀπεκρίθη</u> αὐτῷ [ὁ] Φίλιππος·
  b   διακοσίων δηναρίων ἄρτοι οὐκ ἀρκοῦσιν αὐτοῖς
  c   ἵνα ἕκαστος βραχύ [τι] λάβη.
8   <u>λέγει</u> αὐτῷ εἷς ἐκ τῶν μαθητῶν αὐτοῦ, Ἀνδρέας ὁ ἀδελφὸς Σίμωνος Πέτρου·
9 a   ἔστιν παιδάριον ὧδε

---

[1] Zu den verwendeten Termini der Erzählanalyse vgl. z.B. M. MARTINEZ/M. SCHEFFEL *passim*.

[2] Joh 6,4 eröffnet damit einen bis 12,50 reichenden Zeitabschnitt der joh. Erzählung, der bis zum nächsten Passafest (13,1) immerhin ein Jahr andauert und chronologisch vornehmlich durch Festdaten strukturiert wird; s.a. R.A. CULPEPPER, Anatomy 70ff. Das Problem der narrativen Affinität und damit der Datierung in der Erzählzeit von Joh 9 mit Joh 7f oder 10 ist hier nicht zu diskutieren. Die Episode Joh 6 selbst wiederum zerfällt in zwei Tage.

b   ὃς ἔχει πέντε ἄρτους κριθίνους καὶ δύο ὀψάρια·
c   ἀλλὰ ταῦτα τί ἐστιν εἰς τοσούτους;
10 a εἶπεν ὁ Ἰησοῦς·
b   ποιήσατε τοὺς ἀνθρώπους ἀναπεσεῖν.
c   ἦν δὲ χόρτος πολὺς ἐν τῷ τόπῳ.
d   ἀνέπεσαν οὖν οἱ ἄνδρες τὸν ἀριθμὸν ὡς πεντακισχίλιοι.

11 a ἔλαβεν οὖν τοὺς ἄρτους ὁ Ἰησοῦς
b   καὶ εὐχαριστήσας διέδωκεν τοῖς ἀνακειμένοις ὁμοίως καὶ ἐκ τῶν
     ὀψαρίων ὅσον ἤθελον.

12 a ὡς δὲ ἐνεπλήσθησαν,
b   λέγει τοῖς μαθηταῖς αὐτοῦ·
c   συναγάγετε τὰ περισσεύσαντα κλάσματα,
d   ἵνα μή τι ἀπόληται.
13 a συνήγαγον οὖν
b   καὶ ἐγέμισαν δώδεκα κοφίνους κλασμάτων ἐκ τῶν πέντε ἄρτων
     τῶν κριθίνων
c   ἃ ἐπερίσσευσαν τοῖς βεβρωκόσιν.

14 a Οἱ οὖν ἄνθρωποι *ἰδόντες* ὃ ἐποίησεν σημεῖον ἔλεγον
b   ὅτι οὗτός ἐστιν ἀληθῶς ὁ προφήτης ὁ ἐρχόμενος εἰς τὸν κόσ-
     μον.
15 aα Ἰησοῦς οὖν *γνοὺς*
aβ   ὅτι μέλλουσιν ἔρχεσθαι καὶ ἁρπάζειν αὐτὸν
aγ   ἵνα ποιήσωσιν βασιλέα,
b   ἀνεχώρησεν πάλιν εἰς τὸ ὄρος αὐτὸς μόνος.

2. Szene: *Der Seewandel und die Rettung der Jünger*[3]

16 a Ὡς δὲ ὀψία ἐγένετο
b   κατέβησαν οἱ μαθηταὶ αὐτοῦ ἐπὶ τὴν θάλασσαν

---

[3] Die Abgrenzung zwischen beiden Wundergeschichten wird in der Forschung kontrovers diskutiert; so rechnet R.T. FORTNA, Gospel 64, V.15 insgesamt zur Seewandelperikope; J.P. HEIL 75 V.15b (s.a. 16; allerdings bezeichnet er V.15b als „transition" [75]; s.a. G.R.
O'DAY 151). Die hier vorgelegte Abgrenzung unterstützen z.B. C.K. BARRETT, JE z.St.; R.
E. BROWN, JE I, z.St.; J.D. CROSSAN, It is Written 4 u.ö.; E. HAENCHEN, JE z.St.; U.
SCHNELLE, JE z.St.; U. WILCKENS, JE 95. Als trennende Merkmale sind besonders der Sub-
jektswechsel zwischen V.15 und Vv.16ff auffällig; trotz V.17bβ ist die Geschichte primär
aus dem Gesichtswinkel der Jünger erzählt, hingegen 6,5ff aus dem des souverän handelnden Jesus. V.16 setzt mit einer neuen Zeitangabe ein (s.a. R. BULTMANN, JE 158) und bietet
die Gegenbewegung zu V.15b, den wir als Abschlußvers nicht von dem Bekenntnis und dem
daraus folgenden beabsichtigten Handeln des Volkes in V.15 trennen können.

17 a καὶ ἐμβάντες εἰς πλοῖον <u>ἤρχοντο</u> πέραν τῆς θαλάσσης εἰς Καφαρναούμ.

   b καὶ σκοτία ἤδη <u>ἐγεγόνει</u>

   c καὶ οὔπω <u>ἐληλύθει</u> πρὸς αὐτοὺς ὁ Ἰησοῦς,

18 ἤ τε θάλασσα ἀνέμου μεγάλου πνέοντος <u>διεγείρετο</u>.

19 aα *ἐληλακότες* οὖν ὡς σταδίους εἴκοσι πέντε ἢ τριάκοντα

   aβ <u>θεωροῦσιν</u> τὸν Ἰησοῦν περιπατοῦντα ἐπὶ τῆς θαλάσσης καὶ ἐγγὺς τοῦ πλοίου γινόμενον,

   b καὶ <u>ἐφοβήθησαν</u>.

20 a ὁ δὲ <u>λέγει</u> αὐτοῖς·

   b   ἐγώ εἰμι·

   c   μὴ φοβεῖσθε.

21 a <u>ἤθελον</u> οὖν λαβεῖν αὐτὸν εἰς τὸ πλοῖον,

   bα καὶ εὐθέως <u>ἐγένετο</u> τὸ πλοῖον ἐπὶ τῆς γῆς

   bβ   εἰς ἣν ὑπῆγον.

Epilog: *Reflexion über die Realität des Seewandels*[4]

22 a Τῇ ἐπαύριον ὁ ὄχλος ὁ ἑστηκὼς πέραν τῆς θαλάσσης <u>εἶδον</u> ὅτι

   b πλοιάριον ἄλλο οὐκ ἦν ἐκεῖ εἰ μὴ ἕν

   c καὶ ὅτι οὐ συνεισῆλθεν τοῖς μαθηταῖς αὐτοῦ ὁ Ἰησοῦς εἰς τὸ πλοῖον

   d ἀλλὰ μόνοι οἱ μαθηταὶ αὐτοῦ ἀπῆλθον·

23 a ἄλλα <u>ἦλθεν</u> πλοιά[ρια] ἐκ Τιβεριάδος ἐγγὺς τοῦ τόπου

   b ὅπου ἔφαγον τὸν ἄρτον εὐχαριστήσαντος τοῦ κυρίου.

24 aα ὅτε οὖν εἶδεν ὁ ὄχλος

   aβ ὅτι Ἰησοῦς οὐκ ἔστιν ἐκεῖ οὐδὲ οἱ μαθηταὶ αὐτοῦ,

   aγ <u>ἐνέβησαν</u> αὐτοὶ εἰς τὰ πλοιάρια

   b καὶ <u>ἦλθον</u> εἰς Καφαρναοὺμ ζητοῦντες τὸν Ἰησοῦν.

25 aα   καὶ εὑρόντες αὐτὸν πέραν τῆς θαλάσσης

---

[4] Oft wird diese Reflexion bereits zur Brotrede gezogen; z.B. H. WEDER, Menschwerdung 365 (= ZThK 327); C.K. BARRETT, JE z.St. Dies ist allerdings insbesondere im Blick auf V.22b–d überraschend; hier werden eindeutig die Voraussetzungen für den Seewandel diskutiert, der in V.25a nochmals festgestellt wird. Unbeschadet des formhistorischen Verhältnisses zu Vv.16–21, das erst später diskutiert wird, ist dieser Abschnitt zum Seewandel zu ziehen. allerdings markiert diese Passage im vorliegenden Text einen Übergang. Aber nicht nur hinsichtlich der vorausgesetzten Situation, sondern auch bezüglich des Vokabulars ist 6,22–25a eher retrospektiv orientiert (vgl. P. BORGEN, John 6, 97f, ohne daß ich mich damit freilich seiner Zuweisung dieser Verse an den Evangelisten anschließe; s.a. J. KÜGLER, Jesus 180).

aβ ε̃ιπον αὐτῷ·
b   ῥαββί, πότε ὧδε γέγονας;

Zur 1. Szene, *der Speisung:*

Nach einer kurzen Einleitung V.5aα–β wird das Wunder durch einen Dialog vorbereitet. Der *Wundertäter Jesus ist die beherrschende Figur* nicht allein des ersten Abschnittes, sondern der gesamten Speisungsgeschichte.[5] Auch der Perspektivenwechsel in 6,16ff, der die Jünger in den Blick nimmt, und der Orts- und Perspektivenwechsel in 6,22ff mit der Verschiebung der Erzählperspektive auf das Volk ändert diese entscheidende Bedeutung Jesu für die Wundersequenz nicht. Die Jünger werden ausdrücklich auf Jesus bezogen (6,16.17.20) wie auch die Gedanken und Analyse des Volkes mit der Hauptfigur verknüpft sind (6,24). Die starke Rolle wird dadurch unterstrichen, daß Jesus den Ausgang des Geschehens fest im Blick hat (6,6) und zudem abweichende Handlungspotentiale (6,15) durch seine Kardiognosie durchkreuzt. Dieses souveräne Handlungspotential ist ein Handeln für andere, wodurch allerdings bei den Zeugen des Handelns ein durch dieses nicht eindeutig determinierter Rückschluß auf sein Wesen möglich ist (Vv.14f).

Die im folgenden Dialog auftretenden *Jünger* sind durch ihre Namensnennung durchaus mit einem erheblichen erzählerischen Gewicht ausgestattet. Besonders der auf eigene Initiative eingreifende *Andreas* ist als erzählerisch ‚starke‘ Figur gezeichnet (Vv.8f; mit Verbum im *Präsens historicum* [V.8]). Doch diese Aktivität ist durch V.6 limitiert,[6] der das Wunderhandeln *Jesu* bereits im Blick hat und auf die in V.9b genannte Materie geht. Seine Reaktion bleibt hinter dem, was die Frage fordert, zurück. V.6 signalisiert dem Leser/der Leserin, daß der Ausgang der Geschichte positiv bestimmt ist; das durch die Frage gestellte Problem wird er lösen; solches Vertrauen in die Fähigkeit des beherrschenden Charakters zeigt jedoch weder die Antwort des Philippus noch des Andreas; wenn Andreas allerdings auch hier durch seinen Bruder Petrus vorgestellt wird, so erhält dies seine Auflösung vom Petrusbekenntnis her: 6,68f.[7] Eine wirkliche Konkurrenz zwischen den Akteuren ist nicht gegeben, da die Reaktionen und Aktivitäten der Jünger im Schatten des Handelns des Wundertäters stehen.

---

[5] Vgl. z.B. J.D. CROSSAN, It is Written 9: „The Narrative Action of Feeding in 6:1–15 is totally dominated by Jesus"; s.a. A. OBERMANN 136.

[6] F.J. MOLONEY, JE: Gospel 199, spricht hinsichtlich dieses Wissens zu Recht von „a dominant position".

[7] Zu dieser Spannungslinie s.u.

Daher ist der Dialog als eine Zwischenepisode gekennzeichnet, die erzählerisch die Spannung verschärft, deren theologische Intention aber noch zu klären ist. In V.13 handeln die *Jünger*, also die Gruppe, als deren Glied ausdrücklich *Andreas* (V.8), nicht aber der Jesus antwortende *Philippus* vorgestellt wurde. In V.14 handelt eine andere Gruppe, die ἄνθρω-ποι, wie der gespeiste ὄχλος jetzt (allerdings auch schon V.10b) genannt wird, bedingt[8] eigenständig. Sogleich wird narrativ konstatiert, daß sie zu einer falschen Konsequenz gelangen, dem ihre unangemessene allein potentiell vorweggenommene zweite Handlung, die Königssalbung, entspricht. Auch sie genügen dem πειράζων Jesu nicht (V.6), weil sie aus dem Handeln Jesu unsinnige Konsequenzen ziehen. Bezeichnend ist, daß es wiederum Jesus ist, der *durch sein Vorherwissen zu einem vorausschauenden Handeln befähigt*, das falsche Handeln der anderen Gruppe zunichte macht und damit ihre Aktivität nicht zum intendierten Ziel kommt.

Zunächst zur *Einleitung*. Sie beginnt mit direkter Figurenrede, angezeigt durch das finite Verbum λέγει, das schon zur *Vorbereitung des Wunders* zu rechnen ist; dem sind die beiden Aorist Partizipien ἐπάρας und θεασάμενος untergeordnet. Aus dem Wahrnehmungshorizont des Wundertäters werden die Voraussetzungen für das folgende Handeln Jesu berichtet: *Jesus hebt die Augen, er sieht, daß viel Volk zu ihm kommt*, darauf beginnt *er die Vorbereitung des Wunders*. Eine Begründung für das Kommen des Volkes wird nicht gegeben; diese ist allerdings bereits vorher in 6,2 vorgelegt worden. Wie aber hat der Erzähler die beiden Advente des Volkes in V.2 und V.5 in seiner Erzählung einander zugeordnet? Durch den zwischengeschalteten Rückzug auf den Berg werden Volk und Wundertäter wie in Mk 6,31–34 einstweilen getrennt und müssen danach wieder zusammengeführt werden. Die Verse 6,2–4 geben dem Erzähler Gelegenheit, ihm wichtige *Deutungssignale* zu setzen, die das im folgenden Erzählte vorbereiten und dem Auditorium/den Lesern eine *Leseanweisung* vorlegen (wie z.B. Joh 4,48 u.a.m.). Offen muß bleiben, ob der Erzähler das zweite Kommen des Volkes (V.5) auf dem Berg lokalisiert, so daß V.15 einen weiteren Rückzug beinhaltet, oder ob er einen stillschweigenden Abstieg impliziert,[9] für den die sperrige Zwischenbemerkung V.4 Gelegenheit bietet; dann läge keine „Pause" vor, in der das Geschehen in der voranschreitenden Erzählung stillsteht, sondern eine Lücke im Geschehensablauf, die der Leser zu füllen hat. Letzteres ergäbe trotz V.16a (Ὡς δὲ ὀψία ἐγένετο *κατέβησαν* οἱ μαθηταὶ αὐτοῦ ἐπὶ τὴν θάλασσαν) ein klareres Bild.

Durch das im *Präsens historicum* stehende erste *verbum dicendi* wird die Haupthandlung eröffnet (BDR § 321.1) und der Leser/die Leserin dadurch in

---

[8] Sie handeln infolge der vorausgehenden Aktivität Jesu und damit in Abhängigkeit seines Tuns.

[9] So z.B. J.D. CROSSAN, It is Written 6.

die Erzählung eingefügt:[10] Jesus fragt Philippus: *‚Woher sollen wir Brot kaufen, damit diese zu essen haben?'*[11] Der Wundertäter handelt für das Volk, tritt aber nicht in eine direkte Beziehung mit diesem ein; er redet nur mit seinen Jüngern, das Volk wird nicht von ihm angesprochen, so daß eine wirkliche Beziehung, die durch Kommunikation geprägt ist, nicht entstehen kann. Der Aorist Konjunktiv hat eher dubitative als deliberative Bedeutung; zumindest legen dies die Interpretation V.6 und das Wunderhandeln selbst nahe. Der Inhalt der Frage in der Protasis stellt gemäß der Erzählintention keinen wirklich praktikablen Lösungsvorschlag für das in der Apodosis genannte Problem der Speisung des Volkes dar. Der folgende Text unterstreicht dies Verständnis. V.6 spricht von einem πειράζειν durch Jesus, das für seine Frage verantwortlich ist. Der Vers öffnet den Blick auf das Folgende über die Speisung hinaus. V.7 zeigt demgegenüber die Unmöglichkeit der Frage in bezug auf die materiellen Voraussetzungen: Die zur Speisung der Volksmenge notwendige Geldmenge befindet sich außerhalb der Verfügbarkeit der Jesusjünger.

Eine Notlage oder Notwendigkeit für die Speisung der Volksmenge werden nicht genannt; auf der Erzählebene ist auch nicht an die Nähe der Nacht zu denken, von der erst Vv.16ff gesprochen wird. Im Sinne des Evangelisten sind Aussagen wie 9,3b oder 11,4a–c zu vergleichen. *Die Speisung geschieht zur Offenbarung der Werke Gottes, zu seiner Ehre, zur Verherrlichung seines Sohnes.* Folgt der Leser/die Leserin der Akoluthie des Erzählten, so wird er die Speisung einerseits im Lichte von 1,14 und 2,11 lesen müssen, Texten, die von der sehbaren Doxa bzw. der im Wunder sehbarwerdenden Doxa des Logos und Gottessohnes sprechen. Andererseits wird er das Signal des nachstehenden V.6 beachten und die in der Brotrede gegebene Interpretation vernehmen.

---

[10] R.A. CULPEPPER, Anatomy 31, beschreibt die narrative Funktion folgendermaßen: „to move the reader into the scene so that even though it is told in the course of narrating the past, readers feel that they are in the scene".

[11] F.J. MOLONEY, JE: Gospel 197, erinnert an die Frage des Mose an Gott, Num 11,13: πόθεν μοι κρέα δοῦναι παντὶ τῷ λαῷ τούτῳ; Überbietet Jesus durch die ausdrücklich als Probe (V.6) gekennzeichnete Frage Mose (vgl. Joh 1,17; zur antithetischen Interpretation von 1,17 vgl. M. LABAHN, Jesus 164; O. HOFIUS, Struktur 3 mit Anm. 17; zu einem synthetischen Verständnis z.B. M. KARRER, Anfang 36. Zu Recht mahnt A. LINDEMANN, Mose 310, die Beachtung der Mose- und Nomos-Belege im gesamten JE ein; so sieht er vermittelnd in 1,17 „die Rede … von heilsgeschichtlicher Kontinuität", deren Bewahrung davon abhängig sei, daß „man erkennt, daß das Gesetz auf Jesus Christus verweist und umgekehrt nur von ihm her verstanden werden kann".), da er weiß, daß es das von Gott gegebene Lebensbrot die Menschen sättigen wird? Traditionsgeschichtlich finden sich die Parallelen zu Joh 6,5 in Mk 6,36 par Mt 14,15 (ἀγοράζω). Zudem bittet Mose um Fleisch, nicht um Brot, so daß der Gedanke einer Anspielung, der den Prophetentitel (wie Mose) und das Manna-Thema vorbereiten würde, unsicher bleibt.

In Korrelation zur Frage Jesu ist mit einer Antwort des angesprochenen Jüngers zu rechnen. Die erwartete Antwort wird jedoch nicht unmittelbar gegeben. Ein Zwischengedanke, in dem der Erzähler bzw. in dem dieser den Einblick in das „inside view of Jesus' mind" gibt,[12] kommt Jesus selbst zu Wort; es handelt sich geradezu um ein indirektes Zitat der Gedanken des Protagonisten. So tritt der Erzähler in eine Form direkter Interaktion mit dem Leser/der Leserin ein; er *interpretiert*, geradezu *exegesiert* durch die Innensicht der Hauptfigur dessen eigene Frage (ausdrücklich: τοῦτο δὲ ἔλεγεν).[13] Die Konjunktion δέ kennzeichnet V.6 als eingefügte Parenthese (BDR § 447. 1b). Jesu Frage, V.5b–c, wird durch das Partizip πειράζων als *Prüfung* gedeutet. Die ‚*Versuchung*' hat im Rahmen der Gesamtkomposition eine *pädagogische* Funktion.[14] Sie öffnet den Blick für den Wundertäter, der das tut, was er ist, wie er es in der folgenden Brotrede offenbaren wird: Er gibt Brot, weil er das Brot des Lebens (V.35) ist. Die Aufmerksamkeit des Zuhörerkreises/der Leserschaft wird geweckt, und zugleich wird angezeigt, daß das, was geschieht und offenbart wird, von Jesusjüngern zu wissen ist, um die Frage des Offenbarers beantworten zu können. Im Blick auf die Gesamtkomposition legt sich die Vermutung nahe, daß die angemessene Antwort, die nach der Offenbarung in Wunder und Brotrede gegeben werden kann, in V.68 steht. Wer den Offenbarer als Brotspender, der das wahre Brot zum Leben derer, die glauben, ist, in Kap. 6 erkennt, ist befähigt, die Frage von V.5 mit dem joh. Petrusbekenntnis zu beantworten: ‚*Du hast Worte ewigen Lebens*' (ῥήματα ζωῆς αἰωνίου ἔχεις).

Insofern scheint mir der Begriff der Ironie durchaus angebracht zu sein,[15] da die Frage einen Hinweis auf eine Tiefendimension der Erzählung enthält.[16] Die Antwort der Frage liegt in der Abweisung der Frage, da ihre Antwort allein beim Fragesteller gefunden werden kann. Das πόθεν hat – im Sinne des Evangelienerzählers – ähnlich christologisch hinwei-

---

[12] R.A. CULPEPPER, Anatomy 22, mit weiteren Beispielen.

[13] R.A. CULPEPPER, Anatomy 35, bezeichnet den Erzähler als „authoritative interpreter of Jesus' words". – Weitere Beispiele für eine direkte Interaktion mit dem Leser/der Leserin mit Hilfe expliziter Erzählerkommentare nennt z.B. K. SCHOLTISSEK, Messias-Regel 105 Anm. 7.

[14] Vgl. z.B. B. LINDARS, JE 241: „It is … intended to teach that the food of Jesus belongs to another level of reality"; L. MORRIS, JE 303f; s.a. W. POPKES 153, der, allerdings ohne nähere Spezifizierung, von einer pädagogischen Funktion handelt.
Nicht das Verständnis der Volksmenge soll *auf die Probe gestellt werden* (zu P.N. ANDERSON, *Sitz im Leben* 5) – πειράζων als entscheidender Hinweis ist auf einen der Jünger bezogen –, sondern aufgrund der Offenbarung Jesu in Wort und Tat vor den Jüngern und dem Volk die Leser/Leserinnen zur christologischen Kenntnis und zum nachfolgenden Glauben geführt werden.

[15] Zu M. HENGEL, Frage 267.

[16] Zum *hinweisenden* Charakter der Ironie im Gefälle sokratischer Ironie vgl. K. SCHOLTISSEK, Ironie 237.

senden Sinn wie 2,10; allerdings insofern zugespitzt, als nicht im Kaufen, nicht in der Suche in der Immanenz, sondern in der Hinwendung zum Gesandten Brot gefunden werden kann. Und noch einmal mit feiner Ironie hinweisend, ist diese Gabe irdischen Brotes Ausdruck der Antwort auf die letzte menschliche Frage, die nach dem Brot ewigen Lebens.[17] Deutlich entfaltet sich diese Interpretation vom ‚Ende‘, dem Petrusbekenntnis her.[18]

So warnt V.6b–c davor, das Partizip πειράζων im Blick auf Philippus auf den Gedanken der Versuchung zu begrenzen. Das betont vorangestellte αὐτός lehrt, daß nach V.6a Jesus nicht als Ratsuchender, sondern als der *Souverän des Kairos* zu gelten hat. Denn (γάρ ist „erklärend" gebraucht[19]) er weiß, was er tun wird.[20] V.6c wird in V.10a umgesetzt. Dort wird begonnen, das in V.6c angekündigte ποιεῖν Jesu umzusetzen. Dies geschieht durch Jesu Aufforderung an die Jünger zu einem ποιεῖν, und zwar im Blick auf das Lagern der Menge zur Speisung.

Erst in V.7 folgt die Antwort (ἀπεκρίθη) des Philippus. Der Aorist kennzeichnet die Antwort als kurzen Zwischenruf. Er wirft ein Licht auf das, was Jesus als Wundertäter tun wird. V.7b illustriert, daß die Möglichkeit, die Volksmenge zu speisen, die Jesu Frage (probeweise) vorschlug, nicht realisierbar ist. Beachtenswert ist, daß die Antwort negativ formuliert wird. Es wird also nicht die Summe genannt, die zur Speisung ausreicht, sondern – man darf wohl zu Recht spekulieren, daß eine irgendwie in der Tradition bekannte und damit vorgegebene Summe impliziert ist – eine Summe, die trotz ihrer Höhe, nicht zur Sättigung ausreicht. Die Sättigung ist nicht einmal mit der Summe von 200 Denaren durchzuführen, geschweige denn mit den Jesus und seinen Jüngern zur Verfügung stehenden Mitteln zu bewältigen; somit steigert die Antwort als Erschwernis das Wunder.[21]

---

[17] So finden sich m.E. die Doppelbödigkeit (das Gesagte ist keine wirkliche Frage; vgl. V.6), die Opposition (immanent/Kaufen – gesandtes Brot aus dem Himmel/existentielles nachfolgendes Bekennen) und der Mangel an Verständnis (vgl. Vv.7ff) als Elemente der Ironie wieder (hierzu P.D. Duke 14–18; s.a. die Überlegungen zur Form der Ironie bei K. Scholtissek, Ironie 236–238).

[18] Mit K. Scholtissek, Ironie 235, könnte auch in Joh 6 „*der Weg zur ,Erkenntnis' Jesu als Weg durch hintergründige Rollenwechsel und ironische Verkehrungen hindurch*" verstanden werden.

[19] W. Bauer/K. u. B. Aland, Wb 305.

[20] C.K. Barrett, JE 288, meint „Jesus will prüfen, wie groß der Glaube des Philippus ist" (s.a. L.T. Witkamp 48; M.J. Lagrange, JE 162f); dieser Gedanke ist dem Text fremd (dies auch zu M.W.G. Stibbe, JE 83, der Vv.7 und 9 als Hinweise auf unzureichenden Glauben bei Philippus und Andreas liest). Es geht aber doch auch um mehr als nur die Abweisung einer Unwissenheit auf Seiten des Wundertäters (zu R.E. Brown, JE I, 233).

[21] Vgl. B. Lindars, JE 241.

Die Größe der Summe wird dadurch unterstrichen, daß sie in etwa das jährliche Existenzminimum einer mehrköpfigen Familie in Palästina bildet.[22] In Verbindung mit Tob 5,15 und Mt 20,1ff läßt sich ein Denar als Tagelohn erschließen,[23] so daß hier, wenn dieser Betrag nicht zu hoch gegriffen ist, der Lohn von 200 Arbeitstagen zur Disposition steht;[24] also mit Fest- und Feiertagen und keiner täglichen Arbeit nahezu ein Jahresverdienst.[25] Die runde Summe will sicherlich eine als unbezahlbar gewertete Geldmenge bezeichnen und läßt daher Rückschlüsse auf ein ländliches[26] und eher sozial schwaches Entstehungsmilieu der Speisungswundererzählungen zu, das möglicherweise im Kontext von Tagelöhnern anzusetzen ist. Zu zahlen wäre die Speisung durch ein Jahresgehalt, mit dem eine mehrköpfige Familie am Leben erhalten werden kann. Wenn diese Summe von 200 Denaren im JE als nicht mehr ausreichend erachtet wird, so liegt eine Steigerung des Wunders vor, die möglicherweise auch auf einen Wandel des sozialen Niveaus schließen läßt; Massenspeisungen des Kaiserhauses oder wohlhabender römischer und griechischer Stadtbewohner überschreiten die hier zur Illustrierung eines großen Wunders (so entspricht es der Zahl der Mahlteilnehmer) genannte Summe;[27] ebenso der gelegentlich ans Obszöne grenzende Reichtum literarisch überlieferter Symposien.[28] Allerdings wird die Zahl selbst nicht verändert, was auf die Rücksichtnahme gegen eine schriftliche Quelle oder die realistische Relation der Zahlen zurückgeführt werden kann.

Allerdings konstatiert V.7b–c das Unzureichende sogar doppelt. Nicht nur, daß 200 Denare zu wenig wären; sie reichten noch nicht einmal soweit, daß *„jeder ein wenig nehme'*. Damit ist auch die Erschwernis gleichsam doppelt unterstrichen. Zudem ist ein nicht zu übersehender Kontrast gesetzt zu der sät-

---

[22] So A. BEN-DAVID 303, Tabelle 13; vgl. hierzu die unterschiedlichen Angaben bei E. W. STEGEMANN/W. STEGEMANN, Sozialgeschichte 84 (Tabelle) sowie die Erörterungen AAO. 82–85. Nach dem Talmud entspricht diese Geldmenge dem Wert, ab dem jemand aus dem Anspruch, Almosen zu bekommen, herausfällt: AAO. 89.

[23] A. BEN-DAVID 303: Durchschnittslohn im Palästina des 1. und 2. Jh.s; vgl. D.E. AUNE, Apk 397; für das römische Reich wird in republikanischer Zeit ein Denar als Höchstverdienst eines Tagelöhners angegeben; H. KLOFT 185.

[24] Zum Vergleich: Der Jahressold eines herkömmlichen Legionärs beträgt zur Zeit von Kaiser Augustus 225, zur Zeit Kaiser Domitians 300 Denare; ein Auxiliarsoldat erhält etwa 2/3 dieser Summe (nach H. KLOFT 196 Anm. 35; s.a. J.E. STAMBAUGH/D.L. BALCH 79, die darauf hinweisen, daß von dieser Summe auch Nahrung und Ausrüstung zu erstehen waren).

[25] E.W. STEGEMANN/W. STEGEMANN, Sozialgeschichte 90. Die Autoren weisen darauf hin, daß auch ein Handwerker in einem dörflichen Milieu kaum mehr verdient haben dürfte: EBD.

[26] Nehmen die Rechnungen ihren Ausgang beim jährlichen Existenzminimum, so verdoppelt sich die benötigte Summe in Städten auf mehr als das Doppelte, in der Großstadt Rom auf das Dreifache; für einen bescheidenen Wohlstand werden dort ca. 5000 Denare genannt; Angaben nach E.W. STEGEMANN/W. STEGEMANN, Sozialgeschichte 85.

[27] Vgl. die Hinweise bei S. VAN TILBORG 136ff; ein Beispiel spricht von einem Festmahl für mehr als 40.000 Bürger und zeigt damit den Kontrast zur ntl. Speisungstradition.

[28] Vgl. etwa die Schilderung des Hochzeitsmahls des Makkedonen Karanos, den *Athenaeus* Deipnosophistae IV 128c–130d, nach einem Brief des makkedonischen Briefschreibers Hippolochos schildert.

tigenden Speisung, wie sie Vv.11b und 12a vorstellen und woran in V.26 ausdrücklich erinnert wird.

In V.8 wird die Haupthandlung mit dem wiederum im *Präsens historicum* gehaltenen *verbum dicendi* wieder aufgenommen. Es meldet sich ein *neuer Akteur* zu Wort, der zweifach vorgestellt wird. Zunächst wird sein Verhältnis zur Hauptperson der Erzählung bestimmt. Derjenige, der spricht, ist einer seiner, d.h. Jesu Jünger.[29] Der Bezug auf Jesus als den Handelnden ordnet die neu auftretende Person dem Wundertäter unter. Als zweite Angabe wird der Jünger auch namentlich vorgestellt. Es handelt sich um den Jesusjünger Andreas. Doch auch diese Vorstellung geschieht wiederum in Relation, und zwar in der zu seinem Bruder, der vollständig als *Simon Petrus* (auch einfaches ‚Petrus' ist im JE belegt; dem geht aber immer die Doppelbezeichnung *Simon Petrus* voraus: 1,44 [nach 1,40.42]; 13,8 [nach 13,6]; 13,37 [nach 13,36]; 18,11 [nach 18,10]; 18,16.17.18 [nach 18,15]; 18,26.27 [nach 18,25]; 20,3.4 [nach 20,2]; s.a. 21,7 [nach 20,2.3; vgl. V.7b]; 21,17.20.21 [nach 21,15]) vorgestellt wird. Die Einführung dieses Akteurs ist durch eine geradezu barocke Überladung gekennzeichnet, die aber Parallelen im vierten Evangelium hat: So beispielsweise in der ersten Vorstellung des Andreas (Joh 1,40), der zu den ersten beiden Jesus nachfolgenden Jüngern gehört: Ἀνδρέας ὁ ἀδελφὸς Σίμωνος Πέτρου. Es wird ausdrücklich festgestellt, obgleich es durch den Kontext gesichert ist (vgl. 1,35ff), daß Andreas einer von den zwei Jüngern war, die die Worte des Johannes gehört haben und ihm nachgefolgt sind. Der Bezug auf die Hauptperson der Speisung, auf Jesus, hat also zugleich eine Affinität mit dem Gesamtkontext des Evangeliums. Anders als Philippus, der nicht als Täuferjünger berufen wurde, wird für Andreas bei seiner zweiten Handlung im Evangelium nochmals ausdrücklich der vollzogene Wechsel der Zugehörigkeit benannt (dieser Bezug wird in 12,22 nicht mehr herausgestellt). Der Hinweis auf seinen Bruder Simon Petrus ist ebenfalls nicht zufällig. Simon Petrus wird in Joh 6,68 das bereits angesprochene *joh. Petrusbekenntnis* formulieren. Die Nennung des Andreas als Bruder des Simon Petrus unterstreicht die mit V.6 beginnende Spannungslinie, die erst in V.68 zum Ziel kommt.[30]

---

[29] Vermutlich wird hier der im JE selten ausdrücklich genannte Zwölferkreis vorausgesetzt; vgl. R.A. CULPEPPER, Anatomy 214.

[30] Diese Spannungslinie spricht m.E. dafür, die auch von JOACHIM KÜGLER anerkannte Rolle, „daß im Petrusbekenntnis die Leserrolle narrativ konkretisiert ist" (Jünger 218), als die Zentrallinie zu betrachten, der andere textpragmatische Absichten zuzuordnen sind; dies ist zu KÜGLER, ebd., anzumerken, der letztlich das Petrusbekenntnis als „nur ein Aspekt des intendierten Leserverhaltens" bewertet. KÜGLER blendet damit die Einleitung der Brotrede, die Wundersequenz, aus, was ihn m.E. allerdings einen wesentlichen Aspekt der Leserführung bei der Analyse verlieren läßt.

Ist die Deutung vom Erzähltempus in V.8 als Wiederaufnahme der Haupthandlung richtig, so kehrt die Handlung mit der Andreasrede zur Wunderhandlung zurück, und der Inhalt von V.9 gibt die für das Wunder benutzte Materie
an. Es wird kurz festgestellt, daß ein παιδάριον anwesend ist. Das Kind wird
im folgenden keine weitere Rolle spielen. Vielmehr dient es der Erzählung als
ein ‚stummer Diener‘, der die Materie bereithält – fünf Gerstenbrote und zwei
Fische –, deren sich der Wundertäter bei der Speisung der Volksmasse bedie-
nen wird. Aber, so schränkt 9c sogleich ein, was kann diese kleine Zahl an
einer solch großen Menge ausrichten. Die Frage trägt steigernde Züge; doch
kommen diese Züge nach V.7 zu spät. Ob man den mk. Text vor Augen hat,
der 200 Denare zur Sättigung der Menge für notwendig hält,[31] oder die zweifellos an diesen Gedanken anknüpfende Steigerung, daß noch nicht einmal 200
Denare ausreichen,[32] daß fünf Gerstenbrote und zwei Fische ein schwaches
Gegenüber für diese Summe sind, ist nur zu deutlich. Dennoch wird nochmals
erinnert, daß das, was im Volk, was in der gesamten Situation zur Speisung
zur Verfügung steht, nicht genügt. Das heißt, wenn im folgenden eine Sättigung der Menge geschieht, so erfolgt sie wider jede natürliche Möglichkeit. So
sind im synchronen Textgefälle V.7 und V.9 als gegenseitige Unterstreichung
zu verstehen.

Es folgen in Vv.10–13 eine Reihe von Einzelhandlungen und Informationen,
die die Erzählung vorantreiben, indem sie das Erzähltempo beschleunigend von
der Durchführung und dem Ergebnis des Speisungswunders berichten. Der Erzählfluß verläuft dabei schneller als die erzählten Ereignisse. Weder das Lagern
der Menge noch der Inhalt des Dankgebetes, das andauernde Austeilen der
Speise, das Essen oder das Einsammeln der Reste ist Gegenstand ausführlicher
Darstellung. Das Tempo der Erzählung ist rasch, die Erzählweise summierend
und dürfte in wenigen Sätzen das Geschehen einiger Stunden zusammenfassen,
so daß man von einer *Raffung* sprechen kann. Das Gewicht liegt nicht auf dem
‚wie‘ der Speisung, sondern auf dem Faktum, wie es die anschließende Reaktion auf das Geschehen unterstreicht.

---

[31] Mit Hinweis auf Pea VIII,7 („Man soll dem Armen, der von Ort zu Ort wandert, nicht
weniger geben als einen Brotlaib im Werte eines Pondiums" [Übers. W. BAUER]; ein Pon-
dium entspricht etwa zwei As, d.h. einem Achtel Silberdenar; vgl. E. HÖHNE 1255; nach E.
W. STEGEMANN/W. STEGEMANN, Sozialgeschichte 48, kostet ein Brot ein Ass; vgl. auch die
Angaben bei J.E. STAMBAUGH/D.L. BALCH 80) hält R. PESCH, Wunder 95ff, die Summe von
200 Denare durchaus für realistisch, um einer Zahl von etwa 5000 Personen wenigstens eine
kleine Nahrungsmenge zukommen zu lassen; s.a. J. SCHMID, Mk 127; F. NEUGEBAUER 259
Anm. 13.
[32] Vgl. z.B. W. SCHMITHALS, Johannes 6,1–15, 327.

Der asyndetisch angeschlossene V.10a variiert das Erzähltempus. Im Aorist wird die kurze Anweisung Jesu an die Jünger formuliert, die jetzt als Gruppe (!) angeredet werden. Der Imperativ der direkten Figurenrede ποιήσατε, V.10b, nimmt das Verb von V.6c auf. Auch wenn jetzt die Jünger angesprochen werden, so kennzeichnet die Übereinstimmung des Verbs das folgende Geschehen als Umsetzung des in V.6c Beabsichtigten. Die Verklammerung mit dem Vorangegangenen erfolgt hier also durch das identische Verbum. Die Speisung wird eingeleitet mit der Aufforderung an die Jünger, die Menschen lagern zu lassen. Das Wort Jesu ruft die folgende Handlung hervor. In der Gruppenbezeichnung geschieht jedoch ein Wechsel. Nicht mehr vom *Ochlos* ist damit die Rede, sondern von den ἄνθρωποι wie in V.14a, wo wir auf diese begriffliche Variation zurückkommen werden.

Wie in V.6a steht die Zwischenbemerkung V.10c im Nebentempus. Der (allwissende) Erzähler trägt in eine Ortsbeschreibung ein: ‚*es war aber* (δέ zur Kennzeichnung des Zwischengedankens) *viel Gras an diesem Ort*'. Eine Deutung dieser Angabe wird nicht gegeben.[33]

V.10d geht wieder zurück auf V.10b und meldet im Aorist den Vollzug der von Jesus angeordneten Lagerung des Volkes. Dabei wird das gleiche Verb wie in der Aufforderung an die Jünger in V.10b gebraucht. Inhaltlich wird hingegen Neues geboten. Erstmals seit V.5aβ (und dort nur in bezug auf Jesus: ἔρχεται πρὸς αὐτόν) agiert das Volk. Allerdings zeigt das Verb nur die Übereinstimmung mit dem durch die Jünger vermittelten Willen des Wundertäters. Erzählerisch steht nach wie vor alles unter dem αὐτὸς γὰρ ᾔδει τί ἔμελλεν ποιεῖν (V.6). Die ἄνθρωποι (V.10b) werden hinsichtlich der Zahl, οἱ ἄνδρες τὸν ἀριθμὸν ὡς πεντακισχίλιοι, näher qualifiziert. Gerechnet werden ausdrücklich nur die Männer, so daß es möglich erscheint, daß eine größere Anzahl zu Speisender bedacht werden soll.[34]

Auffällig ist, daß mit V.10d die vorwiegend asyndetisch oder durch δέ (6a. 10c; nur einmal γάρ: 6b) strukturierte Verbindung der Sätze nunmehr vorwiegend durch die Konjunktion οὖν ersetzt wird: 11a.13a.14a.15aα; s.a. schon 5aα. Der Erzähler forciert damit ebenfalls das Erzähltempo und treibt die Erzählfolge voran. Allerdings wird zugleich der Satzbau der Erzählpassagen komplexer und verschachtelter, wozu die Verwendung von Partizipien beiträgt (ähnlich schon V.5).

---

[33] Dies erschwert es, konkrete Anspielungen, z.B. auf Ps 23,2 (F.J. MOLONEY, JE: Gospel, 198), zu verifizieren. V.11b[fin] stellt nach MOLONEY die V.10 entsprechende Erfüllung der Verheißung von Ps 23,1 dar. Sprachlich liegen keine Signale auf die erwogene Abhängigkeit von Ps 23,2 vor.

[34] Vgl. z.B. S. SCHULZ, JE 99.

Jesus selbst[35] nimmt in V.11a das Brot und verteilt es, V.11b, nachdem er das Dankgebet gesprochen hat (Partizip Aorist), an die, die sich gelagert hatten. Genauso geschieht es mit den Fischen. Die neue Handlung setzt das bereits Erzählte voraus. Die verteilten Nahrungsmittel gehen auf V.9b zurück. Diejenigen, die das Brot empfangen, sind die, die sich zuvor auf Vermittlung hin gelagert haben (→ V.10b.d), wofür allerdings ein anderes Verb verwendet wird. Ist ὁμοίως wohl ausdrücklich nur auf das *verbum finitum* διέδωκεν zu beziehen, so wird damit der Dank dem allgemeinen Brauch entsprechend nur über dem Brot gesprochen. Von Gewicht ist ὅσον ἤθελον. Trotz des Neutrum Singular des Korrelativums ist diese Wendung nicht auf den letztgenannten Fisch allein zu beziehen. Der Gedanke ‚*soviel, wie sie wollten*' bereitet vielmehr die folgende Feststellung der Sättigung vor und verklammert Durchführung und Demonstration.

Ὡς leitet als temporale Konjunktion den folgenden Nebensatz ein, der die Speisung unter die Überschrift der Sättigung stellt. Nachdem alle ausreichend zu essen hatten (s.a. V.11b^fin), ist es Zeit zu einer neuen Aktion Jesu. Zum dritten Mal wird ein *Verbum dicendi* im historischen Präsens geboten. Damit werden der Inhalt der folgenden Rede, der eine Aufforderung an die Jünger beinhaltet, und die Durchführung unterstrichen. Aufforderung und Durchführung sind abermals durch die Identität des Verbs eng verklammert: συναγάγετε (V.12c) – συνήγαγον (V.13a). Der Wunsch, daß nichts umkomme (der Verbleib des Eingesammelten interessiert allerdings in der Erzählung nach V.13 nicht mehr, geht es doch lediglich darum, die Größe des Wunders zu demonstrieren), motiviert die Aufforderung, die übriggebliebenen Brocken des Brotes einzusammeln. Die Fische bleiben außerhalb des Blickes unseres Erzählers.

V.13a meldet zunächst den unmittelbaren Vollzug durch die Jünger. V.13b präzisiert, so daß die Konjunktion als epexegetisches καί zu verstehen ist. Das Einsammeln geschieht, indem 12 Körbe mit den Brocken von den fünf Gerstenbroten gefüllt werden. Die Gegenüberstellung der Zahlen ist beabsichtigt und klärt eindeutig, wozu das Sammelverfahren dient. Es geht nicht darum, daß nichts umkomme, sondern um die augenfällige *Steigerung des Sättigungswunders*. Der gewaltige Überfluß,[36] der sich ergibt, obgleich alle nach ihrem

---

[35] Dies ist im Vergleich mit den synoptischen Texten zu beachten; vgl. z.B. C.H. TALBERT, JE 132.

[36] Ganz anders der göttliche Logos bei Philo, der die himmlische Speise, das Manna, das als die Weisheit verstanden wird, nach dem Prinzip der Gleichheit zuteilt: so herrscht weder Überfluß noch Mangel (ὡς μήθ᾽ ὑστερῆσαι μήτ᾽ αὖ περιττεῦσαι; *Philo*, Rer Div Her 191: Auslegung von Ex 16,18).

Wunsch gesättigt worden sind,[37] hat seine Negativfolie im anfänglichen Mangel: Dem Wenigen in Vv.7.9 steht das Viele in V.13 gegenüber.[38] V.13c klappt nach. Die Brocken werden durch ein Relativum bestimmt als die Brotstücke, die denen übriggeblieben sind, *die gegessen hatten*. Die Bemerkung wirkt im Kontext seltsam, da der Hinweis auf die restlichen Stücke in V.12b ohne Bezug auf die essende Menge auskam. Überhaupt ist die Speisung selbst ohne eine Erwähnung des Essens der Menge gestaltet. Jesus gab ihnen vom Brot und den Fischen, soviel sie wollten. Dann interessierte noch das Gesättigt-Sein der Menge. Das Essen spielte in der Jesusfrage eine Rolle, dann erst wieder in V.23b und vor allem in der Brotrede 6,(26.)31(*bis*).49.50. 51a; s.a. 52.53.58. Möglich, daß in V.13c ebenfalls erzählerisch auf das Folgende hingewiesen werden soll.

Die beiden folgenden Verse bieten zwei Reaktionen auf das Wunder.[39] Zunächst ergreifen in V.14a die *Anthropoi* die Initiative, wobei ausdrücklich auf die Speisung als getanes Zeichen (ὃ ἐποίησεν σημεῖον[40]) zurückgegriffen wird. Diese Kombination aus Verb und σημεῖον/σημεῖα steht im JE häufig zusammen und zwar zumeist in summarischen Notizen (2,23; 3,2; 4,54; 6,2; 12,18.37; 20,30; s.a. 2,11; vgl. 6,30; 7,31; 9,16; 10,41; 11,47), so daß von Jesus zwar lediglich sieben Zeichen (unter Einschluß des Seewandels und Ausschluß von Joh 21,1ff) *erzählt* werden, aber durch die formelhafte Erwähnung identischer Ereignisse[41] Jesu Handeln im Horizont des Lesers/der Leserin besonders durch wunderbare Zeichenhandlungen charakterisiert wird. Durch die Belege in 12,18.37; 20,30 wird zudem eine Brücke zum zweiten Hauptteil des JE gezogen, der selbst kein eigentliches Zeichen berichtet, obgleich Jesu eigene Auferstehung (Joh 20) durchaus in der Auferweckung des Lazarus (Joh

---

[37] Vgl. die Beschreibung der Wirkung des himmlischen Mannas auf jedes Glied des Volkes in Sap 16,21: „denn dein Wesen demonstrierte deine Süßigkeit gegenüber (deinen) Kindern, als es dem Appetit (eines jeden), der es zu sich nahm, entgegenkam und sich in das verwandelte, was immer einer wollte." (Übers.: D. GEORGI 460). Nicht nur die Menge entspricht dem Maß jedes Teilnehmers an dieser Speise, ja es verwandelt sich sogar in die Lieblingsspeise.

[38] S.a. M.W.G. STIBBE, JE 82.

[39] Anders C.H. TALBERT, JE 133: „a unified act".

[40] Gegen 𝔓⁷⁵ B et al. ist der Singular, den die Mehrzahl der Überlieferungszeugen bietet, zu lesen. Der Plural σημεῖα gleicht demgegenüber an Joh 6,2 an.

[41] Gemeint sind „ähnliche(.) Ereignisse …, *die allein unter dem Blickwinkel ihrer Ähnlichkeit betrachtet werden*"; G. GENETTE, Erzählung 81. Zum genannten joh. Phänomen s.a. R.A. CULPEPPER, Anatomy 74f. Zur *narrativen Frequenz* GENETTE, aaO 81ff; M. MARTINEZ/M. SCHEFFEL 45ff. – Gefragt werden muß allerdings, ob Joh 6,2 eine Wiederaufnahme der zuvor geschilderten Krankenheilungen ist (s.u. S. 47 mit Anm. 32) und damit eine *repetitive* Erzählweise darstellt (s.a. z.B. 6,30; 12,18).

11,39ff) abgeschattet wird.[42] Mit Hilfe der Zeichen wird Jesus in seiner soteriologischen Bedeutung erkennbar und angesichts der unterschiedlichen Reaktionen zum Scheidepunkt.

V.14 nimmt V.6b–c auf; d.h. V.14a erklärt, daß Jesus nach V.6b–c beabsichtigt, die Speisung als ein Zeichen zu tun; ein Zeichen, das sichtbar ist. Die Speisung, die somit im souveränen Vorauswissen Jesu verankert ist, gehört zu seinem charakteristisch-souveränen Handeln *für andere*, das die Zeugen zum Glauben (2,11; 4,53; 9,38; 11,27) oder in die Ablehnung führt (5,15ff; 9,39ff; 10,31ff und 11,47ff als Höhe- und Wendepunkt). In diese Krisis gliedert sich der Schluß der Speisungsgeschichte ebenfalls ein; dieses Scheidungsmotiv wird zudem in eigenständiger Weise in der anschließenden Brotrede 6,26bff entfaltet, wobei das eigentliche Ziel in der glaubenden Annahme Jesu als Gottes Lebensgabe liegt.

Das *Verbum finitum* benennt die Reaktion: ‚*Dieser ist wirklich der Prophet, der in den Kosmos kommen soll*' (V.14b). Damit jedoch nicht genug: Die Menge beabsichtigt, dieser Erwiderung Taten folgen zu lassen. Der Leser/die Leserin erfährt dies, indem die Handlung wieder auf Jesus fokussiert wird und der Erzähler wiederum seine intime Kenntnis der Gedanken Jesu belegt.[43] Dieser Perspektivenwechsel mit Hilfe einer *potentiellen Prolepse*,[44] die ein in der Erzählfolge mögliches, aber durch die Umstände verhindertes Ereignis vorwegnimmt, besagt, daß das Volk gegenüber Jesus nicht wirklich aktiv werden kann. Jesus kennt die Menschen (z.B. 2,24f) und kann sich ihrem Ansinnen daher entziehen. Die Absicht wird Jesu Rückzug auf den Berg vorausgeschickt. Er erkennt, daß die Menge ihn ergreifen und zum König machen werde. Wenn auch hier das Verb ποιεῖν auftaucht, so ist dies kaum zufällig. Das von Jesus beabsichtigte und vollzogene ποιεῖν (vgl. die Linie von 6b/c über 10b zu 14a) ist ein anderes als das *irdisch orientierte und verhaftete* ποιεῖν der Menge. Auch hier ist implizit vorausgesetzt, daß das ποιεῖν Jesu ein seiner Sendung gemäßes ποιεῖν ist, das dem menschlichen ποιεῖν gegenübersteht. So hat die Menge das Zeichen gesehen und erkannt, daß Jesus von Gott her kommt, und ist dennoch einer irdisch-materiell engführenden Interpretation des Geschehens zum Opfer gefallen.[45] Doch Jesus wird das sehbare Zeichen durch eine kommunikative Aktion ergänzen und sich dem Volk auch im Wort offenbaren und so das Zeichen in seinem Bezug auf sein eigenes Wesen und seine Sendung

---

[42] Vgl. hierzu kurz M. LABAHN, Jesus 465.
[43] S.o. S. 19.
[44] Vgl. hierzu R.A. CULPEPPER, Anatomy 69.
[45] Diese Struktur streicht auch H. HÜBNER, Theologie III, 167, heraus.

vom Vater her erläutern. Dies ist deutlich durch die verschiedenen Vorver-
weise auf die folgende Brotrede.

Auffällig ist der *Abschluß der Speisung*, den es im folgenden zu erörtern
gilt; die Schwierigkeit wird durch die Wendung αὐτὸς μόνος aufgeworfen, die
Jesu alleinigen Rückzug auf den Berg herausstellt. Zwar kann mit John Paul
Heil die Gegenüberstellung zu Joh 6,3 (In diesem Vers geht Jesus auf den Berg
und setzt sich dort μετὰ τῶν μαθητῶν nieder.) betont werden.[46] Dennoch
sind der exakte chronologische und geographische Ablauf sowie die Stellung
Jesu zu seinen Jüngern nicht zu eruieren: Joh 6,15b spricht davon, daß Jesus
πάλιν auf den Berg geht; dies setzt ein Herabsteigen nach 6,3 voraus. In V.16
ist ein Herabsteigen der Jünger erwähnt, das entweder mit V.3 korrespondiert,
wenn Jesus und seine Jünger angesichts der kommenden Volksmenge auf dem
Berg bleiben; dann würde sich Jesus trotz πάλιν in V.15b *weiter* auf den Berg
hinauf zurückziehen. Oder aber dies Herabsteigen steht in Konkurrenz zu
αὐτὸς μόνος. Wie die Hand, die für diese Separierungsformel verantwortlich
ist, sich das geographische und dramatische Szenarium vorstellte, bleibt offen.
Unterstrichen wird, daß Jesus sich wie in Mk 6,47 allein, von den Jüngern getrennt, an Land befand. Die attraktive Bemerkung, die Aussage „indicates that
he (Jesus; Vf.) is in close union with his father",[47] ist eine erzählerische Kon-
jektur, die durch den Textbestand nicht gedeckt wird.

Zur 2. Szene, *dem Seewandel:*

Mit V.16 tritt ein charakteristischer Wechsel ein; die Personalperspektive, in
der der Seewandel berichtet wird, ist nunmehr die der *μαθηταί Jesu.* Noch ein
weiterer Wechsel der Erzählperspektive wird zu beachten sein; dieser liegt in
V.22 vor, wenn das Feststellungsverfahren aus der Sicht des ὄχλος berichtet
wird. Erst in V.26 übernimmt Jesus wiederum die Initiative, indem er auf die
Frage des Volkes antwortet. Abgesehen von der Frage, ob das Ende der Wundersequenz in V.25b oder erst in V.26 zu finden ist, läßt sich für die drei Teile
der Sequenz selbst die Gliederung dem Erzählperspektivenwechsel entsprechend vollziehen; d.h. vor allem, daß V.15b das Ende der Speisung und nicht
den Auftakt des Seewandels bildet.

Zunächst setzt der Seewandel mit einer gebräuchlichen Zeitformel[48] ein (*„als
es Abend geworden war'*, V.16a) und eröffnet damit zugleich die neue Szene.
Die eingangs grob durch die Nähe zum jüdischen Passa in der Erzählfolge da-

---

[46] J.P. HEIL 145.
[47] J.P. HEIL 75.
[48] Vgl. W. BAUER/K. U. B. ALAND, Wb 1216.

tierte[49] Episode am See wird durch diese Angabe chronologisch weiter differenziert: Die Ereignisse von 6,1–15 zerfallen auf den *ersten Tag*, die im folgende analysierte Begebenheit, 6,16–21, in die sich *anschließende Nacht* und 6,22ff schließlich auf den *folgenden Tag*. Dieser folgende Tag ist mit den beiden ersten Zeitabschnitten durch Wiederaufnahmen[50] eng verbunden, so daß die erzählerische Länge des zweiten Tages nicht das narrative Gewicht der Ereignisse am ersten Tag und in der Nacht relativiert. Die Partikel δέ markiert den Übergang, bringt aber wie häufiger in Erzähltexten keinen wirklichen Gegensatz zum Ausdruck. Der finite Satz V.16b berichtet im Aorist das Herabsteigen *seiner*, d.h. Jesu, Jünger zum Meer. Das Possessivpronomen verdeutlicht, daß trotz der gewandelten Perspektive die vorangegangene Speisung vorauszusetzen ist; es geht zurück auf den Anfang von V.15. Es sind die Jünger des Jesus, der das Speisungswunder vollbracht hat, die das folgende Abenteuer zu bestehen haben. Mehr noch: Werden die Jünger von Jesus her definiert, so stehen ihr Abstieg und ihre Bootsfahrt unter dem Zeichen der Trennung. Dies bekommt Unterstützung durch die ausdrückliche Feststellung, als sie mitten auf dem See waren, daß *„Jesus noch nicht zu ihnen gekommen ist"*, V.17c. Die Definition der Jünger von Jesus her bereitet die Vereinigung der beiden Größen vor. Dieses Zusammenkommen wird, so läßt sich aufgrund der Verbindung mit der ersten Wundergeschichte vermuten, auf wunderbare Weise erfolgen.

Es fällt auf, daß V.16f zwei Bewegungen der Jüngergruppe aneinanderreihen. Zunächst ihr *Absteigen*,[51] dann ihre *Bewegung an das jenseitige Ufer des Sees nach Kafarnaum* (V.17a). Mit den Angaben πέραν τῆς θαλάσσης und εἰς Καφαρναούμ sind nach Zeit- und Personenangabe zwei Ortsangaben genannt. *‚Nach Kafarnaum'* definiert die unbestimmte Angabe des jenseitigen Ufers näher.

Drei durch parataktisches καί verbundene Sätze mit unterschiedlichem Erzähltempus bilden V.17. Zunächst wird im Imperfekt die bereits angesprochene Bewegung der Jünger genannt. Dann folgen zwei Situationsangaben im Plusquamperfekt.

Wie aber verhält es sich mit der Bewegung der Jünger in V.17a. Ludger Schenke meint, der Imperfekt ἤρχοντο müsse als Aussage, mit der die Jünger das Ziel in Kafarnaum erreicht haben, verstanden werden.[52] Die Verbform ἤρ-

---

[49] Hierzu s.a. oben S. 13 mit Anm. 2.
[50] S.u. S. 39.
[51] Von O. SCHWANKL 187 auf der „emotionalen und existentialen" Ebene als Negativsignal als eine Art Niedergang gedeutet.
[52] L. SCHENKE, Szenarium 196.

χοντο wäre also als „Imperfekt zur Schilderung der Handlung" zu deuten,[53] die nach einer gewissen Dauer ihren Abschluß mit dem Erreichen des Ziels in Kafarnaum erreicht hat. Anders argumentiert Rudolf Bultmann mit Hinweis auf Joh 4,30;[54] er interpretiert das Imperfekt auf das „Eintreten in eine Handlung".[55] Andererseits kann dem Imperfekt eine konative Bedeutung[56] beigemessen werden: Rudolf Schnackenburg.[57] Dann käme im Imperfekt das Bemühen zum Ausdruck, das jenseitige Ufer zu erreichen. Wie auch das Imperfekt zu deuten ist, ist gegenüber Schenke daran festzuhalten, daß das „Interesse ... auf das, was die Jünger während der Überfahrt erleben", konzentriert ist.[58] Setzt die grammatikalische Interpretation unterschiedliche Perspektiven des Erzählers voraus, so ist ihnen gemeinsam, daß sie die im Imperfekt begründete Dauer unterstreichen und damit wiederum ein *raffendes* Erzähltempo vorliegt.

Das, was die Überfahrt charakterisiert, steht in V.17b–18. Dieser Abschnitt formt eine Textfolge, deren Interpretation mancherlei Anstoß erregt hat.[59] Was wird hier berichtet und welche Funktion kommt dem Berichteten im Erzählgefüge zu? Zuerst fällt die Erwähnung Jesu in V.17c auf. Dies verstärkt in erster Linie das trennende Moment zwischen den Jüngern und ihrer Bezugsperson Jesus, das bereits in V.16b bemerkt wurde. Ein zweites Motiv kann erschlossen werden, wenn der negative Modus der Aussage beachtet wird. Οὔπω setzt voraus, daß der Erzähler weiß, daß Jesus noch zu seinen Jüngern kommen wird und damit die unterbrochene Gemeinschaft fortsetzt; d.h. er setzt ein Wissen um den Ausgang des Ganzen voraus.[60] Die *primäre Funktion liegt aber darin, die Not zu steigern.*[61] Daß die Steigerung der Bedrohung der Jünger ein

---

[53] Vgl. BDR § 327.

[54] R. BULTMANN, JE 158 Anm. 7.

[55] L. RADERMACHER 149.

[56] Vgl. BDR § 326; E. BORNEMANN/E. RISCH 221.

[57] R. SCHNACKENBURG, JE II, 34; s.a. R.E. BROWN, JE I, 251; J.P. HEIL 6.76; P.J. MADDEN 108; E. RUCKSTUHL, Speisung 2012.

[58] R. SCHNACKENBURG, ebd.

[59] S.u. S. 188–189.

[60] S.a. O. SCHWANKL 187: „Der nächtlichen Begegnung mit Jesus geht, nicht nur zufällig-faktisch, sondern offenbar sachlich zwingend ..., die *schiere Gegenerfahrung voraus, eine desolate Lage, die einem Alptraum gleicht*" (Hervorhebung v.Vf.). Diese Situation, für die SCHWANKL den Gesamtzusammenhang Vv.15–18 heranzieht, sieht er als notwendige Voraussetzung für die folgende Epiphanie an. Etwas zurückhaltender J.P. HEIL 16: „a hint at the upcoming epiphany ... with the implication that Jesus was expected to come to them" (sc. the disciples). Richtiger I. DUNDERBERG, Johannes 135, der nicht ein Wissen bei den Jüngern, sondern beim Erzähler und seinen impliziten Lesern angespielt sieht (s.a. C.H. GIBLIN, Crossing 97).

[61] Anders E. HAENCHEN, JE 311, der zwar konzediert, daß auf der Ebene der Tradition V.17 noch die Funktion hatte, auf die Notlage hinzuführen; im joh. Text aber „klingt diese Not höchstens noch leise an". Nach R.A. CULPEPPER, Anatomy 91, liegt im Seewandel kein

weiteres Motiv von V.17c ist, läßt sich durch den Vergleich mit dem mk. Text erhellen. Hubert Ritt deutet Mk 6,47αβ–b (... ἦν τὸ πλοῖον ἐν μέσῳ τῆς θαλάσσης, καὶ αὐτὸς μόνος ἐπὶ τῆς γῆς) als ‚lokales Extrem‘, daß die „große Entfernung zwischen den Jüngern ‚*mitten auf dem See*‘ und Jesus ‚*allein auf dem Land*‘" thematisiert.[62] Beachtet man die wohl redaktionell-markinische Zeitangabe, die die Bedrohung steigert, in V.47αα (καὶ ὀψίας γενομένης; wie in Mk 4,35) und die anschließende Schilderung des aufkommenden Sturmes, so läßt sich analog auch Joh 6,17b–18 als *Schilderung der Notsituation* verstehen. Die Bedrohung der Jünger besteht somit auf der Erzählebene aus drei Elementen. ‚*Es ist schon finster geworden*‘, V.17b, hat keine primär chronologische Funktion. Vielmehr ist der durch das Plusquamperfekt ausgedrückte erreichte Zustand der Finsternis ein Ausdruck der Gefahr; das Ufer ist nicht mehr zu sehen.[63] Die Aussage: „*Jesus ist noch nicht zu ihnen gekommen*‘, kann in diesem Kontext also auch nicht als neutrale Feststellung verstanden werden, sondern muß als Ausdruck der Not unter der Kondition der (nur zwischenzeitlich) aufgelösten Gemeinschaft verstanden werden.[64] Offensichtlich werden hier Finsternis und Abwesenheit Jesu in eine sich interpretierende Verbindung gebracht; inwieweit die Finsternis und das Kommen Jesu den joh. Theologumena ‚Licht – Finsternis‘ und ‚Kommen des Offenbarers/Gesandten in die Welt‘ zugeordnet werden können oder einfach eine Folie für die entstandene Not der Jünger bilden, ist wohl von daher zu entscheiden, daß eine positive Entsprechung in der Auflösung der Not fehlt. Das Kommen Jesu löst Furcht aus, bringt aber nicht Licht. Der Gruß ‚Ich-bin(-es)‘ ist Teil der Epiphaniemotivik und nur insofern heilbringende Selbstmanifestation des Erschienenen.[65]

Konflikt mit der Natur und damit keine Notlage vor, vielmehr liegt seine Bedeutung „in its reenactment of the exodus and its character as an epiphany". Doch in den Exodus-Parallelen kommt Jahwes Beherrschung der Chaosmächte zum Ausdruck (s.u. S. 204, so daß in der Seenot und ihrer Beherrschung auch christliche Implikationen von Relevanz sind (s.u. S. 214), die ihrerseits im Konfliktszenarium von Joh 6 zu beachten sind.

[62] H. RITT, Seewandel 76f.

[63] Vgl. *Lukian*, Nav 9: „Hier, sagte der Schiffsherr, wären sie in die äußerste Gefahr geraten und würden, da es noch zu allem Unglück Nacht und stockfinster gewesen (ἔτι καὶ νυκτὸς οὔσης καὶ ζόφου ἀκριβοῦς), unfehlbar zu Grunde gegangen sein, wofern die Götter, durch ihr Jammergeschrei erweicht, ihnen nicht von der lykischen Küste her Feuer gezeigt hätten, so daß sie die Gegend zu erkennen imstande gewesen; ..." (Übers.: C.M. WIELAND I, 167).

[64] J.P. HEIL 146 weist auf den Aufbau a – b – b’ – a’:
a καὶ σκοτία
b ἤδη ἐγεγόνει καὶ
b’ οὔπω ἐληλύθει πρὸς αὐτοὺς
a’ ὁ Ἰησοῦς

[65] Anders O. SCHWANKL 188.

V.17c ist textkritisch umstritten. Der textkritische Apparat von NA[27] läßt sechs verschiedene Lesungen unterscheiden, die sich allerdings zu vier Varianten gliedern lassen (ℵ läßt den Artikel vor Ἰησοῦς aus; 𝔓[75] liest das Verb ἐγεγόνει aus V.17b statt ἐληλύθει). Noch aufgrund des Apparates von NA[26] suchte Ismo Dunderberg die Reihenfolge καὶ οὔπω πρὸς αὐτοὺς ἐληλύθει ὁ Ἰησοῦς zu etablieren.[66] Er kann vor allem auf das Alter und die Qualität der Textzeugen verweisen, da er neben B ℵ Ψ 579 (erst in NA[27] ergänzt) et *pc* auch die Papyri 𝔓[28] und 𝔓[75] für die von ihm favorisierte Lesart beanspruchen kann. Allerdings scheint der Schreiber von 𝔓[75] beim Abschreiben durcheinander gekommen zu sein, wie das verrutschte Verb zeigt. Möglicherweise schrieb er zunächst πρὸς αὐτούς, reichte dann das fehlende, nunmehr allerdings falsche Verb nach und setzte den Text dann mit ὁ Ἰησοῦς fort. 𝔓[28] ist nach NA[27] als unsichere Lesart ausgewiesen. Entscheidend spricht aber gegen Dunderbergs Vorschlag, daß die Reihenfolge von NA[26] und NA[27] auch durch die Zeugen der Lesart οὐκ ἐληλύθει κτλ. gestützt wird (A Θ *f*1 𝔐 lat sy sa ac²). Nimmt man die Zeugen ℵ D a hinzu, die das Verb in der zweiten Position nach der Verneinung bringen, so spricht viel für ein Stemma, in dem der von den Herausgebern von NA[27] vorgeschlagene Text als Ausgangspunkt zu wählen ist.

Mit V.18 tritt in dieses Schreckensszenarium ein aktives Element ein. Die ermüdende Aneinanderreihung dreier καί als Satzverbindung wird durch die Partikel τε ersetzt. Auch steht das Verb im *Präsens historicum*, so daß die Erwähnung des Sturmes in V.18 unter syntaktischem Blickwinkel als wichtiges Erzählelement markiert ist. Doch ist dieses Element, wie die verklammernde Partikel τε zeigt, auch nicht von den beiden vorangehenden Aussagen zu trennen. Zur Situation der Orientierungslosigkeit und der Gemeinschaftslosigkeit tritt eine physische Bedrohung des Lebens hinzu: *‚und das Meer wurde durch einen starken stürmenden Wind erschüttert‘*, V.18.[67]

In diesem Zusammenhang stellt sich die Frage, ob ein tieferes, d.h. christologisches Verständnis von Finsternis zu erschließen ist. Besonders Udo Schnelle sucht eine symbolisch-christologische Aussage zu eruieren: „σκοτία ist bei Johannes ein theologisch gefüllter Begriff, der den Bereich der Gottesferne bezeichnet. … Hier will Johannes deutlich machen, daß die Jünger sich ohne Jesus in der Dunkelheit und damit in Gefahr befinden".[68] Diesem Verständnis stellen sich allerdings zwei Probleme entgegen; zunächst weist ἤδη auf eine echte Zeitangabe. D.h. es wird in Vv.17b–18 auf einen Zustand verwiesen, der von einem bestimmten Zeitpunkt der Überfahrt an erreicht ist. Damit wird allerdings, wie oben gezeigt, die Notlage der Jünger auf dem See

---

[66] I. DUNDERBERG, Johannes 128 mit Anm. 6.

[67] S.a. J.P. HEIL 77, der diese drei Aspekte zusammennimmt und darin eine Steigerung der Not der Jünger sieht.

[68] U. SCHNELLE, Christologie 124, mit J.P. HEIL 146f (s.a. oben Anm. 64); s.a. P.J. MADDEN 108f. Auch O. SCHWANKL 187f sieht eine weiterreichende christologische Deutung: Finsternis und Jesus sind Oppositionen, die im Parusie-Kommen Jesu überwunden werden. Kritisch gegenüber symbolischen Interpretationen der Finsternis z.B. F.J. MOLONEY, JE: Gospel 203.

noch verstärkt, da dieser Zeitpunkt sich durch Nicht-Sehen und damit Orientierungslosigkeit auszeichnet. Dies entspricht durchaus der griechischen Bedeutungsbreite des Begriffs σκοτία.[69] V.17b zeigt an, daß das Rudern der Jünger fortdauerte, bis es finster geworden ist. Diese Zeitangabe ist aber eine speziell qualifizierte Zeit, wie im Kontext besonders das Sturmmotiv belegt. Im Verlauf der Erzählung ist jetzt die Zeit der Existenzbedrohung und der Orientierungslosigkeit erreicht worden.[70] Das ‚Dunkel‘ kann sogar noch weitergehend den Ort und die Zeit des Todes umschreiben.[71] Will der Erzähler die Zeit, zu der Epiphanie Jesu geschieht, als Zeit der tödlichen Bedrohung der Jünger durch die Chaosmächte beschreiben? Die Epiphanie Jesu stellt Jesus dann als Beherrscher dieser Mächte in göttlicher Machtfülle in einen dramatischen Kontrast zur Notlage dar. Doch dies ist noch nicht gleichbedeutend mit dem joh. Dualismus von Licht und Finsternis. Zum anderen fehlt eine Ausdeutung der Finsternis, vor allem der charakteristische Kontrapunkt, das Licht, im weiteren Verlauf der Geschichte, die der Evangelist weitgehend unverändert und ohne größeres eigenes Interesse aufgenommen hat.

Vergleichbar ist der Weg des Judas aus der Gemeinschaft mit Jesus heraus zum Verrat: ἦν δὲ νύξ (Joh 13,30). Aber gerade dieser eindrucksvolle und theologisch viel tiefer greifende narrative Kommentar zum Verrat,[72] als er in den frühchristlichen Geschichten über das Schicksal des Judas als Verräter sonst gegeben wird,[73] verwendet nicht die Vokabel σκοτία. In Weish 17,2 werden die Gottlosen als Gefesselte der Finsternis (δέσμιοι σκότους) vorgestellt, denen die Sünden durch das Gewissen als Furcht nachhallen; im Gegensatz zu dem in der ganzen Welt strahlenden Licht (Weish 17,[19]20; vgl. Joh 1,4f.9) charakterisiert die Gottlosen Finsternis: „Aber über ihnen allein war eine bedrückende Nacht ausgebreitet (μόνοις δὲ ἐκείνοις ἐπετέτατο βαρεῖα νύξ) / eine Bild der Finsternis, die sie in der Zukunft aufnehmen würde, / sich selbst aber waren sie bedrückender als Finsternis" (Weish 17,[20]21).[74] Der Verräter tritt hinaus in der Finsternis seiner ihn anklagenden Tat; es ist Nacht, nicht allein weil er nicht in der Gemeinschaft des Lichtes ist, sondern weil er sich bereits in der Perspektive des Gerichtet- und damit in dem Verurteilt-Sein befindet. Wenn man

---

[69] Vgl. H. CONZELMANN, Art. σκοτία 425. Das Dunkel steht „… sofern es als umgreifende Sphäre erlebt und in seiner Bedeutung für das Existieren bezeichnet wird: als Hemmung der Bewegung und Tat, der Vor-Sicht, als Bereich der objektiven Gefahr und subjektiven Angst".

[70] Vgl. O. SCHWANKL 187.

[71] Vgl. H. CONZELMANN, Art. σκοτία 426 mit Belegen.

[72] S.a. H.-J. KLAUCK, Judas 86; C. DIETZFELBINGER 17f; hier (aaO. 18 Anm. 5) auch die berechtigte Kritik an dem Versuch von K. BECKMANN *passim* die Vorzeichen joh. Semantik umzukehren und Judas als positiven Charakter für die joh. Darstellung zu reklamieren: Judas wird hier zum Boten und „geht als Träger verborgener Herrlichkeit in die Finsternis" (BECKMANN 200).

[73] Man vergleiche etwa die entsetzlichen Ausführungen, die *Papias* aufzeichnete und die auch ein zeitgenössisches Publikum gehabt haben (*Papias*, Frgm III [= U.H.J. KÖRTNER, Papias Nr. 6); hierzu H.-J. KLAUCK, Judas 110–116.

[74] Übers.: D. GEORGI, in: JSHRZ III/4, 464.

so will, befindet sich Judas damit in einer noch totaleren und tiefgreifenderen Verurteilung als es manche andere, eher geschmacklose, frühchristliche Darstellung des Judas als Verräter aussagt.

Σκοτία begegnet nochmals ohne Zusammenhang mit dem Licht in 20,1. Maria Magdalena kommt zum leeren Grab, als es noch dunkel/finster war. Auch hier kann man fragen, ob σκοτία theologisch oder christologisch zu deuten ist,[75] immerhin korreliert dem Glauben des Lieblingsjüngers (V.8; ein literarkritischer Problemvers) das Unverständnis der Jünger (V.9). Oder handelt es sich um die Zeit- bzw. Situationsangabe für die Engelepiphanie V.12, der die Erscheinung Jesu folgt, Vv.14ff? Die Finsternis in 6,17 ist die Zeit der fehlenden Orientierung für die von Jesus getrennten Jünger auf dem See und damit vor allem der Not.

Das durch einen gewaltigen Sturm aufgewühlte Meer ist ein häufiges Bild in der atl.-jüdischen Literatur für den Menschen in seiner Existenzbedrohung; es steht in Gebeten klagenden oder preisenden Inhalts (vgl. Ps 46,4 [ausgelöst durch ein Erdbeben]; 89,10; 93,3f; 107,25ff; s.a. den metaphorischen Gebrauch in Jes 17,12; 57,20; Jer 6,23). Dabei kann der Sturm die konkreten wie imaginären Feinde des Beters oder die sich dem Menschen feindlich erzeigende Umwelt repräsentieren. Der Beter kann in seinem Wissen um die Geschichtsmächtigkeit Jahwes diese Bedrohung mit Jahwe selbst in Verbindung bringen (z.B. Ps 107,25f; in Jona 1,4–16 ist es denn auch Jahwe, der mit dem Sturm das Boot bedroht, mit dem sich Jona seinem Ansinnen zu entziehen sucht. S.a. Ps 104,4). Auch wenn in der joh. Version des Seewandels Jesu das Sturmmotiv sehr konkret verwendet wird, so kann nicht ausgeschlossen werden, daß die Kombination von der Abwesenheit Jesu und der Finsternis auch das Sturmthema durchsichtig werden läßt für dessen lebensbedrohliche Vernichtungsmacht. Keineswegs sollte diese Interpretation zu einem allegorischen oder symbolischen Leseverfahren verleiten. Dennoch, auch wenn nicht der fest umrissene joh. Dualismus ‚Licht – Finsternis' vorliegt, so ist die angezeigte Notsituation einer christologischen Deutung gegenüber offen. Diese Beobachtung verdeutlicht einmal mehr, daß im Wunder nicht eine sachfremde Aussage über den Wundertäter abgegeben wird. Vielmehr stehen das Wunder und sein Täter in einer inhaltlichen Affinität. Zwar mögen Wundermotive und ihre Erzählschemata wandern, in der jeweils konkreten Verwendung machen sie aber Aussagen über ihren Täter und werden durch die Vorstellungen über den jeweiligen Täter ihrerseits variiert.

Wie aber verhält es sich mit V.19aα? Das Partizip ἐληλακότες ist zu dem finiten Verb θεωροῦσιν in V.19aβ zu ziehen und kennzeichnet damit den Ort der Epiphanie des auf dem Wasser wandelnden Jesus. Die Angabe über die zu-

---

[75] Parallel zu 6,17 markiert die Finsternis auch in Joh 20,1 eine Zeit, in der die Jünger/Jüngerinnen von Jesus getrennt sind. Erst 20,14 ist die durch den Tod Jesu herbeigeführte Trennung mit seiner Erscheinung vor Maria aufgehoben.

rückgelegte Fahrtstrecke ist damit kein weiteres „obstacle", das die Schilderungen der Not in Vv.17b–18 fortsetzt.[76] Gegen jene Deutung spricht auch die Konjunktion οὖν. Nach der Schilderung der Not, die zu den Begleitumständen der Überfahrt gehört, die in V.17a ihren Ausgang nahm, führt die Konjunktion „zum Hauptthema zurück".[77] Dies zeigt auch das finite Verb θεωροῦσιν an, das im *Präsens historicum* steht (BDR § 321 „Haupthandlung"). Das Perfekt Partizip ἐληλακότες nimmt die in V.17a begonnene Bewegung wieder auf, jedoch so, daß es den Vorgang abschließt[78] und ihn zur Voraussetzung des nunmehr aktuellen Geschehens macht. Nachdem die Jünger 25 oder 30 Stadien auf dem See in bedrängter Situation zurückgelegt haben, geschieht etwas, was die Not zu einem überholten Begleitumstand der bisherigen Überfahrt werden läßt; sie sehen den auf dem Wasser wandelnden Jesus. Zu dessen Erscheinung gehört die Entfernungsangabe, zu der vorangegangenen Überfahrt die Not. D. h. aber auch, daß das in V.21b geschilderte Landversetzungswunder eine weitere steigernde Spitze der Seewandelerzählung darstellt.[79]

Das Sehen der Epiphanieerscheinung Jesu löst eine plötzliche Reaktion der Jünger aus: *,und sie gerieten in Furcht'*. Der Furcht entgegensetzt (δέ!) ist das Jesuswort, das wie das Sehen im historischen Präsens steht. Es begegnet der Furcht der Jünger mit zwei Bemerkungen: *,Ich bin es; fürchtet euch nicht.'* V. 20 korrespondiert der Furcht. Sie ist die unangemessene Reaktion,[80] und zwar deshalb unangemessen, weil der auf dem See Erschienene ἐγώ εἰμι (V.20b) sagt.

Das absolute ἐγώ εἰμι in V.20b hat eine andere Funktion als die *Ego-Eimi-Worte* der Brotrede.[81] Allerdings ist nicht auszuschließen, daß Hörer oder Le-

---

[76] Zu J.P. HEIL 16.

[77] BDR 381 (§ 451.1).

[78] BDR 279 (§ 340): Das Perfekt steht für die „*Dauer des Vollendeten*".

[79] Beispielsweise spricht U. SCHNELLE, JE 119, von „einem weiteren Wunder".

[80] Zur Furcht als negativer Reaktion im Kontext des JE vgl. P.J. MADDEN 111.

[81] Mit z.B. J.P. HEIL 80; J. PAINTER, Messiah 266: „the ‚I am' is simply an identification, ‚It is I/me'"; daher spricht G. STRECKER, Literaturgeschichte 221, von einer „(ursprünglich profanen) *Rekognitionsformel*"; ähnlich U.C. VON WAHLDE, Version 101 Anm. 80; s.a. K. BERGER, Anfang 198f; ähnlich etwa *Xenophon* Anabasis VI 6,21: „Ich bin es, Kleandros, der diesen Mann, als ihn Dexippos abführen wollte, befreit hat" (Ἐγώ εἰμι, ὦ Κλέανδρε, ὁ ἀφελόμενος Δεξίππου ἄγοντος τοῦτον τὸν ἄνδρα; Übers.: W. MÜRI 377); Alexanders Vertrauter Nearchos als wegen seines heruntergekommenen Äußeren von den Spähern der Griechen nicht erkannt wird: „Ich bin Nearch (ἐγώ εἰμι Νέαρχος), und dies ist Archia. Führt uns, und wir werden Alexander über das Heer berichten (*Arrian*, Ind 34,12 [Übers.: G. WIRTH/O. VON HINÜBER 697]). Allerdings werden in Joh 6,20 christologische Untertöne nicht völlig zu bestreiten sein. Eine sehr ähnliche Funktion nimmt das ἐγώ εἰμι in Joh 18,5f wahr. Gibt sich Jesus damit zunächst nur in einem profanen Sinne als der Gesuchte zu erkennen (V.5), so löst diese Präsentation Furcht und Niederfallen, also eine an die Proskynese

ser, die dieser Aussage auf dem Hintergrund joh. Schultheologie begegnen, in ihr nicht allein die *Selbstidentifikation einer epiphanen Gottesgestalt* finden, sondern konkret den Offenbarer, der in dieser Aussage sich *als der Für-die-Glaubenden-Daseiende* zu erkennen gibt. Zugleich dürfte das Ego-Eimi-Wort im Dienste des Erzählers auch die folgenden ἐγώ εἰμι-Formeln präparieren.[82] Dabei ist zunächst an die Deklarationen in 6,35.48 (*Brot des Lebens*), 6,51 (*das lebendige Brot*) und 6,41 (*das Brot, das vom Himmel herabgestiegen ist*) zu denken. Eine Verbindungslinie zu den anderen ἐγώ εἰμι-Formeln zu ziehen, dürfte V.20b überschätzen, kann aber nicht ausgeschlossen werden. Wohl bemerkt, es ist von einer Vorbereitung oder einem Hinweis des Erzählers zu sprechen, nicht aber von einer Umdeutung der ursprünglichen Selbstidentifikation. Daß diese Formel an die atl. Namensoffenbarung Jahwes an Mose (Ex 3,14) erinnert,[83] ist ein möglicher Unterton der Erzählung, wird aber nicht ausgeführt. Daher kann eine dreifache Funktion unterschieden werden: (1) Im Seewandel gibt Jesus sich in dieser Formel selbst zu erkennen (mit möglichen Untertönen). (2) In der Rezeption des joh. Publikums kann an das lebensspendende Kommen des göttlichen Gesandten und Gottessohnes für die Seinen gedacht werden; allerdings bleibt dieser Aspekt unausgesprochen. (3) Im Erzählfluß bereitet die Formel die ausgeführten ἐγώ εἰμι-Worte vor, ohne allerdings mit diesen in eins gesetzt zu werden.

V.21a zeigt narrativ das (An-)Erkennen der Jünger, indem sie den Erschienenen ins Boot holen wollen. Der Vollzug wird nicht berichtet.[84] Daß die Jünger sich bei Jesus befinden, berichtet erst die Reaktion der Jünger in Vv.60ff; allerdings deuten das Schisma und die nachfolgende Ausdifferenzierung der Zwölf, an die doch scheinbar in Joh 1–21 gedacht ist, auf eine gewisse erzählerische Inkohärenz. Dennoch sind auch die Jünger als Hörer der Brotrede gedacht, so daß Jesus und die Jünger nach der Landung des Bootes wieder vereint zu denken sind. Diese Landung geschieht sofort (εὐθέως), so daß auch von der Geschehensabfolge her kein Einsteigen impliziert ist. Jesus erscheint,

---

erinnernde Haltung aus. Auch in Joh 18 sind der profane Rahmen aufgesprengt und Epiphaniezüge eingetragen, die die Selbstidentifikation Jesu als Gotteserscheinung deuten lassen (s.a. E. HAENCHEN, JE 518). Ein lediglich profanes Beispiel bietet Joh 9,9 (völlig anders argumentiert M.C. PARSONS *passim*); hier betont es im Munde des geheilten Blindgeborenen die Identität mit dem vormals Blinden. Eine explizit theologische Deutung geben Joh 6,20 z.B. I. DUNDERBERG, Johannes 164; G.R. O'DAY 155 („Jesus identifies himself as wholly one with God." Hinweise auf Jes 43,1; 44,2.8; Kldg 3,55–57); R. SCHNACKENBURG, JE II, 36f.

[82] Vgl. z.B. B. LINDARS, JE 247.

[83] Darauf weisen z.B. H. HÜBNER, Theologie III, 168; s.a. G.R. BEASLEY-MURRAY, JE 90; der zudem auf die entsprechenden Belege bei Deuterojesaja hinweist.

[84] S.a. P.J. MADDEN 113.

und die Not ist kein Thema mehr. Die Furcht vor der (göttlichen) Erscheinung wird dadurch genommen, daß er sich als der, *der er ist* (diese Formulierung soll der oben aufgezeigten Spannbreite Rechnung tragen), vorstellt. Dem Erkennen folgt das wunderbare Versetzen des Bootes an das Ufer, ,an das sie fuhren' (V.21bβ); geht es zu weit, dies als eine Versetzung in die sichere Gemeinschaft des von Gott Gesandten zu verstehen?[85]

Zum Epilog: Reflexion über die Realität des Seewandels.

Der folgende Abschnitt Vv.22–25a ist in seiner erzählerischen Bedeutung umstritten; umstritten nicht zuletzt auch deshalb, weil er hinsichtlich seiner literarhistorischen Einordnung unterschiedlich bestimmt wird. Schon Eduard Schwartz bemerkte im Hinblick auf diese Zeilen nicht völlig zu Unrecht, es handele sich um ein „wirres Conglomerat von sprachlichen und sachlichen Ungeheuerlichkeiten".[86] Zweifelsohne sind diese ,Ungeheuerlichkeiten' aus dem *literarischen Wachstum* heraus zu verstehen. Dennoch ist der Text so gelesen worden, wie ihn die letzte Hand hinterlassen hat, und um dieses Verständnis wollen wir uns zunächst bemühen. Allerdings soll dies nicht geschehen, ohne auch auf die entsprechenden literarkritischen Probleme hinzuweisen.

Als erstes kann beachtet werden, daß der Text einen *narrativen Funktionswandel* durchgemacht hat. Seine Funktion ist im Blick auf den Kontext eindeutig zu bestimmen; hier geht es darum, *Jesus und das Volk wieder zusammenzubringen* (V.25; s.a. die Boote V.23, die überraschend eintreffen).[87] Aber rechtfertigt diese narrative Funktionsbestimmung, die dadurch gedeckt wird, daß Vv.22–25 im Kontext inhaltlich und sprachlich nicht weiter rezipiert werden, einen derart komplizierten Aufbau? Um das getrennte Volk und Jesus mit seinen Jüngern zusammenzubringen oder aber ein Publikum für die folgende Rede zu schaffen, bestanden einfachere erzählerische Möglichkeiten. Insbesondere V.22b–d warnen vor voreiligen Schlüssen und geben zu erkennen, daß hinsichtlich Vv.22–25 oder besser hinsichtlich seines Grundbestandes eine andere Orientierung anzunehmen ist.

Für eine bestimmte Funktion dieses Grundbestandes im Erzählgefälle des Seewandels, der auch im gegenwärtigen Erzählkontext noch an die Oberfläche tritt, scheint mir der Text von V.22b–d zu sprechen, der zu umständlich for-

---

[85] F.J. MOLONEY, JE: Gospel 204, interpretiert die Ankunft am Ufer als Erfüllung von Ps 107,30.

[86] E. SCHWARTZ, Aporien IV, 501.

[87] Vgl. J. BECKER, JE I, [1]202f. [3]244; H. WEDER, Menschwerdung 373 (ZThK 335); I. DUNDERBERG, Johannes 136; diese Funktion anerkennt auch J. BEUTLER, Struktur 253, wenngleich er die Brotrede bereits in V.22 beginnen läßt (so jetzt auch M. THEOBALD, Schriftzitate 341).

muliert ist, als daß er nur in Kombination mit V.24 sagen wollte, „daß Jesus nicht da ist".[88] Für diese Aussage würde V.24 genügen. V.22 dient in seinem Grundbestand zur *Feststellung des Wunders des Seewandels*.[89] Vergegenwärtigen wir uns also zunächst dieses Erzählprogramm. Der ὄχλος bemerkt folgendes (V.22b–d):

- Es gab am Ufer nur ein Boot (πλοιάριον ἄλλο οὐκ ἦν ἐκεῖ εἰ μὴ ἕν).
- Jesus ist nicht mit seinen Jüngern in das Boot gestiegen (οὐ συνεισῆλθεν τοῖς μαθηταῖς αὐτοῦ ὁ Ἰησοῦς εἰς τὸ πλοῖον).
- Die Jünger sind allein weggefahren (μόνοι οἱ μαθηταὶ αὐτοῦ ἀπῆλθον).

Diese Beobachtungen sind komplex formuliert und wollen offensichtlich die Fakten geradezu juristisch genau und damit unumstößlich angeben. Jesus ist diesen Daten zufolge offensichtlich, ohne ein Boot zu benutzen, an das andere Ufer gelangt. Dies wird erzählt, um durch „die verbürgte Tatsächlichkeit der Zeichen ... zum glaubenden Bekenntnis gegenüber Jesus" zu führen.[90] Daß gesagt werden soll, dies sei durch einen Fußmarsch Jesu an dem See entlang geschehen,[91] läßt sich den Bemerkungen nicht entnehmen. Vielmehr wird das Überschreiten des Wassers, das zuvor geschildert wurde, noch einmal in seine Voraussetzungen zerlegt, so daß der Seewandel ausdrücklich als wirklich geschehen festgestellt wird.

Im gegenwärtigen Text werden also beide Orientierungen zu beachten sein, die rückwärtsgewandte, die das Wunder juristisch exakt konstatiert, und die vorwärtsgewandte, die zeigt, daß Speisung und Seewandel auf den folgenden Text hin gelesen werden wollen. Welches Gewicht den Wundern für das Folgende im einzelnen jedoch zukommt, ist der Analyse des anschließenden Textes selbst zu entnehmen, wobei das vom Evangelisten geformte Apophthegma Joh 6,25b–29 als Einleitung der Lebensbrotrede eine wichtige Bedeutung haben dürfte.

Zur narrativen Struktur im einzelnen. Der *omnipräsente* Erzähler, der zunächst in 6,16–21 den Jüngern folgte, wechselt wiederum seinen Standort und zwar zurück an das andere Seeufer. Die genannten Erwägungen zur Feststellung des Wunders zeigen seine Bekanntschaft mit den inneren Erwägungen auch des Volkes, das hier als eine einheitliche Erzählgruppe verwendet wird.

Durch eine *neue Zeitangabe* führt er den folgenden Text ein. Diese Zeitangabe ist sowohl für die vom Erzähler referierten Reflexionen des Volkes über die Ereignisse der Nacht wie auch die sich anschließende Brotrede gültig. Mit

---

[88] So I. DUNDERBERG, Johannes 128.
[89] S.a. E. HAENCHEN, JE 312; F. SCHNIDER/W. STENGER 148.
[90] H. WÖLLNER 39.
[91] So C.H. TALBERT, JE 133.

dem Tageswechsel gehen ein Perspektivenwechsel, ein Personenwechsel und ein Ortswechsel einher.[92] Befand sich in V.21[fin] das Boot mit den Jüngern zusammen mit Jesus am Westufer des Sees bei Kafarnaum, so wird in V.22 der wieder eingefügte *Ochlos* am *jenseitigen*, d.h. am Ostufer verortet. Das Volk stellt hier die Fakten fest, die für Leser/Hörer den Seewandel als wirklich geschehen charakterisieren. Dieses Volk selbst aber wird später Jesus verwundert fragen: πότε ὧδε γέγονας (V.25b). Der Tag, an dem die große Brotrede geschieht, ist also zunächst durch einen analeptischen Reflexionsgang bestimmt. So wird das nächtliche Wunder aufgrund der chronologischen Gliederung und der Analepse zu einer Basis der folgenden Ereignisse. Wenn auch die Einleitungspassage 6,25bff ihrerseits auf das Brotwunder zurückgreift (Vv.26f), so wird deutlich, daß die Wundersequenz die narrative Grundlegung für die Brotrede und die ihr folgenden Ereignisse bildet: Der Leser/die Leserin hat dieses Geschehen zu reflektieren, es beleuchtet die Brotrede, wie auch die Brotrede ihrerseits ein Licht auf die vorangegangenen Ereignisse wirft.

Die Partikel ἀλλά läßt diese Feststellung hinter sich und führt in V.23 ein neues Thema ein.[93] Es kommen Boote aus Tiberias, dem Ort, der bereits in V.1 zur Bezeichnung des Sees verwendet worden ist. Sie gelangen in die Nähe des Ortes, ,*wo sie das Brot gegessen hatten, nachdem der Kyrios das Dankgebet gesprochen hatte.*' Es ist auffällig, daß der Ort nochmals genannt wird (s. schon V.22a). Der Speisung scheint dieser Hinweis eine *eigene Deutung* beizulegen. Jesus tritt in der Speisung nur hier als Kyrios auf; sonst begegnet in Kap. 6 allein die Anrede κύριε im Vokativ (Vv.34.68). Auch die Schilderung der Speisung wird auffällig zusammengefaßt: Das Brot steht im Singular, und der Vorgang der Speisung reduziert sich auf das Kyriosgebet und das Essen des Brotes. Die Verteilung und die Fische, vor allem aber das Thema der Sättigung und des Überflusses fehlen. Dieser seltsame Reflex der Speisung wird später noch zu beachten sein. Zunächst ist jedoch festzuhalten, daß die narrative Funktion der Boote eindeutig ist; sie erklären, wie es möglich ist, daß das Volk Jesus in V.25 findet.

V.24aα–γ hat eine *retardierende Tendenz*. Obgleich mit der Partikel οὖν die Handlung vorangetrieben wird, wird zunächst noch einmal das Sehen des Volkes genannt. Dies nimmt wahr, was nach V.22 eigentlich bereits deutlich

---

[92] S.a. P.J. MADDEN 85.
[93] Vgl. zu diesem Gebrauch von ἀλλά W. BAUER/K. u. B. ALAND, Wb 74.

ist, daß Jesus und seine Jünger nicht mehr am Ort der Speisung waren. Dies motiviert nun aber den Einstieg in die V.23a zur Verfügung gestellten Boote.[94]

V.24b führt den Einstieg in die Boote zum Ziel nach Kafarnaum, wo die Menge sich auf die Suche nach Jesus macht. V.25 berichtet, wie sich die Suche in den Eintritt in ein Gespräch mit dem Offenbarer konkretisiert. Nachdem Jesus nun gefunden ist, beginnt eine (gebrochene, weil zum Großteil monologische) Kommunikation, die Widerspruch und Zustimmung nach sich zieht.

Insgesamt kann eine weitgehende narrative Stringenz beobachtet werden. Auch stilistisch ist eine recht große Einheitlichkeit festzustellen. Zumeist steht das finite Verb asyndetisch am Satzanfang, daneben tritt mit auffälliger Frequenz die für das vierte Evangelium häufige Konjunktion οὖν. Der Satzbau ist zumeist einfach (anders Vv.11ff). Spannungen finden sich insbesondere im Dialog Jesu mit seinen Jüngern. Die doppelte Erwähnung der ungenügenden Voraussetzung für die Speisung ist insbesondere deshalb beachtenswert, weil der zweite Einwand gegenüber dem ersten abfällt. Zudem sind in dieser Textpassage die große Affinität zum Gesamtkomplex Joh 6 und zum Text des Evangeliums selbst auffällig. Besondere Beachtung fanden auch die Vv.22–25; sie haben eine deutliche Funktion im Zusammenhang von Kap. 6. Dahinter konnte jedoch auch eine ältere Erzählabsicht entdeckt werden. Zu prüfen ist, wie sich diese zur Abfolge von Speisung und Seewandel verhält.

2.3 Die Wundersequenz im Kontext der Komposition von Joh 6

Wenden wir uns nunmehr dem Gesamtkomplex zu, der mit dem sechsten Kapitel des Johannesevangeliums dem Leser/der Leserin entgegentritt. Zunächst wird unsere Aufmerksamkeit (a) der Einleitung, dann (b) dem Zwischenstück und schließlich (c) der eigentlichen Brotrede gelten. Letztere stellt ein eigenes Problem im Zusammenhang der Analyse von Joh 6 dar. Die Fragen nach Aufbau, Struktur, Überlieferung, Gattung, etc. können hier nur soweit interessieren, wie sie dem Verständnis der Integration, Bearbeitung und Interpretation der Wundersequenz von Speisung und Seewandel durch den vierten Evangelisten dienen. Daher mündet der vorliegende Abschnitt dieser Arbeit nach einem Exkurs über Vv.51c–58, der für die Frage einer eucharistische Interpretation von Joh 6 bedeutsam ist, in (d) die Erörterung der narrativen Funktion der Wundersequenz für die Komposition der Brotrede.

---

[94] Auf das Problem von Singular- und Pluralverbformen wird im Zusammenhang der literarhistorischen Fragestellung noch einzugehen sein; auch auf die unübersehbaren Doppelungen.

(a) Mit der Wendung μετὰ ταῦτα wird das Geschehen am See Genezareth in V.1 von der Blindenheilung 5,1ff* und der anschließenden Belehrung in 5,17ff abgetrennt.[1]

Μετὰ ταῦτα dient dem vierten Evangelisten als Gliederungselement seiner Erzählung.[2] So begegnet es zur Kennzeichnung der ‚großen‘ Einschnitte zwischen 4,54 und 5,1[3] und zwischen 6,71 und 7,1 (s.a. 21,1 im Anschluß an die Abschlußformulierung von Kap. 1–20). In 3,22 trennt der Evangelist die Jerusalemer Ereignisse (Tempelreinigung und Nikodemus-Gespräch) von der Rückwanderung nach Judäa ab; markiert er hier keinen neuen Großabschnitt, so ist doch der geographische Wendepunkt der Komposition 2,1–4,54 erreicht. Auch in 19,38 wird mit dieser Wendung ein qualifizierter Einschnitt gesetzt: Nach der Schilderung des Todes Jesu 19,28ff leitet μετὰ ταῦτα die Grablegung ein.[4] Joh 5,14 fällt aus dieser Reihe heraus. Der Trenner μετὰ ταῦτα leitet den zweiten der drei Abschnitte (Vv.9c–13; V.14; Vv.15–18)[5] ein, die die an die Wunderheilung anschließende Sabbat-Konfliktgeschichte bilden. Die Formulierung markiert einen „vagen zeitlichen Abschnitt“,[6] ähnlich wie die vorgenannten Trenner. Der andersartige Gebrauch Joh 13,7 kann hier als Vergleich außer acht bleiben. Daneben ist die singularische Formulierung μετὰ τοῦτο belegt: Joh 2,12; 11,7.11; 19,28.

Daher gilt ‚*danach*‘ als ein *Gliederungssignal* und ist deswegen nicht in seinem unmittelbaren Sinn als Hinweis auf ‚direkt folgendes‘ zu verstehen. Erzählt wird nunmehr ein neues, von dem vorherigen geschiedenes Ereignis, das allerdings zeitlich in den Ablauf der aus der nachösterlich-joh. gedeuteten *vita* Jesu vom Täuferzeugnis bis Kreuz, Auferstehung und Erscheinung eingeordnet ist.

Eine *crux interpretum* stellt die Passage ἀπῆλθεν ὁ Ἰησοῦς πέραν τῆς θαλάσσης τῆς Γαλιλαίας τῆς Τιβηριάδος dar, die als eine der *johanneischen Aporien* zu gelten hat.[7] Der letzte auf der Textebene genannte Aufenthaltsort Jesu ist Jerusalem (5,1.2). Diese Stadt bildet damit den Ausgangsort des Weggangs Jesu auf der Textebene. Da πέραν τῆς θαλάσσης keine

---

[1] S.a. F.J. MOLONEY, JE: Gospel, 193; hier werden die trennende Merkmale mustergültig aufgelistet:
– μετὰ ταῦτα als Gliederungssignal,
– neue Ortsangabe (πέραν τῆς θαλάσσης τῆς Γαλιλαίας τῆς Τιβεριάδος),
– neue Charaktere (die Volksmenge [V.2 mit summierender Bemerkung als Motivation für ihre Nachfolge], die Jünger [V.3; zuletzt in der Samaritanerin-Perikope genannt: Joh 4,1. <2.>8.27.31.33]),
– neue Zeitangabe (V.4).
[2] Z.B. U. SCHNELLE, Christologie 114; E. HAENCHEN, JE 299.
[3] Zum redaktionellen Charakter von 5,1 vgl. M. LABAHN, Jesus 220f.
[4] S.a. M. LANG, Herr 221.
[5] In vier Szenen untergliedert 5,9c–16 R. METZNER 180.
[6] J. BECKER, JE I, ¹232. ³279.
[7] Vgl. H. THYEN, Art. Johannesevangelium 204.

feststehende Benennung einer bestimmten Uferseite des Sees Genezareth,[8] sondern ein Relationsbegriff ist,[9] der das *jenseitige Ufer* vom gegenwärtigen Standpunkt aus gesehen bezeichnet, entsteht eine Spannung zum letztgenannten Ort des Wirkens Jesu in der Erzählung des JE. Jerusalem ist zu weit abseits vom See, als daß es zur Kennzeichnung eines jenseitigen Ufers oder als Ersatz für den nicht genannten Abfahrtort der erfolgten Überfahrt eintreten könnte.

Im folgenden wird ein *literarkritischer* Zwischenschritt eingefügt, da der im folgenden unterbreitete narrative Deutungsvorschlag nicht ohne Berücksichtigung des zumeist angenommenen aporetischen Charakters dieser Stelle vorgelegt werden soll. Wir werden also zunächst die literarkritischen Lösungsansätze betrachten und den Sachverhalt des Übergangs von Joh 5,47 zu 6,1 mit anderen Passagen des Evangeliums vergleichen. Da erzählerische Parallelen nachweisbar sind, wird schließlich eine narrative Deutung vorgelegt, die das πέραν κτλ. nicht nur im Erzählverlauf zu erklären versucht, sondern vielmehr mit einer bewußten dramatischen Gestaltung des Textes rechnet.

Die vorgenannte Spannung ist Ausgangspunkt für *Blattvertauschungshypothesen*, die einen besseren Anschluß von 6,1 an 4,46ff annehmen.[10] Auf der Ebene des vierten Evangeliums ist überraschend, daß der Erzähler des Evangeliums erst in 7,1 die Konsequenzen berichtet, die Jesus aus den in 5,16.18 berichteten Nachstellungen der „Juden" gezogen hat, obgleich er schon in 6,1ff in Galiläa wirkt und damit gewissermaßen die Gefahr in Judäa meidet.[11] Doch hat der Konflikt mit den ‚Juden', der in 7,1 weitergeführt wird, im Evangelium weitere Vorläufer (4,1.3 deutet einen Konflikt mit Pharisäern[12] in *Judäa* an, der ebenso auf den Tötungsbeschluß vorwegweist; eine feindliche Haltung *in nuce* kann schon hinter der Rückfrage 2,18 gesehen werden[13]). Zudem bereitet 7,1 die Auseinandersetzung mit den „*Juden*"

---

[8] So F.J. MOLONEY, JE: Gospel, 195, mit Hinweis auf E. DELEBECQUE, JE 157f: „a given place at the north end of the lake, close to Tiberias".

[9] Vgl. F. SCHNIDER/W. STENGER 142.

[10] Schon J. WELLHAUSEN, JE 23, stellt durch die Angliederung von Kap. 6 in der Grundschrift die Abfolge 4,46ff; 6,1ff her (vgl. bereit DERS., Erweiterungen 15ff); vgl. auch R. BULTMANN, JE 154f; P. GARDNER-SMITH 28; H. WÖLLNER 31; s.a. W. SCHMITHALS, Johannesevangelium 415 (s.a. die Gliederung aaO. 417) und U.C. VON WAHLDE, Version 95, für die von ihnen rekonstruierten Grundschrift-Modelle. Als Kriterium dient SCHMITHALS der Vergleich mit der synoptischen Akoluthie. M.-É. BOISMARD/A. LAMOUILLE, JE 26.32f, legen diese Abfolge ihrer Schicht *Jean II-A* zugrunde.

[11] Z.B. I. DUNDERBERG, Johannes 131; H. CONZELMANN/A. LINDEMANN, Arbeitsbuch 311.

[12] Eine eigenständige Gruppe in der joh. Erzählwelt, die aber Parallelfunktionen mit der Gruppe ‚der Juden' übernimmt; vgl. kurz U. SCHNELLE, Juden 219.

[13] S.a. R. SCHNACKENBURG, Jesus Christus 257, der die Plazierung der Tempelreinigung an den Anfang der Wirkung Jesu damit begründet, daß er „Konfrontation mit den führenden, doch ungläubigen ‚Juden' ... schon bald sichtbar machen wollte". Anders U. SCHNELLE, Juden 219, der diesen Beleg neutral zu den Belegen der „Ἰουδαῖοι als Dialogpartner bzw. Stichwortgeber" rechnet. S.a. aaO. 220.225; in Joh 1–4 macht SCHNELLE lediglich neutrale oder positive Aussagen aus. Seiner Differenzierung zwischen Kap. 1–4 und

in Kap. 7–10 vor und gehört damit in einen eigenen literarischen Kontext des vierten Evangeliums.

Die Umkehrung der Kapitelfolge würde zugleich die Abfolge des Festschemas vereinfachen: Dem in 6,4 angekündigten Passa würde dann nicht in 7,2 ein Laubhüttenfest, sondern das in 5,1 genannte Passafest folgen.[14] Angemerkt wurde auch, daß der Hinweis auf den Sabbatkonflikt verspätet wiederkommt (7,23 → 5,1ff).[15] Allerdings sollte diese Beobachtung nicht die relativ große Zahl von Rückverweisen im vierten Evangelium außer acht lassen, die auch über größere Zusammenhänge hinweg an von Jesus Gesagtes oder Getanes erinnern.

Von Kafarnaum aus, das unmittelbar am See Genezareth liegt, wäre die Relation πέραν τῆς θαλάσσης gut verständlich.[16] Doch ergeben sich neue Probleme, da die Umstellung der Lahmenheilung, die wohl auch traditionell in Jerusalem lokalisiert ist, hypothetisch bleibt. Zudem ereignet sich die Joh 4,46ff* geschilderte Szene nicht in Kafarnaum, sondern in Kana (4,46),[17] ohne daß Jesu Weg nach Kafarnaum in der Überlieferung berichtet wird. Auch fehlt die Verlagerung Jesu an das Ufer des Sees, das als Relationsort zum jenseitigen Ufer in 6,1 fungieren müßte.[18] Daß der Evangelist sie aus seiner Vorlage gestrichen habe, ist bei seiner zuverlässigen Tradierung dieses Stückes kaum anzunehmen.

Die Gegenprobe, ob der Anschluß von Kap. 5 (einschließlich des Rückverweises auf dieses erste Jerusalemer Sabbatwunder in 7,19ff) in 7,1 geographisch glatter als der Übergang zwischen Kap. 5 und 6 ist, ist ebenfalls strittig. Tatsächlich befindet sich Jesus gegenüber seinem in Kap. 5 genannten Aufenthaltsort Jerusalem in 7,1 ebenfalls überraschend und unverbunden in Galiläa; hier streift er umher (περιεπάτει). Ein Wechsel des Aufenthaltsortes wird hingegen nicht berichtet.[19]

Ein anderer Versuch, die Spannung aufzulösen, ist Joh 6 insgesamt als sekundäre Zutat in eine erste Edition des JE bzw. in eine Grundschrift[20] zu interpretieren. Ob aber die sekundäre Einfügung das Problem eines Bruches zwischen Joh 5,1ff und 6,1ff löst, ist fraglich. Jedenfalls kann das Argument: „He failed, however, to check the phrasing of the new passage

---

5–11 im Blick auf die Darstellung des vierten Evangelisten ist grundsätzlich zuzustimmen (hierzu s.a. die Überlegungen bei M. LABAHN, Tradition 192–195); differenzierend scheint mir im Blick auf die ‚Juden‘ jedoch in Kap. 1–4 bereits ein Konfliktpotential in der Darstellung zu beachten zu sein, das – mit SCHNELLE – in Joh 5–11 „eskaliert" (EBD.). Dies korrespondiert mit den Überlegungen zu Jerusalem als Konfliktzentrum des vierten Evangeliums (2,12ff).

[14] Vgl. z.B. H. CONZELMANN/A. LINDEMANN, Arbeitsbuch 311.

[15] J. ASHTON, Understanding 200.

[16] Anders K. BERGER, Anfang 28, der auch an Jerusalem als Beziehungsort keinen Anstoß nimmt.

[17] Zu den geographischen Ungereimtheiten einer Umstellung s.a. U. SCHNELLE, Christologie 109f; DERS., Einleitung 496f. Auch L. SCHENKE, Brotvermehrung 13, und F.J. MOLONEY, Son of Man 88, weisen darauf hin, daß eine Umstellung nicht zu einem spannungsfreien Erzählablauf führt.

[18] Dies Problem stellt z.B. I. DUNDERBERG, Johannes 132, heraus. Allerdings sehe ich nicht, wie das relationslose *jenseitige Ufer*, das eines der Indizien für seine Überlegung der sekundären Eingliederung von Kap. 6 in den Kontext ist, im Zusammenhang seines Lösungsvorschlags besser erklärt wird. Dessen ungeachtet ist seine „Gegenprobe", die den Anschluß von 5,1 an Kap. 6 thematisiert, überzeugend. Kein Indiz für einen ‚besseren‘ Anschluß ist zu erkennen (EBD.).

[19] S.a. K. WENGST, Gemeinde [4]140 Anm. 30.

[20] Für Grundschrifthypothesen vgl. auch die S. 4 Anm. 19 genannten Exegeten.

against what was written earlier. ... In ancient times it was not easy to look up isolated sentences in a complete book",[21] nicht überzeugen. Für einen potentiellen Integrator lag der Text schriftlich vor und damit kontrollierbar bereit für Verbesserungen wie auch für Manipulationen.

Anders argumentiert Ernst Haenchen, der eine Umstellung des Textes für „unmöglich" hält:[22] „Der Evangelist hatte kein Interesse an einer genauen Wiedergabe der Wanderwege Jesu. Vermutlich besaß er auch nicht die Möglichkeit dazu."[23] So richtig dies auch sein mag, so bleibt doch zu fragen, ob die Textgliederung durch geographische und temporale Angaben absichtslos und ohne Sinn ist. Selbst wenn es sich nur um Gliederungssignale handelt, so wären diese Informationen für das Verständnis des Evangeliums selbst und seine erzählerische Strategie unentbehrlich.

Auch wenn man nicht gänzlich ausschließen mag, daß ein Redaktor die erzählerische Kontrolle über seinen Text verloren hat, dürfen parallele Übergänge im vierten Evangelium nicht aus dem Blick verloren werden. Sie warnen davor, dem Erzähler eine von ihm oder seiner Zeit nicht geteilte erzählerische Strategie zuzumuten. Es stellt sich vor allem die Frage, ob die an der *Literalität* der letzten beiden Jahrhunderte gemessenen Ansprüche an den stringenten logischen, geographischen oder chronologischen Aufbau einer Erzählung in gleichem Maße für ein noch ausgeprägt durch *Oralität* beeinflußtes Schrifttum beansprucht werden können. Es kann angefragt werden „if it can so quickly be assumed that where there are discrepancies or inconsistencies in a Gospel or a letter, it is the result of the combination of divergent written sources... It may well be the case that such consistencies are the result to provide oral/aural clues to the one who listens to the document."[24] Zwar darf eine solche Anfrage nicht als ein methodisches Passepartout mißbraucht werden, das sämtliche Wachstumsspuren, die den Charakter eines Textes prägen können, wegradiert. Doch kann gerade die wiederkehrende Wendung πέραν τῆς θαλάσσης in Joh 6 als Hinweis auf eine bewußte narrative Organisation der Erzählschauplätze gewertet werden.

Wir fragen weiterhin, ist nicht das vierte Evangelium trotz seines progressiven Erzählgefälles hin zu Tod und Auferstehung, also hin zu Aufstieg und Rückkehr des vom Vater gesandten, herabgestiegenen Offenbarers in starkem Maße noch episodenhaft geprägt?

Einerseits kann nicht bestritten werden, daß die einzelnen Passagen Verknüpfungen aufweisen; besonders die Technik der Rückverweise kann genannt werden. Andererseits fällt z.B. auf, daß handelnde Personen gerne neu eingeführt werden, obgleich sie in früheren Ab-

---

[21] P. PIERSON 306.
[22] E. HAENCHEN, JE 299, mit Hinweis auf aaO. 48ff.
[23] E. HAENCHEN, JE 299.
[24] P.J. ACHTEMEIER, Verbum 26.

schnitten schon vorgestellt wurden;[25] dies zeigt einen episodenhaften Erzählstil wie auch die Gliederung durch μετὰ ταῦτα, die additiv verbindet. Interessanterweise tritt der episodenhafte Stil im Verlauf des Werkes, bes. ab Kap. 11 zurück;[26] doch diese Beobachtungen bedürfen weiterer Intensivierung, die hier nicht erbracht werden kann.

Ähnliche Übergänge wie in Joh 6,1 lassen jedenfalls Zurückhaltung gegenüber literarischen Operationen in dieser Frage geboten sein. Blicken wir an erster Stelle auf die tatsächlich *sekundäre Ergänzung in Kap. 21*.[27] Auch hier befindet sich Jesus zunächst in Jerusalem (Joh 20: Erscheinungen), um nach dem Buchschluß 20,30f im Anschluß an ein Abfolgesignal (μετὰ ταῦτα) ohne weitere transitorische Notiz ἐπὶ τῆς θαλάσσης τῆς Τιβεριάδος den Jüngern zu ,erscheinen'.[28] Der Ergänzer, der Kap. 6 bereits vor Augen hatte, will die Jesusgeschichte entsprechend dem mt. Bericht (Mt 28,16ff; vgl. die Ankündigung Mk 16,7 par Mt 28,7) mit einer galiläischen Erscheinung *fort*setzen. Dennoch verzichtet er auf jegliche den Ortswechsel motivierende Überleitungsformel.

---

[25] Hierzu z.B. J. KONINGS, Dialogue 528 Anm. 27.

[26] Zur narrativen Einbindung von Joh 11 in den *plot* des Evangeliums vgl. M. LABAHN, Jesus 381ff.

[27] Dieses Urteil ist mit jeweils guten Gründen der Mehrzahl der Kommentare und Monographien zu entnehmen: vgl. die Auflistung in M. LABAHN, Jesus 54 Anm. 11, die z.B. durch die neueren Kommentare von U. SCHNELLE, JE 13. 314f (s.a. die dritte Auflage seiner Einleitung: 499f); U. WILCKENS, JE 6. 320, und F.J. MOLONEY, JE: Gospel 562ff, DERS., JE: Glory 187–192, sowie z.B. M. LANG, Johannes 294ff, und J. ZUMSTEIN, Endredaktion 119ff, ergänzt werden kann. Neben den dort genannten Befürwortern der Einheitlichkeit von Joh 1–21, unter denen ich noch einmal auf K. BERGER, Anfang 21–25, verweise, kann jetzt auch M. HASITSCHKA *passim* ergänzt werden (vgl. auch die bei MOLONEY, JE: Glory 184 Anm. 8, genannte Lit.), der seine Deutung an dem hier interessierenden Problembereich erarbeitet: Er versucht zu zeigen, „daß bestimmte Ankündigungen und Probleme in Joh 6 zunächst offen bleiben und sich erst in Verbindung mit 21,1–14 richtig verstehen lassen" (86). Daß die Rede ihre Bedeutung erst „nach dem Ereignis der Lebenshingabe und Auferweckung Jesu" (88) gewinnt, ist auf der textinternen Ebene richtig, übersieht aber die textexterne Lesersteuerung (zur textexternen Kommunikationsebene im JE vgl. auch K. SCHOLTISSEK, Messias-Regel 107f), die dieses Ereignis schon in 2,21f als hermeutische Perspektive nennt und damit in der weiteren Darstellung voraussetzt, auch wenn es auf der textinternen Ebene erst später berichtet wird. Solche Leserlenkung und Differenzierung setzt einen wenigstens partiell informierten Leser/Leserin voraus, wie es beispielsweise R.A. CULPEPPER, Anatomy 212ff, annimmt. Sie ist begründet in der österlichen Perspektive der joh. Jesus-Hermeneutik: *„Allein in der österlichen Perspektive kann das Schicksal des irdischen Jesus wirklich erfaßt werden"* (ZUMSTEIN, Jesus 73).

[28] M. HASITSCHKA 93ff listet über die zeitliche Verknüpfung (μετὰ ταῦτα) und die geographischen Angabe (See [...] von Tiberias) hinausgehend eine Reihe von Parallelen auf, die, auch wenn nicht alle die gleiche Evidenz haben, die Frage nach der Relation beider Erzählungen stellt. HASITSCHKA selbst wertet diese Parallelen so, daß Joh 6,1ff „von vornherein angelegt auf eine Ergänzung durch das nachösterliche ,zweite' Zeichen" sei.

Anders verhält es sich in einer von Udo Schnelle als Vergleich angeführten Passage,[29] die den Blick auf die *geographischen Abfolgen in Kap. 2* wendet (Kana: 2,1; Kafarnaum: 2,12; Jerusalem: 2,13). Die unterschiedlichen Ortsangaben, die mit der vom Evangelisten benutzten Überlieferung jeweils fest verbunden sind, werden anders als zwischen Kap. 20 und 21 durch Zeitangaben (2,12b) und Übergangsformulierungen (2,13: ἀνέβη εἰς Ἱεροσόλυμα) mit der Erzählung verbunden. Eine vergleichbare kurze Übergangsnotiz bietet mit ἀπῆλθεν jedoch auch Joh 6,1. Somit ist beiden Belegen in Joh 1–20 sowie dem postredaktionellen Anschluß 21,1 *eine relativ souveräne geographische Plazierung der Charaktere in der Erzählung* zu entnehmen.[30]

Noch näher steht dem Übergang zwischen Kap. 5 und 6 *Joh 18,1*: Ταῦτα εἰπὼν Ἰησοῦς ἐξῆλθεν σὺν τοῖς μαθηταῖς αὐτοῦ πέραν τοῦ χειμάρρου τοῦ Κεδρών... (vgl. 6,1: Μετὰ ταῦτα ἀπῆλθεν ὁ Ἰησοῦς πέραν τῆς θαλάσσης τῆς Γαλιλαίας τῆς Τιβεριάδος.) Auch wenn dieser Vers der Passionsüberlieferung des Evangelisten zugerechnet werden müßte,[31] so bietet die redaktionelle Textfolge dennoch eine signifikante Parallele zum Übergang zwischen der Fernheilung und der Speisung am *jenseitigen Ufer*. In Joh 18 liegt die letzte geographische Angabe weit zurück: Joh 12,12ff feiert den Einzug Jesu in *Jerusalem*. Joh 13f berichtet vom letzten Mahl (13,2) und der Fußwaschung, so daß die letzte bezeugte Ortsgabe *ein Raum für dieses Mahl in Jerusalem* ist. Abrupt, nicht allein aufgrund der zweiten Abschiedsrede Joh 15f und des Gebets Joh 17, die ein eigenes literarhistorisches Problem darstellen, schreitet Jesus mit seinen Jüngern (ἐξῆλθεν σὺν τοῖς μαθηταῖς; wiederum eine kurze Übergangsnotiz) an das jenseitige Ufer des *‚Winterbaches' Kidron* (πέραν τοῦ χειμάρρου τοῦ Κεδρών). Dort liegt der Garten, in dem sich Jesus häufig mit seinen Jüngern getroffen hat (vgl. 18,2; der Name Gethsemane

---

[29] U. SCHNELLE, Christologie 114. 109; s.a. F. SCHNIDER/W. STENGER 143. Diese genannten Exegeten verweisen auch auf den Übergang von Joh 4,54 zu 5,1, einer ebenfalls schlagkräftigen Parallele, die aber in den Prozeß der Dislozierung von Kap. 6 hineingenommen wird und somit schwer als Argumentation im Für und Wider der Umstellungshypothesen verwendet werden kann. Als weitere Beispiele für abrupte geographische Übergänge werden Joh 4,3.43; 7,10; 10,40; 11,54ff genannt (SCHNELLE, aaO. 109; DERS., Einleitung 496); allerdings ist die Schwierigkeit des Übergangs in 6,1 aufgrund des Relationsbegriffs πέραν τῆς θαλάσσης ein etwas anders gelagertes Problem, bei dem es nicht allein um den Übergang von einem Handlungspunkt zu einem anderen Ort in der Handlung geht.

[30] S.a. L. MORRIS, JE 263.

[31] Z.B. J. BECKER, JE II, ¹541.³645, mit Hinweis auf A. DAUER, Passionsgeschichte (hier 22–29.44–48); M. LANG, Herr 44 rechnet mit einer redaktionellen Überleitung unter Benutzung von „joh. Gemeindetradition". Auch nach U. SCHNELLE, JE 262, werden in 18,1 Gemeindetradition vom Evangelisten aufgenommen; dieser Tradition entstammt die itinerarische Notiz. Die geographisch sperrige Textfolge wird damit aber der redaktionellen Gestaltung zugeschrieben.

fehlt gegen Mk 14,32ffparr); hier stellt sich Jesus seiner Verhaftung. Die geographische Relation ist in 18,1 besser getroffen, dennoch teilt 18,1 mit 6,1 die
Funktion als *literarische Ortsveränderungsformel* und ist insofern als Parallele
anzusprechen.

Kann einmal versuchsweise die vorliegende Abfolge als ursprüngliche Akoluthie angenommen werden, so wird diese Reihenfolge dadurch gestützt, daß
6,2 Heilungen (zu beachten sind das im JE ungewöhnliche ἀσθενοῦντες und
der Plural τὰ σημεῖα) voraussetzt. Auch wenn dieser Hinweis vor den summarischen Zeichenreferaten in 2,23 und 4,45 ein wenig an Überzeugungskraft verliert, so ist diese Bemerkung aufgrund von 6,2, das von den Zeichen an den
ἀσθενοῦντες handelt und damit diese Zeichen speziell als Heilungen qualifiziert, am besten als Hinweis auf die Heilungen des Sohnes des Königlichen
(4,46ff) und des Paralytischen (5,1ff) zu deuten.[32]

Wie jedoch ist dieser abrupte Ortswechsel zu erklären, wenn er der redaktionellen Erzählstruktur in den geographischen Übergängen nicht notwendig
widerspricht? Die Antwort wird im erzählerisch-redaktionellen Gestaltungs-
willen zu finden sein. Die Vv.1.17.22.25 zeigen m.E. deutlich, daß der Erzähler mit dem Begriff des *,jenseitigen Ufers'* spielt. Dieses Spiel zu verstehen,
sollen die folgende Tabelle und ihre Deutung helfen.

---

[32] Vgl. U. SCHNELLE, Christologie 109.114; s.a. DERS., Einleitung 496. So auch L.
SCHENKE, Szenarium 191 (zweifelhaft ist allerdings, daß der ὄχλος als ständiger Begleiter
Jesu gedacht ist); anders W.J. BITTNER 151; L. MORRIS, JE 302. Besonders I. DUNDERBERG,
Johannes 127.132, hebt ausdrücklich den „Einklang mit der jetzigen joh. Gesamtkomposi-
tion" hervor. Für solche Verbundenheit votiert auch B. LINDARS, JE 50, der als interessantes
Argument das Schriftzeugnis des Mose über den Offenbarer in Joh 5,46f bringt: Dieses
werde in Joh 6 illustriert. Allerdings tritt in Joh 6 Moses als Inhalt der Schrift auf (V.32; G.
FITZER 1112 spricht gar von „Distanzierungen"), nicht als der mit der Schrift über den Offenbarer Zeugende. Den Bezug zu Joh 5,37–47 stellt auch P. BORGEN, John 6, 111f heraus.
Ob allerdings „Jn 6.31–58 ... as an illustration of the searching of the Scriptures mentioned
in Jn 5.39–40" dient, kann nicht völlig von der Frage nach dem Midrasch-Charakter von
Joh 6,31ff getrennt werden. M.E. steht nicht V.31 im Mittelpunkt der Lebensbrotrede, sondern V.35; allerdings entspricht dies nach joh. Verständnis dem Zeugnis der Schrift und
damit des Mose, wie es 5,46 vorausgesetzt wird.

	Westufer			Ostufer
	V.1	Jesus ἀπῆλθεν		
Erzähler	— —			→
		Jünger ἤρχοντο		**V.17**
	← —			— —
	V.21 →	Volk ἑστηκώς		**V.22**
				×
	V.25b	Jesus das Volk findet (εὑρόντες) Jesus		← V.22
	↓	×		
Vv.25bff				

Grundlage der Analyse sollte V.17 sein; an diesem Vers haftet in der Überlieferung die Wendung πέραν τῆς θαλάσσης, und sie wird zudem mit einer expliziten Orts- bzw. besser Zielangabe versehen (εἰς Καφαρναούμ; vgl. die allerdings abweichende Zielangabe Mk 6,45); d.h. die zweite Uferangabe ist vom
Erzähler wesentlich spezifischer benannt worden.[33] Der Weg an das andere
Ufer ist Teil des Seewandelinventars, da so Jesus den Seinen auf dem See begegnen kann. Der See und seine gegenüberliegenden Ufer bilden aber noch unter weiteren Blickwinkeln die *Bühne für die Inszenierung der Wunder*. Zunächst werden die gegenüberliegenden Ufer für das *Feststellungsverfahren des
Seewandelwunders* Vv.22–25* verwendet. Die mit dem jeweiligen Ufer verbundenen Akteure sind passiv; ihr Standort wird jeweils in Relation zu dem
zuvor in der Erzählung erreichten Ufer benannt. V.22 geht auf das V.21 erreichte Ufer zurück, das die Jünger in V.17 angestrebt haben, V.25a auf das
Volk und ihre Beobachtung in V.22. Das Spiel mit den Ufern dient dem Nachweis des wunderbaren Seewandels Jesu. Aber auch im Blick auf den *Erzähler
von Kap. 6* haben die wechselnden Ufer ihre Bedeutung. Er öffnet mit V.1 die
Sicht auf das Folgende. Sein Standpunkt, auf den er auch die Leser hinweisen
will, ist das Gelände, auf dem die Brotrede stattfinden wird. Das jenseitige
Ufer in V.1 ist folglich das Ostufer von dem für den Erzähler *wesentlichen
Westufer aus gesehen, an dem die Brotrede stattfinden wird*. Das Ufer der
Brotrede ist wiederum das gegenüberliegende Ufer zu der traditionellen Anga-

---

[33] Vgl. auch J.D. CROSSAN, It is Written 6f.

be V.17 und zu V.25; beide Verse (V.17.25) weisen ihrerseits wieder zurück von der Speisung auf *den Ort der Unterweisungsrede Jesu in 6,26ff.* Damit hat der *Evangelist* seine Einführung im Blick auf die folgende Rede formuliert und läßt die erzählten Wunder zu einem Präludium der 'Lebensbrotrede' werden.[34] „*Jenseits*" steht folglich erzählerisch nicht in Relation zu Jerusalem oder Kafarnaum, sondern zum Ort der Rede Jesu in 6,26ff.[35] Der Evangelist hat hier wie auch in V.2 und V.3 Vokabeln seiner Tradition zur Ausgestaltung der eigenen Einleitung aufgenommen.

Mit dem Hinweis auf das Jesus *nachfolgende Volk* in V.2a wird nicht nur das Kommen des Volkes in V.5aβ[fin] vorweggenommen, sondern wiederum der Blick über das nachfolgend erzählte Wunder auf die Rede hin ausgerichtet.

Bemerkenswert ist, daß in Joh 6,2 der sonst im JE auf die Jünger konzentrierte Begriff der *Nachfolge*[36] auf das Volk ausgedehnt wird. Dies darf bei der Interpretation nicht übergangen werden, auch wenn eine Differenzierung zwischen der Jüngernachfolge und dem (Nach-) Folgen des Volkes anerkannt werden muß.[37] Speziell Kap. 6 zeigt aber beide, Volk und Jüngerschaft im Widerspruch zu Jesus; nur eine Minderheit der Jünger bewährt sich in der Nachfolge: 6,66ff.

Das Nachfolgemotiv erinnert zunächst an die Gewinnung der ersten Jünger in *Kap. 1*, in dem der Begriff der *Nachfolge* gehäuft auftritt (1,37.38.40.43). Die beiden Johannesjünger folgen Jesus aufgrund des Täuferzeugnisses (V.37); als Nachfolgende sind sie Suchende (vgl. die Frage Jesu in V.38b; s.a. das Volk in 6,24.26!). Ihnen gilt die Aufforderung zu kommen und zu sehen (1,39).[38] Dort, wo das Sehen zum Erkennen, d.h. zum Glauben gereicht, führt die Nachfolge in das Leben (8,12; 10,27f; s.a. die Verheißung 12,26). So präsentiert sich Jesus in Kap. 6 denen, die seine Werke gesehen haben (6,2; s.a. 6,14.24), als das Brot zu ihrem Leben. Das Volk, das Jesus folgt, hat seine Macht gesehen und sucht ihn. Jesus wendet sich in Tat und Wort dem Volk zu. Dennoch wird deutlich, daß das Sehen der Zei-

---

[34] Die absichtsvolle Gestaltung der Bühnen für das Brotkapitel kann somit nicht zutreffend als 'Verdunkelung' ("obscurity") bezeichnet werden, die in antiken religiösen Schriften eine rhetorische Rolle spielt; zu F. THIELMAN 180. Die Anomalie von Joh 6,1 steht gerade im Dienst der Lesersteuerung, die durch bisweilen subtile Hinweise auf eine gelungen Kommunikation hinzielt.

[35] In diesem Sinn trifft es, wenn L. SCHENKE, Szenarium 192, den Standpunkt des Autors am „diesseitigen Ufer", also am Westufer, bestimmt.

[36] S.a. G. SCHNEIDER, Art. ἀκολουθέω 123.

[37] Vgl. G. SCHNEIDER, Art. ἀκολουθέω 119.

[38] Dem steht die Berufung des Xenophon durch Sokrates nach *Diogenes Laertius* II 48 nahe: von der Berufung *Xenophon*s durch *Sokrates* heißt es dort: „Nach der Auskunft wollte er (Sokrates; Vf.) weiter wissen, wo denn die Menschen gut werden könnten. Dem nun Ratlosen habe Sokrates gesagt: 'Folge mir und lerne' (ἕπου τοίνυν ... καὶ μάνθανε)." (Übers.: F. JÜRSS, 111; Hinweis bei C.H. TALBERT, JE 83). Schimmert hier etwas von dem Selbstverständnis der joh. Schule durch (zur joh. Schule vgl. die Ausführungen in M. LABAHN, Jesus 21ff (mit Lit.; zur dort vorgelegten Unterscheidung von Schule und joh. Gemeinden vgl. K. SCHOLTISSEK, Kinder Gottes 186f; U. SCHNELLE, JE 3; DERS., Schule 201; s.a. J. BEUTLER, Johannesbrief 174)? Jedenfalls gibt der joh. Jesus den Suchenden die Zusage, daß sie sehen werden, ein Sehen, das auf Lernen, Erkennen und Glauben abzielt.

chen und das Hören der Offenbarungsworte Jesu nicht unzweideutig in die Lebenseinheit mit dem Offenbarer führt (6,36: Sehen und Nicht-Glauben). Sehen und Hören sollen zu Glauben und Erkennen führen (6,40; s.a. V.45: Hören und Lernen vom Vater her), daß Jesus das von Gott gegebene Brot zum Leben ist (6,35); wer dies sieht, steht erst in der Nachfolge, die das Leben in sich trägt (neben den zuvor genannten Belegen s.a. 6,35.40).

Beide, Wundersequenz und Lebensbrotrede, sind Jesu Antwort auf das Nachfolgen und die Suche des Volkes; es kann Jesus sowie seine Taten sehen und seine Worte hören und damit glaubend zum Leben gelangen. Wie aber gegenüber solcher Offenbarung die Reaktion ausfällt, zeigt zunächst die irdisch verengte Reaktion 6,15: Die Antwort des Volkes besteht im Versuch, Jesus im Sinne einer irdisch-politischen Erwartung zum König zu salben. Allerdings wird die Suche des Volkes fortgesetzt (Vv.24.26); dem entspricht die Selbstpräsentation Jesu als das Brot zum Leben. Wiederum führen das Sehen und das Hören nicht zum Glauben und Erkennen, sondern zum Murren (V.41 [s.a. 52]. 61) und schließlich sogar zum Schisma unter den Jüngern Jesu selbst (V.66).

Kehren wir jedoch vom Makrokontext des sechsten Kapitels zu V.2 zurück. Beachtenswert ist der Plural σημεῖα, der der Einführung 6,1ff den Charakter eines Summariums über das bisherige Handeln Jesu gibt; das Summarium blickt zusammenfassend auf die Wunder 4,46ff und 5,1ff zurück. Es zeigt Jesus als den Gesandten Gottes, der sich den ἀσθενοῦντες zuwendet.

Der Berg ist für den vierten Evangelisten in Joh 6,3 nicht der Versammlungs- und Lehrort wie in Mt 5,1 (gegen Lk 6,17), wo sich diese Deutung auch erst von Mt 7,28f her erschließt.[39] Lediglich das Speisungswunder wird durch diese Ortsangabe, die wohl aus der Tradition V.15 gewonnen ist, eingeleitet. Dennoch fallen einige unübersehbare strukturelle Übereinstimmungen zur Einleitung der ,Bergpredigt' auf: so der ὄχλος, der Jesus nachfolgt (Mt 4,25; vgl. Joh 6,2),[40] und das Sehen dieser Volksmenge durch Jesus (Mt 5,1; Joh 6,2 [s. a. Mt 14,14; fehlt Mt 15,29f]). Frappant ist die in beiden Texten vergleichbare Reaktion Jesu auf das Sehen der Volksmenge, sein Aufstieg auf den Berg, wo er sich dann mit seinen Jüngern befindet (Mt 5,1; Joh 6,3; s.a. Mt 15,29, aber ohne Erwähnung der Jünger[41]).

---

[39] Vgl. U. LUZ, Mt I, 197; H. WEDER, Rede 35.

[40] In der Parallele Mt 15,30 (Speisung der 4000) kommt zwar ebenfalls das Volk, das Motiv des Nachfolgens fehlt jedoch (so allerdings Mt 14,13).

[41] Mt 15,29: ... καὶ ἀναβὰς εἰς τὸ ὄρος ἐκάθητο.
Mt 5,1: ... ἀνέβη εἰς τὸ ὄρος, καὶ καθίσαντος αὐτοῦ προσῆλθαν αὐτῷ οἱ μαθηταὶ αὐτοῦ.
Joh 6,3: ἀνῆλθεν δὲ εἰς τὸ ὄρος Ἰησοῦς καὶ ἐκεῖ ἐκάθητο μετὰ τῶν μαθητῶν αὐτοῦ.

An diese Beobachtung schließen sich eine Reihe von Fragen nach der Interpretation dieser Gemeinsamkeiten an. Es ist zunächst zu überlegen, ob der vierte Evangelist unabhängig eine mit Matthäus vergleichbare Situation geschaffen hat oder, und für diese Möglichkeit sollte man offen sein, aus der Kenntnis des Bergpredigtkomplexes seine eigene Einleitung formulierte. Die vom Evangelisten komponierte Unterweisung folgt jedoch erst in 6,25bff. Die Rede findet zudem selbst nicht auf dem Berg, sondern am anderen Ufer des Sees statt. Auch wenn die Brotrede nicht in den Rang einer joh. ‚Bergpredigt‘ erhoben werden soll, könnte aber erwogen werden, ob die Bergpredigt unerzählt vorausgesetzt wird; aber haben der joh. Christus und sein Erzähler, der vierte Evangelist, ein Interesse an den Inhalten der Bergpredigt?

Auf sichereren Bahnen bewegt sich die Interpretation, wenn sie sich nicht von dem vermuteten Bezug zu Mt 4,25–5,1 abhängig macht. Dies gelingt, wenn allgemeiner nach der Bedeutung des Berges in der evangelischen Überlieferung gefragt wird, die *auch* in Mt 5,1[42] zum Tragen kommt: „Der Begriff ‚Berg‘ signalisiert: Hier ereignet sich epiphanes Geschehen! Hier tut sich Gottes Offenbarung kund! Hier tritt Jesus als Offenbarer auf!“[43] Kann man das Bergmotiv, das im vierten Evangelium allerdings nur am Rande begegnet, tatsächlich als Hinweis auf einen Ort, an dem Offenbarung geschieht, lesen,[44] so lassen sich zwei Interpretationslinien verfolgen. Es läßt sich zunächst ablesen, daß im folgenden Offenbarung geschieht, und damit wird durch Joh 6,5ff die Brotrede 6,25bff präludiert. Andererseits wird der Leser auch an die *‚Arche‘ der Zei-*

---

[42] Vgl. G. STRECKER, Bergpredigt 27; s.a. J. GNILKA, Mt I, 109.

[43] G. STRECKER, Bergpredigt 26; vgl. die zusammenfassenden Überlegungen zum Berg als Offenbarungsort bei W. SCHMAUCH 76ff; s.a. B.J. MALINA/R.L. ROHRBAUGH, JE 126. Noch weiter schreitet L.T. WITKAMP 47 fort: Der vierte Evangelist *„may* have wanted to contrast Jesus with the Jewish teacher *par excellence*, Moses, from the outset". Das Niedersitzen mit seinen Jüngern diene der Unterweisung. Daß in Kap. 6 Lehre geschieht, wird jedoch erst in V.59 zum Ausdruck gebracht. Auch wenn nicht bestritten werden kann, daß das gesamte Kapitel trotz wechselnder Bühnen sich mutuell interpretiert, kann diese Aussage aber doch wohl nur auf die unmittelbar vorstehende Lebensbrotrede bezogen werden.

[44] Diese Deutung des Berges als Offenbarungsort versteht den Berg als Ort der Offenbarung *Jesu als von Gott gesandten präexistenten Logos*, dessen Wesen in der folgenden Speisung sichtbar wird; dies Verständnis des Berges als Offenbarungsort unterscheidet sich vom Berg als Ort der Gesetzesoffenbarung, wie es andere Autoren, z.B. F.J. MOLONEY, JE: Gospel, 195, mit Hinweis auf Ex 19,20; 24,1f und Jes 34,2–4 aufgrund des bestimmten Artikels in Joh 6,3 angespielt finden; s.a. R.E. BROWN, JE I, 232 („a Christian Sinai"); R. SCHNACKENBURG, JE II 18. MOLONEY, aaO. 196, stellt diese Offenbarungskonzeption, die in Joh 6,3 an die Brotrede herangetragen wird, ausdrücklich in den Gegensatz Mose/Christus von Joh 1,16f. Dieser Gegensatz wird auch in 2,1ff aufgrund des Signals in 2,6 thematisiert (vgl. M. LABAHN, Jesus 164; anders F. VOUGA, Antijudaismus 82). Auch U. WILCKENS, JE 96, deutet den Berg vom Offenbarungsgeschehen am Sinai her, wobei er den Ort allerdings offener definiert als Ort des Empfangs „wichtiger Offenbarungen Gottes"; indem er dies als „Ort der Nähe des Gottessohnes zum Vater" konkretisiert, bringt er einen der Aspekte zum Tragen, der in der voranstehenden Deutung vorgeschlagen wurde.

chen erinnert, die der Offenbarung der Doxa diente. Ist der Berg Signal des Offenbarungsortes, so ist Joh 6,5ff auch im Licht von 2,11 zu lesen: Dann offenbart auch das Speisungswunder 6,5ff die göttliche Doxa des von Gott gesandten Offenbarers, ist *signum* der göttlichen Nähe in ihm und ist Ausdruck einer tieferen christologischen Wahrheit, die im Irdisch-Materiellen Transzendentes aufscheinen läßt.[45]

Eine andere Deutung des *Sitzens Jesu* und des Berges in Joh 6,3 greift auf den unmittelbaren Kontext der Speisung im MtEv zurück.[46] In Mt 15,29 zieht sich Jesus auf den Berg zurück und setzt sich; eine Formulierung, die eine große Nähe zu Mt 5,1 aufweist. Darf man somit zu Recht die mt.-redaktionelle Ableitung dieser Verse behaupten,[47] so bleiben doch Probleme bei der Vermutung einer joh. Übernahme aus dem MtEv offen. Ein atomistisches Zitat lediglich von Mt 15,29 ist unmotiviert. Man kann aber immerhin überlegen, ob Joh 6,2–3 die Erzählfolge Mt 15,29–31 variieren will; hier wird an getane Heilungen erinnert, die die Nachfolge des Volkes begründen, dort folgen dem Rückzug auf den Berg eine Anzahl von Heilungen. Dies belegt aber zugleich eine Differenz in der Erzählabfolge. Auf das Problem einer Abhängigkeit von der mt.-redaktionellen Erzählung wird an einem anderen Ort zurückzukommen sein.

Joh 6,4 bemerkt wiederum die Nähe eines jüdischen Festes. Nach 2,23 und 5,1 – vorausgesetzt die vorliegende Reihenfolge ist ursprünglich – ist dies das dritte genannte Fest, mit dem der Evangelist seine Erzählung chronologisch strukturiert und eine historische Abfolge der Ereignisse generiert.

Fassen wir die Beobachtungen hinsichtlich der narrativen Funktion der Einleitung 6,1–4 zusammen, so ergibt sich eine *bewußte Verklammerung der Episode um die Brotrede mit dem Kontext des gesamten Evangeliums*; der Verknüpfung zu Beginn des Abschnitts entspricht ein ähnlicher Hinweis am Abschluß: Die Ansage des Verrats des Judas (Vv.70f; vgl. schon V.64) nimmt später berichtete Ereignisse vorweg (13,27ff; 18,3.5). Der Evangelist summiert Berichtetes und leitet so zur Handlung über. Er erreicht damit eine *historische Abfolge*, die durch das Festschema verstärkt wird und die einzelnen Episoden in eine fortschreitende *vita* des Offenbarers eingliedert. Zugleich markiert der Erzähler den von ihm komponierten Text als Einheit, indem er einen Spannungsbogen zieht, der vom Beginn der Erzählung an auf die Brotrede und damit auch auf die ihr folgende Reaktion hinführt. In dieses Gefälle ist die Wundersequenz eingefügt. Ob allerdings von einer Unterordnung gesprochen

---

[45] Letzteres sollte in Erweiterung von Rudolf Bultmanns berühmter Formulierung, „daß Jesus als der Offenbarer Gottes *nichts offenbart, als daß er der Offenbarer ist*" (Theologie 418 [Hervorhebung im Original gesperrt gedruckt]), nicht vergessen werden.

[46] I. Dunderberg, Johannes 155.

[47] Vgl. zum Sitzen in Mt 5,1 und 15,29 als mt. Komposition: z.B. J. Gnilka, Mt I, 106; Ders., Mt II, 33; R.H. Gundry, Mt 66. 317, der hierin das Motiv von Jesus als „greater Moses" wiederfindet; U. Luz, Mt I, 197 (zu 5,1: „formuliert … relativ frei").

werden kann, also eine hierarchische Textstruktur vorliegt, erscheint mir nicht ausgemacht. Dies ist in den folgenden Analysen der Zwischenpassage (b) und der Brotrede (c) zu prüfen. Zugleich setzt der Erzähler *theologisch-interpretierende Signale*; die Brotepisode, wenigstens aber die Speisung, trägt Offenbarungscharakter: *Der Offenbarer läßt seine Doxa sichtbar werden als eine Doxa, die sich darin bewährt, daß er denen, die an ihn glauben, das Brot Gottes zum Leben ist.*

(b) Formulierte der Evangelist in Joh 6,1–4 eine Einleitung, die bereits das Ufer des Gesprächs als den Hauptort des Erzählten auswies, so leitet er im *Zwischenstück* Vv.(25b.)26–29 durch ein erstes, von ihm – wie die durchgängige joh. Diktion zeigt – gebildetes Apophthegma von der Wunderschilderung zur christologischen Rede über.[48]

Das Spiel mit Begriffen, die vom gleichen Wortstamm abgeleitet sind (ἐργάζεσθαι – ἔργον; s.a. Joh 9,4), die antithetische Formulierung (V.26: οὐ[χ] ... ἀλλά), das Mißverständnismotiv (V.26; Vv.27/28), das Gegensatzdenken (vergängliche Speise – ‚*Speise, die in das ewige Leben hinein bleibt*‘) und das doppelte Amen (hier literarische Formulierung des Evangelisten) entstammen dem joh. Mutterboden.[49] Dies gilt auch für die Begrifflichkeit (μένειν εἰς ζωὴν αἰώνιον, σημεῖα [Evangelist]; auch der Gedanke der Sendung des Sohnes und die Nennung des Vaters sind anzufügen). Die kontextuelle Verrechenbarkeit, d.h. die Möglichkeit, Vokabular und Inhalt mehrheitlich aus dem Kontext als Übergangsbildung zu verstehen, schließt die Annahme traditionellen Stoffes aus und weist die Zwischenpassage damit näherhin der Hand des Evangelisten zu.

Die formale Struktur des Zwischenstückes 6,26–29 ist durchsichtig: jeweils auf eine Frage des Volkes gibt Jesus eine Antwort, die auf das ‚*Ergon*‘, *das Gott wohlgefällt*, zielt (V.29: τὸ ἔργον τοῦ θεοῦ). Ungleich komplexer gestaltet sich die Einzelanalyse dieses kunstvoll mit dem Kontext verwobenen, aber in sich nicht spannungslosen Bindeglieds.

Mehrere Haftpunkte mit dem Kontext lassen sich kenntlich machen. Die Wendung ἀπεκρίθη αὐτοῖς ὁ Ἰησοῦς (V.26a) schließt unmittelbar an das Wunderfeststellungsverfahren (Vv.22ff; bes. V.25b: εἶπον αὐτῷ· ῥαββί, πότε ὧδε γέγονας;) an,[50] ohne allerdings inhaltlich auf die ihm gestellte Frage[51] einzugehen. Die Antwort ergeht an den ὄχλος (V.22; vgl. die Pluralverbformen). Der in Antithese formulierte Tadel nimmt in beiden Gliedern Erzählmotive der Wundersequenz auf. Dies entspricht der literarischen Technik des vierten Evangelisten, der bei der Formulierung von Ein- und Überleitungen Vokabeln

---

[48] Vgl. U. SCHNELLE, Christologie 215; s.a. B. KOLLMANN, Ursprung 113.
[49] Vgl. R. SCHNACKENBURG, JE II, 47.
[50] S.a. I. DUNDERBERG, Johannes 129, der auch den Rückverweis auf die Speisung anerkennt.
[51] Joh 6,25b: πότε ὧδε γέγονας;

und Erzählzüge seiner Tradition aufnimmt; z.B. in der Einleitung in Vv.1–4. Ζητεῖτέ με geht zurück auf ζητοῦντες τὸν Ἰησοῦν (V.24b). Undeutlich hingegen ist – sieht man von dem Bezug auf bisher Erzähltes ab (εἴδετε) –, welche *Semeia* gemeint sind. Wird auf die in 6,2 genannten Zeichen (dort mit ἐθεώρουν eingeleitet) angespielt oder sind Speisung und Seewandel (6,5ff. 16ff) gemeint? Die Speisung ist ausdrücklich als σημεῖον klassifiziert (V.14), der Seewandel nicht; zudem kann eingewandt werden, daß das Volk den Seewandel nicht *sah*.[52] Auf der Erzählebene konstatiert jedoch das Volk als unbefangener Zeuge das Wunder. Dem steht gegenüber, daß das Volk, obgleich objektiv dem Erzähler als Garant des Wunders dienend, subjektiv unverständig bleibt (vgl. die Frage V.25).

Spezieller ist das *‚Essen der Brote'* (ἐφάγετε ἐκ τῶν ἄρτων; hier wie in V.11 der Plural gegen V.23) zu deuten; es verweist auf die Speisung. Das *‚Sattwerden'*, das den irdisch-materiellen Bezug gegenüber einem erkennenden Sehen betont,[53] knüpft ebenfalls an den Speisungsbericht an (zu ἐχορτάσθητε vgl. ἐνεπλήσθησαν [V.12a]). Von dem zweiten Glied der Antithese her läßt sich vermuten, daß die *Semeia* hier zunächst die unmittelbar zuvor berichteten Wunder meinen, ohne daß jedoch ein weiterreichender Bezug ausgeschlossen werden muß. Das zweite Glied der Antithese, das an das Essen der Brote erinnert, läßt den Seewandel thematisch in der Gesamtkomposition von Kap. 6 in den Hintergrund treten. Doch Brotvermehrung (und mit Einschränkung auch der Seewandel; vgl. den Plural σημεῖα[54]) sind nicht nur Zutaten oder Stichwortgeber für die Brotrede; das Unverständnis, das sich an der Brotrede entzündet (schon V.15; s.a. die kritische Spitze des vom Evangelisten formulierten Apophthegmas) hat ein Äquivalent im Unverständnis *‚der Juden'* (Vv.41f), aber auch der Jünger (Vv.60ff). Beide, Wunder und Rede stellen vor die Alternative Glaube oder Unglaube. Zudem zeichnen die Wunder den Offenbarer auch als vollmächtig aus (vgl. V.27[fin]). Man kann die Wunderschilderung als

---

[52] R. Schnackenburg, JE II, 47.

[53] Vgl. H. Weder, Menschwerdung 373 (= ZThK 335); s.a. F.J. Moloney, Son of Man 109. Anders B. Kollmann, Ursprung 113: Das Verb ἐχορτάσθητε geht „bereits über eine Sättigung im physischen Sinne hinaus".

[54] Betont z.B. P. Zarrella 159. Anders W. Lütgehetmann 177.176; auch H. Thyen, Johannes 21, 151 Anm. 9, hält vom Seewandel den Zeichenbegriff fern; S.S. Smalley 86f; ähnlich scheint auch M.M. Thompson, Signs 93f Anm. 15 zu optieren, in deren Aufzählung der Zeichen der Seewandel ebenso fehlt wie im analytischen Teil ihres Aufsatzes (99ff).
Aufgrund seiner Definition der joh. Zeichen („A sign is a symbolladen, but not necessarily 'miraculous,' public work of Jesus and explicitly identified as such by John for the reason that it displays God's glory in Jesus who is thus shown to be God's true representative...") bestreitet auch A.J. Köstenberger 97 die Anwendung des Zeichenbegriffs auf den Seewandel (die Definition: aaO. 95).

ein Präludium der Brotrede verstehen, *das den Offenbarer in der Vollmacht Gottes wirkend zeigt, mit der er den Kosmos in die Krisis führt.*

Auch die nachfolgende Brotrede wird durch das Zwischenstück vorbereitet; dies läßt sich augenfällig dadurch belegen, daß in Vv.26–29 eine Anzahl der Schlüsselworte der Brotrede gehäuft vorkommen. Ich nenne folgende Stichworte: ἐσθίω V.26 (vgl. das Essen des Mannas, V.31.49; des Brotes aus dem Himmel, Vv.31.51a–b [s.a. 52.53.58]), Brot (vgl. ἄρτος ἐκ τοῦ οὐρανοῦ: V. 31.32 [s.a. 50]; ἄρτος τοῦ θεοῦ: Vv.33f sowie die Ego-Eimi-Worte V.35 [s. a. 41].48.51 [s.a. 51c.58]), Leben (Vv.33.35.48 [s.a. 53]; bes. auch ζωὴ αἰώνιος: Vv.40.47 [s.a. 54]; vgl. V.51; der Offenbarer hat Worte des Lebens: 63.68), das Geben der Speise (vgl. Vv.31.32.34 [s.a. 51c.52]; in christologischem bzw. ekklesiologischem Kontext steht δίδωμι: 37.39.65) und das Sendungsmotiv (das Verb ἀποστέλλω begegnet zwar nur noch V.57; dafür πέμπω in 6,38.39.44). Der Aufforderung, sich nicht um die vergängliche Speise zu bemühen, sondern um die Speise, die eine in das ewige Leben hineinführende bleibende Gemeinschaft gewährt (eine christologische Aussage![55]), entspricht der Gegensatz in Vv.49f. Hier wird das Manna, das im Sterben beläßt, mit dem aus dem Himmel herabkommenden Brot konfrontiert, das den Verzehrer dem Sterben entnimmt. Die Aufforderung zum Glauben und das Nichtglauben, ein Thema das in 6,51c–58 bezeichnenderweise fehlt, gehören zu den zentralen Aspekten der Brotrede (mit unterschiedlichen Nuancen in 30.35.36. 40.47.64.69).

V.30 knüpft über V.29 an V.28 an. Wird in V.29 der Glaube an den von Gott gesandten Offenbarer als das Gott wohlgefällige Werk bezeichnet und damit die Frage des Volkes ,*was sollen wir tun, damit wir die Werke Gottes wirken* (ἐργαζώμεθα)' beantwortet, so stellt V.30 die Gegenfrage, was Jesus tut (ἐργάζῃ; vgl. die vorausgehende Frage τί οὖν ποιεῖς σύ σημεῖον, ἵνα ἴδωμεν καὶ πιστεύσωμέν σοι;), um sich als ,glaubens'-würdige Gesandte Gottes zu erweisen. Von Vv.5ff herkommend ist V.30 problematisch, nicht aber aufgrund des Zwischenstückes Vv.26–29.

Andererseits können eine Reihe von Problemen in diesem Zwischenstück nicht übersehen werden. Nicht nur das ,*wann*' in der ersten Frage des Volkes (V.25) ist eine interpretatori-

---

[55] Die Aussage zielt auf den Glauben an den Offenbarer, der das Brot zum Leben ist und der den Glaubenden in bleibender Gemeinschaft Anteil am ewigen Leben gewährt. So jedenfalls scheint mir τὴν βρῶσιν τὴν μένουσαν εἰς ζωὴν αἰώνιον aufgrund der joh. μένειν-Aussagen und der Parallele Vv.28f zu paraphrasieren zu sein; s.a. J. HEISE 68: „die bleibende Speise ist rettende und zwar die ins ewige Leben rettende Speise ... Derjenige, der das Brot des Lebens hat, d.h. der dem Wort Jesu glaubt, ist bereits an dem mit εἰς bezeichneten Ziel ...".

sche *crux*;[56] zumal die Frage keine direkte Beantwortung erfährt. Die gegebene Antwort geht auf V.24 zurück, so daß die Frage als notdürftige Initiierung des Jesuswortes anzusehen ist, die möglicherweise die Zeitangaben von Vv.16.22 aufzunehmen sucht. Auch V.27 ist problematisiert worden.[57] Insbesondere ist die Affinität zu 6,51c–58 aufgrund der Begriffe βρῶσις (→ V.55), μένειν (→ V.56) υἱὸς τοῦ ἀνθρώπου (→ V.53; s.a. V.62) genannt worden. Die beiden zunächst angeführten Termini sind außerhalb von V.27 und dem Abschnitt 6,51c–58 nicht in Kap. 6 zu belegen. Auffällig ist auch das Futur δώσει, das mit der Parallele in V.51c übereingeht. Gegenüber diesen V.27 mit 6,51c–58 verbindenden Beobachtungen ist die Frage als offenes Problem zu vermerken, ob die Speise in V.27 wie in V.55 sakramental zu deuten ist.[58] Wird nicht vielmehr in 6,27 der in der Brotrede vorgeführte Gedanke der lebensschenkenden Partizipation an Jesus als Gottes Lebensbrot durch den Glauben (bes. V.51b) thetisch vorweggenommen?[59] Das im Blick auf das Präsens in Vv.32.33 problematische Futur könnte seine Bedeutung dem Terminus „*Menschensohn*" verdanken, der, wie Rudolf Schnackenburg herausstellte, „den ganzen Vorstellungskomplex des vom Himmel herabgestiegenen und dorthin wiederaufsteigenden Menschensohnes" umfaßt[60] (vgl. V.62). Wir lesen daher das Futur δώσει als ein Zugeständnis an die auf der textinternen Erzählebene ebenfalls futurische Anabasis des Menschensohnes;[61] dieser ist jedoch kein anderer als der präexistente Sohn Gottes; an den zu glauben, heißt nicht den Tod, sondern das Leben zu haben. Dies ist mit Vv.28f zur Deckung bringen.[62]

---

[56] Zum Problem vgl. L. SCHENKE, Szenarium 193.

[57] J. BECKER, JE I, [1]204. 223 ([3]245f. 269): Der Vers „gehört sprachlich zu 6,51c–58"; s. a. L. SCHENKE, Vorgeschichte 74 (als Vorverweis auf 6,51c–58 auch U. SCHNELLE, Christologie 215; B. KOLLMANN, Ursprung 113). N. WALTER, Auslegung 106 Anm. 37 (zu S. 100), erklärt 6,27–29 insgesamt für sekundär. Kritisch gegen eine eucharistische Interpretation: M.J.J. MENKEN, John 6,51c–58, 188f. Gegen Ausscheidungsversuche betont RUDOLF SCHNACKENBURG die Bedeutung von V.27 für die gesamte Brotrede, indem er diesen Vers als eine den Inhalt der Brotrede antizipierende Einleitung versteht (Jesus Christus 296).

[58] So J. BECKER, JE I, [1]204. 223. [3]245f. 269.

[59] Zum Verständnis von V.27 s.a. H. WEDER, Menschwerdung 374f (= ZThK 336f). Auch F.J. MOLONEY, John 6, 245f, findet in V.27 das Thema für die folgende Rede gegeben und interpretiert diese Themenangabe zusammen mit Vv.28f.

[60] R. SCHNACKENBURG, JE II, 48. SCHNACKENBURG hat sich mit dem wichtigen Hinweis auf Joh 4,14 ausdrücklich gegen eine eucharistische Deutung von V.27 ausgesprochen; auch dort steht das Futur δώσω, allerdings ist nicht auf den Menschensohn hingewiesen. Dennoch steht in 6,27 wie in 4,14 das Futur δώσω für den Vorbehalt der Rückkehr des Gesandten zum Vater. Die Heilsgabe hat eine präsentische Bedeutung für die von Jesus angesprochene Frau, da Jesus die gegenwärtige Heilsgabe Gottes ist (vgl. 6,35).

[61] S.a. M. THEOBALD, Häresie 224: „Daß der Text aus der Perspektive des irdischen Jesus dieses Geben als ein Zukünftiges charakterisiert..., bedeutet, daß erst Ostern die Gabe des Lebens für die Glaubenden freisetzen wird". Die textinterne Ebene der Erzählung blickt in der Tat auf Kreuz und Ostern als den entscheidenden Schritt zur Lebensgabe für die Welt, ohne daß m.E. bestritten werden kann, daß diese Lebensgabe sich für den Erzähler bereits in der Begegnung einzelner mit dem gesandten Menschensohn ereignet. S.a. R. SCHNACKENBURG, Jesus Christus 290. 296 Anm. 97; allerdings spricht Schnackenburg später davon, daß sich das Futur „in der Eucharistiefeier der Gemeinde" erfülle (aaO. 299). Allein an das Kreuz klammert F.J. MOLONEY, Son of Man, 112f, das Futur δώσει.

[62] Anders J. KÜGLER, Jünger 186f; s.a. L. SCHENKE, Vorgeschichte 71: „Mit V.28 ist ... unmotiviert und durch nichts in Vv.26f vorbereitet ein neues Thema angeschlagen."

Wäre V.27 auszuscheiden, so würde sich noch einschneidender die Frage nach dem Anschluß von V.28[63] stellen. Immerhin kann Vv.28f in seinem wesentlichen Grundbestand als
ein eigenständiges Apophthegma verstanden werden.[64] Die Einfügung erklärt sich aus dem
Prinzip der Stichwortanreihung (ἐργάζεσθε [V.27] – ἐργαζώμεθα [V.28]); ausschlagge-
bend für die Einfügung ist jedoch die Aufforderung zum Glauben an den von Gott dem Vater (V.27) gesandten Offenbarer.[65] Dieser Gedanke ist in der Frage V.30 wieder aufgenommen (Forderung nach einem Zeichen, um glauben zu können). Der Glaube ist im folgenden
das entscheidende Kriterium für die Partizipation an der Lebensgabe des Offenbarers (Vv.
35.40.47; s.a. V.69). Dem ist pointiert der Unglaube gegenübergestellt: Vv.36.64.

Der Abschnitt 6,25b–29 ist für die Frage des joh. Wunderverständnisses aufgrund des für
dieses Thema entscheidenden V.26 bedeutsam; dieser Vers belegt, daß der vierte Evangelist
durchaus ein positives Semeia-Verständnis entwickelt hat.[66] Positiv gewürdigt wird das ‚Sehen der Semeia‘, d.h. der Wunder, die den Betrachter anhalten, die Person des Offenbarers,
seinen Ursprung und das Ziel seiner Sendung zu erkennen und zu glauben.[67] Bleibt der Betrachter am Äußeren, an der geschichtlich-materiellen Ebene des Wunders stehen, so gilt
ihm der Tadel des Offenbarers.

Mit dem Zwischenstück 6,(25b.)26–29 leitet der Erzähler von seiner Wundersequenz zur Brotrede über. Der Seewandel ist im Plural der σημεῖα aufgenommen, tritt aber hinter die Speisung zurück, die mit den gewichtigen Stichworten der Brotrede übereingeht: Essen und Brot. Auch das Thema von Glaube und Unglaube wurde bereits implizit in der narrativen Struktur der Redaktion zur Speisung ausgemacht und nimmt in der Brotrede eine prominente
Rolle ein; diese Bedeutung wird durch die Zwischenbemerkung herausgestellt.
Der Gedanke, der Brot und Glaube in Wunder und Rede verbindet, ist der des
Lebens. Immerhin bleibt als Frage gestellt, ob der Seewandel, der schließlich

---

[63] Vgl. U. SCHNELLE, Christologie 215.

[64] B. KOLLMANN, Ursprung 113 mit R. BULTMANN, JE 163f.

[65] S.a. H. WEDER, Menschwerdung 375 (= ZThK 337), der das Ziel von Vv.28f in der
„Herstellung des Gottesverhältnisses" sieht.

[66] Vgl. auch die aufgrund von Joh 4,46 entworfenen Überlegungen zum Wunderverständnis des vierten Evangelisten bei M. LABAHN, Jesus 206ff. Dies konzediert auch R.
BULTMANN, JE 161, mit der charakteristischen Umdeutung, daß das ‚Sehen‘ eigentlich das
‚Hören‘, und zwar das des Wortes des Offenbarers meine: „Die Menschen haben nur das äußere Wunder wahrgenommen, es aber nicht als σημεῖον ‚gesehen‘. Mit der traditionellen
Bezeichnung des Wunders als σημεῖον spielt also der Evglist; in Wahrheit *sagt* das Wunder
als Zeichen etwas, und das ‚sehen‘ steht paradox für das ‚hören‘." Doch ist in Joh 6,26
eindeutig dem Seh-Akt die Bedeutung zugemessen, daß das Sehen des Zeichens wie das Hören des Wortes den Betrachter in die Krisis führt. Die Wunderkritik des Evangelisten betont
direkter als BULTMANN J. WAGNER 232.242f.

[67] Zutreffend hebt H. WEDER, Menschwerdung 374 (= ZThK 335), darauf ab, daß es in
diesem Sehen darum geht, den Geber zu erkennen. S.a. W. BAUER, JE 95. L.L. JOHNS/ D.B.
MILLER 532 deuten den Gegensatz in V.26 ähnlich; sie unterscheiden zwischen dem Sehen
des Zeichens, das für die wahre Identität des Offenbarers transparent ist, und der Annäherung an Jesus nur um einer weiteren körperlichen Sättigung willen.

auch eine Notlage der Jünger behebt, den Gedanken, daß Jesus als Gottes Lebensangebot gesandt ist, unterstreicht.

(c) Kommen wir nun zur Analyse der eigentlichen Brotrede, die im vorliegenden Text bis 6,58 reicht. V.58 beschließt den Komplex, so daß der ebenfalls
einen Einschnitt markierende V.59 retardierend wirkt.

Für die Analyse der Rede bieten sich eine Reihe unterschiedlicher, einander nicht ausschlie-
ßender, methodischer Zugänge an. Lediglich eine integrale Anwendung unterschiedlicher
Deutungsmuster verspricht Erfolg für eine konsensfähige Interpretation.

Nimmt man das Zwischenstück (Frage-und-Antwort-Struktur) und den durch die Ein-
würfe angedeuteten dialogischen Aufbau wahr, so kann eine *argumentationskritische Methode* appliziert werden.[68] Ziel der Argumentation von Joh 6,30ff ist die Annahme Jesu im
Glauben als Gottes verheißenes Lebensbrot (vgl. 6,68f);[69] eine Annahme, die von *lebens*entscheidender Bedeutung ist. Mißverständnis, Widerspruch, Ablehnung und Abfall sind mögliche Reaktionen, die sich aber gegen Gottes Lebenswillen in seinem gesandten Offenbarer
ins Unrecht setzen.

Weiterhin ist die Adaption der *rhetorischen Methode* zu erwägen. Gerade wenn die
schriftlich fixierten und vom Evangelisten gestalteten joh. Reden ein Vorbild im mündlichen
Lehrvortrag der joh. Schule[70] haben, so stellt der Zusammenhang mit der Oralität die Frage
nach Einflüssen der antiken Rhetorik.[71] Eine Aufspaltung entsprechend den antiken rhetorischen Gepflogenheiten erscheint aber angesichts der bisweilen zyklischen und retardieren-
den Problementfaltung in den joh. Reden nicht aussichtsreich. Dennoch könnte in V.35 die
propositio, das Beweisziel, gesehen werden. Von hier aus müßte weiter analysiert werden.

Im Gefälle der Fragestellung der vorliegenden Arbeit kann der Hinweis auf die *formgeschichtliche Methodik* nicht unterbleiben. Seit Peder Borgen ist dieser mit der Diskussion
um den Midrasch-Charakter von Joh 6,30ff vollzogen worden.[72] Der Zweifel an dieser Analyse, der allerdings nicht bei allen Exegeten obsiegt hat, verdient Beachtung. Für die Gesamtkomposition aus Erzähl- und Redestoff, der aufeinander bezogen ist, könnten in apokryphen Erzähltexten (in den Evangelien wie auch besonders den Apostelakten) und der
gnostischen Bibliothek z.T. fortgeschrittenere Analogien gefunden werden. Eine Progression

---

[68] Zur argumentationskritischen Analyse vgl. die instruktiven Ausführungen von D.
HELLHOLM 119ff.

[69] Konkret bekennt Petrus sich zu Jesus als dem, der ῥήματα ζωῆς αἰωνίου hat. Damit
wird auf die Semantik der Brotrede zurückverwiesen; dieses Bekenntnis bezieht sich daher
zunächst auf die Selbstvorstellung Jesu als Brot des Lebens (6,35.48); es reflektiert aber auch
die Aussagen, die vom ewigen Leben sprechen (vor Vv.39.40.44). Eine synchrone Lektüre
kann die Aussage auch mit dem eucharistischen Abschnitt zusammen lesen, sollte aber das
Bekenntnis nicht sakramental engführen; zu J. KÜGLER, Jünger 216.

[70] Zur joh. Schule vgl. die Hinweise oben S. 49 Anm. 38.

[71] Dies im Unterschied zur *neuen Rhetorik*, die argumentationskritisch orientiert ist; zur
Differenzierung und Kritik s.a. J. BEUTLER, Rhetorikkritik 236f.

[72] P. BORGEN, Bread; s.a. DERS., Observation; DERS., John 6, 104ff; ihm folgt W.R.
STEGNER 65ff mit einer einschneidenden Korrektur: Nicht ein „proem"-Muster sei verwendet, sondern die Homilie über einen biblischen Text (vgl. STEGNER *passim*, bes. 55f 58f). Für
die Kritik an BORGENs Vorschlag sind vor allem G. RICHTER, Formgeschichte 89ff, und H.
THYEN, ThR 43, 338ff, zu vergleichen. S.a. A. OBERMANN 141–143, der zu Recht die Beachtung des Gesamtkontextes von Joh 6 für die Interpretation der Lebensbrotrede anmahnt.

in der Stoffdurchdringung selbst ist schon in Joh 11 zu beachten: Zwischen Problemstellung (Tod des Lazarus) und Auflösung (Auferweckung) werden unterschiedliche Textsorten zu einer spannungsvollen Einheit verschmolzen.[73]
Ebenso läßt sich das Recht der *redaktionsgeschichtlichen Methodik* einmahnen. Die Suche nach Tradition, Interpretation und möglicher Überarbeitungsstufe(n) ist folglich auch häufig unternommen worden. Sie interessiert im Kontext der Wundersequenz nur insofern, als das Verhältnis der sakramentalen Interpretation zur traditionellen Wundersequenz und ihrer Deutung durch den Evangelisten zur Disposition steht: In einem Exkurs wird daher die bedeutsame Passage Joh 6,51c–58 unter dieser Problemstellung befragt werden.

Gerade indem das Recht der in Auswahl genannten möglichen Zugangsweisen zur joh. Brotrede hervorgehoben wurde, soll im folgenden ein wesentlich bescheideneres Ziel verfolgt werden. Eine um die eigene Begrenzung wissende gliedernde Analyse sucht in besonderer Rücksicht auf die von Joh 6,1–25 vorgegebenen Stichworte die Verknüpfung von Wunder und Rede zu verstehen und Hinweise zu ihrer Geschichte zu beachten.
Für die Brotrede wurde folgende Gliederung vorgeschlagen: Vv.30–40. 41–51b.[74] Diese Einteilung orientiert sich am *Wechsel in der Bezeichnung der Hörer der Brotrede*. Ist bis V.40 der *Ochlos* der Hörerkreis, so werden ab V. 41 ,die Juden' abrupt als Gegenüber Jesu eingeführt.[75] Im Blick auf die Textsorten kann anders differenziert werden zwischen Vv.30–34 (Dialog) und Vv. 35ff (Monolog, der durch Einwände der Juden in Vv.41f unterbrochen wird). Im Unterschied zu dieser Gliederung können wir V.35 nicht als „Wendepunkt der Rede"[76] im engen Sinne betrachten, stimmen mit diesem Terminus aber insofern überein, als dieser Vers auch nach der folgenden Interpretation im Mittelpunkt der Lebensbrotrede steht.[77]

Eine offenbarungstheologische Deutung schlägt Xavier Léon-Dufour vor: „In ihnen (sc. den Einwänden; Vf.) will der Evangelist nämlich das Unvermögen des menschlichen Verstandes vor der Offenbarung des Wortes aufzeigen". Die erzählerische Aufgabe besteht damit darin, „den Dialog neu zu entfachen und Jesus zu veranlassen, noch weiter zu entfalten, was er

---

[73] Vgl. M. LABAHN, Jesus 387f.

[74] So H. WEDER, Menschwerdung 366 (= ZThK 328); s.a. A. OBERMANN 138; einen anderen beachtenswerten Gliederungsvorschlag legt M. THEOBALD, Schriftzitate 342f, vor; vgl. die Überlegungen aaO. 331–344.

[75] Anders z.B. U. WILCKENS, Abschnitt 223: Gliederung aufgrund der Amen-Amen-Worte in V.32 und V.47 (anders jetzt DERS., JE 99: Vv.32–47. 48–58). Zum Wechsel der Gesprächspartner s.a. L. SCHENKE, Vorgeschichte 68, der vermittels des Hinweises auf den Unglauben die Ἰουδαῖοι bereits in V.36 angesprochen sieht. Einen einheitlichen Hörerkreis bekräftigt hingegen K. WENGST, Gemeinde[4], 59, so daß die gesamte Brotrede sich mit den οἱ Ἰουδαῖοι auseinandersetzt.

[76] J. BEUTLER, Struktur 251; s.a. 259.

[77] Zur Bedeutung des Ego-Eimi-Wortes als zentrale Passage von Joh 6 s.a. M. THEOBALD, Schriftzitate 340 u.ö.; J. PAINTER, Jesus 80.

eben schon gesagt hat".[78] Die Pointe von Vv.41–51 entspricht im wesentlichen V.33.35, in dem die Katabasis des Lebensbrotes mit der Gabe dieses Brotes durch den Vater zusammenzudenken ist. In der Heils- bzw. konkreter der *Lebens*bedeutung dieses Brotes entsprechen sich V.35 und V.51b. Auch das Thema des Glaubens ist in Vv.30–40 und Vv.41–51b ausgesprochen; doch liegt hier womöglich der eigentliche neue Aspekt. Ist nach Vv.30–40 der Glaube der Modus der Partizipation am gottgegebenen Lebensbrot, so stellt V.41ff das Problem des Widerspruchs heraus, ein Thema, das in unterschiedlicher Ausformung, Unverständnis, Mißverständnis, ja Unglaube (V.36), uns bereits seit der Reaktion des Volkes auf die Speisung in Vv.14f begegnet ist. Der Glaube wird gegen das Murren als Wirken Gottes begriffen, das zum Leben führt. Dabei ist von zentraler Bedeutung, daß zumindest hier nicht der Unglaube oder das Unverständnis mit dem Vater zusammengebracht werden, sondern allein der Glaube zum Leben; dies ist keine theologische Marginalie.

Beginnen wir nun den Diskurs: Die eigentliche Brotrede beginnt mit V.30; dieser Vers scheint ein weiteres kaum lösbares Problem zu enthalten. Hat die Menge in der Komposition von Kap. 6 zwei Wunder gesehen, dann ist ihre Frage nach einem glaubensstiftenden Legitimationszeichen zunächst unverständlich.[79] V.30 geht zurück auf V.29, auf die Aufforderung zum Glauben an den von Gott Gesandten. V.30 nimmt zunächst die Stichworte des Zwischenstückes auf: *,Zeichen', ,Sehen', ,Glauben'* und *,Wirken'*.[80] Die Menge, die zuvor ausdrücklich getadelt wird (V.26), weil sie Jesus aufgrund einer irdischmateriell verengten Fehldeutung (das Essen des Brotes) folgt und nicht weil sie

---

[78] X. LÉON-DUFOUR 323.

[79] Lösungsvorschläge bei P. BORGEN, John 6, 102f; M.J.J. MENKEN, Remarks 140–142. Literarkritisch wendet sich J. KÜGLER, Jünger 187, dem Problem zu.
BORGEN selbst sucht die Aporie durch eine unterschiedliche *qualitas* der Zeichen zu entwirren. Das Speisungswunder gehe als eschatologisches Mannawunder auf den kommenden endzeitlichen Propheten. Nun hat sich Jesus aber als der von Gott gesandte Menschensohn zu erkennen gegeben (Vv.25–27), daher fordert das Volk auch für diese Selbstidentifikation ein legitimierendes Zeichen (103; s.a. MENKEN, Remarks 145f: Das geforderte Zeichen soll den Anspruch Jesu legitimieren, als der bleibende Speise gebende Menschensohn größer als Mose zu sein.). Der Vorschlag ist zweifelsfrei fesselnd, aber differenziert hier der Erzähler in den Absichten der Gesprächspartner Jesu so fein und verwendet er die Titel so subtil gegeneinander abgegrenzt? Dies ist doch eher zweifelhaft, zumal das Mannathema nicht durch Vv.25–27 abgelöst ist, sondern in Vv.31ff wieder, vielleicht wohl besser ab V.31 überhaupt erst pointiert in den Gesichtskreis rückt.
Für den Gedanken, daß die Forderung in 6,30 gegenüber dem einmaligen Wunder auf eine andauernde Speisung und damit auf den sichtbaren Ausweis des messianischen Zeitalters geht, votiert M. THEOBALD, Schriftzitate 348, in Aufnahme von J. BLANK, JE 1a, 355f, und B. SCHWANK, JE 212.
J.D.M. DERRETT 142ff macht joh. Ironie aus, indem er eine Anspielung auf Jes 45,9 postuliert: „The creature (man) man is in no position to question the purposes or methods of the creator, though he is in the best position to testify to the results. In other words he must be ready for a transformation" (143).

[80] Anders wiederum L. SCHENKE, Vorgeschichte 71, der zwischen Vv.26f und 28f sowie Vv.26f und 30f erhebliche Brüche konstatiert.

ein Zeichen gesehen hat,[81] bestätigt den Tadel, indem sie sich in der Zeichenforderung als gegenüber dem Zeichen selbst blind erweist.[82] Sie hat die Brote
gegessen, nicht aber das *Zeichen* (*als Zeichen*) gesehen.[83] D.h. aber, daß der
Tadel die Zeichenforderung vorbereitet. Da die Menge die Wunder – gemeint
ist im strengen Sinne nur die Speisung (φαγεῖν!) – nicht in ihrer christologischen Signifikanz als *Zeichen* gesehen hat, fordert sie nunmehr Jesus auf, sich
als der Gesandte Gottes durch ein Zeichen zu legitimieren.[84] Die Kritik, nicht
nach dem Vergänglichen zu streben, wurde durch die Gegenfrage nach dem
richtigen Wirken beantwortet. Jesus fordert das gottgefällige ‚*Ergon*‘, den
Glauben an den Gesandten. Die Gegenfrage der Menge mahnt Jesu Zeichen
und Werk an. Warum sollen sie, deren Väter das Manna in der Wüste gegessen
haben, diesen Jesus als gottgesandt anerkennen?

Mit dem neuen Thema des Essens des Manna wird erneut an die Speisung
erinnert: Vv.32ff sind die Entfaltung der Christologie, die der vierte Evangelist
in der Speisung abgebildet sieht: In der wunderbaren Speisung der Menge wird
entfaltet, daß der das Brot verteilende Jesus dies austeilen kann, weil er das
von Gott zum Leben aus dem Himmel gegebene Lebensbrot selbst ist.[85] So
wird, indem dieser Gedanke in der folgenden Rede ausgeführt wird, auf das
geschehene Zeichen zurückgeblickt und dieses interpretiert. Insofern das Zei-

---

[81] Vgl. z.B. M.J.J. MENKEN, Remarks 140 mit Anm. 9 (S. 147: Lit.).

[82] Auch U.C. VON WAHLDE, Structure 578, versteht V.30 als „a literary device intended
by the Evangelist to emphasize the blindness of the Jews", allerdings äußert er sich nicht
zum Zusammenhang zwischen Zeichenforderung und dem vorangegangenen Tadel.

[83] Vgl. A. OBERMANN 148.

[84] Die Forderung eines Zeichens ist im JE nicht auf Joh 6,30 beschränkt. In Joh 2,18
folgt einem bereits berichteten Zeichen, dem Weinwunder in Kana (2,1–11), ebenfalls die
Forderung, sich durch ein Zeichen zu legitimieren. Ist es in Joh 6,27–29 die Glaubensforde-
rung Jesu, die die Legitimationsforderung auslöst, so ist es in Joh 2,13ff die gewaltsame
‚Tempelreinigung‘. Auf der text*internen* Ebene ist das Zeichen von Kana den Jerusalemer
Juden unbekannt, aber auf der textexternen Ebene geht die Forderung an den Geschehnissen
ebenfalls vorbei. Dennoch verweigert sich Jesus nicht der Zeichenforderung, sondern antwortet mit einem Hinweis auf Passion- und Auferstehung. Dem impliziten Leser geht dies
Zeichen der Überwindung des Todes voraus, wie explizit durch 2,21f verdeutlicht wird. Der
joh. Jesus verwehrt das Zeichenbegehr nicht, sondern weiß sich als der von Gott her in seinem Tun und Reden legitimierte, so daß Brotrede und Passion und Auferstehung nicht nur
gleichsam zu *Zeichen* werden, sondern an ihnen die Einheit mit dem Vater Ausdruck verliehen bekommt. Markieren Passion und Auferstehung den Weg der Rückkehr zum Vater, so
ordnet die Zeichenforderung in Joh 2 auf der text*externen* Ebene die Offenbarung der Doxa
im Weinwunder in das Gesamtgefälle der Sendung des Sohnes ein; vgl. M. LABAHN, Jesus
126.

[85] Daß schon V.33 auf die Gleichsetzung des vom Himmel herabsteigenden Brot Gottes
mit Jesus zielt, hat U. SCHNELLE, Christologie 216f, treffend herausgestellt. Dies gilt aber
auch entsprechend für V.32[fin]; für diese Deutung sprechen die Antithese und das Präsens
δίδωσιν.

chen in seiner Interpretation durch die Brotrede noch einmal vor Augen bzw. vor die Ohren der Menge gestellt wird, kann überspitzt von einer Erfüllung der Zeichenforderung gesprochen werden.[86] Wie das Zeichen selbst führt aber auch die Offenbarungsrede zum Widerspruch.

Im Anschluß an das dem Volk in den Mund gelegte AT-Zitat (V.31b) wird Gott als der Geber des wahren Himmelsbrotes angesprochen (V.32).

Da kein atl. Text den exakten Wortlaut von Joh 6,31 bietet, ist umstritten, ob PsLXX 77,24 zitiert wird (...ἄρτον οὐρανοῦ ἔδωκεν αὐτοῖς),[87] oder, wie durch den Kontext (Mose und Manna) nahegelegt, ob an die Exodustexte (Ex 16,4.15 als Basis) nach dem masoretischen Text angeknüpft wird.[88] Andere in der Diskussion genannte Texte sind Weish 16,20 (ἀνθ' ὧν ἀγγέλων τροφὴν ἐψώμισας τὸν λαόν σου καὶ ἕτοιμον ἄρτον ἀπ' οὐρανοῦ ...)[89] und Neh 9,15 (2Esd 19,15: καὶ ἄρτον ἐξ οὐρανοῦ ἔδωκας αὐτοῖς εἰς σιτοδείαν αὐτῶν).[90]

Mit dem Hinweis auf das ,Brot aus dem Himmel' weist das Zitat im Argumentationsgefälle auf eine „außerhalb seiner selbst liegenden Heilswirklichkeit" hin.[91] Die in der Schrift zu lesende Manna-Speise kann keinen Heilsanspruch ableiten, sondern weist aus sich heraus auf die Externität der Heilszuwendung gegenüber Schrift und menschlichem Anspruch. Dieser Hinweis ist im Schriftwort selbst vorbereitet: ἄρτον ἐκ τοῦ οὐρανοῦ. So ist es nicht Mose, der das Brot aus dem Himmel *gab*, sondern der *Vater*, der das *wahre* Himmelsbrot *gibt*.[92] Dies steigt aus dem Himmel herab (καταβαίνων ἐκ τοῦ οὐρανοῦ)

---

[86] S.a. M.J.J. MENKEN, Remarks 146: „Their request for the sign (of the crowd; Vf.) is answered", in dem sich Jesus selbst als das geforderte Zeichen vorstellt.

[87] So urteilen z.B. H. HÜBNER, Theologie III, 167; E. RUCKSTUHL, Wesen 50; A. Lindemann, Mose 317; M.J.J. MENKEN, Bread 49ff; A. OBERMANN 135; U. SCHNELLE, Christologie 216 Anm. 129; B.G. SCHUCHARD 33ff; M. THEOBALD, Schriftzitate 328f; D. SÄNGER, Joh 5,46, 125: als „auf die Mannaspeisung (Ex 16) bezogenes Zitat".

[88] Z.B. P. BORGEN, Bread 40–42; s.a. G. REIM, Studien 13; R. SCHNACKENBURG, Rede 251; als Kompromiß bietet sich der Gedanke an eine Mischform an: z.B. E.D. FREED 11–16, und C.K. BARRETT, JE 300f (PsLXX 77,24; Ex 16,15; Neh 9,15); ebenfalls an ein Mischzitat unter Einfluß des hebräischen Textes denkt M. HENGEL, Schriftauslegung 267.

[89] M.-J. LAGRANGE, JE 175.

[90] A. SCHLATTER, JE 172f, und R.H. LIGHTFOOT, JE 167; zur Gesprächslage vgl. die Darstellung bei J. BEUTLER, Gebrauch 301, A.T. HANSON 85–87, B.G. SCHUCHARD 35f und M.J.J. MENKEN, Bread 47f.

[91] D. SÄNGER, Joh 5,46, 125.

[92] Zu dieser dreifachen christologischen Aktualisierung des Schriftwortes s.a. R. SCHNACKENBURG, JE II, 55. A. LINDEMANN, Mose 318, betont, daß keine Abwertung Moses und keine „Abgrenzung von Mose", sondern „eine falsche Interpretation des Mosewunders" zurückgewiesen werde. Doch geht es schwerlich in der Konstruktion οὐ ... ἀλλά um die Richtigstellung eines exegetischen Mißverständnisses, sondern um eine soteriologische Grundsatzaussage, in der Schrift und dem Mose ihr Rahmen durch das Handeln Gottes als ὁ πατήρ μου im joh. Christus bestimmt wird; dies aber ist eine Umakzentuierung und Eingrenzung der Bedeutung von Schrift und Mose.

und vermittelt Leben (V.33). Die Schrift ist nach dem Verständnis des vierten Evangelisten vom christologischen Geschehen her zu lesen.[93] Nicht sie selbst, sondern der von Gott herabgesandte Sohn vermittelt das Leben (5,39[94]). In ihm, dem von Gott gegebenen Brot, kommt Gott den Menschen in der Gabe des Lebens sich konkretisierend zum Heil nahe. Damit ist V.35 als Spitze der Lebensbrotrede vorbereitet. Wird Vv.32f hinzugenommen, so ist das entscheidende Ego-Eimi-Wort folgendermaßen zu paraphrasieren: *Ich bin das wahre von Gott gegebene Lebensbrot, das aus dem Himmel herabgestiegen ist, damit die, die an mich glauben, weder hungern noch dürsten, weil sie das Leben schlechthin haben.* In diesem Lebensbrot ist Gott selbst den Menschen zum Leben gegenwärtig.[95] Dies heißt aber auch, daß das Ich-Bin-Wort dem Leser/der Leserin diese lebensvermittelnde Nähe Gottes in der Begegnung mit Jesus als Sprecher als eine neue Existenz in diesem Leben vermitteln will.[96]

Ist im ersten Teil des Ego-Eimi-Wortes die soteriologische Katabasis des Lebensbrotes herausgestellt, so geht es im zweiten Teil um den Anteil an diesem Brot. Dies wird in Vv.36–40 vertieft.[97] Zunächst wird der Vorwurf des Unglaubens gegen die Hörer ausgesprochen, wobei der Gedanke des Sehens des Brotes, das nicht zum Glauben führte, auf V.27 zurückgeht. Positiv gewendet, steht folgender Gedanke hinter dem Verdikt Jesu in V.36: Wer das *Semeion* als ein *Semeion* sieht, das in seiner irdisch-materiellen Sichtbarkeit eine ‚himmlische‘ Wirklichkeit abbildet, sieht den Offenbarer in seinem von Gott her kommenden Wesen; dies ist der Weg des Glaubens. Vorbereitet ist diese Deutung bereits durch den Prolog, der in 1,14 auf das Sichtbar-Werden

---

[93] Zum christologischen Schriftgebrauch des vierten Evangelisten vgl. M. HENGEL, Schriftauslegung *passim*; A. OBERMANN *passim*; s.a. H. HÜBNER, Theologie III, 152ff; DERS., Interpretation 358ff, mit im einzelnen anderer Akzentuierung. S.a. W. KRAUS, Johannes *passim*, der weitergehend urteilt: durch das „auf das eigene Evangelium bezogene γέγραπται in 20,31 wird dem AT als γραφή das Evangelium *zumindest gleich – wenn nicht gar: übergeordnet*".

[94] Vgl. hierzu D. SÄNGER, Joh 5,46, 125: „Entgegen jüdischer Auffassung ... verhilft die Tora zum Leben ausschließlich in einer sie selbst limitierenden Weise, indem sie von sich weg auf den verweist, von dem sie Zeugnis ablegt (1,45; 5,46b): von Jesus Christus, dem in die Welt herabgestiegenen Gesandten des Vaters". S.a. W. KRAUS, Johannes 7.

[95] S.a. H. HÜBNER, Theologie III, 169, der pointiert formuliert: „Gott *gibt* nicht nur das Brot vom Himmel, Gott *ist* das Brot des Himmels. Gott ist damit *in* Christus für den Glaubenden der *Deus pro nobis*." Vgl. H. WEDER, Menschwerdung 378 (= ZThK 339f).

[96] Vgl. das Verständnis der Ego-Eimi-Worte als „ein illokutionärer und perlokutionärer Akt, den der Sprecher vollzieht, *indem* er spricht, und mit dem er beim Ansprech-Partner eine Wirkung erzielen, ein Ziel erreichen will" bei O. SCHWANKL 214 und die zustimmende Aufnahme durch K. SCHOLTISSEK, Wege 288. Ansprech-Partner aber sind im evangeliaren Kontext die Hörer bzw. Leser und Leserinnen dieses Wortes.

[97] S.a. U. WILCKENS, JE 99.

der Herrlichkeit des präexistenten und nunmehr inkarnierten Logos geht. Für den vierten Evangelisten ist der Inkarnierte durchaus mit der göttlichen Doxa ausgestattet, die im besonderen in den joh. Zeichen sichtbar wird (vgl. 2,11; 11,4). Das Motiv von Ablehnung und Mißverständnis (vgl. schon 1,5.10f) schützt die Darstellung vor einem Auflösen des Eschatons in die Historie. Die *Doxa* ist sehbar, aber nur für den, der die himmlische Abkunft des Trägers solcher *Doxa* erkennt. Solches Sehen ist von Gott her gewährtes Sehen (V.44).

Die Anteilnahme am ewigen Leben verdankt sich dem Vater, dessen Willen der Sohn tut. So bewahrt der Sohn die, die ihm anvertraut sind, ins ewige Leben hinein. Darauf zielte bereits die dem Glauben gewidmete Verheißung in V.35[fin].[98]

An dieser Stelle stellt sich die literarhistorische Frage nach den Auferweckungsaussagen in V.39,[fin] V.40[fin] und V.44, die einige Exegeten als sekundäre Erweiterungen identifizieren.[99] Die literarische Diskussion soll deshalb hier nicht geführt werden,[100] da auch die präsentische Zusage des ewigen Lebens in seiner Qualität auf jegliche Zukunft hin offen ist, gleichsam ein höheres Maß der Lebenszusage beinhaltet und damit die apokalyptischen Auferweckungsaussagen theologisch überholt.[101]

V.41 nimmt die soteriologische Katabasis als Inhalt des Murrens ‚der Juden‘ auf. Damit ergibt sich wiederum der Zusammenhang von (Er-)Kennen und Glauben. Lesen wir diesen Vers von V.36 her, haben die als murrend darge-

---

[98] Vgl. hierzu U. SCHNELLE, Christologie 218; s.a. O. HOFIUS 85, der hinter V.37b den Gedanken der *perseverantia sanctorum* ausgesprochen sieht.

[99] Schon J. WELLHAUSEN, JE 31. Mit unterschiedlicher Bewertung des redaktionellen Umfangs z.B. auch J. BECKER, JE I, [1]211. [3]254; R. BULTMANN, JE 162 (hierzu J. FREY, Eschatologie 123f); E. HAENCHEN, JE 322f; J. KÜGLER, Jünger 190f; G. RICHTER Fleischwerdung 172 mit Anm. 145.184.196; DERS., Eschatologie 376; C. DIETZFELBINGER 97.104. Indem DIETZFELBINGER die Ereignisse von Ostern und der Parusie anhand seiner Auslegung der ersten Abschiedsrede, bes. der korrigierenden Auslegung von 14,2f, durch den vierten Evangelisten in Leben und Liebe der Gemeinde zusammengenommen sieht, kann er die futurisch-eschatologischen Aussagen nur als unglückliche Nachträge verstehen. A. STIMPFLE 277 Anm. 14 deutet diese Passage in Übereinstimmung mit der „Verschlüsselungsintention" des JE (vgl. aaO. 244f); zu STIMPFLEs Textverständnis vgl. aaO. 4f. Damit werden die futurischen Formulierungen zu uneigentlichen Aussagen, die zwar eine pragmatische Funktion, die der Verschleierung, haben, nicht aber eine positive Bedeutung für die Bestimmung des Standorts des Erzählers. Dagegen z.B. U. SCHNELLE, Christologie 225 (Anm. 182 nennt weitere Vertreter für dieses Urteil); M. HENGEL, Frage 212 mit Anm. 22 – beide Möglichkeiten erwägt B. KOLLMANN, Ursprung 117.

[100] Vgl. hierzu J. FREY, Eschatologie 408f, der auf den Hintergrund „,frühjohanneischer' – apokalyptischer Traditionen" verweist (aaO. 409 mit Hinweis auf G. STRECKER).

[101] J. BLANK, JE 1a, 365, versteht entsprechend die „zukunftseschatologischen Aussagen" als Ergänzung der „Gegenwartseschatologie".

stellten Juden Jesus gesehen und glauben nicht. Sie wissen, daß Jesus der Sohn Josefs ist, eine Person mit bekannten Eltern, V.42a.

Anstoß wird hier gerade an der sarkischen Herkunft Jesu genommen; dieser Vers läßt an die Auseinandersetzung der judenchristlichen Gruppe des joh. Kreises denken. Aber dennoch stellt sich die Frage, ob es hier um konkrete Polemik oder ihre Spiegelung geht oder um eine eher theologische Frage. Dies schließt nicht aus, daß das im folgenden Reflektierte sich konkreter Erfahrung verdankt. Es ist vielmehr wahrscheinlich, daß die Ablehnung des Offenbarers und ihre theologische Verarbeitung tatsächlich seine Wurzeln in der Erfahrung des Widerspruchs und der Ablehnung haben, die die joh. Gemeinde in ihrer wechselvollen Geschichte erlebt hat.

Wiederum hindert ein Sehen, das an irdisch-materiellen Daten orientiert ist,[102] den Zugang zu Jesus: hier die Erkenntnis der Katabasis Jesu von seinem himmlischen Vater her. Vv.44f geben die Antwort, daß das Jesu Sendung erkennende Sehen ein vom Vater ermöglichtes Sehen ist.[103] „Die Antwort, die das Logion erteilt, zielt dann dahin: Letztlich kann der Mensch den im Glauben notwendigen Standortwechsel selbst gar nicht leisten: Gott muß ihn ziehen; Glaube ist zutiefst ‚Gottes Werk‘."[104]

V.46 steht sperrig im Kontext.[105] Hier erst wird (gegen V.45: πᾶς ὁ ἀκούσας παρὰ τοῦ πατρός) explizit ein Sehen genannt, aber ein Sehen des Vaters. Wenn Bernd Kollmann diesen Vers zum Inhalt von Vv.41–46 stilisiert,[106] indem er die Aussage von V.46 in das Zentrum dieser Verse rückt, so übersieht er dessen aporetische Stellung. Entscheidend ist in V.46, daß niemand Gott gesehen hat. Davon wird lediglich der präexistente Gottessohn ausgenommen. Wird der Zugang zum Sohn von der Lehre durch den Vater abhängig gemacht, so stellt sich die im Text nicht ausgesprochene Frage, warum es ein Murren gegen Gottes lebenseröffnenden Offenbarer, warum es ein Nicht-Glauben gibt. Diese Frage ist verschärft, wenn joh. Texte wie ‚*Gott ist Liebe*' (1Joh 4,8) bedacht werden. Kann den Gott, der den Sohn zur Rettung der Welt sendet (Joh 3,16), der die Liebe ist und damit im Vollsinne die Liebe repräsentiert und

---

[102] S.a. H. WEDER, Menschwerdung 381 (= ZThK 342).

[103] Vgl. U. SCHNELLE, Christologie 219f. M. THEOBALD, Liebe *passim*, sucht mit guten Argumenten Vv.44f* als joh. Herrenwort-Überlieferung wahrscheinlich zu machen (Rekonstruktion: aaO. 319–323; ‚Sitz im Leben' sei die Auseinandersetzung mit der Synagoge [aaO. 335]). Diese Beobachtung stellt die zentrale Bedeutung dieser Passage für den Abschnitt Vv. 41ff nicht in Frage, erklärt aber zugleich gut die Korrektur V.46.

[104] M. THEOBALD, Liebe 336f; allerdings interpretiert THEOBALD das Wort inklusiv, so daß die Gabe allen Menschen angeboten wird; die negative Formulierung des Wortes scheint hingegen eher eine exklusive Deutung nahezulegen, wie sie oben im Text gegeben wurde.

[105] Vgl. z.B. J. KÜGLER, Jünger 190.

[106] B. KOLLMANN, Ursprung 128: in diesen Versen sei der Glaube an die „präexistente Einheit von Vater und Sohn" verhandelt; ähnlich auch H. WEDER, Menschwerdung 380ff (= ZThK 341ff).

verwirklicht, den Zugang zum Leben verweigern? Die Argumentation von Vv. 44f. sucht den Zugang zu Gott als Gottes Gabe zu denken, gerät aber in die Aporie, den Unglauben erklären zu müssen. Diese Aporie wird in V.46 mit dem Hinweis auf die Distanz zwischen Gott und Mensch (vgl. Hiob 38f) stehen gelassen. Doch damit ist nicht der gesamte Inhalt von V.46 dargestellt; indem der Sohn den Vater gesehen hat und zu den Menschen gesandt ist, wird zweierlei deutlich. Zunächst ist der Wille Gottes zum Leben des Menschen in der Katabasis des Lebensbrotes betont. Dann aber auch die Gegenwart Gottes in dem zu den Menschen gekommenen und sich in die Gemeinschaft mit den Menschen stellenden Gottessohn.[107]

Vv.47–51b kehren folglich zum soteriologischen Thema der Katabasis des Himmelsbrotes zurück.[108] So bildet nach Michael Theobald „die Opposition ‚*sterben*' / ‚*leben*' die Klimax" von Vv.47–51.[109] V.47 erinnert in einem gewaltigen *Crescendo* an V.35: ‚*Amen! Amen! Ich sage euch, wer glaubt, hat ewiges Leben.*'

Die entscheidende Frage für die Gesamtinterpretation von Kap. 6 ist, ob φαγεῖν bereits in Vv.49–51b ein reales Essen meint[110] oder ob es die glaubende Annahme des Lebensbrotes zum Leben impliziert. Die Parallelität zu Vv.30–40, die Problematik der Annahme des Lebensbrots V.41ff sowie vor al-

---

[107] Die christologische Interpretation von Vv.44f in V.46 stellt auch M. THEOBALD, Liebe, 340, heraus. Auch MARKKU KOTILA, der in Vv.44f die „prädestinatianisch orientierte exklusive Ekklesiologie" einer sekundären Redaktionsschicht zurechnet (aaO. 173), findet in V.46 ein christologisches „Korrektiv". Ohne daß ich mir die literarkritische Option von KOTILA zu eigen machen könnte, ist anzuerkennen, daß er die Problematik der Unterstreichung der exklusiven Gabe des Zugangs zum Gesandten in diesem Text angemessen zur Sprache bringt. Die exklusive Bindung des Heilszugangs an die Gabe des Vaters führt tief in das Prädestinationsproblem, daß mit dem Lebensangebot und der Gewährung der Nähe Gottes im Sohn konkurriert. Der abschließende Hinweis auf diese Nähe und dieses Angebot in V.46 löst das Problem nicht. Es zeigt aber, daß die Auflösung nur im christologischen Angebot selbst gefunden werden kann.

[108] Vgl. M. THEOBALD, Schriftzitate 334. Anders gliedern hingegen R. SCHNACKENBURG, JE II, 75; THEOBALD, Liebe 317f: das ‚Ich-bin' wird bei dieser Gliederung als Einschnitt gedeutet (vgl. dazu THEOBALD, Schriftzitate 337 Anm. 54). M.E. ist das Amen-Amen-Wort jedoch oft als Signal für einen Gedanken zu verstehen, der das Gesagte in einem Argumentationsgang weiterführt. Das Ego-Eimi-Wort, V.48, bezeichnet hingegen C. H. TALBERT, JE 135, als Abschluß.

[109] M. THEOBALD, Schriftzitate 333.

[110] So z.B. B. KOLLMANN, Ursprung 118–120; J. FREY, Bild 19 (Manuskript) mit L. SCHENKE, JE 137; s.a. G. BORNKAMM, Tradition 56 u.ö.; dies veranlaßt ihn, 6,47–51b ebenfalls zur sekundären eucharistischen Passage 6,51c–58 zu ziehen (auch H. THYEN, ThR 43, 340; J. KÜGLER, Jünger 204ff, deuten daher Vv.48–58 eucharistisch [s.a. M. GIRARD, L'unité 94. 100; W. LANGBRANDTNER 6ff; E. RUCKSTUHL, Wesen 51ff], ähnlich J.D. CROSSAN, It is Written 15, für Vv.49–58). Gegen BORNKAMM stellt U. SCHNELLE, Christologie 219, die Verknüpfung von Vv.48–51 mit der vorangegangen Lebensbrotrede heraus.

lem der wichtige V.47 legen eine Interpretation von ‚*Essen*' als Bild für den *Glauben* nahe. Auch wenn das Essen des Manna von V.49 real gebraucht ist, so geht das Brot in V.50 auf das Vorangegangene zurück. Obgleich V.58 ähnlich wie V.50 formulieren kann, so liegt zwischen beiden Versen doch eine veränderte Perspektive: V.58 läßt sich als V.50 nachgestaltete Formulierung verstehen, die ihrerseits die Gedanken von Vv.51cff voraussetzt.

Damit ist bereits gesetzt, was im folgenden Exkurs noch gesondert auszuweisen ist, daß die eucharistische Passage 6,51c–58 eine *postredaktionelle Einlage* ist. Vv.60ff greifen mit dem Jüngerschisma und dem joh. Petrusbekenntnis auf die latente Problematik der Annahme des Lebensbrotes durch den Glauben und seiner Ablehnung zurück (vgl. das Murren der Jünger, V.61, mit V.41; die Steigerung des *Skandalon* der Katabasis durch den Hinweis auf die Anabasis des Menschensohnes, V.62).

Die Brotrede *stellt* folglich durch seine christologische Interpretation das Zeichen der Speisung geradezu als ein Semeion *dar*,[111] und zwar als eine Inszenierung durch das Medium der Sprache; dies ist jedoch nicht so zu verstehen, daß alles Gewicht auf dem Wunder und nicht auf der Rede liegt. Tatsächlich ist aber in der gegenwärtigen Komposition das Zeichen über das Zwischenstück 6,(25b.)26–29 als Voraussetzung und Basis der Rede gesetzt.

Eine besondere Affinität zum Speisungswunder wurde dem Abschnitt 6,36–40 von Eugen Ruckstuhl[112] und Udo Schnelle[113] zuerkannt; einem Zusammenhang, dessen besondere Bedeutung Schnelle durch die Bezeichnung als „Kompendium der joh. Theologie" unterstreicht.[114] Als Schlüssel dient ὁράω in V.36. Es ist sicherlich richtig, daß V.36 über 6,26ff auf die Speisung zurückblickt. Zugleich werden hier auch Vv.41f vorbereitet, die vom Kennen (οἶδα) Jesu sprechen und dabei ein Sehen Jesu in seiner irdischen Vorfindlichkeit voraussetzen. Unabhängig von der in diesem Abschnitt ausgeklammerten Frage nach der Traditionsbenutzung des Evangelisten in der Lebensbrotrede,[115] ist im gesamten vorliegenden Text die Speisung vorausgesetzt. Dafür spricht auch σημεῖον als Signalwort und die Stichworte ‚*Essen*' und ‚*Brot*'. Insofern liegt in Vv.36–40 kein besonderer Rückbezug auf die Speisung in 6,5ff vor.

Nicht weniger deutlich als der Anschluß an die Speisung und der strukturelle Rückgriff auf das Wunder ist aber auch, daß in der Rede über das Zeichen hinausgegangen und der Mensch in seiner Lebensbedürftigkeit angesprochen wird; ihm kommt als Antwort auf diese Bedürftigkeit Gott in der Gabe des Le-

---

[111] Anders F. VOUGA, Antijudaismus 84.

[112] E. RUCKSTUHL, Wesen 50. RUCKSTUHL meint, das Brotwunder diene Jesu „göttliche Sendung und Vollmacht nachzuweisen" (mit Hinweis auf 6,26f.36).

[113] U. SCHNELLE, Christologie 218f. 227; s.a. DERS., JE 125f.

[114] U. SCHNELLE, JE 126.

[115] Zur literarhistorischen Bewertung dieses Abschnitts der Brotrede vgl. U. SCHNELLE, Christologie 219 mit Anm. 151 (Lit.); DERS., JE 126.

bensbrotes selbst zum Leben nahe. Das Zeichen wird gleichsam durchleuchtet
und die hinter dem Zeichen stehende Theologie und Christologie entfaltet; entfaltet wird das Zeichen auch auf seine soteriologische und ekklesiologische[116]
Dimension hin. Diese hermeneutische Reflexion über das Zeichen bleibt jedoch
nicht theoretisch, sondern geschieht in der *Zusage des Ego Eimi, als ich bin
das Leben für dich, des von Gott gesandten Offenbarers durch den Text an
jeden, der diesen Text im Glauben vernimmt.* Es gehört zu der von Hans Weder angesprochenen Lebenserfahrung der joh. Gemeinde, die sich in Joh 6 ausspricht,[117] daß auch die Abweisung des Zuspruchs als quälendes Problem die
Rede wie auch das gesamte Kapitel durchzieht.

*Exkurs: Joh 6,51c-58, ‚Einlage', Umstellung, eucharistische Deutung des
Evangelisten oder (kirchlicher) Nachtrag?*

Ist soweit in der Lebensbrotrede von der Rezeption des Lebensbrotes durch
den Glauben gesprochen, so beginnt in V.51c eine der literarkritisch umstrittenen Passagen des JE;[118] hier wird überraschend von der Partizipation des Glaubenden am Lebensbrot als sakramentaler Speise gehandelt. Handelt es sich hier
um die genuine Fortsetzung der Lebensbrotrede des Evangelisten, die damit
möglicherweise bereits dem Speisungswunder sakramentale Untertöne beilegt,
oder um eine sekundäre Interpretation, die einen der Rede inhärenten ekklesiologischen Aspekt explizit?

Einige Exegeten stellen die sakramentale Ausrichtung im Abschnitt Joh
6,51c–58 in Frage.[119] Dabei wird nicht durchweg jeglicher Hinweis auf die
Eucharistie, sei es terminologisch, sei es theologisch-inhaltlich abgelehnt.[120]
Zentral ist für diese Interpretationen jedoch die – gemeinhin als weisheitlich
geprägt verstandene – christologische Konzeption. Die Hinweise auf die
Eucharistie haben in diesem Deutungsschema einen eher kritisch-relativieren-

---

[116] Zu Recht betont J. BECKER, Geist- und Gemeindeverständnis 218 (*et passim*), daß für
den vierten Evangelisten nicht mit einem ‚ekklesiologischen Defizit' zu rechnen ist.

[117] H. WEDER, Menschwerdung 377 (= ZThK 339).

[118] Zur literarkritischen Arbeit am vierten Evangelium vgl. z.B. auch die Darstellung
und Kritik bei K. SCHOLTISSEK, Johannes 51–59. Die Forderung, daß „Literarkritik am
JohEv ... insgesamt bescheidener ansetzen" müsse, ist grundsätzlich im Recht, wenngleich
daraus nicht ein negatives Präjudiz im Einzelfall abzuleiten ist.

[119] Zum Problem der nichtsakramentalen Interpretation der gesamten Lebensbrotrede
vgl. auch die Darstellung von M. ROBERGE 267–272 (insbesondere 267f: Darstellung der
weisheitlichen Interpretation, bei der jeglicher Bezug auf die Eucharistie ausgeschlossen
wird) und die Weiterführung des Nachweises von M.J.J. MENKEN, John 6,51c–58, 184f mit
Anm. 9 (Literaturergänzungen).

[120] Vgl. z.B. L. MORRIS, JE 313f.

den Charakter. Eine wichtige Zielrichtung solcher Interpretation ist es zumeist, die literarische Kohärenz von Joh 6 herauszustellen.

So erklärt Maarten J.J. Menken, daß dieser Abschnitt in Auseinandersetzung mit den jüdischen Gegnern der joh. Gemeinde zu zeigen sucht, daß Jesu Tod, der in Sarx und Haima vorgestellt werde, Gottes Handeln und Sendung entspricht.[121] Im Festhalten der Bedeutung von Jesu Kreuz und Tod in Auseinandersetzungen mit Gegnern sieht auch der klassische Beitrag von James D.G. Dunn die eigentliche Bedeutung der Passage mit ihren eher sekundären eucharistischen Anklängen.[122] ‚Essen' und ‚Trinken' des Leibes und Blutes werden als Metaphern für den Glauben an Jesus als den Fleisch Gewordenen und Gekreuzigten verstanden.[123] So geschieht es nun auch ausdrücklich gegen eine sakramentale[124] wie auch kreuzestheologische Interpretation[125] gewendet bei Klaus Berger. Er setzt die Priorität auf den metaphorischen Sinn und identifiziert die Bedeutung des Essens in 6,50 und 6,51bff; es geht darum, Jesus „ganz und gar in sich aufzunehmen".[126] Allerdings bildet damit die joh. Auffassung vom Essen als Partizipation an Jesus eine Vorstufe zur Abendmahlstradition.[127] Auch um die eucharistische Terminologie des Abschnittes in Frage zu stellen, sucht Xavier Léon-Dufour eine „‚spirituelle' Offenbarung" nachzuweisen; Vv.48–58 nähmen Aspekte von Vv.35–47 auf und handeln damit von der „Offenbarung von der Heilsbedeutung des *Todes* Jesu".[128] Auch Peder Borgen schränkt ein, daß die eucharistischen Gedanken nicht selbst Thema dieses Abschnitts seien, sondern dazu dienten, „to throw light upon the reality of the incarnation".[129]

In Vv.52–54 ist jedoch die Rede von einer *konkreten Aufnahme des Fleisches Jesu als ‚Speise'*; trifft dies zu, so kann diese Beobachtung nur zu einer *sakramentalen Interpretation* führen.[130] Dann ergeben sich aber eindeutige Spannungen zum Kontext. Um diese Schwierigkeit zu erläutern, wurden eine Reihe unterschiedlicher Deutungsmodelle vorgelegt, die sich idealtypisch in drei bzw. vier Typen differenzieren lassen:

---

[121] M.J.J. MENKEN, John 6,51c–58, *passim*; den textpragmatischen Schwerpunkt im Hinweis auf die Passion setzen z.B. auch F.J. MOLONEY, JE: Signs 53–57 (vgl. schon DERS., Son of Man 103ff; s.a. DERS., JE: Gospel 222f; allerdings wird die eucharistische Sprache betont: AAO. 223f.); B. LINDARS, Word 62.

[122] J.D.G. DUNN, John VI, 335ff; s.a. R.P. MARTIN 120f.

[123] C.R. KOESTER 98f.262.

[124] K. BERGER, Anfang 209: „Das JohEv kennt weder ein Erinnerungsmahl an Jesu letztes Mahl, noch verbindet es dieses oder sonst irgendein gemeinsames Mahl mit Deuteworten zu Brot und Wein. Jesu letztes Mahl nach Johannes erwähnt davon schlechthin gar nichts, und in Joh 6 geht es um wesentlich anderes"; vgl. aaO. 213ff.

[125] K. BERGER, Anfang 212.

[126] EBD.

[127] K. BERGER, Anfang 216f.

[128] X. LÉON-DUFOUR 338; vgl. 338–343.

[129] P. BORGEN, Bread 168; s.a. F.J. MOLONEY, John 6, 248f: Die Rede wird mit dem Thema des Kreuzes fortgesetzt; allerdings wird dazu die sakramentale Tradition der Gemeinde vorausgesetzt und aufgenommen.

[130] Zur Dokumentation dieser Ansicht in der joh Forschung vgl. M. ROBERGE 273–298; M.J.J. MENKEN, John 6,51c–58, 183f Anm. 3.

(1) *„Einlage".*[131] Joachim Jeremias[132] und Eduard Schweizer[133] verstehen
jeweils in Korrektur ihrer früheren Deutungen Joh 6,51c–58 als eine vom
Evangelisten übernommene Tradition.

(2) Dieser Interpretation steht ein anderer Versuch, Joh 6,51c–58 im jetzigen Kontext zu verstehen, sehr nahe: Raymond E. Brown[134] und Wilhelm Wilkens[135] interpretieren unseren Text bzw. das in ihm benutzte Material als joh.
Einsetzungsbericht, der von Joh 13 her in Kap. 6 *umgestellt* wurde. Theologisch und historisch attraktiv ist dabei vor allem, daß Brown dabei den eucharistischen Zusatz betont in die Linie der sakramentalen Frömmigkeit des Evangelisten stellt.[136] Ob man sich der Sicht von Brown im einzelnen anschließen
mag, sei dahin gestellt; sein Verdienst liegt jedoch darin, die exegetische Möglichkeit herausgestellt zu haben, daß Joh 6,51ff ergänzt sind, der Evangelist
aber dennoch die Sakramente akzeptiert oder gar positiv rezipiert.

(3) Eine Anzahl von Interpretationen der Lebensbrotrede, die von der ge-
danklichen Einheit von Kap. 6 ausgehen, schreibt den eucharistischen Abschnitt dem *Werk des Evangelisten* zu.[137]

---

[131] Hierzu s.a. die ausführlichere Darlegung von M. ROBERGE 289–292.

[132] J. JEREMIAS, Johannes 6,51c–58: vom Evangelisten aufgenommene vorjoh. Homilie;
s.a. DERS. Abendmahlsworte 101; in Abänderung von DEMS., Literarkritik 36.44.46.

[133] E. SCHWEIZER, Joh 6,51c–58; s.a. DERS., Art. σάρξ 140 mit Anm. 309; schon DERS.,
Zeugnis 384ff, votiert in Abwandlung von DEMS., EGO EIMI 155, für die Einheitlichkeit
von Kap. 6.

[134] R.E. BROWN, JE I, XXXVII.285ff. Verantwortlich gemacht wird für diese Umstellung durch den Redaktor des Evangeliums ein liturgisches Interesse.

[135] W. WILKENS, Entstehungsgeschichte 75f; DERS., Abenmahlszeugnis 367.369. WIL-
KENS begründet diese Umstellung damit, daß es dem Evangelisten um die Durchdringung
des Evangeliums mit dem Passionsthema gehe.

[136] R.E. BROWN, JE I, XXXVIII (allerdings sieht BROWN eine Zunahme der sakramentalen Referenzen auf der Ebene der abschießenden Redaktion des Evangeliums).CXII.

[137] Z.B. O. CULLMANN, Urchristentum 89–99; C.K. BARRETT, JE 295–297; P. BORGEN,
Bread *passim*; R.A. CULPEPPER, Anatomy 197 mit Anm. 126; X. LÉON-DUFOUR, bes. 324f
(Anm. 28 mit weiterer Lit.); F.J. MOLONEY, John 6, bes. 248ff (MOLONEY sieht als ein neues
Thema, das des Kreuzes gegeben; dies impliziert jedoch keine unsakramentale Interpretation
von 6,51cff. Daß auf die Eucharistie angespielt ist, wird nicht bestritten: aaO. 249f); H.
SCHLIER *passim* (Hinweis auf strukturelle Parallelen); H. SCHÜRMANN, Jo 6,51c, *passim*; G.
VOIGT, JE 93ff.

   Mit Hilfe einer *strukturalistischen* Interpretation legen folgende Exegeten das sechste
Kap. als eine Einheit aus (vgl. auch die Darstellung von M. ROBERGE 277): J.D. CROSSAN, It
is Written (vgl. bes. 4); G. SEGALLA 71ff; D.A. LEE 130; M. GIRARD, L'unité *passim*; vgl.
101: „Les v. 35b–58 constituent donc une impressionnante fresque christologique qui syn-
thétise l'ensemble de l'histoire du salut et démontre une telle continuité parfaite entre la
Parole et la sacramentalité chrétienne qu'on ne puisse plus concevoir l'uns sans l'autre."

   Auch EUGEN RUCKSTUHL ist zu nennen, obgleich er den „Eindruck ... daß hier zwei ursprünglich nicht miteinander verbundene Reden nicht ganz harmonisch zusammenge-

Ein wichtiges Beispiel hierfür, da er den Zusammenhang von Brotwunder, Lebensbrotrede und eucharistischem Abschnitt bedenkt, bietet Ulrich Wilckens. Der Evangelist benutzt nach Wilckens bei der Formulierung von 6,51c–58 Traditionsstoff, den er der „Liturgie seiner Gemeinde" entnimmt:[138] Vv.51c.53 (Inhalt; Neuformulierung durch den Evangelisten).54. Die Rede sei „traditionsgeschichtlich als johanneische Aufnahme und Interpretation ihm vorgegebener kirchlicher Tradition zu beurteilen".[139] „Erst mit diesen Ausführungen gibt der johanneische Jesus die eigentliche Interpretation des geschehenen Brotwunders, das als solches durch die Aussagen über den Glauben an Jesus als das Lebensbrot noch nicht entsprechend erklärt ist."[140] Wilckens erklärt damit den eucharistischen Abschnitt zum eigentlichen Zielpunkt der mit dem Brotwunder begonnenen Komposition, ja zum Zielpunkt des Brotwunders selbst.[141]

Anders nimmt der Vorschlag von Udo Schnelle durchaus Spannungen in diesem Abschnitt wahr.[142] Er versteht Joh 6,51c–58 als die „eucharistische Interpretation"[143] einer traditionellen Brotrede, deren Bestandteile er mit 6,30–35.41–51b benennt.[144]

Variiert wird dieser Vorschlag von Bernd Kollmann: Joh 6,51c–58 sei ein „eigentlicher Zielpunkt der midraschartigen Ausbauten vorgegebener Traditionsstoffe".[145] Als Kern der Offenbarungsrede, die von geprägter Tradition abhängig ist,[146] ermittelt er Joh 6,31–35a. 48–58; zwei Exkurse seien eingefügt worden (6,35b–40: „Zugang zu Jesus" und 6,41–46: Glaube an die „präexistente Einheit von Vater und Sohn").[147] Diese Rede stelle eine antithetische Auslegung des atl. Zitates V.31 (PsLXX 77,24) dar: In Vv.31–35a stellt sich Jesus als das wahre Lebensbrot vor; in Vv.48–51 wird der Zugang zu dieser Speise reflektiert, und in Vv.52–58 werden das sakramentale Mahl und sein soteriologisches Interesse genannt.[148] In

---

schweißt sind" wiedergibt (RUCKSTUHL, Wesen 48 Anm. 4). Ist das Problem von Spannungen erkannt und die wichtige Frage nach Traditionsbenutzung gestellt, so erhält sie doch eine recht undifferenzierte Antwort. Wichtiger ist, daß sein Festhalten an der literarischen Einheit (DERS., Wesen 48; zustimmend M.J.J. MENKEN, John 6,51c–58, 187) hinter dieser Problemanzeige zurückbleibt.

Auch die rezeptionsästhetische Auslegung von Joh 6 durch JÖRG FREY begreift dies Kapitel unter Einschluß des eucharistischen Abschnitts als Einheit und sieht diese Sicht im exegetischen Durchgang gestützt: Bild 11f (Manuskript); dies geschieht allerdings unter Anerkennung einer „Verschiebung der Bezüge" (aaO. 19; Entfaltung: 19f [jeweils Manuskript]).

[138] U. WILCKENS, Abschnitt 240.

[139] U. WILCKENS, Abschnitt 243.

[140] U. WILCKENS, Abschnitt 247.

[141] S. jetzt auch U. WILCKENS, JE 107–109.

[142] Vgl. U. SCHNELLE, JE 131.

[143] So U. SCHNELLE, Christologie 221ff; vgl. bes. 227f.

[144] U. SCHNELLE, Christologie 216–221.

[145] B. KOLLMANN, Ursprung 131.

[146] B. KOLLMANN, Ursprung 105ff: Verknüpfung von Schultraditionen (Kultmahltradition 6,31–35c.48–58 sowie geringe exkursartige Zwischenpassagen, die ebenfalls Traditionsstoff repräsentieren: 35b–40.41–46) durch geringe Einfügungen (6,36*.39f*[?].41*.44c [sekundärer Zuwachs: aaO. 118 Anm. 77]), die sakramentale Deutung des Speisungswunders (6,23) und den redaktionellen Über- bzw. Einleitungen 6,26f.30.47 sowie der Abschlußnotiz 6,59.

[147] B. KOLLMANN, Ursprung 128.

[148] B. KOLLMANN, Ursprung 114.

der Deutung von Kollmann beschränkt sich die kompositorische Tätigkeit des Evangelisten auf die Zusammenfügung unterschiedlicher Traditionen[149] und droht ihr eigenes literarisches Profil zu verlieren.

Eine eigenständige Argumentation verfolgt Jean-Marie Sevrin, aufgrund derer ersichtlich ist, wie wichtig die Beachtung der Gesamtkonzeption von Joh 6 für die Analyse der Wundersequenz Joh 6,1ff ist. Sevrin akzeptiert die Spannungen in diesem Kapitel und sucht sie mit Hilfe der joh. Theologiegeschichte zu einer Lösung zu bringen. Trotz der Annahme von Traditionsbenutzung rechnet er insofern mit einem kohärenten Text,[150] als er eine sekundär doketisierend interpretierte Überlieferung von *einem* Verfasser mit einer anderen christologischen Konzeption verarbeitet findet;[151] die Tradition habe der Verfasser des sechsten Kapitels, der mit dem vierten Evangelisten gleichgesetzt werden kann,[152] literarisch genau („...n'est pas retoucher...")[153] rezipiert („un discours-dialogue qui couvre les v. 27a. 28–51a.59–65").[154] Seine eigene christologische Vorstellung bringt er ein, indem er den Dialog eucharistisch und passionsorientiert ergänzt.[155] Die Komposition von Kap. 6 läßt sich damit als antidoketische Reaktion verstehen („une réaction anti-docète"[156]).[157] Die doketischen Antipoden entsprechen der theologischen Ausrichtung der Gegner, mit denen sich die Johannesbriefe auseinandersetzen.[158] Dies geschieht neben der Einfügung von Joh 6,26. 27b.39.40.44 durch die Formulierung der Wundersequenz 6,1–15 und des joh. Petrusbekenntnisses 6,66–71; „Ces deux sections sont, à des degrés divers, mais avec beaucoup de liberté, inspirées des synoptiques."[159] Damit gilt nach Sevrin: „Il n'est donc point nécessaire à l'intelligence du texte de *supposer d'autres sources que les synoptiques*".[160] Der eucharistische Abschnitt Joh 6,51b–58 gehört ebenso zur Korrektur dieser doketischen Interpretation wie die joh. Speisung und das joh. Petrusbekenntnis.

Eine vergleichbare Konzeption entwickelt auch Ludger Schenke.[161] Der Redaktor von Kap. 6, dem in der Grundschrift die Speisung mit einer kurzen Offenbarungsrede (6,26f. 34f) zur Verfügung stand, fügte hierin einen umfassenden Dialog ein. Auf seine Hand geht der Abschnitt 6,52–58 zurück, der seine Situation in der joh. Theologiegeschichte erkennen läßt, die Auseinandersetzung mit einer „Gruppe ‚häretischer' Christen ..., die die Fleischwerdung des Christus leugnete".[162] Hierher gehört auch die Fortsetzung 6,60–71.

---

[149]   So ausdrücklich B. KOLLMANN, Ursprung 129.

[150]   J.-M. SEVRIN 82.

[151]   J.-M. SEVRIN 74f.81; die ursprüngliche Absicht des Dialogs sei jedoch gegen Juden gerichtet gewesen; ebd.

[152]   J.-M. SEVRIN 81f.

[153]   J.-M. SEVRIN 82.

[154]   J.-M. SEVRIN 81: „La pointe de ce midrash du récit de la manne est une doctrine christologique développé en polémique avec l'incrédulité juive: Fils envoyé par le Père, d'origine céleste, Jésus donne vie éternelle à ceux qui croient en lui. La rencontre entre le Fils envoyé et la démarche croyante est l'œuvre du Père."

[155]   J.-M. SEVRIN 74f.75f.81.82.

[156]   J.-M. SEVRIN 74.

[157]   Eine antidoketische Interpretation von Joh 6,51c–58 vertritt z.B. auch G. RICHTER, Fleischwerdung 175–177; DERS., Eschatologie 376. 377.

[158]   J.-M. SEVRIN 73.

[159]   J.-M. SEVRIN 82.

[160]   J.-M. SEVRIN 81; Hervorhebungen v.Vf.

[161]   L. SCHENKE, Vorgeschichte *passim*; bes. 86ff.

[162]   L. SCHENKE, Vorgeschichte 88.

Aus dieser Zusammenstellung ist ein „literarisch und thematisch streng durchkomponierter Text" entstanden.[163]

Für Peter Stuhlmacher ist der eucharistische Abschnitt Joh 6,51b + 52–58 aufgrund der Übereinstimmungen des Vokabulars mit dem Kontext „auf jeden Fall für den Zusammenhang von Joh 6 geschrieben" worden,[164] und zwar unter Voraussetzung der „(proto-)lukanischen und markinischen Abendmahlsüberlieferung".[165] Dies sei durch den vierten Evangelisten selbst unter Voraussetzung der mk. Überlieferung geschehen.[166] Dabei greift Stuhlmacher anders als Schnelle auf die nicht unproblematische Bestimmung von Joh 6,31ff als *Midrasch* über Ps 78,24 durch Peder Borgen zurück. Das ἄρτον ἐκ τοῦ οὐρανοῦ werde in Vv.32–46, das φαγεῖν in Vv.47–58 entfaltet.[167]

Von einer einheitlichen Komposition sprechen neuerdings beispielsweise auch Johannes Beutler,[168] Ismo Dunderberg[169] und Paul N. Anderson.[170]

(4) Als gegenüber der Komposition von Kap. 6 sekundärer *Nachtrag* wurden die Vv.51(c)–58 nach dem Vorgang speziell von Friedrich Spitta,[171] Eduard Schwartz[172] und Julius Wellhausen[173] profiliert und forschungsgeschichtlich wirkungsvoll von Rudolf Bultmann[174] interpretiert. Bultmann weist diese Passage als Zeugnis vom *Herrenmahl* der von ihm postulierten ‚*Kirchlichen Redaktion*‘ zu: „...denn das ‚Brot des Lebens‘ der vorhergehenden Worte Jesu meint zweifellos nicht das sakramentale Mahl, sondern bezeichnet, wie das ‚Lebenswasser‘ und das ‚Licht‘, Jesus selbst als den, der das Leben bringt, indem er es ist (11,25; 14,6)".[175]

Die Basis dieser literarkritischen Überlegungen ist das Verhältnis Jesus – Brot im Text von Joh 6. Sind in der Speisungsgeschichte Jesus und das Brot allein dadurch verbunden, daß letzteres, von Jesus wunderbar vermehrt, ausge-

---

[163] L. SCHENKE, Vorgeschichte 87.

[164] P. STUHLMACHER 90.

[165] P. STUHLMACHER 89.

[166] P. STUHLMACHER 90; vgl. aaO. 91.92.

[167] P. STUHLMACHER 91; P. BORGEN, Bread 59ff, untergliedert im einzelnen wie folgt; V.31b: Text; Vv.32f: Exposition; diese Basis wird in drei Abschnitten entfaltet: Vv.34–40. 41–48.49–58.

[168] J. BEUTLER, Struktur *passim*; Es geht in Vv.51–58 nicht um eine sakramentale Alternative zum Glauben, sondern um „die konkrete Form, wie sich der Glaube an Jesus in der Feier der Gemeinde vollzieht" (aaO. 260).

[169] Die Zugehörigkeit des Abschnitts 6,51–58 zu der spannungsreichen Brotrede wird ausdrücklich festgestellt (I. DUNDERBERG, Johannes 139 mit Anm. 47).

[170] P.N. ANDERSON, Christology *passim*, bes. 135.254.

[171] F. SPITTA 156ff.

[172] E. SCHWARTZ 363.

[173] J. WELLHAUSEN, Erweiterungen 29; DERS., JE 32f: Die Brotrede stellt für WELLHAUSEN eine Reihe sukzessiver Erweiterungen der Grundschrift dar; weitere Autoren vom Beginn des 20. Jh. listet M. ROBERGE 278 Anm. 60, auf.

[174] R. BULTMANN, JE 161f.

[175] R. BULTMANN, Theologie 412; s.a. 407.

teilt wird, so identifiziert die Lebensbrotrede Jesus selbst mit dem Lebensbrot (z.B. Vv.35.51). Wiederum ist die Austeilung des Brotes durch Jesus (δώσω [Futur!], V.51c → V.11: διέδωκεν) in Vv.51c–58 Thema, allerdings nicht des zur Sättigung dienenden Brotes, sondern des *sakramentalen* Brotes[176] (und Blutes: Vv.53ff; ein völlig neuer Aspekt gegenüber dem vorangehenden Text), das das Fleisch (σάρξ) des Offenbarers und über diesen Zwischengedanken er selbst ist.[177] Diese materielle Identifikation stellt der Eingangssatz 6,51c des eucharistischen Abschnitts heraus: καὶ ὁ ἄρτος δὲ ὃν ἐγὼ δώσω ἡ σάρξ μού ἐστιν ὑπὲρ τῆς τοῦ κόσμου ζωῆς.[178] Anders in der Lebensbrotrede Vv. 30–51b, in der der Vater V.32 aktuell das Lebensbrot, Jesu *Person*, gibt. Ist in Vv.48–51b vom φαγεῖν des Lebensbrotes die Rede, einer metaphorischen Rede für den im Glauben gewonnenen Anteil am Offenbarer zum Leben des Glaubenden,[179] so spricht Vv.51cff vom τρώγειν (!) der σάρξ Jesu. Das Essen ist ein *realer* Vorgang wie in 6,5ff, doch die Speise ist eine andere. Zeigt in Vv.5ff die Sättigung der Menge, daß der Offenbarer in der Vollmacht Gottes wirkt und damit ein für andere Mächtig-Seiender und damit auch Lebenser-möglichender ist, so geschieht in Vv.51cff die *Selbst*gabe des Offenbarers, um in die enge Gemeinschaft zum ewigen Leben einzustellen.

Hinsichtlich der literarisch sekundären Interpretation von 6,51c–58 fand Bultmann eine Reihe von Nachfolgern: Neben Eduard Lohse[180] ist vor allem Günter Bornkamm zu nennen, der in seinen beiden bekannten Aufsätzen zu Johannes 6 ergänzend den weiteren Kontext (bis 6,66) untersuchte und zusätz-

---

[176] Anders z.B. M.J.J. MENKEN, Joh 6,51c–58, 189ff. Wenn MENKEN an den Tod am Kreuz denkt, so steht dagegen, daß nicht παραδιδόναι, sondern einfaches δίδωμι steht. Ein Hinweis auf das Kreuz unter dem Aspekt der Dahingabe oder des verströmten Blutes fehlt (in Eph 2,13f ist das Verständnis des Paares durch V.16 gesichert; solche Absicherung fehlt in 6,51cff). Das Essen, das von dieser Interpretation der Elemente her metaphorisch ver-standen wird (MENKEN, aaO. 16ff), ist anders als in V.51b nicht durch vorangehendes πιστεύειν als metaphorische Rede gekennzeichnet; V.51c setzt mit neuem Gedanken ein, so daß 6,47 nicht unmittelbar zur Auslegung von Vv.53ff herangezogen werden kann.

[177] Vgl. H. WEDER, Menschwerdung 366 (= ZThK 328). Vgl. F. HAHN, Motive 348, der treffend herausstellt, daß in Vv.26ff gegenüber der Speisung als maßgebend festgehalten wird, daß der Offenbarer „selbst, der Geber, als das ‚Brot des Lebens' erkannt und glaubend angenommen wird".

[178] Gegen H. SCHÜRMANN Jo 6,51c, *passim* und neuerdings P.N. ANDERSON, Christology 132f; DERS., *Sitz im Leben* 6, ist in V.51c der Anfang der folgenden eucharistischen Passage zu finden.

[179] Dies ist ein Gedanke, der einerseits durch das joh. Immanenz-Denken inspiriert ist (zu den joh. Immanenzaussagen vgl. R. BORIG 199–236), andererseits aber auch ein sakra-mentales Denken *voraussetzen* kann, das hier aber weiterentwickelt vorgetragen wird.

[180] E. LOHSE, Wort 199–203; das Urteil: aaO. 203; s.a. die Auflistung von M. ROBERGE 279 Anm. 65; GÜNTER BORNKAMM, EDUARD LOHSE und GEORG RICHTER widmet ROBERGE zu Recht eine ausführlichere Darstellung (279–284).

liche Spannungen von 6,51c–58 (später bereits von V.47 ab[181]) zum Kontext benannte.[182] Bedeutsam ist insbesondere das Problem, ob σάρξ in V.53 mit der σάρξ in V.63 zur Deckung zu bringen ist oder – und dies ist wohl eher zutreffend – sich mit der Antithese Geist – Fleisch gegen diese Beanspruchung sperrt.[183]

Marinus de Jonge sucht seinerseits Joh 6,51b–58 als notwendige Voraussetzung von 6,60ff wahrscheinlich zu machen, so daß die Annahme einer sekundären Herkunft jener Textpassage zugleich auch das Jüngerschisma als späteren Zusatz identifizieren müßte. Im Falle einer Auslassung wären „the differences between the reaction of the disciples and that of the Jews ... not clear and one may ask why the disciples were mentioned at all".[184] Der Einwand ist jedoch nicht zwingend. Der Kreis des Widerspruchs verengt sich zunehmend und reicht schließlich in den Kreis der Jünger hinein. Joh 6,60ff setzt diese Tendenz des Unverständnisses von 6,15 fort (Reaktion der Anthropoi; vgl. V.14) über das Murren ‚der Juden' (V.41) und schließlich das Murren der Jünger (V.60) mit dem folgenden Schisma (V.66) hinweg, dem das Bekenntnis des Petrus konstrastierend gegenübersteht (Vv.68f). Überhaupt spricht 6,51c–58 von ‚*den Juden*' im Gegenüber zu Jesus, so daß nicht recht deutlich wird, wie dieser Abschnitt die Nennung der Jünger notwendig vorbereitet.

Dafür spricht auch, daß der Anstoß des ἀναβαίνειν in V.62 seine Voraussetzung im καταβαίνειν von Vv.33.38 und Vv.50f hat.[185] So schließt Vv.60ff unter Absehung von 6,51c–58 gut an die Diskussion und Rede in 6,26ff an.[186] Dies stimmt gut damit überein, daß das Thema ‚Glauben' in jenem umstrittenen Abschnitt fehlt. Während dem Protest gegen die Worte Jesu in 6,41.43 *und* V.61 durch das Verb γογγύζω Ausdruck verliehen wird, so spricht 6,52 von einem Streit der Juden untereinander (ἐμάχοντο οὖν πρὸς ἀλλήλους οἱ Ἰουδαῖοι).[187]

Anders argumentierte jüngst Eugen Ruckstuhl für den gegenüber dem Kontext sekundären Charakter: Die umstrittene Passage sei ein Nachtrag des Evangelisten „in einem Zeitpunkt

---

[181] G. BORNKAMM, Tradition, bes. 59ff.

[182] G. BORNKAMM, Rede 63–66; weitere, z.T. auch ältere Lit. bei S. SCHULZ, Untersuchungen 115f Anm. 11; jetzt B. KOLLMANN, Ursprung 110 Anm. 39.

[183] G. BORNKAMM, Rede 65; vgl. wieder M. THEOBALD, Häresie 237f. 240. Anders J.D. G. DUNN, John VI, 331f; B. KOLLMANN, Ursprung 126f. Der Gegensatz Fleisch – Geist sei christologisch zu interpretieren: Der inkarnierte irdische Jesus (σάρξ) wird dem Erhöhten (πνεῦμα) gegenübergestellt. Auch G. DELLING, Abendmahl 57; M. HENGEL, Frage 162f u. ö., interpretieren die harte Rede (Vv.62f) im Rückgriff auf den eucharistischen Abschnitt.

[184] M. DE JONGE 209.

[185] Vgl. G. BORNKAMM, Tradition 57f; DERS., Rede 64; s.a. J. BECKER, JE I, ¹202. ³243f; H. WEDER, Menschwerdung 366f (= ZThK 328).

[186] Vgl. z.B. G. RICHTER, Formgeschichte 115f; anders beispielsweise C.K. BARRETT, JE 312; W. WILKENS, Abendmahlszeugnis 363f.

[187] S.a. G. RICHTER, Formgeschichte 105.

..., da die Johanneschristen in einer Auseinandersetzung mit nichtjohanneischen Juden-christen ihren Glauben an das Geheimnis der Eucharistie verteidigen mußten".[188]

Es ist zunächst festzuhalten, daß die diskutierte Passage sich nicht bruchlos in den Kontext von Joh 6 einfügt. Die Spannungen zum Kontext sind oft gesehen und thematisiert worden. Gegen eine Erklärung der Unstimmigkeiten durch die Benutzung von Tradition spricht die recht bruchlose Anknüpfung von 6,60 an den Zusammenhang der Brotrede bis V.51b. Andererseits wurde jüngst ge-zeigt, daß unter struktureller Fragestellung in V.51b ein Abschluß erreicht ist, da von V.35 als Zentralpunkt ausgehend alle Elemente dieses Spruches Be-rücksichtigung und Deutung gefunden haben (Michael Theobald).[189] *Somit ist die Erklärung der erst späteren Einfügung der eucharistischen Deutung der Brotrede die einfachste Erklärung dieses Sachverhalts.*

Betrachtet man zunächst den Abschnitt 6,51c–58 isoliert, so fällt auf, daß er durchaus *joh. Theologumena und Sprachmerkmale*[190] enthält. Signifikant ist die wechselseitige Immanenz-Formel Joh 6,56:[191] ὁ τρώγων μου τὴν σάρκα καὶ πίνων μου τὸ αἷμα ἐν ἐμοὶ μένει κἀγὼ ἐν αὐτῷ. Die Analyse wird al-so diesen Abschnitt kaum dem joh. Kreis absprechen[192] und einer diesem frem-den, nachträglichen sogenannten *kirchlichen* Redaktion zuschreiben können. Insofern ist mit Ferdinand Hahn gegen Bultmanns Zuweisung an die ‚*Kirchli-che Redaktion*‘ besser von einer „deuterojohanneischen Überarbeitung des Evangeliums" zu sprechen.[193]

---

[188] E. RUCKSTUHL, Speisung, 2016. Ähnlich J.M. PERRY 28–30: Angesichts der Erfah-rung des Ausschlusses joh. Judenchristen aus der Synagoge (Hinweis auf Joh 9,22; 16,2) übernehmen die theologischen Führer des joh. Kreises eine passions-orientierte Eucharistie-Praxis. Dies führt jedoch zum Widerstand innerhalb des joh. Kreises: Joh 6,60f; diese Kriti-ker haben den joh. Kreis verlassen und eine Gemeinde mit abweichender Eucharistie-Praxis gegründet. Andererseits belege 6,67f die Akzeptanz der joh. Abendmahlslehre durch autho-ritative Kirchen.

[189] M. THEOBALD, Schriftzitate 341.

[190] Vgl. z.B. E. RUCKSTUHL, Einheit 243ff (vergleichbare Beobachtungen bei E. SCHWEIZER, Zeugnis 385f; aus dieser Ambivalenz schließt er auf die begrenzte Anwendbar-keit des stilkritischen Arguments für Joh 6,51cff: aaO. 386; s.a. die kritischen Bedenken von E. LOHSE, Wort 203.

Eine joh. Verwendung von Einsetzungstraditionen des Herrenmahls, wie sie in Mk 14,22–24; Mt 26,26–28 einerseits und Lk 22,19f und 1Kor 11,24f andererseits vorliegt, nimmt hingegen M.J.J. MENKEN, John 6,51c–58, 187f, an; zudem verweist er auf die Her-renmahlsterminologie, die sich bei *Ignatius* findet.

[191] Hierzu s.a. W. WILKENS, Abendmahlszeugnis 360f. Als joh. Immanenzformeln kön-nen angesprochen werden: 1Joh 3,24; 4,12f.15f; Joh 10,38; 14,10f.20; 15,4–7; 17,21–23.26 (zur Immanenzformel s.a. R. BORIG 215ff).

[192] S.a. die Bemerkungen von R.E. BROWN, JE I, 286.

[193] F. HAHN, Motive 344; vgl. R. KYSAR 254: „revision ... within the Johannine com-munity by a friendly redactor who believed that he was giving fuller expression to the mind

Glücklich gewählt und dem literarischen Phänomen angemessen erscheint mir der Begriff der „eucharistische(n) Relecture" zu sein.[194] Glücklich deshalb, weil die *Relecture* die Brotrede mit thematischer Verlagerung in ihren wesentlichen Stichworten aufgenommen und ihr Inhalt auf einen besonderen Aspekt der Gemeindepraxis hin, der Eucharistie, ausgerichtet wird. Sie verbleibt durchaus im Bereich der vom Text ermöglichten Assoziationen, engt diese aber ein, indem sie als Konsequenz die sakramentale Interpretation besonders betont. ‚Einengen' ist dabei jedoch nicht negativ werten zu verstehen, sondern in einem auswählenden und konkretisierenden Sinn. Der entzeitlichtes Leben spendende Christusglaube der joh. Gemeinde wird nach dem Verständnis der relecture dort besonders konkret, wo der brotspendende und lebensrettende Christus sich in dieser Funktion der nachösterlichen Gemeinde selbst als Brot und Leben darreicht und damit das In-Sein in geradezu erschreckender Anschaulichkeit vollzogen wird. M.E. ist in Joh 6,51c–58 damit beides vollzogen, was Andreas Dettwiler in seiner Definition von relecture benennt: „explizierende(.) Rezeption" bei „gleichzeitiger Akzentverlagerung".[195] So setzt diese Interpretation den vorangegangen Text voraus, indem sie ihn sich zu eigen macht

---

of the evangelist". Ähnlich analysiert E. LOHSE, Wort 203, der an einen mit dem joh. Milieu vertrauten Verfasser denkt (Herausgeber des Evangeliums, der „in der Tradition der johanneischen Schule" steht und der „die Theologie des Evangelisten mit der kirchlichen Lehre und Praxis zu verbinden" sucht.). S.a. H. WEDER, Menschwerdung 389f (= ZThK 350); er versteht den eucharistischen Abschnitt als eine „konsequente Fortsetzung des in diesem Kapitel angefangenen Reflexionsganges", ohne freilich den gegenüber der Brotrede literarisch späteren Charakter zu bestreiten (Menschwerdung 367 [= ZThK 329]). Die Ergänzungen der Redaktion bewertet J. ZUMSTEIN, Geschichte 9 als Reflexion und Aktualisierung und wendet sich damit in Auseinandersetzung mit BULTMANN explizit gegen den Gedanken einer Zensur oder Kritik (s.a. DERS., Endredaktion 195).

[194] J. ZUMSTEIN, Prozeß 26.

[195] A. DETTWILER 12; vgl. seine methodischen Ausführungen zur *relecture* AAO. 44ff; s. a. zahlreiche Beiträge in der Aufsatzsammlung „Kreative Erinnerung" von JEAN ZUMSTEIN sowie K. SCHOLTISSEK, Relecture *passim*; DERS., Studies 245f; DERS., Wege 283–285.295; DERS., Messias-Regel 120. SCHOLTISSEK stellt heraus, daß das gesamte JE als ein relecture-Phänomen zu verstehen sei, das sich der Erinnerung verdankt (Relecture 311). Er unterstreicht damit den besonderen nachösterlichen Charakter der Präsentation Jesu in diesem Evangelium. Zugleich betont diese Charakterisierung das Schillern dieses Begriffs, das unterschiedliche Rezeptionsvorgänge zu vereinigen scheint. In diesem Exkurs ist der Begriff zunächst ausschließlich auf das literarische Phänomen beschränkt, wobei unbestritten bleibt, daß das gesamte Evangelium als Reinterpretation des Jesusgeschehens als bedeutender Gegenstand der Erinnerung durch den Parakleten gelesen werden will; vgl. hierzu auch U. SCHNELLE, Geisttheologe 21 (Erinnern als „lebendige(r) Prozeß vergegenwärtigender Anwendung und Neuerschließung der Jesus-Geschichte durch den Parakleten"), und SCHOLTISSEK, Wege 312.

– ihn als Teil seiner eigenen Erzählabsicht anerkennt – und so als Gesamttext gelesen werden will.[196]

Dabei muß offen bleiben, ob die Tradition, die möglicherweise hinter der sekundären, aber joh. geprägten Einfügung steht,[197] eine ältere Traditionsstufe im joh. Kreis repräsentiert. Gedacht werden kann an die liturgische Praxis der joh. Gemeinde.[198] Eine solche ältere Vorstellung könnte die Brotrede voraussetzen, die gleichsam die sakramentale Vorstellung von 6,51c–58* spiritualisiert hat.

Gemeinsam sind der Speisung, der Lebensbrotrede und dem diskutierten Abschnitt Joh 6,51c–58 das Thema Brot – Jesus. Nicht ganz verfehlt dürfte es sein, wenn man als drittes Stichwort ‚Leben‘ hinzunimmt. So scheint die Annahme nicht unzulässig zu sein, daß schon in der joh. Tradition Jesus nicht allein als der souveräne Wundertäter gefeiert wurde, sondern dem Brotmotiv ein Hinweis auf Jesu Wunderwirken zum Lebenserhalt für andere innewohnte. Wird man zudem vermuten dürfen, daß Aspekte der joh. Sakramentsauffassung (wie sie m.E. im Nachtrag 6,51c–58 zu finden sind) zwar nicht in die Speisungsgeschichte,[199] aber doch auf die Lebensbrotrede eingewirkt haben,[200] so stellt sich die Frage, ob eine Schichtung methodisch noch zulässig ist. Ist es nicht, wissenschaftstheoretisch gesprochen, ökonomischer, in Kap. 6 insgesamt mit einem Thema zu rechnen, das unterschiedlich entfaltet wird? Dem widersprechen jedoch nicht nur die genannten inhaltlichen Unausgeglichenheiten, sondern vor allem die genannte Zusammengehörigkeit von Joh 6,26–51b mit 6,60–65, die als methodisch hinreichendes Signal für eine sekundäre Schichtung *in der Verbindung* mit den anderen oben genannten Differenzmerkmalen angesehen werden kann.

---

[196] Vgl. J. ZUMSTEIN, Prozeß 15, und die zustimmende Aufnahme durch K. SCHOLTISSEK, Relecture 310; A. DETTWILER 46f.47f. Vgl. aber auch die Kritik an diesem Modell bei U. SCHNELLE, Blick 27.

[197] Daß Joh 6,51c–58 im vorliegenden Wortlaut auf die Lebensbrotrede hin komponiert ist, zeigen Vv.52 und 58 zur Genüge; vgl. L. SCHENKE, Vorgeschichte 85. SCHENKE macht aber mit Recht darauf aufmerksam, daß V.51c (hierzu auch W. WILKENS, Abendmahlszeugnis 355) und die eucharistische Terminologie in Vv.53ff von „geprägter Überlieferung" abhängig sein können.

[198] In diese Richtung gehen jetzt die Überlegungen von J. BECKER, Geist- und Gemeindeverständnis 225.

[199] Hierzu vgl. die Kritik s.u. S. 95f und S. 197.

[200] S.a. F. HAHN, Motive 348f und 343. Ein wichtiges Indiz stellt der Doppelspruch Joh 6,35 dar, der gegen den semantischen Kontext neben Essen/Hungern das Dürsten und damit das Trinken einführt; zur impliziten eucharistischen Metaphorik s.a. J. FREY, Erwägungen 397. Allerdings bleibt der Gedanke des ‚Trinkens‘ unausgesprochen, und der Modus der Aneignung ist der Glaube.

* * *

(d) Seit langem ist die Relevanz der Wundersequenz, insbesondere aber die des Seewandels, für die Gesamtkonzeption von Joh 6 umstritten. Die Bewertung dieses Problems ist keineswegs von zu vernachlässigendem Gewicht. Für die Verbindung von Erzähl- und Redematerial wurde dem Zwischentext 6,(25b.) 26–29 entscheidende Bedeutung zugemessen. Dieser Abschnitt belegt, daß der vierte Evangelist in der folgenden Brotrede beide Wunder voraussetzt und der Wundertäter in Speisung und Seewandel der Offenbarer ist, an dem sich Volk (V.15!), Juden und Jünger zu Unglauben oder Glauben und damit Leben entscheiden. Trotz andersartiger Interpretationsversuche[201] tritt der Seewandel in der Gesamtkonzeption zurück, wird aber nicht bedeutungslos. Den entscheidenden Gedanken, die Gabe des Brotes, liefert die Speisung,[202] die durch eine erste Reaktion des Unverständnisses flankiert wird. Das Zurücktreten der narrativen Bedeutung des Seewandels gegenüber der Speisung für Kap. 6 weist darauf hin, daß beide Wunder in einem festen Zusammenhang dem Evangelisten vorgegeben waren.[203] Dieser rezipiert die Wundersequenz, da auch der Seewandel Jesu lebensspendendes Brotsein für die Menschen zeigt, indem der Seewandel die den Tod überwindende Macht Gottes illustriert. Dennoch liegt

---

[201] Insbesondere JOHN PAUL HEIL stellt eine Reihe z.T. sehr subtiler Verklammerungen zwischen Seewandel und anschließender Brotrede fest (152ff). Auch C.H. GIBLIN, Crossing 98f, betont den Beitrag des Seewandels zur Kohärenz von Joh 6: „It helps distinguish Jesus' relationship to the crowds, who have misunderstood him (6. 14–15) from his special relationship to the disciples." Doch ist das Verhältnis der auftretenden Personen zu Jesus in Annahme und Ablehnung komplizierter; zu beachten ist, daß es auch ein Schisma unter den Jüngern Jesu selbst gibt. J. BORGEN, John 6, 97, reklamiert für den Seewandel „a quite central function", ohne zu bestreiten, daß er traditionell vorgegeben war: „Here ... John has made the traditional story express an idea which was central to him." Joh. Stoffe sieht auch L.T. WITKAMP 51–56 im Seewandel präsent, der wie die Speisung eine didaktische Intention vertrete. Eine literarische wie auch theologische Überbewertung des Seewandels liegt in seiner Interpretation durch P.F. ELLIS, JE 107ff, vor: Hier wird der Seewandel als ‚neuer Exodus des neuen Gottesvolkes' zum narrativen Wendepunkt des Evangeliums. B. LINDARS, JE 236, spricht gar davon, daß der Seewandel „creates the situation out of which the dialogue springs". Doch dies überbewertet den Seewandel; eher trifft die vorstehende Charakteristik die Speisung.

[202] Der Hinweis auf das Ego Eimi in V.20 (z.B. G.R. BEASLEY-MURRAY, JE 86; B. LINDARS, JE 236) ist dem illustrativen Charakter zugeschlagen. Das absolute Ego Eimi, das im Seewandel zudem eine eigene Funktion hat, ist nicht unmittelbar mit den Ego-Eimi-Worten der Brotrede gleichzusetzen. Auch hier votiert C.H. GIBLIN, Crossing 99, für einen wesentlich engeren strukturellen Bezug; s.a. J.D. CROSSAN, It is Written 11.

[203] Darauf heben vor allem ab: J. BECKER, JE I, [1]189. 195. [3]228. 234 (Basis seiner Überlegung bildet die SQ-Hypothese); R.E. BROWN, JE I, 252; E. HAENCHEN, JE 313; s.a. B. LINDARS, JE 236f; J. PAINTER, Messiah 266f; DERS., Tradition 430f; DERS., Jesus 74; L.T. WITKAMP 51.

das Schwergewicht des Evangelisten unverkennbar auf der Brotrede; dies belegt schon die Orientierung der Einleitung.

Stehen folglich Brotrede und Speisungswunder durch das Thema ,Brot‘, aber auch durch das Motiv von Akklamation und Mißverständnis bzw. unverständiger Ablehnung des Offenbarers in einer Linie, so kommt dem Seewandel im Text des Evangeliums neben einer illustrativen auch eine narrative Funktion zu. Diese liegt in der Verbindung der Bühnen, auf denen die beiden Haupthandlungen der ,dramatischen Offenbarungsrede‘ spielen, des (Nord-)Ostufers des Sees Genezareth als Bühne der Speisung und das Westufer, Kafarnaum bzw. seine Synagoge (V.59), als Ort der Brotrede.

3 Joh 6,1–15. Das Speisungswunder

3.1 Rekonstruktion der Vorlage

Die Analyse der narrativen Struktur von Joh 6 hat den ersten Eindruck bestätigt; insgesamt zeichnet sich diese Passage durch eine thematische Geschlossenheit aus, die allerdings nicht über einzelne Fugen und Brüche hinwegtäuschen kann. Neben der sekundären eucharistischen Passage 6,51c–58, die allerdings nicht willkürlich eingefügt ist, sondern die Brotrede im Sinne joh. Gemeindetradition ergänzt und interpretiert, sind hinsichtlich der narrativen Unausgeglichenheiten vor allem der Seewandel Jesu und mehr noch das hierzu gehörige Wunderfeststellungsverfahren zu nennen. Beide, der Seewandel und das Wunderfeststellungsverfahren bilden eine chronologische und geographische Einheit mit dem Speisungswunder,[1] spielen jedoch in der folgenden Brotrede eine eher marginale Rolle als Legitimierung des Offenbarers und als Ausweis seines Leben bewahrenden und ermöglichenden Handelns. Damit spricht viel für die Aufnahme eines Traditionszusammenhangs, der Speisung, Seewandel und Wunderfeststellungsverfahren umfaßt haben wird. Werden zudem die geringe sprachliche und kontextuelle Affinität mit dem vierten Evangelium[2] sowie einige Spannungen und Einfügungen beachtet, die in der folgenden Analyse nachgewiesen werden, so ist die Annahme der Traditionsbenutzung der Vermutung einer Nacherzählung einer synoptischen oder vorsynoptischen Wundersequenz durch den Evangelisten[3] vorzuziehen.

---

[1] Anders I. DUNDERBERG, Johannes 136: Erst der Redaktor, der V.15 formulierte, habe Speisung und Seewandel zusammengefügt. Auch L. SCHENKE, Brotvermehrung 62f, bestreitet einen ursprünglichen literarischen Zusammenhang zwischen Speisung und Seewandel. Die Speisung weist nicht auf eine Fortsetzung hin; ebensowenig setze der Seewandel die Speisung voraus. Das Feststellungsverfahren in Vv.22–25 wirke zudem konstruiert und sekundär; allerdings rechnet SCHENKE damit, daß die Verbindung durch die SQ vorgenommen worden ist (aaO. 64f).

[2] Sprachlich auffällig ist das Verbum ἐλαύνω, V.19, als joh. *hapax legomenon*, das allerdings in Mk 6,48 eine Parallele hat. Damit gehört diese Vokabel zum Seewandelszenarium und kann nicht wirklich in der Diskussion um die Überlieferung verwendet werden. – Zu undifferenziert und pauschal schließt F. HAHN, Motive 348, jegliche joh. Charakteristika aus Joh 6,1–15 aus.

[3] Hierzu s.o. S. 7.

Kommen wir nunmehr zum einzelnen. Bei der Gliederung von Kap. 6 wurde unterschieden zwischen der eigentlichen Wundersequenz und der Einleitungspassage, deren doppelte Einleitungsfunktion zunächst zur Situierung der Wunder am bzw. auf dem See Genezareth, dann aber auch als Hinweis auf die Lebensbrotrede bereits bedacht wurde (→ 2.3 [a]). Zu klären bleibt jedoch, ob hier eine ältere Einleitung zur Wunderüberlieferung von Kap. 6 zugrundeliegt oder ob der Evangelist diese Einleitung selbst konzipierte.

Den Anschluß an Kap. 5 mit der Blindenheilung 5,1ff, die mit einer Belehrung in 5,17ff verbunden ist, stellt die joh.-redaktionelle Wendung μετὰ ταῦτα[4] in 6,1 her.[5] Kann eine relative Übereinstimmung in den Arbeiten zu Joh 6 bei der Bestimmung der Eingangswendung als joh.-redaktionell bemerkt werden, so bleibt das Problem der Bewertung des weiteren Bestandes von V.1 gestellt.

Schwierig und ungelenk ist der doppelte Genitiv ἡ θάλασσα τῆς Γαλιλαίας τῆς Τιβεριάδος. Diese Problematik belegen bereits sekundäre stilistische Korrekturen in der Textüberlieferung,[6] die entweder nur einen der Genitive bezeugen (τ. Γ.: 𝔓[66*] *pc.* bzw. τ. Τ.: Ν 0210 *pc* bo[ms]) oder die Doppelung auflösen: τῆς Γαλιλαίας εἰς τὰ μέρη τῆς Τιβεριάδος [D Θ 892 *et al.*]).[7]

Der Doppelname trägt den unterschiedlichen Bezeichnungen Rechnung, mit denen der See Genezareth in frühchristlicher Zeit benannt wurde. Wichtig ist vor allem die Benennung des 'galiläischen Sees' Genezaret nach der jeweils bedeutendsten Stadt an seinen Ufern.[8] Neben die ältere Bezeichnung יָם־כִּנֶּרֶת (Num 34,11; Jos 13,27)[9] oder יָם כִּנֲרוֹת (Jos 12,3; vgl. bes. Lk 5,1 ἡ λίμνη Γεννησαρέτ; s.a. die Bezeichnung ὕδωρ τοῦ Γεννησαρ schon 1Makk 11,67 bzw. ἡ λίμνη [... ἡ καλεῖται; *Josephus*, Bell 3,464] Γεννησάρ: *Josephus*, Bell. III 506; ähnlich Ant XVIII,26.28 [... λίμνη τῇ Γεννησαρίτιδι]; Vita 349 [... λίμνη τῇ Γεννησαρίδι]) nach der gleichnamigen Stadt bzw. später nach der durch die Stadt bezeichneten Landschaft[10] tritt in ntl. Zeit *Magdala* am Westufer des Sees als Seebezeichnung ein. Magdala wurde von den Griechen *Ταριχέα[ι]* genannt; so findet es sich bei *Strabo* (XVI 2,45; s. a. *Plinius*, NatHist V 71). Später übertrifft die von Herodes Antipas etwa um 19/20 n.Chr. neu gegründete Stadt Tiberias ca. 5 km südlich von Magdala diese Stadt an Bedeutung.[11] Sowohl bei *Josephus* (Bell 3,57: Τιβεριὰς λίμνη; 4,456: Τιβεριέων λίμνη) als auch bei *Pausanias* (V 7,4: ... λίμνην Τιβεριάδα ὀνομαζομένην) wird der See nach Tiberias be-

---

[4] Zum joh. Charakter von μετὰ ταῦτα vgl. z.B. R.T. FORTNA, Gospel 56; E. HAENCHEN, JE 299; B. KOLLMANN, Ursprung 107; J. KONINGS, Sequence 160; U. SCHNELLE, Christologie 114; zu den joh. Vergleichsstellen s.o. S. 41.

[5] Zu den literarkritischen Problemen dieses Verses s.o. S. 41ff.

[6] Die Bedeutung der Textgeschichte als Wachstumsindiz joh. Texte betont besonders R. T. FORTNA, Gospel 21. An dieser Stelle trägt dieser Hinweis.

[7] Vgl. zur Textkritik z.B. B.M. METZGER, Commentary [1]211. [2]181.

[8] Vgl. W. BÖSEN, Galiläa 40; anders E. NESTLE 48–50.

[9] S.a. G. REEG 298 für rabbinische Belege.

[10] Vgl. hierzu M. NOTH, Welt 50.

[11] Vgl. z.B. W. BÖSEN, Galiläa 176; zu Tiberias s.a. E. SCHÜRER, History I, 342f. II 178–182; H.W. HOEHNER 91–102; R.A. HORSLEY, Galilee 169–174.

nannt (s.a. Sib XII 104: Τιβεριάδος ἅλμη; so auch häufig in der rabbinischen Literatur: ימה של טבריה[12]).

Θάλασσα begegnet im vierten Evangelium nur im Zusammenhang der beiden Seewunder Joh 6 (Vv.1.16.17.18.19.22.25) und im Nachtrag 21,1.7. Τιβεριάς ist im NT singulär nur im JE bezeugt (6,1.23; 21,1). Dieser Befund legt eine Verbindungslinie zwischen 6,1ff und 21,1ff nahe. So wurde versucht, τῆς Τιβεριάδος als Zusatz von Joh 21,1 her zu verstehen.[13] Da auch 6,23 den Ort Tiberias bietet, wurde dort ebenfalls mit einem Eingriff in den Text gerechnet.[14] Doch V.23 ist mit hoher Wahrscheinlichkeit selbst ein Nachtrag, der die Angabe aus 6,1 voraussetzt. Von daher ist mit guten Gründen anzunehmen, daß auch in 21,1 eine Nachformung von 6,1 vorliegt.[15]

So kann im Rahmen der Frage, ob dem vierten Evangelisten eine geographische Einleitung für seine Tradition vorlag, überlegt werden, ob diese im doppelten Genitiv ἡ θάλασσα *τῆς Γαλιλαίας τῆς Τιβεριάδος* erhalten geblieben ist.[16] Man könnte den doppelten Genitiv als Erklärung des in der Jesusüberlieferung gebräuchlichen ἡ θάλασσα *τῆς Γαλιλαίας* (Mk 1,16 par Mt 4,18 u.ö.) durch die im griechischsprachigen Raum bekannte Bezeichnung des Sees durch die Stadt Tiberias verstehen.[17] Andererseits bereitet der Evangelist mit der Erwähnung von Galiläa Joh 7,1 (καὶ μετὰ ταῦτα περιεπάτει ὁ Ἰησοῦς ἐν τῇ Γαλιλαίᾳ) vor.[18] Indem der Evangelist in seiner Geschichte den folgenden Erzählschritt vorbereitet, erklärt er das in der Jesus-Tradition unbekannte Tiberias durch die ältere Bezeichnung Galiläa.

Gehört also diese Wendung einschließlich des Ganges Jesu an das andere Ufer zur Tradition oder zur Redaktion? Die erstere Möglichkeit kann für sich in Anspruch nehmen, daß der folgende, wohl traditionell mit der Speisung verbundene Seewandel, eine Lokalisierung der Wundersequenz am Ufer voraussetzt.[19] Die Entscheidung ist jedoch schwieriger. Die Speisung selbst benötigt

---

[12] Ausführlicher Belegnachweis bei G. REEG 304f mit Schreibvarianten.

[13] J. BECKER, JE I, [1]190. [3]229: KR; s.a. E. HAENCHEN, JE 300; R. SCHNACKENBURG, JE II, 17; H.M. TEEPLE 186. Dagegen z.B. U. SCHNELLE, Christologie 114.

[14] J. BECKER, JE I, [1]203. [3]244.

[15] Der geographischen Kenntnis des Verfasser weist M. HENGEL, Frage 280, diese Notiz zu (s.a. AAO. 279 Anm. 17).

[16] So U. SCHNELLE, Christologie 114.

[17] Vgl. C.K. BARRETT, JE 286.

[18] Anders J. KONINGS, Sequence 161: τῆς Γαλιλαίας übernimmt der Evangelist aus der Vorlage (Einfluß aus Mt 15,29). „This may be due to the fact that the preceding pericope is situated in Judea, an indication that the redactor was aware of the geographical abruptness and that he placed the text intentionally in the present order." Τῆς Τιβεριάδος stamme demgegenüber vom Evangelisten; s.a. R.T. FORTNA, Gospel 56 mit Anm. 2.

[19] Z.B. U. SCHNELLE, Christologie 114, mit F. SCHNIDER/W. STENGER 143.

nicht die Nähe zum See; selbst die Erwähnung der Fische setzt die Nachbarschaft zum See nicht voraus.[20] Diesen Sachverhalt belegt auch die ursprünglich
separate Überlieferung der Speisung (vgl. Mk 8,1ff oder die sekundäre Isolie-
rung Lk 9,10ff [ohne See, aber mit dem Fischmotiv]). Auch wenn die traditionelle Erzählung Mk 6,30ff voraussetzen sollte, so ist der See auch dort explizit
erst im Zusammenhang des Seewandels genannt (Mk 6,47.48.49; davor zuletzt
in 5,13.21), implizit lediglich im Bootsmotiv (Mk 6,32.33) vorausgesetzt; ein
Motiv, das die joh. Einleitung gerade nicht bietet.[21] Bleibt als Entscheidungs-
hilfe die Erkundigung, ob der Übergang Jesu zum anderen Seeufer eine narrative Aufgabe im redaktionellen Erzählgefälle innehat; dies wurde bereits oben
bejaht.[22]

Es ist also wahrscheinlich, daß eine traditionelle Lokalisierung der Speisung
am See von Tiberias in 6,1 ihre Spuren hinterlassen hat. Der vorliegende Text
jedenfalls ist auf die Komposition des Evangeliums hin gestaltet. Abgesehen
von einer Ortsangabe wird die ursprüngliche Einleitung zum Speisungswunder
in 6,5 zu finden sein.

Die ,Nachfolge' des Volkes in V.2a ist eine Dublette zum Kommen des
Volkes in V.5aβ[fin]. Der Evangelist nimmt mit dieser Formulierung wiederum

---

[20] Die Vokabel ὄψον bezeichnet zunächst das zum Brot Gegessene: *Xenophon*, Mem III
14,2 (vgl. P. LAMPE, Herrenmahl 200. 204); als charakteristisch für diese Beilage ist Fisch
anzusehen (aaO. 205 mit Anm. 65: *Athenaeus*, Deipnosophistae VII 276e–f); vgl. zu dieser
Bedeutung auch *Plutarch*, QuaestConv 667f; *Athenaeus*, Deipnosophistae IX 385b–386a;
wird hier der Bedeutungsgehalt ,Fisch' ausdrücklich verteidigt, so werden auch die Bedeu-
tungen *Beigabe* und *Leckerbissen* genannt. *Athenaeus* reflektiert allerdings einen Gebrauch
des Fisches als Luxusgut für Feinschmecker (vgl. hierzu H. BLANCK, in: BLANCK/B. BELELLI
MARCHESINI 157f, sowie aaO. 158ff, wo gezeigt wird, wie Fischzucht und opulenter römischer Lebensstil in eins gehen). Ὀψάριον, ein Diminutiv von ὄψον, meint zunächst ebenso
die *gekochte Zukost zum Brot*, hat aber dann auch speziell die Bedeutung *Fisch* (vgl. W.
BAUER/K. U. B. ALAND, Wb 1215). Nach dem Ausweis von Papyrus-Texten ist dabei zunächst an eingelegten oder gepökelten Fisch zu denken; vgl. J.H. MOULTON/G. MILLIGAN,
Wb 470 (ad ὀψάριον; s.a. W. BAUER, JE 92), wie es tatsächlich als allgemein erschwingli-
ches Nahrungsmittel anzusehen ist; vgl. BLANCK/BELELLI MARCHESINI 157. Dies bedeutet
jedoch, daß nicht der Gedanke eines unmittelbar zuvor gefangenen Fisches und damit die
ursächliche Nähe des Sees impliziert ist.
    Von der allgemeineren Bedeutung ,Beikost' her zieht K. BERGER, Manna 89, eine Linie
zwischen Joh 6,9 und der zeitgenössischen Deutung von 2Kön 4,42, die die Gaben des
Mannes von Baal-Schalischa als Brot und Beikost deutet.
[21] Dies ist auch zu den abgewogenen Überlegungen von J. KONINGS, Sequence 160f, anzumerken, der darauf verweist, daß ἀπῆλθεν sonst im JE immer mit der Angabe des Aus-
gangspunktes verbunden ist. Insbesondere aufgrund der Übereinstimmung mit Mk 6,32f sei
mit der Benutzung von traditionellem Material zu rechnen, das an eine Seeüberfahrt mit
dem Boot denkt.
[22] S.o. S. 37.

Material seiner Tradition, das Ankommen des Volkes von V.5, vorweg[23] und verbindet hiermit eine theologische Signalwirkung,[24] indem er mit dem Motiv vom nachfolgen Volk die Rede vorbereitet (vgl. V.22 und insbesondere V.24): das Nachfolgemotiv bereitet die Suche nach Jesus vor und führt im gegenwärtigen Text zur Jesusrede hin.

V.2b: Ἐθεώρουν <u>τὰ σημεῖα ἃ ἐποίει</u> (sc. ὁ Ἰησοῦς) entspricht dem joh. Summarium Joh 2,23: <u>θεωροῦντες</u> αὐτοῦ <u>τὰ σημεῖα ἃ ἐποίει</u> (s.a. 4,45).[25] Beachtenswert ist der Plural, der der Einführung den Charakter eines *Summariums über das bisherige Handeln Jesu* gibt. Trotz der ungewöhnlichen Angabe der Objekte des Heilshandelns Jesu, der ἀσθενοῦντες, die wahrscheinlich auf der Textebene die Wunder 4,46ff und 5,1ff zusammenfassen und summarisierend resümieren,[26] ist V.2 insgesamt auf das Konto des Evangelisten zu buchen.[27]

---

[23] Anders z.B. U. SCHNELLE, Christologie 114f: V.2a gehört zur Tradition; s.a. F. SCHNIDER/W. STENGER 144; den gesamten V.2 schlagen z.B. E. HAENCHEN, JE 300, und H. WÖLLNER 32 der Überlieferung zu.

[24] Das Thema ‚Nachfolge' hat nicht nur für das MkEv eine wesentliche Bedeutung, sondern ist auch im vierten Evangelium theologisch relevant (s.o. S. 49).

[25] Für J. BECKER, JE I, ¹190. ³229, bereitet der Evangelist durch diese Anspielung an 2,23 und 4,45 seine Wunderkritik in 6,15 vor.
Der Text ist in V.2b unsicher. N²⁵ bietet mit 𝔓⁶⁶* ℵ u.a. ἑώρων (dem folgt C.K. BARRETT, JE 287). NA²⁷ votiert mit einer Reihe anderer Zeugen (𝔓⁷⁵ A B D u.a., wobei 𝔓⁷⁵ und A nach Ausweis des textkritischen Apparates Abweichungen aufweisen) für den oben abgedruckten Text. Dies entspricht der Höherbewertung von 𝔓⁷⁵ gegen 𝔓⁶⁶ (K. U. B. ALAND, Text 249). Eine textkritische Entscheidung zwischen den Varianten ist sehr unsicher, da sich ἐθεώρουν als Anpassung an 2,23 verstehen läßt und ἑώρων daher die schwierigere Lesart ist. Die handschriftliche Bezeugung läßt den Text nach NA²⁷ durchaus vertreten. Die Beurteilung des Problems hat m.E. aber keinen einschneidenden Einfluß auf die redaktionelle Bewertung von V.2b.

[26] Z.B. U. SCHNELLE, Christologie 114f; anders B. KOLLMANN, Ursprung 107, aufgrund der Umstellungshypothese. Sein Einwand gegen die Deutung von Joh 6,2 auf die berichteten Krankenheilungen, setzt die Stellung von Kap. 6 vor 5 voraus; dann ergäbe V.2 nach KOLLMANN „keinen Sinn ... denn dann hat der joh Jesus bis *dato* lediglich eine Krankenheilung (4,46–53)". Dies ist eine *petitio principii*, da einerseits V.3 in der Deutung KOLLMANNs gegen die lancierte Umstellung sprechen könnte und andererseits auch in dem Summarium 2,23ff auf nicht erzählte Wunder Bezug genommen wird. Die summarische Erwähnung von Heilungen gibt in einer Sequenz von Speisungs- und Seewandelwunder zudem wenig Sinn.
Nicht auszuschließen ist allerdings, das auch der externen Lesergemeinde bekannte Heilungswunder mit angespielt sind; dies gilt zumindest dann, wenn 20,30 (Πολλὰ μὲν οὖν καὶ ἄλλα σημεῖα ἐποίησεν ὁ Ἰησοῦς ἐνώπιον τῶν μαθητῶν [αὐτοῦ], ἃ οὐκ ἔστιν γεγραμμένα ἐν τῷ βιβλίῳ τούτῳ·) nicht nur eine rhetorische Funktion hat.

[27] Auch I. DUNDERBERG, Johannes 132, deutet V.2 redaktionell; s.a. H. RIEDL 214; L. SCHENKE, Brotvermehrung 83.

Der nicht näher bezeichnete Berg, den Jesus und seine Jünger[28] in V.3 besteigen, wird in V.15 die Zufluchtsstätte für Jesus vor dem Volk werden, das ihn zum König machen will. Zwischen beiden Bewegungen auf den Berg hinauf ist kein Abstieg berichtet, so daß man mit zwei unterschiedlichen Händen rechnen muß.[29] Das ἔρχεται der großen Menge von V.5 setzt keinen Anstieg auf den Berg voraus, wie V.15 lehrt, da sich Jesus dort erneut vom Volk weg auf den Berg hinauf entfernt. Dies ist kaum – wenigstens nicht für die Tradition – so zu deuten, daß sich Jesus „*weiter* auf den Berg *zurückzieht*".[30] Für die Speisung ist die Ortsangabe singulär und ungeeignet, so daß mit Udo Schnelle dieser Vers der redaktionellen Aktivität des Evangelisten zugerechnet werden kann.[31] Indem der Evangelist Jesus sich auf einen Berg begeben läßt, nimmt er in V.3 eine weitere Ortsangabe seiner Tradition[32] vorweg und verbindet sie mit einem ihm eigenen Deutungshorizont, der von Joh 2,11 her zu gewinnen ist: der Berg ist der Ort der Offenbarung, so daß wie in Joh 2,11 im Zeichen die Doxa des inkarnierten Logos sichtbar wird.[33]

Joh 6,4 weist zahlreiche Parallelen zu anderen Texten des vierten Evangeliums auf[34] und ist damit dem vierten Evangelisten zuzuschreiben.[35]

Jürgen Becker weist auf die im vierten Evangelium übliche Verbindung von Festaussagen und Reiseschema hin. Da das Reiseschema in V.4 fehlt, sollt dieser Vers der KR zugerechnet werden.[36] Doch die häufig zitierte Wertung von Julius Wellhausen, es handele sich um einen „Meilenzeiger der Chronologie",[37] kennzeichnet das Verbindende unserer Stelle mit den anderen Festhinweisen des vierten Evangeliums zutreffend. Sie dienen der Darstellung

---

[28] Die μαθηταί werden bei der Heilung in Jerusalem nicht erwähnt. Zuletzt traten sie in Samarien auf (4,8.27.31.33). Ihre Erwähnung scheint zur Vorbereitung des folgenden aus der zitierten Tradition (vgl. V.12) übernommen zu sein.

[29] Zum Problem s.a. I. DUNDERBERG, Johannes 130.

[30] So L. SCHENKE, Szenarium 192.

[31] U. SCHNELLE, Christologie 115; anders J. BECKER, JE I, [1]191. [3]229: SQ, und E. HAENCHEN, JE 300, der mit einem sekundären Zuwachs des Berges schon in der vorjoh. Szene rechnet.

[32] Anders z.B. B. KOLLMANN, Ursprung 107, der die Angabe mit Hinweis auf Mk 6,46 zur Tradition rechnet.

[33] S.o. S. 52.

[34] Zu ἦν δὲ ἐγγὺς τὸ πάσχα vgl. Joh 2,13 (ἐγγὺς ἦν τὸ πάσχα τῶν Ἰουδαίων); 11,55 (ἦν δὲ ἐγγὺς τὸ πάσχα τῶν Ἰουδαίων); s.a. 7,2. Zu ἡ ἑορτὴ τῶν Ἰουδαίων vgl. 5,1; 7,2; s.a. 2,23; 13,1. Insbesondere Joh 7,2 ist geradezu ein verkürztes Zitat unseres Textes, bezeichnet allerdings durch die Anfügung von ἡ σκηνοπηγία ein anderes Fest, das Laubhüttenfest.

[35] S.a. R.T. FORTNA, Gospel 57; B. LINDARS, JE 238; L. SCHENKE, Brotvermehrung 83; U. SCHNELLE, Christologie 115; F. SCHNIDER/W. STENGER 144; S. SCHULZ, JE 97; H. WEDER, Menschwerdung 372 (= ZThK 334); W. WILKENS, Evangelist 83.

[36] J. BECKER, JE I, [1]191.[3]229f; s.a. E. HAENCHEN, JE 300; H.M. TEEPLE 186.

[37] J. WELLHAUSEN, JE 28.

eines zeitlichen Ablaufs in der *vita* Jesu, die schließlich in Kreuz und Auferstehung, d.h. in der Rückkehr des Gesandten mündet. Insofern kann dieser Festhinweis nicht als Anspielung auf Jesu Tod[38] oder auf die vor seinem Tod installierte Eucharistiefeier[39] gelten.

Die Einführungspassage zu Kap. 6 (Vv.1–4) stammt somit insgesamt vom vierten Evangelisten, der auf Material seiner Tradition zurückgreift (das *,jenseitige Ufer'* [s.u. zu V.17], die *,große Volksmenge'*, der *,Berg'*, die *,Jünger'*). Man kann überlegen, ob mit Hilfe dieser Stichworte die textexterne joh. Lesergemeinde an seine Traditionskenntnis erinnert werden soll. Träfe dies zu, so würde er mit dem Appell an seine Kenntnis der Wunder zu genauerem Hören auf die Modifikationen des Evangelisten animieren.

Konzentriert auf den Wundertäter setzt V.5 ein. Jesus sieht eine große Volksmenge kommen, die eigentlich bereits präsent ist (V.2), doch durch den Weggang Jesu auf den Berg von diesem wieder separiert wurde (V.3). Ein Herabsteigen Jesu zum Wunder fehlt im folgenden; der Berg begegnet erst wieder als Zufluchtsort in V.15. Das Kommen des Volkes erklärt sich natürlich, wenn man V.5 zum Anfang der Wundertradition rechnet.[40] Allerdings bleibt das Eintreffen des Volkes unmotiviert, da die Begründung von V.2 sekundär ist. Ein Vergleich mit den anderen Speisungswunderberichten läßt vermuten, daß Aussagen unterdrückt wurden, die die Notlage (vgl. Mk 8,1; verstärkt in Mt 15,32) unterstreichen und/oder die Präsenz des Volkes motivieren. So wurde erzählerisch die Konzentration auf Jesus umgesetzt.

Nach dem Sehen der Volksmenge übernimmt Jesus unmittelbar die Initiative, indem er Philippus fragt, wo Nahrungsmittel für die Menge erstanden werden können. Die Erwähnung eines konkreten Jesusjüngers ist im Vergleich mit den synoptischen Parallelüberlieferungen überraschend und bedarf einer Erklä-

---

[38] Z.B. L.T. WITKAMP 48.

[39] Z.B. C.H. DODD, Interpretation 333; U. SCHNELLE, Christologie 228; J. FREY, Bild 14f (Manuskript). Für SCHNELLE und FREY bereitet V.4 den Abschnitt 6,51c–58 vor, was die im Text nicht enthaltene Information voraussetzt, daß das eucharistische Mahl wie bei den Synoptikern ein zur Zeit des Passa vollzogenes Mahl darstellt. Doch nach der joh. Passionschronologie ist Jesu letztes Mahl (Joh 13,1ff) kein Passamahl, da Jesus zur Zeit der Schlachtung der Passalämmer stirbt.

[40] Vgl. z.B. U. SCHNELLE, Christologie 115: V.5 insgesamt. Anders J. KONINGS, Dialogue 528. Er verweist neben Joh 11,41 und 17,1 vor allem auf 4,35 als joh. Parallele für das Aufblicken Jesu (ἐπάρας οὖν τοὺς ὀφθαλμούς) in 6,5. Nun ist Joh 17 ein literarisches Sonderproblem, zudem dort vom Aufblicken Jesu in den Himmel zu seinem Vater die Rede ist. Auch ist die Aufforderung Jesu in 4,35 keineswegs eine signifikante Parallele, da auch dort die Frage nach Traditionsbenutzung gestellt werden kann. Insgesamt ist das schwerwiegendste Argument Konings der Hinweis auf die joh. Vorzugsbenutzung des οὖν-*historicums*. Allerdings scheint der vierte Evangelist dies öfter auch in ihm schriftlich vorliegende Texte eingetragen zu haben (s.a. 4,52.53; dazu M. LABAHN, Jesus 184). Die redaktionelle Ableitung von 6,5a ist also m.E. nicht ausreichend zu sichern.

rung. Die synoptischen Berichte wissen zwar um einen Wortwechsel Jesu mit seinen Jüngern, jedoch sind dabei Aufbau und Perspektive unterschieden.[41] Sie nennen zudem keinen konkreten Jünger als Dialogpartner.

In Mk 8,1b–5 ist es Jesus, der das Gespräch mit seinen Jüngern eröffnet. Dem Jesuswort ist die Notlage zu entnehmen, die durch die Antwort der Jünger über die ungenügenden Vorräte für das ganze Volk gesteigert wird. Auf die Frage Jesu nach der genauen Menge der vorhandenen Vorräte antworten die Jünger mit konkreten Zahlen: sieben Brote. Komplexer ist der Aufbau Mk 6,35–38. Hier werden die Jünger aktiv und wenden sich an Jesus, damit dieser sein διδάσκειν unterbricht, um das Volk angesichts der vorgerückten Stunde zu entlassen. Der Aufforderung Jesu an die Jünger, der Menge Nahrung zu geben, begegnen die Jünger mit der Gegenfrage, die im vorliegenden Text mit dem Hinweis auf die 200 Denare begründet wird, die zur Speisung der Menge nötig sind. Das anschließende Jesuswort, die Frage nach der Anzahl der vorhandenen Brote, in 6,38 ist mit Mk 8,5 vergleichbar; ebenso die Antwort der Jünger. Lediglich die Zahlen differieren in ihrer Antwort (fünf [Mk 6,38] bzw. sieben [Mk 8,5]). Außerdem werden in Mk 8 die Fische in einem späteren Zusammenhang nachgetragen (V.7).

Anders also als die beiden synoptischen Parallelberichte[42] belegt Joh 6 die Jünger, mit denen Jesus spricht, mit Namen: Φίλιππος (6,5.7), Ἀνδρέας (6,8) ὁ ἀδελφὸς Σίμωνος Πέτρου (6,8). Eine traditionelle Ableitung verbietet sich mit dem Blick auf andere Speisungstexte *und* auf das JE; der Blick auf den Kontext des vierten Evangeliums zeigt, daß die genannten Jünger in der Speisungsgeschichte nicht isoliert stehen. Neben der Jüngerberufung (Philippus: 1,43.44.45.46.48; Andreas: 1,40.44; Simon Petrus: 1,40.41.42) lassen sich die hier angeführten Jünger auch in 12,21.22 nachweisen (Petrus wird in 6,8 nur indirekt genannt); stammen letztgenannte Texte wohl sicher vom Evangelisten,[43] so könnte gefragt werden, ob die Namensnennung möglicherweise auch in den wohl traditionellen Überlieferungen des joh. Jüngerberufungsabschnitts vom vierten Evangelisten eingetragen ist.[44] Wie dort auch immer zu entscheiden ist, für Joh 6,5.7f ist es naheliegend, mit einer Einfügung der Jüngernamen durch den Evangelisten zu rechnen.[45] Dafür spricht auch, daß mit der Bezeichnung des Andreas indirekt die Erwähnung des Petrus vorbereitet wird (6,68f),[46] der mit seinem Bekenntnis die gewünschte Antwort auf die Brotrede geben wird. Keineswegs

---

[41] Zur Wahrnehmung und Deutung dieser Differenz in der Forschung J. KONINGS, Dialogue 523–527.

[42] Hier werden allgemein die μαθηταί genannt: Mk 6,35 par Mt 14,15 (s.a. Lk 9,12: οἱ δώδεκα); Mk 6,41 parr; 8,1.4.6 par Mt 15,32.33.36.

[43] J. BECKER, JE II, ¹383. ³449; unentschieden R. BULTMANN, JE 321.

[44] Anders läßt sich im Zusammenhang der SQ-Hypothese argumentieren, da hier die fraglichen Texte der Jüngerberufung und der Speisung aus einem gemeinsamen Quellenzusammenhang stammen. Aber auch dann ist die Frage zu beantworten, wie es zur Verwendung dieser Jüngernennung auch in der Speisung gekommen ist. Sie wäre dann wohl dem redaktionellen Bemühen dieser hypothetischen Quellenschrift zuzurechnen.

[45] B. KOLLMANN, Ursprung 107; B. LINDARS, JE 241; anders R.E. BROWN, JE I, 246, der hinter Philippus und Andreas eine hellenistische, kleinasiatische Tradition vermutet: „… it may persuade others that these disciples were originally involved in the narrative and the memory of this was preserved only in the tradition of a community which had a devotion to them“. Den Zusammenhang der beiden Jesusjünger mit den Verhältnissen der kleinasiatischen Kirchen betont auch J. FREY, Heiden 261f.

[46] Z.B. I. DUNDERBERG, Johannes 130.

abwegig ist die Überlegung, daß der Leser und die Leserin mit dem Aufbau dieser Spannungslinie zu einem Prozeß des Nachsprechens animiert werden sollen.[47]

Damit ergibt sich jedoch die weiterführende Frage, ob der Dialog insgesamt vom Evangelisten stammt. Zunächst stellt sich das Problem im Blick auf die Frage Jesu in V.5.

Auffällig ist πόθεν, das sich im Sinne des christologischen Deuteschemas des Evangelisten verstehen läßt.[48] Möchte der vierte Evangelist indirekt anzeigen, daß der Offenbarer *die* Antwort auf die Frage des ‚woher‘ eines jegliches Leben ermöglichenden Brotes ist? Im Verständnis der Gesamtkomposition ist diese Deutung wohl zutreffend. Damit ist aber die literarhistorische Schwierigkeit noch nicht entschieden. Der Gedanke des ‚Kaufens‘ ist aus den synoptischen Parallelberichten bekannt (Mk 6,36parr). Im Kontext von Joh 6,5ff setzt V.7 den Gedanken des Kaufens voraus, ohne ihn jedoch zu wiederholen (anders Mk 6,37). Joh 6,7 konstatiert die Ausgangslage für das folgende Wunder, ohne die Frage Jesu wirklich aufzunehmen. Dies geschieht noch weniger in V.9. Warum der vierte Evangelist die Vorstellung vom Kaufen von Nahrung redaktionell in den Text eingetragen haben soll, ist mir auch dann, wenn der mk. Text vorgelegen haben sollte oder bekannt war, nicht wirklich einsichtig. Gerade der korrigierende Einwurf in V.6 spricht gegen diese Erwägung. Bei der Übernahme der Jesusfrage ist für den Evangelisten vor allem die Idee des ‚woher‘ maßgeblich gewesen; sie trägt im vierten Evangelium häufig eine christologische Konnotation, die auf den Zusammenhang von der Sendung des Offenbarers und seine Einheit mit dem Vater geht (vgl. vor allem 7,27f; 8,14 [!]; 9,29f; s.a. 2,9; 4,11; 19,9).

Für die Rekonstruktion ist der folgende Vers zu beachten. V.6 enthält eine Reihe joh. Sprachmerkmale wie das vorangestellte τοῦτο[49] (auch die Wendung τοῦτο δὲ ἔλεγεν begegnet mehrfach im vierten Evangelium[50]).[51] Für den vierten Evangelisten ist Jesus zudem der durch sein ‚Wissen‘ Mächtige;[52] dies belegt auch der unmittelbare Kontext von Kap. 6, in dem Jesus das Murren seiner Jünger ebenso ‚weiß‘ (εἰδώς; 6,61), wie er auch ‚von Anfang an‘ (ἐξ ἀρχῆς)[53] ein Wissen besitzt, das nicht alle seiner Begleiter glauben und sogar einer unter ihnen ist, der ihn den Behörden ausliefern wird (6,64). Betont folglich der vierte Evangelist in V.6 „die Tendenz seiner Tradition, Jesus als souveränen Wun-

---

[47] Vgl. J. FREY, Leser 287.

[48] Darauf weist auch J. KONINGS, Dialogue 529, der allerdings annimmt, daß πόθεν in dieser seiner Meinung nach vom Evangelisten komponierten Frage traditionell sei.

[49] Joh 1,28; 2,11; 8,20 u.ö.

[50] Joh 7,39; 11,51; 12,33; vgl. U. SCHNELLE, Christologie 115, der auch mit Hinweis auf Joh 2,25; 4,44f; 6,34; 13,11; 16,27 auf αὐτὸς γάρ verweist.

[51] S.a. J. KONINGS, Dialogue 530 mit Anm. 36.

[52] R.T. FORTNA, Gospel 58; J. GNILKA, JE 46; S. SCHULZ, JE 97; H.M. TEEPLE 186: V.6 ist insgesamt redaktionell; s.a. F. SCHNIDER, Jesus 208; L. SCHENKE, Brotvermehrung 84: „späterer Zusatz“.

[53] Welcher ‚Anfang‘ ist gemeint? Wird auf den Präexistenten gewiesen oder auf den Anfang der Geschichte Jesu mit seiner Gemeinde?

dertäter darzustellen, der um die Größe seines Wunders im voraus weiß und nicht erst durch das Leid der Menge dazu veranlaßt wird"[54]?

Der Evangelist dürfte allerdings diese Sicht mit seinen massiven Wundertraditionen der unterschiedlichen Provenienz teilen; wunderbares Vorauswissen zukünftiger Ereignisse wie auch die Kenntnis der Gedanken anderer Menschen gehört zu den Charakteristika antiker Magier und Wundertäter[55] und zur Darstellung des ntl. Jesus hinzu: vgl. Q 11,17; Mk 2,8parr; Mk 12,15parr; Lk 9,47.[56]

Prophetisches Wissen und Wunderwirken werden im antiken Denken oftmals nicht als einander ausschließende Größen verstanden, sondern miteinander verknüpft. Beide Fähigkeiten können von beiden Personengruppen erlangt und somit auch den Individuen beider Gruppen zugeschrieben werden So belegen es beispielsweise die *Pythagoras*[57] oder *Apollonius von Tyana* beigelegten Fähigkeiten, Ereignisse des Lebens einzelner wie auch Katastrophen vorherzusagen.[58] Es ist dies nach der Apologie des Apollonius vor Kaiser Domitian jedoch kein magisches Wissen bzw. kein Wunder, sondern entspricht seiner Lebensweise als Weiser: „Der Weise wird ja nicht warten, bis die Erde ausdünstet oder die Luft verdorben ist, wenn sich das Übel von oben herabsenkt. Er nimmt es vielmehr schon wahr, wenn es noch an der Schwelle steht, später zwar als die Götter, früher jedoch als die Menschen." (*Philostratus*, Vit Ap VIII 7,9; gegen den Vorwurf, die Vorhersage der Pest in Ephesus sei ein Hinweis auf Wundertäterei).[59]

Auch die *alttestamentlich-jüdische* Tradition ist nicht außer acht zu lassen.[60] Hier sind es die Prophetenerzählungen, die über die Kenntnis der Gedanken anderer Menschen und über ein Vorauswissen von nicht natürlich wahrgenommenen oder zukünftigen Ereignissen berichten. Als Beispiele aus dem biblischen Schrifttum kann der Elisa-Erzählkreis genannt werden (vgl. z.B. 2Kön 5,26f; 6,9.12.32; 8,10ff; s.a. Samuel, der die Gedanken Sauls kennt: 1Sam 9,19f).[61] Vergleichbare Berichte bietet aber auch die außerbiblische jüdische Literatur:

---

[54] U. SCHNELLE, Christologie 115; auch J. BECKER, JE I, ¹191. ³230, denkt an eine Einfügung vom Evangelisten; s.a. B. LINDARS, JE 238; anders I. DUNDERBERG, Johannes 133, der gegen eine Unterteilung in unterschiedliche Schichten aufgrund des Kommentars von V. 6 votiert. Nach H. WÖLLNER 31 paßt das Motiv der Souveränität „ausgezeichnet in das SB"; er spricht es ohne Berücksichtigung der sprachlichen Kriterien deshalb der Quelle zu.

[55] Vgl. G.P. WETTER 69f; L. BIELER, ΘΕΙΟΣ ANHP I, 89–94; zum Wundertäter vgl. z. B. auch A.B. KOLENKOW 1480–1482 (1480: „For the whole range of persons with divine power ... knowledge of men's heart seems to be the one convincing proof."). Dort auch Quellenbelege.

[56] Vgl. zum folgenden auch J. ZANGENBERG 135–137 mit weiteren Belegen zur Kardiognosie. ZANGENBERG stellt dabei für Joh 4,16ff einen Bezug zwischen Kardignosie, Prophetentitel (4,19) und Dtn 18,15.18 her (s.a. DERS., aaO. 138ff). Dieser Zusammenhang verdient besondere Beachtung, da auch der Prophetentitel in 6,14 durch verschiedene Hinweise auf die besondere Menschenkenntnis (V.15; vgl. meine differenzierenden Bemerkungen unten S. 112) und das Vorauswissen Jesu (V.6) flankiert wird (vgl. S. 107).

[57] Vgl. *Porphyrios*, Vit Pyth 29; *Iamblichos*, Vit Pyth 135f.

[58] Vgl. neben den bei U. SCHNELLE, Christologie 115f, angeführten Beispielen vor allem G. PETZKE 172f.

[59] Übers.: V. MUMPRECHT 887. 889.

[60] Einen Überblick vermittelt H.-J. KUHN 484–488 mit einer allerdings nicht gleichwertigen Auflistung von über wunderbares Wissen verfügenden Gestalten.

[61] Mantische Züge in den Prophetenlegenden benennt auch G. FOHRER, Prophetie 29.

z.B. Levi in JosAs 26,6; 28,15.17. Vom Messias weiß man in Qumran, daß er die Geheimnisse kennt; daher können sie mit ihren Plänen ihm nichts anhaben: 4Q534,7–9.[62] *Philo* betont, daß einem Propheten *nichts verborgen* ist (οὐδὲν ἄγνωστον; Spec Leg IV 192). Nach *Josephus* spielt die *Ansage zukünftiger Ereignisse* eine prominente Rolle in der Verkündigung der biblischen Propheten.[63] So werden die prophetischen Texte in Qumran als (Vor-) Aussagen der Ereignisse gedeutet, mit denen sich die Qumran-Gemeinde konfrontiert sieht und damit der Endzeit, vor sie sich gestellt weiß;[64] vgl. zu diesem Verständnis z.B. auch 1QM XI,8f.[65]

Interessant ist im Blick auf das vierte Evangelium die pseudo-philonische Predigt *De Jona* 108f. Die Predigt des Propheten benennt die bösen Taten der Niniviten; die genannten Taten entsprechen exakt dem Handeln der Stadtbewohner (vgl. Joh 4,16–18), die eine übernatürliche Einsicht des Predigers annehmen und ihn somit mit der Prophetengabe ausgestattet wissen (vgl. Joh 4,19). Daher glauben sie ihm und anerkennen, daß er ihnen auch die Zukunft (und damit das Gericht) ansagen kann.[66]

Die mantische Fähigkeit, in der „der in seinem Wissen beschränkte Mensch in außerrationaler Weise an der Allwissenheit Gottes teilzunehmen, um Kenntnis der zukünftigen Ereignisse und Weisung für sein Handeln zu erlangen" sucht, verdankt sich der Gabe der Gottheit.[67] So verdeutlicht es die atl. Tradition oft ausdrücklich (vgl. 2Kön 4,27bβγ[68]). Auch die außerbiblisch-jüdische Überlieferung betont dies zumeist. Auch der θεῖος ἄνθρωπος, der im Vorherwissen zukünftiger Ereignisse oder in durchschauender vorhererkennender Menschenkenntnis seine göttliche Dignität zeigt, verdankt diese Befähigung den Göttern bzw. der Askese. Mit solcher vorauswissender Befähigung wird narrativ die Verbundenheit eines Menschen mit der göttlichen Sphäre abgebildet.[69]

Auch der joh. Jesus zeigt seine göttliche Doxa in seiner umfassenden Kenntnis der Menschen, ihrer Gedanken, ihres Wesens (Joh 1,47; 2,24f) und ihrer Wege (4,16–18; s.a. 6,64; 13,38 [Ansage der zukünftigen Verleugnung]; und 1,42: Wissen um den Namen des Simon) sowie der gegenwärtigen (11,11–14) und zukünftigen Ereignisse (vgl. z.B. 16,2; s.a. die

---

[62] Vgl. zu diesem Text J.C. VANDERKAM 345f.

[63] Hierzu z.B. G. DELLING, Prophetie 109. 111ff (Dies belegt vorrangig, daß Gott selbst durch die Propheten spricht.); s.a. Sir 48,24f; der Siracide läßt Jesaja die Eschata schauen (V.24a); ἕως τοῦ αἰῶνος ὑπέδειξεν τὰ ἐσόμενα καὶ τὰ ἀπόκρυφα πρὶν ἢ παραγενέσθαι αὐτά (V.25), oder die apokryphen Prophetien der VitProph (hierzu A.M. SCHWEMER 82).

[64] Vgl. z.B. H.-J. FABRY, Schriftverständnis 91ff; J.C. VANDERKAM 351ff, s.a. M. HENGEL, Schriftauslegung 56f; jeweils in Bezug auf die qumran-essenische Pesher-Literatur.

[65] Zur konstituierenden Funktion solcher Schriftauslegung für die Gemeinde „als das wahre, endzeitliche Israel" vgl. M. HENGEL, Schriftauslegung 51.

[66] Ps.-Philo, De Jona 108f: „Als das die Niniviten von dem Propheten hörten, zeigten sie sich überzeugt von der eindringenden Predigt. Sie pflichteten dem Propheten bei (und) glaubten (ihm). Dem, der (ihnen) ihre Untaten aufzählen (konnte), obwohl er gar nicht aus der Stadt war, glaubten sie seine Predigt auch. Denn wer niemandes Taten gesehen hatte und (sie doch) nennen (konnte), der (war) auch (in der Lage), aus derselben Prophetengabe heraus das Zukünftige anzusagen, das über sie hereinbrechen würde."; Übers. F. SIEGERT 27f.

[67] C. ZINTZEN, Art. Mantik/Mantis 968; zum göttlichen Wissen des Magiers als Gabe durch die Gottheit vgl. F. GRAF 85ff.

[68] Vgl. zu diesem Text E. WÜRTHWEIN, 1–2Kön, 294. S.a. zu diesem Thema allgemein G. FOHRER, Prophetie 30f mit Belegen.

[69] S.a. F. SCHNIDER, Jesus 120f.

Aussagen Jesu über sein eigenes Ende: 2,19.21; 3,14; 6,64; 13,1; 18,4; 19,28). Daher wird nicht nur mit Franz Schnider resümiert werden können: „Als der Gesandte des wahrhaftigen Gottes weiß Jesus immer um seinen Weg und Auftrag."[70] Vielmehr gilt: Als präexistenter, nunmehr *sarx* gewordener Logos kennt der Offenbarer den Menschen und die Geschichte; dies scheint je und je aus der nachösterlichen Perspektive des Erzählers in der irdischen *vita* Jesu durch.

Die zuvor genannten joh. Sprachmerkmale sind jedoch ein sehr entscheidendes Kriterium für die redaktionelle Ableitung von V.6. Zudem bildet V.5 eine Vorgabe, die den Evangelisten zu einem Kommentar veranlaßt hat. Allerdings dürfte 6,6 nicht nur den Schatten relativieren, der sich durch die Frage auf die Souveränität des Wundertäters legt, sondern mit dem Hinweis auf das Wissen, was der Wundertäter tun wolle, den Fortgang des Brotkapitels im Blick haben. Der Erzähler konstruiert ein *didaktisches Signal*, das die Aufmerksamkeit der Leser auf das folgende Geschehen richtet und eine Spannungslinie erzeugt, die bis zum joh. Petrusbekenntnis reicht: 6,68 wäre die theologisch angemessene Antwort auf die Frage V.5.[71] Zudem scheint der Evangelist mit Hilfe des souveränen Wissens Jesu um sein weiteres Handeln und damit um das in der Zukunft sich ereignende Geschehen die Aufnahme des Prophetentitel in V.14 vorzubereiten, trägt er doch den Prophetentitels in 6,14 an seine Tradition heran.

Die Formulierung V.7 nennt eine Geldmenge zur Beschaffung von Broten, die mit der synoptischen Überlieferung übereinstimmt (Mk 6,37). Doch zugleich wird die Vorgabe gesteigert: die genannte Geldmenge reicht für die Speisung des anwesenden Volkes nicht aus. Angesichts der Steigerung kann man diese Zahl als eine bekannte Quantität verstehen: Nicht einmal 200 Denare, wie sie in der Überlieferung genannt wurden, reichen aus, so daß das Wunder im Vergleich zu einem solchen Bericht noch gesteigert wird. Aber welche Stimme meldet sich in der Nennung der Geldmenge zu Wort? Der Evangelist[72] oder seine Vorlage,[73] die ihrerseits bereits den Bericht auf die Person des Wundertäters zugespitzt hat? Tatsächlich kollidiert der Einwand von V.7 mit V.9c. Reicht Brot für 200 Denare nicht zur Ernährung der Volksmenge, so ist der Einspruch ἀλλὰ ταῦτα τί ἐστιν εἰς τοσούτους; bei der geringen Nahrungsmenge von lediglich fünf Gerstenbroten und zweier Fische angesichts der Volksmenge nur noch schwach.[74] So ist die sekundäre Ergänzung des Motivs

---

[70] F. SCHNIDER, Jesus 198.

[71] S.o. S. 19f.

[72] J. KONINGS, Dialogue 530f; hier finden sich auch bemerkenswerte Hinweise auf joh. Spracheigentümlichkeiten.

[73] So U. SCHNELLE, Christologie 116; F. SCHNIDER/W. STENGER 145.

[74] Darauf machte schon J. WELLHAUSEN, JE 28, aufmerksam.

von den 200 Denaren durch den Evangelisten eine plausiblere Option. Das Fehlen der 200 Denare bei den mk. Seitenreferenten[75] bildet für das Fehlen dieser Zahl in der Überlieferung eine gewisse Analogie.[76]

Die offensichtlich vorhandene Tendenz, den mk. Text klarer zu strukturieren, läßt sich kaum für die Auslassung der 200 Denare bei den Seitenreferenten verantwortlich machen.[77] Das Fehlen gerade einer anschaulichen, das Wunder plastischer erscheinen lassenden Zahl wie die der 200 Denare kann möglicherweise im Fehlen dieser Zahl in der Markusvorlage der Seitenreferenten liegen. Auch die joh. Überlieferung griffe dann auf eine vergleichbare Vorlage wie die der mk. Seitenreferenten zurück. Aufgrund der oben genannten strukturierenden Tendenz der Seitenreferenten ist eine Entscheidung allerdings problematisch. Wenn kürzende Überarbeitung und abweichende Vorlage sich überlagert haben, kann der Exeget über Vermutungen kaum hinauskommen. Immerhin wird noch zu zeigen sein, daß der mk. Text auch ohne die Zahl einen sinnvollen Inhalt mit einer treffenden Pointe bietet.[78] Zudem widerspricht die Auslassung der Zahl der allgemeinen Tendenz zur Steigerung des Wunderhaften.

Überlieferungsgut liegt sicher wieder in V.8a vor. Λέγει αὐτῷ εἷς ἐκ τῶν μαθητῶν αὐτοῦ gehört (wenigstens partiell) zur Tradition,[79] in die der Evangelist den Namen des Jüngers entsprechend 1,40.44; 12,22 einfügt.[80] Für die sekundäre Verbindung beider Teile in V.8 spricht auch die unmittelbare Nennung des Philippus in Vv.5f. Die Rede V.9 ist traditionell, wie es die bereits erwähnte Spannung von V.9[fin] (Anzahl der Brote im Verhältnis zur Menschenmenge) zur Einfügung V.7 (Speise für 200 Denare reicht nicht aus, damit jeder ein bißchen [βραχύ] bekommt) zeigt.

---

[75] Vgl. F. NEIRYNCK, Minor Agreements § 38.17.

[76] Anders strukturiert F. BOVON, Lk I, 468, den Überlieferungsgang. Er rechnet damit, daß das Motiv von der Geldmenge im Verlauf der Überlieferung der älteren vormk. Tradition hinzugewachsen ist und findet dies durch den joh. Text belegt. Die beiden synoptischen Seitenreferenten aber habe diese Notiz gestört und wurde deshalb bei beiden ausgelassen. Eine Begründung fügt BOVON nicht bei (zu möglichen Erklärungen und ihrer Kritik vgl. das Folgende).

[77] Eine andere Begründung für die Auslassung der 200 Denare bei den Seitenreferenten vermerkt P. GARDNER-SMITH 31: „...it is omitted ... because they did not like the tone of the disciples' answer to Jesus ..."; für die positivere Charakterisierung des Jüngerbildes gäbe es durchaus Analogien im Überlieferungsprozeß von MkEv hin zu den Seitenreferenten; z.B. die bekannten Belege Mt 8,26; 16,8f; Lk 8,25. Allerdings kennzeichnet die Summe die Größe des Wunders, die die beiden Seitenreferenten keineswegs reduzieren; die Möglichkeit, die Zahl zu übernehmen oder gar zu steigern und dabei die Jünger positiver darzustellen, war durchaus gegeben.

[78] S.u. S. 127.

[79] Vgl. den Hinweis von J. KONINGS, Dialogue 531, der die Wendung εἷς ἐκ τῶν μαθητῶν als erstes Indiz wertet, daß der Evangelist auch in diese traditionelle Redeeinleitung selbst eingegriffen hat.

[80] Vgl. U. SCHNELLE, Christologie 116.

Fassen wir die Beobachtungen hinsichtlich des joh. Jüngerdialogs zusammen, so ergibt sich folgendes Bild. Der radikale Schnitt von Julius Wellhausen scheint folglich die Überlieferung der Tradition am besten zu treffen. Wellhausen läßt im Zusammenhang seiner Grundschrift-Hypothese als Text von Vv.5–8 lediglich „da nun Jesus die Augen aufhob und gewahr wurde, daß viel Volk zu ihm kam, sprach er: woher sollen wir Brod kaufen, daß diese essen? Einer seiner Jünger (ein ungenannter) sagte zu ihm: es ist ein Knabe hier usw." gelten.[81] Es scheint mir allerdings nicht mehr sicher auszumachen, ob in der Tradition *ein Vertreter* der Jünger antwortete, wie es die Darbietung der Tradition durch den Evangelisten suggeriert, oder entsprechend der mk. Parallele die *Gruppe* der Jünger die Frage beantwortet. Da aber V.12 und der Seewandel nur noch die Gruppe der Jünger insgesamt kennen, beansprucht die letztgenannte Annahme durchaus Plausibilität. Ein starkes Indiz hierfür ist zudem der Plural der Aufforderung ποιήσατε τοὺς ἀνθρώπους ἀναπεσεῖν, V.10, so daß „the individualization of persons in a group offered by the tradition"[82] gänzlich das Werk des Evangelisten wäre.

Ein weiteres Problem ist in der Frage zu sehen, ob der Evangelist den gesamten Dialog seiner Tradition aufgenommen hat.[83] Der Gedanke des Brotkaufs hängt merkwürdig in der Luft, und die Fortsetzung in V.9 ist nicht sonderlich glücklich. Da jedoch über Vermutungen, die über das bisher Gesagte hinausgehen, nicht hinauszukommen ist und die Analogie der anderen Wundertraditionen eine Streichung oder Ersetzung eines traditionellen Dialogs nicht favorisieren lassen, ist dieser Gedanke nicht weiter zu verfolgen. Immerhin beantwortet V.9 die Frage nach dem ‚woher' mit dem Hinweis auf einen Knaben mit einem Nahrungsvorrat.

Im Blick auf das Motiv der 200 Denare spricht viel für eine Kenntnis des mk. Jüngerdialogs, wie er im vorliegenden MkEv steht, beim vierten Evangelisten.[84] Eine solche Kenntnis weist dennoch nicht zwangsläufig auf literarische Abhängigkeit für den Jüngerdialog oder gar die gesamte Speisungsgeschichte. Weitergehende Schlüsse müssen zunächst noch unterbleiben.

Die Vv.10–13 bieten kaum einen Anlaß, mit einem redaktionellen Anteil des Evangelisten zu rechnen.[85] Auch die nach V.5aα nunmehr ab V.10d gehäuft

---

[81] J. WELLHAUSEN, JE 28f; auch J. KONINGS, Dialogue 532, erwägt diesen Textzusammenhang als Möglichkeit, um sich jedoch zugleich gegen unterschiedliche Schichten im Text auszusprechen.

[82] So J. KONINGS, Dialogue 527.

[83] Z.B. B. LINDARS, JE 241, rechnet mit Streichungen des Evangelisten gegenüber seiner Quelle.

[84] Für eine Abfassung des joh. Jüngerdialogs unter synoptischem Einfluß plädieren z.B. J. KONINGS, Dialogue 527ff: Vv.5–9; F. NEIRYNCK ET AL. 182ff: Vv.5–7; I. DUNDERBERG, Johannes 152f.

[85] Vgl. U. SCHNELLE, Christologie 116.

benutzte Konjunktion οὖν kann nicht mehr zeigen, als daß die Partikel aufgrund der Vorliebe des vierten Evangelisten für sie wie in Joh 4,52.53 in seine Vorlage eingefügt wurden. Ein literarkritisches Scheidungsmittel ist οὖν hier ebensowenig wie ein Ausweis für ein innovatives joh. Formulieren dieser Verse.

Anders wird jedoch insbesondere die Danksagung Jesu über dem Brot in V. 11 bewertet. Dafür lassen sich weniger literarische Beobachtungen am Text selbst, als vielmehr *ideologiekritische* Argumentationen ins Feld führen: So sei das Verb εὐχαριστέω in V.11 als Hinweis auf die Eucharistie zu bewerten und damit der Vers in einem unsakramentalen Textabschnitt der redaktionellen Überarbeitung zuzuordnen.[86]

Zu fragen ist jedoch, wie auch im Zusammenhang der synoptischen Speisungsberichte,[87] ob V.11 und damit die joh. Speisung ursprünglich eine sakramentale Deutung anhaftete.[88] Das Fehlen des Verbums κλάω bzw. κατακλάω[89] im joh. Text ist ein nicht zu übersehendes Differenzkriterium, auch wenn gelegentlich dafür eingetreten wird, daß κλάσματα in Vv.12f (!) das Verb κλάω bzw. κατακλάω substituiere.[90] Demgegenüber wird jedoch eine eucharistische Deutung in V.11 geltend gemacht,[91] die sich auf einen zunehmend technisierten Gebrauch des absolutes εὐχαριστέω berufen zu können glaubt.[92] Der Hinweis auf die entsprechenden Belege der Didache ist jedoch durchaus nicht eindeutig, da einerseits für Did 9,2.3 eine Ausnahme von der Regel zu konstatieren wäre,[93] andererseits der eucharisti-

---

[86] So z.B. W. LANGBRANDTNER 106; J. KÜGLER, Jünger 228 Anm. 1.

[87] Zur Diskussion s.u. S. 134f.

[88] Gegen diese Deutung der joh. Speisung aufgrund von 6,11 zu Recht z.B. J. BLINZLER, Brotvermehrung 710; A. HEISING, Botschaft 78; s.a. W. SCHMITHALS, Johannes 6,1–15, 327: „das allgemeine Tischgebet".

[89] B.W. LONGENECKER 430f rechnet mit einer bewußten Auslassung, die für die Interpretation des vierten Evangeliums weitreichende Folgen hat. Der joh. Jesus werde als „unbroken Messiah" vorgestellt (mit Hinweis auch auf Joh 13 und 19,26), was innergemeindlich auf die Einheit der Gemeinde zielt und im Blick auf die Sympathisanten, die sich noch nicht von der Synagoge lösen wollen, auf eine eindeutige Entscheidung (aaO. 433ff). Die attraktive Deutung ist fest mit einem bestimmten historischen Ort der Gemeinde und einer unmittelbar zeitgeschichtlichen Deutung, der Bedrohung der joh. Christen durch die Synagoge zur Zeit des Evangelisten, verbunden; dieser hermeneutische Schlüssel ist nicht hinreichend abgesichert (zum Problem vgl. M. LABAHN, Jesus 34ff mit Lit.).

[90] So J.-M. SEVRIN 80 Anm. 18.

[91] Vgl. z.B. J.-M. SEVRIN 80, B. LINDARS, JE 242f; G.H.C. MACGREGOR, Eucharist 115 (mit Hinweis auf 6,4 [die Brotvermehrung findet vor dem Passafest statt] und V.12 [hierzu s. u.]); J.P. MEIER 963 (mit dem Hinweis, daß V.11 im Gesamtkontext von Kap. 6 und damit insbesondere auch im Zusammenhang von 6,51–58 zu lesen ist); H. PATSCH, Abendmahlsterminologie 229 („Formel unter dem Einfluß der Abendmahlsworte"); U. SCHNELLE, Christologie 116.

[92] So H. PATSCH, Abendmahlsterminologie 218; DERS., Art. εὐχαριστέω 221; zustimmend z.B. J. FREY, Bild 13 Anm. 42 (Manuskript).

[93] Kritisch vermerkt bei K. NIEDERWIMMER, Did 181 Anm. 2.

sche Kontext von Did 9–10 unklar und umstritten ist.[94] Kann in Did 10,6 (vgl. 1Kor 16,22) eine Scheidungsformel oder Bußformel, die zum Genuß einlädt bzw. vor dem Genuß des Herrenmahls warnt, gesehen werden,[95] die erst nach dem Herrenmahl plaziert unsinnig wäre, so sind zunächst ein Sättigungsmahl und dann das Herrenmahl Thema dieses Abschnitts.[96] Did 9–10 belegt somit nicht hinreichend das absolute εὐχαριστέω als technischen Terminus für das sakramentale Dankgebet. Did 10,1 steht lediglich für ein Dankgebet, das zum Herrenmahl überleitet,[97] anders Did 10,7 und 14,1. Dies bedeutet für die Interpretation von Joh 6,11 (und auch 6,23; hierzu s.u.), daß die Deutung nicht durch das Verb festgelegt ist (vgl. auch das neutrale εὐχαριστέω in Joh 11,41),[98] sondern nur die Beachtung von Kontext und Literargeschichte Aufschluß über die angemessene Interpretation geben können.

Zwei wichtige Differenzmerkmale verdienen Beachtung. Auffällig sind das Fehlen des Brotbrechens (κλάω; in den vier Abendmahlsberichten ein stehendes Element: Mt 26,26; Mk 14,22; Lk 22,19; 1Kor 11,24), das seinerseits allerdings zum Dankritus auch des jüdischen Hausvaters gehört,[99] und der Plural der Brote (anders wiederum die Herrenmahlsüberlieferungen). Stellt man zudem in Rechnung, daß anstelle des Kelches der gleiche Ritus an den Fischen geübt wird, die kaum den Wein substituieren sollen, so ist – auch wenn möglicherweise unter dem Einfluß religiöser Sprachgewohnheiten formuliert wird[100] – eine ausdrückliche eucharistische Zielsetzung nicht erkennbar. Erst wer von 6,51c–58 her liest, mag eine eucharistischen Unterton beigelegt finden; dies sichert aber diese Bedeutung nicht für die Tradition und m.E. auch nicht für den Evangelisten.[101]

In der älteren Auslegung wurde gelegentlich auch das Einsammeln der Brotreste, V.12, eucharistisch gedeutet.[102] Doch dies ist als Rückinterpretation späterer kirchlicher Praxis in frühe Texte nicht weiter verfolgt worden.

---

[94] Die mutmaßlichen Belege für den oben genannten Gebrauch des Verbes sind Did 9,1; 10,1. Zum Problem der Abgrenzungen kurz G. SCHÖLLGEN 50–54; Überblick auch bei K. NIEDERWIMMER, Did 176–179.

[95] K. NIEDERWIMMER, Did 179 spricht von „Invitation zum Herrenmahl".

[96] Z.B. K. NIEDERWIMMER, Did 179f. 203 (zur Formel); auch bei G. SCHÖLLGEN 52f.54 vorgezogen, wenngleich er die divergierende Auffassung von B. KOLLMANN, Ursprung 91ff, der mit einem abweichenden Eucharistietyp mit eingeschlossener Sättigungsmahlzeit rechnet, als Alternative referiert (KOLLMANN setzt freilich voraus, daß in Did 9f eine Gesamtdarstellung gegeben wird, was NIEDERWIMMER, Did 174 ausdrücklich bestreitet).

[97] K. NIEDERWIMMER, aaO. 179.

[98] S.a. den Gebrauch von εὐχαριστέω in 1Kor 10,30 und Röm 14.6 (allerdings mit τῷ θεῷ); vgl. 1Tim 4,3f (hier das Substantiv) für das Tischgebet in heidnischen Gemeinden (J. GNILKA, Mt II,37).

[99] Hierzu s.a. unten S. 159.

[100] S.a. R. KYSAR 254.

[101] S.a. R. KYSAR 254f. Zum Problem s.o. ‚Exkurs. Joh 6,51c–58, ‚Einlage', Umstellung, eucharistische Deutung des Evangelisten oder [kirchlicher] Nachtrag?' Anders z.B. M. GIRARD, L'unité 109, und S. RUAGER *passim*, die Joh 6 insgesamt als eucharistische Komposition werten.

[102] Z.B. M.-J. LAGRANGE, JE 165; E.C. HOSKYNS, JE 289f; G.H.C. MACGREGOR, Eucharist 115; jetzt ähnlich auch J.M. PERRY 25 und J.D. CROSSAN, It is Written 20: „It is only of the bread that nothing must be lost, and the bread ... becomes the Discourse ‚I' of Jesus. It is, then, the fragments of Jesus which must be gathered so that nothing may be lost." S.a. F.J. MOLONEY, JE: Gospel 198; DERS., Function 132ff. Im Sammeln der Reste

Weder die eucharistische Deutung der Danksagung über dem Brot in V.11 noch die des Einsammelns des Brotes in V.13 sind hinreichend zwingend. Es besteht keine Veranlassung, die entsprechenden Abschnitte einer sekundären eucharistischen Schicht zuzurechnen.

Allein im Blick auf V.13c konnte bereits festgestellt werden, daß er im Kontext sperrig wirkt.[103] Kommt die Speisung selbst, V.11, ohne eine Erwähnung des Essens der Menge aus, so ist das Essen aber in der vom Evangelisten stammenden Jesusfrage und in der Komposition der Brotrede (6,[26.]31[*bis*]. 49.50.51a; s.a. 52.53.58) von Bedeutung. Der sich daraus ergebende Gedanke, daß V.13c eine weitere vom Evangelisten eingesetzte Verklammerung der Speisung mit der Brotrede darstellt, ist m.E. nicht von der Hand zu weisen.

In den nächsten Versen begegnen zwei *Reaktionen* der Menge auf das Handeln Jesu, die jeweils mit einer titularen Deutung Jesu verbunden sind. Zunächst wird, im Sinne des Erzählers durchaus zutreffend[104] erkannt, daß Jesus wahrhaft der Prophet ist, der in den Kosmos kommen soll (V.14: ἀληθῶς ὁ προφήτης ὁ ἐρχόμενος εἰς τὸν κόσμον); die partizipiale Bestimmung setzt die joh. Sendungsvorstellung[105] voraus (vgl. vor allem 11,27;[106] gegen Mt 3,11 [ὁ δὲ ὀπίσω μου ἐρχόμενος; Verweis NA[27]][107] ist die Zielangabe εἰς τὸν κόσμον zu beachten [hierzu sind auch die joh. Sendungsformeln zu vergleichen: 3,17; 1Joh 4,9.10.14]). In der zweiten Reaktion, in der Jesus wie schon in V.5 das Subjekt ist, obgleich eine Handlung der Menge berichtet wird, soll Jesus zum König (absolut! Anders 1,49; 12,13; 18,33.39; 19,3.19.21[108]) ge-

---

geht die an die Feier des Herrenmahls erinnernde Speisung über das Passa hinaus und läßt weitere christliche Generationen an der Feier teilhaben. Dies setzt jedoch voraus, daß die sakramentale Interpretation der Speisung berechtigt ist. Auch bleibt der Verwendungszweck der gesammelten Reste offen; erklärt die Form der Geschichte die Sammlung nicht hinreichend als Hinweis auf das Wunder und andrerseits auf die im Wunder sichtbar werdende Lebensfülle des inkarnierten Logos? Dann mag in der Tat zu fragen sein, ob die überreiche und sammelbare Fülle die im folgenden ausdrücklich thematisierte Mannagabe (6,32) übersteigt und damit bereits auf die V.35 in der irdischen Gabe in der einen Speisung der Vielen irdisch-sichtbar antizipiert.

[103] S.o. S. 26.

[104] Zur positiven Rolle des Prophetentitels für das vierte Evangelium vgl. M. KARRER, Jesus Christus 219. S.a. H. HÜBNER, Theologie III, 167.

[105] Vgl. zur joh. Sendungsvorstellung z.B. R. SCHNACKENBURG, Jesus Christus 277ff.

[106] S.a. J. KONINGS, Sequence 165.

[107] S.a. die Täuferfrage, Q 7,19, ob Jesus ὁ ἐρχόμενος ist; allerdings ist auch hier kein fester christologischer Titel aufgenommen, sondern eine referentielle Begrifflichkeit gewählt, die vom Schriftzitat her zu füllen ist; vgl. D. ZELLER, 402.

[108] Der absolute Gebrauch des Königstitels wird in Kap. 18 und 19 durch den Genitiv als ὁ βασιλεὺς τῶν Ἰουδαίων definiert. Jesus ist damit nicht nur als der einmalig in der Geschichte als Glied des jüdischen Volkes Menschgewordene qualifiziert, vielmehr wird durch diesen Zusammenhang mit der jüdischen Geschichte und Tradition zugleich die Verbindung

macht werden. Daran, daß Jesus sich dem Ansinnen des Volkes entzieht, wird ihr Vorhaben als Mißverständnis entlarvt.

Anders als es beispielsweise von Ernst Haenchen angenommen wurde, wird die vom Erzähler des Evangeliums aufgenommene Wundertradition nicht schon mit der Demonstration geschlossen haben.[109] Vielmehr ist anzunehmen, daß die Wundertradition stilgerecht auch eine Reaktion des Volkes enthalten hat. Dafür spricht der uns vorliegende Text mit den beiden in ihm enthaltenen Akklamationen, die m.E. gerade nicht spannungsfrei sind. Damit stellt sich die Frage nach dem Verhältnis der beiden Reaktionen und nach deren Ursprünglichkeit.

Die Forschungssituation spiegelt sehr unterschiedliche Deutungen des literarischen Problems: Udo Schnelle nimmt wie schon Haenchen die radikale Lösung Rudolf Bultmanns wieder auf, die dieser durch den Vergleich mit den synoptischen Texten gewonnen hat; die Vv.14f werden insgesamt als redaktioneller Text dem Evangelisten zugewiesen.[110] Dem stehen jedoch differenzierende Analysen gegenüber. Bernd Kollmann beispielsweise sucht, von geringen redaktionellen Einfügungen abgesehen, den Schlußabschnitt fast ganz der Tradition zuzuweisen.[111]

Damit ist bereits deutlich geworden, daß ein *joh.-redaktioneller Anteil* in diesen Versen kaum bestreitbar ist; wo ist dieser aber auszuweisen? Jürgen Becker sieht im Rahmen seiner SQ-Rekonstruktion in der Akklamation von V.14b den traditionellen Abschluß der aufgenommenen Speisungsgeschichte; er lautet:

„Als die Menschen das Zeichen sahen, das er getan hatte, sagten sie ‚Wahrhaftig, das ist der Prophet…‘ (Und) … Jesus … zog sich wieder auf den Berg zurück, er allein“.[112]

---

mit dem in der jüdischen wie frühchristlichen Bibel sich offenbarenden Gotteswillen herausgestellt; dieser Zusammenhang wird im Sinne der christologischen Deutung des joh. Kreises gelesen, wie es beispielsweise Joh 1,17; 5,45–47 u.ö. zu entnehmen ist.

[109] E. HAENCHEN, JE 302.

[110] U. SCHNELLE, Christologie 117; R. BULTMANN, JE 157 mit Anm. 8; auch I. DUNDERBERG, Johannes 154; W. WILKENS, Zeichen 36; s.a. J. KONINGS, Sequence 167 (vgl. aaO. 164–167): Vv.14–15a sind dem Evangelisten zuzurechnen; allerdings fand der Evangelist nach KONINGS den Propheten-Titel in der Tradition vor. Ähnlich F. SCHNIDER/W. STENGER 146: Möglicherweise sei das Bekenntnis: „Dieser ist wahrhaftig der Prophet!“ traditionell.

[111] B. KOLLMANN, Ursprung 107f, läßt lediglich das Adverb ἀληθῶς und die mit der joh. Sendungschristologie verbundene Formulierung ἐρχόμενος εἰς τὸν κόσμον als Einfügung des Evangelisten gelten.

Unklar ist die Position von FERDINAND HAHN; spricht er sich (Hoheitstitel 392 Anm. 1) eindeutig gegen die Position von BULTMANN aus und kombiniert er die Vorstellung vom Propheten und dem Messiaskönig (aaO. 369f), so reklamiert er wohl Vv.14f insgesamt als Tradition, obgleich er lediglich die Akklamation und das Entweichen ausdrücklich als gegenüber den Synoptikern ‚erhalten gebliebenen‘ Bestand der Speisungstradition wertet (aaO. 391f).

[112] J. BECKER, JE I, [1]193. [3]231. V.14 weist auch H. WEDER, Menschwerdung 372 (= ZThK 334) der Tradition, d.h. wie bei BECKER, der SQ zu. Ähnlich votiert auch F. SCHNIDER, Prophet 208, der auf R.T. FORTNA, Gospel 60–62 zurückgreifen kann: Allein V.15a

Der Titel *‚Prophet'* sei nach Becker in dieser Deutung austauschbar.[113] Versweise differenziert Heinz Wöllner zwischen Tradition und Redaktion, indem er Becker folgend den Prophetentitel der Tradition und damit V.14 (εἰς τὸν κόσμον) zuschreibt; V.15 sei dann „kritisches Interpretament des Evglisten" (mit Hinweis auf Joh 18,36).[114]

Diese Deutungsvorschläge haben einen kritischen Widerpart in der Analyse, die Nikolaus Walter in seinem *Hallenser Habilitations-Probevortrag* von 1967 entwickelte: „Die Erzählung vom Brotwunder selbst ist ... von erkennbaren johanneischen Veränderungen fast frei; nur die Bezeichnung Jesu als ‚des Propheten, der in die Welt kommt' (Vers 14), scheint johanneisch zu sein." Der in Ableitung von Dtn 18,15 her gedeutete Prophetentitel bereitet die Anknüpfung der Mose- und Manna-Motivik von 6,31ff vor.[115]

Als letzte Variante, die das Problem joh. Überformung seiner Tradition in die Diskussion einbringt, sei *Eugen Ruckstuhl* genannt: Vv.14f sei eine redaktionelle Ausformulierung vorliegender Tradition, die damit den traditionellen Fortgang in der Überfahrt der Jünger ursprünglich vorbereitete.[116]

Die unterschiedlichen Deutungen belegen, daß eine methodisch zufriedenstellende Problemlösung nur schwer erreichbar ist. Ein Grund hierfür liegt darin, daß, wenn anzunehmen ist, daß das Traditionsstück im joh. Kreis überliefert wurde, Terminologie und Theologie dieses Kreises im Chorschluß dieser Wundergeschichte belegt sein können. Zudem wird zu beachten sein, daß der vierte Evangelist Material seiner Vorlagen aufnimmt und im Evangelium verändert wiederverwendet. Unabhängig davon, ob die Überlieferung schriftlich oder mündlich auf den Evangelisten kam, ist daher mit Neuformulierungen des vorgegebenen Materials zu rechnen.[117] Dies wird durch den Nachweis sprachlich-redaktioneller Elemente in beiden Versen deutlich,[118] die aber wiederum nicht die Verwendung eines überarbeiteten Chorschlusses ausschließen. Auch das Fehlen einer expliziten Reaktion in der synoptischen Speisungstradition ist

---

stamme vom Evangelisten. J. WAGNER 242f. 245: wie bei G. RICHTER, Zitate 220; DERS., Eschatologie 355, ist die Prophetenakklamation Teil der Grundschrift.

[113] J. BECKER, JE I, ¹193. ³232.

[114] H. WÖLLNER 33–36; s.a. H. RIEDL 215; H.M. TEEPLE 187; U.C. VON WAHLDE, Version 99.100. L. SCHENKE, Brotvermehrung 85, stellt den Zusammenhang zwischen V.15 und der folgenden Brotrede als literarkritisches Argument heraus.

[115] N. WALTER, Auslegung 99 mit Anm. 34; einen noch weiteren Eingriff des vierten Evangelisten schließt WALTER hier nicht aus. Pauschal W.J. BITTNER 151: V.14 gehört der joh. Redaktion zu.

[116] E. RUCKSTUHL, Speisung, 2008f mit Anm. 14.

[117] Zur Diskussion um Kontinuität und Diskontinuität bei der Verschriftlichung bzw. bei der Aufnahme schriftlicher Überlieferungen vgl. M. LABAHN, Jesus 93ff. 97f.

[118] Insofern ist nochmals auf die Beobachtungen von U. SCHNELLE, Christologie 117, und die von ihm aufgelisteten Sprachmerkmale zu verweisen; ob allerdings die Bezeichnungen ἀληθῶς ὁ προφήτης und ὁ ἐρχόμενος εἰς τὸν κόσμον lediglich redaktionell zu interpretieren sind und nicht insbesondere letztere Wendung angesichts ihrer Nähe zu den im joh. Kreis verwendeten Sendungsformeln der joh. Schul- oder Gemeindeterminologie zuzuschlagen ist, wird zu fragen sein.

nicht als Argument zu verwenden, da einerseits gefragt werden kann, ob eine Reaktion nicht erst im Laufe der Überlieferung oder der Eingliederung in das zweite Evangelium weggebrochen worden ist,[119] und da andererseits eine eigenständige Überlieferung der joh. Tradition auch andere formgeschichtliche Entwicklungen durchgemacht haben kann; letzteres gilt unabhängig von der allfälligen Frage nach der Abhängigkeit des Traditionsstückes von der synoptischen Überlieferung.

Eine Lösung ist daher weder aufgrund der Vokabelstatistik noch aufgrund des Hinweises auf Parallelen im Kontext des vierten Evangeliums allein zu erbringen; jedenfalls nicht, soweit es sich bei diesen um Theologumena des joh. Kreises handelt.[120] Methodisch ist vielmehr zu fragen, ob und welcher Titel durch den unmittelbaren Kontext der Evangelienerzählung zu begründen ist und ob es möglich ist, die Ergänzung der einen titularen Aussage gegenüber der anderen einsichtig zu machen.

Suchen wir also eine Spur der überkommenen, möglicherweise aber neuformulierten Reaktion in Vv.14f, so ist zunächst der Versuch zu problematisieren, die beiden Reaktionen miteinander zu einer Aussage zu verschmelzen;[121] beide Titel werden additiv aneinandergereiht[122] und sind jedenfalls nicht in ein erkennbares Wechselverhältnis gestellt. Der Gedanke des Parallelismus läßt sich hier nicht bemühen. Der eine Titel ist unkommentiert und damit wohl positiv[123] dargeboten, der zweite ist korrigiert, indem er zur Abwehrreaktion Jesu führt.[124] Das Erkenntnispotential der Rezipienten der Speisung führt in Vv.

---

[119] So sieht F. Hahn, Hoheitstitel 391f, die ursprüngliche Akklamation in der joh. Tradition erhalten.

[120] Zur überindividuellen sprachlichen Eigenheit des joh. Soziolekts vgl. z.B. U. Schnelle, Schule 199; s.a. M. Labahn, Jesus 107–109 mit Diskussion der Lit.

[121] So versucht es z.B. W.A. Meeks, Prophet-King 29, wenn er die Gestalt des Prophetenkönigs bemüht; ähnlich auch F. Hahn, Hoheitstitel 369f; C.H. Talbert, JE 133.

[122] Vgl. auch die Aneinanderreihung der Amtsfunktionen des Mose bei *Philo*, VitMos II 3; daß gerade Mose beide Titel, Prophet und König, vereinen kann, ist sicherlich auch für Joh 6,14f beachtenswert, dennoch lehnt Joh 6,15 den von außen angetragenen Königstitel ab und kombiniert den Prophetentitel in den anderen Belegen nicht mit dem Königstitel; dies spricht für die Selbständigkeit der mit den jeweiligen Titeln rezipierten Vorstellungskomplexen.

[123] Vgl. U. Schnelle, Christologie 119.

[124] Daher trifft es gerade nicht die Kommunikationsstruktur des Textes, wenn „Prophet und König als gleichlautende Bezeichnungen" interpretiert werden; zu J. Kügler, König 121.

14–15 nicht zur Gnosis (im joh. Sinn), sondern zu einem der Immanenz verhaftet bleibenden Mißverständnis.[125]

Fragen wir also zunächst nach der Affinität eines der Titel mit dem Kontext der Speisungsgeschichte selbst. Der endzeitlich erwartete Prophet ‚*wie Mose*' hat eine gewisse Nähe zur wunderbaren Speisung; hier liegt die Erinnerung an das Motiv der Speisung in der Wüste nahe. Aber weder die Manna-Motivik (das Brot der Speisung weist eher auf die Speisung der Einhundert durch Elisa[126] [2Kön 4,42–44]; das Mannathema hingegen in der Brotrede 6,31f in Verbindung mit der Bezeichnung *Brot aus dem Himmel*) noch das Wüstenthema werden in der Speisung ausdrücklich angespielt,[127] was die Verwendung des Titels auf der Ebene der Speisungstradition signifikant vorbereiten würde. Daß man den „Messias ... sich nicht als W.(under)täter vor"-stellt,[128] spricht ebenfalls nicht für diesen Zusammenhang. Andererseits fällt auf, daß Jesus im Sinne des vierten Evangelisten durchaus ‚*wahrhaft der Prophet*' ist (7,40: οὗτός ἐστιν ἀληθῶς ὁ προφήτης! Vgl. 4,19; 9,17 [allerdings wird hier wohl ein Titel der Tradition verwendet[129]]).[130] Beachtenswert ist die Ablehnung des Titels durch den Täufer als zutreffende Bezeichnung seiner Funktion (Joh 1,21.25),[131] die als „Bekenntnis zum Messias" beschrieben werden konnte.[132] Dies bereitet die positive Aufnahme des Titels im JE vor.[133]

Die einschlägigen joh. Texte, in denen der Propheten-Titel begegnet, werden von Franz Schnider dargestellt und interpretiert.[134] Schnider geht in seiner Analyse von einer Wunder- (= Semeia-)Quelle nach dem Muster von Rudolf Bultmann aus.[135] Schnider findet im Propheten-Titel nur eine bedingt treffende Charakteristik des joh. Christus.[136] Die Aussagen

---

[125] Ähnlich F. SCHNIDER, Jesus 212; s.a. auch die Besprechung des Buches *The Prophet-King* von WAYNE A. MEEKS durch R. SCHNACKENBURG, Arbeiten 137 und die Wiederholung seiner Kritik bei DEMS., Jesus Christus 303f.

[126] M. KARRER, Jesus Christus 219, markiert mit der Elisa-Tradition eine der Quellen für den joh. Prophetentitel.

[127] Dies bemerkt auch J. BECKER, JE I, [1]193. [3]232, dessen Folgerungen hinsichtlich der Austauschbarkeit des Prophetentitels ich jedoch nicht teilen kann.

[128] E. LOHSE, Wunder 1834; vgl. K.-W. NIEBUHR 640f.

[129] Vgl. M. LABAHN, Jesus 351f.

[130] Vgl. R. SCHNACKENBURG, Jesus Christus 302.

[131] S.a. J. KONINGS, Dialogue 165 mit Anm. 74; s.a. H. GESE 149 Anm. 81; anders C.H. DODD, Interpretation 240.

[132] J. ERNST, Johannes der Täufer 199.

[133] S.a. M. KARRER, Jesus Christus 219; R. SCHNACKENBURG, Jesus Christus 302.

[134] F. SCHNIDER, Jesus 191ff,

[135] Zu den Problemen, die sich aus der Annahme einer Semeia-Quelle ergeben, vgl. z.B. M. LABAHN, Jesus 69ff. 72ff (mit Lit.).

[136] Ohne das Problem der Quellenfrage zu berühren wieder in der DERS., προφήτης 446. SCHNIDER sieht Jesus als Propheten dargestellt, bestreitet aber die Relevanz auf der kognitiven Ebene der Rezipienten: „Die Erkenntnis, daß Jesus ein Prophet ist, vermag also Jesu in-

von 4,19 und 9,17 seien unvollkommen und werden als nicht der Tiefe der Selbstoffenbarung Jesu angemessen aufgenommen.[137] Joh 6,14 hingegen ist wie die joh. Wunder dem Mißverständnis ausgeliefert.[138] Daß in Kap. 4 eine Klimax vorliegt, die auch an der Verwendung der Titel nicht vorbeigeht (V.19: *ein* [!] *Prophet*; Vv.25f: *der Messias*; V.42: *Retter der Welt*), ist nicht zu bestreiten. Dennoch warnt gerade die Auflistung davor, die im JE verwendeten Titel exakt miteinander zu verrechnen. Es gilt: Nicht Jesus als der joh. Offenbarer wird durch die auf ihn bezogenen Titel charakterisiert, sondern die Titel erhalten ihren eigentlichen Sinn durch die Person des Offenbarers.[139] Auch unvollkommene Erkenntnis oder negative Absichten sichern die Teilnehmer an der joh. Erzählwelt nicht davor, das Richtige zu treffen (vgl. insbesondere die ‚Prophezeiung' des Hohenpriesters Kaiaphas in Joh 11,49–52). Beachtet man beide Einwände, so ist ein positiver Gebrauch als angemessene Christustitulatur von ὁ προφήτης in 4,19; 7,40; 9,17 wahrscheinlich und auch für 6,14 anzunehmen, auch wenn die Aussprechenden mit ihrer Erkenntnis bzw. mit ihrem Glauben im einzelnen hinter ihrer Aussage zurückbleiben.[140]

Die Nachweise des Propheten-Titels im Evangelium und seine wahrscheinliche Verankerung bereits in joh. Überlieferung lassen es nicht ausschließen, daß dieser Titel trotz des negativen Befundes in den anderen joh. Schriften im joh. Kreis eine Verbreitung hatte (vgl. vor allem Joh 9,17[141]).

Gegen die Deutung des Prophetentitels im vierten Evangelium (oder in seiner Tradition) von Dtn 18 her betont Udo Schnelle, daß sich der vierte Evangelist „an keiner Stelle ausdrücklich auf Dtn 18,15.18 bezieht".[142] Der Index ‚*loci citati vel allegati*' in NA[27] (777) nennt hingegen zwei Anspielungen im JE: Joh 1,21 und 5,46. In Joh 1,21 stellt die Jerusalemer Gesandtschaft dem Täufer die Frage: ‚*Bist du der Prophet?*' Eine Anspielung an Dtn 18 ist möglich, aber nicht zwingend. Immerhin aber verbindet der Fragekontext die Prophetenvorstellung mit einem messianologischen, titularen Sinn (neben ‚Christus' [1,20; vgl. 7,40f] und Elia [1,21]).[143] Wichtiger ist die Frage, worauf sich περὶ γὰρ ἐμοῦ ἐκεῖνος (sc. Μωϋσῆς; Vf.) ἔγραψεν (Joh 5,46) bezieht. Schreibt die durch den Nomosgeber Mose repräsentierte Schrift allgemein vom Sohn oder ist an eine bestimmte Schriftstelle, Dtn 18,15ff, ge-

---

nerstes Personengeheimnis nicht voll zu erfassen, ist aber ansatzweise ein Begreifen Jesu". Der Prophetentitel wird z.B. auch von J.D.G. DUNN, Christology 141, als ungenügende christologische Beschreibung gewertet.

[137] Diese Belege wären nach W.J. BITTNER 157f nicht für den konkreten Prophetentitel zu reklamieren.

[138] F. SCHNIDER, Jesus 219ff *et passim*; vor allem 227: „das Verständnis Jesu als ‚der' Prophet' (ist; Vf.) nur eine unvollkommene Erkenntnis Jesu". S.a. 239.

[139] Vgl. D.M. SMITH, Theology 124.

[140] Pointiert anders W.J. BITTNER 162: „Die Bezeichnung Jesu als ‚der' Prophet wird an allen Stellen deutlich zurückgewiesen"! S.a. aaO. 266.285 u.ö.; E. STEGEMANN/W. STEGEMANN 47f.

[141] Hierzu M. LABAHN, Jesus 351f.

[142] U. SCHNELLE, Christologie 118. Völlig anders bewertet M.-É. BOISMARD, Moses 1, die Bedeutung von Dtn 18,18f: „it holds an essential place in the Gospel of John". S.a. die Bewertung von R. SCHNACKENBURG, Jesus Christus 301.

[143] Aufgrund der Erwähnung Elias wird aber auch die Anspielung auf die Vorstellung vom Vorläufer des Messias erwogen; z.B. F.J. MOLONEY, JE: Gospel 52; zur Diskussion vgl. J. ERNST, Johannes der Täufer 198f.

dacht? John Painter tendiert zu einer generellen Reverenz.[144] Martin Hengel hingegen verweist auf Dtn 18,15ff,[145] ohne aber einen generalisierenden Zug zu bestreiten, den der christologische Schriftgebrauch des vierten Evangeliums auch sonst erkennen läßt.[146]

Es wird also kaum mit Schnelle das Fehlen der christologischen Verwendung von Dtn 18,15ff im joh. Kreis angenommen werden können.[147] Zudem ist die von Hartmut Gese als „Seitenzweig der Messianologie"[148] vorgestellte Erwartung eines eschatologischen mosegleichen ‚*Propheten*', inspiriert von Dtn 18 her,[149] im antiken Judentum wie im Urchristentum nachweisbar.[150]

Neben einigen rudimentären Hinweisen in Texten des intertestamentarischen jüdischen Schrifttums (TestXIILevi VIII,15; 1Makk 4,46[151]) ist vor allem das Zeugnis des *Josephus* von Gewicht. *Josephus* berichtet von wunderwirkenden Propheten, die mit Hilfe der Exodus- und Wüstenwanderungstraditionen die eschatologischen Hoffnungen forcierten (Bell 2,258ff; s.a. Ant. 20,160.167f [Auftreten der Zeichenpropheten unter dem römischen Prokurator Fe-

---

[144] J. PAINTER, Messiah 243f.

[145] M. HENGEL, Schriftauslegung 268; s.a. M.J.J. MENKEN, Genezing 432; K. KERTELGE, Wunder 133; R. SCHNACKENBURG, Jesus Christus 303.

[146] Neben den genannten Belegen weist W. KRAUS, Bedeutung 157, auf Joh 6,14; 7,40. 52 (?) hin, ohne daß „in jedem Fall Sicherheit zu gewinnen ist".

[147] Einen interessanten Versuch, die formelhafte Wendung „Wo ich hingehe, dahin könnt ihr nicht kommen" auf dem Hintergrund der Mosetypologie zu verstehen, hat SIEGFRIED KREUZER vorgelegt (bes. 70ff). Trifft diese Überlegung zu, immerhin erhellt sie insbesondere Joh 13,33, so wäre dies ein weiterer Hinweis auf die Mosetypologie und auf Dtn 18 als Thema des Evangeliums und wohl auch seines Adressaten-Kreises.

[148] H. GESE 150 Anm. 81.

[149] Die Erwartung des eschatologischen Propheten, die sich Dtn 18,15.18 anschließt, ist von der Erwartung eines *Elia redivivus* zu unterscheiden; vgl. mit H. GESE 149f Anm. 81; J. ZIMMERMANN 315.

[150] Zur Vorstellung eines kommenden endzeitlichen Propheten wie Mose im *nachbiblischen Judentum* vgl. F. HAHN, Hoheitstitel 359f (hier vor allem der indirekte Rückschluß aufgrund der Joh 1,21.25 vorausgesetzten Erwartung: so auch R. BULTMANN, JE 61f: Erwartung des Propheten als Erwartung des Mose); R. SCHNACKENBURG, Erwartung *passim*; J.P. MIRANDA 333–372; P. VOLZ 194f; J. ZIMMERMANN 314–316; s.a. S. KREUZER 74f.

An eine Kombination von Mose und Elia in den ntl. Speisungsgeschichten denkt z.B. A. HEISING, Botschaft 52f (vgl. aaO. 45–50); s.a. J. KONINGS, Sequence 165; A. MAYER 171: „Although John seems to hint that Jesus is the prophet like Moses, there is also a typological tendency to portrait him as a prophet like Elijah and Elisha."

[151] Vgl. E. HAENCHEN, JE 302; er nennt weitere jüdische Texte: 1Makk 14,21 meint korrekt 14,41; an dieser Stelle ist es wahrscheinlich, daß der Kommentar von E. KAUTZSCH 76 Anm. m [KAUTZSCH, Apokryphen I], es gehe lediglich um das Wiederaufleben der Gabe der Prophetie, zutrifft (anders M. PHILONENKO 95ff; F. DEXINGER 99; W. KRAUS, Bedeutung 169; A. LAATO 310; zu der in den Makkabäerbelegen ausgesprochenen Erwartung s.a. P. VOLZ 193f; zur Diskussion um die Makk-Belege vgl. auch J.P. MIRANDA 333 Anm. 4; beiden Belegen spricht R.A. HORSLEY, One of the Prophets 438f, die Erwartung der Sendung eines Propheten in der Endzeit ab; s.a. J. MAIER, Lehrer 15). Die Erwähnung des Propheten in einigen Handschriften von TestXIIBenj IX,2 ist vermutlich christlich interpoliert (mit dem Übersetzer J. BECKER, JSHRZ III/1, 136 ad 2b; anders R. SCHNACKENBURG, Erwartung 624).

lix]; 20,168ff [*der Ägypter*]. 20,97f [Theudas]).[152] Die Berichte nennen jüdische Führer mit
politischen oder religiösen Absichten aus dem Zeitraum von 44–70 n.Chr.,[153] an denen offenbar die Vorstellung des kommenden eschatologischen Propheten haftete,[154] so daß in diesen Darstellungen die soziale Sprengkraft jüdischer Messiashoffnung anschaulich wird. Allerdings ist in der Interpretation der genannten Texte der Bezug auf Mose und auf Dtn 18
umstritten.[155]

Interessant ist vor allem aber auch der Befund des Schrifttums aus *Qumran*.[156] 1QS
9,9–11 spricht neben den Gesalbten Aarons und Israels vom Kommen eines Propheten:
עַד בּוֹא נָבִיא וּמְשִׁיחֵי אַהֲרֹן וְיִשְׂרָאֵל (V.11 [ed. E. Lohse]). Aufgrund des Vergleichs
mit anderen Texten aus Qumran hält Florentino Garciá Martínez den Propheten für eine
messianische Gestalt.[157] Dieser Gestalt „entspricht in anderen Texten der ‚Ausleger des Gesetzes‘, der ‚das Recht lehrt am Ende der Zeiten‘, und der ‚Bote‘, Personen mit klar prophetischen Zügen, die man als ‚messianische‘ Gestalten ansieht".[158] Als wichtige Texte zur
Vorstellung des Propheten als eine eschatologische/messianische Gestalt in Qumran sind zu
nennen: 4Q 175 Test [Zitat von Dtn 18,18f]; 4Q 375 Frgm 1 I Z.1–3;[159] 4Q 377 Frgm 2 II Z. 5
[בפי מושה משיחו];[160] 11Q13 Melch II,18[?];[161] CD 7,18–21. Bestenfalls mit Zurückhal-

---

[152] H. LICHTENBERGER 18f verweist auf diese Texte unter der bezeichnenden Überschrift
„Realisationen messianisch-prophetischer Vorstellungen" (s.a. G. STEMBERGER, Messias
623). Vgl. M. HENGEL, Zeloten 235ff; J.P. MIRANDA 340f; K.-S. KRIEGER 180ff. R.A.
HORSLEY, One of the Prophets 454–461, stellt die genannten Personen unter die Rubrik
„Prophets Who led Movements".
Auch der als Sikarier vorgestellte Weber Jonathan führt das Volk mit dem Versprechen,
Zeichen und Erscheinungen zu zeigen, in die Wüste (προήγαγεν εἰς τὴν ἔρημον σημεῖα
καὶ φάσματα δείξειν; *Josephus*, Bell 7,437f); hier verwendet *Josephus* aber ausdrücklich
nicht den Propheten-Titel (vgl. hierzu O. MICHEL/O. BAUERNFEIND, De bello Judaico II/2,
285 Anm. 211 [zu S. 155]).
[153] Hierzu K.-S. KRIEGER 180–182.
[154] Vgl. hierzu auch O. BETZ 405ff; M. HENGEL, Zeloten 235–251; R. MEYER 82–88;
jetzt J.J. COLLINS, Scepter 196–199.
[155] Vgl. R.A. HORSLEY, Figures 281–285, bes. 282 sowie sein Gesamturteil: „There is
virtually no literary evidence for the currency of an expectation of an eschatological prophet
like Moses in the first century." (aaO. 284; s.a. DERS., One of the Prophets 441–443 sowie
allgemein: aaO. 437). Auch K.-S. KRIEGER 183.185 widerspricht der Deutung auf Mose und
betont seinerseits die Landnahme-Tradition als formativen Hintergrund, so daß er die Vorstellung eines „Josua redivivus" als angemessener vorschlägt.
[156] Zum Thema des prophetischen Gesalbten vgl. jetzt J. ZIMMERMANN 312ff; s.a. A.
LAATO 308–310.
[157] F. GARCÍA MARTÍNEZ, Erwartungen 194f; s.a. H. GESE 149 Anm. 81.
[158] Vgl. F. GARCÍA MARTÍNEZ, Erwartungen 203–207 (Zitat: 204; s.a. 177.201.203); s.a.
H. STEGEMANN, Essener 287; H. LICHTENBERGER 9f. In der gegenwärtigen Literatur wird die
Bezeichnung „Erteiler der Tora" für den דורש התורה verwendet, um die schöpferische
Qualität zu unterstreichen; W. KRAUS, Bedeutung 166f, im Rückgriff auf J. MAIER, Lehrer
9ff; zur umfassenden Bedeutung des Terminus J. ZIMMERMANN 438.
[159] Vgl. J. ZIMMERMANN 235.
[160] Zitat nach J. ZIMMERMANN 334; vgl. zu 4Q 377 ausführlich ZIMMERMANN 332–342,
der diesen Text nicht zu den spezifischen Qumrantexten rechnet, vielmehr an eine Abfassung
in chassidischen oder essenischen Kreisen möglicherweise in vorqumranischer Zeit denkt.
Z.St.: AAO. 337 und zu Mose als Gesalbtem: AAO. 339f mit der Schlußfolgerung, daß wie

tung ist 4Q174 Flor III,11–12 anzuführen.[162] Neben Siegfried Kreuzer[163] verweist auch Johannes Zimmermann auf prophetische Züge des Messias im neu publizierten Text 4Q 521.[164] In 4Q521 Frgm 2 Z. 1f heißt es: [Denn die Him]mel und die Erde werden auf seinen Gesalbten hören (ישמעו למשיחו), [und alles, w]as in ihnen ist, wird nicht abweichen von den Geboten der Heiligen."[165]

Die Aufgaben dieses eschatologischen oder messianischen Propheten nach Dtn 18,15ff sind aufgrund seiner Salbung mit dem Geist[166] die authoritative Auslegung der Schriften,[167] und zwar vor allem „der in ihnen verborgenen und auf das ‚Ende der Tage' sich beziehenden Geheimnisse"[168] (vgl. 11Q13 Melch II, 18).[169]

Diese Interpretation der qumranischen Texte vom gesalbten Propheten als messianischer Gestalt ist jedoch nicht unwidersprochen akzeptiert.[170] Vermittelnd stellt Johannes Zimmermann nach seiner schlüssigen Analyse der prophetischen Gesalbtenvorstellungen in den Qumrantexten klar, daß „(d)urch die Verwendung der Bezeichnung ‚Gesalbte' für prophetische Gestalten … ‚prophetisch' und ‚messianisch'" zusammenrücken. Zimmermann macht dabei zwei Einschränkungen: ‚Messianisch' geht zunächst auf die ‚Salbung' als Geistbega-

---

Mose „auch der mosegleiche eschatologische Prophet משיח genannt werden kann". S.a. F. García Martínez, Erwartungen 205.

[161] Zu diesem Text s.a. J.J. Collins, Works 100f; s.a. J. Zimmermann 399f.

[162] J. Zimmermann 437–441 plädiert jedoch mit guten Gründen für eine priesterliche Interpretation des דורש התורה in 4Q174 Flor III,11–12

[163] S. Kreuzer 74.

[164] J. Zimmermann 382–386.388f; s.a. 389: „Der ‚Gesalbte' könnte sich auf die im Frühjudentum mehrfach zu findende Erwartung des eschatologischen Propheten beziehen, also auf den nach Dtn 18,15–18 erwarteten ‚mosegleichen' Propheten." Zimmermann stellt andere Deutungen aber gleichwertig daneben, so z.B. die Erwartung des wiederkommenden Elia. An einen eschatologischen Propheten denkt auch John J. Collins; er schlägt Elia bzw. einen Propheten wie Elia vor: Works 102; ders., Scepter 117ff; 205f; ders., Imagination 165f; ders., Jesus 297; zustimmend D. Neufeld 127. Gegen eine Deutung auf Elia und im Blick auf 1QS 9,11 für einen „new Mose" plädiert M. Öhler, Expectation 463 Anm. 7. Zimmermann setzt sich in seiner Analyse von 4Q521 kritisch mit Überlegungen auseinander, nach denen dieser eschatologische Gesalbte die Vorstellung vom königlichen Messias oder gar eine Verschmelzung von königlichem und priesterlichem Messias voraussetze; Zimmermann 379–382; so É. Puech 680; an die endzeitliche Autorität des Priestertums denkt K.-W. Niebuhr 639. A. Laato 310 versteht den fragmentarischen Text als „an eschatological vision in which the divine messianic agent (e.g., the Son of Man) will appear together with angels, but the advent of the prophet(s) will precede this event", so daß der Messias eben nicht mit dem eschatologischen Propheten gleichzusetzen sei.

[165] Übers. und Text nach J. Zimmermann 344; vgl. seine Anmerkungen a–e AAO. 345.

[166] Zusammenfassend J. Zimmermann 416.

[167] Auch in 4Q521 Z.1f; vgl. J. Zimmermann 389.

[168] J. Zimmermann 399f.

[169] J. Zimmermann 412 parallelisiert seine Funktion mit der des Lehrers der Gerechtigkeit.

[170] Vgl. z.B. F. Dexinger 100f, der die Erwartung eines Propheten aufgrund der eschatologischen Interpretation von Dtn 18,18 von der Messiashoffnung in Qumran unterscheidet; s.a. L.H. Schiffman 120: „This prophet is to join the Messiahs in deciding outstanding controversies in Jewish law".

bung; auch werden seiner Analyse nach die Begriffe nicht wirklich kongruent gebraucht.[171] Die in Qumran gefundenen, bisweilen vor- oder außerqumranischen Texte belegen für das Judentum im Umkreis der Jesusbewegung die *Erwartung einer prophetischen Endzeitgestalt wie Mose*, inspiriert von Dtn 18,15ff; solche Erwartung kann als Deutungshorizont des Titels im JE herangezogen werden. Mit größerer Unsicherheit behaftet ist, ob die Verwendung dieses Titels messianische Konnotationen im Sinne des eschatologischen ‚Propheten wie Mose' trägt. Der Singular, der in einigen der Texten begegnet (4Q 377), sowie die parallele Stellung der drei Gestalten in 1QS IX,9–11 lassen diese Deutung allerdings möglich erscheinen[172] und kommen im Hintergrund der joh. Tradition zum Tragen.[173]

Die Erwartung des Mose als Prophet der Endzeit gehört zudem zu den interessanten Aspekten der *samaritanischen* Eschatologie.[174] Für die *frühchristlichen Gemeinden* außerhalb des joh. Kreises, die ein indirektes Indiz für die Existenz dieses Titels in zeitgenössischen jüdischen Erwartungen sein kann, ist vor allem auf Apg 3,22f; s.a. 7,37.52 zu verweisen:[175] In diesen „nachösterliche(n) Kerygmaformen aus der Zeit der beginnenden Kirche"[176] wird DtnLXX 18,15f als im Kommen Jesu erfüllt zitiert.

Es zeigt sich folglich, daß die Erwartung eines messianischen Propheten zwar nicht in einer großen Zahl von Belegen, so doch immerhin breit gefächert nachweisbar ist. Der Hinweis, daß einzelne Belege hinsichtlich der Interpreta-

---

[171] J. ZIMMERMANN 417.

[172] Vgl. ausführlich F. GARCÍA MARTINEZ, Erwartungen 204: „4QTestimonia, eine Sammlung von Texten, die die Gemeinde messianisch deutet und die den drei Gestalten aus 1QS IX,11 entsprechen, beginnt mit Dtn 18,18f als Basis für die Erwartung des ‚Propheten gleich Mose' am Ende der Zeiten; es folgen Num 24,15–17 für die Erwartung des ‚Messias-Königs' und Dtn 33,8–11 für die des ‚Messias-Priesters'. Die drei Zitate stehen auf einer Ebene und sind völlig parallel; daher müssen sie sich auf vergleichbare Gestalten beziehen. Dem ‚Propheten' entspricht in anderen Texten der ‚Ausleger des Gesetzes', der ‚das Recht lehrt am Ende der Zeiten', und der ‚Bote', Personen mit klar prophetischen Zügen, die man als ‚messianische' Gestalten ansieht. ... Von der letzten dieser Gestalten, dem ‚Boten', heißt es ausdrücklich in 11QMelch II,18, daß er ein ‚Gesalbter des Geistes' sei, d.h. man wendet auf ihn im Singular den Fachausdruck an, den IQS IX,11 von den beiden anderen ‚messianischen' Gestalten verwendet. So erscheint es mir gerechtfertigt, diesen ‚Propheten', dessen Kommen zugleich mit den ‚Messiassen Aarons und Israels' erwartet wird, als echte ‚messianische' Gestalt zu betrachten."

[173] Vgl. M. LABAHN, Jesus 351f, zu Joh 9,17.

[174] Vgl. hierzu: F. DEXINGER *passim*; s.a. M.-É. BOISMARD, Moses 3f. J. ZANGENBERG 157–164 verweist zudem auf den möglicherweise ins 1.Jh. n.Chr. zu datierenden Samaritaner *Doitheos*, der sich als der in Dtn 18,15.18 geweissagte Prophet wie Mose verstanden hat.

[175] Vgl. hierzu G. NEBE 101ff; s.a. P. POKORNÝ 48.117; W. KRAUS, Bedeutung 157ff. Zum lk. Verständnis Jesu als Propheten wie Mose nennt R. PESCH, Apg 157, weitere Texte des lk. Doppelwerkes, die hier nicht diskutiert werden können. Immerhin könnte dies auf eine im lk. Christentum relevante Vorstellung weisen; es bleiben jedoch Fragen in der Interpretation der von PESCH gesammelten Belege offen. Zur Bedeutung des Propheten-Titels als christologischer Hoheitsformel in den frühchristlichen Schriften äußert sich ausführlich KRAUS, Bedeutung *passim*; allerdings ist zu bedauern, daß er außer in seiner Einleitung nicht die joh. Belegen behandelt.

[176] G. NEBE 110.

tion umstritten sind, mahnt zur Vorsicht, kann jedoch diese Erwartung nicht grundsätzlich in Frage stellen. Der joh. Kreis bzw. Traditionsträger des joh. Kreises konnten folglich auf diese Vorstellung zurückgreifen.

Der Prophetentitel als Referenz auf eine eschatologische, wahrscheinlich messianische Gestalt bietet sich im Kontext von Joh 6 an, weil sich Jesus hier nicht allein als Gabe Gottes zum Leben vorstellt, sondern weil er im Wissen um zukünftige Ereignisse – wie auch die Propheten – an Gottes Vorherwissen partizipiert. Mehr noch – und darin von den Propheten als eschatologisch entscheidender Figur unterschieden – verleiht Jesus Mose überbietend von Gott her Leben. Prägt der Evangelist die klassischen jüdischen und christlichen Messias-Prädikationen in seinem bzw. im Sinne der joh. Tradition um, so ist Jesus wie der Prophet von Dtn 18,15–18 ein Lehrer des Gotteswillens. Doch ist der sich in Gottes Willen zeigende Wille zum Leben der Menschen nicht mit der eschatologischen Offenlegung der aktuellen Bedeutung der Tora gegeben, sondern mit der Lehre, die Jesus von Gott her über seine eschatologische Rolle vermittelt: er, Jesus, ist Gottes Gabe zum Leben; an ihn glauben, heißt von Gott her Leben zu haben.[177] In diesem Sinne wird der Prophetentitel im JE umkodiert. Jedes irdisch-immanente traditionelle Messias-, ein Verständnis innerweltlicher Reichserwartung, bleibt hinter dieser Codierung zurück und wird dem Verdikt Jesu unterworfen. Die narrative Verbindung des Prophetentitels mit dem Königstitel und die Ablehnung der Königsakklamation durch Jesus setzen diese christologische Konzeption erzählerisch um. Wie frei der Evangelist die Titel verwenden und kombinieren kann, zeigt der Seewandel, der wiederum Jesu wahres Sein gegen konkurrierende antike Vorstellungen affirmativ befestigt und damit Jesu wahres Königsein gegen das irdisch-immanente Verständnis fundiert.[178] Daß dies erzählerisch durch materielle Geschichten, Speisung und Rettung aus Seenot, geschieht, ist nicht allein Zugeständnis an die Interessen antiker (oder moderner?) Leserschaft, sondern unterstreicht zugleich, daß die joh. Christologie nicht weltfremde Spekulation sein will, sondern von den Wirkungen der erkannten christologischen Wirklichkeit in der Welt der zum Glauben aufgerufenen Menschen berichten will.

---

[177] Ähnliches läßt sich über die Diskussion um Mose und seinen Nomos in der traditionellen Konfliktgeschichte Joh 5,2–16; 7,21–24 ausführen; indem Jesus selbst das leistet, was der wahren, eschatologischen Absicht des im Nomos präsenten Gotteswillen entspricht, nämlich die Aufnahme des Menschen in die Lebensgemeinschaft Gottes, ist er der eschatologische Toraausleger; vgl. M. LABAHN, Spurensuche 174f. Die Rezeption des Prophetentitels entwickelt jedoch ein m.E. distanzierteres Verständnis gegenüber der Tora, als es in der auf das Gespräch mit der Synagoge ausgerichteten Tradition erkennbar wird.

[178] S. hierzu unten S.214f.

Wenden wir uns der Königstitulatur zu, so bereitet auch der Zusammenhang von Mahl und Königstitulatur Probleme. Versteht man die Mahlszene als eine messianische Handlung, so kann durchaus die Königstitulatur als Ausdruck der messianisch-irdischen Messiaserwartung hiermit verbunden werden.[179]

Eine andere Linie, die Königstitulatur zu verstehen, verfolgt Klaus Berger, indem er die Massenspeisung mit Speisestiftungen herausragender Persönlichkeiten der griechischen und römischen Umwelt vergleicht.[180] Diese Stiftungen bilden möglicherweise einen der soziologischen Hintergründe für die Erzählung der ntl. Massenspeisungen, allerdings bleiben diese in der Größenordnung und der Pracht hinter den möglichen profanen Vorbildern zurück.[181] Andererseits ist die Sorge des Herrscherhauses für die Armen- oder Volksspeisungen als mögliche Begründung für den Königstitel beachtenswert, aber nicht konstitutiv, so daß die Ableitung von Berger nicht zwingend ist.

Den kulturgeschichtlichen Kontext mit den in den jeweiligen Herrscherideologien verankerten Massenspeisungen zieht auch Joachim Kügler heran, um in diesem Licht den natürlichen Zusammenhang zwischen Speisung und Königstitel zu erläutern: „Diese Schlußfolgerung liegt insofern nahe, als das ... kulturelle Wissen besagt, daß der, der die Massen mit

---

[179] R.A. HORSLEY, Movements 484ff, hat das betreffende Material über das Auftreten populärer messianischer Königsgestalten gesammelt. Nach dem Tod des Herodes brechen nicht allein die Streitigkeiten unter seinen Söhnen um die Macht aus, sondern das entstandene Machtvakuum führt auch zu verschiedenen Aufstandsbewegungen mit den Königsprätendenten Judas, Sohn des Hiskia (*Josephus*, Ant 17,271f; der Anspruch auf die Königswürde findet sich nicht in der Parallele Bell 2,56; allerdings spricht die Einleitung zu diesem Abschnitt davon, daß συχνοὺς βασιλειᾶν ὁ καιρὸς ἀνέπειθεν; Bell 2,55; vgl. Ant 17,285), Simon (Ant 17,273ff; Bell 2,57ff) und Athronges (Ant 17,278ff; Bell 2,60ff; s.a. HORSLEY/J.S. HANSON, Bandits 111–117; kurz J. MAIER, Zwischen den Testamenten 169, und zum historischen Rahmen P. SCHÄFER 115f). Das Königtum wird im Zusammenhang der beiden jüdischen Aufstände von verschiedenen Gestalten reklamiert (im Kontext des ersten Aufstands gegen Rom: *Simon bar Giora* [*Josephus*, Bell 4,510; 7,26ff, bes. 7,29 mit Purpurmantel; 7,153–155 Hinrichtung in Rom als feindlicher Feldherr; zu Simon s.a. O. MICHEL, Studien *passim*]; Menachem; königlich-messianische Erwartungen umkreisen schließlich auch Simon bar Kochba); zum Ganzen s.a. HORSLEY, Figures 285–293.
Diese gespannte Messiaserwartung ist für E. RUCKSTUHL, Speisung, 2009, der Hintergrund von Joh 6,14f; die historisierende Analyse RUCKSTUHLs, die in Vv.14f einen drohenden messianischen Aufruhr mit einschneidenden Konsequenzen für die Verkündigungstätigkeit Jesu finden will, muß allerdings die legendarischen und theologischen Züge von Joh 6,1ff erklären, die diese Tradition als einen gegenüber der synoptischen Überlieferung sekundären Beitrag erweisen (zu aaO. 2010; für ein historisierendes Verständnis s.a. schon H. MONTEFIORE und vor allem C.H. DODD, Tradition 213–215; R.H. STRACHAN 180f; J.D.G. DUNN, John 363f Anm. 1; P.W. BARNETT 689).
Christliche Apologetik gegen Verleumdungen vor der römischen Staatsmacht sei hingegen nach E. HAENCHEN, JE 303f, für die Schaffung der Szene von der Ablehnung der Königssalbung verantwortlich.

[180] K. BERGER, Manna 121–123.

[181] Von Domitian wird bei *Sueton* von reichen Festgelagen während der Spiele berichtet (*Sueton*, Dom 4,3) und von der Wiedereinführung von Speisungen (*Sueton*, Dom 7,1). Vgl. z.B. auch die Hinweise bei S. VAN TILBORG 138ff.

Brot versorgt, königliche Qualität zeigt und beansprucht."[182] Hinweisen kann Kügler neben den genannten römischen Beispielen, er bezieht sich hier primär auf Kaiser Domitian, für den er ägyptische Einflüsse geltend macht,[183] auf die ptolemäisch-ägyptische Königsideologie, die er auch als religionsgeschichtlichen Hintergrund von JosAs 4,7;[184] 25,5 annimmt.[185] Der Zusammenhang von Massenspeisung und Herrscherterminologie ist durch die Beobachtungen von Berger und Kügler sicherlich zu beachten und für das Gesamtbild fruchtbar zu machen.

Die Gegenprobe, ob sich der Versuch, Jesus ins Königsamt zu zwingen, redaktionell verrechnen läßt, fällt im Blick auf den unmittelbaren Kontext von Kap. 6 negativ auf. Die Königstitulatur wird anders als der mögliche Anklang des Propheten-Titels an das Mose-Manna-Thema in der folgenden Rede nicht reflektiert. Es bleibt unverständlich, was den vierten Evangelisten zur Einfügung und negativen Färbung der für ihn sonst positiv gefärbten Königstitulatur (vgl. neben Joh 1,49; 12,13.15 vor allem den Passionszusammenhang, der verdeutlicht, in welchem Sinne Jesus für den vierten Evangelisten βασιλεύς ist[186]) in 6,15 veranlaßt haben soll;[187] ist doch hier nur eine zu korrigierende irdisch-materiell mißverstandene Königstitulatur genannt.

---

[182] J. KÜGLER, König 121.

[183] Vgl. J. KÜGLER, König 119f.

[184] Joseph wird vorgestellt als „Herrscher all des Landes Ägyptens, und der Pharao setzte ihn (als) König all des Landes, und er (selbst) gibt Getreide all dem Lande und errettet es aus der herankommenden Hunger(snot)" (Übers.: C. BURCHARD, in: JSHRZ II/4, 640).

[185] Vgl. J. KÜGLER, König 118f.

[186] Zur Verwendung des Königstitels im JE vgl. jetzt auch E. STEGEMANN/W. STEGEMANN *passim*; hier wird auf die gegenüber den synoptischen Evangelien beachtenswerte Häufung der Königstitulatur hingewiesen: aaO. 41; s.a. M. HENGEL, Reich Christi 165; J. KÜGLER, König 233 (sein Augenmerk gilt vor allem einem möglichen Bezug zwischen Hirtenrede und joh. Königstitulatur); L. SCHENKE, Johannesevangelium 47; D.M. SMITH, Theology 89.

[187] Diese Spannung betont auch R. SCHNACKENBURG, Jesus Christus 304.
U. SCHNELLE, Christologie 119, erwägt „die sofortige Absicherung dieser positiven Aussage (daß Jesus wahrhaft der Prophet ist; Vf.) gegen Mißverständnisse… Der Jesus zugesprochene Propheten-Titel ist nicht im irdisch-politischen Sinn aufzufassen…". Dennoch bleibt die Frage, warum der vierte Evangelist hierzu ausgerechnet den Versuch zur Königssalbung nennt und dabei einen Titel gebraucht, den er sonst durchaus positiv zu fassen versteht.
Sind die versuchte Königssalbung und der Widerstand Jesu, V.15, wenigstens in ihrem Grundbestand traditionell, so entfällt der Einwand von I. DUNDERBERG, Johannes 136, gegen eine vorredaktionelle Wundersequenz, den dieser in der fehlenden Motivation der von Jesus getrennten Abfahrt der Jünger sieht.
Problematisch ist es auch, wenn mit R. SCHNACKENBURG, JE II, 15ff (dort 21: „Jesus, der messianische Hirt, führt sein Volk … auf grüne Auen".), das Motiv des guten Hirten eingetragen und von hieraus wiederum auf eine positive Zeichnung Jesu als König im Sinne der joh. Christologie für Joh 6,1ff abgehoben wird (zu STEGEMANN/STEGEMANN 48). Der Bezug von Joh 6,10 (ἦν δὲ χόρτος πολὺς ἐν τῷ τόπῳ) auf Ps 23,9 ist möglich, aber unsicherer als in der mk. Parallele, die ausdrücklich die Hirtenmotivik aufnimmt (hierzu s.u. S. 130). In

Gehört der Rückzug Jesu zu der joh. Tradition, die den Zusammenhang von
Speisung und Seewandel bereits voraussetzt (vgl. Herabsteigen der Jünger
[vom Berg, auf den sie sich, implizit mit Jesus zusammen, zurückgezogen ha-
ben]), so kann gefragt werden, ob auch die Korrektur der Königstitulatur bereits traditionell ist. Aus dem Rückzugsmotiv erschließt der joh. Erzähler eine
„falsche Reaktion auf ein Zeichen Jesu"[188] und bildet unter Verwendung traditioneller Messiasvorstellungen einen Chorschluß, der mit dem ihn korrigierenden Rückzug zusammen zu einem spannungsgeladenen Übergang verbunden
wird: Das Volk anerkennt den Wundertäter, erkennt aber nicht sein wirkliches
Wesen; daher zieht sich Jesus zurück. In V.15 liegt somit eine durch das wi-
dersprechende Handeln des Wundertäters ‚*abgelehnte Akklamation*' vor.[189]

Als eine Parallele zur abgelehnten Akklamation in Joh 6,15 bestimmt Martin Hengel den
Versuchungsbericht von Q 4,1ff;[190] in der Tat werden hier wie dort Jesus irdisch-materielle
Verwirklichungen seiner Machtfülle angetragen. In Joh 6,15 ist dies jedoch eine Konsequenz aus der vorher geschehenen Realisierung solcher Machtfülle, in der Logienquelle wird
diese Realisierung der Wundermacht zur Erreichung irdisch-materialer Qualitäten gefordert.
     Eine *ablehnende* Akklamation stellt im joh. Traditionsbereich die Sabbatkonfliktge-
schichte Joh 5,1–16; 7,21–24 dar.[191] Die Kritik an der Sabbatverletzung durch das in der
wunderbaren Heilung bedingte Tragen des Lagers vom Geheilten selbst steht an der Position
einer Wundergeschichte, an der eine Reaktion erwartet werden kann; hier wird aber nicht
Verwunderung oder Glaube konstatiert, sondern streng am immanenten Geschehen der Sabbatverletzung orientiert, das Verhalten des Wundertäters abgelehnt.[192]

Michael Wolter hat das Verständnis der *Akklamation* aufgrund des (literarischen) Kontextes eingefordert.[193] Setzt die Interpretation nicht am Titel, sondern an der Reaktion des Volkes an, so läßt sich die Kontextorientierung auf

---

der Speisung selbst ist m.E. weder religions- noch motivgeschichtlich eine positive Designa-
tion Jesu als König zu erkennen.

[188] Daß eine aus dem Rückzugsmotiv erschlossene Reaktion unseren Text bildet, erkennt
im Zusammenhang des oben angeführten Zitats auch C.K. BARRETT, JE 291, an; er rechnet
sie allerdings dem vierten Evangelisten zu und leitet sie aus dem mk. Text her; letzteres zu
prüfen, ist aber ein von der hier vorgenommenen Analyse zu trennender methodischer
Schritt.

[189] Beispiele für eine Ablehnung der Akklamation im NT legt GERD THEISSEN für Apg
vor (Wundergeschichten 169); hingewiesen sei insbesondere auf die Ablehnung der Akklamation als θεῖοι, Zeus und Hermes, durch die christlichen Wundertäter Paulus und Barnabas: Apg 14,11ff (zum Text und zum religionsgeschichtlichen Hintergrund vgl. z.B. H.-J.
KLAUCK, Magie 71–73; zur Abwehr der Akklamation: aaO. 74f); ein weiteres, aber in einem
anderen formalen Kontext stehendes Beispiel ist Apk 22,8f; hier lehnt der Engel Gottes die
Anbetung des Sehers nach der Schau des himmlischen Jerusalem ab.

[190] M. HENGEL, Reich Christi 175.

[191] Zur Analyse der Konfliktgeschichte vgl. M. LABAHN, Jesus 243ff; DERS., Spurensuche 167–176.

[192] Mit einer anderen literarhistorischen und literarischen Analyse auch C. WELCK 149.

[193] M. WOLTER 171–174.

das ambivalente und erkenntnisdefiziente Verhalten des Volkes beziehen, das der Evangelist in der folgenden Überleitungspassage und der Brotrede kritisiert. Blicken wir auf den Kontext,[194] so folgt auf die abgelehnte Akklamation das Seewandelwunder. Wird dieses Motiv auch in der Propaganda für den göttlichen bzw. göttlich qualifizierten hellenistischen Herrscher verwendet,[195] so stellt der Seewandel dem Jesus irdisch angetragenen Königtum sein himmlisches vom Vater stammendes Königtum entgegen.[196] Die *abgelehnte* Akklamation zeigt, wie Jesus *nicht* König ist; der Seewandel zeigt ihn, wie er in göttlicher Machtfülle und Majestät als *König Israels* handelt.[197]

Der Chorschluß, der zuerst mit der unverständigen Akklamation durch die Menge die Qualität des Wunders konstatiert (V.15), wird durch den ersten Titel der Wundererzählung christologisch gedeutet (V.14), und zwar als ein Mißverständnis der Menge.[198] Ist Jesus der in den Kosmos kommende Prophet, so ist er damit gerade nicht der messianisch-politische König, der *im* Kosmos sein Reich aufrichtet, sondern – im joh. Sinn, d.h. gemäß der joh. Semantik dieses Titels – der βασιλεὺς τοῦ Ἰσραήλ (1,49; 12,13; s.a. 12,15; 18,37). Dessen βασιλεία ist nicht aus diesem Kosmos (18,36), sondern durch die enge Gemeinschaft mit dem Vater definiert, an dem seine Nachfolger durch den Glauben partizipieren. Solcher in die Gottesgemeinschaft führender Glaube setzt die joh. Christen aber gerade von der Welt ab und muß von einem irdisch-immanenten Reichsverständnis getrennt werden.

Versuchen wir somit eine Rekonstruktion des traditionellen Abschlusses, so kann aufgrund sprachlicher und theologischer Hinweise V.14 der Redaktion

---

[194] Zur methodischen Relevanz der Kontextreflexion in der exegetischen Analyse vgl. T. SÖDING, Wege 117ff.

[195] Vgl. hierzu im einzelnen unten S. 208. 214.

[196] S.a. J. KÜGLER, König 123 Anm. 24: Der Seewandel fundamentiert Jesu Würde als „fleischgewordene(r) Weltenkönig(.)", indem er „die Herrschaft Jesu über die Elemente demonstriert".

[197] Völlig zu Recht stellt J. KÜGLER, König 123, fest: „Der, der von Gott her immer schon König ist, kann nicht von den Massen zum König gemacht werden."

[198] S.a. J. KONINGS, Sequence 164: „... οἱ ἄνθρωποι is written intentionally in order to point out the ‚human' misunderstanding of Jesus' gesture." Anders U. SCHNELLE, Christologie 123, der den Glauben der nachfolgenden Menge heraussstellt und in V.15 lediglich den Schutz gegen ein Mißverständnis sieht. Die Volksmenge ist für den vierten Evangelisten, wie schon gezeigt wurde, in Kap. 6 keine Negativgröße, sondern eine Gruppe, die aufgrund des Sehens der Zeichen das Verständnis des Offenbarers sucht; sie gelangt auch zu einer Erkenntnis über Jesus, indem sie ihn als den Propheten bekennt, der von Gott her kommt, sie ist dann aber nicht nur in der Gefahr, sondern auf dem Weg eines realen Mißverstehens dieser Sendung in einem irdisch-innerweltlichen Sinn.

zugerechnet werden.[199] Spielt der Titel ὁ προφήτης tatsächlich auf Dtn 18,15.
18 an,[200] so wird durch die Aufnahme der Mosetradition im unmittelbaren Kontext auch 6,31ff vorbereitet.[201] In V.15 stammt wenigstens πάλιν, das sich auf
die Einleitung in V.3 zurückbezieht, gewiß vom Evangelisten. V.3 und V.16
(κατέβησαν οἱ μαθηταί) setzen das Sein der Jünger bei Jesus voraus. Αὐτὸς
μόνος könnte hingegen eine spätere Glosse sein, die von Mk 6,45 her in den
joh. Text geraten ist.[202] Γνούς κτλ. könnte mit Ismo Dunderberg ein Vorherwissen wie in V.6 bezeichnen,[203] doch dies rechtfertigt allein noch nicht,
dieselbe Hand in beiden Versen am Werk zu sehen. Das wunderbare Vorherwissen gehört – wie gezeigt – in die Charakteristik von Wundertätern, wie sie
sowohl die joh. Tradition als auch der vierte Evangelist applizieren. Gegen eine
gemeinsame Hand – nach unserer Analyse wäre an die des Evangelisten zu
denken – spricht, daß V.15 durch das Verb γινώσκω von den οἶδα-Aussagen
in 6,6.51.54 geschieden ist. Vielleicht ist zudem neutraler ein Erkennen Jesu
gemeint, das dem Erzähler das Entweichen Jesu ermöglicht (der *Sinaiticus*
setzt gar das starke φεύγει ein[204] und unterstreicht das im Jetzttext hervorge-
hobene Fehlverhalten aufgrund der christologischen Mißdeutung).

Die Reaktion von V.15 gewährleistet *in der Tradition* zweierlei. Sie zeigt
an, daß die Speisung als ein wunderbares Geschehen wahrgenommen wurde.

---

[199] Vgl. für V.14 die Belege bei U. SCHNELLE, Christologie 117; s.a. J. KONINGS, Sequence 164–166, der auch die redaktionelle Herkunft von οἱ ἄνθρωποι einsichtig machen
kann; anders R.T. FORTNA, Gospel 60f, der den Singular σημεῖον als Indikator liest, so daß
dieser Vers zur Speisungstradition gehört. Mit FORTNA, aaO. 61 Anm. 1, ist allerdings gegen KONINGS, aaO. 165 mit Anm. 72, an der textgeschichtlichen Ursprünglichkeit des Sin-
gulars festzuhalten; der Plural σημεῖα (𝔓[75] B 091 *pc* a) ist sekundäre Angleichung an Joh
2,23; 4,45 und 6,2.
[200] Z.B. F. SCHNIDER, Jesus 210; s.a. 224; R. SCHNACKENBURG, JE II, 24; M.J.J.
MENKEN, Remarks 139; W. NICOL 88.
[201] So z.B. N. WALTER, Auslegung 99.
[202] Daß dieser Text durch die synoptische Parallelüberlieferung für Eingriffe anfällig
war, zeigt auch die Textüberlieferung, die im *Codex Bezae Cantabrigensis* (so auch eine
Einzelhandschrift der *sahidischen Überlieferung*) Material aus Mk 6,46 bietet; daß es sich
hier um deutlich sekundäres Gut handelt, steht außer Frage.
Anders entdeckt J.P. HEIL 145 gerade im Verhältnis zu Joh 6,3 eine joh. Unterstreichung
der Trennung von Jesus und den Jüngern. Eine Affinität zu den joh. μόνος-Belegen (HEIL
75) vermag ich jedoch nicht zu erkennen. Die von HEIL angefügten Stellen (Joh 8,16.29;
16,32) haben gerade nicht ihre Pointe im Alleinsein Jesu, sondern in der Gemeinschaft und
der Einheit mit dem Vater; dieser Skopus ist aber in diesen joh. Belegen jeweils explizit genannt; anders als 6,15[fin].
[203] I. DUNDERBERG, Johannes 133f. G.R. O'DAY 151 parallelisiert das Vorherwissen
hingegen mit Joh 2,24f, wo ebenfalls eine kritische Distanz angesichts einer Reaktion des
Volkes, der Jerusalemer, auf die Zeichen Jesu explizit wird.
[204] Dem folgt R.E. BROWN, JE I, 235; L.T. WITKAMP 59 Anm. 34 (zu S. 50); s.a. die Erwägungen bei C.K. BARRETT, JE 291.

Der Messias wendet sich dem Volk in der Gewährung lebenswichtiger Nahrung zu. Zwar wird der Aspekt des Mitleids anders als in Mk 6,34 nicht genannt und sollte somit auch nicht in die Interpretation eingetragen werden, dennoch ist die Spendung der Nahrungsmittel bei der Interpretation nicht zu ignorieren. Die Akklamation, die das Wunder herausstellt, wird aber vom Wundertäter nicht akzeptiert. Dies ist beachtenswert und muß bei der Bestimmung des *Sitzes im Leben* berücksichtigt werden. Offensichtlich gehört dieses Stück in eine Auseinandersetzung um die Person Jesu als Wundertäter hinein. Erzählt wird durch die abgelehnte Akklamation, daß Jesus nicht als der erwartete königliche Messias aufgetreten ist, der in der Welt sein Reich aufzurichten sucht. Möglicherweise sind innergemeindliche christologische Diskussionen gespiegelt oder von außen an die Gemeinde gerichtete Fragen, welcher Art die Messiaswürde dieses Jesus gewesen sein soll, da er doch offensichtlich am Kreuz gescheitert sei.[205] Beide Anliegen lassen sich in einer judenchristlichen Gemeinde erklären, die mit sich selbst oder ihrer Umwelt um die richtige Antwort auf das Christusgeschehen ringt. Gehört damit unsere Wundergeschichte zu den Traditionen der judenchristlichen Gruppe, der das vierte Evangelium die Konfliktgeschichten von Joh 5,1ff und 9,1ff verdankt? Dann würde die Ergänzung des Propheten-Titels durch den vierten Evangelisten möglicherweise sogar dem Selbstverständnis unserer Wundertradition entsprechen.

Daß eine derartige abgelehnte Akklamation schon am Anfang der joh. Traditionsentwicklung der Speisungsgeschichte stand, erscheint mir eher unwahrscheinlich. Einsichtiger wäre es, wenn in der Überlieferung dieses Stückes das

---

[205] PAUL HOFFMANN hat in seinem anregenden Beitrag zur Versuchungsgeschichte in Q den Versuch unternommen, sie als Auseinandersetzung mit „verschiedenen Formen messianischer Hoffnungen" zu begreifen (203). Besonders nahe steht Joh 6,15 die Antragung aller Königreiche der Welt (πάσας τὰς βασιλείας τῆς οἰκουμένης) durch den Versucher, Q 4,5ff (vgl. schon M. HENGEL, Leader 59). HOFFMANN durchleuchtet diese Versuchung vor dem Hintergrund des politisch-religiös motivierten Widerstandes gegen die Römer und erklärt sie als Aussage darüber, daß „Jesus nicht wie ein Messias nach Art der Freiheitsbewegung auftrat" (199). Diese Überlegungen könnten gut auf Joh 6,15 übertragen werden, allerdings sehe ich mich aufgrund der literarhistorischen Bewertung der gesamten Wundersequenz nicht in der Lage, die Königsakklamation und die Ablehnung durch den Rückzug Jesu (6,15f) auf eine Situation vor 70 n.Chr. zu beziehen. Die Verbindung von Speisung und Seewandel ist erst mk.-redaktioneller Abkunft (s.u. S. 254ff). Die Ablehnung der Ausrufung zum König gehört in den narrativen Fluß, der Speisung und Seewandel verbinden. Doch ist die Auseinandersetzung um die Messianität Jesu durch die eigenwillig christliche Interpretation eines Gekreuzigten als Messias einerseits eine Abgrenzung gegen politisch-religiöse Erwartungen, andererseits eine bleibende Fragestellung im Gespräch mit dem Judentum; zudem kann überlegt werden, inwieweit das Verhalten der Christen vor 70 n.Chr. nicht im Streitgespräch mit jüdischen Synagogen auch nach 70 n.Chr. in Hinsicht auf die Messiasfrage vorangetrieben wurde.

Wunder als Haftpunkt für christologische Überlegungen genutzt wurde, wie es auch bei den beiden vorgenannten Wundergeschichten geschah. Dies ist im Sinne der Tradenten kaum zufällig geschehen, explizieren doch die Wundergeschichten in ihrer Erzählintention das göttliche Wesen des eschatologischen Heilbringers am treffendsten, so daß an ihnen entfaltet werden kann, inwiefern dieser Wundertäter der eschatologische Heilbringer und der Messias ist.

Zusammenfassend läßt sich zweierlei feststellen. Spannungen und vor allem Wiederholungen, bzw. vom Evangelisten aus betrachtet, Vorwegnahmen lassen seine Abhängigkeit von einer (mehr oder weniger) festformulierten Tradition erkennen. Zweitens läßt sich der Text der Überlieferung nur näherungsweise rekonstruieren, da der Evangelist möglicherweise stärker als in 4,46ff* oder in 2,1ff* mit Auslassungen oder Ergänzungen in seine Vorgabe eingegriffen hat; dies könnte auf eine mündliche Vorlage weisen. Gegen eine mündliche Vorlage spricht hingegen, daß der Evangelist den Seewandel rezipiert, der aber auf der sprachlichen Ebene von Joh 6 ein leichtes Schattendasein führt. Dem widerspricht auch nicht, daß der Seewandel im Kontext von Joh 6 eine narrative Funktion der Überleitung erhalten hat und mit theologischen bzw. christologischen Konnotationen gelesen werden kann, in denen der Exeget gewissermaßen Untertöne wahrnehmen kann. Es lag jedenfalls ein fester Zusammenhang vor, der den Evangelisten zur Aufnahme der Wundersequenz veranlaßte; dies ist eher schriftlich denkbar, ohne daß man freilich die mündliche Tradierung völlig ausschließen kann.

Exkurs: Vergleich der traditionellen Speisungswunderberichte hinsichtlich ihrer Formmerkmale

1. Zum Problem

Der Blick auf die Synoptiker zeigt einen merkwürdigen Sachverhalt; das zweite Evangelium weiß zwei Massenspeisungen zu berichten, die sich offenkundig durch die Zahl der Gesättigten unterscheiden: Mk 6,32ff (5000) und 8,1ff (4000). Das MtEv folgt dieser Doppelung, bei ‚Lukas' hingegen wird nur eine Speisung berichtet. Vergleichen wir einstweilen die beiden synoptischen Basistexte Mk 6,30ff und Mk 8,1ff: Wird zunächst das Problem der Zahlen ausgeklammert, so stehen Jesus und seine Jünger einer großen Volksmenge gegenüber. Lokalisiert wird das Geschehen der Speisung jeweils an einem einsamen Ort (trotz der Spannung zwischen Mk 6,32.35 und 6,36). Übereinstimmend wird das Mitleid Jesu mit dem Volk genannt; allerdings mit einem differenten Bezugspunkt: in Mk 6,34 ist es die führungslose Situation des Volkes, in 8,2 die konkrete Notlage. Danach folgt im wesentlichen in analoger Akoluthie ein Gespräch Jesu mit den Jüngern über das Problem. Unabhängig von der Erzähl-figur, die das Gespräch initiiert (in Mk 6 werden die Jünger, in Mk 8 Jesus ak-tiv), ist es jeweils Jesus, der nach den mitgeführten Lebensmitteln fragt. Jedes-mal ist eine geringe Menge Brot und Fisch vorhanden. Dem folgt die Aufforde-rung Jesu zur Lagerung des Volkes. Der folgende Abschnitt ist auch sprachlich auffällig parallel geformt. Berichtet wird das Nehmen des Brotes durch Jesus (Differenzen beim Fisch), der Dank und die Weitergabe an die Jünger, die die Nahrung austeilen (den Fisch teilt Jesus nach Mk 6,41 allerdings selbst aus). Übereinstimmend wird berichtet, daß alle essen und satt werden. Die Überreste des Mahles werden in Körben gesammelt.

Angesichts dieser motivlichen und inhaltlichen Übereinstimmungen, die in hohem Maße in analoger Abfolge berichtet werden, kann begründet angenom-men werden,[1] daß beide Berichte dasselbe Ereignis erzählen,[2] und es sich somit

---

[1] Nicht verschwiegen werden können die Differenzen zwischen den beiden verglichenen Geschichten; es seien exemplarisch neben den bereits genannten Unterschieden folgende Aspekte aufgelistet:
- Mk 8,6 nennt keine Lagerung in geordnete Gruppen.
- Nur Mk 6,39 erwähnt das grüne Gras als Ort der Lagerung.
- Das Aufblicken Jesu zum Himmel kennzeichnet nur bei Mk 6,41 das Gebet Jesu zum Himmel.
- Das Speisungsgeschehen wird zeitlich unterschiedlich gerahmt; Mk 6,30ff nach der Aus-sendung der Jünger; Mk 8,1ff hingegen ist zeitlich unbestimmt.
- Von einer dreitägigen Gemeinschaft mit Jesus weiß allein Mk 8,2.
Der Vergleich mit den Seitenreferenten (und mit Joh 6) würde diese Liste verlängern; al-lerdings zeigen insbesondere die Differenzen zu den offensichtlich auf das MkEv zurück-greifenden Seitenreferenten, daß Erzähldifferenzen qualitativ gewertet werden müssen und nicht unmittelbar als Indizien für verschiedene Ereignisse bzw. Traditionslinien gewertet werden können. Die später noch vorzunehmende Analyse wird belegen, daß einige der Un-terschiede zwischen den Speisungsberichten erst sekundäre redaktionelle Gestaltung sind.
[2] So die Mehrzahl der modernen Exegeten; als Beispiele seien genannt: J. BLINZLER, Brotvermehrung 709; J.D.G. DUNN, John 363; G. FRIEDRICH 13; D. LÜHRMANN, Mk 119; J. P. MEIER 957; L. SCHENKE, Brotvermehrung 13–16; weitere Dokumentation bei U.H.J. KÖRTNER, Fischmotiv 25 Anm. 8; S. MASUDA 214 Anm. 4 (zu S.191); anders allerdings noch J. KNACKSTEDT *passim*, bes. 313–320; in den achtziger Jahren wieder H. KRUSE *pas-sim*; F. NEUGEBAUER 273 und E. BAMMEL *passim* ohne wirklich neue und überzeugende Argumente beibringen zu können; für die ältere Exegese sei stellvertretend genannt G. WOHLENBERG, Mk 199 (weitere Exegeten bei MASUDA 214 Anm. 1 [zu S.191]). Zuletzt hat sich auch JÁNOZ BOLYKI angesichts der Differenzen der Zahlen, der Geographie und der Si-tuationsangaben für „unterschiedliche(.) Traditionsstoffe(.)" ausgesprochen (92), wobei m.E. die Veränderungsfähigkeit von Traditionen in der mündlichen Überlieferung zu statisch be-urteilt wird.
Damit ist bereits eine Entscheidung über das Problem vorausgesetzt, ob der Evangelist des MkEv eventuell selbst für die zweifache Speisung verantwortlich ist; zur Diskussion die-ses Problem s.u. S. 127f.

um Varianten eines älteren Erzählgutes handelt. Es sind also nicht, wie es beispielsweise noch die alte *Harmonistik* annahm, zwei Brotwunder Jesu zu unterscheiden.

Der Zwischenschritt der Analyse der synoptischen Speisungsgeschichte ist
einerseits notwendig, um die Herkunft der zuvor ausgewiesenen joh. Überlieferung zu bestimmen. Damit ist der wieder aktuellen Frage nachzugehen, ob
der Stoff des vierten Evangelisten oder die von ihm aufgenommene Tradition
vorsynoptischen oder synoptisch-redaktionellen Ursprungs ist. Um aber untersuchen zu können, ob die joh. Überlieferung sprachliche, formale oder inhaltliche Affinitäten zur vormk. Tradition oder womöglich eher zu den redaktionellen Texten aufweist, müssen Tradition und Redaktion im synoptischen Text
geschieden werden. Die Untersuchung setzt sinnvoll bei den ältesten Texten
ein; dabei handelt es sich um die beiden Speisungen, die das MkEv berichtet.
Von diesen Texten sind gemäß der in dieser Arbeit zugrundegelegten Zwei-
quellen-Theorie[3] die Seitenreferenten, das MtEv und das LkEv, abhängig. Ein
möglicher Einfluß der sekundären Texte der Seitenreferenten auf das vierte
Evangelium darf nicht *a priori* ausgeschlossen werden.

Das Verhältnis der Seitenreferenten, deren redaktionelle Spezifika zuvor gegenüber den mk.
Texten bestimmt werden müssen, zum joh. Speisungsbericht, wird getrennt beachtet. Es soll
dann untersucht werden, wenn wir die Frage nach der Abhängigkeit der joh. Tradition von
den synoptischen Texten und ihrer Vorgeschichte abschließend zu beantworten suchen (→
5). Dies kann jedoch sinnvoll erst nach der Untersuchung auch des Seewandels geschehen,
da die Akoluthie Speisung und Seewandel sowohl im MkEv (Mk 6 = Mt 14) als auch im
vierten Evangelium begegnet. Es kann daher nicht allein darum gehen, die beiden Geschichten separat zu untersuchen. Auch die Verbindung beider Geschichten muß beachtet werden,
um den Ursprung der joh. Wunderüberlieferung nachzuzeichnen.

Neben dem Problem des Ursprungs der joh. Speisungstradition kann andererseits die Analyse der joh. Form nur befriedigend durchgeführt werden, wenn
alle analytisch ermittelbaren Formen der ntl. Speisungsgeschichten mit dem joh.
Befund verglichen werden. So stellt sich unter gattungsanalytischem Aspekt
die Frage nach den typischen formalen Merkmalen und Motiven, wie sie aus
der Nachzeichnung der Geschichte der synoptischen Speisungsberichte gewon-

---

[3] In dieser Arbeit wird, soweit Probleme der „Synoptischen Frage" berührt werden, die
Zweiquellen-Hypothese als nicht unumstrittenes, aber m.E. doch bewährtestes, literarkritisches Erklärungsschema für die Differenzen und die Parallelen der synoptischen Evangelien
akzeptiert (vgl. z.B. die Darstellung bei G. STRECKER, Literaturgeschichte 148–155 mit Lit.
161ff [zur Logienquelle]). Im Anschluß an die gegenwärtige Diskussion dieser Probleme
wird mit je unterschiedlichen Versionen der Logienquelle bei Mt und Lk gerechnet; auch,
daß ein vom kanonischen Mk abweichendes Mk-Exemplar Mt und Lk vorgelegen haben
könnte (sei es ein Deutero- oder ein Proto-Mk; vgl. jetzt STRECKER, aaO. 153).

nen werden können. Hierzu wird auch die apokryphe Speisung ActJoh 93 mit-
berücksichtigt, die einen altertümlichen Charakter zeigt.

2. Das Verhältnis der zwei mk. Speisungen

Kann man davon ausgehen, daß nicht zwei verschiedene Ereignisse berichtet
werden, so bleibt die Frage zu klären, ob Mk in seiner Tradition zwei Speisungen vorgefunden hat oder ob die Doppelung der Speisungsgeschichten ein
Werk des ältesten Evangelisten selbst ist. Die Differenzen, insbesondere der
Zahlen, zeigen, daß Markus zwei verschiedene Geschichten erzählen will. Dafür sprechen auch die redaktionell-markinischen Bezugnahmen auf beide Speisungsgeschichten in Mk 8,1 (πάλιν) und 8,19f.[4] Dieses Bindeglied ist in Mt
16,9f, nicht jedoch bei Lukas aufgenommen. Unabhängig von der Frage nach
einer redaktionellen Verdoppelung wird die Annahme einer Grundtradition zutreffen,[5] die entweder für die traditionelle oder für die redaktionelle Zweizahl
der Wunder verantwortlich ist.

3. Ermittlung der Geschichte der Formen

Zurückgegriffen wird jeweils auf den im Markustext erkennbaren Traditionsbestand; entsprechend der Zweiquellen-Theorie sind die Seitenreferenten von
diesem Text abhängig und lassen – für den hier verhandelten Traditionsbestand
– keinen eigenen Überlieferungsstrom erkennen.

Eine beachtliche Schwierigkeit der Rekonstruktion und der formgeschichtlichen Analyse
stellt das Problem vormk. Wundersammlungen dar; sie werden in den für die diese Arbeit
interessierenden Textsegmenten beispielsweise von Heinz Wolfgang Kuhn, Paul J. Achtemeier; Leander E. Keck angenommen.[6] Zu diesen Wundersammlungen wird entweder die
erste Speisungsgeschichte (mit dem Seewandel) allein hinzugerechnet (Kuhn: Mk 4,35–6,52;[7]
Keck: Mk 3,7–12; 4,35–5,43; 6,31–52.53–56[8]), oder beide Speisungsberichte werden in eine
jeweils andere Wunder-‚Katene‘ eingegliedert (Achtemeier: I. Mk 4,35–6,44 [Sturmstillung

---

[4] Anders J. BLINZLER, Brotvermehrung 709, der eine „redaktionelle Verwebung der beiden von Mk je im Rahmen einer der 2 Überlieferungsformen, also getrennt vorgefundenen
Rückverweise", ansieht.
[5] S.a. z.B. J. BLINZLER, Brotvermehrung 709; J. GNILKA, Mk 255; B. VAN IERSEL, Speisung 179; L. SCHENKE, Wundererzählungen 227; vgl. die ausführliche Dokumentation bei
U.H.J. KÖRTNER, Fischmotiv 25 Anm. 8.
[6] Gegen die Überlegungen der beiden erstgenannten Exegeten z.B. J.-M. VAN CANGH,
sources 78ff (zu H.W. KUHN und P.J. ACHTEMEIER); kurz DERS., La multiplication 325; F.
NEIRYNCK, L'évangile de Marc 502–507; skeptisch urteilt auch G. STRECKER, Literaturgeschichte 159; als „umstritten" kennzeichnet sie U. SCHNELLE, Einleitung 226.
[7] H.-W. KUHN, Sammlungen 203–210.
[8] L.E. KECK *passim*.

und Speisung der 5000]; II. 6,45–8,10 [Seewandel und Speisung der 4000][9]). Ist die Gruppierung der Wunder am galiläischen See traditionell, so fallen einige Entscheidungen zum Material der Redaktion anders aus, als es in dieser Arbeit vorgestellt wird. Beachtenswert ist immerhin, daß anders als Keck und Kuhn Achtemeier die mk. Redaktion für die Zusammenfügung von Speisung und Seewandel verantwortlich macht.

Für die *Rekonstruktion der vormarkinischen Tradition in Mk 6,30ff*[10] sind die Vv.30–33 unergiebig. Sie setzen den Handlungsablauf des MkEv voraus. In Mk 6,6b–56 hat ‚Markus' „einen quasi historischen Geschehensablauf" geschaffen,[11] indem er einen Spannungsbogen von der Aussendung der ‚Zwölf' (6,6b–13) bis zu ihrer Rückkehr in V.30 zieht. Dem folgen sukzessive die Speisung der 5000 (6,30–44) und der Seewandel (6,45–52), um schließlich mit einem summarischen Bericht über Jesu Wirken in Galiläa zu schließen (6,53– 56). Eingefügt sind Bemerkungen zu Herodes und seinem Umgang mit Johannes, dem Täufer, die aufgrund der Nachricht von der Gefangensetzung des Täufers in Mk 1,14 als Rückblende zu identifizieren sind. Narrativ eingegliedert ist diese Rückblende durch das Interesse des Herodes an der Person Jesu. Die im Sinne des Erzählers insuffiziente[12] Identifikation Jesu als auferweckter Täufer (neben Elia und einem der Propheten [Vv.14–16];[13] wieder aufgenommen in 8,27ff) bereitet den Bericht vom Tod des Täufers vor (Vv.17–29).[14]

Neben der erzählerischen Verknüpfung fallen in der Einleitung typische narrative, theologische und sprachlich-syntaktische Eigenheiten des MkEv auf.[15] Das Zusammenkommen der

---

[9] P.J ACHTEMEIER, Isolation *passim*. Kritische Zustimmung erhält Achtemeier durch B. L. MACK 215–224. Neben den zwei mk. Wundersequenzen rechnet er diesem ‚pattern' auch die joh. Zeichenquelle zu, die aus Joh 4,46–54; 5,1–9; 6,1–14; 6,16–21; 9,1–34 bestanden haben soll. So ergibt sich ein Schema, das an den Auszugsbericht „from the crossing of the sea to the formation of the congregation in the wilderness" erinnert (222).

[10] Die lockere Einfügung in den Kontext belegt z.B. L. SCHENKE, Brotvermehrung 55f, um so deutlich zu machen, daß die Brotvermehrung ursprünglich eine eigenständige Überlieferung darstellt.

[11] L. SCHENKE, Wundererzählungen 217; E. LOHMEYER, Mk 123, spricht gar von einem „Ansatz zur Biographie".

[12] Vgl. M. ÖHLER, Elia 118.

[13] Vgl. zu diesem Abschnitt jetzt M. ÖHLER, Elia 111–118.

[14] Vgl. M. ÖHLER, Elia 111.

[15] Zur Beurteilung dieses Abschnittes s.a. I. DUNDERBERG, Johannes 142. Anders z.B. K. TAGAWA 145f: Naht zwischen V.31 und 32 (schon K.L. SCHMIDT, Rahmen 187); daher wird nur V.31 zur mk. Redaktion gerechnet; zur Kritik vgl. D.-A. KOCH 100 Anm. 6. Vermittelnd R. PESCH, Mk I, 349: Er rechnet für Mk 6,32f mit dem Redaktor der vormk. Wundersammlung als Verfasser; s.a. z.B. R.A. GUELICH, Mk 337: Mk 6,32–34 stammen einem „pre-Markan collector". E. WENDLING 66 rechnet Vv.32–34 der ältesten Überlieferung zu.
Lediglich die Einladung Jesu zur Ruhe, V.31a, wertet W. EGGER 126, als ursprünglich isoliertes Herrenwort, dessen eigentlicher Kontext nicht mehr rekonstruierbar ist. Den Einfluß separater Überlieferungen nehmen auch SCHMIDT, aaO. 188: „Irgendwelche Überlie-

Jünger bei Jesus V.30[16] geht, wie bereits erwähnt, auf die Jüngeraussendung zurück[17] und faßt das Handeln der ausgesandten Jünger mit πάντα ὅσα ἐποίησαν καὶ ὅσα ἐδίδαξαν zusammen (→ Mk 6,12f[18]).[19] Markinisch sind weiterhin der ἔρημος τόπος (Vv.31.32),[20] die Wendung κατ᾽ ἰδίαν (Vv.31.32),[21] das Bootsmotiv (V.32; s.a. V.45),[22] die ‚vielen‘ als Begleiter der Wirksamkeit Jesu (Vv.31.33; vgl. 2,2; 3,7.20) sowie die Bemerkung, daß die Zeit zum Essen fehlt (mit 3,20; s.a. 3,9; 5,24).[23] V.33 setzt V.32. voraus (εἶδον αὐτοὺς ὑπάγοντας)[24] und bereitet das Sehen des Volkes in V.34 vor: καὶ προῆλθον αὐτούς.

Zudem trägt der Inhalt von Vv.31–33 für die Erzählung der Speisungsgeschichte nichts aus;[25] vielmehr ist die Schilderung des Rückzugs des Wundertäters und des Nachkommens der Menge vor seinem Auftreten gattungsspezifisch singulär.[26] Auch in V.34, der vielfach für die traditionelle Einleitung zum Speisungswunder gehalten wird, hat der älteste Evangelist eingegriffen. Gehört die Schiffspassage zur mk. Rahmung,[27] so könnte nur das Sehen einer Volksmenge traditionell sein,[28] da auch das Lehren Jesu V.34b in der Forschung vielfach als mk. Topos ausgezeichnet worden ist (vgl. Mk 1,21.22; 2,13; 4,1 [καὶ πάλιν

---

rung und Erinnerung scheinen mir ineinander verwoben zu sein" und E. LOHMEYER, Mk 123: „versprengte biographische Notizen", an.

Zwei unterschiedliche Einleitungen findet M.-É. BOISMARD, Theory 14f, in Mk 6,31–34 verbunden; eine bestehe aus Vv.32 (ohne ἐν τῷ πλοίῳ).33b.c.34b. Diese Einleitung setze Mt 14,13f voraus (s.a. 19,1f und Mk 10,1). Die zweite umfaßt 31.32a.33a.d.34a und bildete ursprünglich die Einleitung zur Speisung der 4000 in Mk 8,1ff.

[16] Das reflexive Passiv συνάγομαι steht mit πρός bei Mk in drei von fünf Belegen, sonst noch zweimal im NT bei Mt; dort in 27,62 und in dem von Mk 4,1 abhängigen Mt 13,2.

[17] Mk 6,7ff; vgl. z.B. D.-A. KOCH 99f mit Anm. 3.

[18] Ein ebenfalls als redaktionell zu beurteilender Abschnitt; vgl. J. GNILKA, Mk 237; K.-G. REPLOH 51.

[19] S.a. J.-M. VAN CANGH, La multiplication 342; S. MASUDA 192; auch sprachliche Beobachtungen stützen dieses Urteil; vgl. ὅσα + Vergangenheitsform von ποιεῖν.

[20] S.a. Mk 1,35.45; vgl. J.-M. VAN CANGH, La multiplication 342; die übrigen ntl. Belege bei den Seitenreferenten stets in Abhängigkeit von Mk: Mt 14,13.15; Lk 4,42; 9,12; zu Mk 6,35 s.u.; anders S. MASUDA 193, der ein ursprüngliches ἔρημος oder ἐρημία zur Quelle rechnet.

[21] Vgl. Mk 4,34; 7,33; 9,2.28; 13,3; damit in sieben der acht Belege für ἴδιος im MkEv.

[22] Dieses z.T. aus der Tradition übernommene Motiv (Mk 1,19f; 4,37; 6,47ff) dient dem Evangelisten häufig als redaktionelles Überleitungsmotiv (4,1.36; 5,2.18.21; 6,54; 8,10; vgl. R. KRATZ, Art. πλοῖον 271; ähnlich F. SCHNIDER/W. STENGER 98–100; hier andere Bewertung von 6,45; 8,10.14) oder als Offenbarungsort im Zusammenhang seines Konzepts des Messiasgeheimnisses (vgl. G. STRECKER, Messiasgeheimnis 37: 8,14ff).

[23] Vgl. J. GNILKA, Mk 255. 258f; K. KERTELGE, Wunder 129; L. SCHENKE, Brotvermehrung 57, auch der sprachliche Befund stützt diese Annahme; vgl. GNILKA, aaO. 255 mit Anm. 3: z.B. Nachstellung des Subjekts in Mk 6,30.31b.33a und mk. Vokabular.

[24] Vgl. L. SCHENKE, Wundererzählungen 219.

[25] Vgl. D.-A. KOCH 100.

[26] Analogien zum Rückzugsmotiv enthält hingegen die mk. Darstellung der ‚vita‘ Jesu: Mk 3,7ff; vgl. 1,35ff; 4,1.35f; s.a. D.-A. KOCH 100; L. SCHENKE, Wundererzählungen 218.

[27] D. LÜHRMANN, Mk 32.

[28] Dagegen aber J.-M. VAN CANGH, La multiplication 343.

ἤρξατο διδάσκειν].2; 6,2.6; 8,31; 9,31; 10,1; 11,17; 12,35; 14,49).[29] Es bleibt vorerst noch offen, ob das Mitleid Jesu und das Thema von der hirtenlosen Herde traditionell[30] oder markinisch sind.

Beginnen wir bei dem *Mitleid Jesu mit der Menge* (V.34 = Mt 14,14; s.a. Mt 9,36 [mit dem atl. ‚Echo' von der hirtenlosen Herde!]), so läßt sich vordergründig Mk 8,2 (= Mt 15,32) als Beleg für dessen Ursprünglichkeit einbringen (vgl. Mk 1,41 s.a. 9,22 im Mund des Bittstellers[31]); in Mk 8,2 ist das Mitleid ein genuiner Bestandteil der Wundergeschichte, der die folgende Wunderhandlung, d.h. die Brot- und Fischvermehrung motiviert.[32] Das Problem in Mk 6,34b ist differenzierter. Wäre das Mitleid nach dem Muster Mk 8,2 auf die der Speisungsgeschichte zugrundeliegende Notlage zu beziehen, so wird dieser Mangel in der Speisung der 5000 jedoch anders als in 8,2f erst in dem Gespräch der Jünger mit Jesus, Mk 6,35ff, entwickelt;[33] dies geschieht zudem nur indirekt, und die Notlage bleibt auch in dieser Gesprächsschilderung schemenhaft, da Abhilfe ohne das Wunder möglich ist (s.u.; dieses Gespräch ist allerdings erst der mk.-red. Stufe der Speisungsgeschichte zuzurechnen). Es ist jedoch näherliegend, daß die Motivation des Mitleids in Mk 6,34b nicht wie in Mk 8,2 auf die Situation der folgenden Speisung bezogen ist, sondern von dem unmittelbar folgenden AT-(Misch-)Zitat[34] herkommt (vgl. die Verknüpfung durch ὅτι!),[35] das die hirtenlose Herde

---

[29] Vgl. J. GNILKA, Mk 255; s.a. D.-A. KOCH 101f mit Anm. 14; R.M. FOWLER, Loaves 79f; K. KERTELGE, Wunder 130; S. MASUDA 192; I. DE LA POTTERIE 211; L. SCHENKE, Wundererzählungen 221; I. DUNDERBERG, Johannes 142; u.v.a. Zum mk. Vokabular auch J.-M. VAN CANGH, La multiplication 343, der auch auf das mk ἤρξατο verweist; signifikant sind vor allem auch 4,1; 6,2; 8,31, wo der Aorist wie in 6,34 jeweils mit mk διδάσκειν steht (vgl. auch E.J. PRYKE 80f).

[30] Z.B. J. GNILKA, Mk 255; L. SCHENKE, Brotvermehrung 58f.

[31] Beide Verben stehen allerdings wegen ihres Fehlens bei den mk. Seitenreferenten (vgl. F. NEIRYNCK, Minor Agreements §§ 13.5; 53.13) im Verdacht, sekundär in den mk. Text eingefügt worden zu sein (N. WALTER, Art. σπλαγχνίζομαι 634); jedenfalls ist eine redaktionelle Streichung für ‚Matthäus' kaum einsichtig zu machen, da er in Mt 20,34 gegen Mk par Lk σπλαγχνισθείς ergänzt (vgl. die Verwendung von Mk 6,34 auch in 9,36; s.a. 18,27: mt. SG). So könnten Mk 1,14; 9,22 dtmk. Zusätze sein.

[32] Anders D.-A. KOCH 102f Anm. 18: vorred., „sekundäre Erweiterung" in Mk 6,34 und 8,2. Auch J.-M. VAN CANGH, La multiplication 343, erklärt das Mitleid als sekundär, da es in 2Kön 4,42–44, dem Modell für die mk. Tradition fehle; s.a. I. DUNDERBERG, Johannes 143.

[33] S.a. U.H.J. KÖRTNER, Fischmotiv 27.

[34] NA[27] bringt die entsprechenden Worte von V.34 kursiv, d.h. als Zitat gekennzeichnet: ... ὅτι ἦσαν ὡς πρόβατα μὴ ἔχοντα ποιμένα. Der Rand verweist auf „Nu 27,17 etc" (NA[27] z.St.); damit ist das Problem jedoch eher aufgeworfen, denn gelöst. Zunächst sind freilich Num 27,17 und seine Parallelen zu vergleichen:

NumLXX 27,17: ὡσεὶ πρόβατα, οἷς οὐκ ἔστιν ποιμήν (mehrfach zitiert bei *Philo*: vgl. Poster C 67; Agr 44.

3Reg 22,17: ὡς ποίμνιον, ᾧ οὐκ ἔστιν ποιμήν.

2ChronLXX 18,16 = Jdt 11,19: ὡς πρόβατα οἷς οὐκ ἔστιν ποιμήν.

Ohne nähere Begründung bewertet F. NEUGEBAUER 256 Num 27,17 als zitierten Text. Doch angesichts des freien Bezuges stellt sich die Frage, ob möglicherweise andere Texte und Traditionen eingewirkt haben oder ob gar Mk 6,34 primär aus anderen atl. Zusammenhängen abzuleiten ist.

beklagt. Mitleid und das hirtenlose Volk des AT-Zitats bilden einen Interpretationszusammenhang, der im Lehren Jesu kulminiert. Durch sein Mitleid mit dem hirtenlosen Volk gibt sich Jesus als der wahre Hirte seines Volkes zu erkennen. So bestimmt der Zusammenhang aus Mitleid und Charakterisierung der Lage des Volkes nicht statisch dessen Situation,[36] sondern enthält zugleich die christologische Antwort der christlichen Gemeinde auf den desperaten Zustand des Volkes.[37] Damit wird auf späte atl. Vorstellungen von einem guten und wahren Hirten angespielt (Ez 34,23f; 37,24; Jer 3,15; 23,4; Mi 5,3; s.a. 4Q521 Frgm. 2 Z. 5[38]),[39] der den Führern des Volkes gegenübersteht, die in der Leitung ihres Volkes versagt haben (z.B. Jer 10,21; 23,2; Sach 11,4–17).[40] Eine Entscheidung über die konkrete Textbasis des Mischzitats geht daher möglicherweise an der Intention des Verfassers selbst

---

N. WALTER, Art. σπλαγχνίζομαι 634, nennt Ez 34 (zum Motivbereich Israels Herrscher als ,schlechte Hirten' vgl. auch J. BEUTLER, Hintergrund 223ff); anders H. HÜBNER, Theologie III, 81f. 90, der PsLXX 22 primäre Bedeutung beimißt.

Jahwe, der sein Volk weidet und dabei satt werden läßt, also die Verbindung von Hirtenmotiv und Speisung, findet sich auch Hos 13,5–6a (MT ist mit LXX zu lesen; vgl. H.W. WOLFF, Hos 286f); im Kontext der Auszugstradition (V.4) steht es hier zum Schuldaufweis Israels (V.6b; vgl. WOLFF, aaO. 293f). Ähnlich auch Ez 34,14.23–31. Zu vergleichen sind auch die Aussagen über den Messias in PsSal 17,40 (ἰσχυρὸς ἐν ἔργοις αὐτοῦ καὶ κραταιὸς ἐν φόβῳ θεοῦ ποιμαίνων τὸ ποίμνιον κυρίου ἐν πίστει καὶ δικαιοσύνῃ ...).

Ohne die explizite Erwähnung des Hirtenmotivs ist PsLXX 106,4–7 zu beachten (der Herr *führt* [ὡδήγησεν] die, die in der wasserlosen Wüste [ἐν τῇ ἐρήμῳ ἐν ἀνύδρῳ] irre gehen [ἐπλανήθησαν], auf den rechten Weg und rettet die Hungrigen [πεινῶντες] und Durstigen). In Sach 10,2 ist das Exil als Strafe (mit W. RUDOLPH, Sach 192) mit dem Bild der Zerstreuung der Schafe gezeichnet und wird durch die Hirtenlosigkeit des Volkes begründet (vgl. R. PESCH, Wunder 109f).

Nach W. EGGER 131, wäre auf das „Hirtenthema des AT überhaupt angespielt" (allerdings erwägt er auch die besondere Bedeutung von Ps 23: aaO. 127).

[35] Vgl. z.B. K. KERTELGE, Wunder 130.

[36] So A. SUHL, Funktion 145.

[37] Vgl. die Charakterisierung des hirtenlosen Volkes bei *Philo*, Poster C 68, der die rechte Vernunft als Vorstand des Menschen faßt. Der von der rechten Vernunft (ὁ ὀρθὸς λόγος) als Hirten verlassene Mensch ist der Verwahrlosung und der Sterblichkeit preisgegeben: „Denn wenn der Vorstand, Aufseher, Vater oder wie man ihn nennen mag, unseres zusammengesetzten Organismus, die rechte Vernunft, davongeht und die Herde in unserem Inneren verläßt, geht sie selbst verwahrlost zugrunde, der Besitzer aber erhält eine schwere Strafe. Das unvernünftige und unbeaufsichtigte Gezücht aber, das von dem Hirten verlassen wurde, der es zurechtweisen und erziehen sollte, hat fern vom vernünftigen und unsterblichen Leben seinen Wohnsitz aufgeschlagen" (Übers.: H. LEISEGANG, in: Philo, Werke IV, 20). Das Leben ohne den Hirten Vernunft ist somit nicht nur als unmoralisch, sondern als ein heilloses Leben (μακρὰν λογικῆς καὶ ἀθανάτου ζωῆς ἀπῴκισται) charakterisiert. Vgl. hierzu die folgenden Mk 6,34ff mit philonischen Texten zum Hirten vergleichenden Überlegungen.

[38] Mit J. ZIMMERMANN 354, der das בקר Gottes in diesem Qumranfragment mit dem Handeln des Hirten identifiziert.

[39] S.a. R. PESCH, Mk, 350. Zum atl. Motivkomplex vgl. B. WILLMES 342–347; s.a. G. WALLIS 574f.

[40] Zur Bezeichnung der politischen Führer Israels als Hirten vgl. B. WILLMES 311–342.

vorbei.[41] Ihm geht es offensichtlich allein darum, daß Jesus als wahrer Hirte dem führungs- oder doch wohl besser orientierungslosen Volk[42] gegenübertritt und die fehlende Orientierung durch sein Lehren kompensiert.

Bei *Philo* kann der Begriff des ‚Hirten' für eine anthropologische Befindlichkeit stehen; der Verstand, νοῦς (Poster C 68; Somn II 153; s.a. Agric 65f Spec Leg II 142), der seinerseits im göttlichen *Logos* seinen Hirten und König (ποιμὴν καὶ βασιλεύς; Mut Nom 116) hat,[43] ist es, der die unvernünftigen Kräfte im Menschen unterrichten (παιδεύω: *Philo* Poster C 68) und zurechtweisen (νουθετέω; Poster C 68. Zu diesem Ordnungscharakter des Hütens; s.a. Det Pot Ins 25[44]) soll. Anders bei Markus; zwar konkretisiert sich das Verhalten Jesu, daß das der nicht ausdrücklich erwähnten Führer des Volkes konterkariert, in der Unterweisung und in der Versorgung, aber damit wird kein anthropologischer Vorgang, sondern ein äußeres Geschehen bezeichnet.

Das Lehren ist die Verkündigung Jesu, in der er sich heilbringend dem Volke zuwendet, und bildet daher im MkEv die kennzeichnende Tätigkeit Jesu. Es spricht viel für eine bewußte Zusammenstellung der drei Motive Mitleid, hirtenlose (Schaf-)Herde und Lehre Jesu. Fragen wir literarhistorisch nach der Herkunft des Stoffes, so ist auch hier der Evangelist als Verfasser anzunehmen. Der Gedanke, daß Jesus der Hirte seiner Gemeinde ist, dessen Tod (zunächst) die Zerstreuung seiner Schafe provoziert, belegt mit einem atl. Zitat (Sach 13,7) als Hinweis auf die Passion Jesu an einer weiteren Stelle im MkEv das Hirtenmotiv (Mk 14,27). Das Lehren Jesu ist bereits oben als mk.-red. Motiv erkannt worden. Schwieriger ist die Entscheidung über das atl. Mischzitat selbst. Ist dieses, wie bereits entwickelt, fest mit dem Kontext verbunden, vor allem mit dem Mitleid Jesu, so ist die redaktionelle Ableitung des atl. Motivs die wahrscheinlichste Option.[45] Mit Nikolaus Walter kann gesagt werden, daß der älteste Evangelist Jesus „in der Rolle Gottes selbst als eschatologischen Heiland handeln" läßt.[46] V.34 ist aber mehr als ein Summarium, es ist zugleich eine Überschrift für die

---

[41] Auch A. SUHL, Funktion 145, bestreitet, daß eine „Anspielung auf eine bestimmte Stelle" des AT vorliege.

[42] Nicht im politischen Sinne wird hier die Führungslosigkeit des Volkes beklagt, sondern, wie das Lehren Jesu als Reaktion belegt, als religiöser Mangel, der der Unterweisung bedarf; vgl. z.B. R. PESCH, Wunder 108.

[43] In Agric 51 Epitheton Gottes selbst, der seine Herde durch göttlichen νοῦς in Fürsorge (ἐπιμέλεια) leitet; vgl. kurz J. KÜGLER, König 236f.

[44] Das Verlassen der Herde führt zur Strafe des Aufsehers und zum Untergang (διόλλυται) der Herde. Hierzu ist auch Poster C 98f zu beachten, wo die Aufgabe der Hirten gegen die Viehernährer im Bestrafen der verkehrt lebenden Tiere definiert wird; solche sind die vernünftigen Sinne, wenn sie im Einklang mit Lust und Leidenschaft stehen. Eine wunderbare Speisung ist im Sinne der allegorischen Hermeneutik *Philos* geradezu widersinnig, da er gegen den Überfluß der Speisen, die für die äußere Lustorientierung steht, polemisiert.

[45] N. WALTER, Art. σπλαγχνίζομαι 634; A. SUHL, Funktion 144f; I. DE LA POTTERIE 211; auch J.-M. VAN CANGH, La multiplication 343f; F. SCHNIDER/W. STENGER 101; anders z.B. D.-A. KOCH 101; K. KERTELGE, Wunder 130; T.-S. PARK 19. Differenziert L. SCHENKE, Wundererzählung 221: Der vorliegende Text von V.34 ist mk.-redaktionell; dennoch seien traditionelle Vorgaben erkennbar. Hierzu rechnet Schenke neben dem Mitleid Jesu (vgl. Mk 8,2) das Motiv vom hirtenlosen Volk.

[46] N. WALTER, Art. σπλαγχνίζομαι 634; s.a. G. FRIEDRICH 19.20; L. SCHENKE, Brotvermehrung 101. Für diese Deutung spricht auch die Aufnahme von Sach 13,7 in CD 19,7–11 (Manuskript B): Hier findet sich eine Gerichtsandrohung gegen die Hirten Israels, deren Zerschlagung aber die Zusage des Gerettet-Werdens der Armen korrespondiert. Dies

beiden folgenden Wunder.[47] Wie auch sonst im MkEv neben Jesu Lehren seine Wundertätigkeit treten kann (vgl. Mk 1,21ff; 6,2), folgen auch in Mk 6 Speisung und Seewandel dem Lehren Jesu. In der Machtfülle Gottes vermittelt Jesus für das Volk zunächst durch sein Lehren heilsame Orientierung, um sich auch in der Speisung und in dem Seewandel zunächst dem Volk (der Dialog, Vv.35ff, belegt aber schon eine Zuspitzung auf die Jünger), dann den Jüngern als der für sie eintretende machtvolle Hirte zu erweisen.[48] Anders deutet allerdings Ludger Schenke, indem er in der Vorordnung des Lehrens vor dem Wunder eine Kritik des Wunderglaubens ausgedrückt sieht: „…nicht in seinen Wundern erweist sich Jesus als ‚Gottessohn', sondern in der Niedrigkeit des leidenden und gekreuzigten ‚Menschensohnes'."[49] Aber in der Darbietung des zum Leben Notwendigen – der Nahrung – und des Erhalts des Lebens – Rettung im Seesturm – erweist sich die positive Wahrnehmung des Hirtenamtes (vgl. *Xenophon*, Mem III 2,1; *Platon*, Resp I 345b–345e; Polit 268a).[50] Richtig ist demnach, daß das Lehren auffällt (anders allerdings bei *Philo*), aber dies disqualifiziert nicht die Fürsorge im Wunderhandeln, sondern ergänzt dies im Sinne eines umfassenden Mit-Seins Gottes, mit den Menschen in seinem endzeitlichen Hirten.[51]

Sollte eine *traditionelle Einleitung zur Speisung* Spuren in Vv.30–34 hinterlassen haben, so ist eine Rekonstruktion dennoch nahezu ausgeschlossen, da selbst die Personenangabe πολὺς ὄχλος, wie sie jetzt im Text zu finden ist, markinischen Ursprungs sein wird.[52] In Betrachtung dieses Sachverhaltes stellt

---

geschieht beim Kommen der eschatologischen Messiasgestalten Aarons und Israels; zum Text vgl. J. ZIMMERMANN 38f.

[47] Ähnlich G. FRIEDRICH 18, der das AT-Zitat von V.34 als das „Leitmotiv" der folgenden Geschichte erkennt. „Die einleitenden Worte machen den Leser also darauf aufmerksam, daß der Evangelist davon berichten will, wie Jesus sich als der zweite Mose (Deut. 18, 15) oder als der verheißene Knecht Davids offenbart (Hes. 34, 23). Er erweist sich als Hirt der vereinsamten Schafe durch sein Lehren (Mark. 6, 34) und durch sein Bewirten (6, 37ff)." (aaO. 19). Beiden Aspekte, das Lehren und die Speisung, beurteilt auch M.D. HOOKER, Mk 165, als Einheit: „Both actifities testify as to who Jesus is." Vorbild hierfür ist Moses und die Manna-Speisung in der Wüste (aaO. 164f).

[48] S.a. L. SCHENKE, Brotvermehrung 93.

[49] S.a. L. SCHENKE, Wundererzählungen 236f.

[50] Auch dieses Moment ist in der Hirtenvorstellung bei Philo belegt; so in der Darstellung des Mose als Hirten in *Philo*, VitMos I 60–65. Indem Mose das Handwerk der Hirten erlernt, ist er für die Menschenführung prädestiniert, da die Könige zu Recht ‚Hirten der Völker' genannt werden (VitMos I 60; s.a. Jos 2). Mose weist sich in der Führung seiner Herde als besonders tüchtig aus und es ist sicherlich kein Zufall, daß Philo die Gottesoffenbarung im brennenden Dornbusch (Ex 3) mit einem für die Herde besonders nahrhaften Ort verbindet.

[51] Angesichts von Hunger, Vertreibung, der Notwendigkeit von Gewalt gegen Gewalt ist eminent anzumahnen, daß dem Mit-Sein Gottes ein Mit-Sein des Menschen mit den Menschen entspricht.

[52] Da der ὄχλος-Begriff fest in der Jesusüberlieferung verankert ist (vgl. H. BALZ, Art. ὄχλος 1354), erscheint es zunächst ungeeignet, die Formulierung πολὺς ὄχλος in der Diskussion um die redaktionelle Arbeit des Evangelisten zu bemühen; es fällt jedoch auf, daß drei der sechs Stellen, an denen diese Verbindung bei Markus vorkommt (8,1a [weist zurück auf 6,30ff]; 9,14; 12,37), mit hoher Wahrscheinlichkeit redaktionelle Texte sind. Für die beiden anderen Belege in Mk 5,21.24 ist eine Entscheidung wesentlich unsicherer, da der

sich vielmehr die Frage, ob die alte Einleitung überhaupt hinter 6,30–34 zu suchen ist[53] oder ob die ursprüngliche Einleitung erst hinter dem Dialog Vv.35ff
gefunden werden kann und Spuren für seine Rekonstruktion in diesem Gespräch zu erwarten sind.[54]

Wenden wir uns der Analyse des Korpus der Wundergeschichte und hier
zunächst der Untersuchung des *Gesprächsgangs Jesu*, Vv.35–37, mit seinen
Jüngern zu. Wenn oft die mk. Hand lediglich in der mk. Einleitungspassage
Vv.30–34, nicht aber in der eigentlichen Wundererzählung als redaktionell tätig angesehen wird, so überzeugt dies nicht.[55]

Für die Analyse des Aufbaus der vormk. Tradition hinter Mk 6,35ff ist die Entscheidung
über V.36 (Aufforderung der Jünger an Jesus, das Volk zu entlassen) von entscheidender
Bedeutung. Ist dieser Vers dem mk. Motiv des *Jüngerunverständnisses* zuzurechnen, so ist
der Dialog Vv.35–38 an entscheidender Stelle markinisch geprägt. Dies träfe auch zu, wenn
man V.37 (Jüngerfrage: *sollen wir Brot kaufen*) oder Vv.36f insgesamt dem Unverständnis-

---

Sachverhalt durch die Annahme einer vormk. Wundersammlung in 4,35–5,43, gelegentlich
auch bis 8,26, wesentlich komplizierter ist. Nimmt man eine Verknüpfung der beiden in
5,21ff berichteten Wunder durch den Evangelisten an (z.B. E. SCHWEIZER, Mk 60; D.-A.
KOCH 138f), so spricht einiges dafür, daß er den gesamten V.21 (anders R. BULTMANN, Geschichte 229: V.21b ist traditionelle Einleitung zu Vv.25ff) und V.24b als redaktionelle
Überleitungen formuliert hat. Damit kann πολὺς ὄχλος auch in 6,34 redaktionell sein; dagegen läßt sich auch nicht Joh 6,5 einbringen, da die Tradition hinter Joh 6,1ff möglicherweise nicht unabhängig von Mk 6 entstanden ist.
[53] Für die z.T. äußerst unspezifischen Situationsangaben der vormk. Wundertradition,
die als Modell einer solchen traditionellen Einleitung gelten können, vgl. R. BULTMANN,
Geschichte 359 (ihm folgt K. KERTELGE, Wunder 129; s.a. aaO. 130).
[54] Auch I. DUNDERBERG, Johannes 143 hält V.34 für redaktionell, so daß also die gesamte Einleitung Vv.30–34 in seinem Urteil markinisch ist; s.a. R.M. FOWLER, Loaves 69ff,
und A. SUHL, Funktion 144, der die ursprüngliche Einleitung durch 6,30–34 „verdrängt"
sieht.
Nach W. EGGER 121 bildet Mk 6,30–34 einen *mk. Sammelbericht*. Als Indizien werden
die geographischen Notizen sowie die anwesende Volksmenge und das Lehren Jesu als Bau-
elemente der mk. Summarien genannt. Zudem wird die ungelenke Kompositionstechnik als
Argument eingebracht. Diese ansprechende These ist durchaus erwägenswert. Doch sind
Lehre und Speisung aufeinanderbezogen, da sich in der Speisung das sich im Lehren der
Menge bewährende Mitleid Jesu konkretisiert. V.35 stellt ausdrücklich die Ortsidentität mit
Vv.31.32 heraus. Auch die späte Stunde wird im Lichte des Lehrens Jesu gelesen werden;
nach einer andauernden Unterweisung des Volkes durch Jesus ergibt sich die Notwendigkeit
zur Entlassung bzw. zur Speisung des Volkes. D.h. Vv.30–34 führen Jesus, die Jünger und
das Volk zusammen und bereiten die Speisung vor; dies trägt allerdings das Wirken Jesu zu-
sammenfassende Züge. Insofern geht es zu weit, wenn nach EGGER diese Einleitung als „ab-
gerundete Form ... in sich (und nicht nur im Zusammenhang mit der folgenden Erzählung)
verständlich" sein soll.
[55] Dafür kann exemplarisch DIETRICH-ALEX KOCH zu Wort kommen, der in Vv.35ff die
„weitgehend unveränderte Übernahme der Tradition" vermutete: KOCH 99; s.a. R.A.
GUELICH, Mk 338.

motiv zuschlägt.[56] Damit stehen wir vor dem *Problem der literarischen Analyse des Dialogs Jesu mit seinen Jüngern.* Dieser wirft nicht nur *inhaltlich* große Schwierigkeiten auf, da die Jünger offensichtlich eine praktikable Lösung des Problems anbieten. Dieser Ausweg ist anscheinend, so legt die Geschichte es nahe, der Situation nicht adäquat:[57] *,Entlasse sie, die große Volksmenge* (V.34), *damit sie in die Gehöfte ringsum und die Dörfer gehen, um sich etwas zu essen zu kaufen'.* Gattungskritisch wäre hier der Hinweis auf eine Notlage oder das Erschwernis des Wunders zu erwarten.[58] Ein vergleichbarer Hinweis ist deutlich in Mk 8,2f ausgesprochen. Besteht jedoch die Möglichkeit, aus der Schwierigkeit so leicht Abhilfe zu verschaffen, dann ist das Wunder nicht wirklich durch eine Notlage motiviert.[59] Aufgrund sprachlicher, stilistischer und theologischer Kriterien ist der Dialog nicht als ganzer der Tradition zuzuweisen.

Daher ist nunmehr der Text im einzelnen zu betrachten:

V.35 wirkt ungelenk, insofern die Jüngerrede, V.35b, fast wörtlich die Zeitangabe V.35a ἤδη ὥρας πολλῆς γενομένης wiederholt. V.35b greift jedoch nicht nur auf diese Zeitangabe zurück, die sich im mk. Erzählfluß als Ergebnis des διδάσκειν αὐτοὺς πολλά erklärt, sondern wiederholt die mk. Ortsangaben in Vv.31.32 (ἔρημος τόπος) frei: ἔρημός ἐστιν ὁ τόπος (V.35bβ).[60] Die ungeschickte Doppelung spricht für die Verwendung von Tradition, wobei die Jüngerrede V.35b der Hand des Evangelisten zuzuweisen wäre.[61] Doch auch der *Genitivus absolutus,* V.35a, ist durch das häufige redaktionelle Vorkom-

---

[56] K. KERTELGE, Wunder 130f (V.37); L. SCHENKE, Wundererzählungen 224f; s.a. K. TAGAWA 150–153; H.J. HELD 172; vorsichtig erwägend auch J.-M. VAN CANGH, La multiplication 343f; dagegen D.-A. KOCH 103 mit Anm. 11. Anders auch J. GNILKA, Mk 256, der lediglich für V.36β die Entscheidung offen läßt (Anm. 10).

[57] Nicht-Verstehen (οὐ ... συνῆκαν) ist die entscheidende Wendung, mit der der Evangelist das Verhalten der Jünger in Mk 6,30–44 durch 6,52 kennzeichnet.
Den Überlegungen von W. SCHMITHALS, Mk I, 324f, daß die Jünger/Christen selbst tätig werden sollen, „daß Jesus sie im Heilsgeschehen braucht" (aaO. 324), wird man zweifellos nicht widersprechen; doch *als* Auslegung von Mk 6,35ff muß ihm widersprochen werden, da Mk (oder seine Tradition) hier nicht eine Regel des christlichen Lebens formuliert (bzw. erzählt), sondern das Wunder vorbereitet, und zwar indem die Frage der Jünger am späteren Handeln vorbeigreift; dies gilt in gleicher Weise für den noch in einem anderen Zusammenhang zu referierenden Interpretationsvorschlag von R.I. PERVO: s.u. S. 150.
Anders auch R. BULTMANN, Geschichte 231: „Der Aufbau ist stilgemäß: der Dialog zwischen Jesus und den Jüngern steigert die Spannung".

[58] S.a. B. VAN IERSEL, Speisung 183; anders D.-A. KOCH 102, der im Hinweis auf die Notlage in 8,2 einen sekundären Zug sieht.

[59] Richtig z.B. D.-A. KOCH 102; L. SCHENKE, Wundererzählungen 222f. Von einer Notsituation handelt indessen F. NEUGEBAUER 257; er findet im Dialog die Not der Jünger ausgesprochen, deren Speisungs- und Ruhebedürfnis von V.31 immer noch nicht befriedigt worden sei.

[60] S.a. I. DUNDERBERG, Johannes 143.

[61] Signifikant ist die Doppelung des ἤδη ὥρας πολλῆς γενομένης durch ἤδη ὥρα πολλή; vgl. die Auflistung bei F. NEIRYNCK, Duality 116. S.a. ἔλεγεν + ὅτι; vgl. E.J. PRYKE 78. Nach S. MASUDA 193 ist auch V.35a insgesamt der mk. Redaktion zuzuschreiben.

men dieser syntaktischen Form,[62] vor allem mit Zeitangaben (vgl. Mk 1,32; 4,35; 6,47; 14,17; 15,42 jeweils mit ὀψία), zu beachten. Vergleicht man Mk 6,35a mit den vorgenannten Stellen, so wirkt jener Vers wie eine Variation der üblichen mk. Zeitangabe; die Abweichung könnte immerhin damit begründet werden, daß eine einfache Zeitangabe, etwa ἤδη ὥρα πολλή, der Tradition entstammt.[63] Dafür spricht auch die mk. Zeitangabe in 6,47: καὶ ὀψίας γενομένης. Die Angabe, daß es Abend geworden ist, reibt sich mit der Zeitangabe der Speisung, die ihrerseits zu später Stunde stattfindet.[64] Dies erklärt sich am besten, wenn der Erzähler für die Speisung eine traditionelle Zeitangabe variiert.

Es wäre nun zu sehen, ob im weiteren Verlauf des Speisungsberichtes in *V.36* die Tradition wieder greifbar wird, um so zu einer einigermaßen sicheren Rekonstruktion zu gelangen. Die Jünger fordern Jesus auf, das Volk zu entlassen εἰς τοὺς κύκλῳ ἀγροὺς καὶ κώμας, damit es fortgehe und sich etwas zu essen kaufe. Dieser Einwurf widerspricht einer wirklichen Notlage. Interessanter für die Analyse des Überlieferungsbestandes sind jedoch sprachliche Anklänge an markinisch-redaktionelle Passagen; so Mk 6,6 καὶ περιῆγεν τὰς κώμας κύκλῳ διδάσκων (s.a. Mk 1,38 [mit κωμοπόλεις]; 6,56 [… εἰσεπορεύετο εἰς κώμας ἢ εἰς πόλεις ἢ εἰς ἀγρούς]; 8,27; 5,14b [καὶ ἀπήγγειλαν εἰς τὴν πόλιν καὶ εἰς τοὺς ἀγρούς][65]).[66] *V.37* wiederholt Aspekte aus V.36.[67] Doppelungen sind ein methodisches Kriterium für den Nachweis der Verwendung von Tradition. Schwieriger ist dies Kriterium jedoch im Zusammenhang des MkEv zu handhaben, bei dem die Tendenz zur Doppelung als redaktionelle Technik beobachtet wurde.[68] Die Doppelungen können einerseits durch Traditionsbenutzung entstehen, können aber ebenso in beiden Teilen auf den Evangelisten zurückgehen. In V.35 ist die erste Möglichkeit vorzuziehen. Für das Verständnis von Vv.36f bietet sich die

---

[62] Vgl. E.J. PRYKE 62ff, bes. 64f.

[63] V. TAYLOR, Mk 322. S. MASUDA 193.196 erwägt zudem eine Ortsangabe ἔρημος oder ἐρημία hinter Vv.30–35a; dies ist möglich, und man könnte sie als Katalysator für V.35b ἔρημος ἐστιν ὁ τόπος begreifen. Aber über Vermutungen ist hier nicht hinauszukommen.

[64] S.a. J. KREMER 223.

[65] Mit z.B. L. SCHENKE, Wunderzählungen 178, als redaktionell zu bewerten; anders z. B. D. LÜHRMANN, Mk 99; andersartig auch R. PESCH, Der Besessene, der ein vierstufiges Wachstum von Mk 5,1ff annimmt, aber einen vormk. Wunderzyklus durch den Evangelisten „unverändert" aufgenommen sieht (aaO. 49); für V.14b wäre Stufe II, die „Demonstration der Überlegenheit Jesu über das heidnische Un-Wesen" (aaO. 45), verantwortlich (aaO. 46f).

[66] V. TAYLOR, Mk 44; L. SCHENKE, Wundererzählungen 222.

[67] Vgl. I. DUNDERBERG, Johannes 143; s.a. die Auflistung F. NEIRYNCK, Duality 127.

[68] F. NEIRYNCK, Duality 32; vgl. die Zusammenfassung 71f.

zweite Lösung an. Zu begründen ist dies durch sprachliche Affinitäten zum MkEv.[69]

Der Text des Gesprächs Jesu mit seinen Jüngern ist bei seinen Seitenreferenten wesentlich verändert wiedergegeben. Daß hier eine Tendenz zur Verkürzung und zur Verbesserung der Stringenz vorliegt, ist weitgehend anerkannt. Auffällig bleibt das Fehlen des Motivs von den 200 Denaren, die für die Speisung der Volksmenge notwendig wären, in beiden Evangelien. Dieser Sachverhalt widerspricht der Tendenz in der Überlieferung, die Wunder zu steigern. Möglicherweise ist diese Zahl erst später in den mk. Text geraten, so daß MtEv und LkEv, aber auch die vorjoh. Überlieferung Zeugen für einen älteren Mk-Text wären. Der Textzusammenhang wäre dann einsichtig und das Unverständnismotiv gesteigert. Der Aufforderung der Jünger zur Entlassung des Volkes, damit *sie* (die Glieder der Volksmenge) sich Nahrung kaufen, beantwortet Jesus mit der Aufforderung, die Jünger mögen der Menge Nahrung geben. Liest man dies im Horizont von Mk 6,7.12, so wäre dies die Aufforderung, die Menge durch ein Wunder zu speisen, wie es Jesus schließlich selbst tut.[70] Die Antwort der Jünger zeigt jedoch völliges Unverständnis: Sollen *wir* (an der Stelle des Volkes) hingehen und ihnen Brot kaufen und zu essen geben?

Besonders im Blick auf das Unverständnismotiv, das auch in Mk 8,14ff als redaktioneller Interpretationsmaßstab an die Speisungsberichte angelegt wird[71] und das in Mk 6,36f seine Spuren hinterlassen hat, wurden Vv.35–37 insgesamt der Redaktion zugeschlagen.[72] Der Vergleich mit 8,1ff nötigt m.E. zu einem etwas zurückhaltenderen Urteil.[73]

Wird versucht, diese Problemstellungen zu beachten, so bietet sich vorderhand eine Extremlösung an, die Mk 6,30ff insgesamt dem Evangelisten zuschlägt, der damit Mk 8,1ff nachgeahmt hätte.[74] Die umgekehrte Radikallösung wurde von Emil Wendling vorgeschlagen;[75] daran anschließend meinte Martin Dibelius, der Evangelist habe aufgrund abweichender Zahlen für das Speisungswunder in seiner Tradition die Speisung Mk 8,1ff geschaffen, „um diese Zahlen unterzubringen".[76] Dagegen spricht einerseits der Mangel an mk. Stilmerkmalen. Es fehlen aber auch einige der eindeutig redaktionellen Termini und Motive der

---

[69] Zur Wendung ὁ δὲ ἀποκριθεὶς εἶπεν/λέγει vgl. S. Masuda 194; s.a. R.M. Fowler, Loaves 80.

[70] Anders z.B. L. Schenke, Wundererzählungen 223: „Zwischenspiel", das „im Zusammenhang ebensogut fehlen" könnte.

[71] Vgl. F. Schnider/W. Stenger 127.

[72] Z.B. I. Dunderberg, Johannes 144.

[73] Anders wird man allerdings dann urteilen, wenn man die Parallelen primär aus der Tendenz zur Parallelisierung beider Speisungswunder erklärt; so z.B. I. Dunderberg, Johannes 148; ähnliche Implikationen ergeben sich, wenn die beiden Geschichten überhaupt als redaktionelle Verdoppelung *einer* Tradition bewertet werden, wie es in unterschiedlichen Theorien vertreten wird (z.B. K.P. Donfried, R.M. Fowler u.a.).

[74] So R.M. Fowler, Feeding 102: „...the Feeding of the five Thousand (Mark 6:30–44) is entirely a Markan composition based on the model provided by the traditional story in Mark 8."

[75] E. Wendling 68ff.

[76] M. Dibelius, Geschichte 75 Anm. 1. Ähnlich wieder E. Trocmé 51 mit Anm. 1. 180 mit Anm. 1; W. Schmithals, Mk 363.

Speisung Mk 6,30ff (z.B. ἔρημος τόπος). Kennzeichnend ist andererseits die Anzahl mk. *hapax legomena*,[77] die eine Ableitung allein aus der mk. Kompositionstätigkeit verbieten. Eine interessante Variante bietet Karl Paul Donfried, vor allem basierend auf Frans Neiryncks Untersuchung „Duality in Mark". Indem Donfried eine Reihe mk. Doppelungen auflistet, sucht er eine tiefgreifende redaktionelle Durchdringung der beiden mk. Speisungsgeschichten einsichtig zu machen.[78] Das Ergebnis lautet demzufolge: „... Mark has adapted twice a single feeding story received from the oral tradition".[79] Der doppelte Bericht von der Speisung, flankiert jeweils vom Unverständnis der Jünger Jesu, intensiviert dieses Mißverstehen.[80] Erst wer versteht, daß das Brot Jesu Leib, im Tod für die vielen dahingegeben, symbolisiert, versteht die Einzigartigkeit Jesu; dies Verständnis wird mit Mk 8,32 freigelegt.[81]

Ohne die Arbeit von Donfried zu nennen oder einen sprachlichen und stilistischen Einzelnachweis zu bieten, tendiert Peter Hofrichter zu einer vergleichbaren Konzeption: „Die beiden Speisungen sind einerseits durch so markante Unterschiede und Gegensätze gekennzeichnet und andererseits so fest miteinander verbunden, daß *sie kaum verschiedene Überlieferungen dokumentieren, sondern vielmehr die sorgfältige Arbeit des gestaltenden Evangelisten.*" Damit handelt es sich um redaktionelle „Dubletten einer einzigen Tradition".[82] Für diese Doppelung sei die Auseinandersetzung um die Heidenmission verantwortlich. Der judenchristlichen Speisungspraxis sei die heidenchristliche an die Seite gestellt. In den jeweiligen Speisungsgeschichten spiegele sich die entsprechende eucharistische Praxis. Indem Jesus beide Speisungen gewährt, kann die Heidenspeisung und damit die Heidenmission auf Jesus selbst zurückgeführt werden.[83] Diese fest umrissene Zuordnung der doppelten Speisung in die frühchristliche Geschichte repräsentiert eine spannende exegetische Unternehmung. Sie trägt dem Rechnung, daß das MkEv durchaus den Zugang des Evangeliums zu den Heiden in seiner theologischen Darlegung fundiert.[84] Dennoch bleiben Fragen offen. Nicht zuletzt stellt sich das Problem, ob Hofrichter die literarhistorischen Fragen nicht zu schnell hinter sich läßt. Die Aufnahme zweier Speisungstraditionen durch den Evangelisten,

---

[77] Vgl. hierzu J.-M. VAN CANGH, La multiplication 339; R.A. GUELICH, Mk 402; K. KERTELGE, Wunder 140; J.P. MEIER 957f.

[78] Vgl. die Auflistung K.P. DONFRIED 98f.

[79] K.P. DONFRIED 99. Träfe dies zu, so hätten wir in diesem Fall ein sehr schönes Beispiel für die ‚Literalisierung mündlicher Tradition' durch die literarische und theologische Anpassung einer mündlichen Tradition an den Erzählzweck des mk. Evangeliums vor uns.

[80] K.P. DONFRIED 101f.

[81] K.P. DONFRIED 102f.

[82] P. HOFRICHTER, Speisung 146; Hervorhebung v.Vf. Dies ist jetzt im Zusammenhang mit Hofrichters These von dem vorsynoptischen Hellenistenbuch zu lesen: DERS., Modell 44.

[83] Ähnlich E.K. WEFALD 16ff. WEFALD unterscheidet im MkEv eine Judenmission von einer expliziten Heidenmission, die neben Differenzen eine Reihe von Parallelen zur Judenmission aufweist. Die eher marginalen Berührungen Jesu mit Heiden im MkEv werden nicht als Ausnahmen gesehen, die die urchristliche Missionspraxis vorsichtig mit dem historischen Jesus zusammenbringt, der seine Sendung wohl (nahezu?) ausschließlich als Sendung an Israel verstand. Die Berührung mit Menschen im heidnischen Umland Galiläas werden auf vier programmatische Reisen bezogen (AAO. 9ff), wobei WEFALD allerdings die zweite als abgebrochen qualifiziert. Die Speisung der 4000 findet nach WEFALD auf der dritten Missionsreise Jesu zu den Heiden auf der heidnischen Seite des Sees statt; dies spiegelt auch seine ingeniöse Analyse der Sprache, der Motive und der Zahlen wieder, die davon absieht, woher die unterschiedliche Struktur der Speisungsgeschichten traditionsgeschichtlich stammen.

[84] Vgl. z.B. U. SCHNELLE, Einleitung 220.

die meiner Meinung nach die wahrscheinlichste Option darstellt, relativiert die Überlegungen bereits. Auch die rasche Ablehnung der Messiasgeheimnistheorie als möglichen Hintergrund für die redaktionelle Komposition der Speisungs- und Seewandeltraditionen geht an wichtigen Textmarkierungen vorbei, die das Unverständnis der Jünger betonen (Mk 6,52; 8,17f.21).[85] Die demgegenüber geübte Ausdeutung der Zahlen führt nicht auf sicheren Boden, da der Text selbst keine derartigen Deutungsansätze bereitstellt. Weiterhin ist die sakramentale Interpretation der Speisungen, wie gezeigt werden wird, nicht unumstritten. Nicht zuletzt stellt sich jedoch die Frage, ob die Heidenmission selbst für das MkEv ein *akutes* Problem darstellt;[86] setzen doch verschiedene Texte die Heidenmission als Praxis der Gemeinde voraus (z.B. Mk 5 [bes. Vv.19f]; 7).[87]

Der literarische Erklärungsversuch der zweifachen Speisung führt folglich zu einer Reihe von Problemen. Auch Mk 6,35ff läßt sich nicht als Doppelung zu Mk 8,1ff verstehen. Beide Speisungen bieten Eigenheiten, die nicht als mk. Charakteristika zu deuten sind. Auch sind die Variationen zwischen den Speisungen nicht bedenkenlos als Werk des Evangelisten zu betrachten.[88] Weniger radikal, im Ergebnis aber kaum differierend, wäre die Vermutung, daß der Evangelist seine Tradition frei nacherzählt, so daß die Möglichkeit, seinen ursprünglichen Wortlaut zu rekonstruieren, völlig entglitten ist. Doch wie verhält sich der altertümlich wirkende Bericht Mk 8,1ff zu dieser Überlegung? Wird dieser nicht weniger als Mk 6,30ff* der mündlichen Überlieferung entstammen, so ist er mit einiger Sicherheit hinsichtlich seines Traditionsbestandes zu untersuchen. Folglich schließt sich die vorliegende Untersuchung den vorgenannten radikalen Lösungsvorschlägen nicht an. Es ist zwar zu konzedieren, daß die Einleitung Vv.30–34 wie auch der Dialog Vv.35b–37 vom Evangelisten formuliert sind. Dies belegt neben sprachlichen und theologischen Beobachtungen auch der Vergleich mit Mk 8,1ff, der in der *Vorbereitung des Wunders* dem Dialog Jesu mit seinen Jüngern, Vv.35b–37, keinen gattungsspezifischen Ort einräumt.

Ein solcher Vergleich setzt die Rekonstruktion der Tradition von Mk 8,1ff, die unten nachgeliefert wird, voraus, da auch in diesen insgesamt altertümlicher und weniger verarbeitet wirkenden Text redaktionell eingegriffen wurde. Weiterhin muß beachtet werden, daß beide Speisungstraditionen, wenn sie nicht vom Evangelisten erst verdoppelt wurden, eine je eigenständige Überlieferungsgeschichte durchlaufen haben und somit der Vergleichbarkeit Grenzen gesetzt sind. Zudem ist zu berücksichtigen, daß auch der Evangelist angleichend eingegriffen haben kann, so daß auch diese Feststellung den methodischen Schritt des Vergleichs beider Speisungsgeschichten mit erheblichen Unsicherheiten belegt.

---

[85] Zu P. HOFRICHTER, Speisung 148 Anm. 9.

[86] P. HOFRICHTER, Speisung 154: „Im MkEv scheint noch das Problem im Vordergrund zu stehen, ob es überhaupt eine heidenchristliche Kirche geben kann und darf." S.a. 148: „noch klärungsbedürftigen Heidenmission".

[87] Vgl. F. HAHN, Verständnis 95–103.

[88] Vgl. die Kritik von I. DUNDERBERG, Johannes 146 Anm. 88, an R.M. Fowler, Loaves 88.

Doch läßt sich noch weiteres zur Einleitung des Wunders bemerken. Immerhin wird wenigstens eine Zeitangabe, möglicherweise auch eine knappe Situationsangabe, die aus der Nennung der Protagonisten des Wunders bestanden haben wird,[89] als Grundbestand für die Formulierung des Dialogs durch den Erzähler anzunehmen sein. Wenigstens die späte Stunde dürfte wie in Mk 8,2 das Speisungswunder motivieren. Dem dürfte sich die Nachforschung angeschlossen haben, wieviel Nahrung vorhanden war. Der Antwort der Jünger folgte sogleich die Speisung. Der mk. Dialog dient dem Motiv des *Jüngerunverständnisses*. Ob ein situationsverschärfendes Element, wie die Hervorhebung der Notlage oder die Erschwernis des Wunders, wie es in Mk 8,2–4 zu finden ist, durch den Dialog ersetzt wurde, kann nicht mehr ausgemacht werden.

Zu beachten ist außerdem, daß sich Vv.38ff nicht durchgehend als Produkt des Evangelisten ausweisen lassen, so daß, von einzelnen strittigen Formulierungen abgesehen, in diesen Versen Traditionsmaterial sichtbar wird.

Auffällig sind jedoch die Doppelungen in Vv.39f.[90] Man könnte fragen, ob hier das Phänomen der „Duality in Mark" (Frans Neirynck) begegnet und damit Spuren mk. Bearbeitung zu reklamieren sind.[91] Ignace de la Potterie geht noch weiter, indem er im Bild des grünen Rasens[92] Anspielungen auf Ps 23,2 und damit auch auf das Hirtenmotiv von V.34 findet.[93] Dieser Gedanke ist nicht von der Hand zu weisen, da die Fürsorge für einen guten Weide-

---

[89] Vgl. z.B. D.-A. Koch 100f: Bereits in Mk 6,31–33 sind „einige knappe Angaben der vorgegebenen Exposition" verarbeitet; s.a. K. Kertelge, Wunder 130; V. Taylor, Mk 322; L. Schenke, Wundererzählungen 219, der für die Ersetzung einer anstelle von V.33 stehenden Einleitung in das Speisungswunder votiert. W. Egger rechnet mit einem ‚komplizierteren, in Stadien verlaufenden Entstehungsvorgang' der Einleitung (aaO. 128. 130) und weist V.34 als alte Einleitung zur Brotvermehrung aus (aaO. 129f). Allerdings ist nochmals zu betonen, daß dieses Material so verarbeitet ist, daß eine einigermaßen sichere Rekonstruktion m.E. ausgeschlossen ist.

[90] Vgl. die Auflistung bei F. Neirynck, Duality 110. 121.

[91] So z.B. I. de la Potterie 212; s.a. K. Tagawa 147: V.39 sei redaktionell; S. Masuda 194f; dagegen I. Dunderberg, Johannes 145, mit Hinweis auf Mk 6,7 und auf die Verbreitung der distributiven Verdoppelung im Griechischen (BDR § 493.2). Es ist zudem äußerst ungeschützt, die Vokabel συμπόσια als mk. zu klassifizieren (zu Masuda 194 und E.J. Pryke 137). Daß sie nur an dieser Stelle im NT im MkEv vorkommt, besagt vokabelstatistisch gar nichts. Sie kann durchaus durch die Tradition diktiert sein, da die Konkordanz gerade nicht eine signifikante Präferenz des MkEv für diese Vokabel belegt.

[92] Auf die Bedeutung des Ortes von Speisungen/Mahlzeiten weist J.H. Neyrey 366 hin; allerdings gelten seine Überlegungen zum Aufenthaltsort der Speisung der 5000 nicht für den mk. Text, da der Ort der Speisung in der Einöde durch das grüne Gras gerade nicht als „chaotic place" beschrieben wird.

[93] I. de la Potterie 212; s.a. S. Masuda 195; R. Pesch, Wunder 123f; ders., Mk, 352; L. Schenke, Wundererzählungen 229; ders., Urgemeinde 110. Kritisch urteilt hingegen z. B. J.P. Meier 1029 Anm. 289 (zu S. 959).

platz seiner Herde zur Charakteristik eines rechten Hirten gehört;[94] dies Motiv kann im grünen Gras angespielt sein, so daß das Hirtenmotiv ein Bindeglied zwischen χλωρὸς χόρτος (Mk 6,39) und Ps 23,2 (τόπος χλόης) darstellt. Auf diesem idealen Weideplatz erfährt die Herde nach der Lehre (Mk 6,34) eine materielle Speisung, die die negative Aussage über den verlassenen Zustand zu einer positiven Aussage über Jesus werden läßt; im Lehren und Handeln erfährt die Menschenmenge Jesus als den wahren Hirten seiner menschlichen Herde. Mit diesen Überlegungen steht der Hinweis von Gerhard Friedrich, daß das grüne Gras „ein Hinweis auf das neuwerdende Geschehen der messianischen Endzeit" ist,[95] nicht wirklich in Konkurrenz (vgl. auch Jes 35,1[96]). Allerdings dürfte sich für die ältere Tradition ohne den Hirtentitel vor allem das messianische Bekenntnis der Gemeinde in der Ortsangabe widerspiegeln.

Auch der asyndetisch angeschlossene Doppelimperativ ὑπάγετε ἴδετε (V.38) könnte auf den Stil der mk. Hand verweisen,[97] doch ist das Asyndeton im Griechischen zu breit belegt, um eine Entscheidung zu rechtfertigen.[98] Ohne gänzlich ausschließen zu können, daß der Evangelist in Vv.38–40 sprachlich verändernd eingegriffen hat, ist in diesen Versen doch im wesentlichen die Tradition wiedergegeben, wie sie auf ihn gekommen ist.

Ein anderes Problem liegt in V.43c vor; hier klappt die Erwähnung der Fische eindeutig nach. Dies leitet in Erweiterung der bisherigen Fragestellung, die mehr oder weniger schematisch Tradition und Redaktion einander gegenüber gestellt hat, zum Problem eines *möglichen Wachstums der Tradition* über, also der Beachtung eventueller weiterer separierbarer Schichten. So wird aufgrund der nachklappenden Formulierung von V.43c vermutet, daß das Fischmotiv im Verlauf der Überlieferung sekundär ergänzt wurde. Aber auch Exegeten, die das Fischmotiv nicht für sekundär halten, erwägen seine Anfügung, allerdings vom Evangelisten;[99] doch kann diese stilistisch sehr ungeschickte Erwähnung durchaus ein Rudiment der mündlichen Erzählung sein, in der die Wiederholung (hier der Fische) ein wichtiger erzählerischer Faktor ist. Andererseits ermöglicht ein Blick auf die Seitenreferenten eine andere Variante; handelt es sich bei der Erwähnung des Fischrestes in V.43c möglicherweise um eine spä-

---

[94] Vgl. die Negativcharakteristik des schlechten Hirten bei *Themistios*, Or I 10a. Sie dient der Unterstreichung, daß der Herrscher, einem Hirten gleich, die beherrschte Lebewesen lieben muß; trifft dies nicht zu, so gilt: „Es ist doch, meine ich, wie bei einem schlechten Hirten, der nur weiß, daß er viel melken und die Eimer mit Milch füllen muß, der ihm anvertrauten Herde aber die Nahrung entzieht, sich nicht um einen guten Weideplatz kümmert oder aber, falls er auf einen trifft, ihn der Herde vorenthält, sich selbst dick und fett frißt, und die Kühe dünn und mager werden läßt". Positiv gilt: „Der gute Hirte ... hält wilde Tiere fern und kümmert sich um gesundes Gras" (Or I 10b; Übers.: H. LEPPIN/W. PORTMANN 37. 38).
[95] G. FRIEDRICH 23.
[96] Hinweis bei M.D. Hooker, Mk 166, als Indiz des „messianic ages".
[97] So z.B. S. MASUDA 194.
[98] Mit I. DUNDERBERG, Johannes 145, gegen R.M. FOWLER, Loaves 85; zur asyndetischen Parataxe zweier Imperative vgl. die Belege und die Diskussion bei M. REISER, Syntax 152–154.
[99] Z.B. J. GNILKA, Mk 257.

tere sekundäre Glosse, die die Seitenreferenten noch nicht bei Mk gefunden haben und die somit auch nicht der joh. Überlieferung, von welcher Überlieferungsbasis sie abhängig gewesen sein mag, vorgelegen hat? Wie aber steht es mit dem Fischmotiv in der Speisung überhaupt? Ohne der eucharistischen Deutung zu folgen, votiert besonders Ulrich H.J. Körtner aufgrund des Vergleichs mit Mk 8, in dem die Annahme einer sekundären Einfügung des Fischmotivs in V.7 eine große Wahrscheinlichkeit darstellt,[100] für einen sekundären Zuwachs des Fischmotivs in der vormk. Tradition.[101] Die Fische sind nach Körtner „lediglich … Ausgestaltung des Brotmotivs".[102] Dies leuchtet im Vergleich mit Mk 8 ein. Das Fischmotiv kann in Vv.38.41.43 gestrichen werden, ohne daß ein spezifisches Element der Speisung verloren geht. Doch lassen sich nicht zwingende Gründe für diese Streichung vorweisen. Die Ursprünglichkeit des Fischmotivs in Mk 6 und das nachträgliche Zuwachsen in Mk 8 sind daher eine mögliche Option. Dann allerdings wird zu fragen sein, wie man sich die sekundäre Einfügung des Fischmotivs in Mk 8,7 zu denken hat. Es ist zumindest nicht leicht vorstellbar, daß eine älteste Tradition, von der die beiden Speisungen Mk 6 und Mk 8 abhängen mögen, das Fischmotiv bot, dies aber im Seitenstrang Mk 8 verloren gegangen sein sollte, um schließlich wieder ergänzt worden zu sein. Dies ist eine sehr unwahrscheinliche Entwicklung. Gerade da der Fisch ein additives Element ist, bereitet dieser Gedanke Schwierigkeiten. Andererseits bleibt es auch unklar, weshalb beiden Speisungen das Fischmotiv unabhängig voneinander zugewachsen sein soll. Wir befinden uns also in einer exegetischen Aporie. Hält man am sekundären Charakter von 8,7 fest, so könnte eine vorredaktionelle Beeinflussung der einen durch die andere Speisung für die Einfügung des Fischmotivs verantwortlich sein.[103] Gegen eine redaktionelle Angleichung spricht die Variation des Vokabulars. Wenn Körtner allerdings nochmals zwischen Mk 6,38.

---

[100] Hierzu s.u. S. 138.

[101] U.H.J. KÖRTNER, Fischmotiv 28f.31ff. Anders urteilt HERMANN PATSCH. Mk 8,7 ist für ihn der Versuch der Umkehrung einer Entwicklung, in der die Ausscheidung des ursprünglichen Fischmotivs aufgrund der fortschreitenden eucharistischen Interpretation rückgängig gemacht wird (PATSCH, Abendmahlsterminologie 223; s.a. 220f). Auch J.P. MEIER 965 votiert aufgrund des Vergleichs der beiden synoptischen und der joh. Speisung für die Ursprünglichkeit des Fischmotivs. Was in allen drei Berichten vorliegt, habe demnach für ursprünglich zu gelten. Versteht man den joh. Bericht aus der Abhängigkeit von der synoptischen Erzählung, so verliert dies Kriterium an Beweiskraft.

[102] U.H.J. KÖRTNER, Fischmotiv 32.

[103] So rechnet z.B. L. SCHENKE, Wundererzählungen 228.231, mit einem vorredaktionellen Austausch, der auch für das Eintragen der vorgeblich sakramentalen Einfügung V.41 verantwortlich sein soll.

41a und Mk 6,41c.43b differenziert,[104] so ist dies angesichts der Überlieferungssituation äußerst fraglich.

In besonderer Weise ist die Frage nach einem vormk. Wachstum der Tradition aber im Zusammenhang der *sakramentalen Interpretation* der Speisungsgeschichten zu stellen. Zu beachten ist vor allem V.41. Dieser Vers wird von Mk 14,22 oder den zu vergleichenden ntl. Abendmahlstraditionen her eucharistisch interpretiert;[105] hieraus ergeben sich verschiedene Entstehungsmodelle für die mk. Speisungstradition: Bas van Iersel rechnet beispielsweise mit der „Einschaltung von ἀναβλέψας εἰς τὸν οὐρανὸν εὐλόγησεν καὶ κατέκλασεν τοὺς ἄρτους καὶ ἐδίδου τοῖς μαθηταῖς ἵνα παρατιθῶσιν αὐτοῖς[106] in einer vormk. Re-

---

[104] U.H.J. Körtner, Fischmotiv 33.

[105] Die entscheidenden Worte, die in den verschiedenen Mahlberichten allerdings die höchste Stabilität aufweisen, verhalten sich zu der entscheidenden Passage in der Herrenmahlstradition folgendermaßen:

Mk 6,41 καὶ λαβὼν τοὺς πέντε ἄρτους καὶ τοὺς δύο ἰχθύας ἀναβλέψας εἰς τὸν οὐρανὸν εὐλόγησεν καὶ κατέκλασεν τοὺς ἄρτους καὶ ἐδίδου τοῖς μαθηταῖς (αὐτοῦ) ...

Mk 14,22 ... λαβὼν ἄρτον εὐλογήσας ἔκλασεν καὶ ἔδωκεν αὐτοῖς ...

Mt 26,26 ... λαβὼν ὁ Ἰησοῦς ἄρτον καὶ εὐλογήσας ἔκλασεν καὶ δοὺς τοῖς μαθηταῖς ...

Lk 22,19 καὶ λαβὼν ἄρτον εὐχαριστήσας ἔκλασεν καὶ ἔδωκεν αὐτοῖς ...

1Kor 11,23f ... ἔλαβεν ἄρτον καὶ εὐχαριστήσας ἔκλασεν ...

Eine Ableitung der Speisungen aus den Abendmahlsberichten favorisiert auch X. Léon-Dufour 59; s.a. A. Heising, Botschaft 61ff; J.P. Meier 961ff; J. Schreiber 96 mit Anm. 91; K. Tagawa 134–137. Auch K. Kertelge, Wunder 134–137, rechnet mit einem eucharistischen Einfluß auf die vormk. Tradition. Eine ausführliche Auflistung legt Meier 1031 Anm. 301 (zu S. 962) vor.

Auf die Teilung des Brotes weist insbesondere A.-M. Denis, Section 174ff, hin; hierin findet er das Zentralthema des Abschnitts Mk 6,30–8,26, das durch das Stichwort ‚Brot' eng zusammengehalten wird. „Par la fraction du pain, Jésus donne la manne á l'Israël nouveau" (aaO. 178).

[106] So B. van Iersel, Speisung 174f aufgrund des zweimaligen καὶ τοὺς δύο ἰχθύας, das als Indiz für redaktionelle Bearbeitung dient. Ähnlich argumentiert J.-M. van Cangh, La multiplication 331–334; allerdings rechnet er das Aufschauen in den Himmel nicht zur eucharistischen Interpretation, sondern „au récit primitif" (aaO. 332). Der Hinweis auf die zwei Fische wird zwischen mk. Redaktion und eucharistischer Interpretation gelagert. Eine allerdings unwahrscheinliche Begründung reicht van Cangh, aaO. 334–337, nach: Werden in der atl. Interpretation der Manna-Speisung die Wachteln als aus dem Meer kommend dargestellt (Num 11,31; Weish 19,12), so zieht van Cangh eine Linie zu einer apokalyptischen und messianischen Interpretation, die das Motiv des Festmahls am Ende der Tage thematisiert, bei dem das Fleisch des Meerungeheuers Leviathan ausgeteilt und gegessen wird (s.a. A. Heising, Botschaft 49f.52; R. Pesch, Mk 1, 354; zurückhaltend auch L. Schenke, Brotvermehrung 104f).

daktionsphase.[107] E.J. Pryke hält den gesamten Vers für redaktionell, dem folgt Sanae Masuda, ebenfalls unter Hinweis auf die Parallelität mit dem Einsetzungsbericht Mk 14,22.[108]
Doch stellt sich die Frage, ob die Speisungsberichte tatsächlich eine eucharistische Tendenz aufweisen. Josef Schmid wandte dagegen ein, daß „die beiden gemeinsamen Züge des
Lobpreisens und des Brotbrechens (Mk 6,41) … schon zu jeder jüdischen Mahlzeit"[109] gehören; damit wäre möglicherweise ein primär jüdisches bzw. judenchristliches Milieu bestimmt, dem die Speisungsgeschichten ihre Entstehung verdanken, aber noch nichts über
eine sakramentale Bedeutung ausgesagt. Zudem sollte nicht das zweite Element des Herrenmahls, der Kelch mit dem Wein, vergessen werden, der in den Speisungsberichten
fehlt.[110] Anstelle des Weines gibt es als zweites gespendetes Nahrungsmittel den Fisch; es
ist zwar umstritten, seit wann er den Berichten anhaftet, aber die Verbindung von Brot und
Fisch sowie das Fehlen des Weinkelches sind nicht zu unterminierende Differenzmerkmale,
die eine eucharistische Zielrichtung nicht erkennen lassen.[111] Beachtet man zudem die ausdrücklichen Hinweise auf die Sättigung der Volksmenge sowohl in Mk 6,42 (καὶ ἔφαγον
πάντες καὶ ἐχορτάσθησαν) als auch in Mk 8 (V.8 καὶ ἔφαγον καὶ ἐχορτάσθησαν, s.a.
V.4), so wird eine sakramentale Interpretation äußerst unwahrscheinlich.[112] So zeigen wei-

---

[107] B. VAN IERSEL, Speisung 175; vgl. aaO. 178f, zur Begründung wird auf die Differenzen zum mk. Einsetzungsbericht verwiesen, die bei einer red. Einfügung unverständlich
seien; s.a. I. DE LA POTTERIE 213f; L. SCHENKE, Wundererzählungen 226f.231f; dagegen J.
GNILKA, Mk 256f; K. KERTELGE, Wunder 136.

[108] E.J. PRYKE 124f (als Kriterium wird weiterhin die asyndetische Folge zweier Partizipien [121] genannt); S. MASUDA 195.

[109] J. SCHMID, Mk 128; zur Kritik s.a. J. BOLYKI 94; G.H. BOOBYER *passim*; R.A.
GUELICH, Mk 341–343; E. HAENCHEN, Mk 250; F. HAHN, Motive 348; J. WELLHAUSEN, Mk
50; U.H.J. KÖRTNER, Fischmotiv 29, der das Aufblicken zum Himmel in den Ritus des
Dankgebetes einordnet. Zum Ritus z.B. X. LÉON-DUFOUR 35. Das Aufblicken beim Gebet
zum Himmel findet sich in *Philo*, VitCont 66f; s.a. *Josephus*, Ant XI 56 (Nehemia).
Gänzlich läßt sich die Vermutung nicht ausschließen, daß es sich beim Aufblicken zum
Himmel um eine thaumaturgische Gebärde handelt: z.B. M. DIBELIUS, Geschichte 87; R.
PESCH, Mk 1, 352f (dagegen F. NEUGEBAUER 260). Ähnlich wohl auch Mk 7,34 (B. KOLL-
MANN, Jesus 232, spricht allgemein vom einem „Gebetsritus"; dieser wird allerdings von
magischen Techniken begleitet [vgl. DERS., aaO. 233]).

[110] Daß die Fische den Weinkelch symbolisieren, kann lediglich als eine Verlegenheits-
aussage gedeutet werden: zu E. WENDLING 67. Damit scheint mir auch die vorsichtige Formulierung von J.P. MEIER 964 nicht überzeugend zu sein: „Jesus' coordinated actions over
two types of food (bread and fish) mirror his coordinated actions over the bread and the wine
at the Last Supper."

[111] Anders B. VAN IERSEL, Speisung 182, der die Existenz bzw. das Fehlen dieser Elemente als Rudimente eines älteren, nicht eucharistischen Berichtes, wertet. Aber ist bei einer
sekundären eucharistischen Interpretation nicht dennoch das Fehlen des ‚Kelches' ein Problem, da damit der zweite Teil der Herrenmahlsüberlieferung ausgelassen ist? Der Hinweis,
daß die Speisung an einem einsamen Ort nicht ein für die Weingabe geeigneter narrativer
Kontext sei, trägt nicht, da damit der Charakter als Speisungswunder dennoch gegenüber
der eucharistischen Interpretation präferiert wäre.

[112] Man könnte freilich fragen, ob hier eine liturgische Praxis gespiegelt ist, die Sättigungsmahl und Herrenmahl verbindet (wie 1Kor und Did 9–10), aber mir ist doch zweifelhaft, ob solche Interpretation durch den Text gedeckt wird. Es geht um ein Wunder der Sät-

terhin die situative Ausrichtung und das Verbum εὐλογεῖν statt εὐχαριστεῖν, daß eine eigenständige Tradition vorliegt, die allerdings wie die Herrenmahlstradition auf die Mahltradition des irdischen Jesus zurückverweisen könnte.[113]

Für das mk. Verständnis der beiden Speisungen ist – wie verschiedentlich zu Recht festgestellt wurde[114] – das weitgehend redaktionelle[115] Summarium Mk 8,14–21 von großer Bedeutung. Doch auch hier widerstreitet eine eucharistische Interpretation[116] der unsakramentalen Deutung[117] des Textes. Im Vergleich mit 6,52 wird deutlich, daß 8,21 die Pointe des Abschnitts 8,14–21 und damit der Deutung der Speisung im Blick auf die Jünger sein will: οὔπω συνίετε; Für den Evangelisten geht es in der Komposition von Mk 8,14ff nicht um sakramentale Spekulationen oder um christologische Deutungskategorien, vielmehr stellt er hier das Unverständnis der Jünger heraus. Zur Vorbereitung der abschließenden, dies Unverständnis aufdeckenden Frage dient V.14; der ἕνα ἄρτον ist im Zusammenhang der fünf bzw. der sieben Brote zu lesen, wie 8,19f ausdrücklich herausstellt. Gerade diese Verse unterstreichen wiederum, daß die Speisungen als Wunderspeisungen, nicht als Präfigurierung des Sakraments gelesen werden sollen. Somit ist auch V.14 eine sakramentale oder christologische Überhöhung fremd. Angesichts der geschehenen Speisungswunder müßten die Jünger wissen, es „muß ein Brot genug sein können für 12“.[118]

Auch wenn im einzelnen nicht ausgeschlossen werden kann, daß der Evangelist sprachlich in seine Tradition eingegriffen hat,[119] so dürfte in Vv. 41–44 im wesentlichen der Stoff der traditionellen Speisungsgeschichte vorliegen; sie scheint sprachlich und strukturell in diesen Versen überwiegend ihre Identität bewahrt zu haben. Zur Frage nach dem Abschluß ist der Blick auf V.45 zu lenken. Wird hier die Trennung Jesu von seinen Jüngern doppelt motiviert, so ist es nach Analogie von 8,9b aussichtsreich, den ursprünglichen Abschluß der

---

tigung einer großen Menschenmenge mit Hilfe einer kleinen Nahrungsmenge aufgrund der Segnung, des Brechens und des Verteilens der Nahrung durch den Wundermann Jesus.

[113] Hierzu s.u. S. 152.

[114] Z.B. E. HAENCHEN, Mk 250; s.a. J. SCHREIBER 118.

[115] Z.B. I. DUNDERBERG, Johannes 142.

[116] Prof. Dr. Dr. HARTMUT STEGEMANN, Göttingen, mündlich mit Hinweis auf das betont eine Brot. S.a. J. SCHREIBER 118: Mk 8,14 versichert: „Der Auferstandene ist mit seiner Gegenwart beim Abendmahl das ‚Brot des Lebens‘ (8,14: ‚ein [!] Brot‘) für seine Gemeinde.“ Auch A. HEISING 70f deutet Mk 8,14ff sakramental und sucht damit das eucharistische Verständnis der Speisungen bei Mk zu sichern. S.a. P. HOFRICHTER, Speisung 149.

[117] Z.B. J. GNILKA, Mk 310ff; s.a. D. LÜHRMANN, Mk 138.

[118] D. LÜHRMANN, Mk 138.

[119] Dies scheint mir der Ertrag der sehr gründlichen Untersuchung von R.M. FOWLER, Loaves *passim*, zu sein: Nicht daß es wirklich gelungen ist, Mk 6,35ff vollständig als markinische Bildung zu verstehen, sondern daß damit zu rechnen ist, daß der Evangelist bei der Aufnahme seiner Traditionen z.T. stärker in den Text eingegriffen hat und diese damit bisweilen seine sprachlichen Züge tragen. In sehr beschränktem Sinne könnte damit von einer mk. Nacherzählung gesprochen werden, doch im wesentlichen ist die Tradition erkennbar und ihr Bestand und ihre Struktur aufgenommen (letzte Bemerkungen zielen auf die Frage nach der Diskontinuität mündlicher Tradition bei der Einfügung in ein schriftliches Opus).

Speisungsgeschichte hinter der indirekten Erwähnung der Entlassung des Volkes von V.47^{fin} zu vermuten (zur Diskussion s.u. *ad* Mk 8,7).

Das Ergebnis läßt sich kurz zusammenfassen. Der älteste Evangelist trägt die Speisung in das von ihm gestaltete Evangelium ein, indem er sie durch Einleitung Vv.30–34 mit dem Abschnitt 6,6b–56 verbindet. Diese Einleitung trägt summarische Züge und ordnet damit das Speisungswunder dem Handeln Jesu im übrigen Evangelium zu. Neben dem einen Schwerpunkt, der das *Hirte-Sein* Jesu im Lehren des Volkes herausstellt, das sich in der Fürsorge dieses Hirten bei Speisung (und Seewandel) konkretisiert, gilt ein zweiter dem Unverständnis der Jünger; so läßt es sich durch 6,52 und 8,14ff belegen. Um dieses Unverständnis auch mit der Speisung zu verklammern, gestaltet der Evangelist unter Verwendung von Elementen der traditionellen Einleitung das Gespräch Vv.35–37. Die folgende Speisungsgeschichte wird er, von möglichen sprachlichen Veränderungen abgesehen, in ihrer Konsistenz unverändert aufgenommen haben. Vor der Integration der Speisung könnte als zweites Element der Fisch hinzugewachsen sein. Dafür spricht jedenfalls der sekundäre Charakter von 8,7.

Einfacher läßt sich die *Rekonstruktion der vormarkinischen Tradition in Mk 8,1ff* durchführen. Die Verflechtung mit dem unmittelbaren Kontext der zuvor berichteten Heilung des Taubstummen (Mk 7,31–37) und der anschließenden Zeichenforderung der Pharisäer (Mk 8,11–13) gestaltet sich eher additiv und ist somit wesentlich lockerer als bei der engen Einbindung der ersten Speisung in Mk 6. Doch auch der Aufbau selbst ist schlichter gestaltet; vor allem ist die Einleitung kürzer, und es fehlen die theologische Motivierung des Mitleids, das sich direkt aus der in Mk 8,2f ausdrücklich entfalteten Notlage erklärt, sowie der Lösungsvorschlag der Jünger zur Entlassung des Volkes. Problemstellung und Ausweg werden direkter anvisiert und aufgelöst. Dennoch bildet hier ein anderes Problem eine nicht unerhebliche Schwierigkeit: Stellt ‚Markus‘ hier zwei Speisungen nebeneinander, um mit ihnen als verschiedene Akte der *vita* Jesu auch Unterschiedliches auszusagen,[120] oder sind beide Speisungen als Einheit zu betrachten, die einem gemeinsamen theologischen Motiv dienen?[121] In letztgenanntem Fall ist mit bewußten Angleichungen zu rechnen.[122]

Mk 8,1 ist eine redaktionelle Einleitung, die die erste Speisung (πάλιν) wieder aufnimmt.[123] Dieser Vers führt zu mk. Doppelungen mit V.2.[124] Es bleibt aber zu fragen, ob die vorliegende redaktionelle Einleitung nicht eine äl-

---

[120] So bes. G. FRIEDRICH 13 und *passim*.
[121] So z.B. F. SCHNIDER/W. STENGER 126f.
[122] Doch vgl. den Einspruch von J. WELLHAUSEN, Mk 59.
[123] Z.B. E.J. PRYKE 162; D.-A. KOCH 109; T.-S. PARK 20. Anders L. SCHENKE, Wundererzählungen 22. Zum ὄχλος πολύς s.o. S. 123 Anm. 52.
[124] Vgl. F. NEIRYNCK, Duality 117.

tere Einleitung ersetzt hat, in der wenigstens die Protagonisten des folgenden Wunders, zumindest aber Jesus und die Jünger genannt wurden. Als mk. Einfügungen in die Exposition des Wunders verdächtig sind in V.2 die Wendung ἤδη ἡμέραι τρεῖς,[125] die als Hinweis auf die Weissagungen der Passion und der Auferstehung gewertet werden,[126] und die Formel ἀπὸ μακρόθεν.[127] Ist letztere als mk. Aussage recht sicher auszuscheiden (vgl. 5,6; 11,13; 14,54; 15,40), so haftet die Beurteilung des Charakters der Zeitdauer an ihrer inhaltlichen Deutung. Eine passionsorientierte Interpretation würde sicherlich zunächst auf den gegenwärtigen Kontext des Evangeliums weisen. Doch ist diese Deutung keineswegs notwendig. Die Dauer verstärkt vielmehr stilgemäß die Schilderung der Notlage.[128]

Tae-Sik Park möchte hinter der direkten Rede von V.2 ein eigenständiges Jesuswort isolieren, das der Evangelist sekundär mit dem Hungermotiv zusammengefügt haben soll.[129] Dieser Gedanke beansprucht jedoch wenig Wahrscheinlichkeit, da ein Jesuswort vom Kontext isoliert kaum überlieferungsfähig ist, aber im Kontext vollkommen kohärent verwendet wird. Zu widersprechen ist außerdem der Vermutung, das Mitleid in 8,2 sei sekundär.[130] Das Mitleid Jesu mit der Menge fügt sich spannungslos in den Speisungskontext ein. Auch berechtigt der Vergleich mit dem redaktionellen Mitleid in Mk 6,34 noch nicht, von einem mk.-redaktionellen Motiv zu sprechen, da die Verwendung dieses Topos in beiden Texten unterschiedlich ist. Gehört es in 6,34 zur Kennzeichnung des das orientierungslose Volk lehrenden Jesus, so ist es in 8,2 allein situationsgebunden.

Nach der Situationsangabe, die die Notlage beschreibt, folgt die Jüngerfrage ‚*Woher könnte jemand diese hier in der Wüste mit Brot sättigen?*‘, Mk 8,4. Es könnte nun erwogen werden, daß diese Frage ebenfalls mit dem Unverständnismotiv zu verrechnen ist.[131] Insbesondere nachdem bereits die erste Speisung erfolgt ist, wirkt dieser Einwand völlig unverständlich. Zweifelsohne darf man ‚Markus‘ in diesem Sinne verstehen.[132] Allerdings läßt sich die Frage auch in der narrativen Struktur der Tradition erklären; hier liegt ihre Rolle nicht in der Darstellung des Unverständnisses der Jünger, eine vorhergehende Speisung ist ja nicht berichtet, sondern im Hinweis auf die Erschwerung des Wunders. In der Wüste, be-

---

[125] J.-M. VAN CANGH, La multiplication 341; s.a. S. MASUDA 196, der weitere Indizien für mk. Arbeit in V.2 ausmacht.

[126] J. SCHREIBER 117f.

[127] J.-M. VAN CANGH, La multiplication 341.

[128] S.a. G. FRIEDRICH 16; E. SCHWEIZER, Mk 83, meint, daß neben der „Dringlichkeit" der Speisung auch die „von Jesus ausgehende Anziehungskraft" durch dieses Motiv gesteigert sei. Auf die Notlage hin interpretiert auch T.-S. PARK 21.

[129] T.-S. PARK 22 mit dem Hinweis, in V.2 sei das Gottesvolk, in V.6 sei die frühchristliche Gemeinde gemeint, die das sakramentale Mahl feiert; hier entwickelt die sakramentale Interpretation eine Eigendynamik, die aber auch die These sakramentaler Einflüsse auf die Formulierung von 8,6 kaum tragen könnte.

[130] Vgl. gegen R. BULTMANN, Geschichte 232, auch L. SCHENKE, Wundererzählungen 221 mit Anm. 686.

[131] So S. MASUDA 196.

[132] S.a. K. KERTELGE, Wunder 142.141; D.-A. KOCH 109.

nutzt wird ἐρημία[133] nicht ἔρημος, ein recht eindeutiges Signal gegen mk. Gestaltung, dem Ort des Hungers und der Nahrungslosigkeit, muß der Wundertäter seine Macht beweisen. Leiten einige Exegeten auch Mk 8,6f auf eine sakramentale Interpretation zurück, so muß hier gleichfalls die Frage gestellt werden, ob dieser Text der Tradition oder der Redaktion[134] zuzurechnen ist. Gegen Mk 8,6 sind m.E. allerdings keine ernsthaften Bedenken einzubringen. Ferner ist an die Kritik der sakramentalen Interpretation der Speisungen zu erinnern, die bei der Analyse von Mk 6,41 vorgelegt worden ist.

Etwas anders gestaltet sich die Analyse von V.7. Wie in Mk 6,38.41.43 so wurde auch in Mk 8,7 das Fischmotiv als sekundär auszuweisen versucht.[135] Die Begründung ist gegenüber dem Überlieferungskomplex Mk 6,35ff wesentlich sicherer; ob man allerdings die postulierte ungeschickte Einfügung wiederum als Indiz für die von „V.6 hervorgerufenen Assoziationen mit dem Abendmahl" werten darf,[136] ist zweifelhaft. Das Fischmotiv haftet nur an diesem Vers; hingegen lassen Vv.4–6 ausdrücklich lediglich das Brotwunder erwarten; auch die κλάσματα in der Inklusion V.8 sind nur auf das Brot zu beziehen. Dies belegt auch der nachklappende Charakter der Parallele in Mk 6,43, die die Sammlung der Fischreste ausdrücklich anfügt. Zudem wirkt V.7 sekundär angehängt an die bereits in V.6 beginnende Brotspeise; daß der Fisch nochmals gesegnet wird, trägt diesem sekundären Charakter Rechnung und weist sprachlich auf einen hellenistisch-christlichen Hintergrund.[137]

Die Entscheidung, ob diese Einfügung vormk. oder mk. redaktionell ist, ist schwierig. Möglich wäre eine sekundäre Anpassung von Mk 8,7 an Mk 6,38. 41.43.[138] Allerdings stößt sich diese Angleichung an der Differenz zwischen Mk 8,7 (ἰχθύδια) und Mk 6,38.41.43 (ἰχθύες). Ist der Nachtragscharakter von Mk 8,7 kaum zu übersehen, so wird eventuell mit einer vorredaktionellen Beeinflussung der einen Speisung durch die andere Speisungsüberlieferung zu rechnen sein.

---

[133] Nur viermal im NT; im MkEv nur hier. Mt 15,33 bietet das Wort in der Parallele zu Markus, sonst noch 2Kor 11,26 und Hebr 11,38.

[134] So S. MASUDA 201–203.

[135] Z.B. B. VAN IERSEL, Speisung 176, der vor allem die Spannung zu V.6 benennt, die er einerseits darin sieht, daß V.7 weniger an die eucharistischen Einsetzungsberichte erinnert und daß εὐλογήσας statt εὐχαριστήσας steht, welches durch die Beifügung eines Sachobjekts zudem auf einen hellenistischen Bearbeiter weise; ein „anonymer Redaktor aus einer hellenistischen Gemeinde" habe diesen Vers eingefügt (aaO. 185). S.a. R. BULTMANN, Geschichte 232; K. KERTELGE, Wunder 140; U.H.J. KÖRTNER, Fischmotiv 28; H. PATSCH, Abendmahlsterminologie 222f; L. SCHENKE, Wundererzählungen 295; DERS., Brotvermehrung 70f.

[136] B. VAN IERSEL, Speisung 177.

[137] Zuletzt z.B. wieder U.H.J. KÖRTNER, Fischmotiv 28.

[138] So U.H.J. KÖRTNER, Fischmotiv 34; s.a. L. SCHENKE, Brotvermehrung 71f.

Stellt V.8 stilgemäß die *Demonstration des Speisungswunders* dar, so ergeben sich jedoch Einwände gegen die Entlassung des Volkes in V.9. Das Verb ἀπολύω begegnet im MkEv lediglich in drei unterschiedlichen Erzählkomplexen mit einer jeweils besonderen Bedeutung. Diese Eingangsbeobachtung ist durchaus bedeutsam, zeigt sie doch, daß es keine Streuung des Gebrauchs im MkEv gibt, die eine Vorzugsverwendung unmittelbar einleuchtend erscheinen läßt. In Mk 10,1–12 geht es um das Thema der *Ehescheidung* (hier 10,2.4.11.12). Ἀπολύω kann in diesem Zusammenhang geradezu als *term. techn.* für die Entlassung der Ehefrau durch die Übergabe einer Rechtsurkunde, d.h. eines sogenannten Scheidebriefes, gelten.[139] Die Szene ist mk. gerahmt, insbesondere V.1 und V.10. Für 10,11 gibt es eine Q-Parallele (Mt 5,32a/Lk 16,18a). Daß dieser Zusammenhang ein Streitgespräch und ein Logion der Tradition verwendet, steht außer Frage. Der zweite Textkomplex, in dem das Verb ἀπολύω belegt ist, gehört zur Passionsgeschichte. Mk 15,6ff schildert die ‚*Entlassung*‘ *des Barabbas* (das Verb steht Vv.6.9.11.15). Der Begriff steht hier für die Freilassung eines Gefangenen, näherhin für seine *Begnadigung*.[140] Auch die Szene, in der die Begnadigung des Barabbas geschildert wird, die das Volk der Entlassung Jesu vorzieht, ist redaktionell bearbeitet. Dennoch kann eine Überlieferung aufgenommen worden sein, auch wenn für diese Annahme die Parallele Joh 18,39f nicht als unabhängiges Indiz angeführt werden sollte.[141] Es bleiben nur vier weitere Belege (Mk 6,36.45; 8,3.9), die sich in den Speisungsgeschichten finden. Hier meint ἀπολύω die *Verabschiedung des Volkes*. Die Frage, ob dieses Motiv traditionell zu den Speisungsgeschichten gehört, hat Implikationen für das Verständnis von 6,45b. Gehört die Entlassung zur Speisung, so kann auch 6,45b als Rudiment einer solchen Szene gedeutet werden; dafür spricht, daß auf der vorliegenden Textebene die Trennung Jesu von seinen Jüngern doppelt motiviert ist:[142]
a) Jesus schickt die Jünger fort, um das Volk zu entlassen (V.45).
b) Jesus hat die Jünger verabschiedet, um sich auf den Berg zum Gebet zurückzuziehen (V.46).
Vergleicht man 8,9 und 6,45, so erweist es sich als einleuchtend, daß die Entlassung des Volkes nicht notwendig den Seewandel auf der Traditionsebene voraussetzt. Es sei denn, 8,9 wäre Angleichung an 6,45. Dies ist aber kaum zu begründen, da es schwer einsichtig ist, daß der Evangelist nur die Entlassung des Volkes in 8,9 aus der Einleitung 6,45ff eingetragen hätte. Auch wenn der vorliegende Text die Entlassung des Volkes als Begründung für die Trennung Jesu von den Jüngern vorgibt, ist dennoch nicht recht ersichtlich, warum Jesus allein das Volk entläßt (anders das Fortschicken in Mk 4,36). Natürlich läßt sich auch eine Linie zu 8,4 ziehen und an das Phänomen der ‚Duality in Mark‘ erinnern. Das Motiv der *Entlassung* dürfte sich jedoch besser als ein ursprünglicher Bestandteil der Speisungsgeschichten erklären lassen,[143] der in Mk 6,45 sekundär der Trennung Jesu von seinen Jüngern dient.

Weitgehend unumstritten ist, daß es sich bei V.10 um eine Formulierung des Evangelisten handelt. So stellt die erneute Bootsfahrt V.10a eine redaktionelle

---

[139] J.A. Fitzmyer, Texts 212f.
[140] Vgl. W. Bauer/K. u. A. Aland, Wb 193, mit profangriechischen Belegtexten; vgl. weiterhin M. Lang, Johannes 159f Anm. 379.
[141] An literarische Abhängigkeit denkt z.B. M. Lang, Johannes 158ff; vgl. bes. 160f.
[142] So mit Rückgriff auf R. Bultmann, Geschichte 231, F. Schnider/W. Stenger 107.
[143] J.P. Meier 959 erwägt die Möglichkeit, daß entweder die Entlassung des Volkes oder die Akklamation des Wundertäters die Speisungstradition abgeschlossen haben kann. Anders E.J. Pryke 162.

Übergangsbemerkung des Evangelisten unter Verwendung des in seinem Werk beliebten Bootsmotivs dar.[144] Die von Bas van Iersel in heidenchristlichem Milieu lokalisierte Speisungsgeschichte[145] soll in einer „späteren Redaktionsphase entstanden" sein.[146] Dies ist bei van Iersel jedoch weniger aufgrund der Rückführung auf ein hellenistisch-christliches Milieu begründet, vielmehr verdankt sich diese Verhältnisbestimmung seiner eucharistischen Deutung; diese sei in der Tradition von Kap. 8 wesentlich deutlicher als in der hinter Kap. 6 zu erkennen.[147] Teilt man diese Deutung nicht, so wird man zunächst feststellen, daß Mk 8,1ff weniger stark redaktionell gestaltet ist. Der Vergleich der Zahlenangaben weist ebenfalls in diese Richtung.[148] Zudem scheint die Speisung Mk 8,2ff das Motiv des Mitleids ursprünglicher bewahrt zu haben. In seiner klaren Struktur[149] macht die Speisung einen eher altertümlichen und weniger zerredeten Eindruck.[150] Andererseits kann nicht völlig ausgeschlossen werden, daß sich diese Geschlossen-

---

[144] Z.B. E.J. PRYKE 162; J. GNILKA, Mk 305; D. Lührmann, Mk 134; auch R.A. GUELICH, Mk 411, rechnen mit der redaktionellen Aktivität, die die Ereignisse nach den Speisungen einander anzupassen sucht.

[145] B. VAN IERSEL, Speisung 183–186.

[146] B. VAN IERSEL, Speisung 186; s.a. H. PATSCH, Abendmahlsterminologie 221: Mk 8 ist eine „formgeschichtlich jüngere Variante", tradiert in einem hellenistischen Milieu.

[147] Ein eucharistisches Verständnis der Speisung Mk 8 zeigt z.B. auch J. SCHREIBER 117f.123.

[148] U.H.J. KÖRTNER, Fischmotiv 27; E. HAENCHEN, JE 306; E. REPO 102f (REPO arbeitet die steigernde Tendenz gerade in den Zahlenangaben späterer Traditionsvarianten heraus: so die christlichen Sibyllinen OrSib I 356f; VIII 275f [vgl. J.D. GAUGER, Tusc 438f. 458, mit Hinweisen auf die entscheidende Literatur]; ActThom 47), dessen Überlegungen hinsichtlich der symbolischen Deutung der Zahlen jedoch nicht zu überzeugen vermögen (zu 106f.109ff; dies gilt auch zu ähnlichen Versuchen, den unterschiedlichen Zahlen einen symbolisch-allegorischen Sinn abzuzwingen; wie z.B. auch mit je eigener Akzentuierung F. BOVON, Lk I, 473; S. MASUDA 208.203ff; R. PESCH, Wunder 127–131; L. SCHENKE, Brotvermehrung 131f; E. TROCMÉ 181; P. HOFRICHTER, Speisung 146f [HOFRICHTER sucht dadurch seine These von einer judenchristlichen und einer heidenchristlichen Speisung zu untermauern: Die fünf stehe für die fünf Bücher Mose; die zwölf für die zwölf Stämme Israels in Mk 6. Anders Mk 8; die vier stehe für die Himmelsrichtungen, die sieben für die Schöpfungstage und die der ganzen Welt geltenden noachitischen Gebote. Vgl. hierzu das schon bei F. HAHN, Verständnis 97 Anm. 6, Dargelegte. Ältere allegorische Ausdeutungen der Zahlen dokumentiert U. LUZ, Mt II, 398]). Grundsätzlich ist Skepsis angeraten gegen eine symbolische Deutung der Speisungsgeschichten (vgl. z.B. die kritische Stellungnahme von J.P. MEIER 1027 Anm. 280 [zu S. 958], der weitere Beispiele anführt, M.D. HOOKER, Mk 166, und G. FRIEDRICH 15); eine solche Deutung ist weder durch die Tradition noch durch den redaktionellen Kontext angeraten, die jeweils ein Wunder erzählen wollen.

[149] Vgl. G. FRIEDRICH 16.

[150] Vgl. etwa L. SCHENKE, Wundererzählungen 222; auch F. SCHNIDER/W. STENGER 98 erschließen aufgrund der „einfachere(n) Form", daß die Tradition hinter Mk 8 älter als die hinter Mk 6 ist. Vgl. zu den altertümlichen Zügen in Mk 8 auch E. REPO 100.

heit und Stringenz des narrativen Aufbaus im Verlauf der Überlieferung eingestellt hat.

Zum Abschluß der Analyse der Speisung der 4000 kann zusammenfassend
Folgendes bemerkt werden: Abgesehen von einzelnen sprachlichen Überarbeitungen und der offenbar sekundären, aber aufgrund der unterschiedlichen
Termini vormk. Einfügung des Fischmotivs mit V.7, liegt in 8,2–9 die traditionelle Speisungsgeschichte vor. Sie macht, wie bereits erwähnt, formal und inhaltlich einen geschlossenen Eindruck. Hinsichtlich der Zahlenangaben hat sie
eine eigenständige, wohl ältere Form bewahrt. Eine allgemeine Aussage über
das höhere relative Alter der beiden Speisungstraditionen scheint jedoch ausgeschlossen.

Bisher wurde ein weiterer Speisungstext, ActJoh 93, noch nicht in den
Vergleich einbezogen. Zunächst ist der Text vorzulegen.[151]

εἰ δέ ποτε ὑπό τινος τῶν Φα-ρισαίων κληθεὶς εἰς κλῆσιν ἐπο-ρεύετο, συναπῄειμεν αὐτῷ· καὶ ἕκαστος ἡμῶν ἐλάμβανε τακτὸν ἄρτον ἕνα ὑπὸ τῶν κεκληκότων, ἐν οἷς καὶ αὐτὸς ἐλάμβανεν ἕνα· τὸν δὲ αὐτοῦ εὐλογῶν διεμέριζεν ἡμῖν· καὶ ἐκ τοῦ βραχέος ἕκαστος ἡμῶν ἐχορτάζετο καὶ οἱ ἡμῶν ἄρ-τοι ὁλόκληροι ἐφυλάσσοντο, ὥστε ἐκπλήττεσθαι τοὺς καλοῦν-τας αὐτόν	„Wenn er aber einmal von einem der Pharisäer eingeladen war und der Ein-ladung nachkam, gingen wir mit ihm. Und jeder von uns erhielt von denen, die (uns) eingeladen hatten, ein (ihm) zugemessenes Brot, wobei auch er eines erhielt. Das seinige aber segnete er und verteilte es unter uns, und von dem wenigen wurde jeder von uns satt, und unsere Brote blieben ganz erhalten, so daß die, die ihn eingela-den hatten, in Entsetzen gerieten."

Der altertümliche Charakter dieser Speisungsgeschichte, die zumeist als Kompilation neutestamentlicher Traditionen bewertet wird,[152] wurde bereits angesprochen. Nun ist es zweifellos schwierig, diesen Text vom Anfang des 3.Jh.[153]
als ältere Tradition den vormk. Speisungstraditionen gegenüberzustellen. Tatsächlich ist die Speisung im Haus des Pharisäers auch im Blick auf den Kontext
überformt und wird als Bericht des Apostels Johannes erzählt. D.h., daß diese
Geschichte in der vorliegenden Textform wohl kaum ein Eigenleben geführt
haben dürfte. Mahlberichte, die Jesus bei einem Pharisäer einkehren lassen,
sind im NT ausschließlich im LkEv zu finden (Lk 7,36; 11,37; 14,1) und auf-

---

[151] Der griechische Text ist nach der maßgeblichen Edition von E. JUNOD/J.-D. KAESTLI
zitiert; die deutsche Übersetzung entstammt Ntl. Apokr II, 165 (K. SCHÄFERDIEK).

[152] Z.B. R.I. PERVO 191: „passage, which echoes the stories of the miraculous feedings".

[153] Zur Datierung der Johannesakten K. SCHÄFERDIEK, Johannesakten 155.

grund der sprachlichen Signale[154] als redaktionelle Formulierungen anzusehen.[155] Besonders Lk 14,1 (καὶ ἐγένετο ἐν τῷ ἐλθεῖν αὐτὸν εἰς οἶκόν τι-
νος τῶν ἀρχόντων [τῶν] *Φαρισαίων*[156] σαββάτῳ φαγεῖν ἄρτον καὶ
αὐτοὶ ἦσαν παρατηρούμενοι αὐτόν.) steht der Situation von ActJoh 93 nahe, ohne daß eine direkte literarische Abhängigkeit fixiert werden kann.

Andererseits spricht gegen eine direkte Herleitung der apokryphen Speisungsgeschichte aus den präsynoptischen oder synoptisch-redaktionellen Berichten bzw. der joh. Wundersequenz vor allem das fehlende Motiv der Massenspeisung. Es ist vielmehr gegen die sonst zu beobachtende Tendenz der
Steigerung des Wunderhaften festzustellen, daß ActJoh 93 nicht die Zahlen
und Motive der synoptischen oder des joh. Berichtes variiert und vergrößert.
Daher ist die Annahme nicht von der Hand zu weisen, daß ein Strang der Speisungstradition in den apokryphen Johannesakten Bewahrung gefunden hat, der
der Speisung einer großen Volksmenge vorausgeht: *ein ‚privates' Jesusmahl,
bei dem dieser die Jünger wunderbar sättigt*. Dies würde auch darauf verweisen, daß die Speisungstraditionen sich in ihrem Kern dem Wissen um die Mahlgemeinschaften des irdischen Jesus verdanken. Eine direkte Entwicklung von
diesen Mahlgemeinschaften über einen mit ActJoh 93 vergleichbaren Erzähltypus zu den Volksspeisungen sollte allerdings dennoch nicht gezogen werden,
da die formalen Differenzen zu groß sind. Dies belegt auch eine Analyse des
Aufbaus:

Mk 6,35ff	Mk 8,1ff	ActJoh 93
	Exposition	
(Vv.30–35*	Vv.1*(?)–4	
a) Situation[157]	a) Situation (V.1*)[158]	Situation: Einladung Jesu zu einem Pharisäer. Annahme der Einladung.
Die Protagonisten werden genannt: Volk, Jesus, Jün-ger).	Die Protagonisten werden genannt: (α) Volk)	Die Jünger begleiten Je-sus.

---

[154] Vgl. J. JEREMIAS, Sprache 167. 205f. 235.
[155] Vgl. K.E. CORLEY 123; D.E. SMITH 139.
[156] Allerdings ist ActJoh 93 noch unbestimmter und berichtet nicht von der herausra-
genden Stellung des Pharisäers: τις τῶν Φαρισαίων.
[157] Da eine wörtliche Rekonstruktion ausgeschlossen ist und als Kriterium für den Bestand lediglich der Vergleich mit 8,1ff bleibt, besteht keine hinreichende Sicherheit über die
ursprüngliche Einleitung; so weist die Klammer auf eine mögliche Angabe, die vom Text
Vv.30–35 und der Analogie 8,1ff gedeckt sind und die als Exposition der Speisung einen guten Sinn machen.

	β) Jesus, γ) Jünger. b) Mitleid mit dem Volk (V.2a). c) Verschärfung der Notlage (Vv.2b–3). α) Das Volk verharrte bei Jesus. β) Zeitdauer: drei Tage lang.[159] γ) Ohne Nahrung. δ) Unmöglichkeit, das Volk ohne Nahrung zu entlassen. αα) Protasis: im Falle der Entlassung ohne Speise. ββ) Apodosis: es folgt der Zusammenbruch. γγ) Weitere Verschärfung durch den Hinweis auf den weiten Heimweg. d) Indirekter Hinweis auf die Erschwernis des Wunders durch die Jüngerfrage.[160]	
V.35* Zeitangabe: Der späte Abend kann als Hinweis auf die Notlage gedeutet werden.		

Vorbereitung

V.38 Erkundigung des Wundertäters über die bei seinen Jüngern vorhandenen Nahrungsressourcen.	V.5 Die Vorbedingungen zur Durchführung des Speisungswunders werden bestimmt.	Die Voraussetzungen für die wunderbare Sättigung werden genannt.

---

[158] Da der Evangelist offensichtlich in V.1 eingegriffen oder ihn insgesamt neu gestaltet oder verfaßt hat, ist eine genaue Bestandsangabe und Reihenfolge der Elemente nicht zu sichern. Deshalb sei angemerkt, daß in Wundergeschichten häufig der Wundertäter am Anfang genannt wird und daß eine Ortsangabe hier nicht erfolgt (erst in V.4). Besondere Unsicherheit erscheint mir hinter der Erwähnung des Volkes in der Situationsangabe zu stehen.

[159] Im Text ist die Zeitdauer betont voran gestellt.

[160] S.a. L. SCHENKE, Wundererzählungen 222: „Damit ist die völlige Ausweglosigkeit der Situation deutlich gemacht".

a) Präparierende Frage des Wundertäters an seine Jünger nach der vorhandenen Menge der zu vermehrenden Materie, dem *Brot.*	a) Präparierende Frage des Wundertäters an seine Jünger nach der vorhandenen Menge der zu vermehrenden Materie, dem *Brot.*	Jeder erhält ein Brot. Das Brot wird vom Gastgeber zugemessen.[161] Auch Jesus erhält ein solches *Brot.*
b) Explizite Aufforderung zur Nachforschung.[162] c) Feststellung und d) Antwort der Helfer des Wundertäters, die den zu vermehrenden Vorrat nennt: fünf (Brote) <und zwei Fische>.[163]	b) Antwort der Helfer des Wundertäters, die den zu vermehrenden Vorrat nennt: sieben (Brote).	

Durchführung

Vv.39–41. Lagerung und Austeilung der Brote. a) V.39. Aufforderung an die Menge: α) sich niederzulassen β) in Tischgemeinschaften γ) auf einer grünen Grasfläche. b) V.40 Bemerkung über die Durchführung: α) die Menge läßt sich nieder β) in Gruppen[164] zu je αα) hundert und ββ) fünfzig.	V.6. Lagerung und Austeilung der Brote. a) Aufforderung an das Volk, sich zur Speisung auf der Erde zu lagern.	Austeilung des Brotes.

[161] Der etwas ungelenke Hinweis darauf, daß das Brot vom einladenden Pharisäer zugeteilt wurde, kann wiederum gegen einen möglichen Manipulationsvorwurf gerichtet sein. Der Einladende ist unbeteiligte Person, die das später derart sättigende Brot zur Verfügung stellt.

[162] Die Aufforderung ist zunächst merkwürdig, da doch zu erwarten ist, daß die Jünger über ihre Vorräte Bescheid wissen. Doch die ausdrückliche visuelle Überprüfung der Nahrungsvorräte garantiert, daß sie über nicht mehr als die im folgenden genannten Mittel verfügen; nur diese geringe Menge steht damit zur Speisung zur Verfügung.

[163] Auf das Problem der Ursprünglichkeit des Fischmotivs ist bereits eingegangen worden. Da die Entscheidung recht unsicher ist, werden die Fische in dieser Tabelle in spitzen Klammern eingefügt, so daß im fraglichen Fall der Ursprünglichkeit ihre Rolle und Funktion in der traditionellen Speisung der 5000 abgelesen werden kann.

[164] Vgl. zu den messianischen und endzeitlichen Konnotationen der Lagerordnung mit den entscheidenden Qumran-Parallelen (1QS 2,21; 1QM 4,1ff; CD 13,1; 1QSa 1,14f; 1,27–2,1; 2,11.22) L. SCHENKE, Wundererzählungen 229; DERS., Brotvermehrung 101f; R. PESCH, Mk 352; s.a. die atl. Parallelen der Wüstenwanderungstradition: Ex 18,21.25; s.a. Dtn 1,15 sowie 1Makk 3,55 (hierzu auch K. KERTELGE, Wunder 133 Anm. 543).

c) V.41. Durchführung der Speisung:

α) Jesus *nimmt* die sieben Brote <und die beiden Fische>.

β) Er blickt zum Himmel und

γ) spricht das *Dankgebet.*

δ) Er *bricht* das Brot.

ε) Er *gibt* das gesegnete und gebrochene Brot seinen Jüngern, damit sie es dem Volk vorsetzen.

<ζ) Jesus verteilt die beiden Fische unter die gesamte Volksmenge>.

b) Durchführung der Speisung

α) Jesus *nimmt* die sieben Brote.

β) Er spricht das *Dankgebet.*

γ) Er *bricht* das Brot.

δ) Er *gibt* das gesegnete und gebrochene Brot seinen Jüngern, damit sie es dem Volk vorsetzen.

ε) Vollzugswendung: Die Jünger verteilen das Brot entsprechend dem Willen des Wundertäters.

Jesus spricht die Eulogie.

Er verteilt das von ihm gesegnete Brot.

Demonstration

Vv.42f Zweifache Bestätigung des Wunders.

a) V.42. Vollzug der Speisung:

α) *Alle* essen das verteilte Brot,

β) und sie sind davon gesättigt (ἐχορτάσθησαν).

V.8 Zweifache Bestätigung des Wunders.

a) Vollzug der Speisung:

α) Die Menge ißt das verteilte Brot,

β) und sie ist davon gesättigt (ἐχορτάσθησαν).

Die Mahlgesellschaft wird von dem wenigen, das sie von dem einen Brot erhalten haben, satt (ἐχορτάζετο).

b) V.43. Sammlung der Überreste.

α) Aufheben der übriggebliebenen Brotbrocken;

β) diese füllen zwölf Körbe.

<γ) unspezifische Angabe, daß mit den Fischen ebenso verfahren wurde>.

V.44 Angabe der Zahl der Gespeisten: 5000 Männer.

b) Sammlung der Überreste.

α) Aufheben der übriggebliebenen Brotbrocken;

β) diese füllen sieben Körbe.

V.9a Angabe der Zahl der Gespeisten: um 4000 Personen.

Die eigenen Brote sind unversehrt übriggeblieben.

Entlassung/Reaktion[165]

V.45^{fin} Entlassung des Volkes.	V.9b Jesus entläßt die Volksmenge.	Die Eingeladenen geraten über das Wunder in Entsetzen.[166]

Eine wesentliche Differenz zwischen der apokryphen und den ntl. Speisungsgeschichten liegt darin, daß die Massenspeisungen Berichte eines unbeteiligten Erzählers sind, die in den Acta Joannis überlieferte Speisungsgeschichte aber beansprucht, ein Augenzeugenbericht eines Beteiligten zu sein. Deshalb ist dieser in Ichform geschrieben. Unterschieden ist auch die Situation. Geschehen die Massenspeisungen notwendigerweise vor einer breiten Öffentlichkeit, so trägt die Speisung bei der Einladung des Pharisäers eher private Züge. Dementsprechend sind andere Zahlenangaben und Relationen zu erkennen. Statt sieben Brote für 4000 Personen bzw. fünf Brote <und zwei Fische> für 5000 Männer rechnet sich bei der Jüngersättigung ein Brot auf zwölf Beteiligte. Wie bereits erwähnt, ist diese kleine Zahl der Gespeisten schwerlich eine sekundäre Entwicklung der Massenspeisung. Allerdings ist auch nicht daran zu denken, daß das *eine* Brot ein sakramentaler Hinweis ist. Alle drei Speisungen wollen Sättigungsmahlzeiten sein, wobei naturgemäß die Massenspeisungen einander näherstehen als die ‚Privat'-Speisung. Spricht die Zahl der Gespeisten gegen eine sekundäre Entwicklung der Privatspeisung aus der Massenspeisung, so unterstützt diese Überlegung eine weitere Abweichung. Ein charakteristisches Element der Steigerung in der Demonstration des Wunders ist die Sammlung der Überreste vom Brot. Mag sich Zahl und Vokabular unterscheiden, so ist die Struktur eng verwandt und zeigt auch hier, daß die beiden mk. Massenspeisungen wohl am besten als Varianten eines gemeinsamen Grundmodells betrachtet werden können. Die Speisung bei der Einladung stellt demgegenüber lediglich die Unversehrtheit der eigenen Brote der Jünger fest. Dieses Motiv schließt den Vorwurf aus, daß die Sättigung nicht auf den Genuß des von Jesus verteilten, sondern des jeweils zugeteilten Brotes zurückgeht. Von weiteren Differenzen im Detail abgesehen (z.B. das Fehlen des Brotbrechens), die z. T. auf die unterschiedliche situative Setzung zurückgehen, sticht noch der differente Abschluß der Speisungen heraus. In der literarischen Analyse wurde insbesondere aufgrund von Mk 8,9b mit einer Entlassung des Volkes als Abschluß der Massenspeisungsberichte gerechnet. Hier scheint jedoch die Privat-

---

[165] Die Entlassung, zumeist eines Geheilten (Belege bei G. THEISSEN, Wundergeschichten 77) oder seines Stellvertreters (z.B. Joh 4,50), wird als eine Variante der Demonstration angesehen (THEISSEN, ebd.). Im vorliegenden Text schließt sie das Wunder ab, da anders als in Joh 6,14f (traditionell ist lediglich V.15*) kein Chorschluß belegt ist.

[166] Vgl. hierzu G. THEISSEN, Wundergeschichten 78f.

speisung, die das Motiv der Admiration belegt, ihrerseits eine entwickeltere Stufe zu repräsentieren. Allerdings ist mit einer Einladung und mit der in diesem Zusammenhang sehr merkwürdigen Speisung allein der Jünger (διεμέριζεν [sc. ἄρτον; Vf.] ἡμῖν)[167] schwerlich das Motiv der Entlassung zu verbinden.

Ziehen wir ein erstes Fazit, so sind also eine Reihe von Differenzen zwischen der apokryphen Privatspeisung und den synoptischen Massenspeisungen zu beachten, die nicht auf eine direkte Abhängigkeit beider Speisungsformen schließen lassen. Andernfalls müßte von einer Abschwächung des Wunders ausgegangen werden; dies wäre ungewöhnlich und spricht auch gegen die Tendenz von ActJoh 93. Die strukturellen Züge sprechen eher für eine andersartige Speisungstradition, die ältere Züge gegenüber den Massenspeisungen bewahrt hat. Auch zwischen den beiden im MkEv überlieferten traditionellen Massenspeisungen sind Differenzen zu erkennen. Insgesamt überzeugen aber die strukturellen Parallelen davon, daß hinter den synoptischen Massenspeisungen ein gemeinsames Grundmodell gestanden hat. Wie sich aus diesem Grundmodell die unterschiedlichen Zahlen ergeben haben, kann nicht mehr nachvollzogen werden. Aber es spricht sehr viel dafür, daß dies wie auch die anderen Veränderungen sich in der mündlichen Überlieferung entwickelt hat. Im Blick auf die Überlieferung der beiden Speisungen in der mündlichen Tradition ist sogar das hohe Maß an struktureller Kontingenz beachtenswert und hervorzuheben.

4. Historische Überlegungen

Zum Abschluß dieses Exkurses kann die *historische Frage* gestellt werden. Nach dem Vergleich ihrer unterschiedlichen Formen und ihres möglichen Verhältnisses zueinander soll noch ein Blick auf den möglichen Quellgrund unserer Tradition in der Jesusüberlieferung geworfen werden.

In der Forschung werden recht unterschiedliche Antworten gegeben: Als historisierende Auslegungen aus dem letzten Jahrhundert sind, soweit die Erzählung nicht als historisch zuverlässiger Bericht gedeutet wurde, bemerkenswert die rationalistische Erklärung von Heinrich E.G. Paulus, der die Speisung als Nachahmung des Vorbilds Jesu und seiner Jünger deutete, bei der jeder, der Nahrung hatte, diese mit den anderen teilte, so daß jeder gesättigt wurde.[168] Eine moderne Variante dieser rationalistischen Erklärung findet sich auch im Roman *Mirjam* von Luise Rinser. Die Romanheldin Mirjam berichtet:

---

[167] Spricht dies für eine sekundäre Verbindung von privater Jüngerspeisung und Pharisäereinladung?

[168] H.E.G. PAULUS, JE 349–357; vgl. hierzu H. GRAF REVENTLOW, Exegese 219; zur rationalistischen Wunderinterpretation vgl. kurz G. THEISSEN/A. MERZ 260; J. FREY, Verständnis 4f, der kritisch auf die Aufnahme des rationalistischen Inventars der Wundererklärung in populären Romanen hinweist.

„Wir teilten also aus. … Da sahen wir, daß die, die etwas bekamen, es noch einmal teilten, und viele legten etwas dazu aus ihrem eigenen, zuerst verhohlen gesparten Mundvorrat, und so ging das Teilen fort, keiner bekam viel, doch jeder bekam etwas, und zuletzt fanden auch wir selber noch einen Rest in den Körben, wir wußten nicht wie das zugegangen war".[169]

Das Wunder ist nicht mehr das der Vermehrung, sondern das der Anstiftung zum Teilen des für sich selbst Zurückgehaltenen; ein Wunder, das auch unter dem Stichwort des *Verzichts* steht. Das ntl. Wunder will hingegen eine Geschichte des *überraschenden Überflusses* erzählen.[170]

Historisch wesentlich gediegener ist der Hinweis von Julius Wellhausen auf das Wachstum der Zahlen in der mündlichen Überlieferung:

„Das Wunder verschwindet mit den Zahlen, die in der mündlichen Überlieferung regelmäßig entarten."

Jesus ließ den Worten Taten folgen, indem er seinen Vorrat mit den Jüngern teilte.[171] Auch diese Deutung bringt die Geschichte um ihre Intention; die Speisungen wollen gerade ein Wunder berichten und Jesus als Wundertäter zeigen. Dieser Absicht verdanken sie ihre Entstehung.[172] Die Probleme dieser Deutungen sind schon im letzten Jahrhundert selbst gesehen worden,[173] so daß eine weitere Berücksichtigung nicht erfolgen muß.

Blicken wir auf weitere Interpretationsansätze. Das Mahl, sei es historisch oder eine sekundäre Bildung der Gemeinde, kann als politische Demonstration, wie auch als messianisches oder als eucharistisches Mahl (die Parallelität von Mk 6,41 und 14,22 wird betont) gedeutet werden. In diesem Sinne interpretiert Bas van Iersel, der eine sehr umfassende Analyse des Werdens und der Gestaltung der synoptischen Speisungsgeschichten vorgelegt hat:

„Der Ursprung ist in einer vermutlich novellistisch gefärbten Wundergeschichte zu suchen. … Vielleicht ist die Geschichte in Mk. vi 35–44, mit Weglassung der eingeschalteten Stelle in V. 41, enthalten. Schon sehr früh wurde die Geschichte in der Abendmahlskatechese herangezogen… In einer hellenistischen Gemeinde … wurde ausserdem noch betont, dass diejenigen, die weit herangekommen waren, sich mit gleichem Recht am Tisch des Herrn beteiligten, wie die anderen. Aus dieser Tradition heraus entstand die Dublette Mk. viii 1–10."[174]

---

[169] L. RINSER, Mirjam, Fischer Taschenbuch 5180, ND Frankfurt am Main 1996, 133.

[170] S.a. M. REISER, Wunder 428.

[171] J. WELLHAUSEN, Mk 50.

[172] Dies gilt zur Umdeutung der Wunderberichte bei C.H. WEISSE, Geschichte I, 512–517, der den Ausgangspunkt in einer Parabel Jesu findet.

[173] Vgl. hierzu z.B. A. HEISING, Botschaft 56–58 Anm. 71.

[174] B. VAN IERSEL, Speisung 194 (s.a. für die Anfangsentwicklung A. HEISING, Botschaft 61–65.83); eine Fortentwicklung stellt die fünf Phasen unterscheidende Analyse von J.-M. VAN CANGH dar (La multiplication *passim*; vgl. die Zusammenfassung aaO. 345f; zu [1]–[3] s.a. DERS., Le thème 80ff): (1) einfache Wundergeschichte, die Jesus als neuen Mose und als neuen Elias darstellt; (2) Benutzung mit Ergänzungen in der eucharistischen Katechese (s.a. L. SCHENKE, Wundererzählungen 232 Anm. 719; DERS., Brotvermehrung 133); (3) durch Einfügung der Fische wird die eucharistische Interpretation zurückgenommen und Jesus als Prophet wie Mose (Dtn 18,15–18) und als der Messias, der dem endzeitlichen Festmahl vorsteht, gezeichnet; (4) Existenz zweier Traditionen, judenchristlichen bzw. heidenchristlichen Hintergrunds, die von Markus verstärkt wurden durch Lokalisierung des ersten Berichts in

Bekannt ist weiterhin die Deutung der Speisungsgeschichten als „Antityp des messianischen Mahles" (Albert Schweitzer):

> „Weil er (Jesus; Vf.) der kommende Messias ist, wird dieses Mahl, ohne daß sie (die Gespeisten; Vf.) es wissen, zum Antityp des messianischen Mahles. Mit dem Stücklein Brot, das er ihnen durch die Jünger austeilen läßt, weiht er sie zu Teilnehmern am kommenden messianischen Mahle und gibt ihnen die Garantie, daß sie, die in seiner Verborgenheit ihm Tischgenossen waren, es auch in der Herrlichkeit sein werden."[175]

Dieser Interpretation stehen Überlegungen nahe, die den Schluß der Geschichte (V.45: *,Und sofort zwang er seine Jünger, in das Schiff einzusteigen und an das andere Ufer nach Bethsaïda vorzufahren, bis er das Volk entlassen hat.'*), besonders aufgrund des Endes des joh. Speisungsberichtes (Joh 6,14f), als historische Erinnerung an ein außergewöhnliches Mahl Jesu bewerten. Bei diesem Mahl könnte sich Jesus nach dem Muster zeitgenössischer Zeichenpropheten mit einem „Exodus-Conquest-,Sign'" vorgestellt (P.W. Barnett)[176] oder die Menge Jesus als Messias identifiziert und im politischen Sinne gedeutet haben (z.B. Eugen Ruckstuhl);[177] andere stellen die Erinnerung an ein außergewöhnliches Mahl mit eschatologischen oder messianischen Untertönen heraus (John P. Meier, James D. G. Dunn; Ignace de la Potterie; Jürgen Roloff).[178] Bezeichnend ist das differenzierte Urteil von Meier:

> „.... I think the criteria of multiple attestation and of coherence make it more likely than not that behind our Gospel stories of Jesus feeding the multitude lies some especially memorable communal meal of bread and fish, a meal with eschatological overtones celebrated by Jesus and his disciples with a large crowd by the Sea of Galilee. Whether something actually miraculous took place is not open to verification by the means available to the historian."[179]

Vermittelnd meldet sich hingegen Bernd Kollmann zu Wort:

> „Historischer Haftpunkt der Erzählung ist wahrscheinlich eine Mahlgemeinschaft Jesu und seiner Anhänger bei Brot und Fisch am See Genezareth, wobei die Heilsbezü-

---

jüdisches, des zweiten in heidnisches Gebiet; (5) mk. Ergänzung des Messiasgeheimnisses, des Jüngerunverständnisses und des Hirtenthemas.

[175] A. SCHWEITZER, Geschichte 430: In diesem Text ist der Bezug auf das (Jerusalemer) Abendmahl, den SCHWEITZER in seinem Werk von 1901 „Das Messianitäts- und Leidensgeheimnis", herausgestellt hat (55–57 [das Jerusalemer Abendmahl erhält seine Deutung vom Mahl am See her]; hierzu E. GRÄSSER, Schweitzer 49–52, bes. 50f; s.a. das negative Urteil 76), nicht ausgesprochen, doch werden beiden ,Speisungen' (auch die Taufe) als „eschatologisches Sakrament" zusammengenommen; beide Mahlzeiten haben „dieselbe sakramentale Bedeutung" (SCHWEITZER, Geschichte 433), sie sind „ein Sakrament der Errettung" (aaO. 430). Diese Deutung, die sich SCHWEITZERs *konsequent eschatologischer* Interpretation verdankt, nimmt die Erzählung für historisch und streicht lediglich „die Schlußbemerkung, daß sie alle satt wurden", da hier dem Bericht der Gedanke eines Sättigungsmahles beigelegt wird (Geschichte 430; DERS., Leidensgeheimnis 56).

[176] P.W. BARNETT 689.

[177] E. RUCKSTUHL, Speisung 2008ff.

[178] J.D.G. DUNN, John 363 Anm. 3; I. DE LA POTTERIE 214–219; J. ROLOFF 245 mit Anm. 152 (!). S.a. F. NEUGEBAUER 269f u.ö.

[179] J.P. MEIER 966.

ge dieses Ereignisses im nachhinein durch das atl.-jüdische Traditionsmotiv von unermeßlichen Speisungsmengen als Charakteristikum für die Freuden der Endzeit (äthHen 10,18f.; syrBar 29,5f.; Sib III, 744–750) zum Ausdruck gebracht werden."[180]

Hier werden gleichermaßen historische Skepsis gegen eine messianologische Interpretation des historischen Jesus und Rückführung auf ein einzelnes Ereignis im Leben Jesu verbunden. Geben jedoch vorstehende Deutungsvorschläge eine Begründung, warum dieses eine Mahl als ein außergewöhnliches Mahl bis in die nachösterliche Zeit tradiert wurde, so bleibt das Geschehen, das in der Rekonstruktion Kollmanns den Katalysator für die Wundergeschichte bildet, eigenartig schemenhaft. Verbreitet ist eine Zurückhaltung, die Massenspeisung mit einem einmaligen Geschehen des Lebens des historischen Jesus zu identifizieren.[181] Mehrheitlich wird jedoch zu Recht der Quellgrund der Speisungswunder im frühchristlichen Erzählmilieu gesucht.[182] Dann kann an die „täglichen Versammlungen der Urgemeinde" als *„Sitz im Leben'* der mk. Speisungsgeschichten gedacht werden.

> „Hier wurde sie erzählt, um das Jesusgeschehen präsent werden zu lassen und das konkrete Gemeinschaftsmahl der zusammengekommenen Jesusjünger zu deuten. Zugleich aber richtete sie den Blick der Mahlgemeinschaft auf das ausstehende eschatologische Mahl in der Basileia Gottes aus."[183]

Diese am frühchristlichen Kultus orientierte Interpretationslinie wird auch dort zugrundegelegt, wo in der neueren Forschung verstärkt der *sozio-ökonomische* Hintergrund ntl. Texte erfragt wird. Dieses berechtigte Anliegen verfolgt für die Speisungstradition vor allem Richard I. Pervo. Ausgehend vom mk. Text, gelangt er zu der durchaus sympathischen Sicht, daß die

> „miraculous feeding stories proclaim the needs and concerns of the poor": „One function of the feeding stories was to hold up to leaders (and the relatively well-off in general) modells for care for the poor of their community".[184]

Tatsächlich finden wir als vornehme Aufgabe der Führer der griechischen Polis, die Bedürftigen zu speisen (z.B. *Isokrates*, Or X [Panegyrikos] 38: ... ἀρχὴν μὲν ταύτην ἐποιήσατο τῶν εὐεργεσιῶν, τροφὴν τοῖς δεομένοις εὑρεῖν ...).[185] Solche Haltung des Wohltäters ist allerdings gebunden an die Erwartung des Ausgleichs durch die Empfänger, so daß die Wohltaten gerade denen gelten, die zu einem Ausgleich fähig waren.[186] Eine solche Sicht entfalten die ntl. Speisungen eben nicht, so daß sie den Kontext des Sozialverhaltens zu

---

[180] B. KOLLMANN, Jesus 274.

[181] Vgl. U. LUZ, Mt II, 397.

[182] Vgl. z.B. R. PESCH, Mk I, 356; s.a. H. STEGEMANN, Teacher 205.

[183] L. SCHENKE, Urgemeinde 110; s.a. DERS., Brotvermehrung 114ff.

[184] R.I. PERVO 193.192. Damit wird einem älteren Vorschlag, der von BO REICKE unterbreitet wurde, daß die Schilderung der Speisung „wie ein Programm für die Armenfürsorge" wirkt (REICKE 21; s.a. K. KERTELGE, Wunder 136f; J. BOLYKI 99), eine sozio-ökonomische Erklärung an die Seite gestellt.

[185] Inschriftlich überlieferte Beispiele öffentlicher Fürsorge bei R.I. PERVO 185f. Vgl. auch *Augustus*, Res Gestae 5: Abwehr des Getreidemangels in Rom als einer den öffentlichen Rechenschaftsbericht würdigen Tat (zum Hintergrund vgl. die Anmerkungen des Herausgebers E. WEBER 62f). An öffentliche Speisungen erinnert auch S. VAN TILBORG 136 mit Hilfe ephesinischer Texte.

[186] Vgl. J.E. STAMBAUGH/D.L. BALCH 64; J.H. NEYREY 365.385.

einer Armenfürsorge tendenziell aufbrechen. Hierher gehört auch, daß die Speisungen die der Leserschaft bekannten sozialen Differenzierungen bei Symposien nicht erkennen lassen.[187] Aber treffen diese sozial- und pastoral-ethischen Überlegungen, die zu Recht der „funktionalen Fragestellung" verpflichtet sind,[188] wirklich das Ziel der Geschichte in ihrem mk. Kontext oder in einer älteren Tradition?

Mit Werner H. Kelber teilt Pervo die Deutung, daß sich die Speisung an die Jünger als Modell für Gemeindeleiter wendet, wofür der Hirtenbegriff beansprucht wird.[189] Der Hirte, Mk 6,34, ist jedoch eine christologische Deutungschiffre, die zunächst auf die Zuwendung Jesu zum Volk in seinem Lehren geht. Indem Jesus lehrt, wird er dem Volk zu seinem Hirten; diese Fürsorge für das Volk erfüllt sich auch in der Speisung der Masse. Es entspricht weiterhin dem theologischen Gefälle des ältesten Evangeliums, daß sich die Zuwendung in der Hingabe für die vielen an das Kreuz konkretisiert (Mk 14,27). Der Brückenschlag zwischen dem Hirtenmotiv und der Gemeindeleitung trägt also nicht. Ähnliches gilt für die Rolle der Jünger. Sie sind in der Speisung nicht angelegt als Vorbilder der Gemeindeleitung in ihrem gottesdienstlichen oder diakonischen Handeln. Sie spielen ihre Rolle im Konzept des Jüngerunverständnisses, wie vor allem Mk 8,14ff zeigt. Das Wunder selbst steht als solches für das Einstehen Jesu für sein Volk und im besonderen für seine dies Wunder erzählende Gemeinde. Auch werden die Gespeisten in Mk 6,35ff gerade nicht als bedürftig dargestellt, ist doch eine reale Möglichkeit, sich mit Nahrung in der Umgegend zu versorgen (Mk 6,36; anders Mk 8,2f).

Daß christliche Existenz im Horizont dieses Einstehens Jesu für die Seinen auch ein Einstehen jedes einzelnen im Rahmen seiner Möglichkeiten für den anderen bedeutet, ist dadurch nicht bestritten. Trifft die unten entfaltete Überlegung, daß die Speisungstradition ihren Ausgangspunkt in den Mahlgemeinschaften des irdischen Jesus hat, zu, so ist die Zuwendung Jesu zu denen am Rande der Gesellschaft (Mk 2,13–17 parr; Mt 11,19 par) auch ein implizites Vorbild für eine Hinwendung zu den Armen in der Auslegung der von jenen Mahlgemeinschaften abgeleiteten Speisungstraditionen. Dies ist jedoch ein hermeneutischer Schluß, der die kritischen Anmerkungen zu den bemerkenswerten Ausführungen Pervos kommentieren soll, aber nicht zurücknehmen kann.

Für die historische Frage kann wiederum der Vergleich der Massenspeisung mit der apokryphen Privatspeisung nützlich sein. In bezug auf die Ausgangsfrage nach einer möglichen vorsynoptischen Herleitung der joh. Überlieferung trägt dieses ‚intimere' Speisungswunder hingegen nichts aus. Für die Entstehung der Speisungswunder ist es jedoch durchaus beachtenswert. Die Privatspeisung weist uns zurück auf die Mahlgemeinschaften des irdischen Jesus mit einzelnen. Sie weist zurück auf Mahlszenen, in denen sich Jesus zumeist – anders als in ActJoh 93 – in die Gemeinschaft der gesellschaftlich Geächteten be-

---

[187] Vgl. J.E. Stambaugh/D.L. Balch 114.

[188] Nach J. Frey, Verständnis 11f, geht es um darum, die „Frage nach der Gegenwartsrelevanz der Wunder zur Geltung" zu bringen, einem m.E. für die Textpragmatik der ntl. Wundergeschichten nicht zu unterschätzendem Faktor.

[189] W.H. Kelber 56f; R.I. Pervo 191; zum Hirtenmotiv: 187 (dort auch der Hinweis auf Joh 6,15).

gibt (vgl. Mk 2,13-17 parr; Mt 11,19 par; s.a. Lk 15,2; 19,1-10).[190] Diesen Mahlgemeinschaften wohnte nachösterlich das Potential inne, zu wunderbaren Sättigungen ausgebaut werden zu können.[191] So ist es aussichtsreicher – nicht zuletzt auch im Blick auf ActJoh 93, wo dieser Zusammenhang möglicherweise am ursprünglichsten bewahrt ist –, nicht in einer wunderbaren Massenspeisung, sondern im Hinweis auf die Mahlgemeinschaften Jesu mit seinen Jüngern oder aber auch mit den Sündern den Kristallisationspunkt für die Entstehung der Speisungswunder zu suchen.[192] Die mit den Herrenmahlberichten und den Erscheinungsmahlzeiten Jesu (Emmausbericht: Lk 24,13ff; bes. Vv.30ff) weitgehend übereinstimmende jüdische Tischsitte des Nehmens des Brotes, seines

---

[190] Vgl. hierzu z.B. J. BECKER, Jesus 194ff; M.J. BORG, Mensch 152ff; J. GNILKA, Jesus 110ff; G. BORNKAMM, Jesus 71ff, und zuletzt J. BOLYKI *passim*. Vgl. auch die Auflistung bei D.E. SMITH 137 Anm. 8.
Im Gegensatz zu diesen Autoren, die mit unterschiedlicher historischer und theologischer Gewichtung die Mahlgemeinschaften dem Leben und der Verkündigung des historischen Jesus zuordnen, versucht SMITH diese Mahlgemeinschaften als literarisches Motiv auszuweisen: „It only works when presented in a literary context in which the presuppositions of the situation and characters can be carefully controlled" (157). Ein wichtiger Aspekt dieses Interpretationsansatzes ist seine Skepsis gegenüber der Bedeutung der Reinheitsproblematik und der Pharisäer zur Zeit Jesu (vgl. 154.147). Hier wird angesichts neuerer Forschungen, wie sie z.B. R. DEINES, Pharisäer 545f (zur Reinheit; vgl. die Ergebnisse seiner archäologischen Untersuchung des Vorkommens und der Verbreitung der für die kultische Reinheit wichtigen Steingefäße: Steingefäße *passim et* 278ff). 554f (zur Bedeutung der Pharisäer im Judentum: *„die grundlegende und prägende religiöse Strömung innerhalb des palästinischen Judentums zwischen 150 v. und 70 n. Chr"* [554]) formuliert, anders geurteilt werden können (vgl. die für den Problemkreis wichtige Auseinandersetzung mit E.P. SANDERS' Verständnis des zeitgenössischen Judentums der Zeit Jesu durch M. HENGEL/R. DEINES *passim*, bes. 395.438ff [445.448]). So bleibt trotz des Widerspruchs von SMITH angesichts der breiten Bezeugung der Mahlgemeinschaften Jesu mit der Zuwendung zu den gesellschaftlichen Außenseitern in unterschiedlichen literarischen Formen und theologischen Kontexten festzuhalten: Die Tischgemeinschaften bilden „einen wesentlichen Bestandteil im Wirken Jesu und hingen sogar organisch mit seiner Predigt zusammen. Die Tischgemeinschaften bezeugen die Einheit der Worte und Taten Jesu. Nicht nur spricht Jesus von Gottes Liebe, sondern er setzt sich auch mit den Sündern zum Mahl an den Tisch" (BOLYKI 228).
[191] Gegenüber möglichen Mißverständnissen ist deutlich zu betonen, daß nicht Jesu Wundertätigkeit allgemein zur historischen Bewertung ansteht, sondern die besondere Form der Massenspeisungen. Daß gegenüber der Heilungstätigkeit Jesu und seiner Exorzismen anders geurteilt werden kann, zeigt der gegenwärtige Forschungstrend, auf den ich positiv verweisen kann; vgl. J. FREY, Verständnis 12-14, mit der Einschränkung der historischen Verläßlichkeit für Geschenkwunder.
[192] Treffend F. SCHNIDER/W. STENGER 102f: „In der Geschichte von der wunderbaren Speisung drängt sich die Erfahrung der Jünger von der Tischgemeinschaft mit dem irdischen Jesus in einem großen Bild zusammen." S.a. U.H.J. KÖRTNER, Fischmotiv 29. Auch für L. SCHENKE, Urgemeinde 109, bilden die Mahlgemeinschaften des historischen Jesus eine Säule der Brotvermehrungstraditionen; die andere findet er in den christlichen Gemeinschaftsmahlen.

Brechens, seiner Segnung und der Austeilung ist als weiterer Hinweis auf diesen historischen Anknüpfungspunkt der Speisungsberichte zu nennen.[193] Im judenchristlichen Milieu, dem wohl Mk 6,35ff* seine Tradierung verdankt, ist diese Sitte besser bewahrt als in Mk 8,1ff*. Die Erinnerung an die Mahlgemeinschaften Jesu wird unter dem Einfluß einer hohen Christologie mit dem ‚Wandermotiv‘[194] der wunderbaren Speisung verbunden worden sein. Steht hinter ActJoh 93 wirklich eine altertümliche Geschichte, so wäre die Speisung einer Volksmenge bereits eine sekundäre Entwicklung, die das Wunder steigert. Diese massivere Form der Wundererzählung wurde einflußreicher, da sie dem Bedürfnis der Gemeinde erzählerisch und wohl auch theologisch eher entsprochen und eine Geschichte, wie sie hinter ActJoh 93 steht, fast völlig verdrängt hat. Hinter dieser großen und undifferenzierten Volksmenge wird Jesu Sendung und Wirken in seiner universalen Bedeutung gekennzeichnet. Theologisch werden diese Speisungswundergeschichten als „Abbilder des Mahles der Heilszeit" gedeutet.[195] Diese Deutelinien werden durchaus durch die Veränderungen und Ergänzungen der Seitenreferenten gestützt.

3.2 Formkritik des Speisungsberichts

3.2.1 Strukturelle und formale Analyse des Speisungsberichts

1. Exposition: Vv.1a*.5a: Ort und Personen.
   V.1a* Eine nicht mehr sicher zu rekonstruierende Ortsangabe wird die Speisung eingeleitet haben.
   V.5a. Die ersten beiden Protagonisten werden genannt:
      a) Zunächst wird *Jesus* genannt,
      b) sodann wird der Wundertäter der *Volksmenge* gewahr.
      Die Volksmenge wird als ankommende geschildert.

---

[193] So urteilt z.B. auch F. HAHN, Motive 348.

[194] E. SCHWEIZER, Mk 73, spricht von einer „auf Jesus übertragene(n) *Wanderlegende*" (Hervorhebung v.Vf.); s.a. G. FRIEDRICH 13; die damit ausgesagte direkte Übernahme einer geprägten Geschichte ist kaum beweisbar, doch lassen sich, wie noch zu zeigen sein wird, Parallelmotive aus verschiedenen kulturellen und religiösen Kontexten beibringen. Daher möchte ich differenzierter von Wandermotiven sprechen, um so die Bildung der Geschichte nicht nach einer bestimmten Legende, sondern nach bekannten zeitgenössischen Motiven vorzuschlagen.

[195] Mit U.H.J. KÖRTNER, Fischmotiv 29, der hier zustimmend J. JEREMIAS, Theologie 275, zitiert. S.a. F. HAHN, Motive 345–347, der auf den Zusammenhang von Jesu Mahlgemeinschaften und seiner Reichgottesverkündigung verweist und damit an die der Mahlgemeinschaft und der Verkündigung inhärente Heilshoffnung erinnert.

2. *Vorbereitung*: Vv.5b.8*.9. Das Vorhaben und die Voraussetzungen werden bestimmt.

V.5b: Jesus ergreift die Initiative und gibt durch eine Frage das Problem an:

a) Jesus redet.

b) Gestellt wird die Frage: ‚*Woher sollen wir Brot kaufen, das diese essen?*‘ Wie auch immer diese Frage interpretiert werden kann, entscheidend ist, daß die *Absicht, die Menge zu speisen*, kundgetan wird.

Vv.8*–9: Die das Problem verschärfende Antwort:

a) Eine neue, bisher nicht genannte *Personengruppe* wird eingeführt: die Jünger oder einer der Jünger (s.o.). Diese Gruppe der Helfer des Wundertäters wird nochmals benötigt, um die Ausmaße des Wunders zu demonstrieren.

b) Die Personengruppe *antwortet*.

c) Die Antwort geht am ersten Teil der Frage des ‚Helden‘ vorbei. Dies unterstreicht, was zuvor als eigentliches Thema dieser Frage gedacht war: das Vorhaben, die Menge zu speisen.

   α) Das *Vorhandene*:

      αα) Es ist ein Knabe da, der hat

      ββ) fünf Gerstenbrote und zwei Fische.

   β) Das *Unzureichende* des Vorhandenen in bezug auf das Vorhaben wird konstatiert:[1] ‚*Aber was ist dies für eine solche Menge?*‘

3. *Durchführung*: Vv.10–11. Der Wundertäter läßt lagern und verteilt die Speise.

V.10. Durchführung in bezug auf die zu speisenden Menschen; Aufforderung zum Speiselager (ἀναπεσεῖν).

a) *Anweisung* an die Jünger, die Menschen sich lagern zu lassen. Zwischenstück: Ort der Lagerung.

b) *Vollzug* der Anweisung. Abschlußstück: Angabe der gespeisten Männer, ca. 5000.[2]

V.11. Durchführung in bezug auf die Nahrung:

a) *Brote*

---

[1] Dies geben auch E. HAENCHEN, JE 301, und J. KONINGS, Dialogue 527, als Inhalt der Andreas-Rede an.

[2] Diese Zahl dürfte die anwohnende Bevölkerungszahl übersteigen und trägt daher eine hyperbolische Tendenz; vgl. B.J. MALINA/R.L. ROHRBAUGH, JE 126.

α) Jesus *nimmt* das Brot.

β) Er spricht das *Dankgebet*.

γ) Er *gibt* das Brot der gelagerten Menge.

b) *Fische*. Summarisch wird festgestellt, daß Jesus gleichermaßen (ὁμοίως) mit den Fischen verfährt.[3]

c) Die Schlußnotiz „*soviel sie wollten*' umfaßt beide Nahrungsmittel und bereitet bereits die folgende Demonstration vor; offensichtlich ist plötzlich soviel Nahrung vorhanden, daß nicht der Mangel, sondern das freie Bedürfnis regiert.

4. *Demonstration*: Vv.12–13b. Das *Einsammeln der Menge* der übriggebliebenen Nahrung stellt den *außergewöhnlichen Charakter* dieser Speisung heraus.

a) Eingangsnotiz: Zeitpunkt für das folgende Einsammeln. Zugleich Feststellung der Sättigung; dies nimmt die letzte Notiz auf. Alle konnten soviel essen, wie sie wollten, so daß sie satt sind.

b) Aufforderung zum Einsammeln.[4]

α) Jesus spricht zu

β) seinen Jüngern:

γ) Befehl zum Einsammeln.

δ) Begründung: „*damit nichts verderbe*',[5]

---

[3] Das ὁμοίως ist zwanglos auf das Verteilen des Brotes zu beziehen: Wie dieses wird auch der Fisch ausgeteilt. Damit entspricht 6,11 den Gepflogenheiten der Umwelt, in der der über dem Brot gesprochene Segen der Segen über die gesamte Mahlzeit ist (vgl. P. LAMPE, Herrenmahl 204 mit Anm. 63 [Belege für das jüdische Verständnis]). Anders Mk 8,7, das den Dank über den Fischen wiederholt; dies spricht m.E. für ein magisches Verständnis des Dankgebets, das einem Zauberspruch gleich, die Vermehrung garantiert.

[4] Es ist in der ntl. Exegese weithin anerkannt, daß es methodisch unsicher ist, die bei (HERMANN L. STRACK/)PAUL BILLERBECK gesammelten jüdischen Texte ungeschützt zur Interpretation ntl. Texte aufzunehmen: Dennoch ist es aber wohl nicht gänzlich verfehlt, auf BILL IV/2, 626f zu verweisen, die das Einsammeln der Speisereste als Ende der Mahlzeit angeben. Dem hier berichteten Brauch zufolge ließ man nach einer Mahlzeit nur Brotreste zurück, die kleiner als eine Olive waren (s.a. K. BERGER, Manna 115f). Im Blick auf die joh. Speisung würde dies bedeuten, daß, nachdem alle reichlich gesättigt sind, die Speisung mit dem Einsammeln der Reste beendet wird; das Ergebnis stellt die außergewöhnliche Quantität der Speisung mit einem weiteren ‚Paukenschlag' heraus.

[5] Auch hier lassen sich interessante jüdische Parallelen anführen; vgl. Bill. II 479: pSanh 23c, 33; pChag 2, 77d, 45 (allerdings geht es hier um den Verzehr eines zubereiteten Mahls durch die Armen); aaO. IV/2, 626f. Zuletzt suchte wiederum L.T. WITKAMP 49 einen tieferen symbolischen Sinn zu erschließen, indem er die Sammlung der Brote als Hinweis auf „the salvific gathering of the believers" bezieht. Dem ist jedoch nicht nur der formkritische Befund entgegenzuhalten, daß es hier um die Demonstration des Wunders geht; vielmehr ist im gesamten Kapitel die Relation Jesus – Brot von entscheidender Bedeutung, nicht aber die Gleichung Glaubender – Brot. Der Glaubende partizipiert am Brot zum Leben. Der

c) Vollzug

α) Feststellung der Befolgung des Befehls.

β) Vollzug des Befehls, indem die Jünger das Übriggebliebene der fünf Brote in zwölf Körbe sammelten.

5. *Reaktion:* V.15. Indirekt geschilderte, abgelehnte Akklamation.

a) Wiederum ist der Wundertäter der Aktive: Er erkennt, was im folgenden geschehen wird.

b) Die Gespeisten sind im Begriff, zu kommen und ihn zu packen, um ihn zum König zu machen. Der Versuch zur Königssalbung stellt den Eindruck und die Reaktion des Volkes vor.

c) Der Wundertäter weist diese Akklamation von sich, indem er sich vor dem Ansinnen der Menge auf einen Berg entzieht.

Aufbau und Gliederung der Speisung der 5000 sind relativ durchsichtig und entsprechen dem Strukturmodell, wie es für die ntl. Wundergeschichten erarbeitet werden konnte.[6]

Im vorgegebenen joh. Text nimmt die *Exposition* die Vv.1–5a ein; hier wurde der intensive Gestaltungswille des vierten Evangelisten nachgewiesen und seine Formulierung der Einleitung von der Tradition abgehoben. Der Evangelist verknüpft die Tradition mit dem Kontext und setzt zugleich Hinweise auf die folgende Rede; so kann der Text als eine über das Brotwunder auf die Brotrede hin geführte Komposition verstanden werden. Die komplizierte Ortsangabe in 6,1 berechtigte mit Vorbehalten zu der Annahme, daß die traditionelle Exposition mit einem Hinweis auf die *Lokalisierung* der folgenden Begegnung einsetzte („*See von Tiberias*"). Die Nennung des Sees kann bereits als Signal auf den folgenden Seewandel angesehen werden; dies erinnert daran, daß die hier vorgenommene separate Untersuchung von Speisung und Seewandel lediglich heuristisch berechtigt ist, die narrative Struktur hingegen beide Formen in einen festen Zusammenhang stellt. Stilgemäß werden in der Exposition der *Wundertäter,* Jesus, hier durchaus dem verbreiteten Gebrauch entsprechend in der ersten Position, und die weiteren *Protagonisten, an denen der Wundertäter wirkt,* genannt. Eine *Notlage* wird nicht expliziert. Der Advent der neuen Gruppe bietet keinen Raum für eine lange Unterweisung durch Jesus, die die Ernährung zu einem Problem werden ließe (anders Mk 8,2f).

Gibt es Parallelen für das Fehlen einer Notlage im Speisungskontext? John P. Meier deutet in dieser Weise 2Kön 4,42ff: „In any event, in the Elisha story there is no indication that

---

Gedanke der Sammlung der Brote, die die Gemeinde der Glaubenden repräsentieren, steht damit m.E. Kap. 6 fern.

[6] Vgl. G. THEISSEN, Wundergeschichten *passim.*

these people are suffering from great hunger, lack food, or are unable to get food by ordinary means."[7] Träfe diese Deutung zu, so läge hier eine schlagende Parallele zur Souveränität und Eigenständigkeit des joh. Wundertäters vor. Doch verdankt sich diese Interpretation einer isolierten Deutung der atl. Wundergeschichte. Die Speisung der Einhundert ist im Lichte der Hungersnot zu lesen,[8] die in 2Kön 4,38ff ein Nahrungswunder rahmt. Dort wird eine giftige Mahlzeit in einem Topf durch das Eingreifen Elisas genießbar und damit gegen den Hunger Abhilfe geschaffen.[9] In dieser Perspektive ist auch die Speisung in 2Kön 4,42ff eine Reaktion auf eine konkrete Not. Dieser Beurteilung ist auch nicht unter Hinweis auf eine ursprünglich eigenständige Überlieferung der Speisung durch Elisa zu entgehen, da begründet angenommen werden kann, daß dieser Text auf seinen Kontext hin gebildet worden und damit als literarisches Produkt anzusprechen ist.[10]

In der *Vorbereitung* wird das Vorhaben der Speisung eingeführt und genannt. Hier sind der Ort des Wunders und Hilfsmittel zu nennen. Dem dient der kurze Wortwechsel Vv.5b.8*–9.

Es kann immerhin gefragt werden, ob sich hinter der Erwähnung der Voraussetzungen des Wunders implizit eine Notlage erschließen läßt. Möglich ist, daß die Antwort des Jüngers/ der Jünger, die die Frage nach dem πόθεν und dem Kaufen unbeantwortet läßt, einen Hinweis enthält. Es könnte ein indirekter Wink darauf gesehen werden, daß keine Möglichkeit besteht, in dieser Situation Nahrung herbeizuschaffen. Doch dieser Gedanke ist eher durch den formalen Vergleich mit anderen Wundertexten, die nach einer Notlage suchen lassen, eingetragen.

Entscheidend ist die *Absicht des Wundertäters, die Volksmenge zu speisen.* Die Jünger treten als *Helfer des Wundertäters* auf. Die Antwort V.9, die die geringen Nahrungsvorräte anzeigt, betont, daß zur Speisung der Menge ein Wunder nötig ist. Diese *Erschwernis des Wunders*, die ausdrücklich dem bekannten und verbreiteten Schema kleiner Nahrungsvorrat – großer Nahrungsbedarf folgt, wird ausdrücklich durch die Jünger markiert. Die angezeigte Menge der Nahrungsmittel reicht nicht. Die *Skepsis* gegenüber der Möglichkeit, aufgrund dieser Ressourcen die Volksmenge zu speisen, enthält zugleich ein *Element des Zweifels gegenüber dem sich ereignenden Wunder*.[11] Dies sollte jedoch nicht auf die Frage nach dem Glauben der Jünger hin ausgelegt werden, sondern hebt das Wunder und den Wundertäter hervor.

---

[7] J.P. MEIER 961.

[8] Vgl. E. WÜRTHWEIN, 1–2 Kön 296.

[9] Zur Interpretation vgl. z.B. E. WÜRTHWEIN, 1–2Kön 295.

[10] Vgl. H.-C. SCHMITT 99f; s.a. C. LEVIN 339, der in diesem Speisungswunder eine Nachbildung von 2Kön 4,38–41 durch die „Gottesmann-Bearbeitung" findet.

[11] Zum Motiv der Skepsis vgl. mit Belegen G. THEISSEN, Wundergeschichten 66, mit Hinweis vor allem auf die epidaurischen Asklepius-Iamata (A 3.4.9. B 16 [36]; s.a. M. WOLTER 146; zu dem didaktischen Charakter dieser Inschriften s.a. M. LABAHN, Jesus 228 Anm. 78).

Die *geringen Nahrungsvorräte*, fünf Gerstenbrote und zwei eingelegte Fische,[12] werden durch einen Knaben vorgelegt. Die Geschichte interessiert dabei nicht, ob andere Glieder der Menge nicht auch Nahrungsmittel bei sich führten. Ein solcher Gedanke ist nicht in die Geschichte einzutragen, wie es gelegentlich, vornehmlich in der alten rationalistischen Exegese bei der Erklärung der synoptischen Speisungsgeschichten geschehen ist: danach schloß sich die Menge dem Vorbild der Jünger an, und man teilte die Nahrungsvorräte, so daß jeder satt wurde.[13] Dies ist jedoch weder im Fall der Synoptiker noch in der joh. Tradition und ihres Tradenten des vierten Evangelisten der Fall. Es geht nur um die hier genannten Nahrungsmittel. Sie werden gesegnet und ausgeteilt (V.11); sie sättigen (Vv.11f) und sie hinterlassen, durch die Hand des Wundertäters gegangen, den Überfluß (V.13). Für die Erwähnung des Knaben als Träger der Nahrungsmittel lassen sich zwei Gründe benennen. Zunächst repräsentiert er eine unbeteiligte, vom Wundertäter und seinen Helfern getrennte Figur, d.h. eine mögliche Manipulation des Wunders ist dadurch ausgeschlossen. Seine Invention verdankt der Knabe aber wahrscheinlich dem Umfeld der Speisung der Einhundert durch Elisa, 2Kön 4,42–44; in der LXX-Version wird der Diener des Elisa als παιδάριον genannt: 2Kön 4,25; 5,20.[14] Das christologisch gelesene Alte Testament stellt den frühchristlichen Lesern und Leserinnen Erzählmotive zur legendarischen Ausschmückung ihrer Jesusgeschichten zur Verfügung.

Zur szenischen *Vorbereitung* dient die Lagerung der Volksmenge; dies geschieht vermittels der Helfer des Wundertäters aufgrund dessen Anweisung. Der Personenkreis, für den das Wunder bestimmt ist, wird zu der Haltung angehalten, in der es an der wunderbaren Speisung Anteil erhalten kann. Dabei wird ein besonderer Ort für die Lagerung ausgewiesen, der nicht weiter interpretiert wird. Es ist nicht an einen Ort der Abgeschiedenheit zu denken, da die gesamte Volksmenge präsent ist. Ist eine mögliche Referenz an atl. Stellen unsicher, so kann an eine novellistische Ausschmückung der Erzählung gedacht werden.

Jedenfalls geht der Text in V.10 nicht mit PsLXX 22 (τόπον χλόης gegen χόρτος πολὺς ἐν τῷ τόπῳ: Joh 6,10) überein; gravierender ist jedoch, daß andere Anspielungen an Ps 23 und an das Hirtenthema fehlen. Κατασκηνόω, PsLXX 22,2, geht nicht auf eine zwischenzeitliche Lagerung zur Speise, wie das Verb ἀναπίπτω in Joh 6,10, sondern denkt an ein beständiges Aufschlagen des Zeltes, d.h. ein Wohnen. Ein antitypologischer Bezug zum Wüstenmanna würde sich erst durch den Kontext von Kap. 6, nicht aber für die separate Überlieferungsphase der Tradition ergeben. Vielleicht mag allerdings dennoch auch hier biblische Sprache oder Vorstellungswelt die frühchristliche Erzählung befruchtet haben.

Der zweite entscheidende Akt der Durchführung besteht in der Verteilung des zuvor gesegneten Brotes und des Fisches. Beide Gaben an das Volk können

---

[12] Auch bei der Auslegung joh. Wundergeschichte werden die bekannten Zahlenspekulationen wiederholt (hierzu s. auch S. 140 mit Anm. 148; so jetzt auch W. SCHMITHALS, Johannes 6,1–15, 326: „5 Brote und 2 Fische ergeben die heilige 7-Zahl und verweisen dadurch auf das ‚Brot vom Himmel' (6,32f.)."

[13] S.o. S. 147.

[14] Z.B. J.P. MEIER 1029 Anm. 288 (zu S. 959).

zusammengenommen als eine komplette Mahlzeit verstanden werden.[15] Das *Gebet* über dem Brot bzw. die Segnung des Brotes gehört zur jüdischen Sitte des Hausvaters vor der Speise, so daß Gerd Theißen im Blick auf die analoge Fassung der Synoptiker feststellen kann: „Daß die Brotvermehrung auf dies Gebet zurückgeht, ist nirgendwo angedeutet."[16] Wenn das Gebet bzw. der Segen in Mk 8,7 aber gegen den jüdischen Brauch auch auf das zweite Element der Speisung, den Fisch, ausgeweitet wird, so scheint mir Vorsicht gegenüber diesem Urteil geboten zu sein. Spiegelt sich darin nicht doch ein *magisches* Verständnis des Segensgestus? Ob diese Deutung von Mk 8,7 auch auf Joh 6,11 übertragen werden kann, ist ein anderes Problem. Immerhin wird sehr viel Wert auf eine genaue Schilderung des Verteilaktes gelegt: (a) der Wundertäter nimmt das Brot, (b) er spricht darüber das Dankgebet, (c) er teilt die Brote aus, und (d) er teilt die Fische aus. Wie auch immer der Gebets- oder Segensakt zu beurteilen ist, das Vermehrungsgeschehen verbirgt sich hinter diesem Verteilungsakt. Dies verdeutlicht die abschließende Feststellung, daß sich jeder nach seinem Bedürfnis sättigen konnte.

Das Einsammeln der Brotreste, das jüdischem Brauch entspricht, gerät zu einer eindrucksvollen *Demonstration* des Wunders. Auch in der Schilderung eines luxuriösen Mahles bei *Horaz* wird das Einsammeln von Speiseresten durch einen Sklaven berichtet: *et alter sublegit quodcumque iaceret inutile quodque posset cenantis offendere* (Serm II 8,11–13). Hier wird das Sammeln anders begründet. Nicht die Aufbewahrung und Erhaltung der Nahrungsmittel motiviert das Sammeln, sondern das Wohlergehen der versammelten Gesellschaft: die Speisereste werden eingesammelt, weil sie unnütz (*inutile*) sind und die Gäste beleidigen (*offendere*) könnten. Das Auflesen der Reste unterstreicht die Sorge für das Wohlbefinden der Gäste, zugleich aber dient es der Heraushebung des Gastgebers und seiner Fähigkeit, ein luxuriöses Mahl zu feiern. Das Motiv der Einsammlung der Brotreste entspricht zwar wie gezeigt, jüdischer Sitte, die Zahl der gefüllten Körbe, die folgt, unterstreicht hingegen das Wunder. Konkurriert also die Einsammlungsszene mit entsprechenden Darstellungen luxuriöser Mahlzeiten, wie sie in einer hellenistischen Umwelt erzählt wurden?

Gegenüber den Texten der Synoptiker ist die joh. Speisungstradition bereits weiter gesteigert;[17] so belegt es nicht nur die bereits genannte Schlußnotiz der Durchführung, sondern auch die Eingangsbemerkung der Demonstration. Das ὅσον ἤθελον steigert das Wunder weiter,[18] wie auch die folgende Situationsangabe, ὡς δὲ ἐνεπλήσθησαν. Jeder kann essen,

---

[15] Vgl. R.I. PERVO 190.

[16] G. THEISSEN, Wundergeschichten 74.

[17] Vgl. auch H. WÖLLNER 32.

[18] S.a. R. BULTMANN, JE 155.

soviel er will, so daß jeder auch sicher gesättigt ist. So geht die Abschlußformulierung von V.11[fin] nahezu bruchlos in die Demonstration des Wunders über.

Die überreichliche Menge belegen auch die Sammelbehälter für die Speisereste: „When baskets were required, the host had been particularly generous."[19] Wenn sich dies in den frühchristlichen Speisungsberichten nicht auf die zur Speisung herbeigebrachten Nahrungsmittel bezieht, sondern auf die eingesammelten Überreste, so ist das Wunder eine geradezu hyperbolische Steigerung der verfügbaren Analogien. Erst angesichts dieses Vergleichspunktes wird die Dimension des Speisungswunders im Verhältnis zu dem ähnlichen Erzählmotiv in 2Kön 4,6f deutlich: Dort reichten die vorhandenen Töpfe nicht aus, um das sich wunderbar vermehrende Öl zu fassen. Auch diese Geschichte trägt hyperbolische Züge: Mit dem Öl des *einen* Topfes werden die *vielen* Töpfe (אֵל־תַּמְעִיטִי; V.3), die die von der Schuldsklaverei ihrer Söhne und damit in ihrer unmittelbaren Existenz betroffene Witwe aus der Nachbarschaft erhält, gefüllt. Dies zeigt die Wundermacht des Gottesmannes Elisa, der sich für die Frau des verstorbenen gottesfürchtigen[20] Prophetenjüngers einsetzt.

Anschaulich soll das Wunder auch die Zählung des Überrestes machen.[21] Es stellt sich allerdings sogleich die Frage, was die Zahl ‚Zwölf' veranschaulichen soll. Zu beachten ist dabei, daß die Zwölfzahl, die in der atl.-jüdischen und der frühchristlichen Tradition von dem Motiv der Zwölf Stämme Israels herkommt, auch in der Zwölfzahl der Apostel, zu einem wichtigen theologischen Motiv geworden ist.[22] Von dieser Relevanz ausgehend, kann natürlich gefragt werden, ob diese Motivik auf die Zahl der Speisung Einfluß ausgeübt hat.[23] Die formale Funktion dieser Zahl weist aber zunächst in eine andere Richtung: Als ‚runde Zahl'[24] dient sie eher der Veranschaulichung der *Fülle des Überflusses*.

Im einzelnen folgt der Abschlußnotiz, die die völlige Sättigung notiert, die Aufforderung zum Einsammeln der Brotreste. Dies markiert ebenfalls den Abschluß der Mahlzeit. Eine Begründung für das Verhalten wird angegeben, dem aber keine symbolische Bedeutung zuzumessen sein wird. Vielmehr sind auch für diese Notiz einerseits die novellistische Gestaltungsbereitschaft in Anschlag zu bringen, andererseits die Absicherung des Wunders gegen Manipulation. Die Sammlung der Reste entspricht verbreiteter Sitte und zielt nicht auf das, was schließlich aber an ihr ablesbar sein wird, die Demonstration des Wunders. Dem kann auch das Zwischenschalten der Jünger dienen. Sie führen schließlich auch den Befehl aus und sammeln mit den Resten der Brote zwölf Körbe voll. Anders als Mk 6,43 interessieren

---

[19] R.I. PERVO 190 mit Hinweis auf *Athenaeus*, Deipnosophistae IV 130a: Beschreibung eines durch den Makkedonen Karanos veranstalteten prunkvollen Hochzeitsmahls, das jede Beschränkung vermissen läßt: da die aufgefahrenen Speisen von den Gästen nicht zu handhaben waren, läßt der Gastgeber Körbe bringen: „Als Karanos unsere Verlegenheit sieht, daß wir die Geschenke nicht unterbringen können, befiehlt er, uns Körbe und Brotkästen zu geben, die aus Elfenbein geflochten waren (σπυρίδας ἡμῖν καὶ ἀρτοφόρα διὰ ἱμάντων ἐλεφαντίνων πεπλεγμένα δοθῆναι). Dies machte uns wieder froh, und wir klatschten dem Bräutigam Beifall, da unsere Geschenke nun gerettet waren" (Übers.: U. u. K. TREU 57). s.a. *Athenaeus*, Deipnosophistae IV 130c (τραγήματά τ᾽ ἐν πλεκτοῖς ἐλεφαντίνοις).

[20] So in der sekundären Bearbeitung; vgl. E. WÜRTHWEIN, 1–2 Kön 288.

[21] Vgl. G. THEISSEN, Wundergeschichten 76: „Die Bedeutung der Zahl und des Überflusses zeigt: Das Wunder hat hier eine quantitative Dimension."

[22] Summarisch sei hier auf die Wörterbuchartikel von K.H. RENGSTORF, Art. δώδεκα *passim*, und T. HOLTZ *passim*, verwiesen.

[23] So z.B. E. KLOSTERMANN, Mk 64; vorsichtig T. HOLTZ 880.

[24] Vgl. K.H. RENGSTORF, Art. δώδεκα 322, der allerdings auch einen Hinweis auf die zwölf Apostel erwägt.

die Fische hier nicht mehr. Sie hatten allein die Funktion, als Beikost die Vollständigkeit des Mahls zu veranschaulichen. Der Hinweis auf die Sammlung des Brotes genügt, um das Wunder hervorzuheben.

Umstritten ist, ob sich hinter Joh 6,14f eine ursprüngliche *Reaktion* auf das Speisungswunder nachweisen läßt. Die mk. Speisungsgeschichten enden jeweils mit der Entlassung des Volkes, einem ebenfalls für die traditionelle Speisungstradition unsicheren Formbestandteil. Eine Akklamation wird nicht geboten. Angesichts der Spannungen zwischen zutreffender und bestrittener Akklamation wurde überprüft, welche Akklamation die größte Affinität zum Kontext aufweist. Als Ergebnis wurde ein ursprünglicher Chorschluß hinter V.15 ermittelt. Die Schilderung der Akklamation wird indirekt berichtet mit dem Filter der Erkenntnis des Wundertäters. Die gespeiste Menge anerkennt das geschehene Wunder als messianisches Zeichen und sucht den Wundertäter deshalb zum König zu salben. Der Wundertäter unterbindet dieses Vorhaben in seiner Vorausschau, indem er sich vor dem Volk auf einen Berg zurückzieht. Dies Verfahren läßt sich als abgelehnte Akklamation bezeichnen und scheint in der frühchristlichen Umwelt wohl weitgehend ohne Analogie zu sein.[25]

3.2.2 Vergleich der johanneischen Speisung mit den markinischen Speisungsberichten und ihren Traditionen hinsichtlich ihrer strukturellen und formalen Charakteristika

Bevor der Frage nach zeitgenössischen Analogien und eventuellen Vorbildern in formaler Hinsicht wie auch im Blick auf das Motivinventar nachgegangen wird, ist eine Stellungnahme zum Verhältnis der joh. Speisung zu den zuvor untersuchten Speisungstraditionen notwendig. Im Blick auf die Privatspeisung ActJoh 93 ist die Entscheidung eindeutig. Nicht einmal eine mögliche Beeinflussung von Joh 6,5ff durch ein eventuelles älteres Stadium der Privatspeisung ist anzunehmen. Wesentlich schwieriger ist eine Verhältnisbestimmung zu den vormk. Speisungen. Als erstes ist die auffällige strukturelle Parallelität der drei zu vergleichenden Speisungstraditionen hervorzuheben. Die Differenzen zu den synoptischen Berichten, die keineswegs übersehen werden sollen (z.B. das Mitleid Jesu als Motivierung der Speisung im Zusammenhang der Notlage: Mk 8,2f), haben eine Parallele darin, daß auch die vormk. Speisungen formale Differenzen zueinander vorweisen. Doch wie ist das Verhältnis im einzelnen zu bewerten?

Die in Joh 6,5ff verwendeten Zahlenangaben stellen die joh. Speisung näher an Mk 6,35ff denn an Mk 8,2ff heran (zu beachten ist hingegen, daß es sich in Mk 6,44 und Joh 6,10 übereinstimmend um ἄνδρες handelt; anders Mk 8,9). Dies ist auch dann festzuhalten,

---

[25] So das Urteil von G. THEISSEN, Wundergeschichten 81.

wenn es die Differenz zu beachten gilt, daß der joh. Jesus selbst die Nahrung austeilt und nicht seine Jünger. Deren Rolle wird jedoch bei der Einsammlung der Brotreste in Joh 6,12f stärker als in den synoptischen Parallelen hervorgehoben. Dies könnte dem Einfluß der Jünger bei der Verteilung des gesegneten Brotes in Mk 6,41 entsprechen. Dem Fehlen der Tischgemeinschaft und der Gruppenlagerung aus Mk 6,40 steht jedoch die Nennung eines Lagerungsortes gegenüber (Joh 6,10 ≈ Mk 6,40 ≠ Mk 8,6 [hier steht lediglich ἐπὶ τῆς γῆς]).

Insbesondere aufgrund der Zahlenangaben ist also Joh 6,5ff näher an Mk 6,35ff zu rücken. Handelt es sich deshalb um eine Nebentradition zu der Speisung der 5000?

Die Frage ist zum gegenwärtigen Stand der Untersuchung nur vorläufig zu beantworten. Natürlich lassen sich Parallelen und Differenzen auflisten und bewerten und ermöglichen nach der Scheidung von traditionellem und redaktionellem Gut eine Antwort. Dennoch ist aber der Gesamtzusammenhang zu beachten, in dem der Speisungsgeschichte sowohl in Mk 6 als auch in Joh 6 der Seewandel folgt. Erst wenn diese Sequenz im MkEv ebenfalls analysiert worden ist, kann eine befriedigende Antwort gegeben werden; auf diesen Gesamtzusammenhang wird später zurückzukommen sein.

Die Überlieferung von Joh 6 hat eine längere eigenständige Überlieferungsphase durchlaufen; dafür sprechen novellistische Züge, wie die Erwähnung des Knaben, der die Brote und Fische bei sich führt. Das Fischmotiv ist gegenüber Mk 8,2ff und eventuell auch gegen Mk 6,35ff[26] fest mit der Überlieferung in Joh 6 verbunden. Dies berechtigt angesichts der Schwierigkeiten der Beurteilung des Prozesses des möglichen Hinzuwachsens der Fische zu keinem Urteil über die Abhängigkeit. Bedeutung gewinnt jedoch der Gedanke, Nahrung hinzuzukaufen. Dieser Gedanke ist oben als Teil des redaktionellen mk. Dialogs ausgewiesen worden, der das Unverständnis der Jünger herausstellt.[27] Zwar wurde bemerkt, daß auch der joh. Dialog zwischen Jesus und seinen Jüngern in starkem Maße redaktionell gestaltet wurde; wir sahen uns jedoch nicht genötigt, die Eingangsfrage Jesu ebenfalls dem vierten Evangelisten zuzuschreiben (Joh 6,5b). Sie dient zur Erkundung des Nahrungsvorrates und hat damit formale Analogien in den beiden anderen Massenspeisungen. Dies weist auf eine Abhängigkeit der joh. Tradition von der redaktionellen Ebene von Mk 6,35ff hin. Im Prozeß der Nacherzählung ist es zu Veränderungen gekommen, die einzelne redaktionell-markinische Elemente abgestoßen haben. So sollte es nicht verwundern, daß von dem vornehmlich das Unverständnis der Jünger aufzeigenden Dialog Mk 6,35–37 lediglich das Motiv des Nahrungszukaufs aufgenommen wurde. Zudem wurde auch die sehr diffizile Situationsschilde-

---

[26] S.o. S. 138 und S. 132f.
[27] S.o. S. 124ff.

rung Mk 6,30ff ignoriert. Zu beiden Entwicklungen zeigen die synoptischen Seitenreferenten Parallelen.

Ob die These einer Abhängigkeit der joh. Überlieferung von Mk 6,35ff und damit die Möglichkeit der *sekundären Mündlichkeit* (secondary orality) wirklich zutrifft, wird der Vergleich der gesamten Wundersequenz zu ergeben haben.

3.2.3 Vergleich der johanneischen Speisung mit zeitgenössischen Erzählmotiven und Speisungsberichten

3.2.3.1 Vergleich der johanneischen Speisung mit den Speisungsberichten des Elia-Elisa-Zyklus

Die probeweise versuchte formale Analyse der Speisung als Wundergeschichte kann als gelungen gelten (→ 3.2.1). Es ist zu fragen, ob eine nähere Spezifizierung möglich ist und welche Vergleichstexte, Form- und Motivanalogien die antike Umwelt bereit hält.

Daß auf die Erzählung der ntl. Speisungsgeschichten Motive der atl. Speisungsgeschichten eingewirkt haben (Mosetradition von der Mannaspeisung in der Wüste: Ex 16,1ff; Num 11,6–9; Dtn 8,3.16; Elia-Elisa-Überlieferung: 1Kön 17,7–16; 2Kön 4,42–44), ist nicht zu bestreiten. Eine eigene Frage ist jedoch, wieweit dieser Einfluß auf die joh. Tradition oder Redaktion geht, welche speziellen Texte mit welcher Bedeutung im einzelnen eingewirkt haben.

Von Bedeutung sind Versuche, die ntl. Speisungen genetisch aus dem Elia-Elisa-Zyklus abzuleiten. Auch wenn bereits zuvor auf die Erinnerung an die Mahlgemeinschaften des historischen Jesus als Kristallisationskern der ntl. Massenspeisungstraditionen gewiesen wurde, bleibt dennoch die Diskussion zu führen, ob das narrative Gerüst den atl. Parallelen entnommen wurde.[28] Her-

---

[28] So z.B. schon D.F. STRAUSS, II, 215ff, im Rahmen seiner mythologischen Wunderinterpretation (hierzu E.G. LAWLER 34ff.42ff sowie kurz J. FREY, Verständnis 5.) Vgl. jetzt z. B. B. KOLLMANN, Jesus 274; U. LUZ, Mt II, 397: „Das entscheidende alttestamentliche Vorbild, das auf Jesus übertragen wurde *und zur Bildung unserer Geschichte führte*, war das Speisungswunder Elischas 2Kön 4,42–44." (Hervorhebung v.Vf); Hinweis auch bei E. KOSKENNIEMI 465.

Als „literarische Vorlage" für die vormk. Speisungstradition bewertet A. HEISING, Botschaft 19, die Speisung durch Elisa (s.a. aaO. 18; sowie den tabellarischen Vergleich 18f; s. a. R.H. FULLER 66: Diese Legende habe „auf die literarische Gestaltung der Speisungsgeschichte einigen Einfluß ausgeübt"; L. SCHENKE, Urgemeinde 109: formale Nachbildung der Elisa-Legende; Brotvermehrung 95. J.M. NÜTZEL 168 sieht neben Assoziationen zu beiden atl. Wundern vor allem eine Parallelität im Aufbau mit 2Kön 4); doch seien die ntl. Speisungsgeschichten zugleich „die Wiederholung der wunderbaren Mannaspeisung" (aaO. 52). Vor allem auf das Manna-Wunder weist H. BAARLINK 133, der damit die Speisung als

vorzuheben ist besonders die nicht unproblematische These von Ulrich H.J. Körtner: „Teilweise reicht die Parallelität bis ins Sprachliche hinein, wobei eine genaue Analyse zeigt, daß die Vorlage für die ntl. Tradition Mk 6 der hebräische Text, nicht aber die LXX-Fassung 4 Reg 4 42–44 war".[29]

Zunächst ist der erste Abschnitt der *Dürrekomposition des Elia-Zyklus*, 1Kön 17,1–18,46, zu vergleichen: *1Kön 17,1–16*.[30] Zu Beginn dieser Komposition werden eine Reihe wunderbarer Begebenheiten berichtet (17,2ff, die wunderbare Speisung am Bach Kerit durch Raben, 17,7ff, der nicht versiegende Ölkrug und Mehltopf, 17,17ff die Erweckung des Sohnes der Witwe), im zweiten Teilstück nach der Begegnung mit dem königlichen Beamten Obadja (18,3ff) die Auseinandersetzung mit den Baalspropheten auf dem Karmel (18,17ff: die Opferprobe). Der Prophet Elia handelt als Held unter Gottes Wort (vgl. vor allem die Wortereignisformel 17,2.8; 18,1) und in Gottes Dienst (vgl. 17,1; 18,15). Von geringem Gewicht für die Interpretation der ntl. Speisungsgeschichten ist die wunderbare Ernährung des Propheten am Bach Kerit (Vv. 2–5), obgleich diese Geschichte zum Motivkreis der wundersamen Speisungen zu rechnen ist. Durch das Stichwort Brot bzw. Brotstück (פַּת־לֶחֶם; LXX: ψωμὸν ἄρτου) ist eine Nähe der Sättigung des Propheten als Gast der Witwe in Sarepta zu dem beherrschenden Element der ntl. Speisung, dem Brot, gegeben.

Im Blick auf den nicht versiegenden Ölkrug und Mehltopf der Witwe, 1Kön 17,7ff sind zunächst die augenfälligen Differenzen zu benennen. Das Brot ist nicht Objekt des vermehrenden Wirkens des Wundertäters. Die Bitte um Brot (V.11) ist lediglich der Ausgangspunkt für ein ganz andersartiges Vermehrungswunder, das die Zutaten zur Herstellung des Brotes betrifft, Mehl und Öl. So wird zudem nicht eine Anzahl von Personen durch eine geringe Nahrungs-

---

„Sphäre göttlicher Epiphanie" charakterisiert findet. Gegen eine *direkte* Beeinflussung durch die atl. Parallelen U. SCHNELLE, Christologie 117.

[29] U.H.J. Körtner, Fischmotiv 26 (aaO. Anm. 10 ist weitere Lit. genannt).

[30] Die Dürrekomposition umgreift 1Kön 17,1–18,46; ihre Entstehung, Komposition und redaktionelle Interpretation kann hier nicht besprochen werden; dafür können beispielsweise folgende Arbeiten verglichen werden: O.H. STECK 28f. 132 (spätes Hinzuwachsen der Wunderszenen 1Kön 17,7–16.17–24 in den Elia-Komplex), E. WÜRTHWEIN, 1–2Kön, 211 (Der Grundbestand des Speisungswunders ist Teil einer vordtr Dürrekomposition, die später ergänzt wurde [DtrP].), C. LEVIN 333f (Nachtrag) und die Überlegungen von H. GESE 131. 138 (1Kön 17,17 hat mit der Dürrekomposition ursprünglich nichts zu tun.). Zu vergleichen ist hier der Text der Endredaktion, wie er in ntl. Zeit vorlag. Dabei kann nicht vergessen werden, daß hier ältere Stoffe aufgenommen worden sind, die ein eigenständiges Erzählpotential bilden und auch in anderen Kontexten verwendet werden konnten. Im folgenden geht es jedoch nicht um die Beeinflussung der ntl. Speisung durch antike oder orientalische Erzählmotive und Konventionen, sondern um die Frage einer konkreten Abhängigkeit, und zwar im Sinne der Zurverfügungstellung des narrativen Erzählgerüstes.

menge gespeist, sondern die Nahrungsvorräte bzw. konkret die Ressourcen zur Erzeugung des Brotes, Öl und Mehl, gehen nicht aus. Dies ist damit begründet, daß ihre Vorratsbehälter nicht versiegen; es ist also vom sogenannten ‚Füllhorn-Motiv' zu sprechen. Die Pointe liegt weiterhin nicht in der Speisung einer großen Personenzahl. Gesättigt werden durch die sich nicht erschöpfenden Ressourcen neben dem Propheten und der Witwe ihre Söhne; deren Anzahl bleibt aber unbekannt.

MT bietet in 17,13f den Singular; LXX liest demgegenüber den Plural τὰ τέκνα. Wenn in der Feststellung der Sättigung MT 17,15 וּבֵיתָהּ steht (LXX liest wiederum τὰ τέκνα), so mag dies für die Ursprünglichkeit des Plurals sprechen.[31] Formulieren unsere Speisungstraditionen griechisch, so sind sie zunächst mit der Tradition der griechischen Bibel zu vergleichen, die den Plural bietet. Unabhängig von der textkritischen Entscheidung bleibt die Zahl der Gespeisten klein und im narrativen Kontext marginal.

Es wird keinerlei Gewicht auf die Zahl der Gespeisten gelegt; lediglich, daß Elia und mit ihm die Witwe und ihr Haus als Gastgeberin in der Situation der Dürre durch Gottes Fügung nicht verhungern, ist von Gewicht.

Aufgrund der Differenzen ist deutlich, daß 1Kön 17,10ff kein Modell für die ntl. Speisungen abgegeben hat. Struktur und Vokabular sind zu unterschiedlich. Daneben bleiben die Konvergenzen gering. Lediglich das Brot als Nahrungsmittel ist eine wirkliche Parallele, als solche aber nicht signifikant genug. Immerhin belegen 1Kön 17,2ff und 17,8ff bzw. 17,10ff das Motiv der wunderbaren Speisung auch im biblischen Kontext. Ist es hier ein Tier, der Rabe, als Werkzeug Jahwes, der den Wundermann versorgt, so ist es dort das ‚Füllhorn-Motiv', das mit einem Gottesspruch, der ursprünglich ein Zauberspruch gewesen sein wird, verbunden ist.

Immerhin ist in dem eher ‚privaten' Charakter der Speisung eine gewisse Nähe zur Speisung bei der Einladung des Pharisäers, ActJoh 93, zu erkennen. Die Annahme eines direkten Einflusses verbietet sich insofern, als in beiden Geschichten ein anderes Motiv zur wunderbaren Speisung benutzt wird. In 1Kön 17 findet sich das schon mehrfach sogenannte Füllhorn-Motiv, in ActJoh 93 das Motiv der (vollkommenen) Sättigung mit einer kleinen Nahrungsmenge, das mit dem Motiv in den ntl. Massenspeisungen eng verwandt ist. Auch das Fehlen einer Notsituation in dem apokryphen Speisungsbericht ist zu beachten. So bleibt auch hier das Ergebnis negativ.

---

[31] So z.B. E. WÜRTHWEIN, 1–2Kön 206.212, unter Zugrundelegung seines Wachstumsmodells.

Ein anderes Bild ergibt sich, wenn neben 1Kön 17,8ff bzw. 10ff auch die *Speisung der Einhundert* in *2Kön 4,42–44*[32] zum Vergleich herangezogen wird.[33] Hier wie dort steht zunächst das Brot als Nahrungsmittel im Vordergrund. Signifikanter ist, daß die Elisa-Speisung eine Massenspeisung (100 Mann) mit einer geringen Brotmenge erzählt. Selbst das Motiv der Überreste ist in diesem Bericht enthalten. Dies nötigt zu einem ausführlicheren Vergleich.

Zu diesem Zweck werden zunächst der hebräische und der griechische Text sowie eine deutsche Übersetzung des letzteren vorgelegt, um schließlich die strukturelle Gliederung zu erarbeiten:

MT	LXX	
וְאִישׁ בָּא מִבַּעַל שָׁלִשָׁה	καὶ ἀνὴρ διῆλθεν ἐκ Βαιθσαρισα	V.42 Und es kam ein Mann von Baithsarisa
וַיָּבֵא לְאִישׁ הָאֱלֹהִים	καὶ ἤνεγκεν πρὸς τὸν ἄνθρωπον τοῦ θεοῦ	und er gab dem Gottesmann
לֶחֶם בִּכּוּרִים עֶשְׂרִים־לֶחֶם שְׂעֹרִים	πρωτογενημάτων εἴκοσι ἄρτους κριθίνους	zwanzig Gerstenbrote aus frühreifem Getreide
וְכַרְמֶל בְּצִקְלֹנוֹ[34]	καὶ παλάθας	und Feigenkuchen.
וַיֹּאמֶר תֵּן לָעָם וְיֹאכֵלוּ׃	καὶ εἶπεν Δότε τῷ λαῷ καὶ ἐσθιέτωσαν.	Der <Gottesmann> sprach: Gebt ihr dem Volk und sie sollen essen.
וַיֹּאמֶר מְשָׁרְתוֹ	καὶ εἶπεν ὁ λειτουργὸς αὐτοῦ	V. 43 Sein Diener aber erwiderte:

---

[32] Zweifelhaft erscheint, daß „eine ursprüngliche Fassung [42.44a] ihre besondere Aufmerksamkeit dem großzügigen Spender und freigebigen Elia" widmete (G. HENTSCHEL, 2Kön, 22), der mirakulöse Zug also erst sekundär eingetragen wäre. Wahrscheinlich wurde die Speisung jedoch ursprünglich auf den Kontext hin geschaffen und hat keine separate Vorgeschichte (H.-C. SCHMITT 100).

[33] Vgl. z.B. R. PESCH, Mk I, 351ff.

[34] Hinsichtlich der mitgebrachten Lebensmittel findet sich zwischen MT und LXX die größte Differenz; daher ist hier der hebräische Text gesondert zu übersetzen: ,Erstlingsbrot (d.h. Brot aus frühreifem Getreide), zwanzig Gerstenbrote und *karmæl* in seinem Lebensmittelbeutel'. כַּרְמֶל ist in seiner Bedeutung nicht sicher zu greifen. Auch die alte jüdische Exegese versteht es nicht einheitlich. Gelegentlich wurde additiv gelesen, so daß im Text drei Brotsorten mit insgesamt 22 Broten erkannt wurden: Ket 106a (BILL. II, 479). Anders die LXX; sie faßt die ersten beiden Glieder zusammen und liest damit das *waw* als *waw epexegeticum*. Im zweiten Teil nennt sie eine konkrete Beikost, einen Feigenkuchen oder eine Masse aus gepreßten Feigen (vgl. K. BERGER, Manna 88f). Das Transportmittel wird ausgelassen. Klarheit ist auch nicht durch den Blick in die Wörterbücher oder Kommentare zu erreichen. E. KÖNIG, Wb 188, schlägt „*Gartenerzeugnis*" vor. Treffender scheint eine Bestimmung zu sein, die bei der Bedeutung ,Jungkorn' einsetzt (L. KÖHLER/W. BAUMGARTNER, Wb 475). Was aber ist gemeint? „Frische Körner" (G. HENTSCHEL, 2Kön, 22)? Oder liegt eine Glosse vor, die בִּכּוּרִים erläutert (E. WÜRTHWEIN, 1–2 Kön 296 Anm. 1)? Dann hätte der Mann aus Baal-Schalischa insgesamt 20 Gerstenbrote mitgebracht, die aus dem ersten geernteten Getreide gebacken waren, da עֶשְׂרִים־לֶחֶם שְׂעֹרִים als Explikation von לֶחֶם בִּכּוּרִים zu lesen ist.

אֶתֵּן זֶה לִפְנֵי מֵאָה אִישׁ	Τί δῶ τοῦτο ἐνώπιον ἑκατὸν ἀνδρῶν;	Wie soll ich dies vor einhundert Männer geben.
וַיֹּאמֶר תֵּן לָעָם וְיֹאכֵלוּ כִּי כֹה אָמַר יְהוָה	καὶ εἶπεν Δὸς τῷ λαῷ καὶ ἐσθιέτωσαν, ὅτι τάδε λέγει κύριος	Der Gottesmann: Gib dem Volk und sie sollen essen, weil der Herr folgendermaßen spricht:
אָכֹל וְהוֹתֵר:	Φάγονται καὶ καταλείψουσιν.	Und sie sollen essen und sie werden übriglassen.
וַיִּתֵּן לִפְנֵיהֶם וַיֹּאכֵלוּ	καὶ ἔφαγον καὶ κατέλιπον	V.44 Sie aber aßen und ließen übrig
וַיּוֹתִרוּ כִּדְבַר יְהוָה:	κατὰ τὸ ῥῆμα κυρίου.	nach dem Wort des Herrn.[35]

Vergleichen wir zunächst die hebräische Fassung der Speisung und ihre griechische Übersetzung, so ist festzuhalten, daß die LXX-Fassung weithin eine wörtliche Übersetzung repräsentiert. Die erste der beiden Abweichungen unterstreicht diese Beobachtung. Die drei Angaben über die mitgebrachte Nahrung des Mannes aus Beth-Schalischa (LXX: Baitsarisa) werden so genau zu übertragen gesucht, wie es dem Übersetzer möglich ist. Die zweite Person Plural in V.43 ist überraschend. Ob jedoch ein hebräisches תְּנוּ vorauszusetzen ist, da auch die syrische Überlieferung nach dem *Codex Ambrosianus* den Plural liest, ist nicht sicher auszumachen. Es könnte auf die υἱοὶ τῶν προφητῶν in 4Βας 4,38 zurückgehen, die damit von Elisa beauftragt werden, das Volk von Gilgal zu speisen.

Wiederum stellt sich die Frage, wie das berichtete Speisungswunder gattungsgeschichtlich zu beschreiben ist. Georg Hentschel überschreibt seine Auslegung von 2Kön 4,42–44 mit „Brotvermehrung".[36] Diese Bezeichnung gewinnt aber die Speisung der 100 nur dann, wenn sie im Licht der ntl. Speisungen gelesen wird. Der Hinweis auf den Rest, der bei der Speisung übrigbleibt, zeigt nicht eine gesteigerte Quantität gegenüber dem zu Anfang der Speisung vorhandenen Brot an, sondern daß anscheinend den vorhandenen 20 Broten aufgrund des Wortes Jahwes das Potential innewohnte, 100 Männer zu sättigen.[37] Der Nährwert, dieses vom Gottesmann zur Austeilung gebrachten und von Jahwe durch sein Wort mit besonderer Verheißung belegten Brotes, ist so weitreichend, daß es nicht einmal aufgegessen wird. Dieses Motiv ist auch die leitende Idee hinter der Privatspeisung ActJoh 93.

Kommen wir auf die oben genannte Vermutung von Ulrich H.J. Körtner zurück, daß die synoptische Speisungstradition den hebräischen Text voraussetzt, so muß dieses sehr optimistische Urteil revidiert werden. Noch vor dem Vergleich der formalen Strukturen ist festzuhalten, daß, selbst wenn eine Anknüpfung an die atl. Speisung der Einhundert auf irgendeiner Überlieferungsstufe vorliegt, eher an den griechischen Text zu denken ist. Hier sind es wahrscheinlich die Prophetenjünger (gegen den Singular im MT), die mit der Verteilung des Brotes beauftragt sind. Dies könnte *ein* mögliches Vorbild für die Verteilung der Nahrungsmittel durch die Jesusjünger in den synoptischen Berichten

---

[35] In den Wendungen *weil der Herr folgendermaßen spricht: Und sie sollen essen und sie werden übriglassen* und *nach dem Wort des Herrn* registriert C. LEVIN 339 Zusätze der von ihm als „Jahwewort-Bearbeitung" bezeichneten Ergänzungsschicht.

[36] G. HENTSCHEL, 2Kön, 22.

[37] Richtig z.B. G. FOHRER, Prophetie 30: Vermögen, „mit geringen Vorräten zahlreiche Menschen zu sättigen".

sein; dies weist aber auf den Septuaginta-Text, nicht auf MT. Immerhin hält LXX auch zwei Güter zur Verteilung bereit. Neben dem Gerstenbrot eine Beigabe, den Feigenkuchen. Dies gibt zu zweierlei Überlegungen Anlaß. Zunächst kann in dieser zweifachen Gabe ein Vorbild für den Nahrungsvorrat aus Brot und Fisch, der dem Volk ausgeteilt wird, dienen. Doch ist in Erinnerung zu rufen, daß es sich hierbei wohl bereits um eine zweite Phase der Überlieferung handelt. In der ältesten Phase könnte allein die Austeilung des Brotes berichtet worden sein. Doch verweist diese Beobachtung auf einen möglichen Zusammenhang mit dem hebräischen Text, der nur vom Brot spricht. Handelt MT in den drei Formulierungen עֶשְׂרִים־לֶחֶם לֶחֶם שְׂעֹרִים, לֶחֶם בְּכוּרִים und כַּרְמֶל möglicherweise gar in unterschiedlicher Qualifizierung und Kennzeichnung nur von einem Nahrungsmittel, nämlich den zwanzig Broten, so wäre die Nähe noch einleuchtender. Dies könnte überzeugen, wenn nicht bereits die LXX wie die jüdische Auslegungstradition ein Verständnisproblem von 2Kön 4,42 belegen und unterschiedlich zu lösen suchen. Ein derartig unsicherer Text kann nicht die Abhängigkeit vom hebräischen Basistext beweisen.

Daneben lassen sich jedoch eine Anzahl von Differenzen benennen. Da ist zunächst das Vermehrungsmotiv, das in der atl. Speisung der 100 keine wirkliche Parallele zu den ntl. Massenspeisungen belegt. Auch in Bezug auf die Rahmung, der es entspricht, daß ein fremder Mann das Nahrungsmittel bringt, sind erhebliche Unterschiede festzustellen.[38] Die Zahlen divergieren ebenfalls, allerdings ist dies kein wirklicher Hinderungsgrund für die Annahme einer Abhängigkeit, da beide Zahlenangaben in einer steigernden Absicht verändert worden sein könnten. Das Wunder wird ausdrücklich dem Jahwewort zugeschrieben.

Zur Klärung der Frage der Beeinflussung gewährt jedoch der Vergleich der formalen Strukturen ein weiteres Kriterium. Zu diesem Zweck sollen die in einigen Zügen altertümlichere Speisung der 4000, Mk 8,1ff, und die joh. Speisung als der uns in dieser Arbeit primär interessierende Text neben 2Kön 4,42–44 gestellt werden. Für den Vergleich mit Joh 6,1ff spricht auch eine (allerdings geringe) verbale Affinität: die Erwähnung des Gerstenbrotes und eines παιδάριον" (Joh 6,9 = 4Βας 4,25.41; 5,20).[39]

---

[38] S.a. J. BOLYKI 96.
[39] Vgl. z.B. R.E. BROWN, Jesus 91; M. ÖHLER, Elia 246.

2Kön 4,42–44	Mk 8,1ff	Joh 6,1ff

Exposition

<V38. Ausgangssituation für ein Doppelwunder.[40] Rückkehr des Propheten nach Gilgal.	V.1*(?)–4 a) Situation (V.1*)	Vv.la*.5a: a) Ort und Personen. V.la* unsichere Ortsangabe.
	Die Protagonisten werden genannt: (α) Volk β) Jesus	V.5a. Die ersten beiden Protagonisten werden genannt: α) *Jesus*
(α) Prophet [s.o.]		β) Der Wundertäter bemerkt die *Volksmenge*.
β) Prophetenjünger (γ) Diener [V.41LXX: παιδάριον → V.43: λειτουργός].> δ) Der Mann aus Baalschalischa mit Nahrung: V.42a.	γ) Jünger	
	b) Mitleid mit dem Volk (V.2a). c) Verschärfung der Notlage (Vv. 2b–3). α) Das Volk verharrte bei Jesus. β) Zeitdauer: drei Tage lang. γ) Ohne Nahrung. δ) Unmöglichkeit, das Volk ohne Nahrung zu entlassen. αα) Protasis: im Falle der Entlassung ohne Speise. ββ) Apodosis: es folgt der Zusammenbruch. γγ) Weitere Verschärfung durch den Hinweis auf den weiten Heimweg. d) Indirekter Hinweis auf die Erschwernis des Wunders durch die Jüngerfrage.	

---

[40] Die wunderbare Entgiftung des Kochtopfes ist nicht entscheidend, etwa durch eine neue Situationsangabe, von der Speisung der Einhundert getrennt.

Vorbereitung

	Vorbereitung	
	V.5 Die Vorbedingungen zur Durchführung des Speisungswunders werden bestimmt.	Vv.5b.8[*].9. Das Vorhaben und die Voraussetzungen werden bestimmt.
b) Aufforderung zur Verteilung der nunmehr vorhandenen Nahrungsmittel.	a) Präparierende Frage des Wundertäters an seine Jünger nach der vorhandenen Menge der zu vermehrenden Materie, dem *Brot.*	a) V.5b: Jesus ergreift die Initiative und gibt durch eine Frage das Problem an:
c) Widerspruch des Dieners:	b) Antwort der Helfer des Wundertäters, die den zu vermehrenden Vorrat nennt: sieben (Brote).	b) Vv.8[*]–9: Die das Problem verschärfende Antwort der Jünger bzw. eines der Jünger. Die Antwort: α) Das *Vorhandene* αα) Es ist ein Knabe da, der hat ββ) fünf Gerstenbrote und zwei Fische. β) Das *Unzureichende* des Vorhandenen: *„Aber was ist dies für eine solche Menge?'*
Inhalt des Widerspruchs: Das *Unzureichende* der vorhandenen Nahrungsressourcen wird durch das Wort des Dieners herausgestellt: Wie soll ich dies vor einhundert Männer geben: α) Rückbezug auf die vorhandene Nahrungsmenge. β) Anzahl der zu speisenden Personen.		

Durchführung

Austeilung der Brote.	V.6. Lagerung und Austeilung der Brote. a) Aufforderung an das Volk, sich zur Speisung auf der Erde zu lagern.	Vv.10–11. Der Wundertäter läßt lagern und verteilt die Speise. a) Aufforderung zum Speiselager. α) *Anweisung* an die Jünger, die Menschen sich lagern zu lassen. Zwischenstück: Ort der Lagerung. β) *Vollzug* der Anweisung.

		Abschlußstück: Angabe der gespeisten Männer, ca. 5000.
	b) Durchführung der Speisung	b) V.11. Durchführung der Speisung
	α) Jesus *nimmt* die sieben Brote.	α) *Brote*
	β) Er spricht das *Dankgebet*.	αα) Jesus *nimmt* das Brot.
	γ) Er *bricht* das Brot.	ββ) Er spricht das *Dankgebet*.
Anweisung an den Diener, dem Volk (!) zu essen zu geben.	δ) Er *gibt* das gesegnete und gebrochene Brot seinen Jüngern, damit sie es dem Volk vorsetzen.	γγ) Er *gibt* das Brot der gelagerten Menge.
		β) *Fische.* Summarisch wird festgestellt, daß Jesus gleichermaßen (ὁμοίως) mit den Fischen verfährt.
Begründung: Es geschieht nach dem Wort des Herrn.		
	ε) Vollzugswendung: Die Jünger verteilen das Brot entsprechend dem Willen des Wundertäters.	
		c) Die Schlußnotiz, die die folgende Demonstration vorbereitet: es gibt keinen Mangel.

Demonstration

Zweifache Bestätigung des Wunders. a) Essen	V.8 Zweifache Bestätigung des Wunders. a) Vollzug der Speisung:	Vv.12–13b Zweifache Bestätigung des Wunders.
	α) Die Menge ißt das verteilte Brot,	
	β) und sie ist davon gesättigt (ἐχορτάσθησαν).	a) Der Hinweis auf den Zeitpunkt für das folgende Einsammeln notiert die Sättigung der Gäste.
b) Es wird etwas übriggelassen.	b) Sammlung der Überreste.	b) Einsammeln der übriggebliebenen Nahrung. α) Aufforderung zum Einsammeln. β) Vollzug.
	α) Aufheben der übriggebliebenen Brotbrocken; β) diese füllen sieben Körbe.	γ) Mit den Brotresten werden zwölf Körbe gefüllt.

	V.9a Angabe der Zahl der Gespeisten: ca. 4000 Personen.	
	Reaktion	
	V.9b Jesus entläßt die Volksmenge	
		V.15. Indirekt geschilderte, abgelehnte Akklamation.
Erzählerkommentar: Rückbezug auf das Herrenwort, das durch das Wunder bestätigt wird.		

Auch der formale Vergleich läßt eine Reihe von Differenzen erkennen, die mindestens mit einem großen Maß an eigener Formungsbereitschaft der ntl. Speisungen im Vergleich mit der atl. Speisung der Einhundert rechnen lassen. Differiert die situative Rahmung, so fallen zunächst Parallelen in der Struktur der Exposition auf. Werden hier aber der Wundertäter, seine Gehilfen und die Hilfsbedürftigen genannt, so verliert die Strukturanalogie, die den geläufigen Erzählaufbau von Wundergeschichten bringt,[41] an Bedeutung. Ohne Parallele steht das Not-Motiv der mk. Speisung der 4000. Gewisse Parallelen finden sich im weiteren Ablauf, die allerdings wiederum an dem Genre einer ‚Speisung' haften. Im Kontext der Durchführung ergibt sich eine größere Affinität zwischen den hier verglichenen ntl. Speisungsgeschichten, die aber ihrerseits keine direkte Linie beweisen können. Eine entscheidende Differenz ist das bereits genannte Fehlen des Vermehrungsmotivs, das sich im Füllen der Körbe anzeigt. Die Reaktion ist jeweils anders geschildert. Interessant ist der Widerspruch des Dieners in 2Kön 4,43, der Parallelen zu Mk 6,35ff und Joh 6,10 hat.

Als Ergebnis des strukturellen Vergleichs, der wiederum die Veränderbarkeit der Erzählstruktur bei der Rezeption zu beachten hat, läßt sich feststellen, daß die Frage, ob andere Berichte oder Motive auf die Bildung der ntl. Speisungstraditionen eingewirkt haben, durch den Blick auf die atl. Analogie nicht obsolet ist. Tatsächlich finden sich das Thema der Vermehrung von Speisen und Gütern auch in antiken Erzählungen, so daß neben dem Hinweis auf Jesu Speisegemeinschaften auch die Erzählgepflogenheiten der Umwelt der ntl. Verfasser eingewirkt haben können; hierzu möchte ich auch die atl. Speisungstraditionen rechnen, ohne eine ausschließliche genetische Linie zu ziehen. Für sprachliche Indizien verweise ich auf die folgenden Abschnitte. Möglich ist auch, daß die evangelischen Erzähler der Speisungen, ‚Markus' und ‚Johannes', sich ihrerseits durch 2Kön 4,42ff beeinflussen ließen, wenigstens in der For-

---

[41] Vgl. G. THEISSEN, Wundergeschichten 82.

mulierung des Widerspruchs gegen das Anliegen des Wundertäters. Im Blick auf den Dialog ist angesichts der spätmk. 200 Denare und der Tendenz zur Dialogbildung beim vierten Evangelisten eine sichere Präferenz zwischen der atl. Speisung (2Kön 4,43), dem mk. Unverständnis der Jünger (6,35ff) und der joh. Traditionsverarbeitung allerdings schwierig. Zu beachten sind die sprachlichen Signale selbst. Vor allem die Bezeichnung ἄρτος κρίθινος kann ausdrücklich als Rückbezug auf die Eliatradition gewertet (4Βας 4,42) werden.[42] Ebenso die Erwähnung des Kindes als παιδάριον (Joh 6,9 = 4Βας 4,25; 5,20: Bezeichnung für Elisas Diener im Kontext der Speisung der Einhundert).[43]

Tatsächlich ist im ersten nachchristlichen Jahrhundert Gerste eine preiswerte Getreideart[44] und als Speise für Menschen von geringerer Bedeutung[45] und selten für Brot verwendet (*Plinius*, NatHist XVIII,71–75). Gerstenbrot ist die Speise der Armen (vgl. *Josephus*, Bell V 427[46]),[47] und Gerste kann daher als ‚Sklavenfutter‘ (*Hipponax* 35,6 [δοῦλιον χόρτον])[48] und ‚Hühnerfutter‘ (*Poseidonius von Apameia*, FGrH 87 F 36 [214 Z.12]; zitiert bei *Athenaios* V 214f [ἀλεκτορίδων τροφή]) bzw. Viehfutter (*Plinius*, NatHist XVIII,15)[49] verunglimpft werden. *Seneca* gilt in Ep 18,10 das Gerstenbrot als Kennzeichen bedürfnislosen Lebens, das in der Orientierung am einfachsten Grundbedürfnis den Genuß bietet, der darin besteht, nicht von flüchtigen Gütern abhängig zu sein: „Nicht nämlich ist eine ange-

---

[42] Z.B. B. KOLLMANN, Ursprung 106f; E. RUCKSTUHL, Speisung 2007.

[43] Vgl. R.H. STRACHAN 179, der beide Elemente der joh. Geschichte als Hinweise auf eine Beeinflussung der Speisungsgeschichte durch 2Kön 4,42–44 in der mündlichen Überlieferung auswertet.

[44] Das Wertverhältnis von Weizen zu Gerste betrug in der Antike meistens 1 : 2, wobei zwei Teile Gerste einem Teil Weizen entsprechen; vgl. den Nachweis bei A. BEN-DAVID 99. 102 (Tabelle 6); B.J. MALINA/R.L. ROHRBAUGH, JE 127. Auch die mit Apk 6,6b ausgesagte Teuerung des Getreidepreise aufgrund eines Nahrungsengpasses (vgl. zu diesem Text die ausführlichen Nachweise bei D.E. AUNE, Apk 397; s.a. J.N. KRAYBILL 147f mit Anm. 21) belegt eine Abstufung; allerdings wird das Verhältnis 1 : 3 bestimmt.
Zur Illustration des Ansehens, das Gerste als Nahrungsmittel genoß, kann darauf verwiesen werden, daß sie als Strafration Soldaten bei militärischen Mißerfolgen zugeteilt wurde (vgl. L.A. MORITZ 775; Belege schon bei J.J. WETTSTEIN 876f); vgl. z.B. *Plutarch*, Anton 45,8; *Frontinus*, Stategemata 4,1,25 und 4,1,37; *Sueton*, Aug 24,2. Als Speise für den ξένος anstatt des Weizens bei *Aristophanes*, Vespae 718.

[45] Vgl. hierzu und zum folgenden L.A. MORITZ 774f; s.a. H. ALMQUIST 73.

[46] Über die Armut zur Zeit der Belagerung Jerusalems heißt es dort: „Viele tauschten ihren ganzen Besitz gegen ein Maß Weizen ein, wenn sie noch zu den Reicheren zählten, die Ärmeren bekamen gerade noch ein Maß Gerste dafür (πολλοὶ δὲ λάθρα τὰς κτήσεις ἑνὸς ἀντηλλάξαντο μέτρου πυρῶν μὲν εἰ πλουσιώτεροι τυγχάνοιεν ὄντες, οἱ δὲ πενέστεροι κριθῆς). ...“ (Übers.: O. MICHEL/O. BAUERNFEIND II/1, 177).

[47] S.a. Calp S 3,84f.

[48] Vgl. die Beschreibung der Situation der unter Nikais geschlagenen Athener bei *Plutarch*, Nikais 29.

[49] *Plinius* weiß an dieser Stelle allerdings von einem Wechsel in der Ernährungsgewohnheiten zu berichten; so haben sich die ‚Alten‘ noch von Gerstenbrot ernährt.

nehme Sache Wasser und Gerstengraupen oder ein Stück Gerstenbrot (*Non enim iucunda res est aqua et polenta aut frustum hordeacei panis*), aber höchster Genuß ist es, fähig zu sein, auch aus diesen Dingen Genuß zu gewinnen und darauf sich eingestellt zu haben, was uns zu entreißen keine Ungerechtigkeit des Schicksals vermag".[50]

In Palästina fand die Gerste als Viehfutter Verwendung, stellte aber auch ein menschliches Nahrungsmittel dar;[51] doch auch hier gilt, daß Gerstenbrot gegenüber dem Weizenbrot in erster Linie eine Speise der Armen war.[52] Die Geringschätzung der Gerste läßt sich auch durch *Philo*, Spec Leg III 57 belegen.[53] Die Verwendung des Gerstenmehls beim Gottesurteil über die Ehebrecherin wird begründet: „weil Gerstennahrung etwas zweifelhafter Natur ist und sowohl für vernunftslose Tiere wie für unglückliche Menschen passt (ἴσως ἐπειδὴ ὑπαμφίβολός ἐστιν ἡ ἀπὸ κριθῆς τροφὴ καὶ ἀλόγοις ζῴοις καὶ ἀτυχέσιν ἀνθρώποις ἐφαρμόζεται)".[54]

Aßen die ‚Alten' nach *Plinius* Gerstenbrote, so belegt diesen Gedanken auch *Artemidoros* in seinem Traumbuch, wenn er diese Brote als die erste Nahrung bezeichnet, die die Götter der Sage nach den Menschen geschenkt hätten;[55] deshalb gilt für den Traum: „Gerstenbrot bringt allen Glück" (*Artemidoros* I 69).[56] Das durch Jesus der Menge geschenkte Gerstenbrot ist Ausdruck der Lebensgabe, die Jesus durch Gott für die Menschen ist (vgl. Joh 6,34). So illustriert der Text aus dem Traumbuch durchaus Motive der Speisung im vierten Evangelium; eine Ableitung von dieser bei Artemidoros belegten Vorstellung ist aber nicht zwingend, zumal sie m.W. gegenüber der negativen und abwertenden Deutung des Gerstenbrotes eine eher marginale Anschauung bildet.

So kann überlegt werden, ob es nicht einfacher ist, das Gerstenbrot aus der Eliatradition abzuleiten,[57] denn aus einem Interesse der joh. Wundergeschichte heraus; es ist in einer Wundergeschichte überraschend und ungewöhnlich, wenn der Wundertäter seine Gäste mit einer Armeleutespeise versorgt. Der bereits

---

[50] Übers.: M. ROSENBACH, Schriften III, 143.145.

[51] Vgl. K. GALLING 3.

[52] Vgl. J. ROGGE 274; B.J. MALINA/R.L. ROHRBAUGH, JE 126; z.B. SifreNum LXXXIX. 24b (vgl. hierzu A. BEN-DAVID 101).

[53] Hinweis bei L. MORRIS, JE 304 Anm. 20. Zum Verhältnis von Gerste und Weizen bei Philo s.a. Spec Leg II 175: „... Daher gebot das Gesetz, von derjenigen Fruchtart, die den zweiten Rang unter den Nährmitteln einnimmt, der Gerste, die Erstlinge zu entrichten (τὸ δευτερείοις τροφῆς τετιμημένον εἶδος, κριθήν, ἀπάρχεσθαι προσέταξεν ὁ νόμος); der oberste Rang kommt nämlich der Weizenfrucht zu, deren Erstlingsgabe das Gesetz indessen als die vornehmere für einen geeigneteren Zeitpunkt aufschiebt, um sie nicht zu früh vorwegzunehmen, sondern einstweilen aufzusparen, damit auch die Dankesbezeugungen den bestimmten Zeitabschnitten entsprechen." (Übers.: I. HEINEMANN, in: Philo, Werke II, 156).

[54] Übers.: I. HEINEMANN, in: Philo, Werke II, 200.

[55] Vgl. auch *Dionysius Hal* Ant Rom II 25,2; in der Darstellung des *farreum libum* (hierzu K. LATTE 96) vergleicht der Historiker die beiden Getreidearten Gerste und Weizen: die Gerste wird nach der Meinung der Griechen als älteste Frucht bezeichnet (καὶ ὥσπερ ἡμεῖς οἱ Ἕλληνες τὸν κρίθινον καρπὸν καὶ ἀρχαιότατον ὑπολαμβάνοντες ἐπὶ τῶν θυσιῶν κριθαῖς καταρχόμεθα οὐλὰς αὐτὰς καλοῦντες), und zwar im Unterschied zu den Römern, denen der Weizen als älteste und geehrteste Frucht (τιμιώτατόν τε καρπὸν καὶ ἀρχαιότατον) gilt. Vgl. hierzu auch L.A. MORITZ 775.

[56] Übers.: K. BRACKERTZ 82.

[57] A. MAYER 172.

unterbreitete Hinweis auf ein sozial niedriges Entstehungsniveau[58] hilft allein
nicht weiter, da Wundergeschichten auch einen Utopiecharakter haben, der die
Situation der erzählenden Gruppen zu transzendiert. Dies versucht sicherlich
auch die für die angenommene soziale Schicht beachtliche Summe von 200 Denaren; das Gerstenbrot hingegen bestätigt die geringe eigene Lebensqualität, so
daß einiges für eine theologische Motivierung dieses Nahrungsmittels spricht.

Bei den aufgezeigten Differenzen muß aber ein weiteres Moment beachtet
werden. Wer die Elia-Elisa-Geschichten zum Vergleich heranzieht, sieht oftmals eine Elia-Elisa-Christologie im Hintergrund stehen. Jesus würde als neuer
Elia bzw. Elisa vorgestellt.[59] Dem ist zunächst entgegen zu halten, daß die gelegentlich genannte Vorstellung einer Identifizierung von Jesus als *Elia redivivus*[60] im Neuen Testament selbst als unzureichend qualifiziert (Mk 6,15)
wird.[61] Sie wird als Meinung des Herodes, Mk 6,14ff, oder des Volkes, Mk
8,27fpar, eingeführt. Nicht gänzlich auszuschließen ist, daß hier auch gegen
frühchristliche Vorstellungen polemisiert wird. Zudem ist für die jüdische Erwartung, auf der die frühchristlichen Messiashoffnungen aufbauen, festzuhalten: „Weil Elija verborgen bei Gott lebt, erwartet man nicht nur einen neuen
Elija – wie einen neuen Mose oder einen zweiten David –, auch nicht bloß einen anderen Propheten, der mit dem Geist Elijahs begabt ist..., sondern den
Entschwundenen persönlich."[62] So kann allerdings an eine Überbietung gedacht werden: „Jesus überragt selbst den großen Wundertäter Elischa".[63] Diese
Linien ließen aber klarere Signale erwarten, die anzeigen, daß hier mit Texten
gespielt wird.

Wichtiger scheint mir gegenüber dem Überbietungsgedanken zu sein, daß
die synoptischen Evangelien an die Vorstellung von Elia als dem Vorläufer des
Messias anknüpfen.[64] So zielen auch in der jüdischen Literatur die Wunder des
Elia-Elisa-Zyklus nicht selten auf die Umkehr des Volkes: Sir 48,15.[65]

Ist in 1Kön 17 und 2 Kön 4,42–44 alles getan, das Wunder als Gottes Werk
erkennen zu lassen, so zeigen die ntl. Speisungen darin eine wesentlich gerin-

---

[58] S. o. S. 21f.

[59] Z.B. A. MAYER 172.

[60] Für die postulierte joh. Wunderquelle vgl. z.B. R.T. FORTNA, Gospel 232; J.L.
MARTYN, Elijah 42ff u.ö.; W. NICOL 89f; s.a. H.-P. HEEKERENS 99 (allerdings umfaßt die
von ihm rekonstruierte Zeichenquelle nicht die Wundergeschichten aus Joh 6).

[61] S.a. J.M. NÜTZEL 167.

[62] D. ZELLER, Elija 155. Anders allerdings die Identifikation des Täufers mit Elia: Mt
11,14; hierzu J.M. NÜTZEL 164.166.

[63] J.M. NÜTZEL 169; s.a. K. BERGER, Manna 121; L. SCHENKE, Urgemeinde 109.110;
DERS., Brotvermehrung 95f. 107f; B. KOLLMANN, Jesus 274.

[64] Zur Vorstellung s.a. D. ZELLER, Elija 158f (Anm. 17: Lit.).

[65] Vgl. D. STADELMANN 204.

gere Scheu. Hier handelt Jesus gleichsam aus eigener Souveränität und zeigt gerade darin, wie sehr in ihm die Kraft Gottes präsent ist, wie sich in Jesus die Epiphanie der göttlichen Dynamis erweist.

3.2.3.2 Vergleich der johanneischen Speisung mit antiken Erzählthemen, Speisungen und mit Sagen- und Märchenmotiven

Es ist hinsichtlich der ntl. Speisungen wie in Joh 2,1ff mit Martin Hengel[66] gegen das Diktum von Gerd Theißen Einspruch zu erheben, daß „Geschenkwunder" keine Lebenspraxis haben und daher nur indirekt berichtet werden.[67] Der Einspruch kann sich nicht an der Lebenspraxis im Sinne einer Erlebbarkeit entzünden, sondern im Sinne einer Lebenspraxis, die am erzählten Geschehen orientiert ist. Im Erzähl- und damit im Vorstellungsspektrum antiker Menschen ist das Motiv der wunderbaren Speisung durchaus präsent und dem antiken Erzählinventar bekannt.

Die Forschung verdankt eine reichhaltige Präsentation mehr oder minder signifikanter Motivparallelen aus unterschiedlichen religionsgeschichtlichen Kontexten dem Aufsatz „La multiplication des pains dans l'évangile de Marc" von Jean-Marie van Cangh.[68] Es lassen sich eine Reihe von Belegen benennen, die allgemein das Thema einer wunderbaren Speisung, oft durch die unterschiedlichsten Vermittlungsinstanzen (durch Götter,[69] Dämonen und Mittlerwesen[70], Tiere[71] etc.[72]), beinhalten.

---

[66] M. HENGEL, Interpretation 105f.

[67] G. THEISSEN, Wundergeschichten 111–113.

[68] J.-M. VAN CANGH, La multiplication 309–321; ältere Hinweise z.B. bei R. BULTMANN, Geschichte 249.251 (mit älterer Lit.).

[69] Z.B. Schab 33b (BILL. IV/1, 228). Ein ähnlicher Gedanke spielt in einem anderen Kontext eine tragende Rolle: In der ersten Versuchung Jesu durch den Satan in der Wüste (Mt 4,3f par Lk 4,3f) soll Jesus die Steine in Brot verwandeln; als Sohn Gottes sollte ihm dies gelingen (Mt 4,3 par Lk 4,3: εἰ υἱὸς εἶ τοῦ θεοῦ ...).

[70] In den biblischen Traditionen läßt sich an die Gabe eines Brotes, das Elia für eine vierzigtägige Reise stärkt, durch die Hand eines Engels denken (1Kön 19,6–8).

[71] Aus dem biblischen Schrifttum kann insbesondere die Speisung Elias durch den Raben genannt werden: 1Kön 17,2–7. Dieser Text, dessen Wachstum hier nicht Thema ist, weist eine Reihe interessanter erzählerischer Pointen auf. Zu beachten ist vor allem, daß dem Wundermann Raben dienen, Vögel, die traditionell als immer hungrig und alles fressend galten (zur Literarkritik und zur Interpretation von 1Kön 17,2ff vgl. E. WÜRTHWEIN, 1–2 Kön, 212; zur Gefräßigkeit des Rabens vgl. z.B. Spr 30,17 [Aasfresser]; *Diogenes Laertios* VI 60 sowie H. GOSSEN 20). Vgl. zum Motiv H. GUNKEL, Elias 12.

[72] Genannt werden auch Pflanzen, die plötzlich Frucht tragen; z.B. Taan 24a: Ein Feigenbaum bringt Früchte gegen den Hunger der Arbeiter. Ein schönes Beispiel bringt auch das französische Märchen vom *wunderbaren Birnbaum* („Le poirier merveilleux"). Gewachsen aus einem Birnenzweig, den die ‚Jungfrau' Maria der wegen ihrer bösen Stiefmutter un-

In Verbindung mit den ntl. Speisungsgeschichten wird gern b.taan 24b–25a besprochen:[73] Im leeren Backofen, der von der Frau des *R. Hanina b. Dosa* lediglich beheizt wird, um die eigene Armut zu verbergen, finden sich vor den neugierigen Augen der Nachbarin plötzlich Brot und ein voller Brottrog mit Teig.[74] Ein eigentliches Speisungswunder durch Vermehrung oder überwältigende Sättigung liegt in dieser Erzählung trotz des Hinweises auf die Armut allerdings nicht vor.[75] Über die Verwendung der Nahrung im Ofen wird nichts berichtet. Es geht um das weite Feld von ‚Ehre' und ‚Schande' *(honor and shame)*.[76] Das Wunder des gefüllten Backofens rettet das soziale Ansehen der Frau und ihres Mannes, des Rabbis. Der abschließende Lehrsatz berichtet, daß die Frau nicht aufgrund der Schmach das Zimmer verlassen, sondern eine Brotschaufel holte, weil sie „an Wunder gewöhnt war".[77] So wird die Wundermacht des *R. Hanina b. Dosa* unterstrichen.

Taan 24a berichtet eine Geschichte über belohnte Wohltätigkeit; *R. Eleasar von Birta*, der sein gesamtes Eigentum für die Armen gibt, gibt auch das, was für die Brautausstattung seiner Tochter gedacht war, einer Armensammlung für Waisenkinder. Von dem allein übriggebliebenen *Zuz* kauft er (ein wenig) Weizen; wie die Frau des Rabbi fragt, was er gebracht hat, und auf den Speicher gewiesen, nachschaut, so ist er derart mit Weizen gefüllt, daß die Tür nicht aufgeht. Allerdings weigert sich der Rabbi, davon Nutzen zu ziehen: „Darin erweist sich erst seine wahre Selbstlosigkeit, die durch dieses Wunder zugleich belohnt und geprüft wird".[78] So ist das Wunder in den Dienst ethisch-erzieherischer Erzählkunst gestellt worden. Das Motiv der kleinen Menge, die zu einer großen Masse wird, ist aber auch hier belegt, wenngleich transformiert.[79]

Für die in Frage stehenden ntl. Speisungsberichte ist näherhin auf *Vermehrungen* vorhandener Speisen z.T. mit Hilfe vorhandener Gegenstände zu verweisen. Dabei wird zu unterscheiden sein – wenigstens heuristisch, praktisch ist

---

glücklichen Stieftochter gab, trägt der Birnbaum im Dezember Frucht, die nur von diesem Mädchen geerntet werden kann *(Französische Märchen* [ed. M. Hörger] 30–36).
Eine Negativverwendung dieses Motivs liegt in der Verfluchung des Feigenbaums Mk 11,12–14 vor. Dieser bringt nicht die erwartete Frucht zur Stillung des Hungers; daß es nicht die Zeit zur Frucht ist, ist eine – im Sinne des Motivs – unglückliche sekundäre Einfügung; zur Interpretation vgl. D. Lührmann, Mk 190f.

[73] Die Geschichte findet sich vokalisiert auch in *Rabbinische Wundergeschichten* (ed. P. Fiebig) 5.

[74] Zu dieser Geschichte vgl. z.B. P. Fiebig 24–26, in: *Rabbinische Wundergeschichten*; ders., Wundergeschichten 23f; J.-M. van Cangh, La multiplication 319; G. Vermes 42f.

[75] Dies auch angesichts der Rahmung festzuhalten, in der es von der Gottesstimme heißt, daß sie konstatiert, die Welt werde durch seinen Sohn *R. Hanina b. Dosa* ernährt.

[76] Vgl. hierzu z.B. B.J. Malina/J.H. Neyrey 26–46 sowie die kritische Reflexion von F. G. Downing *passim*, der gegen generalisierende Tendenzen in dieser Forschungsrichtung protestiert. Ihm ist ausdrücklich zuzustimmen, daß die antike mediterrane Welt landschaftlich und ethnisch zu differenzieren ist, damit aber kein uniformes *honor and shame* Konzept angelegt und dieses Prinzip zudem nicht unbesehen als zentraler hermeneutischer Grundsatz auf jeden Text angewendet werden kann.

[77] Übers.: L. Goldschmidt, in: Talmud III, 723.

[78] G. Stemberger, Talmud 191.

[79] Eine Übers. von Taan 24a mit kurzem Kommentar findet sich bei G. Stemberger, ebd.

diese Unterscheidung weniger deutlich durchführbar – zwischen Märchenmotiven und formal bestimmbaren Wundererzählungen. Verbreitet ist vor allem die Vorstellung von Gegenständen, die, einem Füllhorn gleich, über ihr eigentliches Volumen hinaus Speise und Getränke zur Verfügung stellen (Hermann Gunkel spricht von ‚Wunschdingen'[80]). Das ‚Füllhorn-Motiv' ist weitverbreitet und findet sich auch in biblischen Texten; man kann zunächst an die Wundertaten Elias erinnern, der den Mehltopf und den Ölkrug der Witwe mittels eines Wortes Jahwes[81] wunderbar füllt und entsprechend dem Bedarf der Witwe und ihres Sohnes gefüllt sein läßt: 1Kön 17,7ff. Im dtr. redigierten Text ist der Gottesmann der von Jahwe Geführte (Vv.8f), und es ist Jahwes Wort selbst, das das Wunder ansagt,[82] damit aber ist Jahwe durch Elia selbst der Täter des Wunders (vgl. die Feststellung V.16b). Auch die Prophetenlegende 2Kön 4,1–7 entspricht dem ‚Füllhorn-Motiv'. Angesichts einer klaren Notlage wird die Witwe, deren Söhne vor der Schuldsklaverei stehen (V.1), aufgefordert verborgen in geborgte Gefäße das letzte Öl des einzigen Kruges zu gießen (V. 4). Erst nachdem alles Geschirr gefüllt ist (V.6) endet der Ölfluß; es reicht zum Bezahlen der Schulden und zum Weiterleben (V.7).

Auch in der zeitgenössischen ntl. Umwelt ist dies Motiv zu belegen, wie die bei Martin Hengel aufgelisteten Beispiele zeigen.[83] In den *Zauberpapyri* bringt der Parhedros, ein dienstbarer Geist, „der Götter begleitet oder vertritt ... wie auch den Menschen beisteht",[84] Wein, Brot und fast alles,[85] was an Speisen

---

[80] H. GUNKEL, Märchen 69; nicht erlöschende Lampen, deren Öl also nicht ausgeht, sind ein recht häufig belegtes Sagenmotiv (vgl. die hessische Sage ‚Die drei Bergleute im Kuttenberg' bei J. U. W. GRIMM Nr. 1 [Hinweis bei GUNKEL, Elias 12]: Das Motiv des nicht versiegenden Öls wird von einem nicht abnehmenden Brot flankiert; sieben Jahre lang reicht der Tagesvorrat von beidem für die im Stollen eingeschlossenen Bergleute.); vgl. auch das unerschöpfliche Öl der Sabbatlampe (Megillat Taanit 9; zitiert bei BILL. II, 539f) als Variante des Ölwunders vgl. auch das Hanukkahwunder: Schab 21b (Öl für einen Tag brennt vier Tage lang); ähnlich das nicht versiegende Salböl während der Wüstenwanderung (Hor 11b Bar; BILL. I 688).

[81] Einem Zauberspruch gleich (vgl. zum Wort als Zaubermittel und seiner Jahwebindung im AT H. GUNKEL, Märchen 114); immerhin ist sogar begründet zu vermuten, daß die Jahweanbindung des (Zauber-)Wortes Elias durch die breite *Botenformel* (כֹּה אָמַר יְהֹוָה אֱלֹהֵי יִשְׂרָאֵל; V.14a) erst dtr. Ergänzung ist (vgl. E. WÜRTHWEIN, 1–2Kön, 213.206; s.a. W. DIETRICH 124: DtrP; anders R. SMEND 144 und zustimmend C. LEVIN 334: lediglich die Zuspitzung auf die Dürre ist spätere Ergänzung des Wunders, um es in den Kontext der Dürreerzählung einzupassen).

[82] E. WÜRTHWEIN, 1–2Kön, 213.

[83] M. HENGEL, Interpretation 106.

[84] C. ZINTZEN, Art. Paredros 510; vgl. ausführlicher K. PREISENDANZ *passim*.

[85] Ausgenommen sind Fisch und Schweinefleisch; vgl. hierzu die Anmerkungen in der englischen Übersetzung der griechischen Zauberpapyri (*The Greek Magical Papyri* 6 Anm. 23 [R.K. RITNER] und 24).

gewünscht wird (... οἶνον, ἄρτον καὶ [ὃ] ἂν ἐθέλῃς ἐκ τῶν ἐδεσμάτων, ἔδαιον, ὄξος, χωρὶς ἰχθύων μ[ό]νον, λαχάνων δὲ πλῆθος, ὃ θέλεις, ἄξει, κρέας δὲ χόρειον – [τ]οῦτο ὅλως μὴ λέξῃς ποτὲ ἐνεγκεῖν; PGM 1,103f; vgl. Z.96ff mit weiteren Gütern).

Philostrat erzählt in der ‚*vita*' des *Apollonius*, daß, nachdem vier Dreifüße von selbst (αὐτόματοι) hervortraten, sogleich Speisen ohne menschliche Bereitung bereitet und serviert wurden; die Dreifüße selbst kredenzten Wein und Wasser (Vit Ap III 27).[86] Auch rabbinische Legenden wissen derartige Geschichten zu berichten.

Schimeon b. Schetach sucht in der Rolle eines Hexenmeisters Zugang zu der Höhle der 80 Hexen von Askalon, um sie und ihren Zauber zu bezwingen.[87] Dabei kommt es zu einem Zauberwettstreit, der von Seiten der Hexen mit dem Herbeizaubern von Brot, Fleisch, Gekochtem und auch von Wein geführt wird, auf Seiten des Gelehrten aber durch einen ‚Bluff' aufgelöst wird. Statt des von ihm versprochenen Liebeszaubers, durch den er 80 Jünglinge herbeischaffen wollte, die den Hexen zu Willen sein sollten, stürmten 80 mitgeführte Genossen die Höhle, hoben als vermeintliche Liebesdiener die Hexen in die Höhe, was sie um ihre Zauberkraft brachte.[88] So um ihre Macht gebracht, wurden diese umgehend gekreuzigt (oder gehängt[89]) (jHag 78a II 5–8[90]).

Sehen wir einmal davon ab, daß es in dieser synkretistischen Legende um Hexerei bzw. um Magie geht und daß der Gelehrte selbst keinen der in der Antike durchaus vorstellbaren Zauber zur wunderbaren Herbeischaffung von Menschen vollführte, so illustriert diese Erzählung, daß das Fehlen einer Notlage und daß der ‚Luxus'-Charakter des joh. Wunders den zeitgenössischen paganen wie jüdischen Erzählgepflogenheiten[91] entsprechen.

Die Parallele liegt in der im Verhältnis zum Gegenstand großen Fülle von Gaben. Das ‚Füllhorn'-Motiv liefert aber einen permanenten, wenigstens länger andauernden Zustand der Sättigung oder Tränkung; die ntl. Speisungsgeschichten, so könnte man sagen, historisieren dieses Phänomen, indem sie es mit dem einmaligen Handeln Jesu verbinden. Stellt das Füllhorn-Motiv eher ein Märchenmotiv dar, so sind auch eine Reihe von Geschichten zu belegen, in denen einzelne Personen, oftmals aber eine große Menschenmenge mit einer ge-

---

[86] Von den antiken Parallelen sei auch der nicht versiegende Weinkrug genannt (*Ovid*, Met VIII 679: *Interea totiens haustum cratera repleri sponte sua per seque vident succrescere vina*).

[87] Zum Kontext und zum Verhältnis der Legende vgl. M. HENGEL, Legende 16ff; da im vorliegenden Zusammenhang lediglich die literarischen Motive interessieren, kann auf eine Auseinandersetzung mit der historischen Deutung HENGELs (bes. aaO. 52–54) hier verzichtet werden.

[88] Vgl. hierzu den Kommentar von M. HENGEL, Legende 19 mit Anm. 26.

[89] Zum Problem: M. HENGEL, Legende 27–36, bes. 27f. 35f.

[90] Die Parallelen sind genannt und aufgelistet bei M. HENGEL, Legende 16 mit Anm. 13.

[91] Wobei mit M. HENGEL, Legende 21, der profane Charakter der Geschichte zu betonen ist (s.a. die wichtigen Bemerkungen: aaO. 18f).

ringen Speisemenge (oft Brot oder das zum Brotbacken verwendete Getreide) gesättigt werden.

Joma 39a stellt eine Geschichte vor, in der es nicht die große Menge von Speise ist, die sättigt, sondern, so muß wohl gedacht werden, die ihr durch Segen beigelegte Qualität: Ein jeder Priester, der in der Zeit Simon des Gerechten nur ein Stück der Schaubrote von der Größe einer Olive nahm, wurde dadurch so sehr gesättigt, daß er noch etwas übrigließ.[92] Die Pointe liegt in dieser Geschichte in einem ganz anderen Aspekt; hier ist es nicht das kleine Ausgangsprodukt, das vermehrt zur Sättigung einer Menschenmasse führt, sondern das kleine, olivengroße Schaubrotstück führt zu einer derartigen Sättigung, daß der Essende seine Speise nicht aufzuessen vermag.[93] Ähnlich die Sättigung der ‚drei Bergleute im Kuttenberg‘: Obgleich sie sieben Jahre lang im Stollen eingeschlossen waren, wurde „ihr kleines bißchen Brot, von dem sie tagtäglich aßen, ... nicht all, sondern blieb ebenso groß".[94]

Von diesem Erzählmotiv unterscheiden sich die ntl. Massenspeisungen dadurch, daß sie offensichtlich, wie die Einsammlung der übriggebliebenen Nahrungsmittel anzeigt, eine Vermehrung der geringen Nahrungsreserven berichten. Gemeinsam ist ihnen aber die Vorstellung, daß durch wunderhafte Ereignisse das Bedürfnis nach Nahrung befriedigt werden kann.

Durch das Auseinanderklaffen der Zahl der zu speisenden Personen und der geringen Ausgangsmenge vorhandener Nahrung werden die ntl. Speisungswunder gesteigert und das legendarische Interesse der Zuhörer befriedigt.

Diese Tendenz zur Steigerung zeigt sich beispielsweise in den ntl. Speisungsgeschichten: Zunächst sättigen sieben Brote 4000 Personen, später fünf Brote und der jeweilige Fisch 5000 Menschen oder nach Mt 14,21 und 15,38 deutlich mehr als 5000, da Frauen und Kinder in dieser Zahl nicht eingeschlossen sind.[95] Ähnliches geschieht in der rabbinischen Auslegung der Speisung der 100 durch Elia in 2Kön 4,42–44; nach Ket 106a[96] werden mit den 22 Brotstücken (20 Gerstenbrote + Erstlingsbrot + Schaubrot) *jeweils* 100 Mann gespeist. So wird aus der späteren Auslegung aus der Speisung der 100 die Speisung der 2200.

Bei der Steigerung der Zahlen, möglicherweise auch der Tendenz zur Massenspeisung überhaupt, wirken *orale mnemotechnische Strategien* ein; der Steigerung geradezu ins Absurde kommt hierbei eine wichtige noetische Funktion zu. Das Undenkbare und Nichterwartete bleibt dem Hörer leichter im Gedächtnis

---

[92] Text bei BILL. I 687f. Die Passage mit dem Sättigungsmotiv lautet: „Segen wurde auf die Erstlingsgarbe (Lv 23,9) u. auf die beiden Brote (Lv 23,17) u. auf die Schaubrote gelegt, u. jeder Priester, auf den davon soviel wie eine Olive kam, aß es u. wurde teils satt, teils aß er u. ließ noch übrig; ..." (AAO. 688).

[93] Vgl. auch ActJoh 93 (Text s.o. S. 141). Die eigenen Brote der Jünger sind nach der Speisung durch Jesus noch immer unberührt und dennoch sind sie gesättigt.

[94] J. U. W. GRIMM Nr. 1 (S. 26 [ed. H.-J. UTHER]).

[95] Vgl. mit Hinweisen auf die spätere diese Massenspeisungen aufnehmende Tradition E. REPO 102f.

[96] Text bei BILL. II, 479.

haften.[97] Insofern kann es nicht verwundern, daß die Tendenz zur Speisung von einer großen Menschenmasse in einer Reihe von volkstümlichen Geschichten belegt werden kann. Neben der oben schon erwähnten Geschichte des Elia-Elisa-Erzählkreises (2Kön 4,42–44: Speisung der Einhundert durch Elisa) wird seit Hermann Gunkel gerne auf das finnische Märchen vom Mädchen verwiesen, das mit drei Gerstenkörnern ein ganzes Heer zu speisen vermag.[98]

Das Füllhorn-Motiv bzw. wunderbare Vermehrungsgeschichten lassen sich verschiedentlich belegen; von Bedeutung ist die Vermehrung von Nahrungsmitteln. Diese Vermehrung ist nicht ausschließlich, aber doch wesentlich mit dem Nahrungsmangel verbunden. Daher ist zu bemerken, daß das Grundbedürfnis nach Nahrung und die Mangelerfahrung des Hungers mit seiner existenzbedrohenden Macht[99] zu einer breiten Phänomenologie von Speisungsvermehrungen geführt haben, „die unabhängig von früheren Geschichten immer wieder zu allen Zeiten neu aufgetreten sein" werden.[100] Doch neben dieser allgemeinen Bemerkung ist es leicht feststellbar, daß auch die antike Umwelt in profan-hellenistischen wie jüdischen[101] Erzählungen zwar keine exakte Parallele der ntl. Speisungsgeschichte,[102] aber eine ganze Reihe von Motiven, struk-

---

[97] Vgl. W.J. Ong 73f.

[98] Schon H. Gunkel, Märchen 241 Anm. 23 (zu S. 69) verwies auf eine Reihe von Varianten dieses Erzähltypus, die problemlos erweitert werden könnten.

[99] Zum Brot insbesondere vgl. die Ausführungen von J. Frey, Bild 13f (Manuskript), der dies als „semantische ‚Universalie'" bezeichnet.

[100] U.H.J. Körtner, Fischmotiv 25. Dieses menschliche Grundbedürfnis charakterisiert auch das Fortleben der ntl. Speisungsgeschichten in den Heiligenlegenden (Beispiele bei U. Luz, Mt II, 399).

[101] J.-M. van Cangh, La multiplication 319, formuliert angesichts des rabbinischen Vergleichsmaterials betont rigide: „La seule chose que l'on puisse affirmer est qu'une production miraculeuse de norriture n'était pas inconnue du rabbinisme." Dem wird man zustimmen müssen, nicht zuletzt auch aufgrund der Unsicherheiten, die sich in der Datierungsfrage rabbinischer Traditionen ergeben. Auch ist van Cangh zuzustimmen, daß „aucun de ces récits de miracles n'a exercé une réelle influence sur le N.T." (ebd.). Das Entscheidende sind jedoch nicht die direkten Abhängigkeiten, sondern die Motive, die, wie van Cangh anerkennt, jüdischerseits nachweisbar sind, und damit im unmittelbaren Mutterboden des frühen Christentums zur Verfügung standen.
Dies betont auch, wenngleich gegen mögliche hellenistische Erzählparallelen auch zu einseitig, B. Blackburn 195. Daß die uns bekannten Geschichten in ihren vorliegenden Formen im einzelnen später datieren (die Taan 24b–25a erzählenden Rabbinen [R. Jehuda und Rab] gehören in das 3.Jh. [zu beiden kurz <H.L Strack/>G. Stemberger 93. bzw. 90]. G. Vermes 46, datiert die Wundersammlung im Traktat Taanit in das 2.Jh. n. Chr.), widerspricht dieser Annahme nicht entscheidend (zumal älteres Material aufgenommen sein kann [P. Fiebig 24 zu b.Taan 24b–25a]).

[102] So auch J.-M. van Cangh, La multiplication 321 („Il n'y a pas de parallèle précis…"); allerdings gibt es nicht nur die Möglichkeit, eine direkte Übernahme einer Le-

turellen Entsprechungen und Wundergeschichten bereitstellen, aus denen die ntl. Speisungstraditionen schöpfen konnten. Das in weiten Teilen der Bevölkerung stets bedrohte Grundbedürfnis nach Nahrung führt zu Erzählungen von glücklichen Wendungen solcher Not. Darin lassen sich Erwartungen eines durch Nahrungsmangel unbedrohten Lebens wiederfinden, aber auch die Hoffnung von Veränderung in der Not.

Die Gemeinde, die sich an Jesus erinnert, der Menschen durch seine Tischgemeinschaften in das durch seine Verkündigung anbrechende Gottesreich annahm, verkündigt ihn als den, der die Bitte an den Vater um das tägliche Brot (Q 11,3) selbst realisiert hat. Die existentielle Grundhoffnung bekommt eine historische Antwort, in dem sie mit Jesus verknüpft wird, der die Menschenscharen nicht ohne Nahrung gelassen hat. Der Lehrende ist, darin realisiert sich der Osterglaube, auch der Speisende, weil er Menschen in der Not nicht allein läßt. Wer dies hört, ist auch eingeladen seinen Anteil zur Abwendung des Hungers zu leisten, indem er dem Vorbild Jesu nachfolgt.[103] Auch wenn die christologisch zugespitzten Wundergeschichten dies nicht explizieren, so vollzieht diese Auslegung eine Grundbewegung der Speisungsgeschichten, den Hungernden zu sättigen.

In der Aufnahme zeitgenössischer Erzählmotive in den Speisungsgeschichten wird Jesus zu Gottes Antwort auf grundlegende Erfahrung menschlicher Not. So sind diese Geschichten nicht allein christologische Bekenntnisse, sondern Ausdruck bedrohter Hoffnung, die ihren Trost und ihre Ermutigung gefunden hat. Sie weiß sich aber auch zu eigenem Handeln in der Nachfolge aufgerufen.

3.2.3.3 Abschließende Erwägungen zur Gattungsfrage

Die ntl. Exegese hat die Speisungswunder teilweise aufgrund inhaltlicher, teilweise aufgrund formaler Kriterien unterschiedlichen Gattungen zugeordnet. Genannt wurden: *kerygmatische Wundererzählung,*[104] *Epiphaniewunder,*[105] *Novelle,*[106] *Schöpfungswunder,*[107] *Vermehrungswunder,*[108] *Speisungswun-*

---

gende zu bedenken, sondern auch die schöpferische Nachbildung anhand verbreiteter Erzählgewohnheiten. Hierfür scheinen mir allerdings die Parallelen tatsächlich ausreichend.

[103] S.o. S. 151.
[104] A. HEISING, Botschaft 20; für Mk 6,34–44 auch von L. SCHENKE, Wundererzählungen 228, als zutreffend beurteilt.
[105] H. BAARLINK 132f; ähnlich hebt auch J.P. HEIL 92f Anm. 11 den Epiphaniecharakter der Speisung für die Gattungsbestimmung hervor.
[106] M. DIBELIUS, Formgeschichte 68.
[107] E. SCHWEIZER, Mk 74.
[108] T.-S. PARK 18.178; R. PESCH, Mk I, 348.355; s.a. DERS., Wunder 47f; hier läßt PESCH allerdings die Entscheidung zwischen Vermehrungswunder und Geschenkwunder offen.

der,[109] *Naturwunder,*[110] *Geschenkwunder.*[111] Die Charakteristika des Geschenkwunders sind nach Gerd Theißen: „die Spontaneität des wunderbaren Handelns, die Unauffälligkeit des Wunders selbst und die Betonung des Demonstrationsschlusses".[112] John P. Meier verbindet die Klassifikationen Vermehrungs- und Geschenkwunder zur Gattung „gift miracle of multiplication" (*Vermehrungsgeschenkwunder*), um die Speisungsgeschichten so von der Weinwandlung zu unterscheiden.[113]

3.3 Vorläufige Bemerkungen zum historischen und ‚theologie‘-geschichtlichen Ort des johanneischen Speisungsberichts

Ein wesentliches christologisches Charakteristikum der joh. Speisungstradition ist ihre Fokussierung auf Jesus als Wundertäter. Bei der theologiegeschichtlichen Analyse ist die Wundertat (Was wird gewährt?) ebenso wie das Nachdenken über den Wundertäter (Wer führt dies herbei?) zu beachten. Dies belegt m.E. auch die gegenüber den synoptischen Speisungsgeschichten sekundäre Reaktion auf das Wunder und die darin erkennbare Reflexion über den Wundertäter. Daß das Wunder zur Kenntnis der im Wundertäter präsenten göttlichen Macht führt, ist deutlich. Die Akklamation ist die angemessene Antwort auf das Wunder. Nicht angemessen ist jedoch der Inhalt dieser Akklamation. Der Wundertäter zeigt das falsche Verständnis seiner Tat dadurch an, daß er die Akklamation durch seinen Entzug nicht akzeptiert.

---

[109] A. SUHL, Wunder 486.
[110] R. BULTMANN, Geschichte 231; G.R. BEASLEY-MURRAY, JE 85; J. BECKER, JE I, ¹191. ³230; J.A. FITZMYER, Lk 763; A. WEISER 105.
[111] G. THEISSEN, Wundergeschichten 111–114 (THEISSEN spricht auch von einem ‚materiellen Kulturwunder‘, „da immer Probleme menschlicher Arbeit thematisiert werden, das Problem, wie man Nahrung zum Leben und Wein zum Feiern erhält" [aaO. 111]); vgl. DERS. /A. MERZ 267; J. GNILKA, Mk 257; DERS., Mt II, 7; DERS., JE 46; R.A. GUELICH, Mk 336. 401; K. KERTELGE, Mk 68; U.H.J. KÖRTNER, Fischmotiv 24f; U. LUZ, Mt II, 397; M.M. THOMPSON, Signs 101; H. WEDER, Menschwerdung 370 (= ZThK 332); s.a. F. BOVON, Lk I, 469, der allerdings die Speisungsgeschichten auf dem Weg zur *Kultlegende* sieht (aaO. 470). Dagegen meint U. SCHNELLE, Christologie 123, daß nur mit Einschränkungen von einem Geschenkwunder gesprochen werden kann, da die Notlage zugunsten des Demonstrationscharakters des Wunders zurücktritt.
[112] G. THEISSEN, Wundergeschichten 111.
[113] J.P. MEIER 950.

Die Aktivität geht in der traditionellen Wundergeschichte unbedingt vom Wundertäter selbst aus.[1] Er fragt nach den Nahrungsmitteln, ohne daß eine Notlage auch nur ansatzweise reflektiert wird. Damit geht die Tradition über Mk 8,2, ja mehr noch über die nur notdürftig hergestellte Problemlage in Mk 6,35ff hinaus. Der Wundertäter ordnet alles Wesentliche für die Durchführung und die Demonstration der Speisung an. Selbst bei der Akklamation behält er alle Fäden in der Hand, indem er sich den falschen Konsequenzen aus dem Wundergeschehen entzieht.

Aber berechtigt diese Beobachtung zu dem Urteil von Franz Schnider und Werner Stenger über die joh. Vorlage, daß in dieser lediglich „volkstümlich und naiv von dem großen Wundertäter berichtet" wird? Mehr noch, daß der joh. Vorlage „die theologische Kraft der Synoptiker" abgehe?[2] Dies durchaus denkbare Urteil greift zu kurz. Hans Weder hat demgegenüber für die Deutung der Speisungstradition etwas sehr Richtiges gesehen, indem er im Wunder eine *pro-humano*-Dimension herausstellt:[3] „Das Semeion will auf nichts anderes als die lebensspendende Handlungsmacht Jesu hinweisen."[4] Sieht man in der Identifikation Jesu als Wort des Lebens (1Joh 1,1) und vor allem als Brot des Lebens in der Brotrede (6,35.48) einen legitimem Ausdruck der joh. Lebens-Theologie und Lebens-Christologie,[5] so möchte ich in Jesu souveränem Handeln *für* die Menge durchaus schon die Handschrift der joh. Traditionsbildung erkennen. Indem Jesus das Basis*leben*smittel der Menge im Überfluß austeilt (V.11[fin]), kann sein wunderbares Handeln als ein Handeln verstanden werden,

---

[1] Dies ist in der Forschung zumeist im Zusammenhang der SQ-Hypothese beobachtet worden; vgl. z.B. J. BECKER, JE I, [1]193. [3]231f („Gegenüber beiden Mk-Formen hat die SQ die christologische Konzentration und die Steigerung des Wunders am weitesten eingebracht"); L. SCHENKE, Brotvermehrung 122.124f; S. SCHULZ, JE 98; H. WEDER, Menschwerdung 370 (= ZThK 332).

[2] F. SCHNIDER/W. STENGER 149.

[3] Eine christologische Dimension, deren Wurzeln im Wesen des historischen Jesus selbst angelegt gefunden werden können; vgl. H. SCHÜRMANN, Pro-Existenz 291–294.

[4] H. WEDER, Menschwerdung 370 (= ZThK 332); s.a. aaO. 373 (= ZThK 335): „Wichtig ist …, daß das Brotwunder nicht formalisiert wird, als ob in ihm bloß noch die Faktizität der Messianität bestätigt würde. Die Messianität hat vielmehr die Gestalt, daß er überraschend speist, Brot darreicht in Hülle und Fülle. Als Messias teilt er das elementare Lebensmittel ungefragt aus." Grundsätzlich zu Recht stellt auch E. RUCKSTUHL, Wesen 50, den Gedanken der Lebensgewährung im Speisungswunder heraus: „das Brotwunder (soll; Vf.) sicher auch zeigen, daß er (sc. Jesus; Vf.) Macht hat, göttliches Leben zu spenden und den Lebenshunger des Menschen auf eine höhere Art zu stillen. Mir ist jedoch zweifelhaft, daß die Speisungserzählung den Gedanken auf die Eucharistie richtete. Eher ist das Wunder Demonstration der dem Wundertäter von Gott beigelegten Macht; eine Machtfülle, die in der Gewährung von Leben ihr eigentliches Ziel erreicht.

[5] Zur Rolle des ‚Lebens' als joh. Theologumenon s.a. die Präliminarien bei M. LABAHN, Jesus 200f.

das seine lebensspendende Qualität offenbart. Wenigstens dürfte eine solche Interpretation der Wundersequenz die Weitertradierung im joh. Kreis garantiert haben; jene Vermittlung des Brotes steht für den, der es erkennt – aber die Menge, die auf der materiellen Ebene verhaftet bleibt, erkennt es nicht (V.15*) –, für die Austeilung des Lebens schlechthin und im Überfluß durch den von Gott, seinem Vater, gesandten Offenbarer an die, die mit ihm im Glauben vereint sind.

Zwei Beobachtungen sind für die historische Analyse von Bedeutung. Einerseits die abgelehnte Akklamation, andererseits die Erwähnung der 200 Denare. Letzteres, auf der Erzählebene des vierten Evangelist ergänzt,[6] scheint nach dem Zeugnis der synoptischen Seitenreferenten eine spätere Stufe des mk. Textes zu repräsentieren,[7] so daß begründet angenommen werden kann, daß die vorjoh. Tradition eine ältere Stufe spiegelt. Dies ist wichtig für die Frage des Alters und der Aufnahme der Überlieferung in die Geschichte des joh. Kreises. Nach der Analyse der mk. Speisungsberichte und nach der Erörterung des Verhältnisses der joh. Speisungstradition zu den synoptischen Evangelien wird auf diese Beobachtung zurückgekommen werden.

Die andere Beobachtung ist das Phänomen der abgelehnten Akklamation. Es wurde bereits bei der Ermittlung des Traditionsbestandes auf die volkstümlichen jüdisch-messianischen Königserwartungen des 1.Jh. n. Chr hingewiesen.[8] Es ist davon auszugehen, daß die Akklamation, die in den synoptischen Speisungsberichten nicht als typisches Merkmal der frühchristlichen Massenspeisungswunder ausgewiesen werden kann, auf ein besonderes Bedürfnis der Tradenten zurückgeht. Wenn dabei ein bestimmtes Verständnis abgelehnt wird, so bietet sich der Schluß an, daß konkrete Auseinandersetzungen vorliegen. Im Blick auf den religionsgeschichtlichen Hintergrund ist an Diskussionen, wohl eher aber an Konflikte mit jüdischen Opponenten zu denken. An Konflikte deshalb, da hier anstelle einer positiven Darlegung eine andere Sicht als falsch deklariert wird. Kann mit Spuren eines Konfliktes einer judenchristlichen Gruppe mit ihrer Muttersynagoge im vierten Evangelium gerechnet werden, und hat sich diese Gruppe später dem joh. Kreis angeschlossen, so ihrerseits ihre Theologie das Denken des joh. Kreises befruchtet. In ihrer Auseinandersetzung mit den jüdischen Opponenten scheint mir der *Sitz im Leben* der abgelehnten Akklamation zu liegen.[9] Der Kritik an Jesus als einem leidenden und gekreuzigten Messias wird einerseits seine Wundermacht entgegenhalten. An-

---

[6] S.o. S. 93.
[7] S.o. S. 93.
[8] S.o. S. 108.
[9] S.o. S. 113.

dererseits wird das Messiasverständnis der jüdischen Gegenüber als irdisch-materiell verengt klassifiziert und als politisch und nicht theologisch qualifiziert. Dies geschieht durch den Messias selbst, indem sich dieser der Akklamation entzieht. Daß mit dieser narrativen Argumentation ein realer Kontrahent, der den Messias nicht anerkennt, nicht überzeugt werden kann, läßt an eine Form der Selbstvergewisserung denken, wie sie in schweren Konfliktsituationen begegnet.

4 Joh 6,16–21.22–25. Der Seewandel Jesu

4.1 Rekonstruktion

Die feste Verbindung der Erzählung vom Seewandel Jesu mit der Speisung *in der Vorlage* von Joh 6,1ff wird häufig anerkannt;[1] umstritten ist jedoch, ob für diese Verbindung eine Überlieferung, die nicht mit den Synoptikern identisch wäre,[2] oder die synoptische Textfolge direkt verantwortlich ist.[3] Für die vorevangelische Verbindung spricht nicht nur die mit den Synoptikern identische Akoluthie, sondern auch die Deutung der Speisung in 6,26ff, die mit ihrem primär am Speisungszusammenhang ausgerichteten semantischen Inventar über 6,16ff vor allem auf das Speisungswunder zurückgreift.[4] Umstritten ist, ob die Vv.22–25 bzw. ein noch zu ermittelnder Traditionsbestand dem Evangelisten in der Einheit mit dem Seewandel vorlag oder von diesem als Übergangsstück geschaffen wurde.[5] Zu beachten ist wiederum, daß die Gegenüberstellung mit den Synoptikern (Mk 6,45–52 par Mt 14,22–33), in denen ein vergleichbares Feststellungsverfahren nicht belegt ist, das Urteil über die Traditionszugehörigkeit methodisch nicht präjudizieren sollte. Andererseits spricht es gegen eine redaktionelle Ableitung, daß das Feststellungsverfahren im folgenden sechsten Kapitel nicht explizit aufgenommen wird. Zudem wäre der Zusammenhang zwischen 6,21 und V.25b bzw. Vv.26ff narrativ wesentlich einfacher herstellbar, wenn lediglich Schiffe zur Überfahrt eingeführt oder eine Wanderung der Volksmenge um den See erwähnt würden. Das Verhältnis aber des Feststel-

---

[1] Z.B. J.D.G. DUNN, John 365.

[2] So wohl K.L. SCHMIDT, Charakter 39; s.a. z.B. E. LOHSE, Miracles 47; vgl. die Übersicht bei P.J. MADDEN 7f mit Anm. 24 (Anhänger der SQ-Hypothese) und 25 (vorjoh. Wundersequenz, die nicht mit einer SQ identisch ist).

[3] Z.B. U. SCHNELLE, Christologie 129f; anders z.B. S. MENDNER 287f, der die Verbindung erst im vierten Evangelium aufgrund des synoptischen Vorbildes vorgenommen sieht. Zur Fragestellung in der neueren Forschung s.a. die Darstellung bei F. NEIRYNCK, John and the Synoptics 1975–1990, 50ff.

[4] Vgl. z.B. K.L. SCHMIDT, Charakter 39. Dezidiert anders P. ZARRELLA 160; der Seewandel gibt ein spiritualisiertes Bild Jesu, das erkennen läßt, wie Jesu Fleisch und Blut vom Glaubenden aufgenommen werden kann.

[5] Trotz der im folgenden gezeigten Spannungen im Text votiert R. SCHNACKENBURG, JE I, 44, gegen eine Ableitung aus der Tradition; anders zu Recht B. KOLLMANN, Ursprung 108f.

lungsverfahrens zum Wandel und Rettungsbericht selbst ist ein komplexes, da in V.21 ein ausreichender Abschluß der Geschichte erreicht worden ist. Es wird also mit einem Wachstum insbesondere im zweiten Teil der traditionellen Wundersequenz zu rechnen sein, auf den im folgenden noch einzugehen sein wird.

Beginnen wir die Einzelanalyse mit der Untersuchung des Eingangsverses. V.16 scheint die originale Ein- bzw. Überleitung zum Seewandelwunder zu sein. Das Verb καταβαίνω setzt den Berg V.15 voraus und zeigt, daß die Jünger Jesus auf den Berg begleitet haben (gegen die sekundäre Einfügung 15b^fin αὐτὸς μόνος).

Probleme bereitet hingegen die doppelte Zeitangabe in Vv.16f. Die Zeitangabe ὀψία ἐγένετο in V.16a, die eine Parallele in Mk 6,47 par Mt 14,23 hat, kann als Vorbereitung für die neuerliche Zeitangabe in V.22 verstanden werden. Der Abend beendet den Tag des Speisungswunders und bereitet das vor, was am nächsten Morgen geschehen wird: Das Volk wird bemerken und bestätigen, was in der Dunkelheit geschah. Es gehört daher in die Traditionsphase, in der das Feststellungsverfahren den beiden Wundern angefügt wurde. Die zweite Zeitangabe ist der ursprüngliche Hinweis der Tradition: σκοτία ἤδη ἐγεγόνει (V.17b).[6]

Auch hinsichtlich V.17a wurden Bedenken laut:

Vor allem das Verb von V.17a erregte Anstoß. Im Anschluß an Eduard Schwartz meint Ludger Schenke, das Imperfekt ἤρχοντο als Aussage, mit der die Jünger das Ziel in Kafarnaum erreicht haben, deuten zu können.[7] Das Imperfekt wird als „Imperfekt zur Schilderung der Handlung verstanden",[8] die nach einer gewissen Dauer ihren Abschluß mit dem Eintreffen am Ziel in Kafarnaum erreicht. Nur so lasse sich V.17c verstehen, der von der Abwesenheit Jesu spricht (οὔπω ἐληλύθει πρὸς αὐτοὺς ὁ Ἰησοῦς). Der Bruch zu Vv.18f ist dann augenfällig, da hier die Situation auf dem See vorausgesetzt ist.

Bedeutend ist jedoch der Hinweis auf V.21,[9] der im gegenwärtigen Text dem Seewandeln durch die unmittelbare Versetzung an das Ufer eine weitere Spitze aufsetzt (εὐθέως ἐγένετο τὸ πλοῖον ἐπὶ τῆς γῆς εἰς ἣν ὑπῆγον). Zweifelsohne wird hier mit V.21 dem Seewandeln Jesu eine spannungsvolle Ergänzung angefügt, die allerdings nicht ohne Anhalt in der Überlieferung ist. Mk 6,53a par Mt 14,34a nennen jeweils das Ende der Überfahrt; dies wird in Joh 6,21 übernommen, aber wie schon in 6,5ff erhält dieser Erzählzug eine Steigerung, wobei sich der Erzähler offensichtlich nicht an der Spannung zum Seewandel Jesu störte. Überhaupt scheint hinter Vv.19–21 eine freie und straffende Variierung des in Mk

---

[6] Anders U. SCHNELLE, Christologie 124, der mit J.P. HEIL 146f eine symbolisch-christologische Aussage des vierten Evangelisten erschließt (auch von F. SCHNIDER/W. STENGER 147 erwogen; hierzu auch A.-M. DENIS, Walking 291.297); s.a. R. SCHNACKENBURG, JE II, 34f der V.17b ganz dem Evangelisten zuweist; R.T. FORTNA, Gospel 65f; L.T. WITKAMP 53. I. DUNDERBERG, Johannes 135, plädiert für eine literarische Schicht; mit V.17b werde nur ein „*Teilaspekt* der abendlichen Zeit, nämlich die Dunkelheit" hervorgehoben.

[7] L. SCHENKE, Szenarium 196 (vgl. seinen „Lösungsversuch" 197f), mit Hinweis auf E. SCHWARTZ, Aporien IV, 503.

[8] Vgl. BDR § 327.

[9] L. SCHENKE, Szenarium 196.

6,48–51 par. Mt 14,24b–27 Berichteten zu stehen.[10] Auch weist schon Mk 6,51 par Mt 14,32 eine zweite Spitze neben dem Seewandel auf, die in der Sturmstillung besteht. D.h. Joh 6,21 faßt Sturmstillung *und* Ankunft am Ufer zusammen.

Wie aber steht es mit V.17a und seiner Interpretation durch Schwartz und Schenke? Mit Hinweis auf 4,30 interpretiert Rudolf Bultmann[11] den Imperfekt auf das „Eintreten in eine Handlung".[12] Andererseits kann dem Imperfekt eine konative Bedeutung[13] beigemessen werden: Rudolf Schnackenburg.[14] Dennoch bleibt V.17c eine Schwierigkeit,[15] die sich aber auflösen läßt, wenn man ihn von dem ergänzten Wunderfeststellungsverfahren her versteht. Die Feststellung der getrennten Abfahrt der Jünger und die wunderbare Ankunft Jesu am ‚*jenseitigen Ufer*' wird durch den Hinweis auf Jesu Abwesenheit vorbereitet.

Die Probleme, die Joh 6,17 im gegenwärtigen Kontext bereitet, lassen sich folglich erklären, wenn wir mit Ergänzungen in Vv.16a.17c rechnen, die als Vorbereitung auf das angehängte Feststellungsverfahren weisen. Die Technik der Anhängung sowie insbesondere die etwas sperrige Einfügung von V.17c könnten als Eingriffe bzw. Ergänzungen eines schriftlichen Textes verstanden werden.

Abgesehen von den vorgenannten Einfügungen machen die Vv.16–21 insgesamt einen geschlossenen Eindruck, so daß kaum mit weiteren sekundären Ergänzungen gerechnet werden muß und in diesen Versen mit hoher Wahrscheinlichkeit das Material der Überlieferung geboten wird.

Allerdings könnte noch an zwei weiteren Stellen die Hand des Evangelisten vermutet werden. Einerseits ist die doppelte Ortsangabe πέραν τῆς θαλάσσης εἰς Καφαρναούμ in V.17aβ zu beachten, andrerseits fällt das absolute ἐγώ εἰμι in der Jesusrede von V.20 auf. Bedeutsam ist zunächst der Begriff des ‚*jenseitigen Ufers*'; doch haftet diese Wendung hier fest in der Überlieferung.[16]

Fand sich zu Beginn der Tradition des Doppelwunders vermutlich zunächst nur ein allgemeiner Hinweis auf den See Genezaret, so präzisiert die Richtungsangabe εἰς Καφαρναούμ den Hinweis, wie das *jenseitige Ufer* zu deuten ist. Die Angabe ‚*nach Kafarnaum*' ist allein nicht verständlich, da ein Ausgangspunkt fehlt, der ein Überqueren des Sees erkennen läßt;

---

[10] Wie auch immer man hinsichtlich der Abhängigkeit urteilen mag (vor- oder nachsynoptische Herkunft), der inhaltliche Rückbezug von Joh 6,15ff auf Mk 6,45ff ist offensichtlich (anders L. SCHENKE, Szenarium 201f: sekundäre Angleichung an die Synoptiker); hier ist aber keine Überlieferungsstufe erkennbar, die die Begegnung Jesu mit den Jüngern an das Ufer und nicht auf den See verlegte (zu SCHENKE, Szenarium 199f).

[11] R. BULTMANN, JE 158 Anm. 7.

[12] L. RADERMACHER 149.

[13] Vgl. BDR § 326; E. BORNEMANN/E. RISCH 221.

[14] R. SCHNACKENBURG, JE II, 34; s.a. E. RUCKSTUHL, Speisung 2012.

[15] Daß in V.17c eine Aneignung der Tradition durch den Evangelisten zu finden sei, nehmen z.B. R.T. FORTNA, Gospel 65f; C.H. GIBLIN, Crossing 97; R. SCHNACKENBURG, JE II, 34; W. WILKENS, Entstehungsgeschichte 46, an. Dagegen z.B. J. BECKER, JE I, ¹194. ³233.

[16] Auch Mk 6,45; hier wahrscheinlich redaktionell; vgl. J. GNILKA, Mk 265 Anm. 1.

sie läßt sich jedoch auch nicht als sekundäre Einfügung des Evangelisten namhaft machen, der nach dem Zwischenspiel in Jerusalem an Jesu Aufenthalt in Galiläa interessiert ist (vgl. 6,1;[17] 7,1), ohne daß nach 2,12a; 4,46ff ein weiteres Augenmerk hinsichtlich Kafarnaum erkennbar ist.[18]

Die ‚*Ich-bin*'-Aussage hat in Mk 6,50 eine Parallele. Man kann sie daher wohlbegründet als „stilgemäß" bezeichnen,[19] so daß sie an der Tradition haftet.[20]

Zusammenfassend läßt sich damit das Urteil von Jürgen Becker, daß „der ganze Text" (Joh 6,16–21) aus der Tradition stammt,[21] modifizieren: Im Seewandel Jesu, Joh 6,16–21, sind keine Spuren einer Bearbeitung durch den vierten Evangelisten zu erkennen. Allerdings, so scheint es, hat der Seewandel im Zusammenhang der Anfügung des im folgenden untersuchten Wunderfeststellungsverfahrens einzelne Ergänzungen erfahren.

Weitaus schwieriger verhält es sich mit der Differenzierung von Tradition und Redaktion in der Fortsetzung in Vv.22–25, d.h. dem *Wunderfeststellungsverfahren.*[22] Daß dieser Text im gegenwärtigen Kontext den Zweck hat, „Volk und Jesus erneut zusammenzubringen, damit Jesus die Brotrede halten kann",[23] ist offensichtlich. Doch ist es wahrscheinlich, daß der Evangelist Material seiner Tradition hierzu aufnehmen konnte; dafür sprechen Spannungen im Erzählgebilde.[24] Es ist bereits angesprochen worden, daß dieser Stoff in der Überlieferung eine andere erzählerische Funktion hatte,[25] da seine Aufgabe dort nicht in der Überleitung zu einem anderen Erzählstück bestand. Entsprechend den subtilen Ausführungen in V.22 ist die narrative Funktion im Zusammenhang der Tradition vielmehr in der Feststellung des wunderbaren Überschreitens des Meeres zu bestimmen. Liegt einerseits ein Funktionswandel der Passage Vv. 22–25 zwischen Überlieferung und dem Text von Joh 6 vor und ist andererseits

---

[17] Hierzu s.o. S. 83.

[18] Anders J. BEUTLER, Struktur 253, der „die erneute Nennung des Ortes im nächsten Abschnitt" vorbereitet findet: 6,24.

[19] J. BECKER, JE I, [1]195. [3]233.

[20] Dies gilt analog von φοβεῖσθε in Joh 6,19; anders I. DUNDERBERG, Johannes 164: „redaktionell". A.-M. DENIS, Walking 291, findet im Moment des Sehens (θεωρεῖν; DENIS übersetzt mit „contemplation") in V.19 ebenfalls einen Ausdruck joh. Theologie.

[21] J. BECKER, JE I, [1]195. [3]234, votiert für eine Ableitung aus der SQ; ähnlich U.C. VON WAHLDE, Version 100f: Grundschrift.

[22] Vgl. L. SCHENKE, Szenarium 191, mit Hinweis auf E. SCHWARTZ, Aporien IV, 501.

[23] J. BECKER, JE I, [1]202f. [3]244; ähnlich I. DUNDERBERG, Johannes 136; T.-S. PARK 204–208; ob man allerdings mit DUNDERBERG und PARK deshalb Vv.22–25 anstandslos als einheitliche Komposition werten kann, scheint mir aus den noch zu zeigenden sprachlichen und textlogischen Gründen zweifelhaft.

[24] Von einem „Scharnierstück", das der Verfasser der Brotrede, der auch für Joh 21 verantwortliche und als ‚Evangelist' bezeichnete Redaktor „selbst verfaßt" habe, spricht hingegen J. KÜGLER, König 121.

[25] S.o. S. 37f.

durch seine Eingliederung in den Makrokontext eine Hinorientierung Erzählzusammenhang der Komposition von Joh 6 zu erwarten, so läßt sich begründet
mit einer Überarbeitung durch den vierten Evangelisten rechnen.
Eine erste Spannung ergibt sich daraus, daß Jesus sich dem Volk entziehen
mußte,[26] um nicht zum König gemacht zu werden (V.15), und dann doch mit
ihnen redet (Vv.25ff; auf der Erzähllebene ausdrücklich mit der Volksmenge
von Vv.5ff identifiziert: V.23). Nimmt man V.25b zur folgenden Komposition
der Brotrede, so entfällt der Anstoß, da erst die Weiterführung der Erzählung
auf der redaktionellen Ebene nach einer Zusammenführung von Volk und Jesus
verlangt.
Sogleich stellen sich jedoch eine Reihe weiterer sprachlicher, geographischer und theologischer Probleme ein: Zweimal wird in Vv.22–25a der ὄχλος
genannt. Zunächst das am jenseitigen Ufer stehende Volk, dann nochmals in V.
24.[27] Beide Nennungen erhalten eine Aorist-Form von ὁράω zugeordnet, die
erste den Plural, die zweite den Singular.

Schon früh nahm die Überlieferung Anstoß und suchte stilistisch zu glätten: ἰδών (Ψ 063
$f^{1.13}$ 𝔐) und εἶδεν ($\mathfrak{P}^{28}$ ℵ D lat). Das Berichtete kann am nächsten Tag jedoch nicht unmittelbar gesehen werden, vielmehr sucht das Verb die vergangenheitliche Beobachtung für
das aktuelle Handeln verantwortlich zu machen. Man kann an das Sich-Erinnern denken.[28]

Die in V.22b–d angezeigte Situation setzt die Abwesenheit Jesu und der Jünger voraus; diese Abwesenheit wird als Dublette zu V.22b–d in V.24aβ nochmals ausdrücklich angeführt,[29] um die Überfahrt der Menge über den See zu
motivieren. V.23a führt neue Schiffe aus Tiberias kommend ein, einer am
Westufer gelegenen Stadt (etwa 12km Luftlinie südwestlich von Kafarnaum).

Ludger Schenke macht auf den merkwürdigen Kurs der Schiffe aufmerksam;[30] sie überqueren den See zunächst in nordöstlicher Richtung, um an das Ostufer des Sees zu gelangen.
Dann überqueren sie den See erneut, nunmehr in nordwestlicher Richtung, um an das nord-
westliche Ufer von Kafarnaum zu gelangen. Schenke nimmt diesen Umweg zum Ausgang
literarkritischer Fragen; möglicherweise erklärt sich dieser Zickzackkurs der Boote aber aus
der Bezeichnung des Sees Genesaret als See von Tiberias und durch die Notwendigkeit, eine
neue und schnelle Möglichkeit, an das andere Ufer zu gelangen, zur Verfügung zu stellen.

---

[26] Anders Mk 6,45f: Hier verabschiedet (ἀπολύω) Jesus das Volk. Daher sollte man sich
bei der Rekonstruktion der Tradition nicht zu stark von dem Zusammenhang in Mk 6,30 leiten lassen (zu J. BECKER, JE I, ¹203. ³244f). Die Tradition hinter Joh 6,1ff verdankt sich
einer veränderten Erzählungsweise.
[27] Bei I. DUNDERBERG, Johannes 137, als „Ringkomposition" und als notwendige „Wiederaufnahme" deklariert.
[28] Mit E. HAENCHEN, JE 312.
[29] Vgl. L. SCHENKE, Szenarium 196f.
[30] L. SCHENKE, Szenarium 196. 199ff.

Die Schiffe bereiten die Überfahrt des Volkes an das jenseitige Ufer, also an das Ufer, an dem die Stadt Kafarnaum liegt, vor. Das in der Perikope, die das Wunderfeststellungsverfahren enthält, zuletzt genannte ‚*jenseitige Ufer*‘, V. 25a (vgl. V.24bβ), ist das *West*ufer des Sees, das zunächst genannte, V.22, das *Ost*ufer.[31] Die Ortsangabe V.25a, die das jenseitige Ufer nennt, ist die letzte Erwähnung eines Ortes vor der Feststellung, daß Jesus dies alles in der Synagoge von Kafarnaum lehrte, V.59. Da ein Ortswechsel nicht genannt ist, kann eine Spannung in den Ortsangaben ebenfalls nicht übersehen werden. Ἔφαγον τὸν ἄρτον (V.23b) setzt V.11 voraus, doch gibt es dem Speisungswunder eine eigentümliche Deutung, die wohl von 6,51c–58 her gewonnen wurde.

Es wurde oben bereits gezeigt, daß das Verb eine Entscheidung über die sakramentale Deutung des Satzes noch nicht zuläßt. Die Mehrzahl der Differenzen zur Herrenmahlstradition fällt wie in V.11 auf (Fehlen des Brotbrechens und des Kelches). Dennoch sticht der Singular ἄρτος heraus, der der Herrenmahlsüberlieferung nahesteht, aber auch 6,51c–58 und das darin entwickelte Verständnis des Essens des Brotes als dem Fleisch des Offenbarers voraussetzt. Ist zudem der Versteil als Nachtrag verdächtig, so ist man durchaus berechtigt, hier eine sakramentale Interpretation der vorangehenden Speisungsgeschichte anzunehmen.

D.h. bereits hier wird ein Bezug zum Herrenmahl hergestellt, der einerseits der Tradition, aber hier doch wohl auch dem Evangelisten noch fremd ist.

Aufgrund der genannten Schwierigkeiten des Textverständnisses ergibt es einen guten Sinn, für die älteste Stufe der Überlieferung eine Handlung anzunehmen, in der die Abwesenheit Jesu und seiner Jünger festgestellt wird. Dieser Feststellung dürfte die Suche nach Jesus und das Finden am anderen Ufer des Sees gefolgt sein; nicht notwendig ist jedoch die erneute Anrede in V.25b.[32]

---

[31] Mit F. SCHNIDER/W. STENGER 148, E. HAENCHEN, JE 312, L. SCHENKE, Szenarium 193 (Anm. 5 weitere Lit.), B. KOLLMANN, Ursprung 109, H. WÖLLNER 38 gegen R. BULTMANN, JE 160. BULTMANN muß für den Ortswechsel des Volkes einen implizit vorausgesetzten Fußmarsch der Menge annehmen, von dem die Geschichte aber vor V.24c (ἦλθον κτλ.) nichts zu erkennen gibt.

[32] Daß mit F. SCHNIDER/W. STENGER 148 die Frage an Jesus V.25fin traditionell ist, ist zweifelhaft. Die Frage der Menge initiiert die Brotrede; auch ist es nach V.15 zweifelhaft, ob die Tradition an einer weiteren unmittelbaren Begegnung der Menge mit Jesus Interesse hatte. Noch anders M. KOTILA 156f, der aufgrund der Spannung der in V.26 unbeantwortet bleibende Frage von V.25b mit zwei sukzessiven Schichten rechnet; V.25b gehört zur Wundersequenz (aus SQ), dessen ursprüngliche Antwort weggebrochen sei. V.26 hingegen formuliert der vierte Evangelist. Gegen KOTILA möchte ich hingegen aufgrund der narrativ ermittelten Übergangsfunktion für eine bewußt gesetzte spannungsreiche Überleitung plädieren, die die materialistisch mißverstehende Sicht des Volkes, die in Vv.26ff kritisiert wird, unterstreicht.

Kommen wir also zur *Einzelanalyse der Passage 6,22–25.* Τῇ ἐπαύριον[33] ist eine echte Zeitangabe (gegen 1,29.35.43, die eher szenische Gliederungs-merkmale darstellen)[34] und gibt in der durch das Feststellungsverfahren erwei-terten Tradition den Zeitpunkt für die Betrachtung des vergangenen Gesche-hens aus dem Blickwinkel des objektiven, d.h. nicht am (zweiten!) Wunder be-teiligten Betrachters an. Die Bedeutung ist nicht eng mit ‚*morgen*‘ wiederzu-geben, sondern durch ‚*am nächsten Tag*‘ (bzw. sinngemäß ‚*am nächsten Mor-gen*‘).[35] Wahrscheinlich setzte sich die Tradition mit der Erwähnung des ὄχ-λος fort,[36] der geradezu juristisch genau[37] die Abwesenheit Jesu und seiner Jünger feststellt. Diese Abwesenheit ist überraschend, da die Jünger das Ufer mit dem einzigen Boot verlassen hatten.

So könnte V.22 insgesamt der Überlieferung zuzurechnen sein. Allerdings wird man fragen müssen, ob πέραν τῆς θαλάσσης, das aus der Perspektive, aus der der Evangelist seine Komposition ausführt, auf das Geschehen blickt (s.o. zu V.1), ursprünglich ist. Es konkurriert mit der Erzählperspektive der Tradition, in der das πέραν τῆς θαλάσσης von V.25a wie das von V.17 steht.[38] Zwar kann man hierin einen Hinweis auf den Ortswechsel zwischen V. 21 und V.22 finden, doch ist der durch die neue Zeitangabe, durch das genann-te Volk und durch die berichteten Beobachtungen eindeutig definiert: Keine Hörer/Leser von Vv.22ff benötigten die Ortsangabe, um die Relation zum Vorherigen zu erkennen. Die Einfügung zeigt jedoch, auf welchem Ufer nun die kommende, für den Evangelisten bedeutsame Handlung stattfinden wird.

Die Fortsetzung der Tradition ist in V.24c zu finden. Der Pluralaorist ἦλθον schließt, möglicherweise ursprünglich durch einfaches καί (wie im ge-genwärtigen Text) oder asyndetisch verbunden, an den Aorist Plural εἶδον an. Die Menge kam nach *Kafarnaum*, um Jesus zu suchen. Ausdrücklich wird fest-gestellt, daß sie ihn am *jenseitigen* (West-)*Ufer* findet. Damit wird die Ortsan-gabe von V.17 aufgenommen und das Seewandelwunder von unabhängigen Beobachtern bestätigt. Zwar hat die Menge das Seewandeln Jesu selbst nicht gesehen. Auch scheint sie im Sinne des vierten Evangelisten dieses Geschehen

---

[33] Nur bei zu schematischer Verwendung des stilkritischen Kriteriums wird man τῇ ἐπαύριον aufgrund von 1,29.35.43; 12,12 als redaktionell bezeichnen; zu U. SCHNELLE, Christologie 125.

[34] Anders R.E. BROWN, JE 257; doch man beachte ὀψία ἐγένετο in V.16 (vgl. V.17 mit Mk 6,47 par Mt 14,23).

[35] Mit W. BAUER/K. u. B. ALAND, Wb 574.

[36] Die Analyse entspricht für die Seite der Rekonstruktion der Tradition weitgehend den Beobachtungen von F. SCHNIDER/W. STENGER 148.

[37] S.o. S. 38f.

[38] Für den Evangelisten finden die einleitenden Diskussionen und die Brotrede selbst in der Synagoge von Kafarnaum statt: V.59.

nicht wirklich realisiert zu haben; wie sonst ist die unverständige Frage in V. 25b zu deuten? Doch die Kombination der Angaben über das Abfahren allein der Jünger im einzigen Boot und das Finden Jesu gemeinsam mit seinen Jüngern am anderen Ufer deutet darauf, daß die Menge unbeteiligt und unverständig dies Wunder als Wunder bestätigt. Der implizite Leser (‚*implied reader*'),[39] der seinerseits die Geschehnisse in der Nacht kennt, bekommt diese als ein Wunder von unabhängiger, gleichsam objektiver Seite bestätigt.

In Vv.22*.24c–25a wird somit das *Feststellungsverfahren des Seewandelwunders*[40] berichtet. Dieses Feststellungsverfahren repräsentiert eine gegenüber der synoptischen Tradition fortgeschrittenere Überlieferungsphase. Der Text wirkt angehängt[41] und nur durch die Zeitangabe V.16a sowie die Ergänzung von V.17c notdürftig mit der Erzählung verbunden; die Feststellung des Wunders scheint erst im Verlauf der Überlieferungsgeschichte der Erzählung von Jesus als Wundermann am See von Tiberias nachgetragen worden zu sein.[42] Das Verfahren geht zwar ausdrücklich auf den Seewandel zurück, setzt aber seinerseits wiederum die Speisung voraus, wie der Hinweis auf das ansonsten unbeteiligte Volk zeigt. Auch dies ist ein Indiz für eine vorevangelische Sequenz bestehend aus Speisung und Seewandel.

Zu klären bleibt, was zu dieser nachträglichen Ergänzung der Wundersequenz geführt hat. Der äußerst subtile Nachweis, daß Jesus ohne Benutzung eines Bootes an das andere Ufer gelangt ist, könnte sich mit einer nahezu rational zu nennenden Wunderkritik[43] auseinandersetzen.[44] Doch eher als eine Kri-

---

[39] Zum Begriff implizite Leser (‚*implied reader*') vgl. jetzt kurz J. FREY, Bild 5 (Manuskript): „Die Leser, die dabei zum Thema werden, sind ... abstrakte, *im Text* ‚*implizite*' *Leser*, d.h. ein aufgrund des Textes gewonnenes Konstrukt. Der Begriff ‚implizite(r) Leser' thematisiert also die Art und Weise, wie der Text selbst seine möglichen Leser vorsieht, damit Kommunikation gelingt; es ist die ‚im Text ausmachbare Leserrolle' " (Zitat aus W. ISER, Akt 66).

[40] Vgl. F. SCHNIDER/W. STENGER 148; s.a. E. HAENCHEN, JE 312 („*Die ... Verse sollen* wohl den ‚objektiven' Nachweis für die Wirklichkeit des Wunders bringen." Hervorhebung im Original); U. SCHNELLE, Christologie 123.

[41] Vgl. L. SCHENKE, Szenarium 196: „... müßte eigentlich in V.16 f. erzählt werden".

[42] Auch U. SCHNELLE, Christologie 123, rechnet das Feststellungsverfahren zum Wunder hinzu, gibt aber keine Auskunft, wie es zu dieser Verbindung gekommen ist.

[43] Zeitgenössische Beispiele: *Plutarch*, De Pythiae oraculis 404b–405d; Coriolanus 38 (hierzu auch J.-M. VAN CANGH, Santé 275; R.M. GRANT 66 [vgl. 65–68 zur Position des Plutarch in der Wunderfrage]). Die Passage in *Coriolanus* ist insofern von großem Interesse, da das Ertönen der Stimme der Götterstatuen (*Plutarch* setzt sich mit solchen Statuen zugeschriebenen wunderhaften Ereignissen wie dem Ertönen von Stimmen und Geräuschen, dem Schwitzen sowie dem Fließen von Tränen und Blut auseinander) den Kritiker vor Probleme stellt, da „die Geschichte in eine Zwangslage versetzt, weil eine große Zahl glaubwürdiger Zeugen (πολλοῖς ... καὶ πιθανοῖς μάρτυσιν) die Überlieferung erhärtet" (Coriolanus 38,3; W. WUHRMANN, in: Plutarch, Griechen II, 343). So sucht Plutarch zu einer rationalen

tik am Wunder ist mit einer Kritik an dem einen Wundertäter zu rechnen. Versichert sich die Gemeinde in der Erzählung der Speisungssequenz der lebensspendenden Macht des von ihr geglaubten Christus, den die Menge – wenn auch politisch enggeführt – als (endzeitlichen) Herrscher anerkennt, so scheint dies gerade in Zweifel gezogen worden zu sein. So kann jedes der Elemente, die der Nachweis für die Tatsächlichkeit des Wunders anfügt,[45] Gegenstand der Rückfrage werden: es gab mehrere Boote, mit denen Jesus gefahren sein könnte, er ist heimlich eingestiegen und ist mit den Jüngern an andere Ufer gefahren. Solche Einwände sind in der historischen Phase zu erwarten, wo wir bereits andere Wundergeschichten im Dienst der Selbstverwisserung bzw. der Argumentation mit gegnerischen Gruppen vorstellen konnten, d.h. in der Auseinandersetzung einer joh. Gruppe mit einer ihr nahestehenden Synagoge. In diesem historisch sozialen Zusammenhang antwortet das Feststellungsverfahren auf einen jüdischen Vorwurf, der die Messianität Jesu bestreitet. Dies würde mit der historischen Annahme kulminieren, daß Teile der joh. Gemeinde judenchristlicher Herkunft sind und über die Auseinandersetzung mit jüdischen Kreisen zum Verlassen des synagogalen Kontextes gezwungen waren.[46] Aus diesem historischen Kontext wurde bereits die abgelehnte Akklamation hergeleitet.[47] Demzufolge kann das Wunderfeststellungsverfahren eine fortgeschrittenere Phase des gefährdeten (und schließlich gescheiterten) Dialogs mit den Gliedern dieses synagogalen Kontextes bezeichnen.

Eine andere Erklärungsmöglichkeit läßt sich im Blick auf die christologischen Streitigkeiten des joh. Kreises durchspielen. Verschiedene spätere Texte, die wahrscheinlich eine doketische Christologie voraussetzen, belegen mit dem Desinteresse an der Leiblichkeit des Offenbarers eine Reihe von Motiven und Erzählungen, die dieses Desinteresse narrativ unterstreichen. Möglich wäre, daß das Feststellungsverfahren gegen eine doketische Vorstellung von Jesus, die ihn als den Christus nicht an leiblich-irdische Zusammenhänge gebunden sieht (vgl. etwa ActJoh 93: der doketische Offenbarer hinterläßt keine Spuren im Sand[48]), ausdrücklich den wunderhaften Charakter *im* leiblich-irdischen Lebenszusammenhang festgestellt. Als der Fleischgewordene kann Jesus nicht beliebig auftreten, wo er will, aber als der machtvolle Gottessohn überschreitet er im Wunder die Grenzen der Natur. Solche Argumen-

---

Erklärung Zuflucht, freilich bleibt erkennbar, wie Wunderberichte durch unabhängige Zeugen zu stützen gesucht werden.

[44] S. hierzu auch die Überlegungen im Anschluß an die Analyse der Parallelen des ntl. Seewandels S. 215.

[45] S.o. S. 38.

[46] Vgl. die Auseinandersetzung mit den Überlegungen von JOHN L. MARTYN sowie die Analysen zu Joh 5 und 9 in: M. LABAHN, Leben 243ff. 341ff; s.a. DERS., Spurensuche 167–176.

[47] S.o. S. 113.

[48] Hierzu s.a. B.M. METZGER, Kanon 174.

tation sucht geradezu, den Gegnern ein Indiz für ihre Christologie zu entringen,[49] wie diese es in der Erscheinung auf dem See vorgefunden haben könnten. Joh 6,22 würde in einer solchen Front stehend demgegenüber behaupten, daß natürliche Mittel zur Überfahrt (das Boot) notwendig wären, diese aber gerade gefehlt haben; damit ist es der *inkarnierte* Logos, der wunderbar seinen Jüngern erscheint.

Angesichts unserer geringen Kenntnis der konkreten Ausformung der christologischen Vorstellungen der gegnerischen Christologie, wie sie vor allem im 1Joh reflektiert wird,[50] stehen solche Überlegungen in der Gefahr, reine Spekulation zu sein. Wenn in der Lebensbrotrede immerhin sowohl ‚die Juden' als Murrende (6,41) als auch das Jüngerschisma (6,66) genannt werden, so müssen immerhin nicht allein die Selbstaussagen Jesu im Horizont kritischer Rezeption gesehen werden, sondern kann die erzählerische Basis ebenfalls in diesem Licht interpretiert werden.

Sieht man von der durch den Evangelisten eingetragenen Orientierung auf die Brotrede hin (V.22a: ὁ ἑστηκὼς πέραν τῆς θαλάσσης) und die vermutliche Verknüpfung des Feststellungsverfahrens mit der Brotrede durch die Frage des Volkes (V.25b) ab,[51] so sind Vv.23–24b als Nachtrag zu erklären.[52] Dieser Eintrag stellt sich dem Problem, wie das Volk, das seinerseits nicht über den See wandelte, so rasch an das andere Ufer gelangt.

Wie zufällig kommen Boote aus Tiberias nahe an den Ort heran,[53] wo das Speisungswunder stattgefunden hat. Bevor der Verfasser dieser Anmerkung die Menge in die Boote steigen läßt, wird der Erzählfaden, der durch die Ankunft der Schiffe unterbrochen wurde, vermittels der inhaltlichen Wiederholung von V.24a (Man beachte jetzt den Singularaorist zu ὁ ὄχλος.) wiederaufgenommen. Eigentümlich ist die geographische Vorstellung, die mit der Tour der (Fischer-)Boote verbunden ist. Dürfte die ursprüngliche Vorstellung einen Wechsel der Menge zwischen Ost- und Westufer angenommen haben, so müßten die Schiffe den See zweimal überqueren. Man kann überlegen, ob die Einfügung nun mit einem Wechsel zwischen südwestlichem und nordwestlichem Ufer rechnet.[54]

Sonderbar ist die Kennzeichnung des Ortes der Speisung als ὅπου ἔφαγον τὸν ἄρτον εὐχαριστήσαντος τοῦ κυρίου (V.23b). Die textgeschichtliche Ursprünglichkeit kann auf-

---

[49] Christologische Vorstellungen, die sich auf dem Wege zu den zuvor genannten doketisch-christologischen Überlegungen befinden, könnten im Seewandel einen Hinweis auf ihre christologischen Vorstellungen gefunden haben: Der nicht an seine Leiblichkeit gebundene Offenbarer kann jederzeit und an jedem Ort zu seinen Jüngern treten.

[50] Vgl. z.B. die Darstellung der unterschiedlichen Interpretationen der vom 1Joh kritisierten Gegnergruppen bei J. BEUTLER, Johannesbriefe 121ff; zur Sicht des Verfassers vgl. M. LABAHN, Jesus 32f.

[51] Der mit V.25b eingeleitete Tadel in Vv.26f gilt dem Zusammenhang 6,1ff.

[52] So auch z.B. B. KOLLMANN, Ursprung 109; J.H. BERNARD, JE I, 189 (V.23): Glosse (s.a. H.M. TEEPLE, Origin 188); B. LINDARS, JE 249 (nur V.24fin); R.T. FORTNA, Gospel 68f; F. SCHNIDER/W. STENGER 148; anders U. SCHNELLE, Christologie 125f: Vv.23–24 sind Ergänzung des Evangelisten.

[53] Die Bereitstellung von Schiffen für notwendige Überfahrten findet sich in der zeitgenössischen Romanliteratur wie auch in den späteren apokryphen Apostelakten gut belegt; vgl. R. SÖDER 42f.

[54] So rekonstruiert insbesondere aufgrund seines Verständnisses 6,17b (s.o. S. 29) L. SCHENKE, Szenarium 198, den geographischen Rahmen der *Überlieferung*.

grund der schwachen Bezeugung für die Auslassung von εὐχαριστήσαντος τοῦ κυρίου lediglich durch den *Codex Bezae* sowie die Majuskel 091, die Altlateiner a und e, den Sinai- und den Cureton-Syrer u.a., als relativ gesichert gelten.[55] Dennoch ist der Singular ἄρτον im Zusammenhang des Speisungswunders ungewöhnlich. Das Erzählkorpus des Speisungs- wunders bietet durchweg den Plural (6,5.7.9.11.13), der auch für den Evangelisten gesichert ist: V.26 ἐφάγετε ἐκ τῶν ἄρτων. Erst die Brotrede selbst bietet den Singular für *das Manna* als das Brot aus dem Himmel (vermutlich Zitat aus ψ 77,24[56] in Joh 6,31), dem *das wahre Lebensbrot* gegenübergestellt wird, als das sich *Jesus selbst* vorstellt (6,32 u.ö.). Den Singular finden wir christologisch motiviert wieder beim Essen *des* Brotes in V.50 als Meta- pher für den Glauben und in der Replik V.58. Tatsächlich scheint die Einfügung in V.23b den eucharistischen Deutungszusammenhang zu bevorzugen (Vv.51c–58). Dies belegt auch das Partizip εὐχαριστήσας,[57] das nicht lediglich als Wiederholung aus V.11 verstanden werden kann; seine Aufnahme ist anders motiviert, da als Erinnerung an das Speisungswun- der das Essen des Brotes als Hauptmotiv hinreichend ist. Die Einfügung der Danksagung verbindet eine sakramentale Deutung mit dem Speisungswunder,[58] das ursprünglich weder für die Tradition noch für den Evangelisten eine sakramentale Bedeutung hatte.[59]

Die Wiederholung der Menge lenkt in 6,24 zum älteren Text zurück, so daß zutreffend von einer Glosse oder einem Nachtrag gehandelt werden kann.

Aufgrund der insbesondere am Schlußteil der Wundersequenz gemachten li- terarkritischen Beobachtungen lassen sich verschiedene Überlieferungsphasen erschließen. Das Feststellungsverfahren wirkt angehängt und nur locker mit dem Wunder vor allem durch den Eintrag der Zeitangabe ὀψία ἐγένετο in V. 16a und durch den Hinweis auf die noch nicht geschehene erneute Vereinigung Jesu mit seinen Jüngern V.17c verbunden. Diese Verbindung läßt es wahr- scheinlich erscheinen, daß dem Feststellungsverfahren bereits eine schriftliche Fassung der Wundersequenz vorauslief. Hinter diesen schriftlichen Text läßt sich nicht mehr zurückkommen, da die Wundersequenz in ihrem rekonstruier- ten Grundbestand keine weiteren hinreichend sicher abhebbaren Wachstums- ringe zeigt. Die Hand des Evangelisten läßt sich im Seewandelbericht selbst nicht nachweisen; lediglich im Feststellungsverfahren sind einige spärliche Hin- weise zu finden, vor allem die Überleitung zum Zwischenstück, 6,26–29, und

---

[55] B.M. METZGER, Commentary [1]212. [2]182; anders z.B. R. BULTMANN, JE 160 Anm. 5; A. HEISING, Botschaft 78.

[56] Zum Zitat und den Problemen seiner Verifikation s.o. S. 62.

[57] Vgl. z.B. J. BECKER, JE I, [1]204. [3]245f; anders R. SCHNACKENBURG, JE II, 48–51.

[58] Weder Joh 2,1ff noch Joh 6,5ff rechtfertigen somit für den Evangelisten das Votum von J. BREUSS 40, der „Kanageschichte und Brotwunder als Ausfaltungen des synoptischen Einsetzungsberichts" versteht. Wein- und Brotwunder stellt auch X. LÉON-DUFOUR 344 in eine Linie: Es „ergänzt … in der Anspielung auf das Blut die Symbolik vom Brot, das auf den Leib verweist".

[59] Als Zusatz eines Redaktors deutet ebenfalls: E. HAENCHEN, JE 312. Anders U. SCHNELLE, Christologie 116; B. KOLLMANN, Ursprung 109.129: Der Evangelist formuliert in V.23 „eine sakramentale Deutung des Speisungswunders". Zum Problem der Deutung von V.11 s.o. S. 95–97.

damit zur folgenden Brotrede, 6,30ff, mit V.25b. Auch dies spricht für ein geringeres Interesse des vierten Evangelisten am Seewandel, das man allerdings nicht einfach als Desinteresse bezeichnen sollte. Der Seewandel wird mitsamt dem komplexen Feststellungsverfahren tradiert und der Brotrede vorgeschaltet; er zeigt Jesus als den mächtigen Wundertäter und tritt damit neben die Speisung, ohne sich freilich in gleicher Weise wie diese in die theologische Brotrede einbringen zu lassen. Der Text des Evangeliums wurde ergänzt durch eine eucharistische Interpretation der Speisungsgeschichte in V.23; dies weist auf die Einfügung 6,51c–58 hin (dazu s.o. den Exkurs: ‚Joh 6,51c–58, ‚Einlage‘, Umstellung, eucharistische Deutung des Evangelisten oder [kirchlicher] Nachtrag?‘). In die hier angezeigten Entwicklungsphasen sind die Überlegungen zum ersten Teil der Wundersequenz, der joh. Speisung der 5000, einzufügen (→ 7).

4.2 Untersuchungen zum Aufbau des Seewandels Jesu unter besonderer Berücksichtigung der religions- und gattungsgeschichtlichen Frage

Nach der klassischen formgeschichtlichen Analyse, wie sie von Rudolf Bultmann vorgelegt wurde, wären die Seewandelgeschichten als *Naturwunder* zu klassifizieren;[1] dies im Unterschied zu der andersartigen Einteilung bei Martin Dibelius, der für Mk 6,45ff die Bestimmung als (mythisch überformte) *Novelle* vorschlägt.[2] Bultmanns Charakterisierung des Seewandels als Naturwunder steht partiell Heinrich Julius Holtzmann nahe, wenn er diese Geschichte als *Schauwunder* bezeichnet. Aus dem Vorbeigehen-Wollen (Mk 6,48) erschließt Holtzmann, daß sich Jesus „als den Herrn über Wind und Meer zeigen" will. Die Klassifizierung geht hier nicht auf das Wunder selbst, sondern auf die Intention des Wunders: die Schau der Naturbeherrschung.[3]

Schon Georg Bertram hat hinter Joh 6,16ff bzw. Mk 6,45ffparr eine alte kultisch motivierte *Epiphaniegeschichte* vermutet.[4] Ohne die Hervorhebung eines kultischen Charakters ist neuerlich der Epiphaniegedanke wieder von

---

[1] R. BULTMANN, Geschichte 231; ihm folgen z.B. D. ESSER 125–127; G.R. BEASLEY-MURRAY, JE 85; A. SUHL, Wunder 486; A. WEISER 105; auch wieder D. DORMEYER, Literaturgeschichte 171.176 (für Mk 6,45ff).

[2] M. DIBELIUS, Formgeschichte 68 (zur mythischen „Überfremdung"; aaO. 277: „diese Geschichte könnte man nun wieder auf die mythischen Wasser des Todes gedeutet haben.");
s.a. A.Y. COLLINS 211: „miracle story or ‚tale‘", wobei *tale* der Bestimmung von DIBELIUS entspricht.

[3] H.J. HOLTZMANN, Mt. Mk. Lk 141.

[4] G. BERTRAM, Neues Testament 30.

Werner Berg vorgetragen worden: Epiphanie, die das Kommen einer Erlösergestalt zum Gegenstand hat.[5] In diesem Zusammenhang ist auch die Klassifizierung der Seewandelgeschichten von Klaus Berger als *Theophanie-Erzählung* einzufügen.[6] Um die Besonderheit der Seewandelgeschichten herauszuheben, zieht John Paul Heil diese Linie aus und betont den Rettungsaspekt, indem er die drei ntl. Seewandelberichte als *Seerettungsepiphanie* („sea-rescue epiphany") klassifiziert.[7]

Um dem Dilemma zu entgehen, daß diese äußerst spezialisierte Gattungsangabe nur auf die ntl. Seewandelgeschichten und die Seesturmstillungen (Mk 4,37ffparr)[8] anzuwenden wäre, bemüht Heil eine Reihe scheinbarer Parallelen der atl. und jüdischen Literatur.[9] Als Beleg dienen ihm neben dem griech. TestNaph VI 1–10, einem Visionstext, der einige noch zu diskutierende formale Affinitäten vor allem mit Joh 6,21 (in geringerem Maß auch mit Mk 4,37ff) aufweist,[10] Passagen aus den *Hodajot*[11] von Qumran: 1QH 3,1–18 (Vv.6.12–18); 7,4–5; 6,22–25. Allerdings können diese Texte die ihnen aufgebürdete Beweislast nicht tragen. Dies sieht auch Heil selbst, wenn er feststellt „... we have poetic imagery within the literary genre of a hymn, written in an apocalyptic-eschatological milieu, which illuminates the immediate background of the NT sea-rescue stories".[12] Das Motiv der Seenot verkörpert die Folie für den Lobpreis Gottes, der aus der Lebensbedrohung, für die das Bild vom Schiff im Sturm steht, errettet. Eine Gattung der ‚Seerettungsepiphanie' läßt sich jedoch nicht erhärten; damit aber ist die Klassifikation von Heil als zu engmaschig zu kritisieren.

Für die formkritischen Überlegungen, die die Seewandelgeschichten als Epiphanien charakterisieren, spricht vor allem das Motiv der Furcht (Joh 6,19[fin]; vgl. Mt 14,26; s.a. Mk 6,[49.]50),[13] das in der Epiphanie für die „auch weiterhin benötigte Distanz" bei dem (gewünschten) Nahkommen der Gottheit steht.[14] Beide Elemente, Rettung und Epiphanie, vereint auch Gerd Theißen. Allerdings kehrt er die beiden Aspekte um, indem er die Epiphanie des See-

---

[5] W. BERG 337; als Epiphaniegeschichte klassifizieren beispielsweise auch R.E. BROWN, JE I, 254, für die joh. Version des Seewandels (die mk.-mt. Variante wird als Naturwunder charakterisiert); K. KERTELGE, Wunder 147; wiederholt in DERS., Mk 70; J. KREMER 224; P.J. MADDEN 88 (mit Nachweis der Literatur: aaO. Anm. 35); R. PESCH, Mk I, 358; R. SCHNACKENBURG, Mt 136.

[6] K. BERGER, Formgeschichte 287; s.a. O. BETZ/W. GRIMM 83f.

[7] J.P. HEIL *passim*, vor allem 8–30; s.a. B. GRIGSBY 296.

[8] Vgl. J.P. HEIL 127 mit den Verweisen Anm. 95.

[9] J.P. HEIL 17–30.

[10] S. hierzu S. 229.

[11] Vgl. zu diesen H. STEGEMANN 151f.

[12] J.P. HEIL 29f.

[13] Vgl. J.P. HEIL 11f mit ntl. Parallelen.

[14] H. CANCIK 295 mit Hinweis auf *Horaz*, carm II 19,7: *parce, Liber, parce.*

wandels als „Teil" eines *Rettungswunders* klassifiziert und damit die Selbständigkeit des Epiphaniecharakters bestreitet.[15]

Fragen wir zunächst aber nach einer Bestimmung der Gattung ‚Epiphanie',[16] so stellen wir fest, daß unterschiedliche Aspekte in den verschiedenen Definitionen betont werden. Zunächst möchte ich auf die Definition der klassischen, aber in mancher Hinsicht auch unbefriedigenden Arbeit von Elpidius Pax verweisen. „Unter ‚Epiphanie' verstehen wir das plötzlich eintretende und ebenso rasch weichende Sichtbarwerden der Gottheit vor den Augen der Menschen unter gestalteten und ungestalteten Anschauungsformen, die natürlichen oder geheimnisvollen Charakter tragen."[17] In Ergänzung ist anzumerken, daß Epiphanien sich nicht allein in demonstrativen Erscheinungen, sondern auch durch sichtbare Wirkungen manifestieren.[18]

John Paul Heil sucht sich mit seiner Definition von Epiphanie der *literarischen* Größe der Epiphanieschilderung zu nähern. Er beschreibt daher Epiphanie als „disposition of literary motifs narrating a sudden and unexpected manifestation of a divine or heavenly being experienced by certain selected persons, in which the divine being reveals a divine attribute, action or message". Er fügt als ein entscheidendes Bestimmungskriterium hinzu, daß „it reveals some aspect of God's salvific dealings with his people".[19] Heil beobachtet richtig, daß häufig mit der Erscheinung einer Gottheit der Hinweis auf ihr *rettendes Eingreifen* verbunden ist; so belegt es beispielsweise das Gottesepitheton ἐπιφανής in kleinasiatischen Inschriften.[20] Sie heben das Moment der unerwartet zu Hilfe kommenden Gottheit hervor.

Handelt es sich dabei um ein Eingreifen in kriegerischen Auseinandersetzungen, so wird der mögliche ambivalente Charakter der Epiphanie sichtbar. Für den Gegner ist solches Auftreten einer Gottheit alles andere denn eine Rettung. So muß auch ein zweiter Aspekt der Erscheinung einer Gottheit bedacht werden, der der *Strafe*. Deutlich ist dieser Gedanke beispielsweise mit den Epiphanien des Dionysos verbunden. Gegen den Widerstand gegen ihn und seinen Kult tritt er als strafende Gottheit auf den Plan, so daß gar vermutet wurde, daß Dionysos im Laufe der Zeit zu einer Werte erhaltenden Gottheit geworden ist.[21] Auch das Auftreten Jahwes ist in den atl. Überlieferungen durchaus mit solcher Ambivalenz ausgestattet.[22] In diesem Überlieferungskomplex wird aber auch deutlich gemacht, daß das Erschei-

---

[15] G. THEISSEN, Wundergeschichten 103; allerdings spricht THEISSEN, aaO. 106, den Seewandel ungeschützt als eine „Epiphanie mit *soteriologischem* Charakter" an; s.a. DERS./A. MERZ 267f. Als „Rettungswunder mit deutlichen Zügen einer göttlichen Epiphanie" klassifiziert L. SCHENKE, Urgemeinde 214.

[16] Zum Terminus ‚Epiphanie' vgl. H. CANCIK 290.292.

[17] E. PAX 20.

[18] Vgl. H. CANCIK 290; s.a. E. PAX 15, der darauf hinweist, daß die „‚*Offenbarung*' der Gottheit durch besondere Machterweise in Not und Unglück ... im Hellenismus besonders häufig" ist.

[19] J.P. HEIL 8.

[20] Vgl. hierzu E. PAX 3. 38f.

[21] Vgl. hierzu die Hinweise von PARK MCGINTY, der auf die Bedeutung des Widerstands von Sterblichen gegen die Gottheit und die von der Gottheit verhängten Strafen als ein ethisch-religiöses Anliegen der Dionysosverehrung aufmerksam macht (MCGINTY *passim*; Texte und Motive: 77f Anm. 1–19).

[22] Vgl. z.B. die Ausführungen bei JÖRG JEREMIAS 90–97 (Erscheinen und Eingreifen Jahwes im Chaoskampf und im Schilfmeerwunder); H.-M. LUTZ 95–97 (Kampf gegen die Völker).

nen des Gottes erschreckende und im wahrsten Sinne erschütternde, und zwar die Grundfeste erschütternde Züge tragen kann (vgl. z.B. Hag 2,6[23]).[24] Sie zeigen die Macht Jahwes an, sind Kampfmittel Jahwes gegen die Chaosmächte oder gegen feindliche Völkerschaften. An diesen Phänomenen zeigt sich die Machtfülle der Gottheit in bezug auf die Welt- bzw. Naturelemente.

Stärker auf die Person hin orientiert Gerd Theißen: „Epiphanien im engeren Sinne liegen dann vor, wenn die Göttlichkeit einer Person nicht nur an ihren Auswirkungen, sondern an dieser Person selbst erscheint."[25]

Die biblische Exegese differenziert zumeist aufgrund der erscheinenden Phänomene zwischen Theophanien, Angelophanien und Christophanien;[26] für die hier zu verhandelnden Texte und angesichts der zum Vergleich heranzuziehenden antiken Materialien verzichten wir auf eine vorschnelle Klassifizierung des Seewandels als mögliche Christophanie. Dies ist auch darin begründet, daß unbeschadet der Frage nach dem frühchristlichen Ursprung der Seewandelgeschichten, diese in den Evangelien Berichte des irdischen Jesus sind. Es geht in ihnen, obgleich sie zumindest aus nachösterlicher Perspektive geschrieben sind, nicht um die „Auferstehungsexistenz Jesu".[27]

Für das Folgende ist festzuhalten, daß wir mit Epiphanie im Sinne der Beschreibung einer Gattung (1) an einen *erzählenden Bericht* denken, indem (2) das *Erscheinen einer Gottheit* oder eines *göttlichen Wesens* berichtet wird. Diese Erscheinung findet (3) *gegenüber Menschen* statt. Diese Erscheinung ist für diese Erscheinungszeugen erkennbar (4) an einem *deutlichen persönlichen Sichtbarwerden*, in der eigenen oder einer angenommenen menschlichen oder tierischen Gestalt, oder an der *sichtbaren Manifestation der Wirkungen dieser Gottheit*.[28] (5) Persönliches Auftreten und Machtdemonstration können einander ergänzen. Liegt eine Machtdemonstration vor, so kann (6) die Epiphanie auch als Wundergeschichte berichtet werden. Das Auftreten kann (7) *korrespondieren mit dem Wesen* der Gottheit/des göttlichen Wesens und sagt damit etwas über die erscheinende Gottheit aus. Die Wirkung (8) kann *rettende oder belohnende Bedeutung* für die betroffenen Menschen, wie auch *strafende Bewandtnis* haben. Der unvermittelten Erscheinung entspricht (9) die Tendenz, sich ebenso rasch dem Offenbarungszeugen *zu entziehen*. Die Erscheinungsberichte sind (10) mit *wiederkehrenden literarischen Motiven* ausgestattet (z.B.

---

[23] Vgl. hierzu H. GRAF REVENTLOW, Hag – Sach – Mal 21, mit Belegen für die verwendeten Motive.

[24] So wird es exemplarisch deutlich in den bei ALBRECHT SCRIBA exemplarisch aufgeführten Theophanietexten (9); aus dem bei SCRIBA genannten Motivinventars seien exemplarisch genannt: *Unwetterphänomene* (vgl. aaO. 14ff) und *Feuer* (aaO. 28ff; bes. 29f).

[25] G. THEISSEN, Wundergeschichten 102.

[26] Vgl. z.B. D. DORMEYER, Literaturgeschichte 184ff.

[27] Zum Verständnis der Christophanien D. DORMEYER, Literaturgeschichte 187.

[28] Dies ist ausdrücklich in Abschwächung der engen oben zitierten Definition von GERD THEISSEN formuliert.

Furcht und Erschrecken vor der Erscheinung, Formel zur Identifikation).
Dennoch liegt kein statisches Motivinventar vor.

Ein wichtiges Problem der formkritischen Klassifizierung stellt der als
Wunderfeststellungsverfahren bezeichnete Epilog dar. Insbesondere V 22b–d
läßt wenig Zweifel daran, daß hier ein Seewandelwunder quasi objektiv festgestellt werden soll. Dies ist zwar eine sekundäre Interpretation; immerhin legt
diese Konzentration des vorangehenden Seewandels auf den Wundercharakter
aber nahe, die zunächst festgestellte Affinität zur Gattung Epiphanie nochmals
zu überprüfen. Dabei ist zu bedenken, daß Epiphanien von Gottheiten nicht nur
durch wunderbare Ereignisse bzw. Wunder vorbereitet werden oder von sol-
chem Geschehen begleitet sind, sondern die Wunder gleichsam zur Erkenntnis
oder zum Nachweis einer geschehenen Epiphanie dienen. Im *wunder*haften Geschehen des Seewandels erscheint Jesus den Jüngern; anders als im MkEv und
MtEv, wo dies geschieht, um damit die Not der Jünger zu beenden, ist im vierten Evangelium die Not mit der Epiphanie implizit beendet. *Wo der Offenbarer
bei den Seinen erschienen ist, ist die Not kein Thema mehr.* Damit aber widerspricht die Deutung des Seewandels als Wunder nicht entschieden der Bezeichnung als Epiphaniegeschichte.

Hilfreich ist für eine genaue Beschreibung des Seewandels und seines Verständnisses wie auch seiner möglichen Klassifikation als Epiphanie, *das antike
Vergleichsmaterial zu sichten.* Es kann verifiziert werden, ob antike Parallelen
die Klassifizierung als Epiphanie stützen bzw. welche Argumente für eine Entscheidung durch den Vergleich an die Hand gegeben werden. Dabei gilt, wie es
Adela Yarbro Collins in einer instruktiven Arbeit zum religionsgeschichtlichen
Hintergrund des Seewandels auch im einzelnen belegen kann, „(b)oth Jewish
and Greek traditions contributed to the formation and adaption of the story".[29]

Bevor der Blick auf das signifikante Motiv des Seewandels gerichtet wird,
ist zunächst eine *Epiphanie* angesichts von Seenot vorzustellen. *Diodorus
Siculus* IV 43 berichtet von Schiffern, die in der Nacht orientierungslos in Seenot geraten sind. Sie rufen in ihrer Not die *Samothrakischen Götter* an. Darauf
erscheinen die Sterne wieder am Firmament; dies wird ausdrücklich der *Epiphanie der Dioskuren* zugeschrieben.[30] Die Parallelen wie die Differenzen sind

---

[29] A.Y. COLLINS 207; insbesondere auch auf die in diesem Beitrag genannten Belege
kann im folgenden zurückgegriffen werden. Es ist eine unzulässige Verengung, wenn D.R.
A. HARE, Mt 168, die hellenistischen Belege als Hintergrund ausschließt.

[30] Damit greift *Diodorus Siculus* auf eine Vorstellung zurück, die sich bereits in dem als
alt angesehenen *Homerischen Hymnus* 33,6ff findet (der Hymnos wird in die Zeit vor dem 6.
Jh.v.Chr. angesetzt; vgl. A. WEIHER 158; s.a. z.B. zum Motiv der Seerettung und des Lichtes
den Hymnus des *Alkaios* [6.Jh. v. Chr.] an die Dioskuren 78D Z.3f.11f und *Lukian* Nav 9:
die Dioskuren setzen sich in Gestalt eines Sternes [τινα λαμπρὸν ἀστέρα] auf die Mast-

leicht erkennbar. Entscheidend ist, daß diese Geschichte, die zwar keine motivliche oder strukturelle Parallele zu dem Seewandel Jesu bildet, zeigt, wie die Behebung von Seenot dem Eingreifen epiphan werdender Gottheiten zugeschrieben werden kann;[31] ähnliches wird in dem aus dem 2.Jh. n.Chr. stammenden Brief des Marinesoldaten Apion an seinen Vater Epimachos in Ägypten berichtet (BGU 423,6–8):[32] „Ich danke dem Herrn Sarapis, / daß er, als ich in Seenot war, / (mich) sofort errettet hat."[33]

Auch wenn eine andere Erzählstrategie angewendet wird, da kein Epiphaniegeschehen berichtet wird, weisen spätere jüdische Texte Analogien auf: pBer 9, 13b;[34] BM 59b.[35] In ihnen ist es das Gebet zu Gott, und damit Gott selbst, der aus der Seenot rettet. Auch Abraham wird in der Darstellung des *Philo* als Wundermann neben der Fähigkeit zur Heilung (auch aus Todesgefahr) die Stillung eines Seesturmes zugeschrieben (Congr 93: οὗτος ἀντὶ χειμῶνος γαλήνην ... παρεσκεύασε.). Umstritten ist der religiöse Bezug eines Graffiti im Pan-Tempel in der Nähe von Edfu: θεοῦ εὐλογία. Θεύ<ο>δοτος Δωρίωνος Ἰουδαῖος σωθεὶς ἐκ πελ<άγ>ους (CII II 1537: 2.–1. Jh.v.Chr.):[36] Dankt der Jude Theodotos Jahwe oder dediziert er seinen Dank gar Pan für Rettung aus Seenot? Erkennbar ist jedenfalls, daß die Wendung der Not in der Bedrohung

---

spitze des Schiffes; allgemein z.b.: *Epiktet*, Diss II 19,28f; *Aelius Aristides* Or 43,25). Der Aufforderung zur Anrufung der Zeussöhne und zum Opfer weißer Lämmer folgt der Bericht der rettenden Erscheinung der Dioskuren (*Hym. Hom* 33,11ff): „Schon ist das Schiff vom mächtigen Wind, von den Wogen des Meeres (ἄνεμός τε μέγας [vgl. Joh 6,18; Mk 4,37] καὶ κῦμα [vgl. Mk 4,37] θαλάσσης) tief ins Meer gedrückt. Da! – welche Erscheinung – ! sie stürmen hoch vom Äther auf fahlen Schwingen plötzlich hernieder, bannen sofort die furchtbaren Winde (vgl. Mk 4,39parr) und breiten Glätte über die See im Geflute des leuchtenden Salzschaums" (Übers.: WEIHER 133). Dieses Motiv verbunden mit den Dioskuren findet sich auch bei *Theocritus*, Idyll XXII,8ff (vgl. bes. aaO. 19f: „Plötzlich sänftigen sich die Winde, und über der See liegt leuchtende Stille. Die Wolken verziehen sich hierhin und dorthin." Übers.: E. STAIGER 116).

[31] S.a. M. REISER, Wunder 433.

[32] Abgedruckt bei A. DEISSMANN 147; Text und Übersetzung jetzt auch bei H.-J. KLAUCK, Briefliteratur 29–31 mit kurzer Kommentierung: aaO. 31–33.
Vgl. auch *Aelius Aristides* Or 42,10; 45,33 über Asklepios und Sarapis (s.a. Or 45,29); vgl. A. GEORGE 96; K. KERTELGE, Wunder 97. Auch seinen Zeus-Hymnus führt Aristides auf ein Gelübde in Seenot zurück, aus der gerettet zu haben, implizit der angerufene Zeus verantwortlich zeichnet: Or 43,2. Für die Abwendung der Winterstürme mit der stürmischen See und den Neubeginn der Schiffahrt feiert man Isis Anfang März ein Fest: *ploiaphesia*; vgl. *Apuleius*, Metam XI 5,5; s.a. die Darstellungen bei F. CUMONT 89f und R.E. WITT 166–181.

[33] Εὐχαριστῶ τῷ κυρίῳ Σεράπιδι, ὅτι μου κινδυνεύσαντος εἰς θάλασσαν ἔσωσε εὐθέως; Übers.: H.-J. KLAUCK, Briefliteratur 30.

[34] Vgl. BILL. I 452; der Text ist auch bei A. WEISER 109 zitiert.

[35] Vgl. BILL. I, 489.

[36] Zitiert nach M.H. WILLIAMS 258 Nr. 10; zur Interpretation die kurzen Bemerkungen: aaO. 255.

durch die Naturgewalten zur See antiken Gottheiten, bzw. in jüdischem Kontext Jahwe zugeschrieben werden; dieser Aspekt gibt ein wesentliches Grunddatum für die Interpretation der Stillung des Seesturmes (Mk 4,35–41 parr) wie auch der ntl. Seewandelberichte an.[37]

Nach Hermann Gunkels Votum, ist „das Wandeln über oder durch das Wasser auch sonst eines der häufigsten Zauberwunder";[38] tatsächlich wird zu Recht häufig neben der wichtigen, aber in ihrer Bedeutung äußerst diffizil zu beurteilenden atl. Parallele 2Kön 2,7f.14f,[39] die vom Durchschreiten des Elia und des Elisa vermittels des Ausbreitens des Prophetenmantels durch den Jordan berichtet, dem allfälligen Hinweis auf das Durchqueren des roten Meeres (Ex 13,17–14,31;[40] 15,1–19; in den späteren Glaubenstraditionen Israels wiederholt: z.B. Jes 43,16;[41] 51,10; Ps 74,14[42]) bzw. des Jordans (Jos 3,1–4,32) durch Israel[43] auf antike Parallelen verwiesen.[44]

---

[37] Die formale und inhaltliche Differenz beider Seewunder bleibt allerdings zu beachten, wie A. LINDEMANN, Erzählung 190 betont.

[38] H. GUNKEL, Märchen 114f. Magische Texte z.B. bei A.Y. COLLINS 220f; P.J. MADDEN 59–61; R. REITZENSTEIN 125; vgl. vor allem PGM XXXIV 1–24; I 119–125.

[39] Die Einwirkung wird z.B. von K. KERTELGE, Wunder 147, angenommen, die Differenzen sind jedoch handgreiflich: kein Wandel auf dem Wasser, kein Rettungseingreifen.

[40] Vgl. jetzt H.-J. FABRY, Mythos 89ff, der das mythische Element der Teilung des Wassers der priesterschriftlichen Fassung zuschreibt (93; vgl. hierzu bes. 94ff. 101ff ein Akt der *creatio continua*) und diese mythische Tendenz durch die Schlußredaktion fortgesetzt findet, die das „Schilfmeer" als „Leitwort und Thema" (aaO. 90) einführt. In der ältesten Fassung beherrscht Jahwe das Meer durch Austrocknen: aaO. 98ff.

[41] Vgl. K. ELLIGER, DtJes 346; zur traditionsgeschichtlichen Ableitung B.J. VAN DER MERWE 181ff: Ps 77,20. Gegen einen ausdrücklichen Bezug auf die Exodustraditionen votiert hingegen H. RINGGREN 651; vgl. allerdings aaO. 653f. Auf die Verbindung von Chaoskampf- und Exodusmotivik in den deuterojesajanischen Texten weist T.N. METTINGER 30f hin.

[42] Hierzu O. KAISER, Bedeutung 146: heilsgeschichtliche Aktualisierung des Meereskampfmythos.

[43] Zu beiden Textkomplexen vgl. noch immer die exegetischen, historischen und hermeneutischen Bemerkungen von O. KAISER, Bedeutung 130–134. 135–140; kurz H. RINGGREN 652–654.

[44] H. GUNKEL, Märchen Anm. 52 (S. 223), der auch auf sein ‚religionsgeschichtliches Volksbuch' Elias, Anm. 46 (S. 72 zu S. 31: Flußdurchschreitungen) verweist. Ausgebreitet ist das altorientalische und das griechische Material in der atl. Habilitationsschrift von W. BERG 37–39 (Auflistung der Texte). 61ff (Darstellung und Besprechung des Textmaterials). Von dieser Materialsammlung werden die älteren Auflistungen bei J.J. WETTSTEIN 417f; R. BULTMANN, Geschichte 251f; L. BIELER, ΘΕΙΟΣ ANHP I, 96 etc. abgelöst. S.a. das Material bei B. BLACKBURN 146f; R. KRATZ, Seewandel 93–96; H. VAN DER LOOS 655–661; P.J. MADDEN 54–61. Im folgenden wird der Ertrag dieser Angaben kritisch aufgenommen.
  In diesen Sammlungen ist noch kein ikonographisches oder ikonoplastisches Material integriert; daß die Suche aussichtsreich sein könnte, zeigt ein allerdings in das 5.Jh. n.Chr datierendes Mosaikmedaillon des Fußbodens eines spätantiken Hauses. Es zeigt einen Eros,

Einerseits finden sich im antiken Schrifttum mythische Züge der Götter über und durch das Meer.

Zu nennen sind zunächst der griech. Meeresgott Poseidon (vgl. *Homer*, Ilias 13,26ff; s.a. *Aelius Aristides*, Isthmische Rede auf Poseidon, Or XLVI, 19: καὶ ἄνωθεν ἐπὶ τῶν κυμάτων ἐπιθέοντα αὐτόν τε καὶ τοὺς ἵππους αὐτοῦ, οὐ προσαπτομένους τῆς θαλάττης) und sein römisches Pendant Neptun (*Vergil*, Aen V 817–821).[45] Auch die Dioskuren werden von ihren Pferden über das weitläufige Land und die Wellen des Meeres getragen (οἳ κὰτ εὐρη- αν χ[θόνα] καὶ θάλασσαν παῖσαν ἔρχεσθ᾽ ὠ[κυπό]δων ἐπ᾽ ἵππων: *Alkaios* 78D 5f).

Daneben wird ebenso die Weitergabe dieser Befähigung an Menschen durch diese Gottheiten berichtet:

So weiß die griechische Tradition von der Gabe des Poseidon an den Heros Euphemos, Sohn des Poseidon und der Europe (oder Mekionike),[46] zu berichten, damit dieser über das Wasser schreiten könne: „Jener konnte sogar über die Wogen des grauen Meeres laufen, ohne die schnellen Füße einzutauchen; nur unter den Fußsohlen benetzt, trug es ihn über die feuchten Pfade dahin"[47] (κεῖνος ἀνὴρ καὶ πόντου ἐπὶ γλαυκοῖο θέεσκεν οἴδματος, οὐδὲ θοοὺς βάπτεν πόδας, ἀλλ᾽ ὅσον ἄκροις ἴχνεσι τεγγόμενος διερῇ πεφόρητο κελεύθῳ; *Apollonios Rhodius* I 182–184; s.a. *Hyginus*, Fabulae 14,15).[48]

---

der auf einer von Delphinen gezogenen Biga das Meer überquert: Ephesus-Museum Wien, Inv.-Nr. II 22; vgl. W. OBERLEITNER U.A. 61; W. JOBST 110 und Abb. 219).

[45] P.J. MADDEN 54f bewertet diese Parallele (er nennt lediglich *Homer*, Il 13,26–31) kritisch, da die ausschmückenden Details beider Geschichten nicht übereinstimmen: Jesus wandelt auf dem Meer und reitet nicht darüber. Er wird nicht von Seeungeheuern begleitet, das Tempo wird nicht unterstrichen; andererseits gibt es Zeugen für den Seewandel Jesu. Wer die Seewandel vergleicht, muß jedoch nicht notwendig den Gedanken literarischer Abhängigkeit bemühen. Die ntl. Seewandelgeschichten zitieren nicht den Homer-Text, so daß das Fehlen eines übereinstimmenden Vokabulars nicht verwundern muß. Auch stellen sie Jesus nicht als Poseidon oder Neptun dar. Daß sie dem auf dem See wandelnden Jesus göttliche Züge zu messen, ist als Parallele zwischen den Seeüberquerungen festzuhalten, so daß gegen MADDEN die Differenzierung Gott – „human being" nicht wirklich die Differenzen zu greifen bekommt. Beachtenswert ist vielmehr, daß das Seewandel-Motiv sowohl in poetischen wie in erzählenden Texten begegnen kann, was für die Verbreitung dieses Motivs spricht.

[46] Zur Gestalt des Euphemos s.a. H. VON GEISAU, Euphemus *passim*.

[47] Übersetzung nach R. GLEI/S. NATZEL-GLEI I, 13.

[48] Vgl. A.Y. COLLINS 215f, die auf einen weiteren einem *Asclepiades* zugeschriebenen Text verweist: Euphemos schreitet unbeschadet über das Meer, als ob er über die Erde schritte: τὴν θάλασσαν ἀπημάτως διαπορεύεσθαι ὡς διὰ γῆς (Text mit Belegen und Diskussion um die Identifikation des Verfassers: aaO. 215 mit Anm. 29–31). Weitere ähnlich konfigurierte Texte werden bei COLLINS, aaO. 216 genannt und vorgeführt, so daß ich hier summarisch auf diese Belege hinweisen kann; ein mythischer Sohn des Meeresgottes, der Jäger Orion, erhält als Gabe von seinem Vater die Befähigung, das Meer zu überschreiten: *Apollodoros* I 4,3; *Ps.-Eratosthenes*, Catasterismi 32 (MYTHOGRAPHI GRAECI III/1; der Text wird *Hesiod* zugeschrieben [s.a. aaO. 216 Anm. 34]; zu diesen Texten, ihrer Datierung s.a. P.J. MADDEN 55ff; zu seiner Beurteilung dieser Seewandelgeschichten im Verhältnis zu den ntl. Berichten vgl. das bereits oben S. 205 Anm. 45 Ausgeführte.).

Wichtig, da offensichtlich auf spätere kritische Texte einwirkend, ist ein weiterer Traditionsstrang, der in dieser Linie steht: Abaris,[49] ein hyperboreischer (skythischer) Wundermann, ein Priester des hyperboreischen Apollon, erhält auch von Pythagoras die Macht, die Flüsse und Meere zu überschreiten: ... ἐποχούμενος ποταμούς τε καὶ πεγάλη καὶ τὰ ἄβτατα ... (*Porphyrios*, Vita Pythagorae 29; s.a. die nahezu wörtliche Aufnahme dieses Textes in *Iamblichos*, De Vita Pythagorica 136). Diese Macht wird aber auch dem Geber selbst zugeschrieben (*Porphyrios*, Vita Pythagorae 29; *Iamblichos*, De Vita Pythagorica 135: das Wunder des Abaris wird von der Übertragung der Macht [ὧν μεταλαβόντας] durch Pythagoras herkommend erzählt!), so daß auch Pythagoras als jemand gedacht wird, der über das Wasser schreiten kann.[50] Diese Fähigkeit ist Ausdruck seiner Frömmigkeit (ὁσιότης; *Iamblichos*, De Vita Pythagorica 134).

Nicht zu vergessen ist auch die Tradition über Herakles, der sein Boot verläßt und zu Fuß das Meer überschreitet (*maria superavit pedes*: Seneca, Hercules furens 322–324; s.a. *Julian*, Or. VII 219D:[51] zur Überquerung des Meeres durch Herakles bemerkt er, βαδίσαι δὲ αὐτὸν ὡς ἐπὶ ξηρᾶς τῆς θαλάττης νενόμικα).

Verwandt mit dem göttlichen und menschlichen Schreiten über das Meer ist auch ein Text bei *Homer*, Ilias 20,228f: Es wird berichtet, daß Boreas, die Personifikation des Windes, als stolzer Hengst Fohlen zeugt (*Homer*, Il 20,223–225), die über das Meer stürmen (σκιρτῶεν ἐπ᾽ εὐρέα νῶτα θαλάσσης). Ihr Lauf ist derart flink, daß sie geradezu über das wogende Meer hinweg schweben (ἄκρον ἐπὶ ῥηγμῖνος ἁλὸς πολιοῖο θέεσκον). Die Parallele zu diesem mythischen Zug über das Meer ist das Dahingleiten über die Weizenfelder, ohne einen Halm abzubrechen (*Homer*, Il 20,227: ἄκρον ἐπ᾽ ἀνθερίκων καρπὸν θέον οὐδὲ κατέκλων), so daß das Verständnis als Schreiten über das Meer gesichert ist. Eingewendet werden kann, daß in diesem mythischen Zug die dahinstürmenden Pferde ebenfalls Personifikationen von Winddämonen[52] sind und somit der Zug lediglich das Wehen des Windes über das Meer abbildet. Doch geschieht diese Abbildung gerade mit dem Motiv des unbeschadeten Schreitens über das Meer und bietet damit eine weitere Variante des bekannten Motivs. Zudem ist dieser Text beachtenswert, als er bei *Lukian* aufgenommen wird und bei diesem antiken Autor in einem Kontext von Seewandel-Texten steht, die die Fabuliersucht, vor allem in historischen Texten, kritisiert.[53]

---

[49] Zur Gestalt des Abaris s.a. H.D. BETZ, Gottmensch 241f; H. VON GEISAU, Abaris *passim*.

[50] Die Belege bei *Aelian* in seinen *Vermischten Geschichten* sind schwierig zu bewerten. In beiden Belegen, Var Hist II 26 und IV 17, ist von einem – wörtlich – *Durchschreiten des Flusses Kosa* (ὑπὸ τοῦ Κόσα ποταμοῦ διαβαίνων) die Rede, was aber nicht als Wunder berichtet ist. Das Ereignis des Wunders ist vielmehr im Sprechen dieses Flusses gesehen. Das Verbum διαβαίνω zwingt nicht zu einer Deutung im oben genannten Sinne, so daß sein genauer semantischer Sinn vor dem Kontext eher als ‚*übersetzen*‘ oder ‚*passieren*‘ zu bestimmen ist.

[51] Bereits bei J. WEISS/W. BOUSSET, Mk 132, in Übersetzung angeführt; s.a. B. BLACKBURN 147 Anm. 243.

[52] Vgl. R. BÖKER 930.

[53] S.u. S. 207 Anm. 57.

Eine motivlich starke Parallele findet sich bei *Lukian* in seiner Schrift *Philopseudos*,[54] in der er sich bissig gegenüber dem Aberglauben der Philosophen äußert. So auch in dem Gespräch über einen hyperboreischen Magier, in dem der eine Dialogpartner die Autopsie beansprucht, jenen in seinen Lederstiefeln[55] auf dem Wasser wandelnd (ἐπὶ τοῦ ὕδατος βεβηκότα) gesehen zu haben (Philops 13).[56] Die Ironie baut darauf, daß dieses Wandeln auf dem Wasser als gänzlich unwahrscheinlich betrachtet wird.[57]

Letzteres wird bestätigt durch einen Beleg bei *Dio Chrysostomos*. Das Überschreiten des Meeres (πεζεύεσθαι μὲν τὴν θάλατταν) steht dafür, daß der Mensch, der das unmöglich Scheinende[58] möglich macht (τὰ ἀδύνατα δοκοῦντα ποιῆσαι), den Göttern nicht an Macht nachsteht (τῶν θεῶν αὐτῶν ἥττονα ἔχων δύναμιν; Orationes III 30). Ein solcher Mensch aber sei *Xerxes* gewesen, der seine Fußtruppen durch das Meer führte (… διὰ δὲ τῆς θαλάττης τὸν πεζὸν στρατὸν ἄγων …; Or III 31).

Auch wenn *Dio* selbst diese Sicht zurückweist, so spiegelt der Text eine tatsächlich vertretene Meinung.[59] *Dio* greift hiermit auf eine Tradition über Xerxes zurück, die bereits beim Geschichtsschreiber *Herodot* literarisch zu greifen ist. *Herodot* berichtet, wie Xerxes zur

---

[54] Auf diese Parallele weisen z.B. auch hin: schon J.J. WETTSTEIN I, 417; J. WEISS/W. BOUSSET, Einleitung 52 (als Zitat aufgenommen bei C. CLEMEN 219); DIES., Mk 132; R. BULTMANN, Geschichte 247; H.D. BETZ, Lukian 167.

[55] H.D. BETZ, Lukian 166, meint hierin ein Betrugsmanöver ausmachen zu können und verweist auf die Beschreibung der Füße in *Lukian*, Verae Historiae II 4.

[56] Vgl. hierzu H.D. BETZ, Lukian 166.

[57] Deutlich wird dies auch daran, daß *Lukian* das Fahren eines Gespannes auf dem Wasser (ἐφ᾽ ὕδατος … θευσομένους), ein Motiv, das er *Homer*, Il 20,228f, entnimmt, in die Domäne der Poeten und Dichter gibt; deren Freiheit ist im Gegensatz zum Historiker absolut und deren einziges Gesetz markiert ihre δόξα (*Lukian*, Hist 8; vgl. *Cicero*, De legibus I 5 [„in der Geschichtsschreibung <zielt; Vf.> alles auf die Wahrheit, in der Dichtung das meiste auf Unterhaltung"; Übers.: R. NICKEL 11], sowie die kommentierenden Erklärungen von H. HOMEYER 185ff. Auch *Aelius Aristides* weiß um diese Freiheit des Dichters, dessen Stoff ‚weder wahr noch glaubhaft' sein muß [οὔτε ἀληθεῖς οὔτε … πιθανάς], um sich in seinem Sarapis-Hymnus davon abzusetzen: *Ael Arist*, Or 45,1). *Lukian* seinerseits bestätigt die Distanz zu den von Historikern und Philosophen berichteten Wundern und Fabeln auch andernorts: *Verae Historiae* I 2. Diese Kritik attestiert ebenfalls seine eigene Parodie des Seewandels im zweiten Band der *Verae Historiae* (II 4; hierzu H.D. BETZ, Lukian 166f).

[58] In der bissigen Darstellung des *Lukian* ist freilich kein δοκεῖν mitzudenken. *Herodot* setzt in seinem Geschichtswerk, IV 36, die Tradition von dem über das Meer wandelnden Hyperboreer Abaris voraus, wie A.Y. COLLINS 217 zu Recht annimmt. So ist sein Schweigen gerade über diese Befähigung auch ein Ausdruck kritischer Distanz, die bei *Lukian*, dessen hyperboreischer Magier letztlich auf die Traditionen über Abaris zurückgehen dürfte, zu bissigem Spott wurde.

[59] S.a. A.Y. COLLINS 219. Für *Dios* eigenes Verständnis vgl. auch XI 129; hier ist das Thema des Seewandels in den Zusammenhang des Traumes gestellt.

Vorbereitung seiner Invasion in Griechenland zwei Brücken zwischen Abydos und Sestos über den Hellespont bauen läßt; diese werden durch einen Sturm zerstört (VII 34). In seiner Empörung läßt Xerxes nicht nur die Konstrukteure der Brücke enthaupten, sondern auch den Hellespont bestrafen; dabei soll Xerxes nach *Herodot* folgendes gesagt haben: „Du bitteres Wasser, dein Herr legt dir diese Strafe auf, da du ihn beleidigt hast, ohne Böses von ihm erlitten zu haben. Und der König Xerxes wird über dich weggehn (διαβήσεταί σε), ob du willst oder nicht. …" (VII 35).[60]

Die Interpretation dieser Stelle ist nicht völlig eindeutig. Die kurze Strafrede ist durch das erste erfolglose Überbrücken des Hellespont und einen zweiten erfolgreichen Versuch gerahmt (VII 36); daher kann διαβήσεταί σε für den Brückenbau über den Hellespont stehen.[61]

Eine ähnliche Doppeldeutigkeit findet sich bei *Lysias* Orationes 2,29. In mythischer Sprache, der Natur, den Taten der Götter und der Vernunft der Menschen gegenübergestellt, wird von Xerxes berichtet ὁδὸν μὲν διὰ τῆς θαλάττης ἐποιήσατο. Diese mythische Sprache beschreibt für Lysias die Überbrückung des Hellesponts.[62] Tatsächlich aber spiegelt *Lysias* wohl ein populäres mythisches Verständnis der Überbrückung des Hellespont wider, das sich in einer bei *Herodot* berichteten Anekdote findet. Aufgrund des ‚Überschreitens' des Hellespont (Ξέρξεω ἤδη διαβεβηκότος τὸν Ἑλλήσποντον; VII 56) wird Xerxes hierin mit Zeus verglichen.

Die Doppeldeutigkeit des Durch-/Überschreitens des Meeres findet sich auch in der Kritik des *Isokrates* im Panegyricus 88f wieder. Das Durchschreiten des Meeres (πεζεῦσαι δὲ διὰ τῆς θαλάττης) ist als die Überbrückung des Hellespont verstanden; die Kritik wendet sich aber gegen eine hyperbolische Darstellungsweise, die einige dem Xerxes angedeihen lassen. Sie wendet sich wahrscheinlich gegen die Propaganda, die Xerxes mit göttlicher Dignität auszeichnen möchte. Das militärstrategische Handeln des Brückenschlags nach Griechenland wird volkstümlich als Durch-/Überschreiten des Meeres verstanden und als göttliche Tat jenseits menschlichem Verstehen interpretiert.[63]

Ob die mythische Redeweise, die der Historiker und die Redner verwenden, den Brückenschlag oder einen mythischen Meerwandel im Blick hat, ist schwer zu entscheiden. Die Kritik an diesen Vorstellungen macht die letztgenannte Annahme allerdings sehr wahrscheinlich.

Satirisch (ὡς Ἀλεξαδρῶδες ἤδη τοῦτο) ist dieses Moment auch bei *Menander*, Frgm 924K, mit Alexander dem Großen verbunden verwendet: κἂν διελθεῖν δηλαδὴ διὰ θαλάττης δῆ πόρον τιν', οὗτος ἔσται μοι βατός. Angespielt wird auf den Zug des Alexander an der Küste von Pamphylien entlang, den antike Historiker mit einem Zurückweichen des Meeres in Verbindung bringen (*Plutarch*, Alex 17). Dieser Text ist allerdings kein schlagender Beleg für die Vorstellung des Wandels *über* das Wasser.

Das Motiv des Wandelns über den See hat somit eine doppelte Funktion in bezug auf die antike Herrscherverehrung wahrgenommen. Einerseits traute man

---

[60] Übers.: W. MARG II, S. 155.
[61] So P.J. MADDEN 58.
[62] So betont P.J. MADDEN 58.
[63] Dieses Verständnis scheint auch der vor 80 n.Chr. (vgl. J.-D. GAUGER 503) datierenden jüdischen Sibylle *Sib* IV 76–78 zu Grunde zu liegen: „Ankommt von Asien her mit erhobener Lanze ein König / machtvoll mit zahlreichen Schiffen; zu Fuß überschreitet er nasse / Pfade der Tiefe (τὰ μὲν βυθοῦ ὑγρὰ κέλευθα πεζεύσει), zu Schiff den hohen Berg durchschneidend" (Übers.: GAUGER 117); vgl. auch P.J. MADDEN 66.

den verehrten Herrschern wohl tatsächlich diese Fähigkeit zu und rechnete sie somit den Göttern gleich (vgl. das bei *Dio* referierte Verständnis).

Neben den griechischen Traditionen kann ein interessanter lateinischer Text in diesem Kontext zum Vergleich herangezogen werden, der Bericht über den Brückenbau des *Gaius Caligula* zwischen Baiae und den Hafendämmen von Puteoli bei *Sueton*. Hat der eigentliche Bericht nichts Wunderhaftes an sich, sondern wird das Überschreiten des Meeres durch den Bau einer Brücke natürlich erklärt,[64] so erhält die Geschichte ihren Sondercharakter dadurch, daß sie von *Sueton* in den Zusammenhang mit einer Weissagung gebracht wird. Thrasyllus, der Astrologe, beantwortet die Frage des Tiberius nach seinem Nachfolger: *non magis Gaium imperaturum quam per Baianum sinum equis discursurum* (Cal 19,3). Diese negative Prophezeiung, die die Sorge des Tiberius hinsichtlich seines Nachfolgers zu zerstreuen sucht, versucht Caligula durch den Brückenschlag positiv zu erfüllen. Auch hier ist der Vergleichspunkt das Unmögliche des Unterfangens der Überquerung. Daß Gaius mit Hilfe einer Schiffsbrückenkonstruktion sich über dieses Wort hinwegsetzt, besagt nichts über den Sinn der Aussage des Thrasyllus. *Josephus*, der mit dem Hinweis auf den Wahnsinn des Kaisers (Ant 19,5) das Ereignis wie *Seneca*, Brev Vit 18,5, an das Ende seiner Amtszeit verlegt, zeigt in seiner Darstellung trotz seiner rationalen Schilderung des Brückenbaus einen mythologischen Unterton: Der Brückenschlag ist insofern Ausdruck des Wahnsinns des Herrschers als er sich in diesem Handeln als δεσπότης τῆς θαλάσσης und als Gott darzustellen sucht. So wirken auch auf die rationale Darstellung des *Josephus* Elemente des Götterzuges über das Meer ein; so das ostentative Überqueren der Brücke im Gespann: ἤλαυνεν ἐπὶ τῇ γεφύρᾳ τὸ ἅρμα (Ant 19,6). Diese Züge könnten ihren Ursprung in populären Erzählungen über Caligula oder der Herrscherpropaganda haben.

Andererseits nutzte man dieses Motiv, um die Hybris eines Herrschers und seiner Herrschaftsideologie zu karikieren (vgl. neben *Menander*, Frgm 924 K) auch 2Makk 5,21:[65]

Von Antiochus IV. Epiphanes heißt es dort, daß er von Jerusalem nach der Plünderung des Tempelschatzes (vgl. 1Makk 1,22f) – möglicherweise aufgrund ausstehender Tributzahlungen[66] – abreiste „in seiner Überheblichkeit glaubend, er könne Land schiffbar und das Meer begehbar machen wegen der Überheblichkeit des Herzens (τὴν μὲν γῆν πλωτὴν καὶ τὸ πέλαγος πορευτὸν θέσθαι διὰ τὸν μετεωρισμὸν τῆς καρδίας)".[67] Jonathan A. Goldstein weist diese Analogie zu Xerxes dem Motiv vom *theomachos*, dem Streiter wider Gott, zu.[68] Allerdings geht die angezeigte Hybris des Antiochus IV. wohl doch weiter: Indem er sich als

---

[64] Vgl. auch die Schilderung dieses Vorhabens durch *Josephus*, Ant 19,6, und *Dio Cassius* 59,17,1–3.

[65] S.a. A.Y. COLLINS 220.

[66] So M. HENGEL, Judentum 510f.

[67] Übers.: C. HABICHT, in: JSHRZ I/3, 227. Nach HABICHT, aaO. 227 Anm. 21b, und W. DOMMERSHAUSEN, 1/2Makk 132, ist διὰ τὸν μετεωρισμὸν τῆς καρδίας eine in den Text eingedrungene Randglosse, die ἀπὸ τῆς ὑπερηφανίας wiederholt.

[68] J.A. GOLDSTEIN, 2Makk, 260f.

der das Wasser begehbar machende Herrscher versteht,[69] versteht er sich *selbst als Gott*,[70] der in seiner Selbstüberheblichkeit den Plan des wahren Gottes (vgl. z.B. 2Makk 5,17ff) nicht erkennt.[71] Hierfür läßt sich auch PsSal 2,25–29 als entferntere Parallele beibringen. In dieser kurzen Episode, die wohl auf das Ende des vor Caesar geflohenen Pompeius in Ägypten geht,[72] wird als Zitat des Pompeius sein Anspruch wiedergegeben: „Ich will Herr über Erde und Meer sein" (Ἐγὼ κύριος γῆς καὶ θαλάσσης ἔσομαι; V.29a).[73] Dieses Herr-Sein über das Meer expliziert zwar kein Wandeln über das Meer, aber eine Beherrschung desselben, wie sie in den Aussagen über das Wandeln über das Wasser auch zum Tragen kommt. Darin spiegelt sich die Hybris, die nicht die Grenzen zwischen Gott und dem Menschen anerkennt (Οὐκ ἐλογίσατο ὅτι ἄνθρωπός ἐστιν; V.28a) und damit im Vorwurf gegen Pompeius gipfelt, sich selbst göttliche Dignität zuzumessen. Der politisch-historische Hintergrund ist wohl in der Tempelschändung des Pompeius bei seiner Eroberung Jerusalems 63 v.Chr. zu suchen. In dem menschliche Grenzen außeracht lassenden Übermut des politisch militärischen Führers, die in seinem Anspruch, Land *und Meer* zu beherrschen zum Ausdruck kommt, spiegelt sich göttliche Anmaßung, die nach PsSal 2,25ff der eine und wahre Gott nicht ungestraft hinnimmt.

Fassen wir zusammen, so lassen sich in der hellenistischen Tradition eine Reihe von erzählerischen Parallelen für einen Seewandel feststellen. In der Mehrzahl wird diese Befähigung einer Gottheit selbst oder aber als Gabe der Gottheit verstanden (hier sind auch die magischen Texte zu bedenken). Dahinter steht der Gedanke, daß der Wandel über den See eigentlich unmöglich ist und damit lediglich einer Gottheit oder einem von der Gottheit besonders gewürdigten Menschen zugesprochen werden kann. Eine starke Rolle spielt aber daneben der Gedanke des Unmöglichen eines solchen Seewandels, so daß der Glaube an seine Möglichkeit als Leichtgläubigkeit oder Aberglauben (*Lukian*) aufgedeckt oder die Möglichkeit schlicht in das Reich der Träume verbannt wird (*Dio Chrysostomos*).

Neben den hellenistischen Parallelen findet sich häufig der Hinweis auf *buddhistische Überlieferungen*,[74] vor allem die erst im 5.Jh. n.Chr. literarisch greifbare[75] Geschichte *Jātaka*

---

[69] Daß bei Xerxes dies im Brückenschlag über den Hellespont bestand, verdecken m.E. wiederum mythische Sprachformen.

[70] Diese Interpretation legt sich aufgrund der Parallelaussagen in 2Makk 9,8.10 nahe, die ihrerseits wiederum im Lichte des Vorwurf von 2Makk 9,12 gelesen werden können: ἔφη [Antiochus IV. Epiphanes] Δίκαιον ὑποτάσσεσθαι τῷ θεῷ καὶ μὴ θνητὸν ὄντα ἰσόθεα φρονεῖν; s.a. unten S. 213.

[71] S.a. Jes 14,12–20; 47,6–11; die Völker überschreiten in ihrer Hybris die von Gott gesetzte Grenze, die in einer partikularen Strafe des Volkes Israel besteht.

[72] Vgl. z.B. D. FLUSSER 573.

[73] Übers.: S. HOLM-NIELSEN, in: JSHRZ IV/2, 66.

[74] Vgl. die Darstellung bei P.J. MADDEN 19–23; die möglichen buddhistischen Paralleltexte diskutiert vergleichend N. KLATT 182–198.

[75] Zur Datierung N. KLATT 195; P.J. MADDEN 49.

190,[76] deren Kern vielleicht bis in vorchristliche Zeit zurückdatiert werden kann.[77] In dieser Legende überschreitet ein buddhistischer Mönch den Fluß Aciravati im freudigen Denken an Buddha. Erzählt wird von der Macht, die das Denken an Buddha vermittelt; es handelt sich um eine durch Meditation erzielte Kraft zur Überschreitung des Sees, die von einer der Person anhängigen Fähigkeit zur Überschreitung des Wassers zu unterscheiden ist.[78] Daneben findet sich der Hinweis auf *Mahâvagga* I,20,16[79] und *Fa Kiu P'i Yu King* 4.[80] Neben schwierigen Datierungsfragen liegen eine Reihe auffälliger struktureller Differenzen vor,[81] die auch bei einer gewissen methodischen Offenheit für strukturelle Umgestaltungen, z.b. aufgrund von mündlichen Überlieferungsvorgängen, gegen die Annahme einer Abhängigkeit sprechen. Zudem wird nicht überzeugend thematisiert, wie man sich die Vermittlung der Traditionen vorzustellen hat.[82]

Wenden wir uns nun den beiden mit dem Auszug und der Landnahme Israels verbundenen Wundern zu, so sind die augenfälligen Differenzen zu benennen. Bei keiner der berichteten Wasserdurchquerungen handelt es sich um einen Wandel auf dem Wasser;[83] vielmehr wird das Wasser gestoppt (in J durch Jahwe, der mit einem Ostwind das Wasser zurückdrängt [Ex 14,21], in E durch Mose, der das Meer spaltet [Ex 14,26]), um Israel trockenen Fußes durch die Fluten gelangen zu lassen. Wichtiger als der im Ergebnis eher negative strukturelle Vergleich ist die in diesen Berichten erkennbare Erzählintention. „Das Wunder … offenbart … Gott als den Herrn der ganzen Erde: Die Mächte

---

[76] Zitiert bei J. AUFHAUSER 12; s.a. N. KLATT 194f; A. WEISER 108.

[77] G.A. VAN DEN BERGH VAN EYSINGA 53; kritisch P.J. MADDEN 49 Anm. 23; N. KLATT 195.

[78] Eine kritische Bewertung der Bedeutung dieses Textes für den ntl. Seewandel, insbesondere für den des Petrus geben M. DIBELIUS, Formgeschichte 277f Anm. 2, und C. CLEMEN 238f. Einen indirekten Einfluß der indischen Geschichte auf die ntl. Seewandelgeschichten hält hingegen U. LUZ, Mt II, 410, für möglich. Neben der bei LUZ, aaO., genannten Lit. votiert auch G.A. VAN DEN BERGH VAN EYSINGA 56 für einen mittelbaren Einfluß (vgl. zu diesem Autor und seinem Werk die summierenden Bemerkungen bei G.W. ITTEL 80f); allerdings findet er, indem er zwei Erzählungen „ungleicher Tendenz" unterscheidet, die Pointe in der Glaubenskraft des Jüngers. S.a. N. KLATT 198 als Quelle für die Vorlage des petrinischen Seewandels.

[79] Von N. KLATT 194 als Vorlage der ntl. Seewandel hervorgehoben. Allerdings ist ein Wandel des Buddha auf dem Wasser dieser Geschichte nicht eindeutig zu entnehmen; vgl. P.J. MADDEN 51.

[80] Englische Übersetzungen bei P.J. MADDEN 50 bzw. 52.

[81] Vgl. hierzu die Analyse der Texte bei P.J. MADDEN 49–54.

[82] Vgl. z.B. die von K. HAACKER 72 aufgestellte Kriteriologie, aufgrund derer eine religionsgeschichtliche Abhängigkeit angenommen werden kann. Insbesondere rekurriere ich auf die Forderung, daß „ein konkreter Traditionsweg wahrscheinlich gemacht werden kann". Zu dieser Anforderung an eine Parallele ist auch zu rechnen, daß „eine gewisse geographische Nähe" gegeben ist.

[83] Diese wesentliche Differenz betonte bereits G.A. VAN DEN BERGH VAN EYSINGA 55; jetzt auch W. BERG 35.

der Natur wie der Geschichte ... stehen zu seiner Verfügung".[84] Die besondere Bedeutung, die dabei die Beherrschung der Chaosmacht ‚Wasser' hat, ist noch gesondert wahrzunehmen.

Im Vergleich zu den synoptischen Texten wurde notiert, daß in Joh 6 die Seenot zurücktritt.[85] Sie ist im wesentlichen auf V.18 konzentriert, was Julius Wellhausen zu der heute weitgehend nicht mehr geteilten Annahme veranlaßte, dieser Hinweis sei eine sekundäre, aus der Markusparallele eingedrungene Glosse.[86] Veränderungen in der Schilderung der Notlage sind sinnenfällig. Weniger deutlich ist der erzählerische Zweck. Das Fehlen des Partizips βασανιζόμενοι zur Beschreibung der Qual der Jünger beim Rudern kann als Verlust der Dramatik gewertet werden; eine Dramatik, die hingegen die in drastischeren Farben gehaltene Darstellung Mt 14,24 voraussetzt. Das Sehen dieser Not durch Jesus und die Stillung des Sturmes (Mk 6,51) sind weitere dramatische Elemente des mk. Textes, die in JE fehlen und damit die joh. Darstellung blasser werden lassen. Andererseits ist aus dem Gegenwind ein Sturm geworden.[87] Dies widerspricht der Annahme eines völligen Desinteresses an der Notlage durch die joh. Tradition oder den vierten Evangelisten.

Wenn dennoch das Wundermotiv in dem Wandel Jesu auf dem Wasser gegenüber der Stillung des Sturmes in den Vordergrund tritt, so ist auch daran zu erinnern, daß das Wasser in antikem Verständnis oftmals als eine bedrohliche Größe empfunden wurde. Wird mit dem Wandeln Jesu auf dem See die vorher geschilderte Notlage nicht mehr erwähnt, so muß der Exeget sich fragen, ob die Epiphanie selbst das erzählerische Gegengewicht ist. Da das Epiphanwerden einer Gottheit oftmals rettende Züge trägt, ist mit dem folgenden Schweigen von der Not nicht weniger als deren implizite Beendigung mit der Erscheinung Jesu vorgestellt, die durch das rasche Versetzen des Bootes an das Ufer bestenfalls noch unterstrichen wird. Es gehört zu den göttlichen Eigenschaften, die bedrohlichen Mächte des Meeres in ihre Schranken zu verweisen.

In diesem Zusammenhang kann auch eine der Einsiedeln-Eklogen genannt werden,[88] in der Nero mit Apollon gleichgesetzt und das mit ihm neu anbrechende ‚Goldene Zeitalter' gefeiert wird; eines der genannten Auszeichnungen dieses Zeitalters liegt darin, daß die wilden Wellen nicht mehr das Schiff bedrohen (2,35). D.h. der als Gott gezeichnete Kaiser eröffnet das ideale Zeitalter, in dem die bedrohliche Macht des Meeres nicht mehr akut ist.[89]

---

[84] O. KAISER, Bedeutung 136; vgl. seine Beurteilung des *Elohistischen* Berichtes, der „Ausdruck des Glaubens an die weltüberlegene Macht Jahwes" (aaO. 134) ist.

[85] Vgl. z.B. M. FRENSCHKOWSKI 181; A. LINDEMANN, Erzählung 190; G.R. O'DAY 153; G. VOIGT, JE 87f. Ausdrücklich betont wird die Gefahr im JE z.B. von A.-M. DENIS, Walking 293.295.

[86] J. WELLHAUSEN, JE 29; WELLHAUSEN weist auch auf die Partikel τε, die „nur in späten Einschüben (2,15. 4,42) erscheint". S.a. W. HEITMÜLLER, JE 97; R. BULTMANN, JE 159 Anm. 1. BULTMANN weist auf den aus der Komposition fallenden Gen. abs. und die nicht erzählte Sturmstillung.

[87] Dies betont bes. I. DUNDERBERG, Johannes 163, um darin gar eine „erzählerisch bedingte Intensivierung der Darstellung" zu finden. Dies führt aber wohl zu weit, da andere dramatische Elemente aus der mk. Darstellung im joh. Text fehlen.

[88] Hierzu vgl. kurz E.G. SCHMIDT *passim*.

[89] Zu diesem Text auch R.I. PERVO 178f, der das Meermotiv mit den Seesturmstillungen in Beziehung setzt.

Sich anzumaßen, den gefährlichen Mächten zu gebieten, heißt, sich auf die gleiche Ebene mit einer Gottheit zu stellen.[90] Dies muß bei der Interpretation des Seewandels beachtet werden.[91]

Hierfür finden sich auch eine Reihe atl. Belege, die bekennen, daß Jahwe in seinem Schöpfungshandeln das Meer als Chaosmacht in die Schranken gewiesen hat:[92] z.B. Ps 74,12ff; 89,10; 93,3; 104,6f; Jer 5,22; Hi 26,12f; 38,4–11; Spr 8,28f.[93] Das Schöpfungshandeln Jahwes hat jedoch keine ausschließlich vergangenheitliche Bedeutung, vielmehr wird in diesem Licht ebenfalls die machtvolle gegenwärtige Erhaltung des geordneten Zustands gegenüber dem zum Aufbegehr bereiten Gewässer thematisiert.[94] Auch Jahwes Thronen auf der Flut, die als böse, widergöttliche Macht vorgestellt wird, ist Ausdruck seiner göttlichen Macht, mit der er die Schöpfung bewahrt: Ps 29,10.[95] Von Jahwes Wandeln über das Meer wissen Ps 77,20; Hi 9,8 (HiLXX 9,8[96]; s.a. TgHiob zu 9,8); 38,16 (LXX bietet περιπατεῖν); Hab 3,15; Hi 26,12f. In der Weisheitsliteratur nimmt die Weisheit selbst die Macht über das ‚Wasser' wahr; dabei wird die Auszugstradition „mythisch dramatisiert"[97]: Weish 10,18f[98]; die Macht der Weisheit über Wasser und Meer zeigen auch Weish 14,3f (die Weisheit ist hier allerdings lediglich als Baumeister der Schiffe genannt, Retter ist der als Vater angeredete Gott); Sir 24,5f an. Auch die Völkerkampfmotivik kennt Jahwe als den, der den mit Tosen des Meeres und Brausen

---

[90] Vgl. beispielsweise die Vorstellung, den Wellen des Meeres gebieten zu können, 2Makk 9,8 (τῆς θαλάσσης κύμασιν ἐπιτάσσειν), als Kennzeichnung der Überheblichkeit des Antiochus IV. Epiphanes mit seinem späteren Schuldbekenntnis, daß es nicht recht ist, sich Gott gleich zu stellen, 9,12 (μὴ θνητὸν ὄντα ἰσόθεα φρονεῖν; LXX ed. A. RAHLFS; anders GöLXX ed. W. KAPPLER/R. HANHART; zum textkritischen Problem vgl. A. STEUDEL 513 Anm. 32); zur Charakteristik von Antiochus IV. in 2Makk 9 vgl. STEUDEL 512f.

[91] S.a. A.Y. COLLINS 212: „The motif of walking on the water may be seen as part of the larger theme of control of the sea."

[92] Den atl. Hintergrund betont in besonderer Weise B. BLACKBURN 145ff: „Theophanic motifs more or less peculiar to Yahweh in the O.T. are transferred to Jesus". Hierher gehören das Kommen Jesu vom Berg (Mk 6,46 par Mt 14,23), die vierte Nachtwache (Mk 6,48 mit Hinweis ExLXX 14,24; Ps 46,5; Jes 17,14), das Wandeln auf dem Wasser (περιπατῶν ἐπὶ τῆς θαλάσσης), für das BLACKBURN auf das im folgenden ausgeführte Motiv von Jahwes Mächtigkeit über die Chaosmacht Wasser hinweist (147f), das Vorübergehen-Wollen (zu diesem Motiv s.u. S. 216ff) und das ἐγώ εἰμι mit dem Zuspruch μὴ φοβεῖσθε.

[93] Vgl. H. GUNKEL, Schöpfung 91–98; H. RINGGREN 651.

[94] Vgl. H. GUNKEL, Schöpfung 96.

[95] Hierzu s.a. T.N.D. METTINGER 26.

[96] Hierzu s.a. J.P. HEIL 40f.

[97] So D. GEORGI, in: JSHRZ III/4, 439 Anm. 18a.

[98] „Sie trug sie über das Rote Meer (διεβίβασεν αὐτοὺς θάλασσαν ἐρυθράν) und führte sie durch viel Wasser. Ihre Feinde schloß sie ein …"; Übers.: D. GEORGI, in: JSHRZ III/4, 439.

von Wassermassen anflutenden Völkern wie dem Meer selbst Einhalt gebietet und sie vernichtet: Jes 17,12–14.[99] Nicht zuletzt ist auch Jona 1–2 in die Reihe der Aussagen von Jahwes Mächtigkeit über das Wasser einzureihen.[100]

Im Wandel über den See werden Jesus somit göttliche Attribute beigemessen; mehr noch, er tritt in den Seewandelberichten in der Rolle Jahwes auf.[101] Obsiegt Jahwe dem Meer durch die Offenbarung seiner Macht und Herrlichkeit (Mek zu Ex 14,21[102]), so ist der Seewandel Jesu als Offenbarung seiner göttlichen Doxa zu verstehen, der eine soteriologische Qualität beizumessen ist.[103]

Der Seewandel Jesu zeigt nicht nur exemplarisch, wie das Erscheinen Jesu bei den Seinen das Ende ihrer Not manifestiert, sondern Jesus erzeigt sich in ihm als *Beherrscher der chaotischen Wassermächte und auch als Herr der lebensbedrohenden Naturmächte und damit in der Machtfülle Jahwes.*

Wenn daneben die Beherrschung des Meeres, wie es im Wandel auf dem Wasser zum Ausdruck gebracht wird, eine Rolle in der antiken Herrscherpropaganda spielt,[104] so ist dies nicht davon zu trennen, daß in der Befähigung zum Seewandel die unmittelbare Nähe zur Gottheit, die Begabung durch die Gottheit oder gar das Gott-Sein ausgesprochen ist (vgl. vor allem *Dio*). Die Nähe der ntl. Seewandeltraditionen zu den Texten oder Gedanken, die die Herrscherideologie widerspiegeln, nährt sich aus der Vorstellung, die hier wie dort den Seewandelnden oder Seebeherrschenden in die Nähe eines Gottes rückt bzw. ihn mit den Farben der Göttlichkeit zu zeichnen sucht. Immerhin, ist die Nähe zur Herrscherideologie erst einmal wahrgenommen, so ist es auf-

---

[99] Vgl. O. KAISER, Jes 70.72f; vgl. T.N.D. METTINGER 28.

[100] Wurde zuvor bereits auf Seewandelmotive in außerbiblischen und außerjüdischen antiken Texten hingewiesen, so ist jetzt noch hinzuzufügen, daß in diesem Erzählbereich auch die Macht über Flüsse und Meere eine angemessene Möglichkeit zum Lob der Götter darstellt. Als Beispiel sei das Gedicht über die Epiphanie des Dionysos bei Horaz genannt. In diesem Text, der nicht allein den weinseligen, friedliebenden Gott des Tanzes und scherzenden Reigens darzustellen sucht, wird als Demonstration seiner Macht gesagt: *tu flectis amnis, tu mare barbarum* (Carm II 19,17).

[101] Vgl. G.R. O'DAY 157; R. KRATZ, Seewandel 87; L. SCHENKE, Urgemeinde 215. S.a. E. LÖVESTAM 126, der aufgrund der Kombination der Ego-Eimi-Formel und des Seewandels im Lichte der atl. Parallelen die Einheit zwischen Jahwe als Schöpfer und als Erlöser Israels und dem seewandelnden Jesus ausgesagt findet. Ähnlich J.P. HEIL 29: „In the NT Jesus is shown to perform a divine action, proper only to God in the OT, in rescuing his disciples by stilling the storm."

[102] Vgl. die bei E. LÖVESTAM 133 Anm. 38 genannten Parallelen.

[103] Gegen E. LÖVESTAM 135, der auf das abschließende Bekenntnis Mt 14,33 weist, ist die soteriologische Manifestation in der Epiphanie auf dem Wasser nicht auf die Errettung des Petrus, Mt 14,28–31, zu beschränken. Die soteriologische Funktion der im Wandel auf dem Wasser sich ausweisenden Beherrschung der Bedrohungsmacht betont auch J.P. HEIL 56 u.ö.

[104] Vgl. A.Y. COLLINS 224f.

fällig, wenn unmittelbar nach der Ablehnung der Salbung zum Königtum durch das Volk in Joh 6,15, Jesus – wie es in einigen antiken Traditionen einem Herrscher zugeschrieben wird – auf dem Meer wandelt. Muß daher mit einem doppelten Gedanken gerechnet werden, der den in der Machtfülle Jahwes wandelnden Offenbarer zugleich als den Herrscher bzw. den König aussagen will, dessen Königtum nicht irdisch vermittelt wird (Joh 6,15) und dessen Königreich nicht von dieser Welt ist (18,36)? Zumindest kann dies angesichts der joh. Überlegungen zu Jesu Königtum für das Verständnis des vierten Evangelisten nicht ausgeschlossen werden: Der im Seewandel mit der Machtfülle Jahwes für die Seinen epiphane Jesus ist gegen alle antike Herrscherideologie und Selbstanmaßung der wahre *Basileus* des himmlischen Königreichs seines Vaters. Eine vergleichbare Umdeutung konkreter messianisch-eschatologischer Erwartung wurde auch für die Einzugsgeschichte (Joh 12,13.15) eruiert,[105] so daß die in Frageform formulierte These zumindest auf der redaktionellen Ebene des vierten Evangeliums Parallelen findet. Im Blick auf die traditionelle abgelehnte Akklamation könnte diese Interpretation aber für die Wundersequenz aus Speisung und Seewandel ebenfalls zutreffen.

Es hat sich somit gezeigt, daß atl. wie auch hellenistisch-römische Texte und Vorstellungen das Motiv des Seewandels illuminieren und zu verstehen lehren, welche christologischen und soteriologischen Aussagen der joh. Seewandel als Teil der Wundersequenz macht.

Die Feststellung von Werner Berg, daß „(w)eder das Alte Testament noch die sonstige antike Literatur ... eine den neutestamentlichen Seewandelperikopen vergleichbare Erzählung" aufweist,[106] erscheint insofern korrekt, als kein direktes literarisches Vorbild für den ntl. Seewandel benannt werden konnte. Dennoch ist das eingangs zitierte Urteil Hermann Gunkels über die Verbreitung des Seewandelwunders im wesentlichen zutreffend, insofern das Motiv des Seewandels in verschiedenen ethnischen und religionsgeschichtlichen Zusammenhängen und in unterschiedlichen antiken Textsorten auch in narrativen Zusammenhängen nachgewiesen ist. Es liegt eine verbreitete Vorstellung vor, die das Vorbild für die ntl. Texte gebildet haben wird, ohne daß literarisch genetische Verbindungen gezogen werden sollen. Dies ist mit dem ,Motiv des Seewandels' ausgesagt. So bleiben die vorgenannten Urteile zu pauschal; nicht allein die Möglichkeit literarischer Dependenz, sondern auch traditions- und motivgeschichtliche Beeinflussung sind denkbare Optionen. Überhaupt ist nicht nur die Abhängigkeitsfrage von Interesse, sondern vor allem auch das religionsgeschichtliche und das hermeneutische Problem, welches Verständnis mit dem Seewandel verbunden war und in ihm zum Ausdruck gebracht worden ist.

Es bleibt aber weiterhin zu fragen, wie in diesem Zusammenhang das nur im vierten Evangelium belegte Wunderfeststellungsverfahren zu verstehen ist und

---

[105] E. STEGEMANN/W. STEGEMANN 46.
[106] W. BERG 2; s.a. das Urteil: „The differences between these accounts and our own are too great to assure us of any derivation from them" bei A.-M. DENIS, Walking 292.

ob sich dies in den vorgenannten Motiv-Kontext einfügen läßt. Zweierlei Antworten erscheinen mir möglich. Wird in *Lukians ,Lügenfreund'* der Seewandel als das Unmögliche genannt, durch dessen Für-Wahr-Halten sich der Dialogpartner im Blick des Erzählers disqualifiziert, so könnte sich der Wahrheitsausweis des Wunders mit einer möglicherweise rationalisierenden Kritik auseinandersetzen, die Jesus im Zeugnis dieser Geschichte als Scharlatan zu erkennen meint. Solche Kritik könnte aus heidnischem Kontext kommen. Doch ein anderer historisch sozialer Kontext beansprucht eine höhere Wahrscheinlichkeit. Dann antwortet das Feststellungsverfahren nicht auf einen heidnischen, sondern einen jüdischen Vorwurf, der die Messianität Jesu bestreitet. Dies würde mit der historischen Annahme kulminieren, daß Teile der joh. Gemeinde judenchristlicher Herkunft sind und über die Auseinandersetzung mit jüdischen Kreisen zum Verlassen des synagogalen Kontextes gezwungen waren.

Wie auch immer das Urteil auszufallen hat, das Wunderfeststellungsverfahren widerstreitet, wie bereits zuvor vermutet, nicht der formkritischen Analyse von Joh 6,16–21 als Epiphanie. Die Epiphanie ereignet sich hier als Wunder, dennoch sollte nicht wie in Joh 2,1ff von einem Epiphaniewunder gesprochen werden. Dieses möchte ich im Unterschied zu Joh 6,16ff dadurch charakterisiert sehen, daß der Offenbarer sich durch das Wunder als epiphan zu erkennen gibt.[107]

Wer die Frage nach dem Aufbau des Seewandelberichts und das Problem der Gattung zu klären sucht, muß notwendig die beiden synoptischen Parallelen und die hinter ihnen stehende Tradition berücksichtigen.

Da das Problem der Rahmung, d.h. die Passagen Mk 6,45–47 und V.52 uns noch im Kontext der Frage nach einer vormk. Verbindung von Speisung und Seewandel beschäftigen wird,[108] gilt die Aufmerksamkeit im folgenden dem Hauptteil Mk 6,48–51 und der auffälligen Ergänzung des petrinischen Seewandels in der mt. Parallele.

Eine interpretatorische *crux* ist das *,Vorübergehen-Wollen-Jesu'*, Mk 6,48, das möglicherweise als Hintergrund im Verlassen des Bootes durch Petrus in der mt. Ergänzung zum Seewandel Jesu Mt 14,28–31 vorausgesetzt ist.[109] Ist die Absicht zum Vorübergehen Jesu

---

[107] Vgl. hierzu M. LABAHN, Jesus 156.
[108] S.u. S. 253ff.
[109] G. THEISSEN, Wundergeschichten 187.

am Boot der Jünger gemeint,[110] so läßt sich dies am besten mit dem Epiphanie-Motiv des wunderbaren ἀφανισμός,[111] also dem Entziehen des Epiphangewordenen, erklären.

Trifft diese Deutung zu, so ist zu überlegen, ob das Vorübergehen Jesu als Epiphangewordener in V.48 sogar ein Wachstum der Jesusgeschichte transparent werden läßt mit Implikationen für die Frage nach der Geschichte auch der joh. Überlieferung. Gattungskritisch ist in diesem Interpretationsproblem die Frage nach dem Verhältnis von Epiphanie- und Rettungswunder bzw. Sturmstillung impliziert. Hatte noch Martin Dibelius für das Primat des Rettungsstoffes gestimmt,[112] so wurde vor allem durch Rudolf Bultmann eine andere Lösung vorgezogen. Er plädierte für die Annahme einer ursprünglichen Epiphanie, bei der Jesus am Boot vorüberschritt und nicht in dieses einstieg, die durch Züge der Sturmstillung, wie sie in Mk 4,37–41 enthalten sind, sekundär auf ein Rettungswunder hin ergänzt wurde.[113] Historisch motiviert findet sich diese Überlegung auch bei Charles Harold Dodd:[114] In Analogie zu Joh 21,1 soll auch Joh 6,16ff als nachösterliche Jesuserscheinung gedeutet werden. Nachdem die Jünger die Überfahrt fast hinter sich gebracht haben, sehen sie Jesus am Strand. Indem sie ihn an Bord nehmen wollen, haben sie bereits das Ufer er-

---

[110] Dagegen H. VAN DER LOOS 651–653 und I. DUNDERBERG, Johannes 159, der die mögliche Bedeutung ,herantreten' erwägt (hierzu die Hinweise auf die Wörterbücher bei T. SNOY, Marc 6,48, 350 Anm. 15). Jesus führt trotz der Angst seiner Jünger den Plan, zum Boot zu kommen, aus (vgl. weiterhin die bei SNOY, aaO. 349f Anm. 14, genannten Exegeten). Doch ist diese Bedeutungsnuance im NT lediglich bei ,Lukas' nachgewiesen (Lk 12,37; 17,7 und in einer *varia lectio* zu Apg 24,6). Beide Belege stehen im Gegensatz zu Mk 6,48 ohne personales Akkusativobjekt. Daher wird im folgenden die Argumentation von THIERRY SNOY akzeptiert (aaO. 351f) und an der Bedeutung (*an ihnen*) *vorübergehen* festgehalten.

D.F. HILL 269 möchte mit z.T. sehr fragwürdiger Argumentation (z.B. die suggestive Frage „… why join a stormtossed boat…"; aaO 268) παρέρχομαι als parallel zum Boot gehen („walking parallel at the same rate as they were rowing") verstehen.

Daneben erwägen eine Anzahl von Exegeten die im Griechischen seltene aber mögliche Bedeutungsaffinität zwischen θέλω und μέλλω. Mk 6,48^fin steht in dieser Interpretation für das beabsichtigte Vorbeischreiten Jesu (z.B. M.J. LAGRANGE, Mk 174). Da diese Bedeutung für das MkEv singulär wäre, ist an ,wollen', als der Basisbedeutung des Verbs θέλω in Mk 6,48 festzuhalten (mit SNOY, aaO. 348f).

Zum Problem jetzt auch B. VAN IERSEL, Look 1066ff (Information und Kritik älterer Lösungsvorschläge), der seinerseits durch das Vorübergehen Jesu die Vorrangs- und Führungsstellung Jesu vor seinen Jüngern wiederhergestellt findet: „the readers … realize that the normal configuration is temporarily suspended and therefore expect it to be restored later on". Dies geschehe durch das Vorübergehen Jesu (aaO. 1075; vorsichtig zustimmend auch P.J. MADDEN 102).

[111] Vgl. F. SCHNIDER/W. STENGER 110; G. THEISSEN, Wundergeschichten 103f.106. Im Lichte des atl. Vorübergehens des epiphanen Jahwe deuten E. LOHMEYER, Jesus 70–73 (er verweist vor allem auf die LXX-Fassung von Ex 33,18–23; 34,5–9; 3Βασ 19,9–18); J.P. HEIL 69–72 und A. WEISER 110.

[112] M. DIBELIUS, Formgeschichte 97. 277; s.a. R.H. FULLER 45: Die Seewandelgeschichte ist eine „Weiterbildung der Geschichte von der Stillung des Sturmes"; vgl. 66.

[113] R. BULTMANN, Geschichte 231. S.a. D. ESSER 125f; E. LOHMEYER, Mk 131f (Verbindung zweier Seegeschichten; die zweite wurde ursprünglich in Verbindung mit der zweiten Speisung tradiert); G. THEISSEN, Wundergeschichten 186f.

[114] C.H. DODD, Tradition 198.

reicht.[115] Diese Interpretation ist sprachlich möglich, aber durch den Kontext nicht gedeckt.[116] Die traditionsgeschichtlich materialreiche, methodisch aber aufgrund der fehlenden Berücksichtigung der Vorgeschichte und des historischen Verhältnisses der Texte in
mancher Hinsicht insuffiziente Arbeit von John Paul Heil hält insbesondere aufgrund des
atl. Hintergrundes Epiphanie und Rettungsmotiv für untrennbar verbunden.[117]

Thierry Snoy, der einen erschöpfenden Überblick über die unterschiedlichen Lösungsbei-
träge liefert,[118] nimmt seinerseits Abstand von einer Erklärung aus dem vorredaktionellen
Wachstum und steuert einen redaktionsgeschichtlichen Lösungsvorschlag bei: Das Vorübergehen erkläre sich aus dem mk. Messiasgeheimnis; erst das Unverständnis der Jünger nötige
Jesus zur Sturmstillung.[119] Snoy beansprucht das ἤθελεν von Mk 7,24 und 9,30, in denen
sich Jesu Wille, verborgen zu bleiben, ausspricht, als Parallelen. Sind die beiden letztgenannten Texte durchaus vergleichbar und als Bestandteil des mk. Messiasgeheimnisses gesichert, so sind sie doch von Mk 6,48c zu unterscheiden. In Mk 6 ist das Wollen Jesu mit
einem Verb der Bewegung verbunden. Anders handelt es sich in den beiden anderen Belegen um ein *Nicht*-Wollen Jesu, daß jemand weiß (jeweils eine Form von γινώσκω), wo er,
Jesus, sich befindet oder wohin er zieht. Diese Aussage folgt jeweils einer Notiz, die eine
Rückzugsbewegung Jesu zum Inhalt hat.[120] Nun kann nicht ausgeschlossen werden, daß das
ἤθελεν mit dem späteren Einsteigen korreliert und somit auf die Hand des Evangelisten zurückgeht, der die Epiphanie mit den Motiven der Seesturmstillung verbunden hat (s.u.).

Partiell folgt Harry Fleddermann dem Ansinnen von Snoy:[121] Seinem Lösungsvorschlag
zufolge stehen Am 7,8 und 8,2 Mk 6,48c näher als der Theophaniegebrauch von
παρελθεῖν, den er keineswegs leugnet, aber mit dem Gedanken des mk. Messiasgeheimnis-

---

[115] Vgl. z.B. auch J.H. BERNARD, JE I, 187; A. SCHWEITZER, Messianitäts- und Leidensgeheimnis 57f: „Am Strande zu Bethsaida, wohin er ihnen zu rudern befohlen hatte, traf er
die Seinen wieder. Im Kampf mit Sturm und Wellen wähnten sie eine überirdische Erscheinung auf sie zukommen zu sehen, als sie seine Gestalt am Strande erblickten." Diese ratio-
nalisierende These (paradigmatisch kann einmal mehr HEINRICH EBERHARD GOTTLOB PAU-
LUS genannt werden [vgl. H. GRAF REVENTLOW, Exegese 219]; weitere Lit. nennt W. BERG
44f) ist wiederum aufgenommen bei E. RUCKSTUHL, Speisung 2015; C.H. TALBERT, JE 133.
Dieser Deutungsversuch wurde bereits mit extensiver philologischer Begründung durch den
katholischen Freiburger Exegeten JOHANN LEONHARD HUG in einer gegen PAULUS gerichte-
ten Streitschrift von 1834 zurückgewiesen (115ff); vgl. hierzu G. MÜLLER 151f.
Einen erneuten Versuch, die Historizität des Seewandel Jesu herauszuarbeiten, unter-
nimmt BRUCE J. MALINA in dem wichtigen Sammelband *Authenticating the Activities of Jesus* mit dem Hinweis auf das Phänomen ASC („altered [or alternate] states of consciousness";
354). Inhaltlich handelt es sich um „visionary experience" (360) bzw. „vision" (363. 367f).
Ob der Aspekt der Vision der narrativen und christologischen Dimension der Erzählung gerecht wird oder nicht vielmehr der Ausweis der Historizität zu Ungunsten dieser erzähle-
risch-theologischen Momente geschieht, ist eine drängende Frage, die anstelle der ausführlicheren Auseinandersetzung hier genügen muß.

[116] Vgl. z.B. W. BERG 48f.53; zur Kritik s.a. z.B. C.K. BARRETT, JE 293; B. LINDARS,
JE 246f; P.J. MADDEN 48f.

[117] J.P. HEIL 17; s.a. A.Y. COLLINS 208: Es gäbe keine Hinweise auf redaktionelle Aktivitäten in Vv.46–51.

[118] T. SNOY, Marc 6,48, 352–360; vgl. auch den Nachtrag aaO. 363; s.a. P.J. MADDEN
101f.

[119] T. SNOY, Marc 6,48, 360–363.

[120] Zur Kritik an SNOY s.a. B. BLACKBURN 149f.

[121] H. FLEDDERMANN *passim*.

ses kombiniert.[122] In den Amostexten wie in Mk 6,48 gäbe das Hauptverb die Intention Jahwes/Jesu an, der der Infinitiv παρελθεῖν mit Akkusativobjekt folgt. Da das παρελθεῖν bei Amos nicht länger gegeben ist und dies das Gericht bedeutet, erschließt Fleddermann eine positive Bedeutung von παρελθεῖν, die er ungeschützt auf Mk 6,48c überträgt; er übersetzt den Versteil infolge dessen: „And he wanted to save them".[123] Dies sei die Begründung für das Kommen Jesu.[124] Doch diese Deutung von Mk 6,48c läßt sich nicht durch den Amostext stützen. Das Nicht-mehr-Vorübergehen-Wollen Jahwes von AmLXX 7,8 und 8,2 steht für das hebr. לֹא־אוֹסִיף עוֹד עֲבוֹר לוֹ. Dies bedeutet das Ende des Verzichts auf das Gericht Jahwes über Israel aufgrund seiner Reue.[125] עבר ל heißt nur: bei jem. nicht (strafend) einschreiten";[126] daß dies vorderhand Überleben bedeutet, läßt aber nicht die Interpretation ‚*rettend eingreifen*‘ vertreten.

Es kann nicht überzeugend bestritten werden, daß das Vorübergehen Jesu ein traditionelles Theophaniemotiv ist.[127] Daher ist eine andere redaktionsgeschichtliche Erklärung vorzuziehen, wie sie von Franz Schnider und Werner Stenger sowie Udo Schnelle vorgelegt wird: Markus habe einen alten Erscheinungsbericht sekundär durch Züge der bei ihm berichteten Sturmstillung erweitert,[128] wobei sich folgende Elemente entsprechen:

	Sturmstillung	„Seewandel"
Not aufgrund eines starken Sturms	4,37	6,48
Abflauen des Windes[129] durch das jeweils anders geschilderte Eingreifen Jesu	4,39	6,51
Die Fahrt führt an das jenseitige Ufer[130]	4,35	6,45

So interpretiert der älteste Evangelist die Epiphanie deutlich soteriologisch. Läßt sich die von ‚Markus‘ benutzte Tradition begründet als eine in das Leben Jesu zurückdatierte Epiphanie des Auferstandenen verstehen,[131] so liegt ihre soteriologische Funktion in der Begeg-

---

[122] H. FLEDDERMANN 394f.

[123] H. FLEDDERMANN 392.

[124] H. FLEDDERMANN 394.

[125] Vgl. Am 8,3.6; hierzu H.W. WOLFF, Joel/Am 348; anders W. RUDOLPH, Joel u.a., 236.

[126] H.W. WOLFF, Joel/Am 348

[127] Vgl. B. BLACKBURN 150.

[128] F. SCHNIDER/F. STENGER 108; U. SCHNELLE, Christologie 128; als Erwägung auch bei H. RITT, Seewandel 76.

[129] Mk 4,39 und 6,51 bieten denselben Text!

[130] Dieses Moment ist stellvertretend zu nennen für weitere Konvergenzen in der Rahmung, vor allem die Trennung vom Volk als Voraussetzung für die jeweilige Überfahrt (Mk 4,36; 6,45 die Separation verdankt sich jeweils der Aktivität Jesu, wird aber mit differentem Vokabular konstatiert.); Berührungen listet auch J.P. HEIL 127–129 auf, allerdings handelt es sich nicht immer um signifikante Parallelen; so ist das Schlafen Jesu *im Boot* nur bedingt mit dem die Epiphanie vorbereitenden Alleinsein der Jünger zu vergleichen. An diesem Element ist die Verschmelzung zweier Erzählstränge erkennbar.

[131] Vgl. z.B. J. KREYENBÜHL 260ff; E. HIRSCH, Frühgeschichte I, 58 (Aus einer Kombination von Mk 6,45ff; Mt 14,30f und Joh 21,1ff sucht HIRSCH sogar einen Urbericht für die Erscheinung des Auferstandenen vor Petrus zu erschließen, den er für historisch hält.); R. BULTMANN, Geschichte – Erg.-H. 81; zuletzt wieder P.J. MADDEN 116ff (vgl. auch den For-

nung der Jünger mit dem, der den Tod überwunden hat. Für den ältesten Evangelisten ist
der Christus, der den Tod überwunden hat, schon in seinem irdischen Leben (wie auch in der
Zeit der Kirche) der für die Seinen Mächtige und der sie Bewahrende; dies gilt für ihn, wenngleich er die von ihm verfaßte *vita* Jesu noch unter der Perspektive der Verborgenheit und
des Unverständnisses stehen läßt, da die dargestellte Historie das Eschaton nicht fassen
kann.[132] In der Epiphanie des Seewandels zeigt sich im MkEv jedoch, „daß in Jesus die
todüberlegene Macht Gottes dem Jünger zugewandt ist".[133] Dies gilt, so darf wohl angefügt
werden, nicht weniger für den joh. Jesus.

Mk 6,52 legt wie das die Speisung summierende Gespräch Mk 8,14ff als mk. Interpretament das Jüngerunverständnismotiv vor.[134] Doch es ist zugleich deutlich geworden, daß der
häufige Hinweis auf dies Motiv nicht die Interpretation im einzelnen ersetzt. Das redaktionelle Interesse des ältesten Evangelisten versteht es durchaus, verschiedenartige Absichten
zu verbinden und für seine Darstellung der vita Jesu fruchtbar zu machen.

Für die Darstellung des mk. Seewandels ist also neben der redaktionellen Verklammerung mit dem Kontext eine Umgestaltung zu vermuten, die den Aspekt
der Rettung aus Seenot unterstreicht und so die Auferstehungsgeschichte in
das Leben Jesu hinein historisiert.

Ein sehr interessantes Problem ergibt sich aus der *mt. Fassung des Seewandels, Mt 14,22–33*. Das Problem, das sich stellt, besteht darin, daß der nach
der Zwei-Quellen-Theorie primäre Hinweis zur literarischen Erklärung der Perikope auf den Markus-Text die Ableitung des petrinischen Seewandels durch
die mt. Redaktion notwendig macht. Hat der erste Evangelist diesen Text selbst
formuliert oder ihn aus seiner Gemeindetradition in den mk. Seewandel eingefügt?[135]

Joh 21,7 kann nicht als Hinweis auf eine petrinische Seewandeltradition gelten, da dieser
Vers nicht mehr berichtet, als daß Petrus, nachdem er den nachösterlich epiphanen Jesus am
Seeufer (εἰς τὸν αἰγιαλόν [V.4]! Nicht auf dem See) sieht, in das Wasser springt (καὶ
ἔβαλεν ἑαυτὸν *εἰς* τὴν θάλασσαν), um schnell zum Erschienenen zu gelangen. Nicht nur
die offenkundigen Differenzen bereiten Schwierigkeiten, auch läßt sich die Annahme nicht

---

schungsüberblick AAO. 36–40); anders z.B. J. GNILKA, Mk I, 267; K. KERTELGE, Wunder
149; L. SCHENKE, Wundererzählungen 247.
[132] Vgl. G. STRECKER, Literaturgeschichte 136.
[133] F. SCHNIDER/W. STENGER 113; s.a. J. KREMER 229; L. SCHENKE, Urgemeinde 215.
[134] Hierzu s.u. S. 253.
[135] So z.B. G. STRECKER, Weg 199: „wegen der primär redigierenden schriftstellerischen
Tätigkeit des Evangelisten"; F. HAHN, Hoheitstitel 86 Anm. 2; E. KLOSTERMANN, Mt 130; F.
MUSSNER 66 (mt. bearbeitetes Sondergut); A. SAND, Mt 306.308. STRECKER vermutet weiterhin, daß sich der petrinische Seewandel in einer Mk 6,45ff vergleichbaren Erzählung im
Umlauf befand (auch aufgrund des Vergleichs mit Joh 21,7), da der Seewandel des Petrus
ohne einen Erzählrahmen nicht überlieferungsfähig war (ebd.). S.a. E. SCHWEIZER, Mt 209:
mt.-red. Gestaltung einer mündlichen Tradition. Auch U. LUZ, Mt II, 405, entscheidet sich
aufgrund von Joh 21,7f für eine Tradition des Seewandels des Petrus: „Es ist denkbar, daß
diese Episode vor Mt oder durch Mt aufgrund biblischer und anderer Analogien zu einer
Seewandelgeschichte umgestaltet und derjenigen von Mk 6,45–52 eingefügt wurde."

die offenkundigen Differenzen bereiten Schwierigkeiten, auch läßt sich die Annahme nicht völlig von der Hand weisen, daß der joh. Text selbst synoptisch beeinflußt ist.[136] Wie auch immer im einzelnen zu urteilen ist, es verbleibt eine Unsicherheit. Um eine Klärung herbeizuführen, welche Hand für die Konstruktion des mt. Seewandels verantwortlich zeichnet, erscheint eine sprachlich-stilistische Analyse aussichtsreich. Der nachstehende Entwurf verdankt sich vor allem dem minutiösen Nachweis von Reinhard Kratz.[137] Zunächst ist zu beachten, daß Petrus als Sprecher der Jünger im ersten Evangelium eine prominente Rolle spielt.[138] Κύριε ist die häufige Anrede Jesu durch die Jünger.[139] Zur Beschreibung der Befehlsmacht Jesu steht das mt. κελεύω dreimal (Mt 8,18; 14,19.28; sieben der acht Belege von κελεύω in den Evangelien stehen im MtEv; sonst nur noch Lk 18,40; häufig dagegen in Apg). Die Wendung ἐλθεῖν πρός hat eine nahe Verwandte im Kompositum προσέρχομαι, das eine ausgewiesene mt. Vorzugsvokabel ist.[140] Auch Mt 8,32 verwendet τὰ ὕδατα als Bezeichnung des galiläischen Meeres.[141] Das Motiv der Furcht ist nicht nur fest mit den ntl. Seewandelepiphanien verbunden (Mt 14,26; Joh 6,19; s.a. Mk 6,50), sondern kann verschiedentlich auch als Element der mt.-red. Gestaltung wahrscheinlich gemacht werden.[142] Wie bei Mk findet sich auch im MtEv redaktionell ἄρχομαι + Inf. Eindeutiger ist die Vokabel καταποντίζομαι der mt. Redaktion zuzuweisen, die im NT nur noch Mt 18,6 belegt ist (ähnlich verhält es sich mit διστάζω; im NT nur noch Mt 28,17[143]). Häufig steht κράζω im MtEv redaktionell.[144] Schon in Mt 8,26 traf die Jünger das Verdikt, ὀλιγόπιστοι zu sein; in der Tat ist diese Vokabel außer einem Beleg (Lk 12,28) dem ersten Evangelium vorbehalten (außerdem noch Mt 6,30; 16,8; s.a. 17,20 [ὀλιγοπιστία]). Mit Mt 8,3; 12,13.49; 26,51 läßt sich die Wendung ἐκτείνας τὴν χεῖρα der mt. Redaktion zuschreiben. Weiterhin sind als mt. Wendungen ἀποκριθεὶς δέ + Subj.,[145] ὁ δὲ εἶπεν,[146] ἐπί + Akk.,[147] εὐθέως[148] wahrscheinlich zu machen. Ob der Hinweis auf die Kenntnis des ersten Evangelisten von Ps 69[149] für die Analyse Entscheidendes austrägt, erscheint mir hingegen nicht sicher zu sein. Wichtiger erscheint der Hinweis von Ulrich Luz auf die mt. Sturmstillung, Mt 8,25f.: καὶ προσελθόντες ἤγειραν αὐτὸν λέγοντες· κύριε, σῶσον· ἀπολλύμεθα. καὶ λέγει αὐτοῖς· τί δειλοί ἐστε, ὀλιγόπιστοι; τότε ἐγερθεὶς ἐπετίμησεν τοῖς ἀνέμοις καὶ τῇ θαλάσσῃ· καὶ ἐγένετο γαλήνη μεγάλη.[150]

---

[136] R.E. BROWN, JE I, 244; F. NEIRYNCK, John 21, 601ff.

[137] R. KRATZ, Seewandel 87–92; zum mt. Vokabular ist auch zu vergleichen U. LUZ, Mt II, 405 Anm. 15.

[138] Vgl. G. STRECKER, Weg 204.

[139] Vgl. U. LUZ, Mt I, 43.

[140] 51 von 86 ntl. Belegen dieses Verbes finden sich im MtEv; vgl. zur Verwendung von προσέρχομαι H.J. HELD 214ff.

[141] Vgl. H.J. HELD 194.

[142] Vgl. G. STRECKER, Weg 234.

[143] Vgl. G. BRAUMANN 406.

[144] S.a. U. LUZ, Mt I, 43.

[145] U. LUZ, Mt I, 37.

[146] U. LUZ, Mt I, 44.

[147] U. LUZ, Mt I, 40.

[148] U. LUZ, Mt I, 41.

[149] R. KRATZ, Seewandel 90, nimmt literarische Abhängigkeit an; s.a. 89.96; neben Ps 69 führt E. LÖVESTAM 126f eine Reihe weiterer motivlicher atl. Parallelen an.

[150] U. LUZ, Mt II 405; vgl. den Ruf κύριε σῶσον (≠ Mk 4,38!) sowie das Motiv der Furcht und der Vorwurf des Kleinglaubens; weniger überzeugend nennt er auch Mt 12,49,

Im folgenden Text wurden der durch den unmittelbaren Kontext zu erklärende Wortlaut *kursiv*, der wahrscheinlich mt. **fett** gesetzt. Das Motiv der Furcht, das mit dem Kontext wie mit der redaktionellen Absicht übereinstimmen kann, wird mit kursiv und fett markiert:

ἀποκριθεὶς δὲ αὐτῷ ὁ Πέτρος εἶπεν· κύριε, εἰ σὺ εἶ, κέλευσόν με ἐλθεῖν πρός σε ἐπὶ τὰ ὕδατα. ὁ δὲ εἶπεν· ἐλθέ. καὶ *καταβὰς ἀπὸ τοῦ πλοίου* [vgl. V.32] ὁ Πέτρος *περιεπάτησεν ἐπὶ τὰ ὕδατα* καὶ ἦλθεν πρὸς (vgl. V.25; ἦλθεν πρός ersetzt mk. ἔρχεται πρός [Mk 6,48][151]) τὸν Ἰησοῦν. βλέπων δὲ τὸν *ἄνεμον* [ἰσχυρὸν] **ἐφοβήθη** (s.a. V.26), καὶ ἀρξάμενος καταποντίζεσθαι ἔκραξεν (vgl. V. 26; Mk 6,49 schreibt ἀνεκράξεν) λέγων· κύριε, σῶσόν με. εὐθέως δὲ ὁ Ἰησοῦς ἐκτείνας τὴν χεῖρα ἐπελάβετο αὐτοῦ καὶ λέγει αὐτῷ· ὀλιγόπιστε, εἰς τί ἐδίστασας;

Der markierte Text zeigt, wie stark der Seewandel des Petrus, soweit er nicht vom Kontext beeinflußt ist, sich von mt. Vokabular durchdrungen zeigt; an diesem Sachverhalt kann die Analyse nicht vorbeigehen.

Angesichts der unbestreitbaren mt. Sprach- und Stilmerkmale, die im Seewandel des Petrus neben das aus der vom ersten Evangelisten aufgenommenen mk. Seewandelperikope stammende Vokabular treten, ist die redaktionelle Abfassung *de novo* nicht nur als mögliche, sondern als wahrscheinlichere Option zu beurteilen.[152] Nicht zuletzt spricht für diesen Sachverhalt, daß der Seewandel des Petrus die Erzählung vom Seewandel Jesu notwendig voraussetzt.[153] Eine eigenständige situative Einleitung des petrinischen Seewandels außer der mt. Quelle Mk 6,45ff läßt sich nicht ausweisen.

Wie ist nun diese mt. Erweiterung zu verstehen? Man wird wohl kaum fehlgehen, wenn man mit Georg Strecker die Person des Petrus „im Blick auf das widerspruchsvolle Sein des Christen transparent" sieht. Damit ist diese Erzählung in den Zusammenhang „des matthäischen Gemeinde- und Menschenverständnisses" zu stellen,[154] wobei eine paränetische Spitze jedoch nicht zu über-

---

wo das Ausstrecken der Hand ebenfalls belegt ist. Nicht hinreichend ist hingegen, wenn lediglich der „Stil populärer Rettungserzählungen" beansprucht wird (zu A. DEISSMANN 147 Anm. 6).

[151] S.a. G. BRAUMANN 406.

[152] Vgl. z.B. H.J. HELD 194; D. SENIOR, Mt 172; H. FRANKEMÖLLE 156 Anm. 371; R. KRATZ, Seewandel *passim*: mt. Einfügung unter Verwendung atl. und antiker Parallelmotive; KRATZ benennt vor allem die Abhängigkeit von Ps 69; 144 und 18.

[153] Vgl. G. BRAUMANN 407, der allerdings die Kenntnis einer Geschichte vom sinkenden Petrus oder einem sinkenden Jünger nicht völlig ausschließen möchte, demgegenüber aber den ‚beträchtlichen' Anteil des Evangelisten anerkennt.

[154] G. STRECKER, Weg 206. Daß man dabei konkret von „Nichtverstehen" und Zweifel in der mt. Gemeinde sprechen kann (H.J. HELD 254. 280; s.a. G. BRAUMANN 414), verbindet die mt. Gemeinde mit Christinnen und Christen in allen Jahrhunderten.

REINHARD KRATZ hebt den ekklesiologischen Aspekt hervor, wenn er von der Gestaltung einer „Nachfolge-Szene" spricht, in der Jesus „den gläubig Nachfolgenden Anteil an seiner Wundermacht" schenkt, wobei gegenüber der Verheißung auch das Unvermögen des Glau-

sehen ist.[155] Christliche Existenz ist glaubende Existenz, die sich je und je neu zu bewähren hat. In der Situation der Bewährung ist sie vom Zweifel bedroht. Indem der erste Evangelist diese Geschichte erzählt, ermuntert (ὀλιγοπιστία kritisiert die mangelnde πίστις, spricht sie aber dem Petrus [!] nicht ab) er die Lesergemeinde, nicht vom Glauben abzulassen und sich dem zuzuwenden, der den Ruf σῶσόν με durch das rettende und bewahrende Ausstrecken seiner Hand beantwortet.

Auffällig ist im Vergleich mit Joh 6,16ff nicht allein, daß der vierte Evangelist den Seewandel des Petrus nicht kennt, sondern auch, daß er in 6,68f den bei Matthäus Getadelten zum Repräsentanten der beim Offenbarer verbleibenden, Jesus im Bekenntnis akklamierenden Jünger macht (das spätere Versagen in Kap. 18 ist in Kap. 6 noch nicht zu bedenken, wenngleich auch der vierte Evangelist in seiner Jüngerkonzeption um die Gefahr des Zweifels und des Abfalls [6,60ff] weiß). Auch dies spricht gegen eine direkte oder indirekte Beeinflussung des joh. Seewandels durch den mt. redaktionellen Text.[156]

Wenden wir uns nun der joh. Tradition, ihrer Gliederung und ihrer formalen Struktur zu, so wird zu beachten sein, daß die Gliederung im Blick auf den Epiphanie-Charakter des Seewandels zu modifizieren ist. Die Erscheinung Jesu wird durch eine Notlage angebahnt, die wir aber nicht wie bei den Wundergeschichten zur Exposition rechnen; vielmehr wird die Schilderung der Notsituation als eigenständiges Element aus der *Exposition* herausgenommen. Sie nimmt in der Erscheinung Jesu auf dem See die Stelle der *Vorbereitung* ein.[157] An die Stelle der *Durchführung* des Wunders tritt die *Epiphanie* Jesu auf dem

---

benden nicht eliminiert wird (99); einen Hinweis auf die Kirche sehen auch F. SCHNIDER/W. STENGER 136; M. FRENSCHKOWSKI 180.

[155] S.a. R. KRATZ, Seewandel 101.
Wenn Mk 4,40, die Frage nach der Feigheit der Jünger und ihrem *fehlenden* Glauben, tatsächlich nicht auf das mk Jüngerunverständnis geht (so aber L. SCHENKE, Wundererzählungen 33ff, bes. 36; einen mk. Eingriff in 4,40 nimmt z.B. auch J. GNILKA, Mk 194, an), so liegt hier eine ähnliche, möglicherweise sekundäre (so K. KERTELGE, Wunder 95) paränetische Kommentierung des Jüngerverhaltens vor: „Es geht um das Durchhalten im Glauben an Jesus, der sich im Andrang der apokalyptischen Ereignisse wie einst beim Seesturm als der siegende Herr erweist." (KERTELGE, aaO. 98). Dies weist darauf hin, daß auch eine paränetische Zielsetzung für die Erzählung von Wundergeschichten in den frühchristlichen Gemeinden in Betracht zu ziehen ist, wie es der erste Evangelist hier nachahmen würde.

[156] Daß der einzigen interessanten wörtlichen Übereinstimmung mit dem mt. Text in der Vokabel σταδίους (Mt 14,24; Joh 6,19) kein besonderes Gewicht beizumessen ist, hat I. DUNDERBERG, Johannes 156, deutlich dargelegt.

[157] Elemente einer Vorbereitung finden sich auch bei anderen Epiphanieberichten; vor allem geht es hier um wundersame und/oder charakteristische Begebenheiten, die das Erscheinen einleiten. Gerade wenn es sich um ein rettendes Epiphanwerden einer Gottheit handelt, wird dies durch die Schilderung einer Notlage präpariert.

Wasser. Anders als bei Wundergeschichten muß eine *Demonstration* nicht zum stehenden Inventar von Epiphaniegeschichten und Berichten gehören. Dennoch werden oftmals, insbesondere für geschehene Ankünfte und Erscheinungen Belege angefügt. So läßt sich in unterschiedlichen Erzählkontexten der Wein als ein Epiphaniesignum des Dionysos festmachen.[158] Der Volksglaube erwartet von Orten, an denen Erscheinungen des Auferstandenen oder Marienerscheinungen stattgefunden haben, Wunder; jene demonstrieren, daß an diesem Ort wirklich eine Erscheinung stattgefunden hat. Ob der sekundäre Feststellungsversuch des Wunders Vv.22–25a dem Aufweis einer Epiphanie oder eines Wunders gedient hat, ist somit schwer entscheidbar; vielleicht sogar eine falsche Alternative; davon wird noch zu handeln sein. Eine Reihe von Erscheinungen sind durch Akklamationen beschlossen.

1. Exposition: Vv.16b–17b Dreigliedrige Situationsangabe
   <V.16a. *Zeit*angabe, die den Tageswechsel, wie er im Wunderfeststel
   lungsverfahren formuliert wird, vorbereitet.>
   V.16b. *Abstieg*
      α) *Personenangabe:* ‚seine Jünger‘, d.h. die Jünger Jesu[159].
      β) 1. vorläufige Zielortangabe: ‚an den See‘.
   V.17aα. *Einstieg* in ein bereitstehendes *Boot*.
   V.17a *Überfahrt*
      α) Beginn bzw. im Verlauf begriffene Überfahrt.[160]
      β) 2. Zielangabe: ‚an das jenseitige Ufer nach Kafarnaum‘.

2. Notlage: Vv.17b–18. Charakterisierung der Bedrohungssituation der Jünger vor der Erscheinung Jesu auf dem See.
   V.17b. Während der Überfahrt ist eine qualifizierte Zeit erreicht, die Zeit der Orientierungslosigkeit und Existenzbedrohung.
   <V.17c. Die zwischenzeitliche Abwesenheit Jesu bietet eine gesteigerte Bedrohung.>
   V.18. Die Situation ist durch einen aufkommenden Seesturm gekennzeichnet.
      a) Der See wird aufgewühlt, und zwar

---

[158] Hierzu M. LABAHN, Jesus 151f.

[159] Das Possessivpronomen αὐτοῦ belegt, daß die unmittelbar vorauslaufende Speisung und Reaktion des Volkes wie auch Jesu direkt vorausgesetzt sind; die Scheidung von Speisung und Seewandel hat, will man nicht eine sekundäre Zusammenfügung durch den Evangelisten annehmen, idealtypischen Charakter, da *ein* Erzählzusammenhang in *zwei* (bzw. inklusive Wunderfeststellung *drei*) Episoden vorliegt.

[160] Damit sei hier offengelassen, wie der Imperfekt zu interpretieren ist; zum Problem s.o. S. 30.

b) durch einen stark wehenden Sturmwind.

3. Erscheinung: Vv.19–21. Im Kontrast zur Bedrohung erscheint Jesus mühelos und ungefährdet auf dem Meer wandelnd.

V.19aα. *Ort der Erscheinung*: nach dem Zurücklegen von etwa 25 oder 30 Stadien.

Vv.19aβ–21a Die Epiphanie Jesu auf dem See

V.19aβ. Die *visuelle* Wahrnehmung Jesu durch die Jünger.
Zwei Personen(-gruppen) mit unterschiedlicher Tätigkeit werden genannt.

a) *Jünger*: sie sehen Jesus.

b) *Jesus* als der Gesehene.

α) Er *wandelt* auf dem See,

β) und er kommt dem Schiff der Jünger *nahe*.

Vv.19b–20 *Reaktion* der Zeugen und Identifikation des Epiphanen.

V.19b. *Reaktion* der *Jünger* als Epiphaniezeugen: *Furcht* (vor der Nähe).

V.20. *Identifikation* in der auditiven Zuwendung.
Der *Epiphane spricht* zu den *Epiphaniezeugen* (V.20a):

a) Ein Wort der Selbstidentifikation: ich bin es, der, den ihr kennt (V.20b).

b) Es besteht kein Anlaß zur Furcht (V.20c).

V.21a. Die Jünger erkennen Jesus und wollen seiner heilsamen Nähe teilhaftig werden, indem sie ihn in ihr Boot zu holen suchen.

V.21bα. Weitere *Demonstration* der Macht des Epiphanen. Das Boot ist unmittelbar (εὐθέως) mit dem Erscheinen an das Ufer versetzt.

V.21bβ. Narrative Rahmung des Erzählers. Gemeint ist das Ufer, das die Jünger als Fahrtziel angestrebt haben.

<*4. Demonstration*: Vv.22–25a

V.22 Bestätigung des Volkes als unbeteiligte Zeugen, daß Jesus nicht mit fremder Hilfe an das andere Ufer gelangen konnte.

V.23b. Das Volk begibt sich auf die andere Seite des Sees und sucht Jesus.

V.25a. Es findet Jesus; dies belegt für den Erzähler des Feststellungsverfahrens, daß Jesus wunderbar an das andere Ufer gelangt ist und damit das, was zuvor in den Vv.19–21 erzählt worden ist. Das Volk bestätigt somit ungewollt das wunderbare Seewandeln.

<5. Reaktion: V.25b. Die Frage belegt das Unverständnis über den wundersamen Seeübertritt.[161]>

In der *Exposition* werden zunächst die näheren Umstände, die Voraussetzung
für die im folgenden geschilderte Epiphanie genannt. Die Zeitangabe lassen wir
als sekundären Zug, der bereits im Zusammenhang mit dem Feststellungsverfahren in Vv.22ff* gelesen werden will, außer acht. So werden zunächst die
Personen benannt, die *Zeugen der Epiphanie* werden sollen.[162] Dann folgen
die Vorbereitung und die Schilderung der *Situation*, in der den künftigen Epiphaniezeugen die Erscheinung widerfahren wird. Sie steigen herab an das Ufer,
um sich dort in ein Boot zu begeben und sich an die Überfahrt über den See
nach Kafarnaum zu machen. Damit ist der narrative Rahmen abgesteckt.

Es folgt eine Schilderung der *Notlage*, die zwischen Exposition und Epiphanie zwischengeschaltet ist. Die Notlage beschreibt, was den Jüngern während
ihres Bemühens, den See zu überqueren, widerfährt. Die Schilderung ist in der
Tradition knapp, aber nur auf den ersten Blick farblos. Die zweigeteilte Angabe beschreibt vielmehr subtil eine bedrohliche Notlage, die anders als in den
synoptischen Seewandelberichten keine diese Notlage entsprechende Auflösung erhalten wird. An die Stelle dieses Rettungsmotivs ist eine andere Machtdemonstration des Epiphanen getreten, das Versetzen des Bootes an das jenseitige Ufer. Auch wenn dieses Motiv in einem genetischen Zusammenhang mit
der Sturmstillung steht, so findet sich in dem Zusammenhang der Bootsverset-
zung kein Hinweis auf die vorausgehende Notlage. Sie ist mit der Epiphanie
kein Thema mehr, und dies kann kaum durch ein Desinteresse erklärt werden.
Träfe diese Annahme zu, so wäre die Tilgung des Hinweises auf die Notlage
eine notwendige Konsequenz für den Erzähler. Die Epiphanie überstrahlt die
Notlage. Sie ist ein so starker Kontrast, daß das Problem der Not mit dem
Kommen Jesu auf dem See erledigt und vergessen ist. Für diejenigen, denen

---

[161] In der Frage πότε ὧδε γέγονας des „Ochlos" an Jesus in Joh 6,25b liegt wohl eine
Variante der *Admiration* vor; auch wenn dieses Motiv hinter den Erkenntnismöglichkeiten
des „implied reader" zurückbleibt und somit für den Erzähler des vierten Evangeliums nicht
weniger Unverständnis ausdrückt als 6,14f. Zur staunenden Frage als Motiv der Admiration
vgl. G. Theissen, Wundergeschichten 79f (die genannten Beispiele aus Mk 6,2 und 10,26
stehen allerdings nicht im Kontext von Wundergeschichten).
[162] J.P. Heil 9.31f u.ö. legt aufgrund von Mk 6,45 par Mt 14,22; Joh 6,15b (!) starkes
Gewicht auf den Gedanken der Aussonderung der Adressaten der Epiphanie. Diese Analyse
ist in der entscheidenden Schwäche seiner sonst sehr lesenswerten Studie begründet, sich
nicht um die Scheidung traditioneller und redaktioneller Passagen bemüht zu haben. Mk
6,45, der für das Verständnis von Heil entscheidende Vers, ist als mk. Überleitung verdächtig (s. S. 254ff). Andere ntl. Epiphanien wissen zwar um einen jeweils eng bemessenen Personenkreis, dem die Epiphanie zuteil wird, nicht aber um eine vergleichbare, durch den ältesten Evangelisten gestaltete Aussonderung der Epiphaniezeugen, so daß sie nicht als Gat-
tungsmerkmal gewertet werden sollte.

Jesus nahekommt, ist nur diese Nähe ein Thema, nicht mehr die Not und Existenzbedrohung, die ihnen in ihrem Lebensvollzug widerfahren sind. Damit wurde jedoch bereits vom formalen zur hermeneutischen Problematik übergegangen. Es wurde versucht, die strukturellen Probleme zu verstehen und die in diesen Härten intendierte Absicht zu eruieren und zur Sprache zu bringen. Kehren wir von der Interpretation des spannungsvollen bzw. kontrastierenden Verhältnisses von Notlage und Epiphanie zur Notlage und ihren beiden traditionellen Gliedern zurück. V.17b ist eine *qualifizierte Zeitangabe*. Während des Bemühens um die Überquerung des Sees tritt die Zeit der σκοτία ein; dies läßt sich als die Zeit der Orientierungslosigkeit und der Lebensbedrohung verstehen.[163] Der Redaktor, der V.17c integrierte und dabei bereits die Auflösung der Not andeutet, verstärkt durch den Hinweis auf die Abwesenheit Jesu die kritische Situation der Jünger: Es ist die Zeit der Jesus-,Losigkeit' der Jünger; eine allerdings begrenzte Zeit, die durch sein wunderbares Kommen überwunden werden wird. Deutliches Element der Not ist der Seesturm, der den See aufwühlt.

In den Vv.19–21 folgt die *Erscheinung* selbst. Mit V.19 wird zur Haupthandlung der Überfahrt zurückgelenkt und das bisherige Bemühen und der damit verbundene Zustand der Not als abgeschlossen charakterisiert.[164] Dies bedeutet aber zugleich, daß der Erscheinung selbst *soteriologische Qualität* innewohnt. Der Abstand vom Ufer gibt den *Ort der Erscheinung* an und unterstreicht zugleich den wunderbaren Charakter der *Epiphanie*, der auch dem Wandeln Jesu (περιπατεῖν) auf dem See innewohnt. Der Abstand zum Ufer soll unterstreichen, welche Entfernung Jesus auf dem Wasser zurückgelegt hat. Diese Entfernungsangabe legt zugleich nahe, daß der Erzähler mit einem realen Ereignis der *vita* Jesu und seiner Jünger rechnet. Die Jünger sind eine durchaus beträchtliche Entfernung gerudert; d.h. aber auch, daß die Epiphanie eine Erscheinung in ihrem Existenzvollzug sein soll. Damit handelt es sich beim Seewandel Jesu nicht um ein (visionäres) Traumereignis,[165] sondern ein Widerfahrnis bei dem Versuch der Jünger, ihr Leben zu bewältigen. Das Wandeln ist Teil der Epiphanieschilderung.[166] Die Wahrnehmung der Epiphanie wird durch das Sehen (θεωροῦσιν)[167] des auf dem Wasser Wandelnden ausgesagt. Die

---

[163] Hierzu s.o. S. 33.

[164] S.o. S. 202. Insofern erklärt sich auch das Fehlen der Nachricht über das Abflauen des Sturmes, die in den synoptischen Parallelen zu finden ist (Mk 6,51 par Mt 14,32).

[165] E. HIRSCH, Frühgeschichte 58f, führt den Seewandel auf eine Vision des Petrus zurück, die sekundär in das Leben Jesu zurückversetzt wurde; am ursprünglichsten ist das „Auferstehungsgesicht des Petrus" in Mt 14,22–34 erhalten.

[166] R. BERGMEIER 177; s.a. H. RITT, Seewandel 79.

[167] Vgl. J.P. HEIL 11 mit Parallelen.

Epiphanie, d.h. in der Regel die plötzliche, unerwartete und ungeschützte Nähe des Göttlichen löst eine *erschrockene Gegenbewegung des Menschen*[168] aus: καὶ ἐφοβήθησαν (V.19b).[169] Die Nähe kann durch das Kommen des Erscheinenden ausgesagt werden (so in den synoptischen Texten: Mk 6,48 [ἔρχεται πρὸς αὐτούς]; Mt 14,25 [ἦλθεν πρὸς αὐτούς]); in Joh 6,19aβ wird sie sogar explizit ausgesprochen: καὶ ἐγγὺς τοῦ πλοίου γινόμενον. Stilgemäß erfolgt als Antwort ein *Offenbarungswort*:[170] ἐγώ εἰμι· μὴ φοβεῖσθε (V.20b–c). Dies meist als die atl. Offenbarungsformel identifizierte Wort[171] wird durch die Aufforderung μὴ φοβεῖσθε flankiert.[172] V.21 spricht vom Wollen (ἤθελον) der Jünger, Jesus in das Boot zu nehmen.[173] Dies ist nicht im Sinne einer beginnenden und letztlich durchgeführten Tätigkeit zu interpretieren; vielmehr liegt hier das Motiv des wunderbaren *ἀφανισμός*[174] vor. In den synoptischen Berichten

---

[168] Vgl. G. THEISSEN, Wundergeschichten 103.

[169] Diese Reaktion belegen im NT auch Mt 28,4; Mk 16,5; Lk 1,12.29; 2,9; 24,5 (Engelerscheinungen); Lk 24,37 (Erscheinung des Auferstandenen; Mt 28,9 berichtet an Stelle der Furcht den Vollzug der Proskynese [s.a. 28,17]; nicht ganz auszuschließen scheint mir, daß ein Moment des *tremendum* mitzubedenken ist); Mk 6,50 par Mt 14,26 (der synoptische Seewandel); hierzu s.a. J.P. HEIL 11f.
Die synoptischen Berichte verstärken das *tremendum* der unheimlichen Begegnung mit dem Göttlichen durch das Motiv, daß die Jünger ein Gespenst (φαντασμά; Mk 6,49; Mt 14,26) zu sehen glauben. HANS HÜBNER verrechnet das Gespenstermotiv mit dem mk. Jüngerunverständnis (Theologie III, 82f); schon der erste Evangelist, der das Unverständnismotiv häufig streicht, belegt mit seiner Beibehaltung, daß dieses Motiv in den Epiphaniezusammenhang gehört (ähnlich auch Lk 24,37); s.a. HEIL 12.

[170] Vgl. G. THEISSEN, Wundergeschichten 103.

[171] Z.B. R. KRATZ, Seewandel 87; s.a. E. LÖVESTAM 125f. Variationen: Lk 24,39; Apg 9,5; 22,3; 26,15. Die Selbstidentifikation ἐγώ εἰμι begegnet auch in der Erscheinung zum Strafwort des ‚Angelos‘ an Zacharias in Lk 1,19, charakteristischerweise nicht absolut, sondern durch Personennennung ergänzt (Γαβριήλ).

[172] Ähnlich auch in anderen ntl. Epiphanien: Mt 28,5.10; Mk 16,6; Lk 1,13.30; 2,10.

[173] Noch J. WELLHAUSEN, JE 29, weist auf abweichende Lesarten hin, denen zufolge Jesus in das Boot genommen wird. Da es sich hierbei um vereinfachende und singuläre Lesarten handelt, ist das Fehlen eines Nachweises bei WELLHAUSEN textkritisch gerechtfertigt, aber auslegungsgeschichtlich zu bedauern. Offensichtlich bleibt diese Stelle den Abschreibern dunkel, und sie suchen sie nach den synoptischen Parallelen (Mk 6,51; Mt 14,32) zu verbessern.

[174] Vgl. G. THEISSEN, Wundergeschichten 103f.106; s.a. M. FRENSCHKOWSKI 180. Aufgrund atl. Parallelen sucht auch J.P. HEIL 69–71 das synoptische Vorübergehen Jesu am Schiff der Jünger als Teil der Epiphaniegeschichten zu erhärten; es steht für die Erscheinung eines göttlichen Wesens (aaO. 71: „… underlines the seawalking as a divine epiphanic action").
Nicht als Moment des ‚*Entziehens*‘ des Erschienenen, sondern als joh. „concluding response" deutet HEIL 17.148f den Versuch der Aufnahme Jesu in das Boot Joh 6,21. Dagegen spricht, daß nur ein θέλειν ausgesagt ist und daß die Epiphanie erst mit dem Wunder der

entspricht dem das Vorübergehen-Wollen Jesu (ἤθελεν παρελθεῖν αὐτούς; Mk 6,48; dieses Motiv scheint seine Spuren im Seewandel des Petrus, Mt 14,28ff, hinterlassen zu haben [s.o.]). Die *soteriologische Funktion* der Epiphanie wird in V.21b durch ein weiteres *Wunder* ergänzt;[175] dies liegt in der sofortigen wunderbaren Landung des Bootes am Zielufer.

Eine mögliche Parallele zur *wunderbaren Landung des Bootes* V.21 kann im griechischen TestNaph VI 9 gefunden werden.[176] Die Geschichte selbst, die sich als Vision zu erkennen gibt, weist motivliche Parallelen auch zu Mk 4,35ff auf. Ob die verbildlichte Geschichtsschau des TestNaph ein wirklicher Vergleichstext ist, hängt von der Interpretation von Vv.8f ab. Das durch Jakob und seine Söhne repräsentierte Gottesvolk wird im Bild, nachdem es in das Schiff Jakobs gestiegen ist, durch einen großen Sturm (λαῖλαψ ἀνέμου μεγάλη; V.4 [vgl. Mk 4,37]) an die Enden der Welt (Διεσπάρημεν οὖν οἱ πάντες, ἕως εἰς τὰ πέρατα; V.7) zerstreut. V.8 schildert das Gebet des Levi. Von entscheidender Bedeutung sind nun V.9 und sein Anschluß: Ὡς δὲ ἐπαύσατο ὁ χειμὼν τὸ σκάφος ἔθασεν ἐπὶ γῆν, ὥσπερ ἐν εἰρήνῃ. Sind die eschatologische Sammlung des Gottesvolkes (vgl. auch TestNaph VIII,1) im Bild vom Abflauen des Sturmes und die unmittelbare (!) sichere Landung des Schiffes ein Ergebnis des Gebets,[177] so handelt es sich auf der Bildebene um eine Sturmstillung, und auch die Ankunft des Bootes läßt sich dann durchaus mit Joh 6,21b vergleichen.[178] Hält man hingegen das Gebet im Zusammenhang für „gegenstandslos",[179] so minimiert sich die Parallele auf die Bedrohung durch einen Sturm und die letztliche Errettung.

Der Epilog wurde bereits bei dem narrativ-exegetischen Diskurs ausführlich besprochen (→ 2.2), so daß das dort Geschriebene hier nicht wiederholt zu werden braucht.

Die Frage nach dem relativen Alter der bei Johannes aufgenommenen Tradition ist nicht einfach zu beantworten. Eine Entscheidung kann nicht davon absehen, daß wir es in der dem vierten Evangelium vorangehenden Tradition mit einer Verbindung von Speisung und Seewandel zu tun haben; d.h. aber, es

---

Versetzung des Bootes an das Ufer zum Abschluß gekommen ist; erst hier kann eine Akklamation erwartet werden.

[175] Vgl. E. HAENCHEN, JE 312; s.a. A.-M. DENIS, Walking 285; A. WEISER 51: „Das Wunder des Seewandels erscheint durch die wunderbare Landung gesteigert.". HAENCHEN verweist nach dem Vorgang von R. BULTMANN, Geschichte 253 Anm. 1, und W. BAUER, JE 94, auf den Hymnus des pythischen Apollon, *Homerische Hymnen* III, 394–439. Auch hier fallen die Erscheinung des Apollon (in Gestalt eines Delphins) und das rasche Gelangen des Bootes an das von der Gottheit angestrebte Ziel zusammen. Die Differenzen sind, wie HAENCHEN selbst herausstellt, zu groß, als daß diese Geschichte als Parallele herangezogen werden kann; zumal Apollon sich der Winde bedient, um schnell zum Ziel zu gelangen (sehr ähnlich die von BAUER, aaO. 94, als Parallele genannte Episode ActVerc 5, S.51 [Ntl. Apokr. II 263]), Joh 6,21 aber den unmittelbaren Erfolg benennt.

[176] S.a. J. BECKER, Untersuchungen 225 Anm. 4, der die Ähnlichkeit der beiden Seegeschichten auf die allgemeine Topik zurückführt.

[177] So J.P. HEIL 20.

[178] Vgl. J.P. HEIL 22.

[179] J. BECKER, Untersuchungen 225.

muß gefragt werden, wie sich diese Kombination zu der in Mk 6 par Mt 14 belegten Abfolge verhält und ob diese Reihe eine vormk. Vorgeschichte hat, die im Vergleich mit der Sequenz Joh 6 erhellt werden könnte (→ 6). Gelegentlich wurde in dem joh. Seewandelbericht eine ältere Form gegenüber der synoptischen Überlieferung vermutet, da in Joh 6,16ff „das Motiv der Seenot der Jünger und der nachfolgenden Sturmstille (noch) nicht aufgenommen" sind.[180] Diese Analyse befriedigt jedoch völlig. Zweifelsohne wird in Joh 6 die Sturmstillung aus Mk 6,51par nicht berichtet. Dennoch kann auch in Joh 6 nicht von einer Epiphanie gesprochen werden, die nicht auch eine Rettungsfunktion hat. Die Epiphanie geschieht in Entsprechung zu der Bedrohung, V. 17bα–18, wobei zugegebenermaßen der Sturm gegenüber Mk 6,48 schwach berichtet wird; dies kann jedoch nicht wirklich die Notlage aus dem joh. Bericht eliminieren.[181] Jesus erscheint im Mk 6,45ff par und Joh 6,6ff in der Bedrohungssituation seiner Jünger auf dem Wasser. Indem sich Jesus auf dem Wasser wandelnd zeigt, wird er zugleich als derjenige dargestellt, der Herr über das Wasser, d.h. über die die Menschen bedrohenden Naturgewalten, und damit auch über die berichtete Bedrohungssituation ist. Die Abschlußformulierungen der beiden Geschichten, Mk 6,51 und Joh 6,21, variieren das Rettungsthema in je eigener Weise. Eine Entscheidung über die Priorität ist aber dann aussichtsreich, wenn beachtet wird, daß das Rettungsmotiv im mk. Seewandel der Redaktion des MkEv angehört und zwar auf der Grundlage der Sturmstillung Mk 4,35ff. Damit setzt die joh. Überlieferung Mk 6,45ff voraus und nicht umgekehrt.

---

[180] R. SCHNACKENBURG, JE II, 37f; auch S. MENDNER 289 rechnet den joh. Seewandel zu den „älteren nicht synoptischen Stoffen". G. THEISSEN, Wundergeschichten 187, stellt eine Nähe der vormt. Fassung von Jesu und Petri Seewandel zur joh. Überlieferung fest.

[181] Zu dieser Interpretation vgl. die Überlegungen zum narrativen Aufbau von Joh 6,5–25a (→ 2.2); anders H. RITT, Seewandel 78, der lakonisch feststellt, daß „Joh … das Seenotmotiv ja fernliegt". Er findet darin einen potenten Vorgänger in J. WELLHAUSEN, JE 29: „Abweichend von Markus und erst recht von Matthäus liegt das Wunder hier ganz nackt vor, *ohne das Motiv der Nothilfe*" (Hervorhebung v.Vf.). S.a. P.J. MADDEN 108.

5 Das Verhältnis des vierten Evangeliums zu den Synoptikern und seine Implikationen für die Analyse von Joh 6,1–21[1]

In der Dissertation des Finnen Ismo Dunderberg als „eines der größten Probleme der urchristlichen Literatur und ihrer Forschung" vorgestellt,[2] bleibt dennoch zunächst aufzuzeigen, warum im Zusammenhang einer formgeschichtlichen Annäherung an Joh 6,1–25 ein Abschnitt über sein Verhältnis zu den Synoptikern vorgelegt wird.

Vorab mag der allgemeine Hinweis genügen, daß eine Form*geschichte* des vierten Evangeliums eine *geschichtliche* Fragestellung ist, die es mit der Historie des JE und seines Kreises zu tun hat.[3] Die Implikationen der Beantwortung der Frage nach seinem Verhältnis zu den Synoptikern haben unter anderem Auswirkungen auf die Datierungsfrage,[4] auf die Problematik der Verfasserschaft, auf die soziologische Analyse, sowie auf den historischen Ort des vierten Evangeliums überhaupt;[5] dies schlägt jeweils auch auf die formgeschichtliche Analyse einzelner Texte durch. Umgekehrt ist auch deutlich, daß die Beurteilung des Verhältnisses zwischen viertem Evangelium und Synoptikern abhängig ist von der Gesamtinterpretation des joh. Christentums.[6] Dies gilt insbesondere auch für Rudolf Bultmann und die auf ihn zurückgehende Johannesinterpretation. Zweifelsohne führt die Frage nach dem Verhältnis zu den Synoptikern in die historische und soziologische Gesamtproblematik des joh. Christentums.

Doch die Rücksichtnahme auf das Verhältnis des vierten Evangeliums zu den Synoptikern erhält eine weitere, drängendere Begründung. Fragt man nach den

---

[1] Vgl. zum Ganzen z.B. die Forschungsüberblicke bei J. BLINZLER, Johannes 16ff; G.R. BEASLEY-MURRAY, JE xxxv–xxxvii; M. GOURGUES 231–239; R. KYSAR 54–66; F. NEIRYNCK, John and the Synoptics 73–95; DERS., John and the Synoptics 1975–1990 *passim*; D. M. SMITH, John Among the Gospels *passim*; jetzt auch der nach Erklärungsmodellen gegliederte Überblick bei I. DUNDERBERG, Johannes 13–23. Aufgrund dieser ausführlichen Dokumentation der Forschungssituation in der Literatur ist es hinreichend, im folgenden lediglich die wesentlichen Linien der Forschung zu referieren.

[2] I. DUNDERBERG, Johannes 12.

[3] Hierzu auch I. DUNDERBERG, ebd.

[4] Vgl. M. LABAHN, Jesus 20f.

[5] Unter Beachtung, wo und wie eine Kenntnis eines oder mehrerer synoptischer Evangelien möglich ist, ergeben sich unabhängig von der akzeptierten Theorie über die Verbreitung dieser Evangeliumsschriften auch Implikationen für die Rekonstruktion des historischen Ortes des vierten Evangeliums.

[6] Darauf macht auch K.-M. BULL, Rez. Dunderberg 337, aufmerksam.

Quellen des vierten Evangelisten, so ist aufgrund einiger auffälliger Parallelen zwischen diesem und den Synoptikern in der Forschung auch auf die *synoptischen Evangelien* verwiesen worden, insbesondere bei Joh 6,1ff (Speisung der 5000 mit der anschließenden rettenden Epiphanie des auf dem See wandelnden Jesus; vgl. Mk 6,30ffparr). Die Überlegungen, die die Synoptiker als Quelle des vierten Evangeliums annehmen, können die Berechtigung der formgeschichtlichen Analyse in Frage stellen.[7] Die Beachtung des Verhältnisses des JE zu den Synoptikern kann aber auch das Nachdenken über den Stoff, der der formgeschichtlichen Rückfrage zugänglich ist, und nach den Rahmenbedingungen der Überlieferung befruchten: Im Falle der Unabhängigkeit von den synoptischen Texten für den joh. Stoff wäre ein unabhängiger Traditionsstrom anzunehmen, der womöglich parallel zum synoptischen Material bis in die relative Frühzeit des Urchristentums zurückreichen könnte. Aber auch neben dem Modell der literarischen Abhängigkeit ist ein differenziertes überlieferungsgeschichtliches Modell zu beachten, das die Möglichkeit eines erneuten Wechsels in das Feld mündlicher Überlieferung beachtet.

Im folgenden seien einige weitere eindrückliche Beispiele für Parallelen zwischen JE und den Synoptikern genannt: Zunächst gibt es auffällige Übereinstimmungen bei der *Erzählung von der Taufe Jesu* Joh 1,19ff. Weiterhin beachtenswert sind Joh 2,14ff.19 *Tempelreinigung und Tempelwort*: vgl. Mk 11,15ffparr; Mk 14,57fparMt 26,60b–61;[8] zu Joh 4,46ff, der *Heilung des Sohnes des βασιλικός*, vgl. Mt 8,5–13 par Lk 7,1–10; zu Joh 12,1–8, der *Salbung in Bethanien*, vgl. Mk 14,3–9parr; u.a. Besonders aufgefallen sind weiterhin die parallelen Züge in den Passions- und Auferstehungsgeschichten;[9] von den wichtigen *Parallelen zum LkEv* seien im folgenden Beispiele angeführt: die Besitznahme von Judas durch den Satan (Joh 13,2.27; Lk 22,3; s.a. die Ansage der Verleugnung Jesu durch Petrus: Joh 13,38; Lk 22,34), keine nächtliche Sitzung mit Verhör und Verurteilung vor dem Synhedrium (Joh 18,19f.24; Lk 22,66f.71), das dreimalige Zeugnis der Unschuld Jesu durch Pilatus (Joh 18,38; 19,4.6; Lk 23,4.14f.22); Jerusalem als Ort der Ostererscheinungen. Handelt es sich hierbei um Parallelen in der Erzählüberlieferung, so lassen sich auch einige Übereinstim-

---

[7] Diese ist ausgeschlossen, wenn man den Stoff des JE insgesamt oder doch teilweise aus den Synoptikern erklären will und für die Aufnahme den vierten Evangelisten verantwortlich macht.

[8] Auffällig ist, daß die Tempelreinigung und das Tempelwort jedoch in gegenüber dem vierten Evangelium signifikant unterschiedlicher Position im synoptischen Erzählaufriß (Passion) stehen und das Tempelwort bei Mk als Falschaussage eingeführt wird (s.a. Apg 6,14; Mk 13,2).

[9] Diese Parallelen werden von MANFRED LANG in seiner Hallenser Dissertation zum Anlaß genommen, das MkEv und LkEv als Primärquellen für Joh 18–20 zu bewerten; vgl. M. LANG, Johannes *passim*, sowie bes. die Übersicht aaO. 350–353; dabei anerkennt LANG auch Sonderüberlieferungen des joh. Kreises, hebt aber vor allem die redaktionelle Gestaltung heraus.

mungen im Redestoff finden: z.B. das Wort von der Geltung des Propheten in seiner Heimatstadt: vgl. Joh 4,44 mit Mk 6,4parr.[10]

Diese exemplarische Auflistung ersetzt natürlich keine Bewertung der einzelnen Parallelen hinsichtlich ihrer Tragfähigkeit und noch weniger eine eingehende Diskussion des Verhältnisses der Texte und möglicherweise ihrer Traditionen. Die Bewertung der Parallelen ist von Bedeutung, da die verglichenen Texte im Erzählfluß wie im Wortlaut Differenzen aufweisen. Mit diesem Hinweis auf die Unterschiede zwischen den Parallelstoffen ist ein Streitpunkt angerissen, der in der Diskussion um das vierte Evangelium seit frühester Zeit Beachtung findet und unterschiedliche Beurteilung erfahren hat.

Nachdem der Hamburger Orientalist Hermann Samuel Reimarus die Unterschiede zwischen den Evangelien als „unmöglich zu harmonieren" erklärte[11] und summarisch die Unhistorizität aller Evangelien feststellte,[12] wurde das Problem auf Seiten der Bibelwissenschaft im Zusammenhang mit der Diskussion der Verfasserfrage der ntl. Evangelien thematisiert, insofern die Abweichungen von den historisch zumeist als zuverlässiger angesehenen Synoptikern mit der Überlieferung der Augenzeugenschaft des Lieblingsjüngers als Verfassers von JE konkurrierten.

Aufgrund der Parallelen zu den Synoptikern nahm man um die Jahrhundertwende weitgehend eine Abhängigkeit des JE von einem oder mehreren Synoptikern an,[13] die zur Ergänzung, Interpretation, Korrektur, Ablösung der ersten drei Evangelien oder – trotz des Wissens um diese – im Ignorieren ihrer Existenz geschaffen worden sei.[14]

---

[10] Die Parallelen und Differenzen im Stoff zwischen JE und Synoptiker listen z.B. H.J. HOLTZMANN/W. BAUER, JE 1; J. BLINZLER, Johannes 9ff auf; zu den Parallelen allgemein vgl. auch die Aufstellung bei U. SCHNELLE, Einleitung 506f; eine sehr umfangreiche Auflistung von gemeinsamen Stoffen, die als Orientierung sehr hilfreich ist, aber die Bewertung nicht ersetzen kann. Parallelen zwischen Lukas und Johannes im Zusammenhang der Passionsgeschichte sind zusammenfassend aufgelistet bei J. ERNST, Lk 34; sowie J. SCHNIEWIND, *Parallelperikopen passim.*

[11] H.S. REIMARUS, Apologie II, 582.

[12] Vgl. hierzu die instruktive Arbeit von H.J. DE JONGE.

[13] P.W. SCHMIEDEL 40, spricht von einem „fast allgemeinen Einverständnis" in dieser Frage; s.a. E. SCHÜRER, Stand 14; J. BLINZLER, Johannes 16–19; H. WINDISCH, Johannes 43. Auf einen ähnlichen Konsens in der zeitgenössischen englisch-sprachigen Forschung verweist P. GARDNER-SMITH vii–x. Konsequent nimmt z.B. WILHELM BOUSSET eine Kenntnis des *gesamten* lk. Doppelwerkes an, wenn er für die joh. Grundschrift in 18,3(.12) Einwirkung von Apg 21,31ff; 23,2f aufzeigt (BOUSSET, Evangelium 44). Für die ältere Forschung vgl. F.C. BAUR, Untersuchungen 239–280 sowie den materialreichen Artikel von H.J. HOLTZMANN, Verhältnis *passim.*

[14] Vgl. den Überblick bei H. WINDISCH, Johannes 1–40; s.a. J. BLINZLER, Johannes 63ff; I. DUNDERBERG, Johannes 15ff.

Doch stehen den Parallelen zwischen den synoptischen und dem viertem Evangelium die bereits erwähnte *große Zahl von Differenzen* gegenüber, auf die besonders Percival Gardner-Smith hingewiesen hat[15] und die er im einzelnen nicht für unvereinbar mit den synoptischen Berichten hielt.[16]

Auch wenn Gardner-Smith nicht der erste Exeget des 19. und 20 Jh.s war, der die Unabhängigkeit des vierten Evangeliums von den synoptischen Texten deklarierte, so markierte seine Arbeit forschungsgeschichtlich dennoch einen entscheidenden Umbruch („the turn of the tide"[17]), mit der sich das vorherrschende Urteil ins Gegenteil, nämlich der Annahme der Unbekanntheit der Synoptiker, verkehrte.

Gardner-Smith erklärte seinerseits den Stoff des vierten Evangeliums aus der mündlichen apostolischen Tradition;[18] Traditionen, die in seiner Gemeinde tradiert wurden und die er in ihr vorgefunden habe.[19] Die Differenzen zum synoptischen Stoff führte er teilweise darauf zurück, daß die bei den Synoptikern überlieferten Traditionen gegenüber dem Material des vierten Evangelisten noch im Fluß[20] und nicht fixiert waren.[21] In einer Diskussionslage, in der die *formgeschichtliche Fragestellung* vorherrschend wurde,[22] war es vermeintlich leichter, die Differenzen zwischen den Schriften unterschiedlichen Entwicklungen in den Traditionen anzulasten.[23] Veränderungen der schriftstellerischen Intention und Invention zuzuschreiben, wird programmatisch bestritten.[24] Aber auch die wenigen Parallelen zum

---

[15] Vgl. P. GARDNER-SMITH xi. 88. 92 und *passim*.
Zu GARDNER-SMITH vgl. J. BLINZLER, Johannes 19–21; J. VERHEYDEN *passim*; D.M. SMITH, John Among the Gospels 37–43; zur Wirkung aaO. 45ff; I. DUNDERBERG, Johannes 21; VERHEYDEN 436f; s.a. die 1914 erschienene, ebenfalls in diese Richtung gehende Studie von J. SCHNIEWIND über die Parallelperikopen im LkEv und im JE, die allerdings verglichen mit der Arbeit von GARDNER-SMITH weniger Beachtung fand.

[16] Vgl. z.B. P. GARDNER-SMITH 7 u.ö.

[17] So der Titel von J. VERHEYDENS Artikel über das Werk von GARDNER-SMITH und seine Bedeutung; diese Formulierung findet sich schon bei C.H. DODD, Tradition 8 Anm. 2.

[18] P. GARDNER-SMITH x und *passim*; vgl. auch das Schema aaO. 98; hier gibt GARDNER-SMITH zudem zu erkennen, daß er für die Passionsgeschichte mit schriftlichen Quellen rechnet.

[19] P. GARDNER-SMITH xi. 91. u.ö.

[20] P. GARDNER-SMITH 8: „floating traditions"; als Beispiel s.a. aaO. 20: Joh 4,35–38 ist eine Verbindung von Logien, die dem noch veränderlichen Traditionsstrom entstammen; ähnlich auch zu Joh 7,1ff: Variante aus einer frühen Periode, in der der Stoff noch nicht in einem festen Rahmen fixiert war (aaO. 37).

[21] Z.B. P. GARDNER-SMITH 6 (zum Problemkreis Täufer – Elia). 8 (Beginn der Verkündigung Jesu im Vergleich mit dem Täuferwirken) u.ö.

[22] Vgl. P. GARDNER-SMITHs eigenen programmatischen Hinweis: Die Evangelisten schrieben nicht in einem Vakuum. „It is to be hoped that Formgeschichte will finally deliver us from this delusion." (aaO. 31; Hervorhebung im Original). Zu GARDNER-SMITHs formgeschichtlicher Arbeit am vierten Evangelium vgl. M. LABAHN, Jesus 83f.

[23] Vgl. hierzu z.B. D.M. SMITH, John Among the Gospels 40.

[24] Z.B. P. GARDNER-SMITH x. Die Frageform hat für GARDNER-SMITH lediglich eine rhetorische Qualität wie seine verschiedenen Analysen zeigen; vgl. beispielsweise die zuvorgenannten Stellen.

synoptischen Stoff, die Gardner-Smith anerkannte, fand er durch die mündliche Überlieferung leichter zu begründen.[25]

Daß solche Urteile dann, wenn andere methodische Paradigmen einflußreich werden, hinfällig werden können, ist ein erster Hinweis auf mögliche *Neubewertungen*, die später verbunden mit *redaktionsgeschichtlichen* und noch einmal später mit *(text-)linguistischen* Fragestellungen in der joh. Forschung begegnen. Zugleich markiert solche undifferenzierte Arbeitsweise Gardner-Smiths eine Schwäche seiner Arbeit, der sich auch Anhänger seiner Position zu stellen haben. Ein besonders schwerwiegendes Problem stellt die rigide Bewertung der Bereitschaft zur Veränderung einer schriftlichen Vorlage durch einen abhängigen Autor dar. Hier ruht die Argumentation Gardner-Smiths auf dem Postulat der statischen Übernahme einer Vorlage, die er als einziges mögliches Verfahren des Rückgriffs bei literarischer Abhängigkeit gelten läßt.[26] Auch hier stellt die neuere Forschung alternative Modelle der Textrezeption bereit,[27] die sich jedoch andererseits der Frage stellen müssen, inwieweit die jeweils postulierte Anlehnung an ältere Texte methodisch kontrollierbar und damit anderen Exegeten vermittelbar ist.

Was die *Gesamtstruktur des vierten Evangeliums als Evangelium* anbetrifft, so sei diese nach Gardner-Smith nicht auf der Grundlage der Kenntnis des MkEv zu erklären, sondern aus der Entsprechung zur apostolischen Predigt; diese habe schon frühzeitig einen Aufriß („plan") für die Strukturierung der frohen Botschaft bereitgestellt.[28] Als Konsequenz dieser Annahmen ergibt sich für Gardner-Smith die Hypothese einer Frühdatierung des vierten Evangeliums, dessen Abfassung in etwa parallel zu der des MkEv behauptet wird.[29]

---

[25] P. GARDNER-SMITH 31; s.a. 26.28 u.ö.

[26] Ein Beispiel hierfür ist die Ablehnung der Abhängigkeit von Joh 5,1–9 von Mk 2,1–3,6 (vgl. zum Problem M. LABAHN, Jesus 237 Anm. 124; DERS., Spurensuche 163). Die Begründung, die die Denkbewegung P. GARDNER-SMITH zeigt, sei ausführlich zitiert: „It is true that the Marcan chapters contain the record of miracles, and a dispute about the Sabbath, but it needs an active, perhaps an *uncontrolled*, imagination to see in the Johannine account a conscious rewriting of the plain narrative of the Second Gospel. It may be that Christian tradition turned the paralytic of Capernaum into an impotent man in Jerusalem; but, if so, the change was surely made *by ill-informed teachers* and *not by a writer who had the earlier evangelists before him*." (GARDNER-SMITH 25 [Hervorhebungen v.Vf.]; s.a. 27) Die Veränderungen, die negativ qualifiziert werden, können nicht einem abhängigen Evangelisten zugeschrieben werden, sondern könnten bestenfalls anonymen Lehrern angelastet werden. So wird literarische Abhängigkeit ausgeschlossen und der Aufnahme von mündlicher Tradition der Zuschlag gegeben (*ebd.*).

[27] Vgl. etwa das unten vorgestellte Modell der Intertextualität.

[28] P. GARDNER-SMITH 88–90: „… the outline of any written Gospel was determined not only by the natural sequence of history, but also by the form of the Preaching of the Apostles and their immediate followers" (aaO. 89; D.M. SMITH, John Among the Synoptics 41, erwägt m.E. völlig zu Recht den Einfluß von CHARLES HAROLD DODD). Diese These steht im Einklang mit anderen Überlegungen, die die Evangeliengattung aus der apostolischen Verkündigung und aus dem Kerygma zu erklären suchen (vgl. D. DORMEYER, Evangelium 98ff [vor allem 101 zu DODD]; G. STRECKER, Literaturgeschichte 131f). Gegenüber dieser Entwicklungsthese ist jedoch Skepsis angebracht, da historische Rahmennotizen oftmals sekundär und im Kerygma der ältesten Gemeinde nicht häufig zu verifizieren sind (vgl. STRECKER, aaO. 131).

[29] P. GARDNER-SMITH 93–96: „… we might tentatively suggest that Mark and John were almost contemporaries" (aaO. 95).

Im Gefolge von Gardner-Smith suchte man die Berührungen mit den Synoptikern nicht mehr durch ihre Kenntnis beim vierten Evangelisten, sondern aus einem Kontakt mit der (vorredaktionellen) synoptischen Überlieferung zu erklären.[30] Dem Ansinnen der Frühdatierung bei Gardner-Smith folgt die Forschung zwar nicht,[31] dennoch verhallen die entsprechenden Überlegungen nicht völlig wirkungslos. Hier ist die Annahme eines historisch wertvollen Traditionsgutes einerseits[32] sowie einer im Traditionsgut repräsentierten, älteren Form des Christentums als das der synoptischen Gemeinden andererseits[33] zu nennen.

---

[30] Z.B. R. BULTMANN, Theologie 355 (in der Tempelreinigungs-Perikope wird Joh 2,16 als ein gegenüber Mt 11,17 älterer Text betrachtet [DERS., Geschichte 36]); DERS., Tradition 524 (zu BULTMANN vgl. kurz D.M. SMITH John among the Gospels 65f; auf eine gewisse Unsicherheit [BULTMANN, Art. Johannesevangelium 841; DERS., JE 327 Anm. 7 und 346 Anm. 1: Erwägung, daß E. das MkEv/die Synoptiker gekannt haben könnte] weist I. DUNDERBERG, Johannes 22); P.N. ANDERSON, *Sitz im Leben* 9f; C.H. DODD, Herrenworte; DERS., Tradition (z.B. 386f); J.D.G. DUNN, John 353.378; C. RINIKER 64f; J. GNILKA, JE 5 (vgl. auch die Hinweise bei M. GOURGUES 232–234). Schon A. SCHWEITZER 25f.29; hierzu mit weiteren Belegen H.J. HOLTZMANN, aaO. 62f; s.a. H. WINDISCH, Johannes 9ff.
Neben der Erklärung der Gemeinsamkeiten durch unabhängige redaktionelle Tätigkeit im LkEv und im JE nimmt auch MATTI MYLLYKOSKI übereinstimmende mündliche Tradition an (Material); für MkEv und JE vermutet er eine gemeinsame Passionsgeschichte (DERS., Passionsgeschichte *passim*) und Kenntnis des MkEv durch den vierten Evangelisten (aaO. 168; auch JOHN AMADEE BAILEY erwägt einen doppelten Einfluß: einerseits durch das LkEv, andererseits von verwandter Tradition, die unabhängig auf beide Evangelisten kam [bes. 115]).
Von den Synoptikern unabhängige Tradition: P. BORGEN, John and the Synoptics in the Passion Narrative 80; DERS., John and the Synoptics bes. 437 (zu BORGEN vgl. F. NEIRYNCK, John and the Synoptics. Response). Lit.: aaO. 408; DERS., Independence *passim*; s.a. die Darstellungen bei J. BLINZLER, Johannes 21–32 und DUNDERBERG, Johannes 18f.
[31] Doch in neuerer Zeit finden sich wieder dezidierte Vertreter einer Frühdatierung des JE (K. BERGER, Anfang *passim*; Berger rechnet anhand der Parallelen mit Kontakten zwischen dem Johannesevangelium und der Logienquelle: aaO: 288f) bzw. eines ‚vorredaktionellen‘ Johannesevangeliums, des ‚Hellenistenbuches‘, das mit in der synoptischen Frage zu bedenken sei (P. HOFRICHTER, Modell *passim*). Zu BERGER vgl. meine Bemerkungen in Jesus 20f Anm. 78, zu HOFRICHTER vgl. die Kritik bei M. LANG, Rez Hofrichter 270.
[32] Z.B. C.H. DODD, Tradition *passim*, vgl. bes. die Zusammenfassung 423ff. Vgl. hierzu D.M. SMITH, Issues 253f sowie dessen eigene Überlegungen aaO. *passim*, die auf drei Kriterien beruhen (aaO. 256): Aussagen möglicher historischer Texte des JE müssen zum Jesusbild passen, wie es den Synoptikern entnommen werden kann, sie dürfen nicht die johanneische Christologie fördern und sie müssen im Kontext unseres Wissens um den historischen Jesus plausibel sein.
[33] So R. BULTMANN, Bedeutung 102; auch nach R. GYLLENBERG *passim* und S. SCHULZ, Komposition 186f, repräsentiert das joh. Christentum eine ebenso alte Form des Christentums wie die der Synoptiker. S.a. O. CULLMANN, der die Wurzeln des joh. Kreises über Jesus bis zu den Täuferjüngern und dem „heterodoxen Randjudentum" zurückverfolgt (Kreis 90).

Die Argumente, die für die Unabhängigkeit des vierten Evangeliums von den Synoptikern und daher für die Benutzung einer unabhängigen synoptikerähnlichen Überlieferung ins Feld geführt werden, werden aufgelistet und bewertet bei Ismo Dunderberg,[34] auf dessen Sammlung ich im folgenden zurückgreife. Zunächst ist vor allem der Hinweis auf die (größere) Zahl der Differenzen im Gegensatz zu den jeweilig aufgelisteten Übereinstimmungen zu nennen. Sodann stellt die eklektische Benutzung der synoptischen Evangelien im vierten Evangelium ein Problem dar. Auch fehlen wörtliche Übereinstimmungen in signifikanter Zahl, so daß eine direkte Abhängigkeit wie im Fall der synoptischen Seitenreferenten zum MkEv unwahrscheinlich erscheint. Nicht zuletzt wird die Datierung des vierten Evangeliums unter Hinweis auf die anscheinend sichere Ansetzung von $\mathfrak{P}^{52}$ auf etwa 125 n.Chr. gegen die Synoptikerbenutzung gestellt; der Zeitraum insbesondere zwischen der Abfassung von Mt und Lk gegenüber der von JE sei für die Benutzung jener zu gering bemessen. Allerdings ist dieser Datierungsansatz Gegenstand einer Reihe kritischer Rückfragen.[35]

Einige Parallelen zwischen den synoptischen Evangelien und dem vierten Evangelium werden dann aber auch bei grundsätzlicher Zustimmung zu den Überlegungen von Gardner-Smith aus direkter Abhängigkeit von den Synoptikern erklärt. Rudolf Bultmann sieht in seinem Johanneskommentar eine Funktion der *Kirchlichen Redaktion* darin, das vierte Evangelium den Synoptikern verkirchlichend anzunähern.[36] Doch schon Eduard Schwartz und Julius Wellhausen fanden in der Bearbeitung der von ihnen isolierten Grundschrift Abhängigkeiten von den Synoptikern.[37] Dieser Vorschlag wurde in den neueren Arbeiten, die mit einer sekundären, das Evangelium überarbeitenden Redaktion rechnen, aufgenommen und aktualisiert und erhält so eine eigenständige Bedeutung für die Erklärung dieser Relation. So formuliert Ismo Dunderberg als Abschluß seiner Überprüfung des Verhältnisses Johannes – Synoptiker anhand von Joh 1–9: „In die Nähe der synoptischen Evangelien rückt Joh erst durch die Bearbeitung, die mit der umfangreicheren joh Redaktion identifiziert wurde. In dieser Phase häufen sich die Angaben, die auf die synoptischen Re-

---

[34] I. DUNDERBERG, Johannes 23f, mit den einschlägigen Belegen.

[35] Vgl. M. LABAHN, Jesus 19.

[36] So geschieht es beispielsweise besonders in der Auslegung von Kap. 1: etwa Vv.22f (vgl. das Zitat von JesLXX 40,3 in Mk 1,3parr).27 (Mk 1,7 par Lk 3,16 und Mt 3,11).32 (vgl. die synoptische Jesustaufe; bes. Mk 1,10parr) sowie ἐγὼ βαπτίζω ἐν ὕδατι V.26 mit ἐν ὕδατι Vv.31.33 (vgl. Mk 1,8parr); R. BULTMANN, JE 58.62 Anm. 6. 63 Anm. 4.8 sowie 63 Anm. 1; s.a. die Hinweise 124 Anm. 7; 456 Anm. 6; 546. Zur Kritik des „Verkirchlichungs"-Modells im Blick auf die Synoptiker vgl. I. DUNDERBERG, Johannes 20f.

[37] Hierzu auch I. DUNDERBERG, Johannes 19f, mit Beispielen.

daktionen hinweisen. ... Der synoptische Einfluß spiegelt in den meisten Fällen ein literarisches Verhältnis zwischen Johannes und den Synoptikern wider."[38] Auch John Painter differenziert unterschiedliche Phasen der Beeinflussung, entsprechend der Annahme eines in mehreren Phasen ablaufenden Entstehungsprozesses des JE; am Anfang stehe „Synoptic-like Tradition", später folge die Kenntnis des MkEv und Q, schließlich auch eine Bekanntschaft mit dem MtEv und dem LkEv.[39]

Diese Vorschläge korrelieren mit dem inzwischen wieder verstärkt wahrgenommenen Einfluß synoptischer Materialien auf das vierte Evangelium. Dennoch ist die Zustimmung gebunden an die Akzeptanz, die die jeweiligen literarkritischen Prämissen und Entscheidungen beanspruchen. Wer nicht in gleicher Weise mit einer umfangreichen redaktionellen Nachbearbeitung rechnen kann, wird sich weiterhin gezwungen sehen, die Antwort in Relation zur Konzeptionierung des Evangeliums in Joh 1–20 zu geben.

Doch kann schon an diesen Vorschlägen abgelesen werden, daß die Frage nach dem Verhältnis des vierten Evangeliums zu den Synoptikern inzwischen wieder als ein offenes und drängendes Problem erkannt worden ist.[40] Dieses Thema erneut als ein drängendes Problem auf die exegetische Tagesordnung gebracht und zugleich eine Umorientierung in der Forschung ausgelöst zu haben, ist insbesondere das Verdienst des Leuvener Neutestamentlers Frans Neirynck und seiner Schule.[41] Das Ziel und das Ergebnis dieser Umorientierung sind zwar noch nicht exakt zu bestimmen, da unterschiedliche methodische und texttheoretische Ansätze verwendet werden.[42] Dennoch ist es offensichtlich,

---

[38] I. DUNDERBERG, Johannes 190. 191.

[39] J. PAINTER, Messiah 79f.

[40] Diese Deutung verkennt nicht, daß auch nach den Arbeiten von PERCIVAL GARDNER-SMITH und vor FRANS NEIRYNCKs intensiven Untersuchungen die Benutzung eines bzw. der synoptischen Evangelien durch den vierten Evangelisten vertreten wurde: z.B. CHARLES K. BARRETT, JOSEF BLINZLER und WERNER GEORG KÜMMEL; vgl. hierzu I. DUNDERBERG, Johannes 13 mit Anm. 10–11; s.a. M. GOURGUES 234ff. Doch galt wohl mehrheitlich die Unabhängigkeit als ausgemacht.

[41] F. NEIRYNCK (aus den zahlreichen Arbeiten dieses bekannten Exegeten seien exemplarisch genannt: z.B. John and the Synoptics; DERS., John and the Synoptics. The Empty Tomb Stories, DERS. ET AL., Jean et les Synoptics). – Man kann in diesem Zusammenhang von einer ‚*Leuvener Schule*' sprechen (so NEIRYNCK selbst [John and the Synoptics: 1975–1990, 8f]), da auch NEIRYNCKs Leuvener Kollegen und Schüler die Abhängigkeit ähnlich wie NEIRYNCK vertreten.

[42] Wesentlich entschiedener ist allerdings das Urteil von ALBERT DENAUX: „the 1990 clearly attested a growing consensus about the hypothesis that the author of John was dependent on one or more of the Synoptic Gospels". Dies beschreibt zwar durchaus eine *vorherrschende* Tendenz der gegenwärtigen Forschung, kann aber einerseits über gegenwärtige Gegenstimmen hinwegtäuschen. Eine Warnung vor einer vorschnellen Schlußfolgerung stellt das Urteil von J. BEUTLER, Methoden 197, dar, der im Jahr des Leuvener Symposiums

daß die Abhängigkeitshypothese erneut an Boden gewinnt, so daß nicht zuletzt unter dem Einfluß der Arbeiten Neiryncks eine Reihe weiterer Neutestamentler die Abhängigkeit des vierten Evangeliums von einem oder mehreren synoptischen Evangelien für ausgemacht hält.[43]

Daneben wurde versucht, Parallelen und Differenzen einerseits der eigenen Geschichte des Stoffs im joh. Kreis bzw. vor der Verschriftlichung im vierten Evangelium andererseits Rechnung zu tragen. D.h. beide in diesem Jahrhundert in der Forschung relevanten Thesen der Unabhängigkeit und der Abhängigkeit des vierten Evangeliums von den Synoptikern werden in einen Zusammenhang gebracht. Dies geschieht in der Überlegung *der Beeinflussung des vorjoh. Stoffes durch die Synoptiker.* Dieser Lösungsvorschlag, der bereits von Peder Borgen vorgestellt wurde, fand eine eigenständige Ausfertigung durch Anton Dauer, zunächst für die joh. Passionsgeschichte (1972), später auch für andere Texte des JE mit Parallelen zu den Synoptikern im vierten Evangelium (1984: Joh 4,46–54 – Lk 7,1–10; Joh 12,1–8 – Lk 7,36–50 und 10,38–42; Joh 20,19–29 – Lk 24,36–49).[44]

über Johannes und die Synoptiker davon spricht, daß eine „überwiegende Mehrheit der Autoren ... auch heute noch an der Unabhängigkeit des Vierten Evangelisten von den uns bekannten Evangelien" festhält. Zudem sind die Differenzen in der Bestimmung der Abhängigkeit im einzelnen zu beachten: z.b. Abhängigkeit auf der Ebene der Abschlußredaktion (z.B. Ismo Dunderberg und John Painter; s.o.), die Konzeption der Synoptiker als Palimpsest des JE (Hartwig Thyen; s.u.), Traditionen der Synoptiker als im joh. Kreis zerredete Tradition des JE (G. Strecker, Literaturgeschichte 212–214; s.a. ders./M. Labahn 105; M. Labahn, Jesus 194ff: aufgrund des Hinweises auf das Phänomen der *secondary orality* wird in Joh 4,46ff mit der Abhängigkeit von Lk 7,1ff gerechnet; vgl. bes. 199).

[43] Z.B. T.L. Brodie, Quest *passim*; ders., Intertextuality 470; K.T. Kleinknecht 364. 382; I. Dunderberg, Johannes *passim*; ders., Anomalies *passim*; H. Hengel, Frage 208f; M. Lang, Herr *passim* (inzwischen unter dem Titel *Johannes und die Synoptiker* veröffentlicht); U. Schnelle, Johannes *passim*, ders., Blick 23 (Dokumentation: 23f Anm. 19); W. Schmithals, Johannesevangelium *passim*, sowie die Mehrzahl der Beiträge des 1990 veranstalteten *Colloquium Biblicum Lovaniense*, die in dem 1992 erschienen Sammelband „John and the Synoptics" (ed. Albert Denaux) vorgelegt wurden; vgl. die oben genannten Forschungsüberblicke, vor allem von F. Neirynck sowie M. Gourgues 236ff. Besonders interessant ist die Verwendung unterschiedlicher methodischer und hermeneutischer Ansätze wie auch differenter literarischer wie historischer Vorüberlegungen, die zu vergleichbaren Ergebnissen in der Abhängigkeitsfrage führen. Zur Veränderung der Forschungslage vgl. z. B. auch G.R. Beasley-Murray xxxvif; Dunderberg, der feststellt, daß „die Abhängigkeitshypothese erneut Aufwind gewinnt" (Johannes 14; vgl. ebd. Anm. 24 und 25). Auch die neueren Kommentare lassen diese Veränderung erkennen, wie Neirynck am Beispiel der Werke von Ulrich Wilckens und Schnelle belegt: Neirynck, Commentaries *passim*. Vgl. jetzt auch L. Schenke, JE 433.

[44] P. Borgen, Narrative *passim* (jetzt steht Borgen hingegen für die Unabhängigkeitsthese ein; s.o. S. 236 Anm. 30), der allerdings mehrheitlich mit unabhängiger Tradition rechnet; vor allem A. Dauer, Passionsgeschichte *passim*; ders., Johannes *passim*. Gegen-

Zu beachten sind methodische Präzisierungen oder exegetische Instrumente, die dabei helfen, die Argumentation durchsichtiger zu gestalten. Als *methodisches Kriterium* für den Nachweis der Abhängigkeit eines Textes von den Synoptikern wurde der *Hinweis auf redaktionelle Passagen der synoptischen Evangelien* etabliert.[45] Problematisch bleibt dieses Argument insofern, als die Scheidung von Tradition und Redaktion sehr häufig ein Gegenstand des wissenschaftlichen Disputes ist[46] und damit die Synoptikerfrage auch bei Anerkennung der Abhängigkeit in den Modellen der joh. Literaturwerdung verschiedene Antworten erhält.

Andererseits gewinnt der Vergleich auf der Textebene durch die Kritik der formgeschichtlichen Methodik und durch moderne Texttheorien, die die Textkohärenz als Axiom setzen oder die Evangelien als autosemantische Einheit vorstellen. Diese Perspektive, nämlich die von den Literaturwissenschaften entwickelte Konzeption der *Intertextualität*, macht sich Hartwig Thyen zu nutze, wenn er das JE „als ein(en) Text über die Texte der seiner drei älteren synoptischen Vorgänger" lesen will;[47] der Text (!) des vierten Evangeliums, der alle drei Synoptiker voraussetzt,[48] ‚spielt' mit den Texten der Synoptiker.[49] „Sein

---

über den Überlegungen von BORGEN und DAUER hinsichtlich des joh. Passionsberichts radikal ablehnend W. REINBOLD 45f. Für DIETER SÄNGER weisen „Berührungen mit Markus und Lukas ... auf eine mündliche Weiterentwicklung der ältesten Passionstradition hin. Aus dieser weithin analog verlaufenen mündlichen Überlieferung begründen sich die Gemeinsamkeiten zwischen Lukas und Johannes" (Betreiben 6 Anm. 20).

[45] Vgl. C. RINIKER 41f; I. DUNDERBERG, Johannes 27f (in seiner kritischen Besprechung dieses Werkes anerkennt auch K.-M. BULL, Rez. Dunderberg 339, diese Argumentation als „richtungsweisend").

[46] Ein Kritikpunkt, der von D.M. SMITH, Rez. Dunderberg 152, betont ins Feld geführt wird.

[47] H. THYEN, Johannes und die Synoptiker 89.96; s.a. DERS., Erzählung 2023; die Berücksichtigung dieser aus der französischen Literaturwissenschaft stammenden Konzeption für die Klärung des Verhältnisses des vierten Evangeliums zu den Synoptikern machen auch U. BUSSE, Johannes und Lukas 283, und F.F. SEGOVIA, Tradition History 186f, geltend. Zum Phänomen der Intertextualität aus exegetischer Sicht vgl. H. HÜBNER, Intertextualität, bes. 252–256; I. DUNDERBERG, Anomalies 110ff. Zur methodischen Rezeptionsgeschichte s.a. S. GILLMAYR-BUCHER *passim*. Frau GILLMAYR-BUCHER, die in einer Anmerkung die „inflationäre Verwendung des Begriffs ‚Intertextualität'" problematisiert (19 Anm. 60), stellt vor allem die rezeptionsästhetische Offenheit dieses Interpretationszugangs heraus: 16ff.20. THOMAS R. HATINA kritisiert aufgrund eines allein von den Wurzeln her, also von Julia Kristeva und Roland Barthes verstandenen Terminus ‚Intertextualität', die Berechtigung seiner Rezeption durch die biblische Exegese: sein entsprechend einseitiges Plädoyer lautet: „‚intertextuality' clearly belongs to the poststructuralist side" (42).

[48] H. THYEN, Johannes und die Synoptiker 95; DERS., Erzählung 2023; DERS., Johannes 10, 119.

[49] Vgl. H. THYEN, Johannes und die Synoptiker 89.96 u.ö.; DERS., Erzählung 2022.2037.

idealer (impliziter) Leser sollte das souveräne und oft höchst ironische Spiel des Johannes mit den Synoptikern zu goutieren wissen."[50]

Das vierte Evangelium ist so zu einem „Palimpsest", einer Überschreibung auf dem Text der Synoptiker fundiert, geworden.[51] Als antike Analogie für dieses schriftstellerische Verfahren verweist Thyen auf das Modell des Midrasch, das die Intertextualität der biblischen Texte fortsetze.[52] Damit erklären in dieser These die Synoptiker den Text des vierten Evangeliums gegenüber der diachronen Rückfrage suffizient.[53] Es verwundert nicht, daß dieser Versuch, die Vorgeschichte des vierten Evangeliums allein literarisch mit Hilfe eines innovativen Autors zu erklären, durch die Skepsis gegenüber der „Selbständigkeit und Präexistenz der ‚kleinen Einheiten' und ihrer ‚Rahmung'" flankiert wird.[54] Dem Hinweis auf die Synoptiker entspricht ein *non liquet* gleichermaßen gegen jedes formgeschichtliche oder literarkritische Nachdenken. Dieser Sichtweise leistet trotz des eigenen Widerspruchs auch die *Leuvener Schule* Vorschub, wie Franz Neirynck selbst konzediert: „In fact, my understanding of Johannine redaction comes closer to a so-called ‚literary perspective'."[55]

Bei aller notwendigen und berechtigten Kritik dieser Entwürfe,[56] die als methodisch relativ gesichert lediglich den zunächst genannten Vergleich zwischen der redaktionellen Ebene der Synoptiker und dem vierten Evangelium zulassen, werden Affinitäten mit dem vorhandenen synoptischen Text nicht völlig zu Ungunsten einer nicht mehr sicher wörtlich zu rekonstruierenden vorsynoptischen Vorlage minimiert werden dürfen.

Die beiden oben genannten Überlegungen, also die Annahme direkter und indirekter Abhängigkeit von einem/den Synoptikern, werden im folgenden kritisch aufgenommen. Vorläufig ist aber einschränkend festzuhalten – und darin der Unabhängigkeitsthese ihr Recht einzuräumen –, daß *nicht* der *gesamte* Text des JE aus der Abhängigkeit zu einem oder zu mehreren synoptischen

---

[50] H. THYEN, Johannes und die Synoptiker 89; ohne THYEN direkt zu nennen (eine Anspielung?) kritisch K. BERGER, Anfang 18ff. BERGER fordert zu Recht eine methodisch gesicherte Basis für die Analyse von Anspielungen; sein Hinweis auf „wissenschaftliches Gebaren", das in der Nutzung von Konkordanzen zur Ermittlung von Bezügen besteht, pauschalisiert mehr, als es in der Diskussion hilft. Wichtig ist aber die Forderung an die Exegese, deutlich zu machen, welches Ziel mit einer Anspielung – sei es auf einen synoptischen Text, sei es auf einen atl. Text – verfolgt wird (vgl. aaO. 20).

[51] H. THYEN, Erzählung 2021–2025, der Terminus findet sich 2021; er basiert hierin auf der Arbeit von G. GENETTE, Palimpseste. S.a. F. VOUGA, Jean 6, 274.

[52] H. THYEN, Erzählung 2022.

[53] Vgl. H. THYEN, Johannes und die Synoptiker 100; zur Kritik I. DUNDERBERG, Anomalies 123f.

[54] H. THYEN, Johannes 10, 119.

[55] F. NEIRYNCK, John and the Synoptics 1975–1990, 60. Dies Eingeständnis wird freilich von seinem Widerspruch gegen das Mißverständnis, er gebe die Benutzung von mündlicher oder schriftlicher Überlieferung gegenüber der Benutzung der synoptischen Evangelien auf, begleitet (aaO. 14).

[56] Vgl. hierzu M. LABAHN, Jesus 44ff.

Evangelien erklärt werden kann.[57] Die Differenzen zwischen den synoptischen Evangelien und dem JE in Aufbau und Stoff sind zu groß, um eine Erklärung des gesamten vierten Evangeliums aus der Synoptikerkenntnis heraus zu begründen; außerdem weisen die eigentümlich joh. Färbung sowie die fortgeschrittene Traditionsstufe in eine andere Richtung. Ferner wird auch dort, wo die Nähe zu den synoptischen Texten, die zumeist auch ein gewisses Maß an Distanz erkennen läßt, zu überprüfen sein, ob dieser Text der Tradition entstammt. Die Veränderungen – wie es am einzelnen Text nachzuprüfen sein wird – mögen dann auf die erneute ‚Vermündlichung' und/oder die Tradierung vor der wiederholten Verschriftlichung im vierten Evangelium zurückzuführen sein.[58]

Die Überprüfung des Verhältnisses von Johannes zu den Synoptikern muß sich, wenn sie Abhängigkeiten an einzelnen Passagen nachzuweisen sucht, zunächst der Frage stellen, ob der vierte Evangelist von Überlieferungen abhängig ist, indem er sie mehr oder weniger verändert aufnimmt, oder ob er selbst in dieser Abhängigkeit frei formuliert. Eine direkte Abhängigkeit kann erst dann als einsichtig gelten, wenn die redaktionell-johanneische Ableitung des Abschnitts, in dem die postulierten Bezüge sich befinden, nachgewiesen ist.

Weiterhin ist vor einer Pauschalisierung zu warnen. Der Nachweis der Kenntnis *eines* synoptischen Evangeliums setzt zur Abfassungszeit des JE noch keine Kenntnis *aller* Evangelien voraus.[59] Möglich ist, wie bei anderen frühchristlichen Schriften auch, eine Kenntnis nur einzelner synoptischer Evangelien; dies hat zur Annahme unterschiedlicher Kombinationen bei der Kenntnis der Synoptiker in der Forschung geführt.[60]

---

[57] Anders T.M. DOWELL, Jews 56: „... no need for any source other than the synoptic tradition" (anders DERS., John 457: „There ... is no need to limit his sources to the Synoptics"); s.a. F. NEIRYNCK, John and the Synoptics 106.

[58] Darauf macht auch K.-M. BULL, Rez. Dunderberg 339, aufmerksam.

[59] Zur partiellen Kenntnis der Evangelien z.B. W. SCHNEEMELCHER 30ff.32f; auch W. SCHMITHALS, Einleitung 2: Nur ein Evangelium sei in den verschiedenen Gemeinschaften in Gebrauch. Anders allerdings M. HENGEL, Question 75, der aufgrund einer lebendigen Kommunikation zwischen den frühen christlichen Gemeinden zwischen 70 und 110 annimmt, „that the four earliest Gospels were circulated among the most important communities relatively quickly" (s.a. DERS., Frage 208f). Ein wichtiges Indiz hierfür ist die unabhängige Benutzung des MkEv durch die synoptischen Seitenreferenten; ob damit allerdings ein derart weitreichendes Urteil, wie es HENGEL formuliert, trägt, sei als kritische Rückfrage angemerkt.

[60] Insbesondere werden das LkEv und MkEv genannt (schon F.C. BAUR *passim*, bes. 280; W.G. KÜMMEL 168 u.a.). Die Kenntnis des MtEv, die neben einer Reihe möglicher Bezüge in der Passionsgeschichte vor allem aufgrund von Parallelen im Logienstoff (z.B. Mt 10,24f ≈ Lk 6,40 → Joh 13,16; 15,20; s.a. Mt 8,13.15b → Joh 4,50ff; Mt 18,3 ≈ Mk 10,15 par Lk 18,17 → Joh 3,3.5; Mt 21,5 → Joh 12,5; Mt 28,9f → Joh 20,14–18) ist weniger wahrschein-

Folgende Arbeitshypothese wird auf dieser Grundlage vorgestellt. Gemeinsamkeiten mit synoptischen Stoffen hinsichtlich Handlungsverlauf und/oder Vokabular und bisweilen einschneidende *Differenzen* lassen die Annahme zu, daß eine längere traditionsgeschichtliche Entwicklung für solche Überlieferungen vorausgesetzt werden muß. Differenzen im synoptikernahen Überlieferungsgut können, soweit es sich an theologischen Themen und sprachlichen Merkmalen festmachen läßt, dem joh. Kreis zugerechnet werden[61]. Es kann aber auch mit einer Rekonversion von Geschichten und Motiven, die in den synoptischen Evangelien schriftlich erzählt werden, in die mündliche Überlieferungssituation gerechnet werden. Damit wäre der Stoff erneut in einen kritisch reflektierenden Überlieferungsgang eingetreten[62] und so dem Evangelisten zugänglich und nunmehr wiederum schriftlich fixiert[63] (denkbar ist, daß dies unter neuerlichem synoptischen Einfluß geschieht;[64] hier stellt sich die Notwendigkeit einer differenzierenden, nachprüfbaren Methodik); abgehoben wird damit auf das Phänomen der *secondary orality*,[65] wie es in anderem Zusammenhang auch von Risto Uro rezipiert wird.[66]

Ein Beleg für eine Rekonvertierung schriftlich fixierten Stoffes in das mündliche und danach erneut in das schriftliche Medium kann wohl in *P. Egerton 2* (*P. London Christ. 1*)[67]

---

lich (vgl. das ausführliche Forschungsreferat bei F. NEIRYNCK, John and the Synoptics: 1975–1990, 16–35 [hier ist auch die Diskussion um die vorgenannten Belege dokumentiert], sowie seine Abschlußbemerkung: „...for agreements between John and Mark/Matthew there is at least a theoretical possibility that the contact with Mark took place via Matthew" [aaO. 35].).

[61] Vgl. G. STRECKER, Anfänge 42; auch P. BORGEN, John and the Synoptics 432. 436 notiert diese Möglichkeit allerdings unter der Voraussetzung von den Synoptikern unabhängiger Überlieferung.

[62] Zu verweisen ist in diesem Zusammenhang auch auf die Überlegung von M. HENGEL, Question 194 Anm. 8: Der synoptische Stoff, den der vierte Evangelist benutzte, „has usually gone through the transforming filter of his own oral teaching".

[63] Eine Beeinflussung der vorjoh. Tradition durch die synoptischen Evangelien nimmt z. B. auch A. DAUER, Johannes (bes. 297f) an; diese Überlegung wurde von ihm zuvor für die joh. Passionsgeschichte vorgetragen (DERS., Passionsgeschichte *passim*). Schon P. WERNLE rechnete aufgrund seiner Analyse von Joh 12,1ff damit, „daß Joh nicht nur unsere Synoptiker voraussetzt, sondern eine weitere Fortbildung der Tradition aufgrund derselben" darstellt.

[64] Z.B. stellt sich für die Fernheilung Joh 4,46ff die Frage, ob die verspätete Nennung der konkreten Krankheit V.52 unter mt. Einfluß durch den Evangelisten eingefügt wurde; zum Problem vgl. M. LABAHN, Jesus 199 Anm. 203.

[65] Vgl. zum Phänomen der *secondary orality* M. LABAHN, Jesus 194f.

[66] R. URO 306. 313 u.ö.

[67] Erstedition: H.I. BELL/T.C. SKEAT 8–15; Text mit Ergänzung eines in Köln gefundenen Torsos, der demselben Papyruskodex wie P. Egerton 2 entstammt, bei M. GRONEWALD 139ff; s.a. D. LÜHRMANN, Fragment 2242ff; deutsche Übersetzung: J. JEREMIAS/W. SCHNEEMELCHER 84f; zur Datierung um 200 vgl. M. GRONEWALD 137; s.a. W. SCHMITHALS, Johannesevangelium 9. Zum Stand der Diskussion vgl. jetzt LÜHRMANN, aaO. *passim*.

gesehen werden. Dieser setzt joh. und synoptische Texte voraus und verbindet sie.[68] Wie u. a. das Phänomen der Stichwortanreihung wahrscheinlich macht, ist dieser Text aus dem Gedächtnis[69] rezipiert worden. Die dem synoptischen Textbestand nahen Passagen lassen ein traditionsgeschichtlich fortgeschrittenes Überlieferungsstadium erkennen, so daß sich annehmen läßt, daß „die schon schriftlich fixierte, aber aus dem Gedächtnis reproduzierte Überlieferung in der mündlichen Weitergabe verändert" wurde[70].

Ist vorauszusetzen, daß im joh. Kreis eine Kenntnis *und* Weiterbildung eines Teils der den synoptischen Evangelien entstammenden Stoffe zu erkennen ist, so liegt es nahe, daß die synoptischen Evangelien in diesem Kreis in einem Teil dieses Kreises selbst bekannt und infolgedessen könnte sich auch ihre Benutzung für den Evangelisten nahelegen.

Auffällig ist die strukturelle Kongruenz des vierten Evangeliums mit der Gattung ‚Evangelium', wie sie in den Synoptikern begegnet.[71] Wie diese schildert das JE eine ‚Vita' Jesu von den Anfängen bis zu Tod und Auferstehung. Auch die Abweichungen gegenüber den synoptischen Evangelien (z.b. mehrfaches Pendeln zwischen Jerusalem und Galiläa) lassen eine gattungsgeschichtliche Differenzierung nicht zu.[72] Auch wenn die Gattung Evangelium

---

[68] Vgl. im einzelnen J. JEREMIAS/W. SCHNEEMELCHER 83.84f (Anm. 5–21); s.a. F. NEIRYNCK, Papyrus Egerton 2 (die ältere Forschung: aaO. 774 Anm. 5); D. LÜHRMANN, Fragment 2246. Den Unterschieden zu den synoptischen Texten sucht die Deutung als „Seitentrieb" der in den Synoptikern belegten Tradition Rechnung zu tragen: M. DIBELIUS, Rez. 5; DERS. Geschichte 66f; G. MAYEDA 67f.72ff; älterer Text als das JE und die Synoptiker: H. I. BELL/T.C. SKEAT 38; in der neueren Forschung H. KÖSTER, Einführung 620f; DERS., Apocryphal Gospel 119–123 (zur Kritik vgl. J. JEREMIAS/W. SCHNEEMELCHER 83f); K. ERLEMANN 22.26. Vgl. auch den Forschungsüberblick bei ERLEMANN 12ff.

[69] J. JEREMIAS, Jesusworte 44; DERS./W. SCHNEEMELCHER 83.

[70] P. VIELHAUER, Geschichte 638; auch H. LIETZMANN 291 weist auf eine spätere, allerdings schriftliche Phase der Tradition.

[71] Hinsichtlich der Abfolge der Episoden vgl. R. KIEFFER 114–116, eine Auflistung, die naturgemäß die zahlreichsten Parallelen im Bereich der mk. und der joh. Passionsgeschichte belegt; vgl. C.K. BARRETT, JE 60; J. BLINZLER, Johannes 54f. Dabei ist die Möglichkeit von bewußten Umstellungen zu berücksichtigen (Tempelreinigung schon zu Anfang der Wirksamkeit Jesu [vgl. hierzu jetzt z.B. U. SCHNELLE, Tempelreinigung 359f *et passim*]; zu Perikopenumstellungen vgl. z.B. den Umgang des Matthäus mit der Logienquelle, der ebenfalls einschneidende Umstellungen bietet. Als Unterschied ist jedoch augenfällig, daß eine große Differenz jeweils bei der Aufnahme der Stoffe aus der Tradition durch beide Evangelisten vorliegt. Die Aufnahme der Logienquelle bei Lk und Mt geschieht nahezu vollständig, anders der Rückbezug des vierten Evangeliums auf die Synoptiker); sie läßt sich möglicherweise z.T. durch das strukturierende Moment der mehrmaligen Festreisen Jesu (vgl. R. BULTMANN, JE 86 Anm. 2: „redaktionelles Mittel zur Gliederung des Stoffes") und der Integration eigenen Stoffes erklären. Dennoch bleiben offene Fragen, die das vierte Evangelium zweifellos nicht als Kompilation der Synoptiker verstehen lassen.

[72] Vgl. z.B. J. BLINZLER, Johannes 9; J. GNILKA, JE 5; A. PILGAARD 47; F. PORSCH, JE 16; R. SCHNACKENBURG, JE I, 2–9; DERS., Jesus Christus 254ff (allerdings bezeichnet er das JE als „neuer Typ der Evangelienschreibung".

nicht ohne literarische Vorbilder in der antiken Volksliteratur zu lesen ist,[73] so läßt die spezifische Ausformung der Evangelienform das JE positiv aus einem Zusammenhang mit den Synoptikern erklären[74] und ist nicht – wie es in der älteren Forschung häufiger belegt ist – als christologische Lehrschrift von diesen abzugrenzen.[75] Handelt es sich um die Gattung Evangelium, so ist wohl notwendig, eine Kenntnis zumindest eines synoptischen Evangeliums vorauszusetzen.[76] Die Annahme einer eigenständigen Neuschöpfung der Gattung bzw. der Textsorte Evangelium[77] erscheint theoretisch möglich, kann aber letztlich nicht überzeugen. Die unabhängige Benutzung der Logienquelle und des MkEv durch die Seitenreferenten Matthäus und Lukas stellt keine hinreichende Analogie dar, da es sich hierbei nicht um die Initiierung einer (neuen) Gattung, sondern um Quellenbenutzung handelt. Auch ist die Existenz der neben der Passionsgeschichte als ein Grundbestand der Evangeliengattung postulierten Aretalogien zu problematisieren.[78] Damit ist jedoch ein wesentlicher Bestandteil dieser Theorie in Frage gestellt. Wird man in der Datierungsfrage eine spätere Ansetzung als gegenwärtig üblich für möglich halten können, so entfällt der Hinweis auf die zeitliche Nähe zu den Synoptikern als Gegenargument gegen ihre Kenntnis.[79]

Ist die Gattung des JE aus der *Kenntnis* der Synoptiker zu erklären, so stellt sich zugleich die Frage nach *Benutzung* des synoptischen Stoffes. Der Einwand Jürgen Beckers, solcher Gebrauch setze einen Schreibtischgelehrten voraus,[80] unterstellt einen engen Begriff literarischer Abhängigkeit. Es ist sicher richtig, daß die Entstehung des JE nicht durch das Abschreiben einzelner Sätze oder Satzfetzen der Synoptiker vorgegangen ist.[81] Nimmt man eine Abhängigkeit

---

[73] Vgl. z.B. G. STRECKER, Literaturgeschichte 139ff (Lit.): Vorbilder in der popularisierten antiken Biographie; s.a. D. FRICKENSCHMIDT *passim*; zum JE: 415ff.

[74] Anders z.B. K. BERGER, Anfang 131.

[75] Dies gilt, auch wenn der Charakter als Lehrschrift der These einer joh. Schule durchaus entsprechen könnte; zur Bezeichnung ‚Lehrschrift' vgl. W. HEITMÜLLER, JE 11–16; H.J. HOLTZMANN, Theologie II 392 (Anm. 4: ältere Lit.; s.a. E. REUSS 234); DERS./W. BAUER 2–5; auch G. RICHTER, Rez. Schnackenburg 249.
Dies ist auch analog gegenüber Versuchen festzuhalten, die das vierte Evangelium der Gattung ‚Drama' annähern, bzw. hieraus ableiten (zu E. FRANCK 100; L. SCHENKE, Johannesevangelium 211ff; DERS., Joh 7–10, 173 u.ö.; DERS., JE *passim*; E.A. WYLLER 151).

[76] Vgl. z.B. U. SCHNELLE, Johannes 1805 („Die Rezeption der Makrogattung Evangelium und die Integration ihrer konstitutiven Gestaltungselemente verweisen ... gleichermaßen auf eine Kenntnis und Aufnahme des Markusevangeliums durch Johannes."); H. LEROY 116; W. SCHMITHALS, Johannesevangelium 318.

[77] J.M. ROBINSON, Entwicklungslinie 248–250; J. BECKER, JE I, ¹39f. ³46f; K. Berger, Anfang 289; anders z.B. W.G. KÜMMEL 170.

[78] Vgl. die Hinweise bei M. LABAHN, Jesus 74; kritisch gegenüber weitreichenden Quellenhypothesen im MkEv z.B. G. STRECKER, Literaturgeschichte 345.

[79] Z.B. zu D.M. SMITH, Christianity 8.

[80] J. BECKER, Johannesevangelium 25f; s.a. M. MYLLYKOSKI, Material 118f.

[81] Vgl. z.B. auch D.A. CARSON, JE 49–58; CARSON rechnet mit der Kenntnis aller drei synoptischen Evangelien (allerdings mit einem unterschiedlichen Grad an Sicherheit). Er bestreitet hingegen, daß er in ihnen nachschlug und sie wörtlich zitierte. Vielmehr: „John wrote his own book" (aaO. 51). Auch J. ASHTON, Understanding 41 hält das Modell der literarischen Abhängigkeit für ungeeignet, das Verhältnis zwischen Johannes und den synopti-

an, wofür gute Gründe sprechen, so handelt es sich wohl um eine gedächtnis-mäßige Relation,[82] die für einzelne synoptische Anspielungen verantwortlich wäre. Deren Ziel bestand allerdings nicht in einer Kompilation des synopti-schen Stoffs. Die Annahme solcher Beziehungen zu dem aus dem Gottes-dienst[83] oder aus schulischen Zusammenhängen bekannten Text führt allerdings in methodische Aporien. Sie erklärt zwar die Aufnahme lediglich von Einzel-partien, muß aber andererseits zugestehen, daß solche geringen wörtlichen Übereinstimmungen nicht über eine durchschlagende Beweiskraft verfügen.

Es ist m.E. eine doppelte Einflußnahme synoptischer Tradition auf das JE vorauszusetzen, nämlich einerseits auf einen Teil seiner Traditionen, anderer-seits auf den Evangelisten selbst. Wurde häufig der Hand, die die Synoptiker-bezüge einfügte, ein freier Umgang mit diesen Texten konzediert, so muß der selektive Charakter noch weniger verwundern, wenn der Evangelist die Synop-tiker nicht als Quelle abschrieb, sondern aus seiner Kenntnis ihrer Struktur ein Evangelium des joh. Kreises zu schreiben suchte und die redaktionellen Passa-gen gelegentlich selbst durch synoptische Textbezüge anreicherte.[84]

---

schen Evangelien zu beschreiben. S.a. J.-M. SEVRIN 78: Der vierte Evangelist benutzt die Synoptiker „non comme des sources, mais comme des matériaux".

[82] Vgl. z.B. J. BLINZLER, Johannes 59; W.G. KÜMMEL 170. Die freie Zitierung atl. und ntl. Texte bei den frühchristlichen Schriftstellern (z.B. G. STRECKER, Evangelienharmonie 315; W. SCHNEEMELCHER 33; W. SCHMITHALS, Einleitung 31) ist als Analogie einzurechnen. Anders I. DUNDERBERG, Johannes 24, mit grundlegender Kritik an dem „Schreibtischar-gument"; er rechnet allerdings mit Hinweis auf die Benutzung von Mk und Q durch die Sei-tenreferenten sowie der Benutzung der vier Evangelien in Tatians Diatessaron mit der Mög-lichkeit der Benutzung mehrerer schriftlicher Evangelientexte.

[83] Für die Verlesung der Evangelien im Gottesdienst vgl. *Justin*, Apol. I 67,3; s.a. P. VIELHAUER, Geschichte 783.

[84] Ungeklärt ist die Frage, warum ein so autarker Kreis, wie er durch das joh. Schrifttum dem Leser gegenübertritt, synoptische Evangelien benutzt haben soll und wieso relativ ge-ringe Spuren dieser Benutzung zu finden sind. Die Antwort wird die (zumeist absolut gesetz-ten) Differenzen und die (nicht zu unterschätzende) Verbindung des joh. Kreises mit dem frühen Christentum zu bedenken haben. Allerdings muß auch gefragt werden, ob die Kennt-nis der Synoptiker nicht nur auf einen Teil des joh. Kreises beschränkt ist, wie es sich durch das Fehlen synoptischen Stoffes in 1–3Joh belegen läßt. Diese Sicht berührt sich z.B. mit P. VIELHAUER, Geschichte 420, der aus zeitlichen Gründen eine Kenntnis von Evangelien-Bü-chern für wahrscheinlich hält, eine literarische Abhängigkeit jedoch bestreitet. S.a. das von D.M. SMITH, John 170ff, entworfene Szenarium, wobei der Einfluß der Synoptiker weniger restriktiv als bei SMITH beurteilt werden müßte.

6 Das Verhältnis der traditionellen Wundersequenz in Joh 6,1–21 zu den synoptischen Parallelen (Mk 6,30–44parr; Mk 6,45–52 par Mt 14,34–36; Mk 8,1–9 par Mt 15,32–38)

Auf die Frage nach der Vorgeschichte der joh. Speisungs- und Seewandelsequenz ist in dieser Untersuchung bereits verschiedentlich mit vorläufigen Erwägungen eingegangen worden. Dabei wurde immer wieder auf das Verhältnis zu den synoptischen Parallelen hingewiesen und wurden erste Entscheidungen getroffen. Das zu entscheidende Problem ist vor allem in der Frage zu sehen, ob Joh 6 außersynoptischen oder postsynoptischen Stoff enthält. Hinsichtlich der Speisung wurde bereits ein ausführlicher Vergleich des vormarkinischen und des joh. Berichts vorgenommen. Auch zum Seewandel konnten erste Indizien für eine Bestimmung des Abhängigkeitsverhältnisses gesammelt werden. Nunmehr gilt es, im Hinblick auf mögliche Abhängigkeiten den vormarkinischen Bericht und die synoptisch-redaktionellen Texte, insbesondere die, die einen Zusammenhang mit dem Bericht vom Seewandel bieten, auszuwerten.[1] Daneben sind aber auch sprachliche Berührungen von Bedeutung, die es im folgenden darzustellen gilt:[2]

In den *Speisungsberichten* stimmt zunächst der Gedanke, daß die Leute etwas kaufen sollten,[3] um etwas zu essen zu haben,[4] überein; ebenso die benötigte bzw. unzureichende Geldmenge für die Sättigung der Volksmasse,[5] das Gras der Lagerstätte: χόρτος,[6] die Körbe als

---

[1] E. RUCKSTUHL, Speisung 2007, rechnet mit einer frühen Scheidung in „zwei Züge ..., die wir jetzt synoptisch und johanneisch geprägt vorfinden" (s.a. aaO. 2008. 2017f).

[2] Zu den Übereinstimmungen im Vokabular vgl. auch J. PAINTER, Messiah 255ff; U. SCHNELLE, Christologie 120 (für die Speisung) 126 (für den Seewandel); F. VOUGA, Jean 6, 268. Zum Ganzen, Parallelen wie Differenzen, ist jetzt der extensive tabellarische Vergleich der beiden synoptischen Speisungsberichte mit Joh 6,1–15 bei J.P. MEIER 952–955 zu beachten (auch die Traditionen über das Herrenmahl sind in diese Tabelle integriert; zurückgegriffen wird ausdrücklich auf die Auflistung von R.E. BROWN, JE I, 240–243).

[3] Vgl. ἵνα ... ἀγοράσωσιν (Mk 6,36 par Mt 14,15; s.a. Mk 6,37) mit πόθεν ἀγοράσωμεν ... (Joh 6,5).

[4] Vgl. τί φάγωσιν (Mk 6,36; s.a. V.37) mit ἵνα φάγωσιν (Joh 6,5).

[5] Vgl. δηναρίων διακοσίων (Mk 6,37) mit διακοσίων δηναρίων (Joh 6,7).

[6] Vgl. Joh 6,10 mit Mk 6,39 und Mt 14,9.

Sammelbehälter für die Speisereste;[7] mit allen fünf synoptischen Speisungsgeschichten harmoniert die Erwähnung der κλάσματα.[8] Daneben kann man als Parallele für die Jesus nachfolgende Volksmenge auf Mt 14,13 verweisen.[9] Auch für die Erwähnung einer großen Volksmenge (πολὺς ὄχλος: Mk 6,34 par Mt 14,14; Joh 6,2.5 ≈ Mk 8,1) sowie das Verbum ἀναπεσεῖν (Joh 6,10 zu Mk 8,6par; s.o.) gibt es Entsprechungen. Auch zu dem Vers, der in der synoptischen Überlieferung der Speisung selbst die größte Übereinstimmung zeigt (Mk 6,41parr) lassen sich Konvergenzen finden (Joh 6,11: das ‚Nehmen der Brote‘, das Sprechen des ‚Dankes‘ und das ‚Geben‘).

Wichtig sind aber auch die Übereinstimmungen der Zahlenangaben in den Speisungsgeschichten. So stimmt zunächst die Zahl der vor dem Wunder vorhandenen Nahrungsmittel überein: fünf Brote und zwei Fische.[10] Aber auch die Zahl der gespeisten Männer (*5000*)[11] geht ebenso wie die Zahl der mit den Brotresten angefüllten Körbe (*12*)[12] überein. Daneben ist auch die mit unterschiedlichem Vorzeichen als ausreichend oder als ungenügend für die Sättigung der Volksmasse genannte Geldmenge (*200* Denare) zu nennen.[13]

Gegenüber der Doppelüberlieferung (der Speisung) in Mk 8,1–9 par Mt 15,32–38 fallen die Differenzen besonders im Blick auf das Zahlenmaterial auf.

Mk 8,5f (par Mt 15,34.36) zählt sieben (statt fünf: Mk 6,38.41 parr; Joh 6,9) Brote bei den Jüngern. Mit den eingesammelten Broten nach der Speisung werden sieben (statt zwölf: Mk 6,43parr; Joh 6,13) Körbe gefüllt (Mk 8,8 par Mt 15,37). Die unterschiedlichen Zahlenangaben der Gespeisten 5000, Mk 6,44 par Mt 14,21; Lk 9,14; Joh 6,19, bzw. 4000, Mk 8,9 par, sind bekannt.

Andererseits – und dies zeigt, daß möglicherweise nur ein differenzierender Lösungsansatz der Problemstellung gerecht werden kann – gibt es auch eine geringe Zahl von Parallelen zwischen Joh 6 und Mk 8,1–9 par Mt 15,32–38.

Joh 6,10 berichtet die an die Jünger gerichtete Anweisung, die Menschen (ποιήσατε τοὺς ἀνθρώπους ἀναπεσεῖν) sich lagern zu lassen, mit dem gleichen Verb ἀναπεσεῖν wie Mk 8,6 par Mt 15,35; dort wendet sich Jesus jeweils direkt an das Volk (ὄχλος).[14] Anstelle des Verbs εὐλογέω findet sich in Mk 8,6 par Mt 15,36 und Joh 6,11 das Partizip εὐχαριστήσας. Auch die πόθεν-Frage, in Mk 8,4 und Mt 15,15 von den Jüngern, in Joh 6,5 von Jesus

---

[7] Κόφινοι: Mt 14,20; Mk 6,43; Lk 9,17; Joh 6,13.

[8] Mt 14,20; 15,37; Mk 6,43; 8,8 (s.a. 8,19f: red.); Lk 9,17; Joh 6,12.13; zur Übereinstimmung der Zahlen s.u.

[9] Vgl. Mt 14,13: οἱ ὄχλοι ἠκολούθησαν (mt. Red.) mit Joh 6,2: ἠκολούθει δὲ αὐτῷ ὄχλος πολύς; s.a. Lk 9,11 allerdings keine wörtliche Parallele, sondern lediglich Analogien im verwendeten Vokabular).

[10] Vgl. Mk 6,38 (*πέντε καὶ δύο ἰχθύας*) mit Joh 6,9 (… *πέντε ἄρτους κριθίνους καὶ δύο ὀψάρια*).

[11] Vgl. Mk 6,44 (*πεντακισχίλιοι ἄνδρες*) mit Joh 6,10 (οἱ ἄνδρες τὸν ἀριθμὸν ὡς *πεντακισχίλιοι*).

[12] Vgl. Mk 6,43 (ἦραν κλάσματα *δώδεκα* κοφίνων) mit Joh 6,13 (καὶ ἐγέμισαν *δώδεκα* κοφίους).

[13] Vgl. δηναρίων διακοσίων (Mk 6,37) mit διακοσίων δηναρίων (Joh 6,7).

[14] Anders die Verben vom Stamm κλιν- in Mk 6,39; Mt 14,19; Lk 9,14.

gestellt und mit dem Verb ἀγοράζω verbunden, belegen sowohl Mk 8 als auch Joh 6. Daneben findet sich das Verb περισσεύω in Mk 8,8 par Mt 15,37 (auch 14,20) und Joh 6,12.[15]

Betrachten wir nun die sprachlichen Parallelen im Kontext des *Seewandels Jesu*:

Interessant ist die Übereinstimmung mit dem Rückzug auf den Berg,[16] der bei ‚Markus‘ und ‚Matthäus‘ auf die Einleitung zum Seewandelbericht folgt, bei ‚Johannes‘ hingegen den Speisungsbericht abschließt. Gegenüber dem jeweils unterschiedlichen Verbum (Mt 14,23: ἀναβαίνω; Mk 6,46: ἀπέρχομαι; Joh 6,15: ἀναχωρέω) wird, ebenfalls mit abweichendem Vokabular, das Alleinsein Jesu betont.[17] Sprachliche Berührungen sind auch in den Zeitangaben festzustellen. Allerdings sind Differenzen in der Stellung zu beachten. An annähernd vergleichbarer Position (der Schilderung der [Not-]Situation vor dem Seewandel Jesu) bietet Mk 6,47a καὶ ὀψίας γενομένης, Joh 6,17 hingegen καὶ σκοτία ἤδη ἐγεγόνει. Die sprachlich analoge Zeitangabe ὡς δὲ ὀψία ἐγένετο findet sich hingegen Joh 6,16 im einleitenden Rahmen. Die Feststellung der Zielankunft klingt in sehr unterschiedlichen Erzählzusammenhängen gleichartig: Mk 6,53 konstatiert καὶ διαπεράσαντες ἐπὶ τὴν γῆν, Joh 6,21 ἐπὶ τῆς γῆς εἰς ἣν ὑπῆγον. Beide, Matthäus und Johannes, beschreiben die mit dem Boot zurückgelegte Distanz durch die Vokabel στάδιον (Mt 14,24; Joh 6,19); allerdings will die Angabe in Joh 6,19 wesentlich präziser sein.[18]

Weniger charakteristisch sind in der zum Seewandel gehörenden Seesturmstillung die von diesem Erzählmotiv motivierten Vokabelübereinstimmungen πλοῖον (Mk 6,45 par Mt 14,24; Joh 6,17) und ἄνεμος (Mk 6,48 par Mt 14,24; Joh 6,18). Auch das Einsteigen in das Boot ist durch die gemeinsame Erzählsituation hinreichend motiviert.[19] Geringe oder keine Bedeutung kommt der gemeinsamen Vokabel θάλασσα zu; sie gehört in den Zusammenhang eines Seewandels und unterscheidet sich zudem darin, daß die ersten beiden Evangelisten den Ort angeben, wo die Jünger durch den Sturm betroffen werden, der vierte hingegen das Ziel der Überfahrt angibt: πέραν τῆς θαλάσσης; schon V.16 zur Bezeichnung des Ufers. Immerhin stimmen auch die Worte Jesu angesichts der Jüngerfurcht überein: ἐγώ εἰμι· μὴ φοβεῖσθε (Mk 6,50 par Mt 14,27; Joh 6,20); doch gehört die Aufforderung μὴ φοβεῖσθε zum stehenden Inventar der plötzlichen Epiphanie göttlicher Wundermacht.[20] Zu

---

[15] Aufgrund der Parallelen zu beiden mk. Speisungswundern sahen sich einzelne Exegeten ermächtigt, eine Kenntnis und damit eine Einflußnahme durch beide Texte zu postulieren: z.B. C.K. BARRETT, JE 285. Mit anderer Argumentation auch P. HOFRICHTER, Speisung 152f. Anders beurteilt diesen Sachverhalt z.B. B. LINDARS, JE 237: „The only probable explanation is that his source was a variant of Mk 6.32–44, exhibiting some features which are reflected in Mk 8.1–10.“

[16] Vgl. εἰς τὸ ὄρος: Mk 6,46 par Mt 14,23 mit Joh 6,15. Mt 14,23 bietet wie Joh 6,15 den Hinweis, daß Jesus allein (μόνος) auf dem Berg war; daher listet F. VOUGA, Jean 6, 268, den mt. Text als gegen Mk 6,46 als Parallele zu Joh 6,15 auf.

[17] Vgl. Mt 14,23: κατ᾽ ἰδίαν (s. allerdings V.23[fin]: μόνος ἦν ἐκεῖ, dem in etwa Mk 6,47[fin]: καὶ αὐτὸς μόνος ἐπὶ τῆς γῆς entspricht) mit Joh 6,15: αὐτὸς μόνος.

[18] Vgl. die antiken Angaben zur Breite des Sees bei *Josephus*, Bell III 506; *Plinius*, Nat Hist V 71.

[19] Vgl. Mk 6,45: ἐμβῆναι εἰς τὸ πλοῖον mit Joh 6,17: καὶ ἐμβάντες εἰς πλοῖον.

[20] Im NT: Mt 17,7; 28,5.10; Lk 2,10; s.a. μὴ φοβοῦ: Lk 1,13.30; 5,10 sowie Apg 18,9; 27,24 (zum ganzen H. BALZ, Art. φοβέομαι 1030); im JE auch im Zusammenhang des AT-Zitat-Konglomerats in Joh 12,15 (zum atl. Textbefund in MT und LXX vgl. E.D. FREED 78: die signifikanten Vergleichstexte sind Jes 40,9; Sach 9,9; 3,14–16; s.a. M.J.J. MENKEN,

diskutieren ist, ob man die Formulierungen für den Wandel auf dem See[21] und für die Reaktion der Jünger[22] als strukturelle oder sprachliche Berührungen deuten möchte. Eine aufgrund des nur fünfmaligen Nachweises im NT beachtenswerte Übereinstimmung besteht in der Vokabel ἐλαύνω: Mk 6,48; Joh 6,19. Beide Belege sind dadurch herausgehoben, daß sie allein im NT den transitiven Gebrauch des Verbs dokumentieren, der jeweils mit ‚*rudern*‘ zu übersetzen ist (anders Lk 8,29; Jak 3,4; 2Petr 2,17). Trotz der differenten Schilderung von Not und Epiphanie und insbesondere der variierten Erzählperspektive in beiden Evangelien ist die Stellung in etwa vergleichbar.

Blicken wir nun auf die joh. Sequenz aus Speisungswunder und Seewandel. Eindrucksvoll ist zunächst, daß die joh. Perikopenakoluthie mit Mk 6,32ff.45ff par Mt 14,13ff.22ff übereinstimmt.[23] Neben einer allerdings begrenzten Anzahl wörtlicher Übereinstimmungen, einer signifikanten Reihe sachlicher und struktureller Parallelen[24] fällt namentlich die Identität der in der Speisungsgeschichte genannten Zahlen auf. Somit stimmen zwischen den Wundersequenzen Mk 6,32ff.45ffparr und Joh 6,5ff sowohl die Perikopenfolge als auch die Zahlenangaben überein, und zwar – wie ausdrücklich zu unterstreichen ist – gegenüber der Doppelüberlieferung (der Speisung) in Mk 8,1–9 par Mt 15,32–38.[25]

Häufig wird auch auf die kompositionsgeschichtlichen Übereinstimmungen gewiesen, für die allerdings Joh 6 mit Mk 6,32–54 *und* Mk 8,10–13.27–33 verglichen wird.

Daughter Zion 84; G. REIM 30: Jes 40,9 und 62,11; anders B.G. SCHUCHARD 78: JesLXX 44,6 und FREED 79: nur Sach 3,14; 9,9).

[21] Vgl. περιπατῶν ἐπὶ τῆς θαλάσσης bzw. …ἐπὶ τὴν θάλασσαν in Mk 6,48 bzw. Mt 14,25 mit Joh 6,19: περιπατοῦντα ἐπὶ τῆς θαλάσσης.

[22] Mt 14,26: καὶ ἀπὸ τοῦ φόβου ἔκραξαν (≠ Mk 6,49; doch ist ἀνέκραξεν sinnverwandt zu verstehen); Joh 6,19: καὶ ἐφοβήθησαν; die in den Wundertaten Jesu epiphan werdende Gottesmacht weckt auch sonst zunächst Entsetzen und Furcht: Mk 4,41 ≈ Lk 8,25 ≠ Mt 8,27; Mt 5,15 par Lk 8,35; s.a. 8,37; u.ö.; vgl. H. BALZ, Art. φοβέομαι 1028f; DERS.(/ G. WANKE), Art. φοβέω 205, ist also kein spezifisches, auf den synoptischen Seewandel zu beschränkendes Motiv, sondern hat zudem eine Reihe paganer Vorbilder und Parallelen: vgl. BALZ(/WANKE), aaO. 191 (Belege: aaO. Z.5ff). 202 (hellenistisch-jüdisches Schrifttum).

[23] Anders allerdings das LkEv: Lk 9,10b–17 überliefert das Speisungswunder der 5000; daran schließt sich die sogenannte ‚lukanische Lücke‘ an. D.h. der Stoff von Mk 6,45–8,26 fehlt im dritten Evangelium und damit auch die Speisung der 4000. Lk 9,18 setzt die Erzählfolge mit dem Petrusbekenntnis, Mk 8,27ff, fort. Die Frage, ob eine fehlende Kenntnis (U. SCHNELLE, Einleitung 185) oder die bewußt redaktionelle Auslassung (z.B. H. CONZELMANN, Mitte 45ff; H. SCHÜRMANN, Lk I, 525–527; jetzt P. POKORNÝ 19; zu den unterschiedlichen Begründungen J.A. FITZMYER, Lk I, 770f) für diese ‚Lücke‘ verantwortlich sind, ist hier nicht zu diskutieren.

[24] Vgl. z.B. die Auflistung bei U. SCHNELLE, Christologie 120f. 126f. Sehr instruktiv ist auch der Vergleich zwischen Mk 6,(30–)32–42; 8,1–10 und Joh 6,1–15, den F. SCHNIDER/ W. STENGER 90–94 vornehmen; ihm sind gut die erzählerischen und strukturellen Parallelen, aber auch die Differenzen zu entnehmen (s.a. den Vergleich zwischen Mt 14,22–33; Mk 6,45–52 und Joh 6,16–21: AAO. 104–106).

[25] Hierzu s.u. S. 248f.

Udo Schnelle beobachtet beispielsweise die folgende Kompositionsanalogie:[26]

Speisung	Joh 6,1–15	Mk 6,32–44
Seewandel	Joh 6,16–21	Mk 6,45–52
Überfahrt	Joh 6,22–25	Mk 6,53f; 8,10
Zeichenforderung	Joh 6,26	Mk 8,11–13
Petrusbekenntnis	Joh 6,66–71	Mk 8.27–33

Etwas abweichend nimmt Ismo Dunderberg in seiner Auflistung auch die Seitenreferenten auf.[27] Er verzichtet damit zugunsten eines Vergleichs der Einleitungen der Speisungen auf das Merkmal der Überfahrt. Hilfreich und beachtenswert ist seine Gliederung wegen der Hinweise auf redaktionelle Charakteristika in den Texten, vor allem auf Abweichungen in den Seitenreferenten gegenüber MkEv. Eine ausführliche Übersicht über mögliche Parallelen hatte schon Charles Harold Dodd 1921 in seinem Artikel „The Close of the Galilean Ministry" vorgelegt.[28] Die Übersicht parallelisiert Mk 6,1–10,1 und Joh 6,1–7,10, wobei zunächst die Speisungen mit Überfahrt und anschließender Kontroverse gegenübergestellt werden (Mk 6,1–7,37 – Mk 8,1–26 – Joh 6,1ff) und sodann die Textfolge verglichen wird, die vom Petrusbekenntnis bis zum Aufbruch nach Jerusalem führt (Mk 8,27–10,1 – Joh 6,67–7,10). Diese umfassende Parallelisierung hat zu Recht Kritik erfahren.[29] Eine andere Parallelaufstellung bietet Heinrich Baarlink, indem er Joh 6 die Abfolge Mk 6,1–7,23 einerseits und Mk 8,1–29 andererseits gegenüberstellt.[30]

Die unterschiedlichen Aufstellungen zeigen Parallelen, können vor allem aber nicht die Differenzen verbergen. Die schlagendste Übereinstimmung, die mit der Abfolge Speisung – Seewandel – Zeichenforderung – Petrusbekenntnis beeindruckt, benötigt Erzählelemente von Mk 6 *und* 8, so daß weder eine vormk. Überlieferungsfolge noch die mk. Textfolge direkt Joh 6 erklären. Baarlink seinerseits verkennt die Differenzen, z.B. zwischen Joh 6,21a und Mk 6,51.[31] Ein Einsteigen Jesu in das Boot wird in Joh 6 nicht berichtet, dafür dessen unmittelbare Versetzung an das Seeufer; beide Erzählzüge lassen sich nicht unmittelbar als Analogien bewerten. Dies trifft sogar noch weniger für den Vergleich von Joh 6,26–66 mit dem Streitgespräch Mk 8,14–21 zu.[32] Wahrscheinlich ist hier lediglich das Logion 8,15 vormk. Tradition,[33] der Rest ist mk. theologisch geprägt. Die Warnung vor dem Sauerteig der Pharisäer ist ebensowenig Thema von Joh 6, wie die mk. Projektion des Jüngerunverständnisses in dieses Logion (trotz des Schismas Joh 6,60, das eine andere Orientierung hat).

---

[26] U. SCHNELLE, Christologie 121. SCHNELLE seinerseits verweist auf C.H. DODD, Tradition 196; J. BECKER, JE I, [1]217. [3]262, und F. SCHNIDER/W. STENGER 119 (SCHNELLE, aaO. 121 Anm. 185). Einen analogen Vergleich entwickelt H. WEDER, Menschwerdung 368 (= ZThK 330); s.a. z.B. J. PAINTER, Jesus 63; P. STUHLMACHER 90; F. VOUGA, Jean 6, 269.

[27] I. DUNDERBERG, Johannes 126.

[28] C.H. DODD, Close 286f; leicht überarbeitet jetzt von J. KONINGS, Sequence 155 aufgenommen.

[29] Z.B. J. KONINGS, Sequence 154–156; H.W. KUHN 29f.

[30] H. BAARLINK 131.

[31] Zu H. BAARLINK 131.132.

[32] Zu H. BAARLINK 132; anders 137.

[33] Z.B. D. LÜHRMANN, Mk 137.

Insofern ist Baarlinks Erschließung eines vormk. Wunderkomplexes hinter Mk 6,7–8,26 aufgrund scheinbarer joh. Parallelen eine sehr problematische Konstruktion.[34]

Den Parallelen stehen aber auch signifikante Differenzen gegenüber,[35] die die Entscheidung über das Verhältnis der Erzählungen bzw. ihrer Traditionen als eine sehr komplexe Fragestellung auszeichnen.

Für die *Speisungsgeschichte* seien exemplarisch genannt: Der Rest der Fische (Mk 6,43) wird im JE nicht konstatiert.[36] Zudem fällt die differente Schilderung des Dankgebetes mit einer anderen Darstellung des Gebetsgestus auf,[37] d.h. es gibt auffallende Differenzen in einem Textbereich, der unter den synoptischen Texten die höchste Kontingenzrate aufweist. In Joh 6 fehlt die Erwähnung des Mitleids, das aber auch in Mk 6,34 und 8,2 jeweils in unterschiedlichem Zusammenhang gebracht wird. Es sprechen hingegen einzelne, konkret benannte Jünger mit Jesus (Mk 6 und 8 steht jeweils die Gruppe der Jünger Jesus gegenüber), das Brot wird als Gerstenbrot spezifiziert, die Fische mit einer anderen Vokabel benannt und die 200 Denare reichen nicht zur Speisung der Menge, die nicht in besondere Gruppen geteilt wird, aus.

Eine Anzahl von Differenzen läßt sich auch für die Schilderung des *Seewandels* nennen: Wesentlich ist die veränderte Erzählperspektive von Joh 6,16ff; hier wird aus der Sicht der Jünger berichtet, bei den synoptischen Berichten aus dem Sichtwinkel Jesu.[38] Daneben sind zu nennen: das Fehlen des Jüngerunverständnisses (Mk 6,51b–52; fehlt auch bei Mt); ein je anderer Zielort (Mk 6,45: Bethsaïda; Joh 6,17: Kafarnaum). Mit MkEv fehlt in JE der mt. Seewandel des Petrus (Mt 14,28ff). Die Jünger nehmen Jesus nicht als ein φάντασμα wahr (Mk 6,49; Mt 14,26). Außerdem schießt das wunderbare Versetzen des Bootes an das Ufer als weiteres Wunderelement gegen die synoptischen Berichte in Joh 6,21 über; stattdessen nehmen die Jünger der synoptischen Berichte Jesus in das Boot auf.[39]

Die Beurteilung der Relation hängt sehr stark von den jeweiligen Entscheidungen über den möglichen redaktionellen Charakter einer Passage ab. Dieser exegetischen Aporie kann jedoch methodisch kaum entgangen werden. Durch diese Problematik wird auch der zweite Überlegungsgang gekennzeichnet, der sich der Frage nach dem Ursprung der Sequenz aus *Speisung und Seewandel* stellt. Diese Frage, die m.E. entscheidend für die Beurteilung des außer- oder postsynoptischen Charakters der Sequenz der Wunderüberlieferung von Joh 6 ist, basiert methodisch wiederum auf der Differenzierung von Tradition und

---

[34] H. BAARLINK 132.137–139; Mk 8,1–13 stellt sich dann als redaktionelle Dublette dar (aaO. 137); s.a. B. GÄRTNER 9–12: die aus Joh 6 erschlossene vormk. Sequenz umfaßt Mk 6,30–44. 45–52; 8,11. 14–21.

[35] Vgl. auch die Auflistungen bei U. SCHNELLE, Christologie 121f. 127. Zum Seewandel s.a. P.J. MADDEN 91–93.

[36] Dies fehlt auch in Mt 14,20 und Lk 9,17; ein sehr interessanter Sachverhalt; dazu oben S. 131.

[37] Kein Aufblicken zum Himmel: Joh 6,11 mit Mk 8,9 par Mt 15,36 gegen Mk 6,41parr.

[38] Vgl. z.B. J.P. HEIL 7.16.

[39] Mk 6,51; in Mt 14,32 steigt Jesus zusammen mit Petrus in das Boot aufgrund des nur im ersten Evangelium berichteten Seewandels des Petrus; im JE wird lediglich die Absicht (ἤθελον!; V.21), Jesus in das Boot aufzunehmen, vermerkt.

Redaktion. Zieht man jedoch nicht die Existenz der Reihung Speisung und Seewandel in Joh 6 als Beweis für die vormk. Herkunft dieser Sequenz heran, was methodisch dem unbewiesenen Axiom der Unabhängigkeit des vierten von den synoptischen Evangelien entspricht, so ergeben sich eine Anzahl von Indizien für eine mk.-redaktionelle Herkunft der genannten Wundersequenz. Gelingt dieser Nachweis, so läßt sich m.E. eine beachtenswerte Kette von Indizien für die Entscheidung des in diesem Abschnitt zu verhandelnden Problems anführen.

Zunächst ist die Frage nach der *Zusammenfügung der Wundersequenz* zu bedenken. Eindrucksvoll ist der Hinweis auf die Einleitung des mk. Seewandelberichts, Mk 6,45–47, sowie auf den Abschlußvers V.52, da diese Abschnitte durch mk. Sprache und Theologie geprägt sind. Daher kann man beispielsweise mit den in der Arbeit „Johannes und die Synoptiker" von Ismo Dunderberg gemachten Beobachtungen[40] die verbreitete These in Frage stellen, daß das Speisungswunder und der Seewandel bereits vormk. verbunden gewesen sind.[41]

Wenden wir uns zunächst dem das Speisungswunder und den Seewandel rahmenden Abschluß Mk 6,52 zu. Mit seinem Rückbezug auf das Brotwunder (*‚denn sie* [die Jünger] *waren bei den Broten* [ἐπὶ τοῖς ἄρτοις] *noch nicht zur Einsicht gekommen, sondern ihr Herz war verstockt.*') gibt dieser Vers aufgrund des Motivs des Jüngerunverständnisses zu Recht Anlaß, mit redaktio-

---

[40] I. DUNDERBERG, Johannes 156ff; s.a. U. SCHNELLE, Christologie 129, F. SCHNIDER/W. STENGER 107f. 110.

[41] Die These der vormk. Verbindung beider Wundergeschichten wird beispielsweise vertreten von A.-M. DENIS, Section 175; W. EGGER 123 mit Anm. 12; J. GNILKA, Mk 266; R.A. GUELICH, Mk 347; K. KERTELGE, Wunder 140; D.-A. KOCH 36. 107; B. KOLLMANN, Ursprung 105; P.J. MADDEN 95f; P. GARDNER-SMITH 33; T.-S. PARK 189; u.v.m.
Widerspruch gegen die Abhängigkeit des joh. Überlieferungsbefundes meldet auch EDWIN D. JOHNSTON *passim* an. Seine Argumentation beruht darauf, daß der joh. Text gegenüber dem mk. altertümlichere, womöglich historisch wertvollere Züge enthalten soll: Fehlen des Aufblickens Jesu beim Gebet und des Brotbrechens, die Gerstenbrote, ὀψάριον sowie die Begründung für das Einsammeln der Brote. Das oben genannte Problem der übereinstimmenden Akoluthie zwischen Mk 6 und Joh 6 sowie ihre Erklärung wird nicht bedacht. Demgegenüber wird jedoch die eucharistische Deutung von Mk 6 als eine Voraussetzung der Argumentation verwendet; dies ist aber nicht unproblematisch. Daß die angesprochenen Züge z.T. eher fortgeschrittreneren Reflexionen entspringen, z.B. atl. Einflüssen (→ Gerstenbrot; auch kann eine nachträgliche Begründung für ein Vorgehen wie das Einsammeln ein Element fortgeschrittenen Erzählens sein), ist nicht hinreichend reflektiert worden.
Zum Versuch, eine von den Synoptikern unabhängige Überlieferung hinter Joh 6,1ff zu begründen, vgl. weiterhin E. HAENCHEN, JE 305ff.

neller Herkunft zu rechnen.[42] Damit entfällt dieser Vers als Indiz für eine vormk. Verbindung beider Wundergeschichten.[43]

Entscheidend ist jedoch die Analyse des Übergangs von der Speisung zum Seewandel. Stimmt es, daß „(d)er Sprachgebrauch von Mk 6,45 ... erst durch die mk. Interpretation in V.52 verständlich" wird,[44] so fällt die erzählerische Verknüpfung zwischen beiden Wundergeschichten als Indiz für eine traditionelle Verbindung fort; auch die Annahme einer vormk. Verknüpfung wäre dann eine dem redaktionellen Charakter von 6,52 nicht angemessene Überlegung.[45]

Das bedeutet, daß neben Mk 6,52 für die Problematik, ob Speisung und Seewandel bereits vormk. verbunden gewesen sind, speziell die Einleitung zum Seewandel Vv.45–47 von Gewicht ist. Sie verklammert im mk. Text die Situation der Speisung und die Konstellation des Seewandels, indem das Volk entlassen und die Jünger von Jesus getrennt über den See geschickt werden. Steht diese Entlassung und Umgruppierung der Protagonisten der Speisung bereits in der Tradition, so wäre entsprechend die Verbindung beider Wunderberichte als vormarkinisch anzusprechen. Doch diese Annahme hält einer Nachprüfung m.E. nicht stand.

Einen wichtigen Beitrag zur kritischen Analyse der Frage des ursprünglichen Zusammenhangs von der Speisung der 5000 und des Seewandelberichts verdankt die Forschung Thierry Snoy. Unter Beachtung geographischer (V.47: Aufbruch nach Bethsaida [am Ostufer wie die Speisung selbst] – V.53 Ankunft in Genesaret) und chronologischer (6,35: ἤδη ὥρα πολλή – V.47: ὀψίας γενομένης[46] – V.48: περὶ τετάρτην φυλακὴν τῆς νυκτός) Spannungen in Mk 6,30–54[47] sucht er, beide Überlieferungen als sekundär durch den Erzähler des MkEv zusammengefügte Traditionen zu erweisen. Mk 6,53 sei der ursprüngliche Abschluß der Speisung. Dazwischen sei der Seewandel eingeführt worden, zu dem die geographische Angabe Bethsaida und die vierte Nachtwa-

---

[42] Z.B. R. BULTMANN, Geschichte 231; J. KREMER 222; Q. QUESNELL 65f; U. SCHNELLE, Christologie 128; F. SCHNIDER/W. STENGER 110; s.a. J.-M. VAN CANGH, La multiplication 342.

[43] Z.B. auch F. SCHNIDER/W. STENGER 114.

[44] I. DUNDERBERG, Johannes 157, der auf den Zwang, den Jesus auf die Jünger ausübt, und Rückverweise auf die Einleitung zur Speisungsgeschichte (vor allem das mk. Bootsmotiv [Mk 6,32]) verweist.

[45] Zu R.A. GUELICH, Mk 352. Für nicht mehr lösbar hält J. KREMER 222 das Problem, ob Speisung und Seewandel sekundär in der vormk. Tradition oder erst durch den Evangelisten verbunden worden sind.

[46] Eine im Mk häufige Zeitangabe: neben Mk 6,47 auch 4,35; 14,17; s.a. die Wendungen 1,32; 15,42; zur Spannung zwischen diesen beiden Zeitangaben s.a. L. SCHENKE, Wundererzählungen 238.

[47] Über Lösungsvorschläge informiert T. SNOY, Rédaction 210–213.

che als Zeitangabe zu rechnen sind. Die Verbindung zwischen beiden Geschichten wird als mk. erkannt.[48] Für eine sekundäre Verbindung der beiden Wundergeschichten spricht auch, daß sie keinen inneren Bezug aufeinander nehmen.[49] Allerdings arbeitet der älteste Evangelist, der im Rahmen um die beiden Wundergeschichten und in der Konzentration auf das Unverständnis der Jünger tätig war und zudem Motive der Sturmstillung aus Mk 4,30 in den Seewandel eingetragen hat,[50] keinen näheren inneren Bezug auf die Speisungsgeschichte in den Seewandel ein. Das entscheidende Moment für das Verständnis der Verbindung der beiden Wundergeschichten ist das Motiv des Unverständnisses der Jünger Jesu.

Zu erklären ist, wieso der Erzähler des MkEv seinerseits den Seewandel einfügt, wenn er im Kontext nicht am Wunder, sondern am Unverständnis Interesse hat. Spricht dies nicht wiederum für eine vormk. Verbindung der beiden Wunder? Die zuvor genannten Spannungen wie die noch zu besprechende sprachliche Gestaltung der Rahmen- und Übergangsstücke Mk 6,45.52 sprechen dagegen. Eine positive Begründung, warum Seewandel und Speisung durch ‚Markus‘ zusammengefügt wurden, kann darin erkannt werden, daß die Furcht der Jünger und ihre Befürchtung, ein Gespenst zu sehen (V.49), zwar formale Bestandteile von Epiphaniegeschichten sind und damit nicht genetisch aus dem Jüngerunverständnis heraus zu interpretieren sind, dennoch aber dem Evangelisten in seiner Interpretation der Speisung mit Hilfe des Unverständnisses Vorschub geleistet haben.[51] Andererseits ist schon verschiedentlich in dieser Arbeit betont worden, daß das Unverständnismotiv nicht das einzige redaktionelle Motiv für die Verwendung der Wundertradition durch den Evangelisten ist.

Die sprachliche Gestalt der Einleitung zum Seewandel läßt sich als Arbeit des mk. Erzählers erkennen. So hat die Entlassung des Volkes V.45 (ἀπολύει τὸν ὄχλον) eine nahe Parallele in der Jüngerbitte der Speisung V.36 (ἀπόλυσον αὐτούς). Andererseits belegt auch Mk 8,9 nach der Speisung des Volkes dessen Entlassung. Auch von der Beurteilung dieses Verses hängt das Verständnis der Entlassung in V.45 ab.[52] Die Entlassung des Volkes in V.45 dürfte ein Fragment des Abschlusses der Speisungsgeschichte sein, das aber wie Mk 8,9 zeigt, nicht notwendig auf die Fortsetzung durch den Seewandel hin angelegt ist. Immerhin ist V.45 insgesamt mit der mk. Technik der Doppelung ins Gespräch zu bringen, wie die Wiederholung des Gedankens durch die Notiz des Vollzugs in V.46 zeigt.

---

[48] S.a. L. SCHENKE, Wundererzählungen 238f.
[49] Z.B. I. DUNDERBERG, Johannes 157.
[50] S.o. S. 219.
[51] S.a. W. SCHNIDER/F. STENGER 114f.
[52] Zur Diskussion um die Ursprünglichkeit der Entlassung des Volkes nach der Speisung s.o. S. 138f.

Der Anschluß καὶ εὐθύς ist markinisch.[53] Die Überfahrt an das jenseitige
Ufer mit dem Boot als Einleitung einer neuen Szene ist zudem als geläufige
mk. Verknüpfungstechnik anzusprechen (vgl. Mk 5,1.21; 8,13).[54] Die Trennung der Jünger vom Volk zum Zwecke einer besonderen Belehrung oder Offenbarung ist ein gängiges Motiv im MkEv; in diesem Sinn kann auch die Nö-
tigung der Jünger zur Überfahrt durch Jesus verstanden werden (z.B. 6,31).
Der Rückzug auf den Berg, um (allein) zu beten (V.46), ist gut markinisch.
Er hat eine enge Parallele im Rückzug Jesu in die Einsamkeit zum Gebet in Mk
1,35 (zum einsamen Gebet Jesu s.a. 14,32 u.ö.).[55] Gelegentlich ist auch der
Berg der Topos der Einsamkeit, in die sich Jesus mit einer ausgewählten Zahl
seiner Anhänger zurückzieht: Mk 5,5; 9,2; 13,3. Daß in diesen Texten der
Berg zumeist traditionell vorgegeben ist, soll nicht bestritten werden, die Vorstellung dieses Ortes als Topos der Separation, der Einsamkeit oder des Rück-
zuges verdankt sich hingegen mk. Gestaltung.[56] Der Seewandel setzt die Trennung Jesu von seinen Jüngern voraus, nicht aber das Bergmotiv.[57]

Der *Genitiv absolutus* καὶ ὀψίας γενομένης, V.47, ist bereits als mk.
Zeitangabe angesprochen worden. Aber auch die Kennzeichnung Jesu im Gegensatz zur Position des Bootes ἐν μέσῳ τῆς θαλάσσης als αὐτὸς μόνος
ἐπὶ τῆς γῆς weist mk. Sprachmerkmale auf. Wieder taucht das Thema des von
der Masse getrennten Jesus auf (zu diesem mk. Motiv vgl. 4,10; 9,2.8; hier ist
Jesus mit seinen Jüngern vom Volk getrennt; diese Trennung entspricht dem
einsamen Gebet Jesu [s.o.]). Auch die Ortsangabe ἐπὶ τῆς γῆς fällt durch ihr
häufiges Vorkommen bei Markus auf (außer 6,47 noch 2,10; 4,1[!].20.26.
31[*bis*]; 6,53; 8,6; 9,3.20; 14,35; s.a. 15,33). Auch wenn zu beachten ist, daß
dies in recht unterschiedlichen Zusammenhängen begegnet und die Wendung z.
T. fest an der Überlieferung zu haften scheint, kann wohl dennoch zu Recht

---

[53] Es genügt ein Blick in die Konkordanz (s.a. die differenzierende Aufstellung bei E.J.
PRYKE 91; vgl. 93); der Häufung im MkEv stehen nur zwei Belege im lk. Doppelwerk gegenüber: Lk 6,49; Apg 10,16.
[54] Vgl. F. SCHNIDER/W. STENGER 109 mit Anm. 5; s.a. L. SCHENKE, Wundererzählungen 239, der auf die Spannung zur Zielangabe πρὸς Βηθσαϊδάν verweist.
[55] Zumeist ist die mk. Herkunft dieses Verses anerkannt: z.B. D. LÜHRMANN, Mk 53; s.
a. J. GNILKA, Mk I, 88; F. SCHNIDER/W. STENGER 109 mit Anm. 7. Allerdings ist der Rückzug einer außergewöhnlichen Persönlichkeit zum Gebet kein singulärer Erzählzug. *Eunapius* läßt *Jamblichus* gelegentlich von seinen Freunden und Schülern getrennt (χωρὶς τῶν
ἑταίρων καὶ ὁμιλητῶν) allein Handlungen vollziehen bei der Anbetung des Göttlichen
(ἔπραττεν ἐφ’ ἑαυτοῦ, τὸ θεῖον σεβαζόμενος [*Eunapius*, Vit Soph 458]).
[56] S.a. I. DUNDERBERG, Johannes 158.
[57] Allerdings wurde im Zusammenhang mit der Form der Epiphaniegeschichte dem
Berg eine prominente Rolle zubestimmt: R.A. GUELICH, Mk 349; J.P. HEIL 9; L. SCHENKE,
Wundererzählungen 246. Auf der Erzählebene ist diese Verbindung keineswegs erkennbar
durchgeführt. Vor allem findet die Epiphanie nicht auf dem Berg statt, sondern auf dem See.

von einer mk. Wendung gesprochen werden.[58] Der Evangelist nutzt hier wie ·
auch sonst, beispielsweise zur Formulierung seines Messiasgeheimnisses, Materialien seiner Tradition. Gehört die Angabe ‚*allein auf dem Land*‘ zur Hand.
des Evangelisten, so ist wohl auch die dramaturgisch wirkungsvolle Gegenüberstellung der mitten auf dem See befindlichen Jünger sein Werk.

Die Zielangabe πρὸς Βηθσαϊδάν (V.45) ist bereits in der Aufnahme der
Argumentation von Snoy als im Erzählverlauf problematische Ortsangabe erkannt worden. Bethsaïda wird in Mk 8,22 wieder aufgenommen, wo es den
Abschluß der Sequenz Mk 6,1–8,21 (vgl. bes. 8,19f.21) markiert: Καὶ ἔρχον-
ται εἰς Βηθσαϊδάν. Eine weitere Ortsangabe fügt das mk. (!) Summarium[59]
Mk 6,53–56 hinzu: περιέδραμον ὅλην τὴν χώραν ἐκείνην (sc. die Gegend
um den See Genezareth). Weiter werden genannt Tyros (7,24; red.), Sidon
(7,31; red.) und die Dekapolis (7,31; red.). Diese redaktionellen geographischen Angaben, die mit dem See Genezareth und den Bootsfahrten über den
See verbunden sind, finden in 8,22a ihren Abschluß. So wird auch dieser Vers
redaktionell zu beurteilen sein.[60] Die Ortsangabe Mk 6,45 ist somit im unmittelbaren Kontext ein Problem,[61] aber auch auf der redaktionellen Ebene, so daß
die Lösung von Snoy, der die Zielangabe V.47 der Tradition zurechnet, die
größte Wahrscheinlichkeit beansprucht. Jedenfalls spricht auch die Zielangabe
Mk 6,45 gegen eine vormk. Abfolge von Speisung und Seewandel, da die Speisung wohl durch die Überfahrt nach Genezareth zu ihrem Ende kommt (V.53).

Es ist also festzuhalten: Die Verklammerung des Seewandels mit der Speisung im MkEv in Vv.45–47* verdankt sich markinisch-redaktioneller Gestaltung.[62] Für die traditionelle Einleitung des Seewandels kann mit hinreichender
Sicherheit nicht mehr festgestellt werden, als daß die Jünger sich ohne Jesus
auf eine Seefahrt begeben haben und dies wahrscheinlich in Richtung Bethsaïda. Damit sind alle Klammern, die die Verbindung von Speisung und Seewandel einsichtig machen, entfallen. Für die vormk. Verbindung von beiden
Wundergeschichten spricht nur der Vergleich mit Joh 6. Hier wird es aber methodisch sicherer sein, die vorjoh. Sequenz und die mk. redaktionelle Sequenz
hinsichtlich einer möglichen Beziehung zu vergleichen, als den redaktionsgeschichtlichen Befund des MkEv durch das erst zu beweisende Postulat einer

---

[58] So. E.J. PRYKE 46 Anm. 3.
[59] Mit D. LÜHRMANN, Mk 123; D.-A. KOCH 169.
[60] Z.B. D. LÜHRMANN, Mk 139.
[61] Anders D. LÜHRMANN, Mk 123, der die Angaben Vv.45.53 harmonisiert: „Das Boot
… landet offenbar in Bethsaida, dem in 45 genannten Reiseziel. Jesus und die Jünger gehen
aber sogleich nach Genezareth.“
[62] Dies anerkennt auch D. LÜHRMANN, Mk 121.

vor- oder außersynoptischen Tradition, die der vierte Evangelist haben soll, zu entwerten. Die wenigen, aber gleichwohl nicht unbedeutenden Übereinstimmungen im Vokabular zwischen dem MkEv, den Seitenreferenten und dem vierten Evangelium sind oben bereits aufgelistet worden, allerdings ohne eine Bewertung dieses Befundes vorzunehmen. Aufgrund des methodischen Postulates, daß allein Konvergenzen im redaktionell erstellten Text beweiskräftig sind,[63] kann dies erst im Anschluß an eine redaktionsgeschichtliche Analyse geschehen.

Die Übereinstimmungen zwischen der redaktionell verfaßten Einleitung Mk 6,30–34 und Joh 6,1–4 sind gering, bestehen in sehr gebräuchlichem Vokabular und sind durch den jeweiligen Erzähltext hinreichend zu erklären, die Annahme direkter literarischer Beeinflussung ist ein überflüssiges Postulat.[64]

Der Vergleich insbesondere mit der Paralleltradition Mk 8,1ff, aber auch mit anderen Reflexen der Speisungstraditionen belegt hingegen, daß die Übereinstimmungen in den genannten Zahlen zwischen Joh 6,1ff und Mk 6,30ff keineswegs selbstverständlich sind. Besonders die mündliche Überlieferungsphase wird für eine Veränderung anfällig gewesen sein, wie es gerade die Parallele Mk 8,1ff veranschaulicht. Dennoch rechtfertigt der Hinweis auf einen besonders instabilen Aspekt mündlicher Tradierung noch nicht die Annahme literarischer Abhängigkeit. Dieser Hinweis steht nur für eine Möglichkeit der Wandlung, nicht aber für ihre Notwendigkeit. Auch die Unterscheidung von Tradition und Redaktion erbrachte keinen redaktionellen Ausweis der signifikanten Zahlen.[65]

Wichtig ist hier jedoch die Nennung der Summe von 200 Denaren, die lediglich Mk 6,37, nicht aber in der Parallele und auch nicht bei den Seitenreferenten belegt ist. Das Fehlen bei den Seitenreferenten, das nicht sicher mit ihrer redaktionellen Tendenz zu verbinden ist, hat zu der Annahme geführt, daß diese Angabe im Markus-Exemplar, wie es jeweils von ‚Matthäus‘ und ‚Lukas‘ benutzt wurde, fehlte.[66] Diese Zahl begegnet allerdings nicht im Bestand der joh. Tradition, sondern erst in der redaktionellen Passage des Gesprächs zwischen Jesus und den namentlich gekennzeichneten Jüngern Philippus und Andreas. Damit liegt also kein Hinweis auf eine Abhängigkeit der vorjoh. Überlie-

---

[63] S.o. S. 240 mit den dort genannten Einschränkungen.

[64] S.a. I. DUNDERBERG, Johannes 151f.

[65] Auf dieses Manko weist auch I. DUNDERBERG, Johannes 152. Allerdings hält er die 200 Denare aufgrund seiner Bestimmung von Mk 6,35–37 als redaktionellen Mk-Text für einen sicheren Hinweis; hier sieht er die Basis von Joh 6,6f; dies hängt jedoch von der Beurteilung von Vv.35–37 ab, die m.E. ein nicht geringes Maß an Unsicherheit birgt (zur Diskussion s.o. S. 124ff).

[66] Vgl. hierzu s.o. S. 94 u.ö.

ferung vom Text des MkEv vor. Immerhin aber kann der vierte Evangelist als ein Zeuge für eine Entwicklung des mk. Textes verglichen werden. Beachtenswert ist die Übereinstimmung des Verbums ἐλαύνω, das im NT nur in Joh 6,19 und Mk 6,48 in der Bedeutung ‚*rudern*' belegt ist. Nun steht dies Verb bei Mk in der Schilderung der Not, währenddessen es in der vorliegenden Analyse des joh. Textes der Epiphanieschilderung zugeschlagen wurde; doch ist diese Differenz auch im Gefälle der unterschiedlichen Erzählperspektive zu sehen. In Mk 6,48 ist es Jesus, der die Jünger in ihrer Bedrängnis beim Rudern sieht (καὶ ἰδὼν αὐτοὺς βασανιζομένους ἐν τῷ *ἐλαύνειν* [≠ Mt 14,25]). In Joh 6,19 kennzeichnet es den Ort, an den die Jünger auf dem See gerudert sind, als Jesus ihnen auf dem See wandelnd begegnet (ἐληλακότες οὖν ὡς σταδίους εἴκοσι πέντε ἢ τριάκοντα...). Die Verwendung dieses Verbums zeigt in den jeweiligen Schilderungen durchaus ein eigenes Erzählvermögen. Aber auch wenn das Verb mit der Erzählsituation des Seewandels verrechenbar ist, gehört es zu den auffälligeren Begriffen im Textvergleich.

Im übrigen lassen sich insbesondere beim Seewandel eine Reihe von sprachlichen Berührungen erkennen, die auf den Text von Mk 6,45ff zurückverweisen können.[67] Auch strukturelle Berührungen, wie die Zeitangabe Joh 6,17 (καὶ σκοτία ἤδη ἐγεγόνει), die eine ähnliche in vergleichbarer Position in Mk 6,47 ersetzt hat, sind instruktiv. Jedoch ist das Ergebnis ambivalent, insofern ebenfalls eine Reihe von Differenzen zu beachten bleiben.

Es bleibt festzuhalten, daß von der gesicherten Beobachtung der erst redaktionellen Zusammensetzung von Speisung und Seewandel im MkEv und ihrer Voraussetzung bereits in der vom vierten Evangelisten benutzten Tradition auszugehen ist.

Fassen wir zusammen, was sich bisher ergeben hat. *Der vierte Evangelist hat eine Sequenz benutzt, die aus Speisung und Seewandel bestanden hat.* Sie ist voraussichtlich *schriftlich* auf den vierten Evangelisten gekommen. Diese Annahme verbleibt zwar unsicher, doch erklärt sie am besten, warum der Seewandel in einem auf die Brotthematik konzentrierten Abschnitt übernommen wurde, darin aber hinsichtlich der semantischen Kernbegriffe eine marginale

---

[67] S.a. I. DUNDERBERG, Johannes 162–164.

Daß das vokabelstatistische Argument nur mit äußerster Zurückhaltung zu benutzen ist, zeigt der Umgang von PETER DSCHULNIGG mit der Erwähnung der κλάσματα (Mk 6,43; 8,8 [s.a. 8,19f im redaktionellen Rückblick auf die beiden Speisungen! S.a. Mt 14,20; 15,37; Lk 9,17]; Joh 6,12.13). P. DSCHULNIGG 164 n° 151, postuliert diese als mk. Sprachmerkmal, so daß sie deshalb für ihn von grundsätzlicher Bedeutung für eine Kenntnis des MkEv durch das JE ist: aaO. 315f. Allerdings gehören die κλάσματα literarisch unbestreitbar zum Traditionsbestand, der sich der Verwendung in Mk 8,19f anschließt. Ein Indiz für eine (vor-) joh. Kenntnis des MkEv ist dieser Vokabel nicht sicher zu entnehmen.

Rolle spielt. Die vorredaktionelle, aber wohl schon im joh. Kreis überlieferte Sequenz hat eine Parallele in Mk 6,30ff und Mt 14,13ff. *Für die Reihenfolge der beiden Wunder in Mk 6 ist der Erzähler des MkEv verantwortlich,* dessen leitendes, aber nicht ausschließliches Motiv das Jüngerunverständnis ist. Dieses Motiv konnte er in der stilgemäßen Reaktion der Jünger auf den Seewandel wiederfinden (Mk 6,49),[68] so daß sich eine redaktionsgeschichtliche Begründung für die Benutzung und Einfügung des Seewandels an dieser Stelle des MkEv angeben läßt. Der mt. Text ist in seiner Abfolge von Mk abhängig. *Gegenüber dem mt. Text fällt auf, daß der dort redaktionelle petrinische Seewandel im joh. Text und seiner Tradition keine Entsprechung hat.* Demgegenüber wurde in dieser Arbeit bereits auf die positive Rolle des Petrus in Joh 6 gewiesen, der als Repräsentant der Zwölf den Glauben an den Offenbarer bekennt. Dies rechtfertigt zunächst eine Konzentration auf den *markinisch-redaktionellen Text* als *wahrscheinlichen Ausgangspunkt* für die schließlich auf den vierten Evangelisten gekommene Tradition. Der Textvergleich nach erfolgter Scheidung von Tradition und Redaktion sowohl beim mk. wie beim joh. Text hat sprachliche Berührungen ergeben, die allerdings gering sind und denen Differenzen gegenüberstehen. Der strukturelle Vergleich hat einige wenige, wenngleich unbedingt beachtenswerte Motive hervorgebracht, die als markinisch-redaktionell erkannt worden sind und die eine Parallele in der joh. Überlieferung haben (der Gedanke, Nahrung zur Speisung der Menge hinzuzukaufen; das explizite Rettungsmotiv am Ende des Seewandels). Bewertet man als zentrales Argument, daß die Verbindung von Speisung und Seewandel mk. ist, und anerkennt man zugleich die sprachlich-strukturelle Kohärenz wie auch Inkohärenz sowie eine nicht unbeträchtliche inhaltliche Konstanz, so bietet sich als Lösung der *Wechsel der mk. Speisungs-Seewandel-Sequenz in eine mündliche Überlieferungsphase* an.[69] Die theologische Zielrichtung dieser nur noch hypothetisch erschließbaren Größe ist im Vergleich mit dem mk. Text und der joh. Vorlage zu erschließen.

Die erkennbaren Differenzen zwischen der mk. und der joh. Wundersequenz haben Entsprechungen im Verhältnis der Seitenreferenten zum MkEv; den Übereinstimmungen (insbesondere Mk 6,41f par Mt 19,19b–20a par Lk 9,16–17a[70]), die aus dem Abhängigkeitsverhältnis der drei synoptischen Evangelien[71]

---

[68] S.o. S. 217 Anm. 111. 228.

[69] Vgl. F. SCHNIDER/W. STENGER 142: „Geht die Einheit von Speisung und Seewandel auf Markus zurück, so ist anzunehmen, daß die Vorlage des Johannes die Synoptiker mindestens aus mündlichem Vortrag kannte."

[70] Vgl. die Analyse und die statistischen Angaben bei B. VAN IERSEL, Speisung 170f.

[71] Zu dem in dieser Arbeit vorausgesetzten differenzierten Modell der Zwei-Quellen-Hypothese s.u. S. 116 Anm. 3.

heraus beleuchtet werden können, steht eine beachtenswerte Anzahl von Differenzen gegenüber (neben redaktionellen Umstellungen und Glättungen ist speziell das Fehlen des Wortes über die zur Speisung notwendige Brotmenge im Wert von 200 Denaren [Mk 6,37] bei beiden Seitenreferenten zu nennen).[72] Dies kann nicht allein lehrreich sein für die Verhältnisbestimmung der beiden erstgenannten Evangelien, sondern stellt die Analyse auch vor die Aufgabe, abschließend ein Blick auf die *Seitenreferenten* zu richten. Sind in den von ihnen vorgenommenen redaktionellen Veränderungen Hinweise darauf zu finden, daß sie wesentlichen Einfluß auf die joh. Überlieferung oder den Evangelisten selbst ausgeübt haben?

Oft wird angenommen, daß die Seitenreferenten sich durch eine *eucharistische Interpretation* des mk. Speisungsberichtes auszeichnen. Mentor dieses Interpretationsansatzes ist insbesondere Bas van Iersel.[73]

Seine Beobachtung, daß die größten Konvergenzen zwischen dem MkEv und den Seitenreferenten sich in der zentralen Passage befinden, die die Aufnahme der Brote und der Fische, das Dankgebet, das Brechen und das Verteilen der Speise zum Inhalt hat (Mk 6,41f parr), wertet er als Hauptargument für die eucharistische Interpretation des mk. Stoffes durch die Seitenreferenten in dieser der Herrenmahlsparadosis sehr nahestehenden Passage. Dieser Argumentation ist vordergründig wenig entgegenzuhalten. Dennoch darf nicht unbeachtet bleiben, was bereits zum mk. Text und der Frage seiner potentiellen eucharistischen Bedeutung gesagt wurde. Die Passage weist signifikante Differenzen zur Herrenmahlsüberliefe-

---

[72] Auch die beiden Traditionsstränge Mk 6 und 8 weisen eine beachtliche Anzahl von Differenzen auf: vgl. z.B. L. SCHENKE, Wundererzählungen 217ff.

[73] B. van Iersel, Speisung *passim*; vgl. bes. 169–171.
Für das *MtEv* vgl. z.B. K.E. CORLEY 161.164; A. HEISING 73f; vorsichtig differenzierend auch U. LUZ, Mt II, 401f.441. Dem Erzählgefälle der Evangelien entspricht besser das Urteil RUDOLF SCHNACKENBURGS, der die Aussagerichtung umkehrt: „Eher sollen sich die Leser ... beim Abendmahlsgeschehen an die Speisung des Volkes erinnern" (Mt 136); gegen die eucharistische Interpretation s.a. J. GNILKA, Mt II, 8f; J. ROLOFF, Kerygma 237–241; A. SAND, Mt 305: Er votiert insbesondere gegen eine Deutung der Betonung der Jünger als Ausdruck eucharistischer Gemeindepraxis.
Zum *LkEv* vgl. JOACHIM WANKE, der die lk.-redaktionellen Veränderungen gegenüber Mk im wesentlichen als Versuch, „die eucharistischen Anklänge zu verstärken", deutet; s.a. zur eucharistischen Deutung des lk. Textes: HEISING 75f; J. FITZMYER, Lk 764. Auch W. BÖSEN, Mahlmotiv 282ff, sieht den Einfluß des eucharistischen Gedankens, muß aber zugleich die Probleme anerkennen; dies kann auch die prosaische Sprache nicht verdecken, mit der er davon spricht, daß „ein eucharistischer Schatten ... die Perikope" überlagert. Zugleich schwächt BÖSEN ab: „(D)och hüllt er sie nicht so weit ein, daß ihr Eigencharakter eingeschränkt würde" (aaO. 284). – Als „auffällig verhalten" wertet G. SCHNEIDER, Lk I, 206, die Hinweise auf das eucharistische Mahl.
Überraschend ist die geringe Bedeutung, die der Interpretation der Speisungsberichte durch die Seitenreferenten von Seiten der redaktionsgeschichtlichen Forschung zugemessen wird (vgl. die Problemanzeige durch U. BUSSE, Wunder 235).

rung auf, und die Parallelen zwischen beiden, dem mk. Text und der Herrenmahlsüberlieferung, entsprechen der jüdischen Mahlsitte.[74]
    Weiter verweist van Iersel auf die Verkürzung des Fischmotivs[75] und auf die Verände-
rung der Zeitangabe in der Einleitung (Mt 14,15 [→ 24,20 par Mk 14,17], das van Iersel
selbst als „usuelle Wendung" des Mt bezeichnet,[76] und Lk 9,12, das noch in der Einleitung
zur Mahlszene in der Emmaus-Perikope bei Lk vorkommt: 24,30) hin. Der Ansicht van Ier-
sels, daß die Jünger als Amtsträger der das Herrenmahl feiernden Gemeinde stilisiert
seien,[77] ist zu Recht widersprochen worden.[78]

Gegenüber dieser eher pauschalen Annäherung an die redaktionelle Eingliederung des Markusstoffes ist nunmehr eine differenzierte Betrachtung der einzelnen Rezeptionen vorzunehmen.[79]

    Der mk. Stoff ist in *Mt 14,13–21* überarbeitet dargeboten.[80] Das stärkste
Ausmaß dieser Veränderungen ist im Bereich der Einleitung zur Speisungsgeschichte und in der Vorbereitung zum Wunder, dem Jüngerdialog, zu finden.

    Die Differenzen in der Einleitung zur mt Speisung der 5000 sind zunächst
auch damit zu begründen, daß die Speisung nicht wie bei ‚Markus' auf die
Jüngeraussendung folgt, die der erste Evangelist bereits in der sogenannten
Aussendungsrede, Mt 9,35–10,16, geboten hat.[81] Das Motiv von der *hirtenlosen Herde* bringt der erste Evangelist ebenfalls in diesem Erzählzusammenhang: Mt 9,36. Das Motiv bekommt hier als Teil des Summariums 9,35–38
eine missionstheologische Spitze.

    Der erste Evangelist kürzt, glättet und strukturiert den ihm vorliegenden
Stoff,[82] wobei er neue und eigene Akzente einführt. Auffällig ist die Zahl der

---

[74] S.o. S. 134 mit Anm. 109.

[75] B. VAN IERSEL, Speisung 171–173; dagegen besteht jedoch der Verdacht, daß das Auf-
sammeln der Fischreste ein sekundäres, nicht im MkEv der Seitenreferenten notiertes Thema ist; vgl. Mt 14,20 par Lk 9,17 gegen Mk 6,43.

[76] B. VAN IERSEL, Speisung 172.

[77] B. VAN IERSEL, Speisung 192f zu Mt 14,19; s.a. A. HEISING 73.

[78] Z.B. X. LÉON-DUFOUR 304 Anm. 19: Hinweis, daß nicht die Gemeinde sondern eine
„undifferenzierte Volksmenge" gespeist wird; s.a. U. LUZ, Mt II, 402.

[79] Insofern es sich um bereits im MkEv zu findende Motive handelt, sind diese Passagen
bei der Analyse der Aufnahme der vormk. Tradition in dies Evangelium besprochen worden.

[80] Vgl. z.B. J. GNILKA, Mt II, 6f; s.a. L. SCHENKE, Brotvermehrung 19ff. Damit ist vorausgesetzt, daß der erste Evangelist keine andere Quelle benutzt als das ihm vorliegende
MkEv; zu E. LOHMEYER, Mt 235; zur Kritik s.a. z.B. K. TAGAWA 125.

[81] Abgesehen von der Verlagerung der Jüngeraussendung folgt das MtEv dem Aufbau
von Mk 6; damit schließt sich der Nazareth-Perikope (Mt 13,53–58 par Mk 6,1–6a) der Be-
richt vom Ende des Täufers (Mt 14,1–12 par Mk 6,14–29) und schließlich die Speisung an.
Zu Aufbau und Komposition von Mt 10 aus unterschiedlichen Stoffen vgl. z.B. U. LUZ,
Mt II, 75–78. Zur Verteilung des Stoffes von Mk 6,6b–13 s.a. A. HUCK/H. GREEVEN,
Synopse N° 122.

[82] So fehlt die Einteilung der sich lagernden Volksmasse in bestimmte Gruppen (Mt
14,19 gegen Mk 6,39f); die Austeilung der Nahrungsmittel ist erzählerisch einfacher und

Parallelen zwischen der Speisung im MtEv und im LkEv, die gegen den mk. Text gehen (die *minor agreements*).[83]

Daß sich in diesem Kontext die Frage nach der Relation der Erzählungen erneut stellt, ist keineswegs verwunderlich; so sucht Marie-Émile Boismard insbesondere die Einleitungen Mk 6,31–34parr (unter Einschluß von Joh 6,1f) mit Hilfe seiner komplexen Theorie zur Deutung der Konvergenzen der vier Evangelien zu erklären. Auch hier wird jede parallele Besonderheit als literarisches Phänomen durch Abhängigkeit auf unterschiedlichen redaktionellen Ebenen bewertet.[84] Das komplexe Modell überzeugt m.E. nicht, da es zu ausschließlich mit literarischer Abhängigkeit rechnet und die schriftstellerische Eigenheit der einzelnen Evangelisten damit zu restriktiv beurteilt. Dennoch ist Boismard wohl kaum zu widerstreiten, daß über die Zwei-Quellen-Theorie in ihrer klassischen Form an dieser Stelle nachzudenken ist.

Für unsere Fragestellung, den Vergleich der Analyse der redaktionellen Veränderungen als Basis für die Beantwortung der Frage, ob eventuell die mt. oder die lk. Version der Speisung einen Einfluß auf die joh. Tradition oder den Text des JE ausgeübt hat, bedeutet dies methodisch eine weitere Unbekannte. Differenzen zum mk. Text sind nicht vorab als mt. redaktionelle Gestaltung zu eruieren, sondern könnten möglicherweise auch aufgrund einer anderen Ausgabe des MkEv entstanden sein.[85] Dieser potentiellen Größe kann hier jedoch nicht weiter nachgegangen werden; die folgenden Linien sollten aber die mt. bzw. lk. Redaktion auch angesichts eines abweichenden Mk-Textes hinreichend treffend charakterisieren.

Zu Beginn der Perikope wird das mk. Rückzugsmotiv historisiert, indem das Zurückweichen Jesu in die Einsamkeit durch die Todesnachricht über den Täufer, V.13a, motiviert wird.[86] Wie auch im LkEv wird im MkEv die Speisung in den Zusammenhang der Heilungstätigkeit Jesu gestellt: ἐθεράπευσεν τοὺς ἀρρώστους αὐτῶν, V.14 (s.a. 12,15; 19,2).[87] Krankheit wie Hunger sind konkrete Erfahrungen von Not, die es in der frühchristlichen Gemeinde gegeben hat. Ihnen gegenüber steht der Herr der Gemeinde als Zusage, wobei sein Handeln im Speisungswunder „in die Nähe der heilenden Fürsorge Jesu"

---

klarer strukturiert (Jesus gibt die Nahrungsmittel den Jüngern und diese dem Volk, Mt 14,19 *versus* Mk 6,41).

[83] Vgl. die Auflistung bei F. NEIRYNCK, Minor Agreements § 38 (45–47): NEIRYNCK listet in den 15 mk. Versen 26 Phänomene auf.

[84] M.-É. BOISMARD, Theory 1–15.17; aaO. 15ff beschäftigt sich mit der Problematik von Mk 6,37–39a parr.

[85] Diese Vermutung scheint mir beispielsweise aufgrund des Fehlens des Motivs von den 200 Denaren einsichtig; mag beiden Seitenreferenten die Zahl zu gering erschienen sein, so bliebe die Möglichkeit der Steigerung (vgl. Joh 6,7). Die doppelte Streichung beansprucht hingegen weniger Wahrscheinlichkeit als eine abweichende Textstufe. S.a. U. LUZ, Mt II, 396, der unterschiedliche Erklärungsmodelle der *minor agreements* benennt, ohne eine zu favorisieren. Dies dürfte den Befund wohl treffend charakterisieren, da die unterschiedlichen Berührungen der Seitenreferenten möglicherweise unterschiedliche Erklärungen finden müssen (vgl. aaO. 396 Anm. 7).

[86] Vgl. z.B. W. EGGER 132; U. LUZ, Mt II, 400; A. SAND, Mt 305.

[87] Vgl. z.B. F. NEIRYNCK, Minor Agreements § 38.9; M.-É. BOISMARD, Theory 3.

gestellt wird;[88] einer Fürsorge, die der Gemeinde als in ihr erfahrbar vor Augen gestellt werden soll.[89] Die mk. Speisungsüberlieferung ist für den ersten Evangelisten also vor allem eine christologische Erzählung, in der Jesus sich der Gemeinde als der für sie Wirksame erweist.[90] Stark betont wird auch die Rolle der Jünger,[91] deren Unverständnis, das sich in Mk 6,37b durch ihre Rückfrage ausdrückt, durch die Phrase οὐ χρείαν ἔχουσιν ἀπελθεῖν (V.16) eliminiert wird.[92] Zurück bleibt ein Element des Zweifels, das mit dem beim ersten Evangelisten häufiger verwendeten Motiv des ‚*Kleinglaubens*' (ὀλιγο-πιστία/-τος: Mt 17,20/6,30; 8,26; 14,31; 16,8)[93] zu parallelisieren ist.[94]

Überhaupt leitet das MtEv wesentlich direkter zum Speisungswunder hin.[95] So unterstreicht die Darstellung den souveränen Charakter des Wundertäters,[96] der dem Anliegen der Jünger, das Volk zur Selbstversorgung zu entlassen, seine Absicht, die Menge durch ein Wunder zu speisen, gegenüberstellt und die Handlung zu dieser Speisung hinsteuern läßt.

Anders als Lukas bietet *Mt 15,32–39* auch den zweiten mk. Speisungsbericht. Da in den redaktionellen Veränderungen das Interesse zu sehen ist, den zweiten Speisungsbericht dem ersten anzupassen (vgl. die steigernde mt. Einfügung χωρὶς γυναικῶν καὶ παιδίων von 14,21 auch in 15,38;[97] so entspricht die Sammlung der Reste und der Abschluß in Vv.37f fast wörtlich 14,20f;[98] aber auch die Mahlhandlung selbst ist angeglichen, die in 15,36 mit der Schilderung von 14,19 parallel geht),[99] kann im folgenden auf eine Bespre-

---

[88] A. SAND, Mt 304.

[89] Vgl. U. LUZ, Mt II, 403.

[90] S.a. F. SCHNIDER/W. STENGER 140f.

[91] Vgl. H.J. HELD 174.

[92] Vgl. J. GNILKA, Mt II, 6.7; L. SCHENKE, Brotvermehrung 23f. S.a. z.B. F. NEIRYNCK, Matthew-Luke Agreements 81.

[93] Hierzu G. STRECKER, Weg 233f.

[94] Vgl. H. FRANKEMÖLLE 152f.; J. GNILKA, Mt II, 8; U. LUZ, Mt II, 401.

[95] S.a. L. SCHENKE, Brotvermehrung 23.

[96] S.a. U. LUZ, Mt II, 400. 401.

[97] Vgl. hierzu K.E. CORLEY 160–162. CORLEY versteht die Darstellung des ersten Evangelisten als „a large family celebration"; dabei wird sowohl für Jesus wie für die eigene Gemeinde durch den Evangelisten eine „egalitarian presence of women in public meals" vorausgesetzt (160). Allerdings dient die beachtenswerte Erwähnung von Frauen und Kindern doch wiederum der Steigerung der Zahl der Gespeisten. Mit dieser Bemerkung ist jedoch nicht zu entwerten, daß die Gemeinde, die im Einflußbereich der Fürsorge Jesu steht, auch im Blick auf die zu ihr gehörenden Frauen und Kinder wahrgenommen wird, was im zeitgenössischen Kontext nicht selbstverständlich ist.

[98] Vgl. hierzu auch L. SCHENKE, Brotvermehrung 160; U. LUZ, Mt II, 439.

[99] Vgl. B. VAN IERSEL, Speisung 193 und die Kommentare: J. GNILKA, Mt II, 35; U. LUZ, Mt II, 439; A. SAND, Mt 318; s.a. L. SCHENKE, Brotvermehrung 31. 159ff.

chung dieses zweiten Berichts unter redaktionsgeschichtlichem Aspekt *weitgehend* verzichtet werden.

Es sei nur mit Alexander Sand darauf hingewiesen, daß die Speisung der 4000 *in einem engen Zusammenhang mit dem vorangehenden Summarium (15,29–31)* steht (das Heilungsthema findet sich also in 15,30f wie in Mt 14,14): Mt 15,31 schließt zwar formal mit der Akklamation des Gottes Israels durch die Gemeinde,[100] V.32 setzt aber unmittelbar mit dem Herbeirufen der Jünger und dem Mitleid Jesu über die drei Tage bei ihm weilende Menge (V.32 wie 31: ὄχλος) an und geht damit auf das mt.[101] Summarium zurück;[102] auf diese Weise „steht Jesus als Heiland der Notleidenden, zu denen auch die Hungernden gehören, im Mittelpunkt des Geschehens; damit wird er aber auch als der Herr der Gemeinde deklariert".[103] So wird in beiden Speisungsgeschichten eine analoge christologische Aussage ausgebreitet, die vor allem im Trost und Ermunterung der mt. Gemeinde zum Vertrauen auf den auferstandenen Kyrios besteht.

Wie in Mt 5,1 ist das im Summarium erzählte Geschehen auf einem Berg lokalisiert; im Vergleich mit Joh 6,3 ist von einigem Gewicht, ob diese Lokalisierung aus der Tradition stammt oder bewußte Gestaltung des Evangelisten ist.[104] Letzteres ist durch die Nähe zu Mt 5,1 (s.a. 14,23) tatsächlich nahegelegt. Das Bergmotiv legt dem Berichteten Offenbarungscharakter bei.[105]

Im redaktionell gestalteten mt. Text bieten sich neben dem Bergmotiv weitere mögliche Parallelen zur joh. Wundersequenz an: im vorangehenden Summarium vor allem Mt 15,29: παρὰ τὴν θάλασσαν τῆς Γαλιλαίας; s.a. V.30: προσῆλθον αὐτῷ ὄχλοι πολλοί.[106] Allerdings gehören einige der möglichen Analogien zu den *minor agreements*: Nachfolgen des Volkes Mt 14,13 par Lk 9,11 → Joh 6,2; εἶπεν Mt 14,18 par Lk 9,14 → Joh 6,10; περισσεύω Mt 14,20 par Lk 9,17 → Joh 6,12[107] sowie die gemeinsame Auslassung von Mk 6,31. Insgesamt sind die Übereinstimmungen m.E. nicht sonderlich aussagekräftig, sondern lassen

---

[100] Umstritten ist, ob hier eine Wirksamkeit Jesu an den Heiden (z.B. R.H. GUNDRY, Mt 319; H. FRANKEMÖLLE 116f) oder an Israel (U. LUZ, Mt II, 440; W. TRILLING 133; s.a. G. STRECKER, Weg 177) erzählt wird; wahrscheinlich trifft letzteres eher die Erzählabsicht. Es ist aber wohl auch nicht zu übersehen, daß das Heilshandeln Jesu an Israel deutlich sein Handeln für seine Gemeinde abbildet.

[101] Zum Nachweis der redaktionell-matthäischen Bildung vgl. z.B. I. DUNDERBERG, Johannes 154; U. LUZ, Mt II, 439 mit Anm. 6.

[102] Die Einheit betonen z.B. W. TRILLING 133; U. LUZ, Mt II, 439.

[103] A. SAND, Mt 319; s.a. L. SCHENKE, Brotvermehrung 161; U. LUZ, Mt II, 443: „So konkret und so körperlich wie bei der Speisung ist Jesus nicht einmal, sondern immer wieder neu in der Gemeinde gegenwärtig und erfahrbar."

[104] Vgl. z.B. D.R.A. HARE, Mt 180; A. SAND, Mt 316f.

[105] Vgl. A. SAND, Mt 317.

[106] Vgl. die Auflistung z.B. bei J.-M. SEVRIN 77 mit Anm. 12.

[107] Vgl. U. LUZ, Mt II, 396 Anm. 13; zur Auflistung s.a. F. VOUGA, Jean 6, 268.

sich der Rahmung einer solchen Massenspeisung zurechnen, die die Volksmenge zusammenbringen will.

Die redaktionelle Bearbeitung des mk. Stoffes ist auch in *Lk 9,10ff* offenkundig;[108] sie dient vor allem dazu, „die mark. Erzählung zu glätten und einen motivierten und anschaulichen Handlungsablauf zu erreichen".[109] Signalfunktion hat bereits die einschneidende Überarbeitung der Einleitung Mk 6,30–34;[110] der stilistischen Glättung dienen hier vor allem die Eliminierung des doppelten κατ᾽ ἰδίαν (Mk 6,31.32) sowie die Straffung des komplexen Rückzugsmotivs in der mk. Einleitung.

So fehlen die Verse Mk 6,31–32 fast vollständig bzw. sind durch die Feststellung παραλαβὼν αὐτοὺς ὑπεχώρησεν substituiert. Der Erzählfaden wird mit dem zweiten κατ᾽ ἰδίαν modifiziert aufgenommen; Lukas führt Jesus εἰς πόλιν καλουμένην Βηθσαϊδα.[111] Das Volk bemerkt es, es folgt Jesus, der sich dem Volk bereitwillig zuwendet.[112] Auch Mk 6,33f erfährt Kürzungen und charakteristische Veränderungen.[113]

Glättungen in bezug auf Stil und Handlung finden sich auch im Zusammenhang der Speisung (z.B. Tilgung des Jüngerunverständnisses und Straffung der Szene von Mk 6,35–37 durch Lk 9,13; Glättung der Darstellung der Lagerung in 9,14b–15 gegen Mk 6,39f).[114] Nahezu unverändert ist die Rezeption von Mk 6,41 in V.16; indem der dritte Evangelist Jesus Brot und Fisch den Jüngern zum Austeilen geben läßt, ist auch dieser Abschnitt klarer gegliedert. Schwierig allerdings sind der einsame Ort der Speisung (V.12) und der Rückzug in die Stadt zu vereinbaren (V.10);[115] zu denken ist wohl, daß die Speisung auf dem Weg in die Stadt stattgefunden haben soll.[116] Die Schwierigkeit erklärt sich vermutlich damit, daß Lk 9,12 auf Mk 6,35 zurückgreift.[117]

---

[108] Zur Analyse der lk. Umarbeitung vgl. vor allem U. BUSSE, Wunder 236–239; s.a. L. SCHENKE, Brotvermehrung 25ff.

[109] U. BUSSE, Wunder 239; s.a. z.B. A. HEISING, Botschaft 75.

[110] Vgl. U. BUSSE, Wunder 236f. Zum Problem der *minor agreements*, die in diesem Abschnitt von großer Bedeutung sind (hierzu auch M.-É. BOISMARD, Theory 2), s.o. S. 265; auch die ausführliche Berücksichtigung der dort angedeuteten Problematik würde das Gesamtbild der lk. Gestaltung nicht entscheidend ändern.

[111] Vgl. Mk 6,45; Hinweis auch bei F. NEIRYNCK, Matthew-Luke Agreements 86 Anm. 16.

[112] Jeder Hinweis auf das Hirtenmotiv aus dem MkEv ist getilgt; vgl. J. WANKE 47.

[113] Vgl. z.B. W. BÖSEN, Mahlmotiv 280f; zur Veränderung des mk. Basistextes s.a. F. NEIRYNCK, Matthew-Luke Agreements 82ff; I. DUNDERBERG, Johannes 150.

[114] Vgl. W. BÖSEN, Mahlmotiv 281.

[115] Zum Problem s.a. I. DUNDERBERG, Johannes 149.

[116] So. W. SCHMITHALS, Lk 110.

[117] Vgl. z.B. F. NEIRYNCK, Matthew-Luke Agreements 85; L. SCHENKE, Brotvermehrung 27f.

Hervorstechende Merkmale der Überarbeitung sind die Ersetzung des διδάσκειν durch die Predigt περὶ τῆς βασιλείας τοῦ θεοῦ sowie der Hinweis auf die Heilungen Kranker.

Hier liegt ein wichtiges *minor agreement* zu Mt 14,14 vor. Beide Texte, Lk 9,11 und Mt 14,14, sind jedoch nicht wirklich identisch. Der Hinweis auf das Reden von der Gottesbasileia ist lk. Eigenheit und markiert die lk. Veränderung und Interpretation des mk. Lehrens; solches Signal legt es nahe, auch das Heilen zur lk. Überarbeitung zu rechnen, da hier deutlich Gestaltung des dritten Evangelisten zu erkennen ist. Daß der Einfluß mündlicher Tradition für die Parallele zwischen MtEv und LkEv verantwortlich ist,[118] ist nicht zwingend, da keine weitere Überlieferung neben der mk. Speisung in Lk 9,10ff zu sichern ist.[119]

Jesu Verkündigung der Gottesbasileia gehört also zur lk. Rahmung.[120] Dieser Verkündigung wird sein Heilungshandeln zugeordnet.[121] Ähnlich gestaltet Lukas schon die Er*mächt*igung der Jünger in der Aussendung, Lk 9,2.[122]

Der Zuordnung von Lk 9,11 zufolge konkretisiert sich die Basileiaverkündigung in der Zuwendung des Verkündigers zu den Bedürftigen.[123] Ist die Speisung nun Ausführung dieser programmatischen Skizze, also konkrete Zuwendung? Ulrich Busse machte in seiner Auslegung auf die Kontexteinbindung aufmerksam. Hier steht zunächst die Herodes-*Frage* τίς δέ ἐστιν οὗτος περὶ οὗ ἀκούω τοιαῦτα; (Lk 9,9), um schließlich die *Antwort* mit der lk. Fassung des Petrusbekenntnisses τὸν χριστὸν τοῦ θεοῦ (V.20) zu geben,[124] das durch die traditionelle erste Leidensankündigung ‚dogmatisch‘ korrekt interpretiert wird (Vv.21f). In diesem Kontext ist das Mahl als *Messiasmahl* Indiz für die Messianität Jesu. Es ginge somit nach Busse um das „Thema der christologischen Erkenntnis",[125] da das Volk indifferent, die Jünger aber treffend reagieren; letzteres führte zur Streichung des mk. Jüngerunverständnisses. Busse ist zuzustimmen, daß die Speisung über Jesu Wesen Auskunft gibt.[126] Ob freilich die christologische *Erkenntnis* selbst Thema ist, stellt ein anderes Problem dar. Ergänzend ist anzumerken, daß das Motiv des Messiasmahls durch die ‚Über-

---

[118] F. Bovon, Lk I, 467.

[119] Anders M.-É. Boismard, Theory 9, der eine Abhängigkeit des LkEv von einer älteren Mt-Redaktion („Matt. I", die nicht von MkEv, sondern seiner Quelle abhängig sei) annimmt (z.B. aaO. 12. 13. 17).

[120] Statistisches zur Reich-Gottes-Verkündigung im lk. Doppelwerk bei O. Merk 204.

[121] Vgl. U. Busse, Wunder 246.

[122] Vgl. F. Bovon, Lk I, 468.

[123] Vgl. C.M. Tuckett 107, der darauf hinweist, daß das Evangelium bei Lukas konkrete Auswirkungen für die Armen der Welt hat; mit Verweis auch auf Lk 13,10–17; 18,35–43. S.a. P. Pokorný 144.

[124] Vgl. U. Busse, Wunder 246f; s.a. J. Bolyki 100; F. Bovon, Lk I, 467; L. Schenke, Brotvermehrung 171; G. Schneider, Lk I, 205; J. Wanke 46.

[125] U. Busse, Wunder 248.

[126] S.a. G. Schneider, Lk I, 205.

schrift' V.11 die konkretisierte Zuwendung des die Gottesbasileia verkündigenden Messias ist; mehr noch, in Verkündigung, Heilungen und Speisung durch den Messias Jesus ereignet sich die Gottesbasileia.[127] Insofern darf man mit Recht dargestellt finden, „wie Jesus als helfender ‚Heiland' eine hungrige Volksmenge s p e i s t".[128]

Die Möglichkeit eines Einflusses von Mk 8,1ff oder gar der mt. Fassung[129] auf den lk. Speisungsbericht ist von Ulrich Busse kritisch gewürdigt und zugunsten der lk.-redaktionellen Sprache korrigiert worden.[130]

Werden der joh. und der lk. Speisungsbericht verglichen, so fällt eine Affinität zur lk. Kontextstellung auf. Für die lk. Redaktion konnte die *christologische Frage* als charakteristisch gewertet werden, die durch die Erzählung vom Mahl einer Antwort zugeführt wird. Vom Volk wird diese Antwort *nicht erkannt*, durch das *Petrusbekenntnis* aber für die textexterne Leserschaft durchaus korrekt (mit der Ergänzung durch Jesus in Vv.21f) bewertet. Auch der joh. Text bietet zutreffende christologische Bewertungen der Speisung, die aber durch das Volk nicht in ihrem wirklichen Gehalt verstanden werden; hier sind es die Titulaturen ‚wahrlich *der* Prophet' und ‚*König*' (Joh 6,14f).

Im Gegensatz zum lk. Text ist es gerade nicht eine Spekulation über Jesus, sondern die durch das Semeion provozierte, aber nicht in ihrer Wahrheit angenommene Erkenntnis Jesu. Anders spekuliert der lk. *Ochlos* über einen wiedererstandenen Propheten (Lk 9,19), die joh. *Anthropoi* sehen wahrlich den Propheten (Joh 6,14), ohne ihn jedoch in seiner himmlischen Qualität zu erkennen; so jedenfalls legt es sein der Immanenz verhaftetes Verhalten nahe, das Jesus zum König zu machen sucht (V.15).

---

[127] Zu der Präsenz der Gottesbasileia in Jesus (anders H. CONZELMANN, Mitte 105 mit Anm. 3; 113 u.ö.) kann an die Antrittspredigt Jesu in Nazareth, Lk 4,16ff, erinnert werden: „Nach dem Aufriß in Lk 4 ist in Jesu Wort und Tat der Inhalt seiner Predigt, das Reich Gottes gegeben" (O. MERK 208). Zum ‚Hineinwirken' der Gottesbasileia durch Jesu Wort und Tat in die Gegenwart vgl. auch J. ERNST, Herr 60–62.

[128] W. BÖSEN, Mahlmotiv 282, mit Hinweis auf H. SCHÜRMANN, Lk I, 513, und J. WANKE 53. – BÖSEN versucht neben den Abendmahlsbezügen auch Spuren der Sündermahlgemeinschaften und des Emmausmahls in Lk 9,10ff zu finden (aaO. 282ff; zu Emmaus s.a. WANKE 45). Berührungen in der Terminologie sind nicht zu übersehen, aber wohl auch keineswegs so eng, wie es die Deutung BÖSENs impliziert.

[129] So z.B. P. HOFRICHTER, Speisung 150: auch Mk 8,1ff; T. SCHRAMM 129f: rechnet mit dem Einfluß *mehrerer* Traditionsvarianten auf die lk. Textgestaltung; ähnlich H. PATSCH, Abendmahlsterminologie 215; s.a. J.A. FITZMYER, Lk 763: Einfluß einer anderen Tradition; E. SCHWEIZER, Lk 101: Lk. Sonderquelle neben MkEv.
Ebenso zurückhaltend ist der Vorschlag zu bewerten, daß die lk. und mt. Analogien zu Joh 6,1ff ein Indiz bilden, „that the later synoptics knew *both* Marcan *and* Johannine versions" (M.H. SMITH III 106). Dies läßt sich am Textbestand der Seitenreferenten nicht wirklich verifizieren. Die Verbindung zweier Versionen ist gegenüber der redaktionellen Arbeit beider Evangelisten nicht nachzuweisen.

[130] U. BUSSE, Wunder 239–242; s.a. K.H. RENGSTORF, Lk 119; G. SCHNEIDER, Lk I, 205.

Im vierten Evangelium führt Jesu Predigt (!) nicht nur beim Volk, sondern auch unter seinen engsten Anhängern zum Anstoß und zum Schisma, dem aber das Petrusbekenntnis als Höhepunkt und spannungslösendes Erzählelement korrespondiert.[131] Dennoch ist es gewagt und vor der Textbasis kaum zu verantworten, einen Einfluß des lk.-redaktionellen Textes auf die joh. Komposition[132] auszuweisen,[133] da, abgesehen von der Prophetentitulatur, der wörtliche Anschluß fehlt. Die Möglichkeit struktureller Berührungen[134] muß ohne eine exegetische Bewertung genügen, da es in dieser Arbeit zunächst um die Geschichte der joh. Wundersequenz geht, eine Berührung mit dem lk. Text aber für den vorredaktionellen joh. Text nicht erhoben werden kann. Eine andere Parallele ist in der Zahlenangabe der gespeisten Personen zu sehen, die sowohl LkEv als auch JE vor Segnung und Verteilung der Nahrungsmittel berichten.[135] Aber auch hier ist die direkte Abhängigkeit nicht wirklich zu sichern.

Eine andere Übereinstimmung zwischen den synoptischen Texten und dem vierten Evangelium ist in der Einleitung zur Brotrede aufgefallen. Hier wird die Volksmenge in einer für das vierte Evangelium auffälligen Weise eingeführt als Jesus nachfolgender ‚*Ochlos*'.[136] Mehr noch wird im unmittelbaren Zusammenhang mit der Speisung referiert, daß Jesus die Kranken (ἀσθενοῦντες[137]) heilt, dies bezieht sich auf Joh 4,46; 5,3.7 (hier jeweils auf konkrete Krankheit bezogen, nicht aber ein Hinweis auf die Heilungstätigkeit Jesu). Demgegenüber berichten die Seitenreferenten des Markus von einem Berg, auf den sich Jesus zurückzieht (nur Mt 15,29[138]), dem kommenden Volk (Mt 15,30; bes. 14,13

---

[131] Damit sehe ich jedoch nicht die Berechtigung zu behaupten, daß dieselbe Tradition, die hinter Lk 9,10–17 und 18–21 steht, auch für die Stellung von Joh 6,68f verantwortlich sei (*ad* C. RINIKER 54; zu RINIKER s.a. die folgende Anm.). Der verglichene Zusammenhang und die Problemstellung sind lk.-redaktionell.

[132] Nur hierum kann es gehen, da der Seewandel charakteristischerweise bei Lukas fehlt. Dennoch sieht sich C. RINIKER 54 berechtigt, „une *Sondertradition* propre à Jean et à Luc" anzunehmen.

[133] S.a. das Urteil bei I. DUNDERBERG, Johannes 151.

[134] S.a. I. DUNDERBERG, Johannes 171.

[135] S.a. C. RINIKER 54.

[136] Vgl. hierzu die Überlegungen auf dem Hintergrund von Joh 1 oben S. 49.

[137] Diese Vokabel fehlt in den synoptischen Hinweisen auf die Heilungstätigkeit im Zusammenhang der Speisungen (sie steht allerdings in Mk 6,56, d.h. unmittelbar nach dem Seewandel ohne mt. und lk. Parallele); überhaupt tritt sie gegenüber den Synoptikern im JE in den Vordergrund: Fünf Nachweisen des Verbes (+ drei in Apg) bei den Synoptikern treten acht bei ‚Johannes' gegenüber; für das Substantiv ist das Verhältnis fünf zu zwei, wobei hier vier bzw. fünf (Apg 28,9) Belege auf ‚Lukas' entfallen.

[138] Wichtig ist außerdem die oben in der Analyse bereits berücksichtigte mt. Einleitung seiner Bergpredigt Mt 5,1, die eine Kohärenz mit Mt 15,29 und Joh 6,3 aufweist, so daß hier die Wiederholung der Auflistung von I. DUNDERBERG, Johannes 155, für die Diskussion bedeutsam ist:

par Lk 9,11 [mit ἀκολουθέω!]) und der Heilungstätigkeit Jesu vor dem Speisungswunder (Mt 14,14; 15,30; Lk 9,11). Handelt es sich um redaktionelle Varianten der mk. Geschichte, so liegt es nahe, einen synoptischen Einfluß auf die joh. Einleitung Vv.2–3 zu vermuten.[139] Andererseits zwingt aber vor allem die Wendung τὰ σημεῖα ἃ ἐποίει, mit einer Formulierung des vierten Evangelisten zu rechnen.[140] Auch ist nicht zu vergessen, daß der Hinweis auf die Heilungstätigkeit in Joh 6,2 auf die zuvor berichteten Heilungen Jesu in Kap. 4,46ff und 5,1ff geht.[141] In Joh 6,1–4, einer programmatischen redaktionellen Einleitung, macht der Evangelist Anleihen am Vokabular der im folgenden angeführten Tradition, einer Technik, die auch sonst bei der Verwendung und Kommentierung bzw. Eingliederung von Traditionen zu beobachten ist. Zugleich rezipiert er das synoptische Bild von der Heilungstätigkeit Jesu an den Schwachen bzw. Kranken. Dabei muß offen bleiben, warum der vierte Evangelist in der Einleitung auf synoptische Kenntnis zurückgegriffen hat, was, abgesehen von der Einfügung der 200 Denare im redaktionellen Dialog, für die übrige Speisung eher zweifelhaft ist.[142]

Joh 6,3	Mt 15,29	Mt 5,1
ἀνῆλθεν δὲ	καὶ ἀναβὰς	ἰδὼν δὲ τοὺς ὄχλους ἀνέβη
εἰς τὸ ὄρος Ἰησοῦς	εἰς τὸ ὄρος	εἰς τὸ ὄρος,
καὶ ἐκεῖ ἐκάθητο	ἐκάθητο ἐκεῖ	καὶ καθίσαντος αὐτοῦ
μετὰ τῶν μαθητῶν αὐτοῦ		προσῆλθαν αὐτῷ οἱ μαθηταὶ αὐτοῦ

Vielleicht noch signifikanter als die Bewegung ‚*auf den Berg*' ist das Motiv des Niedersetzens. Für DUNDERBERG ist dieser Bezug deshalb von großem Gewicht, da es sich hierbei um eine der sogenannten Anomalien (oder Aporien) handelt. Die Verteilung auf zwei Hände wäre für die spannungsreiche Doppelung verantwortlich (aaO. 155; der ‚zweite' Berg stammt von E: aaO. 154. 140f; vgl. DERS., Anomalies 117–119).

[139] So J. KONINGS, Sequence 162f. Hinsichtlich der bei I. DUNDERBERG, Johannes 151, genannten Bezüge, dem ὡς vor der Zahl ‚5000' (Joh 6,10 ← Mt 14,21; Lk 9,14) und der Vokabel περισσεύω (Joh 6,12 ← Mt 14,20; Lk 9,17; doch s.a. Mt 15,37; Mk 8,8) scheint größere Vorsicht geboten.

[140] S.o. S. 85. Es wurde zudem bereits gezeigt, daß das Nachfolgemotiv sich durchaus in die Konzeption des Evangelisten einfügt.

[141] I. DUNDERBERG, Johannes 151. DUNDERBERG versäumt es in diesem Zusammenhang auch nicht, auf eine verminderte Evidenz der vorgenannten Affinitäten zu verweisen (mit aaO. 27), da es sich um das Phänomen der sogenannten ‚*minor agreements*' handelt, deren Erklärung zumeist sehr different gegeben wird. M.E. ist an jeder Stelle neu zu prüfen, wie diese Belege literarhistorisch erklärt werden können. Die methodische Vorsicht ist ein Vorzug der Arbeit DUNDERBERGs, hier scheint mir jedoch eine Ableitung aus der jeweiligen redaktionellen Bearbeitung evident, so daß Übereinstimmungen, wenn sie wirklich festgemacht werden könnten, unbedingt zu beachten wären.

[142] Anders z.B. I. DUNDERBERG, Johannes 152–154, der die joh. Speisung aus der mk. Speisung der 5000 und der Arbeit des Redaktors zu erklären versucht, der für die Entstehung und Einfügung von Kap. 6 verantwortlich sei.

Fassen wir zusammen. Bereits in der ersten Begegnung mit Joh 6 konnten einige z.T. wörtliche Übereinstimmungen zwischen den synoptischen Berichten und der joh. Wundersequenz festgestellt werden, denen allerdings nicht weniger signifikante Differenzen gegenüberstanden. Da methodisch der Vergleich nicht durch eine Auflistung und Gegenüberstellung der Konvergenzen und der Differenzen effektiv durchzuführen ist und der Vergleich auch nur anhand einer diachronen Auflistung der Formen der zum Vergleich anstehenden Wundergeschichte verantwortbar ist, wurde einerseits der erreichbare ältere Zustand der mk. Speisungsgeschichten hergestellt und zudem nach den redaktionellen Überarbeitungen dieser Traditionen bei Mk[143] bzw. des mk. Textes bei den Seitenreferenten gefragt. Bedenkenswert ist, daß die Sequenz aus Speisungswunder und Seewandel, wie sie in Mk 6 vorliegt, ein kompositionelles Produkt des Evangelisten ist. Rechnet man nicht damit, daß dieser Prozeß der Beiordnung in der joh. Tradition ein zweites Mal durchgeführt wurde,[144] was aufgrund der formalen und inhaltlichen Differenzen nicht unmittelbar einsichtig ist, so steht hinter der vorliegenden Sequenz der mk. (oder der mt. redaktionelle) Stoff. Dennoch kann nicht, davor warnen die erheblichen Differenzen, die schwerlich alle einer bewußten Abänderung durch den vierten Evangelisten zugeordnet werden können, von der Annahme direkter literarischer Abhängigkeit ausgegangen werden.[145] Insbesondere die Notwendigkeit, zwischen Tradition und der Hand des Evangelisten zu differenzieren, zwingt dazu, die Sequenz aus Speisung und Seewandel nicht aus einer direkten Benutzung des synoptischen Textes durch den Verfasser des JE zu erklären.[146] Daß er die synoptische Tradition dennoch kannte und zwar in einem fortgeschritteneren Stadium, zeigen die Ergänzung der 200 Denare und die Spuren in der Einleitung zur Sequenz in 6,2.

---

[143] Zu beiden vgl. den Exkurs ,Vergleich der traditionellen Speisungswunderberichte hinsichtlich ihrer Formmerkmale'.

[144] Anders allerdings U. SCHNELLE, Christologie 130: „Beim Seewandel dürfte der joh. Tradition eine mit der markinischen Vorlage eng verwandte Epiphanieerzählung vorgelegen haben, die sie in Analogie zu Markus mit der Speisungsperikope verband."

[145] S.a. das Votum von U. SCHNELLE, Christologie 127; anders z.B. J. KONINGS, Sequence 169f.

[146] Eine andere Frage ist es freilich, ob der vierte Evangelist seinerseits bei der Komposition von Joh 6 Mk 6 als Modell vor Augen hatte oder ob gar ein direkter Einfluß des synoptischen Textes verifizierbar ist. Letzteres könnte angenommen werden, wenn man mit FRANS NEIRYNCK mit einem Einfluß von Mk 6,32 (ἀπῆλθον ἐν τῷ πλοίῳ) in Joh 6,1 (ἀπῆλθεν ... πέραν τῆς θαλάσσης) rechnet (John and the Synoptics 1975–1990, 52f); allerdings ist nicht zuletzt aufgrund des Fehlens des Bootmotivs in Joh 6,1 und signifikanter Parallelen im JE selbst (ἀπῆλθεν ist auch Übergang in Joh 4,3; 10,40; 11,54) nicht über eine joh.-redaktionelle Ableitung hinauszukommen.

7 Joh 6,1–25. Das Wachstum einer Jesusgeschichte

Der Einzelvergleich hat gezeigt,[1] daß große Differenzen im Aufbau und in der sprachlichen Form nicht die Annahme einer direkten literarischen Abhängigkeit des vierten Evangelisten von den mk. Parallelen und den Rezeptionen bei den Seitenreferenten für die Wundersequenz in Joh 6 nahe legen. Zudem lassen Unausgeglichenheiten in semantischen Inventar von Joh 6, Sprünge und Verschiebungen im narrativen Fluß sowie die unterschiedliche Affinität zum Sprachgebrauch des vierten Evangelisten die Benutzung von Tradition bei der Erzählung der Wundersequenz erkennen (→ 3.1 und 4.1). Den Differenzen zu den synoptischen, insbesondere den mk. Parallelen stehen aber auch formale Übereinstimmungen im Aufbau und nicht zu vernachlässigende sprachliche Gleichklänge zur Seite.

Übereinstimmungen und Differenzen berechtigen zur Annahme einer bedingten Abhängigkeit von den Synoptikern, die – analog zu Joh 4,46–54 – mit dem Phänomen der ‚*secondary orality*‘ zu beschreiben sein wird.[2] Die Überwechselung des schriftlich verfaßten Evangeliumstextes der Wundersequenz, die wir als mk. Bildung auszuweisen gesucht haben, beispielsweise bei der Verlesung im Gottesdienst in die Oralität führt zu einer weiteren oralen Überlieferungsphase. Dabei wird dieser Stoff nicht wortwörtlich reproduziert und weitertradiert, sondern sinnentsprechend im Dienst des Interesses seines Erzählers weitererzählt.[3] So sind die wesentlichen Grundstrukturen dieser Wundersequenz erhalten geblieben. Einzelne Worte, die dem Gedächtnis haften geblieben sind, werden weiter benutzt, besonders die, die mit der erzählten Situation unmittelbar verbunden sind. Interessant ist hier das Verb ἐλαύνω, aber auch die Übereinstimmungen der Zahlen zwischen Joh 6 und Mk 6. Mit der Erzählsituation stimmen beispielsweise das Lagern des Volkes, das Gras, die Körbe als Sammelbehälter, Brot und Fisch etc. überein.[4] Besonders charakteristische Veränderungen sind die Konzentration auf den Wundertäter in der Speisungsgeschichte, die die Rolle der Jünger minimiert, und andererseits die gegenläufige Bewegung der Konzentration auf das Gesichtsfeld der Jünger im Seewandel.

---

[1] Vgl. S 247ff.

[2] Vgl. zu Joh 4,46ff M. LABAHN, Jesus 194ff.

[3] S.o. S. 243f.

[4] Vgl. die oben aufgelisteten sprachlichen und motivlichen Parallelen (S. 247ff).

Ein wichtiger Aspekt ist das Fehlen des Motivs von den 200 Denaren in der joh. Tradition,[5] wie es auch bei den Seitenreferenten übereinstimmend zu beobachten ist. Da im Rahmen der Zwei-Quellen-Theorie dies allein durch die unabhängige Streichung dieses Motivs durch die Großevangelisten zu erklären wäre, was m.E. nicht wirklich einsichtig zu machen ist, geht die joh. Wundersequenz auf einen Mk-Text zurück, der wie bei den Seitenreferenten noch keine Aussage über die Geldsumme, die für die Speisung notwendig wäre, enthalten hat.

Es ist methodisch schwer, Genaueres über den Überlieferungsstrom vor seiner schriftlichen Fixierung auszusagen, die den ältesten rekonstruierbaren Text hinter Joh 6,(1–3*?)5–21* bildet. Ein Lösungsvorschlag, der bei den beiden aufgezählten gegenläufigen Tendenzen ansetzt, muß hypothetisch bleiben, könnte dennoch ein gewisses Maß an Evidenz auf sich vereinen.

So erscheint einsichtig, daß zunächst die Konzentration auf die Jünger, in der sich die Gemeinde repräsentiert sieht, für die Rekonvertierung in die mündliche Überlieferung verantwortlich war. So erzählte man die Epiphanie des schon im Brotwunder seine Wundermacht für die Menschen erzeigenden Jesus in Hinblick auf eine Gemeinde, die sich im Bedürfnis nach Jesu Rettungsmacht wußte. Daß diese Bedrängnis der Erfahrung von Verfolgungen entspricht, kann lediglich vermutet werden. Es kann aber auch eine ekklesiologische Überlegung die Grundlage bilden, der zufolge sich die Gemeinde in ihrem Glauben durch die Rettungsmacht Jesu bestärkt sieht: Die Pointe läge jeweils darin, daß dieser Jesus auch seiner Gemeinde gegenüber rettend epiphan wird und sie ‚an das rettende Ufer bringt'.

Die Hervorhebung der Souveränität Jesu, die Tendenzen ausweitet, die auch der synoptischen Speisungstradition bereits innewohnten, scheint ein Theologumenon der joh. Gemeinde zu reflektieren; Spuren jüdisch-christlicher Diskussionen können hinter Joh 6,14f vermutet werden. Möglicherweise spiegelt dieser Vers die negativen, zurückliegenden Erfahrungen mit dem eigenen, jüdischen Volk, die sich in den Aposynagogos-Formulierungen des joh. Kreises finden. Diese Formulierungen stehen für eine judenchristliche Gruppe innerhalb des joh. Kreises, die das Erlebnis eines Ausschlusses oder zumindest eine Krisenerfahrung mit ihrer Muttersynagoge in die Tradition dieses Kreises eingebracht hat.[6] Den Seewandel las man dann, wahrscheinlich gerade auch das mirakulöse Versetzen an das andere Ufer, als Ausdruck der Macht des souveränen Wundertäters zur Vergewisserung des eigenen Messiasglaubens. So hält schließlich das Wunderfeststellungsverfahren gegen externe Bestreitungen an

---

[5] S.o. S. 93.
[6] S.o. S. 113.

der Tatsächlichkeit des Wunders fest, was wiederum auch aus den zurückliegenden Diskussionen joh. Christusgläubiger mit jüdischen Opponenten heraus verstanden werden kann.[7]

Ist der Markus-Text, wie zuvor wahrscheinlich zu machen versucht wurde, Ausgangspunkt für die erneute ,*Vermündlichung*' einer Sequenz von Speisung und Seewandel, so stellt sich die Frage, wie diese Tradition dem judenchristlichen Gemeindeverband, der seine Überlieferungen in den joh. Kreis einbrachte, zugänglich wurde. Umstritten ist noch immer, wo das älteste Evangelium entstanden ist. Genannt wird neben Rom, Antiochia, Syrien, Galiläa und der Dekapolis auch Kleinasien.[8] Lassen wir die Frage nach dem Abfassungsort offen, was durchaus der Unsicherheit entspricht, vor die der mk. Text den Exegeten stellt, so belegt die Benutzung des MkEv durch das MtEv immerhin, daß jenes in Syrien, wo das MtEv entstanden ist,[9] zugänglich war. Dann kann auch hier der Wechsel der oben rekonstruierten Wundersequenz in die mündliche Überlieferung und die Aufnahme dieser Tradition in der judenchristlichen Gemeinde angenommen werden,[10] die später zu dem Mutterboden des joh. Kreises gehören wird.

Diese Überlegungen, die nicht mehr durch das Abheben sekundärer Schichten, sondern allein durch die beiden unterschiedlichen Tendenzen dieser Sequenz begründet werden können, müssen hypothetisch bleiben. Immerhin ist aber der erneute Übergang in die Oralität eine die Konvergenzen wie Differenzen angesichts der ausgebreiteten Überlieferungssituation am zuverlässigsten erklärende Option.

Zusammenfassend lassen sich wenigstens vier (bzw. fünf) Wachstumsphasen der Wundersequenz unterscheiden:

---

[7] Zur Diskussion um mögliche Motivationen für das Feststellungsverfahren s.o. S. 195.

[8] Vgl. z.B. die Lokalisierungsvorschläge bei J. GNILKA, Mk 34, und U. SCHNELLE, Einleitung 217f (jeweils mit Literaturnachweis), der seinerseits Kleinasien als beachtenswert herausstellt. Zurückhaltender E. LOHSE, Entstehung 87: „Es läßt sich mithin nicht mehr sagen, als daß das Mk.-Ev. ... im Bereich der hellenistischen Christenheit entstanden ist."

[9] Vgl. z.B. U. LUZ, Mt I, 73–75 („größere syrische Stadt, deren lingua franca Griechisch war"); U. SCHNELLE, Einleitung 238, jeweils mit Lit.; E. LOHSE, Entstehung 91; s.a. A. SAND, Mt 33.

[10] Auch E. RUCKSTUHL, Speisung, rechnet mit joh. Überlieferung als „Unterbau von Joh 6,1–15". Doch reicht die problematische, am Briefkorpus von 1Joh nicht zu verifizierende Auslegung von 1Joh 1–4 als Zeugnis über einen Überlieferungsbestand vom Wirken des irdischen Jesus im joh. Kreis nicht als Begründung aus (zu aaO. 2003). Lediglich Punkt 9b (aaO. 2006f), der das Fehlen des Mitleides und der Notlage anspricht, liefert ein Indiz, das mit dem Jesusbild des joh. Kreises korrespondiert.

I	Erzählung, die Jesus als Wunder-mann am See von Tiberias zeich-net.	Älteste Phase der Überlieferung, die den synoptischen Erzähltext voraussetzt. Man könnte daher als weitere Stufe geradezu den synop-tischen Text bzw. seine Verlesung nennen.
Ia	*Mündliche* Überlieferungsphase.	Enthalten sind im rekonstruierba-ren Text Färbungen, die den joh. Überlieferungstendenzen und der Theologie des joh. Kreises ent-sprechen.[11] Dennoch muß die joh. Überlieferung nicht direkt von der synoptischen Erzählebene abhän-gen; es kann zumindest nicht aus-geschlossen werden, daß die Tra-dition in einer Phase der *,secondary orality'* weitertradiert und daher mündlich von joh. Tra-denten aufgenommen wurde. Eine hinreichend sichere Entscheidung ist nicht möglich, daher wird nur allgemein die mündliche Überlie-ferungsphase angezeigt.
Ib	*Schriftliche* Fassung der Legende.	Mögliche schriftliche Fixierung der mündlichen Überlieferung. Dieser Text ist die Basis, an die das Fest-stellungsverfahren Joh 6,22–25* in Phase II angefügt werden wird.
II	Aus christologischem Interesse wird ein Feststellungsverfahren an-gehängt, das die Tatsächlichkeit des Wunders als Wunder zu befe-stigen sucht.	Die Einfügung setzt vermutlich die Diskussionen um die Messianität Jesu voraus, wie sie die juden-christliche Johannes-Gruppe mit ihrer Muttersynagoge führte.

---

[11] So können beispielsweise die Tendenz genannt werden, die Souveränität des Offenba-rers zu steigern, der Verzicht auf das Motiv des Mitleids und möglicherweise das Zurücktre-ten, nicht die Eliminierung der Notlage.

		Weniger wahrscheinlich, aber nicht gänzlich auszuschließen ist die Alternative, daß die Einfügung den christologischen Streit des joh Kreises voraussetzt, der in 1Joh gespiegelt ist.
III	Eingliederung der Wundergeschichte als Präludium zur Brotrede.	Werk des Evangelisten, der für Kap. 1–20 verantwortlich zeichnet.
IV	*Relecture*, die die Geschichten sakramental expliziert.[12]	Spätere Fortschreibungen: Zu nennen ist zunächst der eucharistische Abschnitt 6,51c–58; dann aber auch 6,23b, der seinerseits möglicherweise bereits die Anfügung 6,51cff voraussetzt.

---

[12] Vgl. bes. S. 77f.

8 Umstrittene Offenbarung in Tat und Wort. Die Wundersequenz als Teil der Lebensbrotrede

Für unsere Fragestellung nach der Bedeutung der vorjoh. Wundersequenz und ihrer erzählerischen Rolle im vierten Evangelium ist entscheidend, wie der Evangelist die Wundersequenz in seine Komposition eingegliedert hat. Diese Fragestellung widmet sich dem letzten Schritt der Geschichte der Überlieferung von Speisungs- und Seewunder. Der *Evangelist* präludiert die Brotrede insbesondere durch das Speisungswunder. Dies ist daran erkennbar, daß das Speisungswunder mit dem folgenden die entscheidenden Vokabeln des *Essens* und des *Brotes* teilt.[1] Betrachtet man zunächst einmal das Speisungswunder allein, so wird man mit Udo Schnelle feststellen können, daß „das Speisungswunder ... Johannes zur Demonstration der Hoheit Jesu" dient.[2] Für das Brotwunder fehlt jeglicher Hinweis auf eine konkrete Notlage,[3] wie sie in den verschiedenen Erzählparallelen, in denen eine außergewöhnliche Vermehrung von Speise geschieht, in der Regel Voraussetzung ist.[4]

Immerhin blickt Joh 6,2 auf die Heilungen in 4,46ff und 5,1ff zurück, indem festgestellt wird, daß der *Ochlos* Jesus wegen seiner *Zeichen* an den Kranken nachfolgte. Die Speisung geschieht nicht aus Mitleid oder aus Not, wie die synoptische Parallele es enthält, sondern aus der freien Souveränität und Hoheit des joh. Jesus. Dieser handelt aber nicht jenseits des menschlichen Schicksals, sondern als jemand, der sich den Menschen zuwendet.[5]

Daher sind wohl Aussagen wie Joh 9,3b oder 11,4a–c als unausgesprochene Begründung für Jesu Aktivität mit zu bedenken, die der Leser/die Leserin im Nachhinein erkennen oder bei erneuter Lektüre beachten wird.

Im Blick auf Mt 5,1 haben wir den Berg als Offenbarungsort zu verstehen gesucht; daher kann das Speisungswunder auch im Blick auf Joh 2,11 und zuvor 1,14 – der Lesergemeinde des vierten Evangeliums geläufige Texte – als Offenbarung der Doxa Jesu gedeutet werden.[6] Doch im Sinne einer Gesamtschau, die durch 6,1 angeraten wurde, ist das gesamte Handeln und Reden Jesu eine Selbstvorstellung, die den Charakter der Offenbarung trägt und von 6,2

---

[1] Vgl. z.B. oben S. 57.

[2] U. SCHNELLE, Christologie 123.

[3] Es ist jedoch nicht auszuschließen, daß ein Hinweis auf eine Notlage in der Tradition stand; vgl. oben S. 87.

[4] S.o. S. 181.

[5] S.o. S. 50.

[6] S.o. S. 52.

her als solche verstanden werden soll. Wer Jesus sucht, kann erkennen, daß Jesus ‚wahrhaft der Prophet ist' und als *solcher* aufgrund seines Wunders offenbar ist; doch zugleich ist Jesus Objekt des Unverständnisses. Dies macht der Evangelist deutlich, indem er die abgelehnte Akklamation seiner Tradition bewahrt.[7] Das Volk zieht aus seinem Sehen unsinnige Konsequenzen, wie später insbesondere 18,36 zeigen wird. Jesus läßt sich nicht zum König machen, der politisch-materielle Erwartungen erfüllt, vielmehr ist er der König Israels als der von Gott ausersehene König der Herrschaft seines Vaters.[8] Dies kann aber der nicht erkennen, der innerweltlich und irdisch verengt das Brot ißt, aber nicht das Zeichen als Zeichen sieht (6,26).

Auch für das Speisungswunder läßt sich das Moment der Steigerung herausarbeiten; dies scheint dem Evangelisten selbst kein fremder Gedanke zu sein, ergänzt er doch den Hinweis auf die 200 Denare;[9] dieses Vermögen reicht nicht mehr aus, die gesamte Volksmenge zu sättigen.[10] Damit unterstützt er den traditionellen Hinweis auf das wenige Vorhandene (V.9), obgleich diese Aussage im vorliegenden Text nunmehr eher schwach klingt. Die Wirkung der Speisung ist eine sehr materielle: Alle werden so satt, daß sogar noch eine beachtenswerte Menge übrigbleibt (Vv.12f). Daß der Evangelist in dieser gesteigerten Materialität nicht den eigentlichen Zielpunkt der Wundererzählung sieht, ist leicht an seiner – überarbeiteten[11] – Reaktion der Menge auf das Wunder zu erkennen; sie bleibt am Irdisch-Materiellen hängen und will daher Jesus zum König machen. Aber der, der wahrhaft der Prophet ist, der (von Gott her) in die Welt kommt (6,14 als der zutreffende Teil der sich der Partizipation am Wunder verdankenden Erkenntnis), ist der allein Handelnde (6,6),[12] der in seiner Bedeutung als Gottes Gabe angenommen werden sollte.

Die Beobachtung eines gesteigerten Wunderverständnisses, das sich an der irdisch-materiellen Seite der Tradition nicht stört, um darin einen Abglanz der himmlischen *Doxa* Jesu sichtbar werden zu lassen, behält zweifellos auch dann seine Gültigkeit, wenn man anerkennt, daß der vierte Evangelist seine Komposition auf die Brotrede hin anlegt. Dennoch ist mit den beiden Hoheitstaten Jesu auch und vor allem eine Grundlage gelegt, auf der die folgende Brotrede steht. Die Zwischenpassage 6,(25b.)26–29 zeigt aber durchaus eine subtile

---

[7] S.o. S. 110. 112. – Die abgelehnte Akklamation kann auf Auseinandersetzungen um die christliche Deutung der Messianität Jesu in der Gemeinde oder mit Gliedern der jüdischen Synagoge hindeuten.

[8] Wie diese Majestät sich machtvoll in der Gegenwart seiner Jünger vollziehen kann, zeigt, nach der Ablehnung der Akklamation, der Seewandel Jesu.

[9] S.o. S. 93.

[10] Gemessen an opulenten zeitgenössischen Speisungsberichten ist diese Summe unauffällig und dürfte eher ein sozial schwächeres Milieu angesprochen haben, in dem der akute Nahrungsmangel die Wirklichkeit darstellt; s.o. S. 21f.

[11] S.o. S. 97ff.

[12] S.o. S. 27.

Verklammerung von Präludium und Opus, also von Speisung und Brotrede. Sie läßt eine Verschmelzung der Perspektiven erkennen. Etwas überspitzt kann man in der Brotrede eine Inszenierung des Brotwunders als joh. Semeion sehen.[13]

Die Brotrede entfaltet als ein *kommunikativer Akt*[14] das Speisungswunder so, wie es jemand sehen sollte, der die Speisung als *Semeion* des Gottessohnes gesehen und verstanden hat. Dies wird auch durch das ‚Nachspiel‘ deutlich; auf die Wundersequenz und die Brotrede folgen die Reaktionen, die scheinbar einen Abschnitt der Geschichte des joh. Christentums durchscheinen lassen.[15] An der Christologie, mit der der joh. Jesus sein eigenes Wunderhandeln verbal wiederholt, scheiden sich die joh. Christen wie zuvor auch ‚*die Juden*‘ ihr Mißfallen kundgetan haben (Joh 6,41f). Offenbarung geschieht, aber sie führt notwendig in den Widerspruch. Das eigentliche Ziel jedoch ist nicht der Widerspruch, sondern das Bekenntnis des Petrus.[16] Petrus formuliert das joh. Christusbekenntnis als die Antwort auf die bereits in der Vorbereitung des Speisungswunders, Joh 6,5f, gestellte Frage Jesu als πειράζων, die vom Leser/ von der Leserin zu geben sind.

Doch folgen wir für das Verständnis der Speisungs-Seewandel-Sequenz beim vierten Evangelisten seinen narrativen Anweisungen. Die aus Elementen der Tradition und dem Festschema gebildete Einleitung des Evangelisten[17] zur

---

[13] S.o. S. 67.

[14] Auch wenn Jesus in Joh 6,11 das Volk direkt speist, so spricht er vor der Brotrede nicht mit den Menschen (die Jünger werden aufgefordert, das Volk lagern zu lassen). Der Zuwendung zum Volk im Handeln folgt die Zuwendung im Sinne eines kommunikativen Sprachakts durch die Selbstvorstellung; so gibt sich Jesus in der Rede vermittels des Mediums der Sprache als der zu erkennen, als der er sich zuvor durch sein Handeln zu erkennen gegeben hat, als das Brot Gottes zum Leben der Glaubenden.

[15] Vgl. oben S. 113.

[16] Anders urteilt J. ZUMSTEIN, Endredaktion 210 mit Anm. 40, der die Rolle des Petrus im vierten Evangelium insgesamt „als recht blass, ja negativ gezeichnet“ findet. Diese Beurteilung verdankt sich wenigstens partiell dem Vergleich mit den synoptischen Erzählungen; doch ist dies ein hinreichendes Kriterium für die Bewertung der erzählerischen Rolle des Petrus im JE? In dessen Erzählung, bezogen auf Joh 1–20, spielt Petrus sicherlich keine *singulär* herausragende und Rolle; vielmehr ist seine Charakterisierung nuanciert zwischen positiven und im Sinne des Erzählers defizitären Zügen (zu einer differenzierten Darstellung des Petrus als Charakter in der joh. Erzählung s.a. R.A. CULPEPPER, Anatomy 120f, der allerdings dabei besonders auf die Darstellung in Joh 21 zurückgreift). Jedenfalls sind die narrativen Signale in Joh 6 m.E. nicht geeignet, seine Bedeutung in diesem für die Gesamterzählung wichtigen Kapitel zu begrenzen, und tragen damit selbst zur genannten differenzierten Darstellung des Petrus bei.

[17] Hierzu s.o. S. 81–87.

Speisung und zum Seewandel enthält eine Reihe lesersteuernder Signale.[18] Das Volk, das Jesus kommen sieht, wird als ein ihm *Nachfolgendes* geschildert. Als Nachfolgende ist die Volksmenge zugleich als eine suchende und fragende Menge eingeführt, der die Einladung zum Sehen und Hören gilt.[19] Daraus ergibt sich eine *didaktische* Funktion dieser Episode, die über das Motiv des Suchens (vgl. 6,24) zur Rede hin überleitet.[20] Jesus gibt sich selbst in seinem Handeln und seinem Reden auf der textinternen Ebene dem Volk und auf der textexternen Ebene den Lesern und Leserinnen zu erkennen. Der Text bietet mögliche Reaktionen für die Rezeption Jesu bei den Lesern und Leserinnen an: Da ist das Unverständnis des Jüngers auf Jesu Frage in 6,5f, das irdisch-immanente Festhalten als rein politische Interpretation des Geschehens, 6,14f, das Murren ‚*der Juden*', 6,41, das Schisma unter den Jüngern aufgrund des *skleros logos*, 6,60ff, und das Bekenntnis des Petrus zu dem, der lebendigmachende Worte hat (6,68f). Die Offenbarung führt in die Entscheidung zwischen Widerspruch und Annahme; daß falsche und ablehnende Reaktionen neben der Annahme des Gottgesandten ein regierendes Motiv sind,[21] entspricht dem program-

---

[18] Vgl. hierzu z.B. J. FREY, Leser 281ff; M. LABAHN, Tradition 197f; U. SCHNELLE, JE 26; DERS., Blick 26. Hier definiert SCHNELLE die Rolle solcher Signale folgendermaßen: „Es ist die intendierte Leserrolle, das gedachte Rollenangebot für die möglichen Leser, das sich aus dem Zusammenspiel der im Text angelegten Perspektiven und ihrer Realisierung durch die Leser ergibt. Erst im Spannungsraum zwischen diesen beiden Welten wird Lektüre zu einem wahrhaft produktiven Prozeß, in dem die Differenz zwischen dem Rollenangebot des Textes und der Disposition des Lesers Verstehen und damit auch Sinn schafft."
Die lesersteuernden Signale sind ein wesentlicher Teil des Kommunikationsgeschehens zwischen Autor und Leser/Leserin, der als eine wichtige hermeneutische Aufgabe erkannt wurde; eine instruktive Einleitung in die Grundzüge dieser *Reader Response Criticism* oder Rezeptionsästhetik genannten Aufgabe gibt im Kontext seines diese Methode rezipierenden Essays JÖRG FREY, Bild Abschnitt 1.
[19] Hierzu und zum folgenden s.o. S. 49f.
[20] S.o. S. 49. 85.
[21] P.N. ANDERSON, *Sitz im Leben* 24ff, wertet das Unverständnis auf die historische Ebene, indem er, vom Mißverständnis ausgehend, nach Krisen im Hintergrund des Brotkapitels sucht: „John 6 must have been targeted at correcting specific problems in the Johannine audience." Es ist sicherlich nicht zu bestreiten, daß der vierte Evangelist ein „specific audience in mind" hat (aaO. 24). ANDERSON benennt vier Problemkreise, die das Brotkapitel spiegelt: das Mißverstehen der Wunder (aaO. 28ff), den Dialog mit der Synagoge (aaO. 32ff), die Bedrohung durch ein zweites Schisma ausgehend von Heidenchristen mit einer doketischen Christologie („*threat of a second schism involving Gentile converts with docetizing tendences*" aaO. 41ff [Zitat 41]) und das Verhältnis zur Großkirche („*mainstream church*"; 50ff). Sicherlich gehört zur Darstellung des Widerspruchs und des Schismas die zurückliegende Erfahrung der joh. Gemeinde unter Einschluß des sie betreffenden Schismas (Joh 6,60ff), doch stellt sich die Frage, ob der vorliegende Text *dialogisch* im Sinne einer aktuellen Krisenbewältigung abgefaßt ist; dies ist mir jedoch nicht zwingend erkennbar. Auch ist der Zielpunkt der Rede, das Petrusbekenntnis, kaum im Sinne einer Polemik aus-

matischen Ansatz im Logos-Hymnus: Offenbarung ereignet sich angesichts des Widerspruchs.[22]

Textpragmatisch intendiert ist das Einstimmen in das Petrusbekenntnis, wie die mit dem Petrusnamen verbundene Linienführung dieser Episode nahelegt.[23] Wenn dieses Bekenntnis aber nicht das Schlußwort ist, sondern dies im Hinweis auf den als Verräter vorgestellten Judas zu finden ist (6,70f), so hat dies Konsequenzen für die Gesamtinterpretation dieses Stückes.

Auch die geographische Struktur des Stückes enthält lesersteuernde Signale. Zunächst macht der Erzähler mit der abrupten Abfahrt Jesu an das gegenüberliegende Ufer des Sees Genezareth deutlich, daß er einen anderen Standpunkt als den der Speisung eingenommen hat. Das Spiel mit dem jenseitigen Ufer Joh 6,1.17.22.25 weist immer wieder auf einen Standpunkt auf der Uferseite hin, auf der später die Brotrede stattfinden wird. Das Wunder ist also im Zusammenhang mit der Brotrede zu lesen, und damit ist das sechste Kapitel (ohne 6,51c–58 und die Ergänzung 6,23–24a) als geschlossene Komposition und Einheit zu lesen. Läßt der Evangelist Jesus vor der Speisung auf einem Berg sitzen, so bieten sich eine Reihe von atl. und ntl. Assoziationen an.

Die Feststellung, daß die Brotvermehrung „eine rein irdische Speisung" und damit nur „ein Gegenstück zur wahren, überirdischen himmlischen Speise in der großen Brotrede (Joh 6,22ff) ist,[24] scheint mir damit nicht zu genügen. Wie sich der Offenbarer als der den Leib Speisende erweist, so ist er darin auch schon der, der das Brot zum Leben für die Menschen selbst ist. Das Wunder zeigt, daß das Wort vom Brot nicht unkonkret, sondern durch das wunderwirkende Handeln realistische Wirklichkeit ist. Wer in dieser wundersamen Wirklichkeit jedoch nicht den Hinweis auf den in ihr abgebildeten tieferen Sinn erkennt, gerät in das Mißverständnis, Jesu Rolle irdisch-immanent und möglicherweise im zeitgenössischen Kontext politisch mißzuverstehen. Das Speisungswunder ist, indem es die existentielle Not des Nahrungsmangels, wie sie in zahlreichen volkstümlichen Erzählung von der Behebung solcher Not thematisiert wird,[25] durch das souveräne Handeln des joh. Jesus beantwortet werden läßt, zugleich Darstellung der Antwort auf die tiefste und persönlichste[26] existentielle Bedrohung des Menschen, den Tod. Jesus als Gottes Gabe zum uneingeschränkten Leben realisiert sich in seinem Gekommen-Sein in der Abwendung von Nahrungsmangel.[27] Die so

---

zudeuten. Daß Petrus die Großkirche repräsentiere, wird durch die Wiederholung nicht zu einem überzeugenden Element der Johannes-Auslegung. Richtig ist sicherlich, daß sich der Evangelist angesichts der massiven joh. Wundertradition auch mit christologischen Fehldeutungen auseinanderzusetzen hat (vgl. z.B. M. LABAHN, Jesus 210f), aber daß er gerade das Verständnis der synoptischen Speisungen als „thaumas" korrigiert (ANDERSON, aaO. 28), die er jedoch nicht schriftlich vor sich hat (AAO. 28f Anm. 36), überzeugt kaum.

[22] S.a. K. SCHOLTISSEK, Kinder Gottes 197f mit Hinweis auf Joh 1,11–13: „In 1,11 und 1,12f ist *in nuce* das Geschick des Gottessohnes, das im Evangelium narrativ entfaltet wird, zusammengefaßt und gedeutet."

[23] S.a. S. 58. 89. 92.

[24] A. HEISING 78.

[25] S.o. S. 181f.

[26] Zum Sterben als die je eigene Erfahrung vgl. M. HEIDEGGER 240.

[27] Ein Moment, das nicht nur für den redaktionellen Gesamtzusammenhang zu betonen ist, sondern auch als Ausdruck der joh. Tradierung dieser Wundergeschichte auf der vorevangelischen Ebene der Erzählung relevant war; s.o. S. 185.

in diesem Wunder sichtbare *Doxa* ist nicht die des Wundertäters, sondern die des Lebens-
spenders, wie sie an der wundersamen Nahrungsvermehrung sichtbar wird.

Das zweite Wunder, die Erzählung von Jesu Seewandel, ist wesentlich unkommentiert geblieben und tritt hinter der Speisung zurück.[28] Doch unterstreicht
das zweite Element der Wundersequenz durch den berichteten Seewandel und
die im Feststellungsverfahren, Joh 6,22–25a, ‚verobjektivierte' Wunderaussa-
ge[29] die *Wahrhaftig*keit des wunderwirkenden Offenbarers.[30] Dieses Wunderwirken ist ein Wunderwirken, das etwas über den von Gott gesandten Offenbarer aussagt. Es zeigt ihn in der göttlichen Mächtigkeit über die lebensgefährli-
chen Chaosmächte der Natur; als Beherrscher der chaotischen und lebensverneinenden Wassermächte wird Jesus in der Machtfülle Jahwes dargestellt.[31] Ist
er aber als Herr über diese lebensverneinenden Kräfte vorgestellt – auch Joh
6,16ff setzt eine Notlage voraus, die durch die unterbrochene Gemeinschaft
zwischen Jesus und den Jünger verschärft[32] und zudem durch einen *ekklesiologischen Akzent* ergänzt wird –, stellt er sich als derjenige vor, der zum Leben
gekommen ist.[33] In diesem Sinne präludiert der Seewandel zusammen mit der
Speisung das Thema der Brotrede, in der sich Jesus als das wahre von Gott gegebene Lebensbrot vorstellt, das die, die an ihn glauben, zum Leben führt.[34]

Diese Überlegungen werden durch das absolute *Ego-Eimi* in Joh 6,20 unterstützt. Handelt es sich zunächst um eine Rekognitionsformel, mit der sich
der unerkannte und Schrecken auslösende Seewandler als der Herr seiner Jünger zu erkennen gibt, so ist im Kontext der joh. Schultheologie dies als ein
Für-die-Glaubenden-Dasein zu interpretieren.[35] Zugleich bereitet dies Wort die
Selbstvorstellung Jesu als Lebensbrot vor: 6,35.48 (ἐγώ εἰμι ὁ ἄρτος τῆς
ζωῆς); 6,51 (ἐγώ εἰμι ὁ ἄρτος ὁ ζῶν ὁ ἐκ τοῦ οὐρανοῦ καταβάς); s.a.
6,41 (ἐγώ εἰμι ὁ ἄρτος ὁ καταβὰς ἐκ τοῦ οὐρανοῦ).[36]

---

[28] S.o. S. 57.

[29] S.o. S. 38

[30] J.P. HEIL 145 erinnert an die Rettungsfunktion Jesu im Seewandel: „the power of Jesus to rescue his disciples by walking on the Sea authenticates the claim that he has been
sent by God, his Father, to serve as *the* medium of eternal life for the world".

[31] S.o. S. 214. Dies arbeitet auch GAIL R. O'DAY in ihrem Beitrag *John 6:15–21: Jesus
Walking on Water* heraus, indem sie zeigt, wie sich der Seewandel in das narrative Konzept
des JE als „narrated christology" einfügt (156). Inhaltlich kulminiert diese narrative Christologie in dem Gedanken, daß Jesus in der ‚Kraft Gottes' wirkt und unterstreicht damit die
Einheit zwischen Vater und Sohn; Joh 10,30.

[32] S.o. S. 30. 34.

[33] S.o. S. 79.

[34] S.o. S. 57.

[35] Hierzu s.o. S. 36.

[36] Vgl. zu dieser dreifachen erzählerischen Funktion des *Ego-Eimi* in Joh 6,20 S. 36.

Der Seewandel bringt aber zugleich einen weiteren Unterton zu Gehör; er bestimmt, wie Jesus gegenüber dem irdisch-materiell verengten Mißverständnis *Basileus* ist.[37] Dies konnte durch eine Auswertung des Motivs des Seewandels in der antiken Herrscherideologie wahrscheinlich gemacht werden.[38] Der im Seewandel mit der Machtfülle Jahwes für die Seinen epiphane Jesus ist gegen alle antike Herrscherideologie und Selbstanmaßung der wahre *Basileus* des himmlischen Königreichs seines Vaters. Ausgestattet mit göttlicher Machtfülle über die todbringenden Chaosmächte nimmt er dieses himmlische Königtum wahr, indem er sich als das von Gott gegebene Lebensbrot zeigt.

Blicken wir von der Brotrede her auf die Gesamtkomposition. Der Offenbarer hat das Ziel seiner Sendung, das seinem Wesen entspricht (vgl. vor allem die Ego-Eimi-Worte: 6,35.48), dem Kosmos das Leben zu vermitteln,[39] in Tat und Wort offenbart. Man kann sagen, die Wundertaten legitimieren seine Worte, aber seine Worte illustrieren seine Taten (mit dem Schwerpunkt auf der Speisung). Die Offenbarung in Tat und Wort zeigt Jesus als Lebenserhalter im irdischen Kontext, dessen Tat in ihrem Doxa offenbarenden Wundercharakter ein transparentes Bild für seine letztgültige Lebensgabe ist, die er selbst *pro hominibus* ist, und als die Lebensgabe schlechthin, von der gilt, daß jeder, der an ihr im Glauben partizipiert, *hic et nunc* das Leben in der Christusgemeinschaft hat. Indem der Offenbarer in der Brotrede sein Ego-Eimi spricht, spricht er sich allen als Gottes Lebensgabe zu, die aufgrund des Gehörten/Gelesenen zum Glauben gelangen.[40] So wie er sich in Wort und Tat den Menschen zum Leben nähert, nähert sich in diesem Lebensbrot gleichsam Gott selbst den Menschen und ist ihnen in diesem Jesus zum Leben gegenwärtig.[41]

Indem der Evangelist die Geschichte von Anfang an auf die Brotrede hin orientiert, ordnet er die ‚Tat'-Offenbarung nicht unter die ‚Wort'-Offenbarung unter. Vielmehr greift die Brotrede auf die Speisung zurück, indem sie die Christologie entfaltet, die der vierte Evangelist in der Speisung abgebildet sieht: In der wunderbaren Speisung der Menge wird erkennbar, daß der das Brot verteilende Jesus dies austeilen kann, weil er das von Gott zum Leben aus

---

[37] Zum joh. Verständnis des machtvollen König-Seins Jesu s.a. z. B. T. SÖDING, Macht 44–47. Zum Gedanken der Korrektur der Akklamation durch den Seewandel s.a. G.R. O'DAY 158.

[38] S.o. S. 215 vgl. dazu die Analysen S. 207ff.

[39] S.a. S. 63, wo die zentrale Bedeutung des Ego-Eimi-Wortes von Joh 6,35 für die Lebensbrotrede herausgestellt wurde: Jesus ist das wahre Lebensbrot von Gott her gegeben. Durch den auf ihn bezogenen – und von Gott ermöglichten (Vv.44f) – Glauben wird diese Lebensvermittlung vollzogen.

[40] S.o. S. 68.

[41] S.o. S. 63.

dem Himmel gegebene Lebensbrot selbst ist.[42] So wird, indem dieser Gedanke in der folgenden Rede ausgeführt wird, auf das geschehene Zeichen zurückgeblickt und dieses interpretiert. Insofern das Zeichen in seiner Interpretation durch die Brotrede noch einmal vor Augen bzw. vor die Ohren der Menge gestellt wird, kann überspitzt von einer Erfüllung der Zeichenforderung gesprochen werden.[43] Durch das Präludium der Wundersequenz wird aber auch die Brotrede ihrerseits hermeneutisch eingeleitet; Jesu Brotrede ist fundiert in seinem Handeln, das in der Zeit sicht- und erfahrbar geworden ist. Sie trägt den Charakter konkreter Zuwendung und konkreter Rettung. Diese konkrete Tat bereitet die sakramentale *relecture* vor, insofern auch sie zeigt, daß sich Jesu Lebensbrot-Sein nicht allein konkret ereignet hat, sondern in der Gemeinde konkret dort ereignet, wo sie an ihm teilhaftig wird.

Wie das Zeichen selbst führt auch die Offenbarungsrede in Mißverständnis, Unverständnis und Unglauben;[44] dies unterstreicht, daß die Rede des Offenbarers seinen Anspruch nicht unmittelbarer zum Ausdruck bringt als seine Taten.[45] Ismo Dunderberg sieht dieses Motiv geradezu als Indiz für die Kohärenz des sechsten Kapitels an. „Es ist nicht nur das Volk oder die Juden, bei denen sich Unglauben anmeldet, sondern auch viele Jünger."[46] Ich möchte ergänzen, es sind nicht nur die Taten Jesu, die Unverständnis erzeugen, sondern auch und gerade die Rede. Treffend ist aber auch Dunderbergs Gesamtsicht: „In Joh 6 wird zwischen Glaube und Unglaube in immer engeren Kreisen unterschieden."[47] Wir werden das sechste Kapitel des JE und damit auch die Speisung und den Seewandel im Verständnis des vierten Evangelisten nicht recht würdigen können, wenn dieses Thema, das durchaus eine Klimax erkennen läßt, nicht hinreichend beachtet wird.

Neben dem Moment der Steigerung im immer enger werdenden Kreis der Personen, die dem Gesandten Gottes mit Unverständnis oder Ablehnung begegnen, ist aber auch ein Moment

---

[42] Daß schon V.33 auf die Gleichsetzung des vom Himmel herabsteigenden Brotes Gottes mit Jesus zielt, hat U. SCHNELLE, Christologie 216f, treffend herausgestellt. Dies gilt aber auch entsprechend für V.32[fin]; dafür sprechen die Antithese und das Präsens δίδωσιν.

[43] S.a. M.J.J. MENKEN, Remarks 146: „Their request for a sign (of the crowd; Vf.) is answered", indem Jesus sich selbst als das geforderte Zeichen vorstellt.

[44] Von daher scheint es mir schwierig, von einer „Progression vom Glauben aufgrund der gesehenen Zeichen (V. 2 und 14) zum Glauben auf das Wort Jesu hin (V. 68)" zu sprechen (J. BEUTLER, Struktur 254).

[45] Zur scheidenden Wirkung der joh. Zeichen vgl. M. LABAHN, Jesus 498f; DERS., Tradition 201–203; s.a. R. METZNER 192. Damit ordnet sich die Erzählung der Zeichen bruchlos in die Gesamtdarstellung der Sendung Jesu ein, die auf *Krisis*, „auf Stellungnahme und Bewährung" zielt; vgl. jetzt z.B. K. SCHOLTISSEK, Antijudaismus 169.

[46] I. DUNDERBERG, Johannes 131.

[47] EBD. S.a. oben S. 75.

der *Identifizierung* zu beachten. Kap. 6 steht eingerahmt von den Jerusalemer Konflikten Jesu mit ‚den Juden‘, die jeweils mit der Tötungsabsicht verbunden sind. Der Widerspruch in Kap. 6 ist durch eine abweichende Ortsangabe hiervon geschieden; dem entspricht das Fehlen des Tötungsmotivs. Dennoch fällt aber auf, daß die Gegnergruppe der Jerusalemer Konflikte auch hier mit ihrer Ablehnung zu Wort kommt (6,41). Dies geschieht kaum zufällig. Die Komposition des Evangeliums stellt das Schisma unter den Jesusanhängern in den Kontext der Jerusalemer Konflikte. Ihre Ablehnung Jesu qualifiziert die ‚Schismatiker‘ damit in der Darstellung des vierten Evangelisten analog zu der Ablehnung ‚der (ungläubigen dem sich Jesus als Offenbarer verweigernden Kosmos zuzurechnenden) *Juden*‘.[48] Nicht überraschend schließt die Episode auch mit der Verratsabsicht des Judas. Die Kritik des Evangelisten ist scharf. Wer Jesu Verkündigung und seine Gemeinde, die diese Verkündigung bewahrt, ablehnt bzw. sich von dieser abwendet, schlägt sich auf die Seite der Welt, die den Gesandten ablehnt. Wer nicht am Bekenntnis des joh. Petrus bleibt, droht zum Verräter an Jesus zu werden. Ist solches Verhalten aber im Vorhinein ein erwartetes Geschehen, so bleibt der Widerspruch und das Schisma einzelner bzw. einer Gruppe doch im Bereich dessen, was durch Jesu Zusage gedeckt ist.[49]

Meldet sich aber bei allen im sechsten Kapitel genannten Gruppen aufgrund der Offenbarung Jesu in Tat und Wort Widerspruch, so ist dies die dunkle Folie für das Petrusbekenntnis in 6,68f.[50] Daher mündet die Klimax des Widerspruchs in die Erwartung der „Glaubensentscheidung" als Ziel des Brotkapitels.[51] Auch Michael Theobald bestimmt als textpragmatische Spitze des petri-

---

[48] Die Klammerbemerkung soll verdeutlichen, daß – wie erneut U. SCHNELLE, Juden *passim*, zu Recht herausgestellt hat – ‚die Juden‘ keine pauschal negativ qualifizierte Gruppe im vierten Evangelium darstellen. Dennoch zeigt sich aufgrund der Mehrzahl der Belege wegen ihres Verhaltens eine negative Grundtendenz, die trotz der semantischen Forderung einer kontextuellen Begriffsklärung bei der Gesamtanalyse des Evangeliums beachtenswert bleibt – Zu den unterschiedlichen Auslegungsvarianten dieser Gruppenbezeichnung vgl. K. SCHOLTISSEK, Antijudaismus 159–164.

[49] Dies ist in Analogie zur Interpretation der joh. Verleugnung Jesu durch Petrus (18,21. 28–32) formuliert, die F.J. MOLONEY, John 18:15–27, 239, vorlegt (s.a. DERS., JE: Glory 136). M. HENGEL, Frage 198, spricht mit Hinweis auf Kelsos (*Origines*, c.Cels. 2,34f) von der Schmach des Erduldens; demgegenüber ist m.E. die zweite Seite, das Beherrschen der Situation im Wissen um das kommende Geschehen, eine nicht minder wichtige Eigenart, die christologisch die Souveränität des Gesandten unterstreicht, ekklesiologisch die Gemeinde in ihren schismatischen Erfahrungen in der göttlichen Zusage geborgen sein läßt (6,61.65.71).

[50] J. FREY, Bild 15f (Manuskript), führt diese Absicht mit beachtlichen Argumenten bis auf die Wundersequenz zurück, allerdings thematisiert er das Stichwort des Partizips πειράζων nicht besonders. So formuliert er das folgende Ergebnis, nicht ohne weitere Signale der Brotrede und des folgenden Jüngerschismas zu beachten: „Die textpragmatische Funktion der beiden Wundergeschichten besteht also u.a. darin, dass sie die johanneischen Leser veranlasst, sich in ihrem Verständnis der Wirksamkeit Jesu nicht mit der Volksmenge zu identifizieren, sondern mit jenen Jüngern, die Jesu Offenbarung empfangen, seine Selbstverkündigung hören und sich aufgrund derselben zu ihm bekennen."

[51] Z.B. J. BEUTLER, Struktur 251, aufgrund z.T. abweichender exegetischer Einzelentscheidungen.

nischen Christusbekenntnisses, daß die Leser-/Hörergemeinde einstimmen soll,[52] in die „stellvertretende(.) Antwort des Petrus".[53] Allerdings flankiert Theobald diese Interpretation durch den Hinweis darauf, daß der grundschriftliche Basistext von 6,60–71 der theologischen Aufarbeitung des in ihnen geschilderten Skandalons für die Rezipienten des Evangeliums diene.[54] *„Es geht um die Verarbeitung eines Skandals, der Auslieferung Jesu an die Macht des Todes durch jemanden aus seinem innersten Freundeskreis".*[55] Das auf der textinternen Ebene den Zwölferkreis umspannende ,*Wir*' hat – wie Jürgen Becker herausstellte[56] – eine ekklesiologische Komponente: Das Nachsprechen des Bekenntnis führt hinein in die joh. Gemeinschaft der Glaubenden als Gemeinschaft, die dieses Bekenntnisses durch das Liebesgebot (Joh 13,34f) zu leben hat.

Wenn nun dennoch das Kapitel nicht mit der Glaubensentscheidung, sondern mit dem Hinweis auf den ,Verräter' abschließt, so ist es zu kurz gegriffen, dies lediglich als ein Zugeständnis an die Passionsdarstellung zu interpretieren.[57] Wird der episodenhafte Charakter der Erzählung in Joh 6 ernstgenommen,[58] so steht der Hinweis auf Judas als einem der Zwölf an der textpragmatisch betonten Schlußstelle. Die Erklärung von V.70, die scheinbar anders als andere Erzählkommentare eher uninformierte Leser im Blick hat, zerstört ein wenig die Pointe. Dennoch ist deutlich erkennbar, daß die *Jüngerschaft als eine gefährdete Größe angesprochen wird:*[59] Über das joh. Christusbekenntnis hinaus, in das Hörer wie Leser einstimmen sollten, wird noch einmal der Kreis des Mißverstehens und Unglaubens enger gezogen. Auch der, der sich zum Christus als Ermöglichung seines Lebens bekannt hat (vgl. das ἡμεῖς in V.69; Petrus spricht als Repräsentant der ,Zwölf' und damit als ein Repräsentant der

---

[52] Zum Anredecharakter des JE s.a. R. SCHNACKENBURG, Jesus Christus 246.
[53] M. THEOBALD, Häresie 223.
[54] AaO. 222 u.ö.
[55] AaO. 230.
[56] J. BECKER, Geist- und Gemeindeverständnis 224.
[57] Auch der Gedanke, daß sich die Lebensgabe der Lebens*hin*gabe verdankt, der sich aufgrund des Verbs παραδιδόναι nahelegen könnte, scheint angesichts der klimaktischen Zuspitzung im Widerspruch gegen den Offenbarer an der vom Verfasser beabsichtigten Pointe vorbeizugehen.
[58] Einige Überlegungen hierzu s.o. S. 44f.
[59] Zu Recht formuliert K. SCHOLTISSEK, Antijudaismus 167, daß die „Jünger Jesu im JohEv ... alles andere als eine geschlossene, unangefochtene Formation" bilden. Vielmehr schiebt der vierte Evangelist „jedweder vorschnellen Heilssicherheit ... einen Riegel vor".

gegenwärtigen [idealen?[60]] joh. Gemeinde[61]), steht in der Gefahr, zum Verräter zu werden,[62] d.h. er steht in der Bedrohung, aus der Christusgemeinschaft auszuscheiden und der Lebensgemeinschaft verlustig zu gehen. Betont ist Judas daher als εἷς ἐκ τῶν δώδεκα geschildert, wie zuvor Jesus das Petrusbekenntnis durch eine Frage an die δώδεκα eingeleitet hat (V.67). Auch diese negative Klimax vom Bekenntnis zum Verrat läßt erkennen, daß die programmatische Äußerung Joh 20,30f eine zeitgenössische Wirklichkeit voraussetzt, die die Erfahrung des geschehenen Schismas, aber auch die Bedrohung des joh. Glaubens *in der Gegenwart* vor Augen hat. Die Perspektive der Bedrohung des Glaubens zeigt zugleich, daß der Glaube im Leben zu bewähren ist: Glauben und das daraus entspringende Bekenntnis sind durch das Bleiben ‚*in Christus*‘ zu bewähren. Glauben bedeutet somit die Bereitschaft zum Bekenntnis und zur Bewährung des Bekenntnisses auch in Bedrängnis und Todesgefahr,[63] wie es beispielsweise das spät-joh. Zeugnis Joh 16,2 naheIegt, ein Wort, das möglicherweise Konflikte mit der römischen Umwelt spiegelt.[64] Insofern kann nicht ausgeschlossen werden, daß das joh. Petrusbekenntnis das Bekenntnis der *idealen* joh. Gemeinde repräsentiert, auf deren Erbauung der Evangelist mit der Ausfertigung seiner Evangelienschrift hinzielt, die er aber in der Gegenwart nicht vorfindet.

Das joh. (Lebens-)Brotkapitel, das den legitimen Offenbarer in Tat und Wort in seinem Kommen für die Menschen erzählt und ihn selbst zu Worte bringt, ist *Paraklese* im Dreifachsinn des Wortes. Es zeigt den von Gott gesandten Offenbarer als umstrittenen Offenbarer: Zum *Trost der Gemeinde* steht der Widerspruch gegen die Christusbotschaft der Gemeinde in der Kontinuität des Weges des Offenbarers. Zur *Ermunterung der Gemeinde* wird in diesem Kapitel an die lebensspendende Bedeutung der Sendung des Offenbarers erinnert, an der die Gemeinde durch ihr Sein in Christus durch den Glauben parti-

---

[60] Der hier zurückhaltend eingeführte Begriff der ‚idealen joh. Gemeinde‘ mißt der Textpragmatik einen appellierenden Charakter bei; Joh 6 spricht eine Gemeinde/Gemeinden an, in denen dieses Bekenntnis nach dem Urteil des Verfassers gefährdet ist.

[61] Gegen die Differenzierung von R.E. BROWN, Community 74f Anm. 131. 82f, demzufolge die Zwölf eine Außenseitergruppe sind, die mit der apostolischen Gruppe identifiziert werden kann. Repräsentiert hier Petrus die Gemeinde durch sein *joh.* Bekenntnis, so enthält dies eine Orientierung, in der sich auch die mit Petrus verbundene Kirche jenseits des joh. Kreises wiederfinden soll und kann.

[62] Diese ekklesiologische Spitze erkennt auch J. WAGNER 163, der sie in die Nähe von 1Joh 2,18ff rückt; sie ist für ihn aber Anlaß, diesen Abschnitt der Redaktion zuzuschreiben.

[63] Den Hinweis auf diesen Aspekt der Bewährung des Glaubens im vierten Evangelium durch das Bekenntnis in der Bedrohung verdanke ich Gesprächen mit Prof. JOHANNES BEUTLER, SJ, Rom.

[64] Vgl. in Hinblick auf die Aposynagogos-Stellen M. LABAHN, Jesus 39f.

zipiert. Zuletzt kommt jedoch auch die *Ermahnung der Gemeinde* zu Wort. Auch ihr, die ihr erkannt habt, daß der Offenbarer ῥήματα ζωῆς αἰωνίου hat, könntet auf die Seite des Widersachers gehören, so daß die Mahnung zum Bleiben am Offenbarer hier mitzubedenken ist. Die *relecture* des sechsten Kapitels fundiert diese Paraklese in dem Punkt der Gemeinde, wo sie den Trost feiert, im Gottesdienst. In dem sie die impliziten Erinnerungen an die Eucharistie[65] im Horizont der Feier der Einheit mit dem zum Vater zurückgekehrten Offenbarer liest, weist sie explizit darauf hin, wo die Einheit in geradezu gegenständliche Weise vollzogen wird, in der Feier der Eucharistie. Hier eignet sich der Erhöhte als Lebensbrot zu, hier kommt zum Bekenntnis die Realisierung im Leben der Joh 6 lesenden Gemeinde.

---

[65] S.o. S. 78.

Literaturverzeichnis

I. Quellen und Übersetzungen

I.1 Textausgaben der biblischen Schriften

BIBLIA HEBRAICA STUTTGARTENSIA, editio funditus renovata cooperantibus H.P. Rüger et J. Ziegler ed. K. Elliger et W. Rudolph, Stuttgart 1977.

BIBLIA SACRA iuxta Vulgatam versionem adiuvantibus Bonifatius Fischer, Iohanne Gribomont, H.F.D. Sparks, W. Thiele recensuit et brevi apparatu instruxit Robertus Weber, 2 Bde., Stuttgart 1969.

HUCK, Albert/GREEVEN, Heinrich, Synopse der drei ersten Evangelien mit Beigabe der johanneischen Parallelstellen, Tübingen [13]1981.

NEIRYNCK, Frans, The Minor Agreements in Horizontal-Line Synopsis, SNTA 15, Leuven 1991.

NOVUM TESTAMENTUM GRAECE, post Eberhard Nestle et Erwin Nestle ed. Kurt Aland et al., Stuttgart [26]1979.

NOVUM TESTAMENTUM GRAECE, post Eberhard Nestle et Erwin Nestle communiter ed. Barbara et Kurt Aland, Johannes Karavidopolus, Carlo M. Martini, Bruce M. Metzger, Stuttgart [27]1993.

SEPTUAGINTA, Id est Vetus Testamentum graece iuxta LXX interpretes edidit Alfred Rahlfs, 2 Bde., Stuttgart 1935/1982.

SEPTUAGINTA. Vetus Testamentum Graecum. Auctoritate Academiae Scientiarum Gottingensis editum. Vol. III,1: Numeri (ed. John William Wevers adiuvante U. Quast), Göttingen 1982; Vol. VIII/2: Esdrae liber II (ed. Robert Hanhart), Göttingen 1993; Vol IX/2: Maccabaeorum liber 2 (copiis usus quas reliquit Werner Kappler ed. Robert Hanhart), Göttingen [2]1976; Vol. X: Psalmi cum Odis (ed. Alfred Rahlfs), Göttingen [3]1979; Vol. XII/1: Sapientia Salomonis (ed. Joseph Ziegler), Göttingen [2]1980; Vol. XIII: Duodecim Prophetae (ed. Joseph Ziegler), Göttingen [3]1984.

SYNOPSIS QUATTUOR EVANGELIORUM. Locis parallelis evangeliorum apocryphorum et patrum adhibitis edidit Kurt Aland, Stuttgart [13]1985.

I.2 Intertestamentarische Literatur

DIE APOKRYPHEN UND PSEUDEPIGRAPHEN DES ALTEN TESTAMENTS in Verbindung mit Fachgenossen übers. u. hg. v. E(mil) Kautzsch, 2 Bde., ND Darmstadt 1975.

BECKER, Jürgen, Die Testamente der zwölf Patriarchen, JSHRZ III/1, Gütersloh 1974.

BURCHARD, Christoph, Joseph und Aseneth, JSHRZ II/4, Gütersloh 1983.

GEORGI, Dieter, Weisheit Salomos, JSHRZ III/4, Gütersloh 1980.

HABICHT, Christian, 2.Makkabäerbuch, JSHRZ I/3, Gütersloh [2]1979.

HOLM-NIELSEN, Svend, Die Psalmen Salomos, JSHRZ IV/2, Gütersloh 1977.

I.3 Jüdisches Schrifttum

GARCÍA MARTÍNEZ, Florentino, The Dead Sea Scrolls Translated. The Qumran Texts in English, Leiden · New York · Cologne 1994.

JOSEPHUS, Jewish Antiquitates, with an English Translation by H.J.S. Thackeray, Ralph Marcus, Josephus in nine Volumes IV–VIII, LCL, London · Cambridge, Mass. ND 1991. 1988.1987.1986.1990.

DERS., De bello Judaica. Der jüdische Krieg. Griechisch und deutsch. Hg. u. mit einer Einleitung sowie mit Anmerkungen versehen v. Otto Michel u. Otto Bauernfeind, Bd. I–III, München 1959–1969.

Die MISCHNA I. Seder. Zeraim. 2. Traktat. Pea (Vom Ackerwinckel). Text, Übersetzung und Erklärung v. Walter Bauer, Gießen 1914.

PHILO VON ALEXANDRIEN, Die Werke in deutscher Übersetzung, 7 Bde. Hg. v. Leopold Cohn, Isaak Heinemann (ab Bd. 5), Maximilian Adler (ab Band 6) und Willy Theiler (ab Band 6), Breslau 1909–Berlin (Band 6+7) 1964.

DERS., Opera quae supersunt, 7 Bde., ed. Leopold Cohn et Paul Wendland, Berlin 1896–1930.

SIEGERT, Folker, Drei hellenistisch-jüdische Predigten. Ps.-Philon, „Über Jona", „Über Simson" und „Über die Gottesbezeichnung ‚wohltätig verzehrendes Feuer'". I Übersetzung aus dem Armenischen und sprachliche Erläuterungen, WUNT 20, Tübingen 1980.

DIE TEXTE AUS QUMRAN. Hebräisch und Deutsch mit masoretischer Punktation, Übersetzung, Einführung und Anmerkungen hg. v. Eduard Lohse, Darmstadt [2]1971.

Rabbinische WUNDERGESCHICHTEN des neutestamentlichen Zeitalters in vokalisiertem Text mit sprachlichen und sachlichen Bemerkungen von Paul Fiebig, KIT 78, Bonn 1911.

I.4 Neutestamentliche Apokryphen und frühchristliche Literatur

ACTA IOHANNIS, Preafatio – Textus cura Eric Junod et Jean-Daniel Kaestli, CChr.SA 1.2, Tornhout 1983.

NEUTESTAMENTLICHE APOKRYPHEN in deutscher Übersetzung, hg. v. Wilhelm Schneemelcher, 2 Bde., Tübingen I [6]1990. II [5]1989.

PAPIAS von Hierapolis, Fragmente,[1] in: Die Apostolischen Väter. Griechisch-deutsche Parallelausgabe auf der Grundlage der Ausgaben von Franz-Xaver Funk/Karl Bihlmeyer und Molly Whittaker mit Übersetzungen von Martin Dibelius und Dietrich-Alex Koch neu übers. u. hg. v. Andreas Lindemann u. Henning Paulsen, Tübingen 1992.

I.5 Antike und hellenistische Texte und Schriften[2]

Claudius AELIANUS, Varia historia, ed. Mervin R. Delts, Bibliotheca scriptorum Graecorum et Romanorum Teubneriana, Leipzig 1974.

ALKAIOS. Griechisch u. deutsch hg. v. Max Treu, Tusc, München [2]1963.

---

[1] Die Zählung der Fragmente bzw. der Nachrichten über Person und Werk des Papias richtet sich nach der benutzten Ausgabe, der auch die Zählung bei W.R. SCHOEDEL 238ff entspricht; daneben wird auf die Nummerierung der Fragment–Sammlung von U.H.J. KÖRTNER, Papias 50ff verwiesen (dort auch eine Synopse der Zählung der Fragmente in anderen Ausgaben: aaO. 48f).

[2] Ein Quellennachweis wird im folgenden nur für die Schriften geführt, die im vorstehenden Text dieser Arbeit ausdrücklich zitiert sind. Genannte und eingesehene Schriften, die nicht besonders zitiert sind, wurden, um das Verzeichnis nicht unnötig zu verlängern, nicht angegeben.

APOLLONIOS von Rhodos, Das Argonautenepos. Hg., übers. u. erl. v. Reinhold Glei u. Stephanie Natzel-Glei, 2 Bde., TzF, Darmstadt 1996.

ARRIAN, Der Alexanderzug. Indische Geschichte. Griechisch und deutsch. Hg. u. übers. v. Gerhard Wirth u. Oskar von Hinüber, Tusc, München · Zürich 1985.

ARTEMIDOROS, Das Traumbuch. Aus dem Griechischen übertragen, erl. u. m. einem Nachw. versehen v. Karl Brackertz, BAW. Griechische Reihe, München · Zürich 1979.

Publius Aelius ARISTIDES, The Complete Works II. Orations XVII–LIII. Translated into English by Charles A. Behr, Leiden 1981.

DERS., Quae supersunt omnia II. Orationes XVII–LIII, ed. Bruno Keil, ND Berlin 1958.

ATHENAIOS von Naukratis, Das Gelehrtenmahl. Aus dem Griechischen von Ursula und Kurt Treu, Sammlung Dieterich 329, Leipzig 1985.

DERS., The Deipnosophists. With an English Translation by Charles Burton Gulick, 7 Bde., LCL, Cambridge, Mass. · London 1937–1941 (in Nachdrucken).

AUGUSTUS, Meine Taten. Res Gestae Divi Augusti nach dem Monumentum Ancyranum, Apolloniense und Antiochenum. Lateinisch – Griechisch – Deutsch ed. Ekkehard Weber, Tusc, München 1970.

M. Tullius CICERO, De legibus · Paradoxa. Über die Gesetze · Stoische Paradoxien. Lateinisch und deutsch. Hg., übers. u. erl. v. Rainer Nickel, Tusc, München · Zürich 1994.

DIO CHRYSOSTOM. With an Englisch Translation by J.W. Cohoon, H. Lamar Crosby, in five volumes, LCL, Cambridge, Mass. · London 1932–1951 (in Nachdrucken).

DERS., Sämtliche Reden. Eingel., übers. u. erl. v. Winfried Elliger, BAW. Griechische Reihe, Zürich · Stuttgart 1967.

DIOGENES LAERTIOS, Leben und Lehre der Philosophen. Aus dem Griechischen übers. u. hg. v. Fritz Jürß, Reclam UB 9669, Stuttgart 1998.

DIONYSIUS HALICARNASSENSIS, Antiquitatum Romanorum, ed. Carolus Jacoby, Bibliotheca scriptorum Graecorum et Romanorum Teubneriana, Leipzig 1885–1925.

The EPIDAURIAN MIRACLE INSCRIPTIONS, Text, Translation and Commentary by Lynn R. LiDonnici, SBL.TT 36, Atlanta, Georgia, 1995.

EUNAPIUS, Lives of the Philosophers and Sophists, in: Philostratus and Eunapius, The Lives of the Sophists with an English Translation by Wilmer Cave Wright, LCL, Cambridge, Mass. · London ND. 1961.

HERODOT, Geschichte und Geschichte. Übers. v. Walter Marg, 2 Bde., BAW. Griechische Reihe, Zürich · München 1973. 1983.

DERS., Historiae. Recognovit brevique adnotatione critica instruxit Carolus Hude, 2 Bde., Scriptorum Classicorum Bibliotheca Oxoniensis, Oxford ND der 3. Auflage 1967.1954.

HOMER, Ilias. Griechisch und deutsch hg. v. Hans Rupé, Tusc, Düsseldorf [10]1994.

HORAZ, Sämtliche Werke. Lateinisch und deutsch: Oden und Epoden hg. v. Hans Färber; Sermones et Epistulae übers. u. zus. mit Hans Färber bearb. v. Wilhelm Schöne, Tusc, München [11]1993.

HOMERISCHE HYMNEN, Griechisch und deutsch hg. v. Anton Weiher, Tusc, München und Zürich [6]1989.

IAMBLICHOS, Pythagoras. Legende – Lehre – Lebensgestaltung, hg., übers. u. eingel. v. Michael von Albrecht, BAW. Antike und Christentum, Zürich · Stuttgart 1963.

ISOKRATES with an English Translation of George Norlin, LaRue van Hook, LCL, Cambridge, Mass. · London 1991.1992.1986.

JULIAN, The Works of Julian with an English Translation by Wilmer Cave Wright, LCL, 3 Bde., London · Cambridge, Mass. ND 1962/1959/1961.

LUKIAN. With an English Translation by A.M. Hermon, K. Kilburn, M.D. Macleod, LCL, Cambridge, Mass. · London 1913–1967 (in Nachdrucken).

DERS., Wie man Geschichte schreiben soll. Griechisch und deutsch. Hg., übers. und erläutert v. H. Homeyer, München 1965.

DERS., Werke. Aus dem Griechischen übersetzt von Christoph Martin Wieland. Hg. v. Jürgen Werner u. Herbert Greiner-Mai, Bibliothek der Antike. Griechische Reihe, 3 Bde., Berlin · Weimar ²1981.

LYSIAS, Discours. Texte établi et trad. par Louis Gernet et Marcel Bizos, 2 Bde., Collections des Universités de France, Paris ⁴1959. ²1955.

The GREEK MAGICAL PAPYRI in Translation including the Demotic Spells. Edited by Hans Dieter Betz, Chicago · London 1986.

MENANDER, The Principal Fragments with an English Translation by Francis G. Allinson, LCL, ND Cambridge, Mass. / London 1964.

Publius OVIDIUS Naso, Metamorphosen. Lateinisch – deutsch. In deutsche Hexameter übertr. u. hg. v. Erich Rösch. Mit einer Einführung von Niklas Holzberg, Tusc., Zürich/München ¹¹1988.

PAUSANIAS, Description of Greece. With an English Translation by W.H.S. Jones in four volumes, LCL, London · Cambridge, Mass. ND 1964–ND 1965.

PHILOSTRATUS, Das Leben des Apollonius von Tyana. Griechisch – deutsch. Hg., übers. u. erläutert v. Vroni Mumprecht, Tusc, München · Zürich 1983.

PLATON, Werke in acht Bänden. Griechisch – deutsch. Hg. v. Gunther Eigler (mit den Übersetzungen von Friedrich Schleiermacher, Hieronymus Müller u. Klaus Schöpsdau), Sonderausgabe Darmstadt 1990.

PLUTARCH, Große Griechen und Römer II. Eingeleitet u. übers. v. Konrat Ziegler (mit Übersetzungen v. Walter Wuhrmann), BAW. Griechische Reihe, Zürich · Stuttgart 1955.

PORPHYRIOS, Vie de Pythagore. Lettre a Marcella. Texte établi et trad. par Édouard des Places, Collections des Universités de France, Paris, 1982.

SENECA, Sämtliche Tragödien. Lateinisch und deutsch. Übers. u. erläutert v. Theodor Thomann, Bd. I. Hercules furens, Trojanerinnen, Medea, Phaedra, Octavia, BAW. Römische Reihe, Zürich · München ²1978.

DERS., Philosophische Schriften. Lateinisch – deutsch. Hg.v. Manfred Rosenbach, 5Bde., Sonderausgabe Darmstadt 1995.

SIBYLLINISCHE WEISSAGUNGEN. Griechisch-deutsch. Auf der Grundlage der Ausgabe von Alfons Kurfeß neu übersetzt u. hg. v. Jörg-Dieter Gauger, Tusc, Darmstadt 1998.

SUETON, Kaiserbiographien. Lateinisch und deutsch von Otto Wittstock, SQAW 39, Berlin 1993.

THEMISTIOS, Staatsreden. Übersetzung, Einführung u. Erläuterungen von Hartmut Leppin u. Werner Portmann, BGrL 46, Stuttgart 1998.

THEOKRIT, Die echten Gedichte. Deutsch von Emil Staiger, Bibliothek der Alten Welt. Griechische Reihe, Stuttgart · Zürich 1970.

Neuer WETTSTEIN. Texte zum Neuen Testament aus Griechentum und Hellenismus. Band II. Texte zur Briefliteratur und zur Johannesapokalypse, hg. v. Georg Strecker u. Udo Schnelle unter Mitarbeit von Gerald Seelig, Berlin · New York 1996.

XENOPHON, Anabasis. Der Zug der Zehntausend. Griechisch und deutsch. Hg. v. Walter Müri. Bearb. u. mit einem Anhang versehen von Bernhard Zimmermann, Tusc, Darmstadt ²1997.

I.6 Sonstige Quellentexte

AUFHAUSER, Johannes B., Buddha und Jesus in ihren Paralleltexten zusammengestellt, KlT 157, Bonn 1926.

FRANZÖSISCHE MÄRCHEN. Hg. v. Marlis Hörger, Märchen der Welt, Fischer Tb. 10465, Frankfurt am Main 1991

GRIMM, Jakob und Wilhelm, Deutsche Sagen. Bd. 1–2. hg. v. Hans-Jörg Uther. Bd. 3. Hg. v. Barbara Kindermann-Bieri, ND Darmstadt o.J. (= 1997).

II. Hilfsmittel

BAUER, Walter, Griechisch-deutsches Wörterbuch zu den Schriften des Neuen Testaments und der frühchristlichen Literatur, völlig neu bearb. hg. v. Kurt Aland u. Barbara Aland, Berlin · New York [6]1988 [zitiert als „W. Bauer-K. u. A. Aland, Wb"].

BORNEMANN, Eduard unter Mitwirkung von Ernst Risch, Griechische Grammatik, Frankfurt a. M. · Berlin · München [2]1978.

Herders großer BIBELATLAS (The Times Atlas of the Bibel, ed. by James B. Pritchard, London 1987), deutsche Ausgabe hg. u. bearb. v. Othmar Keel u. Max Küchler, ND Darmstadt 1989.

GESENIUS, Wilhelm, Hebräisches und aramäisches Handwörterbuch über das Alte Testament, in Verb. m. H. Zimmern, Max Müller u. O. Weber bearb. von Frants Buhl, ND Berlin · Göttingen · Heidelberg 1962 (= [17]1915).

HATCH, Edwin/REDPATH, Henry A., A Concordance to the Septuagint and the other Greek Versions of the Old Testament (Including the Apocryphal Books), 2 Bde. ND Graz 1954.

KÖHLER, Ludwig/BAUMGARTNER, Walter, Hebräisches und aramäisches Lexikon zum Alten Testament, in Lieferungen, Leiden [3]1967ff.

KÖNIG, Eduard, Hebräisches und aramäisches Wörterbuch zum Alten Testament, ND Wiesbaden 1969 (= [6/7]1936).

KONKORDANZ ZUM NOVUM TESTAMENTUM GRAECE von Nestle-Aland, 26. Auflage und zum Greek New Testament, 3rd Edition, hg. v. Institut für neutestamentliche Textforschung und vom Rechenzentrum der Universität Münster, Berlin · New York [3]1987.

MENGE, Hermann, Langenscheidts Grosswörterbuch Griechisch – Deutsch unter Berücksichtigung der Etymologie, Berlin · München · Wien · Zürich [24]1981.

MOULTON, James Hope/MILLIGAN, George, The Vocabulary of the New Testament. Illustrated from the Papyri and other Non-Literary Sources, London 1914–1929.

PALÄSTINA. Historisch-Archäologische Karte. Blatt Nord, bearbeitet von Ernst Höhne. Kartograph: Hermann Wahle, BHH 4, Göttingen 1979.

RADERMACHER, Ludwig, Neutestamentliche Grammatik. Das Griechisch des Neuen Testaments im Zusammenhang mit der Volkssprache, HNT 1, Tübingen [2]1925.

WETTSTEIN, (Johann) Jakobus, Novum Testamentum Graecum, Tomus I, ND Graz 1962 = Amsterdam 1752.

III. Kommentare

III.1 Kommentare zu den johanneischen Schriften (JE und 1–3 Joh)

BARRETT, Charles Kingsley, Das Evangelium nach Johannes, KEK-Sb., Göttingen 1990.

BAUER, Walter, Das Johannesevangelium, HNT 6, Tübingen [3]1933.

BEASLEY-MURRAY, George R., John, WBC 36, Waco (Texas) 1987.

BECKER, Jürgen, Das Evangelium nach Johannes. 2 Bde. ÖTBK 4, Gütersloh/Würzburg 1979/1981.

BERNARD, J.H., A Critical and Exegetical Commentary on the Gospel according to St. John, 2 Vol., ICC, ND Edinburgh 1953.

BLANK, Josef, Das Evangelium nach Johannes. 1. Teil a, GSL.NT 4/1a, Düsseldorf 1981.

BOISMARD, M(arie)-É(mile)/LAMOUILLE, A(rnaud) avec la collaboration de G(érard) Rochais, Synopse des quatre évangiles en français. tome III. L'évangile de Jean, Paris 1977.

BROWN, Raymond E., The Gospel According to John, 2 Bde., AncB 29/29A, Garden City, N.Y. 1966/70.

BULTMANN, Rudolf, Das Evangelium des Johannes. StA., KEK 2, [20]1985.

DERS., Das Evangelium des Johannes. Ergänzungsheft, ND 1966.

CARSON, D.A., The Gospel According to John, Reprint Leicester · Grand Rapids, Michigan, 1982.

DELEBECQUE, Édouard, Évangile de Jean. Texte trad. et annoté, CRB 23, Paris 1987.

ELLIS, Peter F., The Genius of John. A Composition-Critical Commentary on the Fourth Gospel, Collegeville, Minnesota 1984.

GNILKA, Joachim, Johannesevangelium, NEB.NT 4, Würzburg 1983.

HAENCHEN, Ernst, Das Johannesevangelium. Ein Kommentar aus den nachgelassenen Manuskripten hg. v. Ulrich Busse, mit einem Vorwort von James M. Robinson, Tübingen 1980.

HEITMÜLLER, Wilhelm, Johannes-Evangelium, in: SNT 4, [3]1920, 9–184.

HOLTZMANN, Heinrich Julius, Evangelium des Johannes, besorgt von Walter Bauer, HC 4/1, Tübingen [3]1908 [zitiert als „H.J. Holtzmann/W. Bauer, JE"].

HOSKYNS, Edwyn Clement, The Fourth Gospel, ed. by. Francis Noel Davey, Reprint of the second revised edition London 1956.

LAGRANGE, M(arie)-J(oseph), Évangile selon Saint Jean, EtB, Paris [5]1936.

LIGHTFOOT, R(obert) H(enry), St. John's Gospel. A Commentary, ed. by. C.F. Evans, OPB 5, Oxford 1960 (= ND Oxford 1957)

LINDARS, Barnabas, The Gospel of John, NCeB, Softback edition Grand Rapids/London ND 1992.

MacGREGOR, G.H.C., The Gospel of John, MNTC, London [12]1959.

MALINA, Bruce J./ROHRBAUGH, Richard L., Social-Science Commentary on the Gospel of John, Minneapolis 1998.

MOLONEY, Francis J., Signs and Shadows. Reading John 5–12, Minneapolis 1996 [zitiert als „JE: Signs"].

DERS., Glory not Dishonor. Reading John 13–21, Minneapolis 1998 [zitiert als „JE: Glory"].

DERS., The Gospel of John, Sacra Pagina 4, Collegeville, Minnesota, 1998 [zitiert als „JE: Gospel"].

MORRIS, Leon, The Gospel according to John, NICNT, Grand Rapids, Michigan, [2]1995.

PAULUS, Heinrich Eberhard Gottlob, Commentar über das Evangelium des Johannes, Commentar über das neue Testament IV/1, Lübeck 1804.

PORSCH, Felix, Johannes-Evangelium, SKK.NT 4, Stuttgart 1988.

SCHENKE, Ludger, Johannes: Kommentar, Kommentare zu den Evangelien, Düsseldorf 1998.

SCHLATTER, Adolf, Der Evangelist Johannes. Wie er spricht, denkt und glaubt, Stuttgart 1930.

SCHNACKENBURG, Rudolf, Das Johannesevangelium. 3 Bde., HThK IV, Freiburg · Basel · Wien I [2]1967 ([7]1992). II 1971 ([5]1990). III [6]1992.

SCHNELLE, Udo, Das Evangelium nach Johannes, ThHK 4, Leipzig 1998.

SCHULZ, Siegfried, Das Evangelium nach Johannes, NTD 4, Göttingen [14(3)]1978.

SCHWANK, Benedikt, Evangelium nach Johannes erläutert für die Praxis, St. Ottilien 1996.

STIBBE, Mark W. G., John, Readings: A New Biblical Commentary, Sheffield 1993.

STRATHMANN, Hermann, Das Evangelium des Johannes, NTD 4, Göttingen $^{9(4)}$1959 ($^{11[6]}$1966).

TALBERT, Charles H., Reading John. A Literary and Theological Commentary on the Fourth Gospel and the Johannine Epistles, Reading the New Testament, New York ND 1994.

VOIGT, Gottfried, Licht – Liebe – Leben. Das Evangelium nach Johannes, BTSP 6, Göttingen 1991.

WELLHAUSEN, Julius, Das Evangelium Johannis, Berlin 1908 (= ders., Evangelienkommentare. Mit einer Einleitung von Martin Hengel, Berlin · New York 1987, 601–746 [zitiert nach der Originalpaginierung]).

WENGST, Klaus, Der erste, zweite und dritte Brief des Johannes, ÖTBK 16, Gütersloh/Würzburg 1978.

WILCKENS, Ulrich, Das Evangelium nach Johannes, NTD 4, Göttingen $^{1(17)}$1998.

WITHERINGTON, III, Ben, John's Wisdom, A Commentary on the Fourth Gospel, Louisville, Kentucky 1995.

III.2 Kommentare zu den übrigen neutestamentlichen Schriften sowie dem frühchristlichen Schrifttum

AUNE, David E., Revelation 6–16, WBC 52B, Nashville 1998.

BOVON, François, Das Evangelium nach Lukas (Lk 1,1–9,59), EKK III/1, Zürich/Neukirchen-Vluyn 1989.

ERNST, Josef, Das Evangelium nach Lukas, RNT, Regensburg $^{1/5}$1977.

FITZMYER, Joseph A., The Gospel according to Luke (I–IX), AncB 28, Garden City, New York 1981.

GNILKA, Joachim, Das Evangelium nach Markus. 1. Teilband Mk 1–8,26, EKK II/1, Zürich · Einsiedeln · Köln/Neukirchen-Vluyn 1978 (^{2}1986).

DERS., Das Matthäusevangelium. I. Teil. Kommentar zu Kap. 1,1–13,58, HThK I/1, Freiburg · Basel · Wien 1986.

DERS., Das Matthäusevangelium. II. Teil. Kommentar zu Kap. 14,1–28,20 und Einleitungsfragen, HThK I/2, Freiburg · Basel · Wien 1988.

GUELICH, Robert A., Mark 1–8:26, WBC 34A, Dallas, Texas 1989.

GUNDRY, Robert H., Matthew. A Commentary on His Handbook for a Mixed Church under Persecution, Grand Rapids ^{2}1994.

HAENCHEN, Ernst, Der Weg Jesu. Eine Erklärung des Markus-Evangeliums und der kanonischen Parallelen, GLB, Berlin ^{2}1968.

HARE, Douglas R.A., Matthew, Interpretation, Louisville 1993.

HOLTZMANN, Heinrich Julius, Die Synoptiker I/1, HC, Tübingen · Leipzig ^{3}1901.

HOOKER, Morna D., The Gospel According to Saint Mark, BNTC 2, Peabody, Massachusetts, 1991.

KERTELGE, Karl, Markusevangelium, NEB.NT 2, Würzburg 1994.

KLOSTERMANN, Erich, Das Matthäusevangelium, HNT 4, Tübingen ^{4}1971.

DERS., Das Markusevangelium erklärt, HNT 3, Tübingen ^{5}1971.

KRAFT, Heinrich, Die Offenbarung des Johannes, HNT 16a, Tübingen 1974.

LOHMEYER, Ernst, Das Evangelium des Markus, KEK I/2, Göttingen ^{12}1953.

DERS., Das Evangelium nach Matthäus. Nachgelassene Ausarbeitungen und Entwürfe zur Übersetzung und Erklärung für den Druck bearb u. hg. v. Werner Schmauch, KEK-Sb, Göttingen 1956.

LÜHRMANN, Dieter, Das Markusevangelium, HNT 3, Tübingen 1987.

Luz, Ulrich, Das Evangelium nach Matthäus 1, EKK I/1, Zürich · Einsiedeln · Köln/Neukirchen-Vluyn 1985.

Ders., Das Evangelium nach Matthäus 2, EKK I/2, Neukirchen-Vluyn/Zürich · Braunschweig 1990.

Müller, Ulrich B., Die Offenbarung des Johannes, ÖTBK 19, Gütersloh/Würzburg 1984.

Niederwimmer, Kurt, Die Didache, KAV 1, Göttingen 1989 (²1993).

Paulsen, Henning, Die Briefe des Ignatius von Antiochien und der Brief des Polykarp von Smyrna, HNT 18, Zweite, neubearb. Auflage der Auslegung v. Walter Bauer, Tübingen 1985.

Pesch, Rudolf, Die Apostelgeschichte. 1. Teilband Apg 1–12, EKK V/1, Zürich · Einsiedeln · Köln/Neukirchen-Vluyn 1986.

Rengstorf, Karl Heinrich, Das Evangelium nach Lukas übersetzt und erklärt, NTD 3, Göttingen ⁴1949.

Ritt, Hubert, Offenbarung des Johannes, NEB.NT 21, Würzburg 1986.

Roloff, Jürgen, Die Offenbarung des Johannes, ZBK.NT 18, Zürich ²1987.

Sand, Alexander, Das Evangelium nach Matthäus, RNT, Regensburg 1986.

Schmid, Josef, Das Evangelium nach Markus, RNT 2, Regensburg ⁴1958.

Schmithals, Walter, Das Evangelium nach Markus. 2 Bde., ÖTBK 2, Gütersloh/Würzburg 1979.

Ders., Das Evangelium nach Lukas, ZBK.NT 3.1, Zürich 1980.

Schnackenburg, Rudolf, Matthäusevangelium 1,1–16,20, NEB.NT 1, Würzburg 1985.

Schneider, Gerhard, Das Evangelium nach Lukas. Kapitel 1–10, ÖTBK 3/1, Gütersloh/Würzburg 1977 (³1992).

Schürmann, Heinz, Das Lukasevangelium. Erster Teil. Kommentar zu Kap. 1,1–9,50, HThK III/1, Freiburg · Basel · Wien 1969 (³1984)

Schweizer, Eduard, Das Evangelium nach Markus, NTD 1, Göttingen ¹⁶⁽⁶⁾1983.

Ders., Das Evangelium nach Lukas, NTD 3, Göttingen ¹⁸⁽¹⁾1982.

Ders., Das Evangelium nach Matthäus, NTD 2, Göttingen ¹⁵⁽³⁾1981.

Senior, Donald, Matthew, Abingdon New Testament Commentaries, Nashville 1998.

Sickenberger, Joseph, Erklärung der Johannesapokalypse, Bonn ²1942.

Tannehill, Robert C., Luke, Abingdon New Testament Commentaries, Nashville, TN, 1996.

Taylor, Vincent, The Gospel According to St. Mark. The Greek Text with Introduction, Notes, and Indices, London · Melbourne · Toronto/New York ²1966.

Weiss, Johannes/Bousset, Wilhelm,[3] Das Markus-Evangelium, in: Die drei älteren Evangelien, SNT 1, Göttingen ³1917, 71–226.

Wellhausen, Julius, Das Evangelium Marci, Berlin 1909 (= ders., Evangelienkommentare. Mit einer Einleitung von Martin Hengel, Berlin · New York 1987, 321–457 [zitiert nach der Originalpaginierung]).

Wiefel, Wolfgang, Das Evangelium nach Lukas, ThHK 3, Berlin 1988.

Wohlenberg, Gustav, Das Evangelium nach Markus, KNT 2, Leipzig ¹⁺²1910.

Zeller, Dieter, Kommentar zur Logienquelle, SKK.NT 21, Stuttgart 1984.

---

[3] Zur Mitverantwortlichkeit von Wilhelm Bousset vgl. die Einleitung zur dritten Auflage der SNT IV.

III.3 Kommentare zum alttestamentlichen und zum jüdischen Schrifttum

DOMMERSHAUSEN, Werner, 1 Makkabäer. 2 Makkabäer, NEB.AT 12, Würzburg 1985.

ELLIGER, Karl, Deuterojesaja. 1. Teilband. Jesaja 40,1–45,7, BG XI/1, Neukirchen-Vluyn 1978.

GOLDSTEIN, Jonathan A., II Maccabeens, AncB 41A, New York · London · Toronto · Sydney · Auckland 1983.

GUNKEL, Hermann, Genesis, HK I/1, Göttingen ⁴1917.

HENTSCHEL, Georg, 2Könige, NEB.AT 11, Würzburg 1985.

KAISER, Otto, Der Prophet Jesaja. Kapitel 13–39, ATD 18, Göttingen ³1983.

RUDOLPH, Wilhelm, Joel – Amos – Obadja – Jona, KAT XIII/2, Gütersloh 1971.

DERS., Haggai – Sacharja 1–8 – Sacharja 9–14 – Maleachi, KAT XIII/4, Gütersloh 1976.

WOLFF, Hans Walter, Dodekapropheton 1. Hosea, BK XIV/1, Neukirchen-Vluyn ³1976.

DERS., Dodekapropheton 2. Joel und Amos, BK XIV/2, Neukirchen-Vluyn 1969 (³1985).

WÜRTHWEIN, Ernst, Die Bücher der Könige. 1.Kön. 17 – 2.Kön. 25, ATD 11,2, Göttingen 1984.

IV. Aufsätze, Monographien etc.

ACHTEMEIER, Paul J., Toward the Isolation of Pre-Marcan Miracle Catenae, in: JBL 89, 1970, 265–291.

DERS., Omne verbum sonat: The New Testament and the Oral Environment of Late Western Antiquity, in: JBL 109, 1990, 3–27.

ALMQUIST, Helge, Plutarch und das Neue Testament. Ein Beitrag zum Corpus Hellenisticum Novi Testamenti, ASNU 15, Uppsala 1946.

ANDERSON, Paul. N., The Christology of the Fourth Gospel. Its Unity and Disunity in the Light of John 6, WUNT II/78, Tübingen 1996 (= Valley Forge, Pennsylvania, 1997).

DERS., The Sitz im Leben of the Johannine Bread of Life Discourse and its Evolving Context, in: Critical Readings of John 6 (s.u.), 1–59.

ASHTON, John, The Identity and Function of the Ἰουδαῖοι in the Fourth Gospel, in: NT 27, 1985, 40–75.

DERS., Understanding of the Fourth Gospel, ND Oxford 1993.

BAARLINK, Heinrich, Anfängliches Evangelium. Ein Beitrag zur näheren Bestimmung der theologischen Motive im Markusevangelium, Kampen 1977.

BACKHAUS, Knut, „Die göttlichen Worte wachsen mit dem Leser". Exegese und Rezeptionsästhetik, in: Predigt als offenes Kunstwerk. Homiletik und Rezeptionsästhetik, hg.v. Erich Garhammer u. Heinz-Günther Schöttler, München 1998, 149–167.

BAILEY, John Amedee, The Traditions Common to the Gospels of Luke and John, NT.S 7, Leiden 1963.

BALZ, Horst, Art. ὄχλος, in: EWNT² 2, 1992, 1354f.

DERS., Art. φοβέομαι, ἀφόβος, in: EWNT² 3, 1992, 1026–1033.

DERS./WANKE, Gunther, Art. φοβέω, φοβέομαι, φόβος, δέος, in: ThWNT 9, 1973, 186–216.

BAMMEL, Ernst, The Feeding of the Multitudes, in: ders./C.F.G. Moule (ed.), Jesus and the Politics of his Days, Cambridge 1984, 211–240.

BARNETT, P.W., The Jewish Sign Prophets – A.D. 40–70. Their Intentions and Origin, in: NTS 27, 1981, 679–697.

BAUR, Ferdinand Christian, Kritische Untersuchungen über die kanonischen Evangelien, ihr Verhältnis zu einander, ihren Charakter und Ursprung, Tübingen 1847.

BECKER, Heinz, Die Reden des Johannesevangeliums und der Stil der gnostischen Offenbarungsrede, hg. v. Rudolf Bultmann, FRLANT 68, Göttingen 1956.

BECKER, Jürgen, Untersuchungen zur Entstehungsgeschichte der Testamente der Zwölf Patriarchen, AGJU 8, Leiden 1970.

DERS., Das Johannesevangelium im Streit der Methoden (1980–1984), in: ThR 51, 1986, 1–78.

DERS., Jesus von Nazareth, GLB, Berlin · New York 1996.

DERS., Das Geist- und Gemeindeverständnis des vierten Evangelisten, in: ZNW 89, 1998, 217–234.

BECKMANN, Klaus, Funktion und Gestalt des Judas Iskariot im Johannesevangelium, in: BThZ 11, 1994, 181–200.

BELL, H(arold) Idris/SKEAT, T(heodore) C., Fragments of an Unknown Gospel and Other Early Christian Papyri, London ²1935.

VAN BELLE, Gilbert, Johannine Bibliography 1966–1985. A Cumulative Bibliography on the Fourth Gospel, BEThL 82, Leuven 1988.

BEN-DAVID, Arye, Talmudische Ökonomie. Die Wirtschaft des jüdischen Palästina zur Zeit der Mischna und des Talmud 1, Hildesheim · New York 1974.

BERG, Werner, Die Rezeption alttestamentlicher Motive im Neuen Testament – dargestellt an den Seewandelerzählungen, HochschulSammlung Theologie. Exegese 1, Freiburg 1979.

BERGER, Klaus, Manna, Mehl und Sauerteig. Korn und Brot im Alltag der frühen Christen, Stuttgart 1993.

DERS., Im Anfang war Johannes. Datierung und Theologie des vierten Evangeliums, Stuttgart 1997.

VAN DEN BERGH VAN EYSINGA, G.A., Indische Einflüsse auf Evangelische Erzählungen. Mit einem Nachwort von Ernst Kuhn, FRLANT 4, Göttingen ²1909.

BERGMEIER, Roland, Art. περιπατέω, in: EWNT² 3, 1992, 177–179.

BERTRAM, Georg, Neues Testament und historische Methode. Bedeutung und Grenzen historischer Aufgaben in der neutestamentlichen Forschung, SgV 134, Tübingen 1928.

BETZ, Hans Dieter, Lukian von Samosata. Religionsgeschichtliche und paränetische Parallelen. Ein Beitrag zum Corpus Hellenisticum Novi Testamenti, TU 76, Berlin 1961.

DERS., Art. Gottmensch II (Griechisch-römische Antike u. Urchristentum), in: RAC 12, 1983, 234–312.

BETZ, Otto, Das Problem des Wunders bei Flavius Josephus im Vergleich zum Wunderproblem bei den Rabbinen und im Johannesevangelium, in: ders., Jesus – Der Messias Israels. Aufsätze zur biblischen Theologie, WUNT 42, Tübingen 1987, 398–419.

DERS./GRIMM, Werner, Wesen und Wirklichkeit der Wunder Jesu. Heilungen – Rettungen – Zeichen, ANTI 2, Frankfurt/M. · Bern · Las Vegas 1977.

BEUTLER, Johannes, Studien zu den johanneischen Schriften, SBAB 25, Stuttgart 1998. Daraus:
– Die Johannesbriefe in der neuesten Literatur (1978–1985), 121–140.
– Methoden und Probleme heutiger Johannesforschung, 191–214.
– Der alttestamentlich-jüdische Hintergrund der Hirtenrede in Johannes 10, 215–232.
– Johannesevangelium und Rhetorikkritik. Zu einem neueren Buch, 233–246.
– Zur Struktur von Johannes 6, 247–262.
– Der Gebrauch von „Schrift" im Johannesevangelium, 295–315.

– Die Stunde Jesu im Johannesevangelium, 317–322.

DERS., Der erste Johannesbrief als Zeugnis der johanneischen Schule, in: BiKi 53, 1998, 170–175.

BIELER, Ludwig, ΘΕΙΟΣ ΑΝΗΡ. Das Bild des „Göttlichen Menschen" in Spätantike und Frühchristentum, reprographischer ND der Ausgaben Wien 1935/36, Darmstadt 1967.

BITTNER, Wolfgang J., Jesu Zeichen im Johannesevangelium. Die Messias-Erkenntnis im Johannesevangelium vor ihrem jüdischen Hintergrund, WUNT II/26, Tübingen 1987.

BJERKELUND, Carl J., Tauta Egeneto. Die Präzisierungssätze im Johannesevangelium, WUNT 40, Tübingen 1987.

BLACKBURN, Barry, Theios Anēr and the Markan Miracle Traditions. A Critique of the *Theios Anēr* Concept as an Interpretative Background of the Miracle Traditions Used by Mark, WUNT II/40, Tübingen 1991.

BLANCK, Horst/BELELLI MARCHESINI, Barbara, Piscinarii. Römische Villenbesitzer und ihre Fischliebhaberei, in: Antike Welt 30, 1999, 157–168.

BLINZLER, Josef, Art. Brotvermehrung, in: LThK[2] 2, 1958, 709f.

DERS., Johannes und die Synoptiker. Ein Forschungsbericht, SBS 5, Stuttgart 1965.

BÖKER, Robert, Art. Boreas, in: KP 1, ND 1979, 930.

BÖSEN, Willibald, Das Mahlmotiv bei Lukas. Studien zum lukanischen Mahlverständnis unter besonderer Berücksichtigung von Lk 22,14–20, Masch. Diss. Saarbrücken 1976

DERS., Galiläa als Lebensraum und Wirkungsstätte Jesu. Eine zeitgeschichtliche und theologische Untersuchung, Freiburg · Basel · Wien 1985.

BOISMARD, Marie-Émile, The Two-Source Theory at an Impasse, in: NTS 26, 1979/80, 1–17.

DERS., Moses or Jesus. An Essay in Johannine Christology, Minneapolis 1993.

BOLYKI, János, Jesu Tischgemeinschaften, WUNT II/96, Tübingen 1998.

BOOBYER, G.H., The Eucharist Interpretation of the Miracles of the Loaves in St. Mark's Gospel, in: JThS 3, 1952, 161–171.

BORG, Marcus J., Jesus. Der neue Mensch, Freiburg · Basel · Wien 1993 [zitiert als „Mensch"].

DERS., Jesus in Contemporary Scholarship, Valley Forge, Pennsylvania, 1994.

BORGEN, Peder, Observations on the Midrashic Character of John 6, in: ZNW 54, 1963, 232–240.

DERS., Bread from Heaven. An Exegetical Study of the Concept of Manna in the Gospel of John and the Writings of Philo, NT.S 10, Leiden [2]1981.

DERS., John and the Synoptics in the Passion Narrative, in: DERS., Logos was the True Light and other Essays on the Gospel of John, Relief 9, Trondheim 1983, 67–80 [zitiert als „John and the Synoptics in the Passion Narrative"].

DERS., John and the Synoptics, in: The Interrelations (s.u.) 408–437 [zitiert als „John and the Synoptics"].

DERS., John 6: Tradition, Interpretation and Composition, in: Critical Readings of John 6 (s. u.), 95–114.

BORIG, Rainer, Der wahre Weinstock. Untersuchungen zu Jo 15,1–10, StANT 16, München 1967.

BORNKAMM, Günther, Die eucharistische Rede im Johannesevangelium, in: ders., Geschichte und Glaube I. Gesammelte Aufsätze III, BEvTh 48, München 1968, 60–67.

DERS., Vorjohanneische Tradition oder nachjohanneische Bearbeitung in der eucharistischen Rede Johannes 6, in: Geschichte und Glaube II. Gesammelte Aufsätze IV, BEvTh 53, München 1971, 51–64.

DERS., Jesus von Nazareth, UB 19, Stuttgart · Berlin · Köln · Mainz [13]1983.

BOUSSET, Wilhelm, Ist das vierte Evangelium eine literarische Einheit?, in: ThR 12, 1909, 1–12.39–64.

BRAUMANN, Georg, Der sinkende Petrus. Matth 14,28–31, in: ThZ 22, 1966, 403–414.

BREUSS, Josef, Das Kanawunder. Hermeneutische und pastorale Überlegungen aufgrund einer phänomenologischen Analyse von Joh 2,1–12, BiBe 12, Fribourg 1976.

BRODIE, Thomas Louis, The Quest for the Origin of John's Gospel. A Source-Oriented Approach, New York · Oxford 1993.

DERS., Intertextuality and Its Use in Tracing Q and Proto-Luke, in: The Scriptures in the Gospels (s.u.), 469–477.

BROWN, Raymond E., The Community of the Beloved Disciple. The Life, Loves, and Hates of an Individual Church in New Testament Times, New York · Mahwah 1979.

BULL, Klaus-M., Rez. Dunderberg, Ismo, Johannes (s.u.), in: ThLZ 120, 1995, 337–339.

BULTMANN, Rudolf, Art. Johannesevangelium, in: RGG 3, [3]1959, 840–850.

DERS., Die Bedeutung der neuerschlossenen mandäischen und manichäischen Quellen für das Verständnis des Johannesevangeliums, in: ders., Exegetica. Aufsätze zur Erforschung des Neuen Testaments, hg. v. Erich Dinkler, Tübingen 1967, 55–104.

DERS., Die Geschichte der synoptischen Tradition, FRLANT 29, Göttingen [9]1979.

DERS., Die Geschichte der synoptischen Tradition. Ergänzungsheft. Bearb. von Gerd Theißen u. Philipp Vielhauer, Göttingen [5]1979.

DERS., Theologie des Neuen Testaments, durchges. u. erg. v. Otto Merk, UTB 630, Tübingen [9]1984.

BUSSE, Ulrich, Die Wunder des Propheten Jesus. Die Rezeption, Komposition und Interpretation der Wundertradition im Evangelium des Lukas, fzb 24, Stuttgart [2]1979.

DERS., Johannes und Lukas: Die Lazarusperikope, Frucht eines Kommunikationsprozesses, in: John and the Synoptics (s.u.), 281–306.

CANCIK, Hubert, Art. Epiphanie/Advent, in: HRWG 2, 1990, 290–296.

VAN CANGH, Jean-Marie, Le thème des poissons dans les récits évangéliques de la multiplication des pains, in: RB 78, 1971, 71–83.

DERS., Les sources de l'Évangile: les collections pré-marciennes de miracles, in: RTL 3, 1972, 76–85.

DERS., Santé et salut dans les miracles d'Épidaure, d'Apollonius de Tyane et du Nouveau Testament, in: Gnosticisme et monde hellénistique. Actes du Colloque de Louvain-la-Neuve (11–14 Mars 1980) publiés sous la direction de Julien Ries avec l collaboration de Yvonne Janssens et de Jean-Marie Sevrin, PIOL 27, Louvain-la-Neuve 1982, 263–277.

DERS., La multiplication des pains dans l'évangile de Marc, in: L'évangile selon Marc (s.u.), 309–346.

CLEMEN, Carl, Religionsgeschichtliche Erklärung des Neuen Testaments. Die Abhängigkeit des ältesten Christentums von nichtjüdischen Religionen und philosophischen Systemen, Berlin · New York 1973 = Gießen 1924.

COLLINS, Adela Yarbro, Rulers, Divine Men, and Walking on the Water (Mark 6:45–52), in: Religious Propaganda and Missionary Competition in the New Testament World (s.u.), 207–227.

COLLINS, John J., The Works of the Messiah, in: DSD 1, 1994, 98–112.

DERS., The Scepter and the Star. The Messiahs of the Dead Sea Scrolls and Other Ancient Literature, ABRL, New York · London · Toronto · Sydney · Auckland 1995.

DERS., Jesus and the Messiahs of Israel, in: Geschichte – Tradition – Reflexion. Festschrift für Martin Hengel zum 70. Geburtstag (Hg.v. Hubert Cancik, Hermann, Lichtenberger, Peter Schäfer), Band III. Frühes Christentum. Hg. v. Hermann Lichtenberger, Tübingen 1996, 287–302.

DERS., The Apocalyptic Imagination. An Introduction to Jewish Apocalyptic Literature, Biblical Resource Series, Grand Rapids, Michigan/Cambridge, [2]1998.

CONZELMANN, Hans, Art. σκότος κτλ., in: ThWNT 7, 1964, 424–446.

DERS., Die Mitte der Zeit. Studien zur Theologie des Lukas, BHTh 17, Tübingen [5]1964.

DERS./LINDEMANN, Andreas, Arbeitsbuch zum Neuen Testament, UTB 52, Tübingen [9]1988.

CORLEY, Kathleen E., Private Women. Public Meals. Social Conflict in the Synoptic Tradition, Peabody Massachusetts, 1993.

CROSSAN, John Dominic, It is Written: A Structuralist Analysis of John 6, in: Semeia 26, 1983, 3–21.

CULLMANN, Oscar, Urchristentum und Gottesdienst, AThANT 3, Zürich [2]1950.

DERS., Der johanneische Kreis. Zum Ursprung des Johannesevangeliums, Tübingen 1975.

CULPEPPER, R. Alan, Anatomy of the Fourth Gospel. A Study in Literary Design, ND Philadelphia 1987.

DERS., John 6: Current Research in Retrospect, in: Critical Readings of John 6 (s.u.), 247–257.

CUMONT, Franz, Die orientalischen Religionen im römischen Heidentum. Bearb. v. August Burckhardt-Brandenberg, Darmstadt [8]1981.

DAUER, Anton, Die Passionsgeschichte im Johannesevangelium. Eine traditionsgeschichtliche und theologische Untersuchung zu Joh 18,1–19,30, StANT 30, München 1972.

DERS., Johannes und Lukas. Untersuchungen zu den johanneisch-lukanischen Parallelperikopen Joh 4,46– 54/Lk 7,1–10 – Joh 12,1–8/Lk 7,36–50; 10,38–42 – Joh 20,19–29/Lk 24,36–49, fzb 50, Würzburg 1984.

DEINES, Roland, Jüdische Steingefäße und pharisäische Frömmigkeit. Ein archäologisch-historischer Beitrag zum Verständnis von Joh 2,6 und der jüdischen Reinigungshalacha zur Zeit Jesu, WUNT II/52, Tübingen 1993.

DERS., Die Pharisäer. Ihr Verständnis im Spiegel der christlichen und jüdischen Forschung seit Wellhausen und Graetz, WUNT 101, Tübingen 1997.

DEISSMANN, Adolf, Licht vom Osten. Das Neue Testament und die neuentdeckten Texte der hellenistisch-römischen Welt, Tübingen [4]1923.

DEKKER, C., Grundschrift und Redaktion im Johannesevangelium, in: NTS 13, 1966/67, 66–80.

DELLING, Gerhard, Die biblische Prophetie bei Josephus, in: Josephus-Studien. Untersuchungen zu Josephus, dem antiken Judentum und dem Neuen Testament. Otto Michel zum 70. Geburtstag gewidmet. Hg. v. Otto Betz, Klaus Haacker und Martin Hengel, Göttingen 1974, 109–121.

DERS., Art. Abendmahl II. Urchristliches Mahl-Verständnis, in: TRE 1, 1977, 47–58.

DENAUX, Albert, Introduction, in: John and the Synoptics (s.u.), XIII–XXII.

DENIS, Albert-Marie, Jesus' walking on the waters. A contribution to the history of the pericope in the Gospel Tradition, in: Louvain Studies 1, 1967, 284–297.

DERS., La section des pains selon s. Marc (6,30–8,26), une théologie de l'Eucharistie, in: StEv IV = TU 102, Berlin 1968, 171–179.

DERRETT J. Duncan M., Τί ἐργάζῃ; (Jn 6,30): an Unrecognized Allusion to Is 45,9, in: ZNW 84, 1993, 142–144.

DETTWILER, Andreas, Die Gegenwart des Erhöhten. Eine exegetische Studie zu den johanneischen Abschiedsreden (Joh 13,31–16,33) unter besonderer Berücksichtigung ihres Relecture-Charakters, FRLANT 169, Göttingen 1995.

DEXINGER, Ferdinand, Der „Prophet wie Mose" in Qumran und bei den Samaritanern, in: Mélanges bibliques et orientaux en l'honneur de M. Mathias Delcor. Edités par A. Caquot, S. Légasse & M. Tardieu, AOAT 215, Kevelaer / Neukirchen-Vluyn 1985, 97–111.

DIBELIUS, Martin, Rez. Bell, H. Idris/Skeat, T.C., Fragments (s.o.), in: DLZ 57, 1936, 3–11.

DERS., Die Formgeschichte des Evangeliums, hg. v. Günther Bornkamm, Tübingen [6]1971.

DERS., Geschichte der urchristlichen Literatur, hg. v. Ferdinand Hahn, TB 58, Neudr. der Erstausgabe von 1926 unter Berücksichtigung der Änderungen der englischen Übers. von 1936 München 1975.

DIETRICH, Walter, Prophetie und Geschichte. Eine redaktionsgeschichtliche Untersuchung zum deuteronomistischen Geschichtswerk, FRLANT 108, Göttingen 1972.

DIETZFELBINGER, Christian, Der Abschied des Kommenden. Eine Auslegung der johanneischen Abschiedsreden, WUNT 95, Tübingen 1997.

DODD, C(harles) H(arold), The Close of the Galilean Ministry, in: Exp 8th Ser. 22, 1921, 273–291.

DERS, Some Johannine 'Herrenworte' with Parallels in the Synoptic Gospels, in: NTS 2, 1955/56, 75–86.

DERS., The Interpretation of the Fourth Gospel, ND Cambridge 1955.

DERS., Historical Tradition in the Fourth Gospel, Cambridge 1963.

DONFRIED, Karl Paul, The Feeding Narratives and the Marcan Community. Mark 6,30–45 and 8,1–10, in: Kirche. Festschrift für Günther Bornkamm zum 75. Geburtstag hg.v. Dieter Lührmann u. Georg Strecker, Tübingen 1980, 95–103.

DORMEYER, Detlev, Evangelium als literarische Gattung, EdF 263, Darmstadt 1989.

DERS., Das Neue Testament im Rahmen der antiken Literaturgeschichte. Eine Einführung, Die Altertumswissenschaft, Darmstadt 1993 [zitiert als „Literaturgeschichte"].

DOWELL, Thomas M., Jews and Christians in Conflict. Why the Fourth Gospel Changed the Synoptic Tradition, in: LouvSt 15, 1990, 19–37.

DERS., Why John rewrote the Synoptics?, in: John and the Synoptics (s.u.), 453–457.

DOWNING, F. Gerald, "Honor" among Exegetes, in: CBQ 61, 1999, 53–73.

DSCHULNIGG, Peter, Sprache, Redaktion und Intention des Markus-Evangeliums. Eigentümlichkeiten der Sprache des Markus-Evangeliums und ihre Bedeutung für die Redaktionskritik, SBB 11, Stuttgart [2]1986.

DUKE, Paul D., Irony in the Fourth Gospel, Atlanta, Georgia, 1985.

DUNDERBERG, Ismo, Johannes und die Synoptiker. Studien zu Joh 1–9, AASF.DHL 69, Helsinki 1994.

DERS., *Thomas'* I-sayings and the Gospel of John, in: *Thomas* at the Crossroads. Essays on the *Gospel of Thomas*. Ed. by Risto Uro, Edinburgh 1998, 33–64.

DERS., Johannine Anomalies and the Synoptics, in: New Readings in John. Literary and Theological Perspectives. Essays from the Scandinavian Conference on the Fourth Gospel Århus 1997 ed. by Johannes Nissen and Sigfred Pedersen, JSNTS 182, Sheffield 1999, 108–125.

DUNN, James D.G., John VI – A Eucharist Discourse?, in: NTS 17, 1970/71, 328–338.

DERS., John and the Oral Gospel Tradition, in: Jesus and the Oral Gospel Tradition, ed. by Henry Wansbrough, JSNTS 64, Sheffield 1991, 351–379.

DERS., Christology in the Making. A New Testament Inquiry into the Origins of the Doctrine of the Incarnation, Grand Rapids, Michigan, [2]1996 (= [2]1989).

EGGER, Wilhelm, Frohbotschaft und Lehre. Die Sammelberichte des Wirkens Jesu im Markusevangelium, FTS 19, Frankfurt am Main 1976.

EKKLESIOLOGIE DES NEUEN TESTAMENTS. Für Karl Kertelge. Hg. v. Rainer Kampling u. Thomas Söding, Freiburg · Basel · Wien 1996.

ERLEMANN, Kurt, Papyrus Egerton 2: 'Missing Link' zwischen synoptischer und johanneischer Tradition, in: NTS 42, 1996, 12–34.

ERNST, Josef, Herr der Geschichte. Perspektiven der lukanischen Eschatologie, SBS 88, Stuttgart 1978.

DERS., Johannes der Täufer. Interpretation – Geschichte – Wirkungsgeschichte, BZNW 53, Berlin · New York 1989.

ESSER, Dietmar, Formgeschichtliche Studien zur hellenistischen und zur frühchristlichen Literatur unter besonderer Berücksichtigung der vita Apollonii des Philostrat und der Evangelien, Diss. Theol. Masch. Bonn 1969.

L'ÉVANGILE SELON MARC. Tradition et rédaction, par M(aurits) Sabbe, BEThL 34, Leuven ²1988.

EVANS, Craig A., Life of Jesus Research. An Annotated Bibliography, NTTS 13, Leiden · New York · København · Köln 1989.

FABRY, Heinz-Josef, Schriftverständnis und Schriftauslegung der Qumran-Essener, in: Bibel in jüdischer und christlicher Tradition. Festschrift für Johann Maier zum 60. Geburtstag. Hg.v. Helmut Merklein, Karlheinz Müller u. Günter Stemberger, BBB 88, Frankfurt am Main 1993, 87–96.

DERS., Mythos „Schilfmeer", in: Mythos im Alten Testament und seiner Umwelt. Festschrift für Hans-Peter Müller. Hg. v. Armin Lange, Hermann Lichtenberger und Diethard Römheld, BZAW 278, Berlin · New York 1999, 88–106.

FAURE, Alexander, Die alttestamentlichen Zitate im 4. Evangelium und die Quellenscheidungshypothesen, in: ZNW 21, 1922, 99–121.

FIEBIG, Paul, Jüdische Wundergeschichten des neutestamentlichen Zeitalters unter besonderer Berücksichtigung ihres Verhältnisses zum Neuen Testament bearbeitet. Ein Beitrag zum Streit um die „Christusmythe", Tübingen 1911.

FITZER, Gottfried, Art. Μωϋσῆς, in EWNT² 2, 1992, 1109–1114.

FITZMYER, Josef A., The Matthean Divorce Texts and Some New Palestinian Evidence, in: TS 37, 1976, 197–226.

FLEDDERMANN, Harry, „And He Wanted to Pass by Them" (Mark 6:48c), in: CBQ 45, 1983, 389–395.

FLUSSER, David, Psalms, Hymns and Prayers, in: Jewish Writings of the Second Temple Period. Apocrypha, Pseudepigrapha, Qumran Sectarian Writings, Philo, Josephus. Ed. by Michael E. Stone, CRINT II/2, Assen / Philadelphia 1984, 551–577.

FOHRER, Georg, Prophetie und Magie, in: ZAW 78, 1966, 25–47.

FORTNA, Robert Tomson, The Gospel of Signs. A Reconstruction of the Narrative Source Underlying the Fourth Gospel, MSSNTS 11, Cambridge 1970 [zitiert als „Gospel"].

DERS., The Fourth Gospel and its Predecessor. From Narrative Source to Present Gospel, Edinburgh 1989 [zitiert als „Predecessor"].

FOWLER, Robert M., The Feeding of the Five Thousand: A Markan Composition, in: SBL.SP 16/I, 1979, 101–104.

DERS., Loaves and Fishes. The Function of the Feeding Stories in the Gospel of Mark, SBL. DS 54, Chico, California, 1981.

FRANCK, Eskil, Revelation Taught. The Paraclete in the Gospel of John, CB.NT 14, Lund 1985.

FRANKEMÖLLE, Hubert, Jahwebund und Kirche Christi. Studien zur Form- und Traditionsgeschichte des „Evangeliums" nach Matthäus, NTA.NF 10, Münster 1973.

FREED, Edwin D., Old Testament Quotations in the Gospel of John, NT.S 11, Leiden 1965.

FRENSCHKOWSKI, Marco, Offenbarung und Epiphanie. Band 2: Die verborgene Epiphanie in Spätantike und frühem Christentum, WUNT II/80, Tübingen 1997.

FREY, Jörg, Der implizite Leser und die biblischen Texte, in: ThBeitr 23, 1992, 266–290.

DERS., Erwägungen zum Verhältnis der Johannesapokalypse zu den übrigen Schriften im Corpus Johanneum, in: Hengel, Martin, Die johanneische Frage (s.u.) 326–439.

DERS., Heiden – Griechen – Gotteskinder. Zu Gestalt und Funktion der Rede von den Heiden im 4. Evangelium, in: Die Heiden. Juden, Christen und das Problem des Fremden, hg. v. Reinhard Feldmeier und Ulrich Heckel mit einer Einleitung von Martin Hengel, WUNT 70, Tübingen 1994, 228–268.

DERS., Die johanneische Eschatologie. Band I. Ihre Probleme im Spiegel der Forschung seit Reimarus, WUNT 96, Tübingen 1997.

DERS., Zum Verständnis der Wunder Jesu in der neueren Exegese, in: ZPT 51, 1999, 3–14.

DERS., Das Bild als Wirkungspotential. Ein rezeptionsästhetischer Versuch zur Funktion der Brot-Metapher in Johannes 6, Manuskript (erscheint in: R. Zimmermann [Hrsg.], Bildersprache verstehen. Zur Hermeneutik figurativer Rede. Mit einem Geleitwort von H.-G. Gadamer, Übergänge 26, München 2000).

FRICKENSCHMIDT, Dirk, Evangelium als Biographie. Die vier Evangelien im Rahmen antiker Erzählkunst, TANZ 22, Tübingen · Basel 1997.

FRIEDRICH, Gerhard, Die beiden Erzählungen von der Speisung in Markus 6,31–44; 8,1–9, in: ders., Auf das Wort kommt es an. Gesammelte Aufsätze. Zum 70. Geburtstag hg. v. Johannes H. Friedrich, Göttingen 1978, 13–25.

FULLER, Reginald H., Die Wunder Jesu in Exegese und Verkündigung, Theologische Perspektiven, Düsseldorf 1967.

GÄRTNER, Bertil, John 6 and the Jewish Passover, CNT 17, Kopenhagen 1959.

GALLING, Kurt, Art. Ackerwirtschaft, in: BRL², 1977, 1–4.

GARCÍA MARTÍNEZ, Florentino, Messianische Erwartungen in den Qumranschriften, in: JBTh 8, 1993, 171–208.

GARDNER-SMITH, Percival, Saint John and the Synoptic Gospels, Cambridge 1938.

VON GEISAU, Hans, Art. Abaris, in: KP 1, ND 1979, 3f.

DERS., Art. Euphemos, in: KP 2, ND 1979, 431f.

GENETTE, Gérard, Palimpseste. Die Literatur auf zweiter Stufe, Aesthetica. Edition Suhrkamp. NF 683, Frankfurt am Main 1993.

DERS., Die Erzählung, UTB für Wissenschaft, München ²1998.

GEORGE, Augustin, Miracles dans le monde hellénistique, in: Les miracles de Jésus selon le Nouveau Testament, par Jean-Noël Aletti et al. sous la direction de Xavier Léon-Dufour, Parole de Dieu 16, Paris 1977, 95–108.

GESE, Hartmut, Zur Bedeutung Elias für die biblische Theologie, in: Evangelium – Schriftauslegung – Kirche. Festschrift für Peter Stuhlmacher zum 65. Geburtstag hg. v. Jostein Ådna, Scott J. Hafemann u. Otfried Hofius in Zusammenarbeit mit Gerlinde Feine, Göttingen 1997, 126–150.

GIBLIN, Charles H., The Miraculous Crossing of the Sea (John 6. 16–21), in: NTS 29, 1983, 96–103.

GILLMAYR-BUCHER, Susanne, Intertextualität. Zwischen Literaturtheorie und Methodik, in: Protokolle zur Bibel 8, 1999, 5–20.

GIRARD, Marc, L'unité de composition de Jean 6, au regard de l'analyse structurelle, in: EeT(O) 13, 1982, 79–110.

THE FOUR GOSPELS 1992. Festschrift Frans Neirynck, ed. by Frans van Segbroeck, Christopher M. Tuckett, Gilbert van Belle, J. Verheyden, 3 Bde., BEThL 100, Leuven 1992.

GOSSEN, Hans, Art. Rabe, in: PRE I A1, 1914, 19–23.

GOURGUES, Michel, Cinquante ans de recherche johannique. De Bultmann à la narratologie, in: „De bien des manières". La recherche biblique aux abords du XXIe siècle, ed. par Michel Gourgues et Léo Laberge, LeDiv 163, Paris 1995, 229–306.

GRÄSSER, Erich, Albert Schweitzer als Theologe, BHTh 60, Tübingen 1979.

GRAF, Fritz, Gottesnähe und Schadenszauber. Die Magie in der griechisch-römischen Antike, C.H. Beck Kulturwissenschaft, München 1996.

GRANT, Robert M., Miracle and Natural Law in Graeco-Roman and Early Christian Thought, Amsterdam 1952.

GRIGSBY, B., The Reworking of the Lake-Walking Account in the Johannine Tradition, in: ET 100, 1988/89, 295–297.

GRILL, Julius, Untersuchungen über die Entstehung des vierten Evangeliums. Erster Teil, Tübingen · Leipzig 1902.

DERS., Untersuchungen über die Entstehung des vierten Evangeliums. Zweiter Teil. Das Mysterienevangelium des hellenisierten kleinasiatischen Christentums, Tübingen 1923.

GRONEWALD, Michael, Unbekanntes Evangelium oder Evangelienharmonie (Fragment aus dem Evangelium Egerton 2), in: Kölner Papyri (P. Köln) Bd. 6, bearbeitet v. dems. u.a., ARWAW. Sonderreihe Papyrologica Coloniensia VII, Opladen 1987, 136–145.

GUNKEL, Hermann, Schöpfung und Chaos in Urzeit und Endzeit. Eine religionsgeschichtliche Untersuchung über Gen 1 und Ap Joh 12. Mit Beiträgen von Heinrich Zimmern, Göttingen 1895.

DERS., Elias, Jahve und Baal, RV II/8, Tübingen 1906.

DERS., Das Märchen im Alten Testament. ND mit einem Nachwort hg. v. Hans-Jürgen Hermisson, Frankfurt am Main 1987.

GYLLENBERG, Raffael, Die Anfänge der johanneischen Tradition, in: Neutestamentliche Studien für Rudolf Bultmann, BZNW 21, Berlin [2]1957, 144–147.

HAACKER, Klaus, Neutestamentliche Wissenschaft. Eine Einführung in Fragestellungen und Methoden, Wuppertal 1981.

HAHN, Ferdinand, Das Verständnis der Mission im Neuen Testament, WMANT 13, Neukirchen-Vluyn 1963.

DERS., Christologische Hoheitstitel. Ihre Geschichte im frühen Christentum, FRLANT 83, Göttingen [3]1966.

DERS., Die alttestamentlichen Motive in der urchristlichen Abendmahlsüberlieferung, in: EvTh 27, 1967, 337–374.

DERS., Das Glaubensverständnis im Johannesevangelium, in: Glaube und Eschatologie. Festschrift für Werner Georg Kümmel zum 80. Geburtstag. Hg. v. Erich Gräßer und Otto Merk, Tübingen 1985, 51–69.

HANSON, Anthony Tyrell, The Prophetic Gospel. A Study of John and the Old Testament, Edinburgh 1991.

HASITSCHKA, Martin, Die beiden „Zeichen" am See von Tiberias. Interpretation von Joh 6 in Verbindung mit Joh 21,1–14, in: SNTU.A 24, 1999, 85–102.

HATINA, Thomas R., Intertextuality and Historical Criticism in New Testament Studies: Is there a Relationship, in: Biblical Interpretation 7, 1999, 28–43.

HEEKERENS, Hans-Peter, Die Zeichen-Quelle der johanneischen Redaktion. Ein Beitrag zur Entstehungsgeschichte des vierten Evangeliums, SBS 113, Stuttgart 1984.

HEIDEGGER, Martin, Sein und Zeit, Tübingen [9]1960.

HEIL, John Paul, Jesus walking on the Sea. Meaning and Gospel Functions of Matt 14:22–33, Mark 6:45–52 and John 6,15b–21, AnBib 87, Rome 1981.

HEISE, Jürgen, Bleiben. Menein in den Johanneischen Schriften, HUTh 8, Tübingen 1967.

HEISING, Alkuin, Die Botschaft der Brotvermehrung. Zur Geschichte und zur Bedeutung eines Christusbekenntnisses im Neuen Testament, SBS 15, Stuttgart 1966.

HELD, Heinz Joachim, Matthäus als Interpret der Wundergeschichten, in: Günther Bornkamm/Gerhard Barth/Heinz Joachim Held, Überlieferung und Auslegung im Matthäus-Evangelium, WMANT 1, Neukirchen-Vluyn [7]1975, 155–287.

HELLHOLM, David, Enthymemic Argumentation in Paul: The Case of Romans 6, in: Paul in his Hellenistic Context, ed. by Troels Engbert-Petersen, Minneapolis 1995, 119–179.

HENGEL, Martin, Die Zeloten. Untersuchungen zur jüdischen Freiheitsbewegung in der Zeit von Herodes I. bis 70 n. Chr., AGSU 1, Leiden 1961.

DERS., Rabbinische Legende und frühpharisäische Geschichte. Schimeon b. Schetach und die achtzig Hexen von Askalon, AHAW.PH 1984/2, Heidelberg 1984.

DERS., The Interpretation of the Wine Miracle at Cana: John 2: 1–11, in: The Glory of Christ in the New Testament. Studies in Christology in Memory of George Bradford Ciard. Ed. by L.D. Hurst and N.T. Wright, Oxford 1987, 83–112.

DERS., Judentum und Hellenismus. Studien zu ihrer Begegnung unter besonderer Berücksichtigung Palästinas bis zur Mitte des 2. Jh.s v. Chr., WUNT 10, Tübingen ³1988.

DERS., The Johannine Question, London · Philadelphia 1989.

DERS., Die Schriftauslegung des 4. Evangeliums auf dem Hintergrund der urchristlichen Exegese, in: JBTh 4, 1989, 249–288.

DERS., Reich Christi, Reich Gottes und Weltreich im Johannesevangelium, in: Königsherrschaft Gottes und himmlischer Kult im Judentum, Urchristentum und in der hellenistischen Welt, hg. v. Martin Hengel u. Anna Maria Schwemer, WUNT 55, Tübingen 1991, 163–184.

DERS., Die johanneische Frage. Ein Lösungsversuch mit einem Beitrag zur Apokalypse von Jörg Frey, WUNT 67, Tübingen 1993.

DERS., „Schriftauslegung" und „Schriftwerdung" in der Zeit des Zweiten Tempels, in: Schriftauslegung im antiken Judentum und im Urchristentum hg. v. Martin Hengel u. Hermut Löhr, WUNT 73, Tübingen 1994, 1–71.

DERS., The Charismatic Leader and his Followers. Ed. by John Riches, ND Edinburgh 1996.

DERS. mit ROLAND DEINES, E. P. Sanders' „Common Judaism", Jesus und die Pharisäer, in: ders., Judaica et Hellenistica. Kleine Schriften I unter Mitarbeit von Roland Deines, Jörg Frey, Christoph Markschies, Anna Maria Schwemer mit einem Anhang von Hanswulf Bloedhorn, WUNT 90, Tübingen 1996, 392–479 (zitiert als „M. Hengel/R. Deines").

HILL, David Finnemore, The Walking on the Water. A geographical or linguistic answer?, in: ET 99, 1987/88, 267–269.

HIRSCH, Emanuel, Frühgeschichte des Evangeliums. Erstes Buch: Das Werden des Markusevangeliums, Tübingen 1941.

HOEGEN-ROHLS, Christina, Der nachösterliche Johannes. Die Abschiedsreden als hermeneutischer Schlüssel zum vierten Evangelium, WUNT II/84, Tübingen 1996.

HÖHNE, Ernst, Art. Münzen 5. M. im NT, in: BHH 2, 1964, 1255.

HOEHNER, Harold W., Herod Antipas, MSSNTS 17, Cambridge 1972.

HOFFMANN, Paul, Die Versuchungsgeschichte in der Logienquelle, in: ders., Tradition und Situation. Studien zur Jesusüberlieferung in der Logienquelle und den synoptischen Evangelien, NTA.NF 28, Münster 1995, 193–207.

HOFIUS, Otfried, Struktur und Gedankengang des Logos-Hymnus in Joh 1 1–18, in: ZNW 78, 1987, 1–25.

DERS., Erwählung und Bewahrung. Zur Auslegung von Joh 6,37, in: ders./Hans-Christian Kammler, Johannesstudien. Untersuchungen zur Theologie des vierten Evangeliums, WUNT 88, Tübingen 1996, 81–86.

HOFRICHTER, Peter, Von der zweifachen Speisung des Markus zur zweifachen Aussendung des Lukas. Die Auseinandersetzungen um die Heidenmission in der Redaktionsgeschichte der Evangelien, in: Theologie im Werden (s.u.), 143–155.

DERS., Modell und Vorlage der Synoptiker. Das vorredaktionelle Johannesevangelium, Theologische Texte und Studien 6, Hildesheim · Zürich · New York 1997.

HOLTZ, Traugott, Art. δώδεκα, in: EWNT² 1, 1992, 874–880.

HOLTZMANN, H(einrich Julius), Das schriftstellerische Verhältnis des Johannes zu den Synoptikern, in: ZWTh 12, 1869, 62–85.155–178. 446–456.

DERS., Lehrbuch der neutestamentlichen Theologie, hg. v. Adolf Jülicher und Walter Bauer, 2. Bde., Sammlung Theologischer Lehrbücher, Tübingen ²1911.

HORSLEY, Richard A., Popular Messianic Movements around the Time of Jesus, in: CBQ 46, 1984, 471–495.

DERS., "Like One of the Prophets of Old": Two Types of Popular Prophets at the Time of Jesus, in: CBQ 47, 1985, 435–463.

DERS., „Messianic" Figures and Movements in First-Century Palestine, in: The Messiah (s. u.), 276–295.

DERS., Galilee. History, Politics, People, Valley Forge, Pennsylvania 1995.

DERS./Hanson, John S., Bandits, Prophets, and Messiahs. Popular Movements in the Time of Jesus, New Voices in Biblical Studies, Minneapolis · Chicago · New York 1985.

HÜBNER, Hans, Biblische Theologie des Neuen Testaments 3. Hebräerbrief, Evangelien und Offenbarung. Epilegomena, Göttingen 1995.

DERS., Intertextualität – die hermeneutische Strategie des Paulus?, in: Biblische Theologie als Hermeneutik. Gesammelte Aufsätze. Zum 65. Geburtstag hg. v. Antje Labahn und Michael Labahn, Göttingen 1995, 252–271.

DERS., New Testament Interpretation of the Old Testament, in: Hebrew Bible/Old Testament. The History of its Interpretation. Volume I. From the Beginnings to the Middle Ages (Until 1300). In Cooperation with Chris Brekelmans and Menahem Haran ed. by. Magne Sæbø, Göttingen 1996, 332–372.

HUG, Johann Leonhard, Vom Wandeln Jesu auf dem Meere und von der Speisung der Fünftausende, in: Zeitschrift für die Geistlichkeit des Erzbisthums Freiburg 7, 1834, 115–140.

VAN IERSEL, B(as), Die wunderbare Speisung und das Abendmahl in der synoptischen Tradition (Mk vi 35–44 par., viii 1–20 par.), in: NT 7, 1964/65, 167–194.

DERS., ΚΑΙ ΗΘΕΛΕΝ ΠΑΡΕΛΘΕΙΝ ΑΥΤΟΥΣ: Another Look at Mark 6,48d, in: The Four Gospels (s.o.), 1065–1076 [zitiert als „Look"].

THE INTERRELATIONS OF THE GOSPELS. Ed. by David L. Dungan, BEThL 95, Leuven 1990.

ISER, Wolfgang, Der Akt des Lesens. Theorie ästhetischer Wirkung, UTB 636, München [4]1994.

ITTEL, Gerhard Wolfgang, Urchristentum und Fremdreligionen im Urteil der religionsgeschichtlichen Schule, Diss. masch. Erlangen 1956.

JEREMIAS, Joachim, Johannes 6,51c–58 – redaktionell?, in: ZNW 44, 1952/53, 256f.

DERS., Unbekannte Jesusworte, unter Mitwirkung von Otfried Hofius völlig neu bearbeitet, Gütersloh [3]1963.

DERS., Die Abendmahlsworte Jesu, Göttingen [4]1967.

DERS., Neutestamentliche Theologie. Erster Teil. Die Verkündigung Jesu, Gütersloh [3]1979.

DERS., Die Sprache des Lukasevangeliums. Redaktion und Tradition im Nicht-Markusstoff des dritten Evangeliums, KEK-Sb, Göttingen 1980.

DERS./SCHNEEMELCHER, Wilhelm, Papyrus Egerton 2, in: Neutestamentliche Apokryphen 1 (s.o. s.v. Quellen I.4), 82–85.

JEREMIAS, Jörg, Theophanie. Geschichte einer alttestamentlichen Gattung, WMANT 10, Neukirchen-Vluyn [2]1977.

JOBST, Werner, Römische Mosaiken aus Ephesus. I. Die Hanghäuser des Eubolos. Mit einem Beitrag von H. Vetters, Forschungen in Ephesus VIII/2, Wien 1977.

JOHN AND THE SYNOPTICS, ed. by Adelbert Denaux, BEThL 101, Leuven 1992.

JOHNS, Loren L./MILLER, Douglas B., The Signs as Witnesses in the Fourth Gospel: Reexamining the Evidence, in: CBQ 56, 1994, 519–535.

JOHNSTON, Edwin D., The Johannine Version of the Feeding of the Five Thousand – An Independent Tradition?, in: NTS 8, 1961/62, 151–154.

DE JONGE, H(enk) J(an), The Loss of Faith in the Historicity of the Gospels. H.S. Reimarus (ca 1750) on John and the Synoptics, in: John and the Synoptics (s.o.), 409–421.

DE JONGE, Marinus, Jesus. Stranger from Heaven and Son of God. Jesus Christ and the Christians in Johannine Perspective. SBL.Sources for Biblical Studies, Missoula, Montana 1977.

KAISER, Otto, Die mythische Bedeutung des Meeres in Ägypten, Ugarit und Israel, BZAW 78, Berlin 1959.

KARRER, Martin, Jesus Christus im Neuen Testament, GNT 11, Göttingen 1998.

DERS., „Im Anfang war das Wort". Zum Verständnis von Joh 1,1–18, in: Im Anfang war das Wort. Interdisziplinäre theologische Perspektiven. hg.v. Albrecht Grözinger u. Johannes von Lüpke, Veröffentlichungen der Kirchlichen Hochschule Wuppertal. NF 1, Wuppertal / Neukirchen-Vluyn 1998, 21–39.

KECK, Leander E., Mark 3 7–12 and Mark' Christology, in: JBL 84, 1965, 341–358.

KELBER, Werner H., The Kingdom in Mark. A New Place and a New Time, Philadelphia 1974.

KERTELGE, Karl, Die Wunder Jesu im Markusevangelium. Eine redaktionsgeschichtliche Untersuchung, StANT 23, München 1970.

KIEFFER, René, Jean et Marc. Convergences dans la structure et dans les détails, in: John and the Synoptics (s.o.), 109–125.

KLATT, Norbert, Literarkritische Beiträge zum Problem christlich-buddhistischer Parallelen, AMRG 8, Köln 1982.

KLAUCK, Hans-Josef, Gemeinde ohne Amt? Erfahrungen mit der Kirche in den johanneischen Schriften, in: BZ.NF 29, 1985, 193–220.

DERS., Judas – ein Jünger des Herrn, QD 111, Freiburg · Basel · Wien 1987.

DERS., Der Weggang Jesu. Neue Arbeiten zu Joh 13–17, in: BZ.NF 40, 1996, 236–250.

DERS., Magie und Heidentum in der Apostelgeschichte des Lukas, SBS 167, Stuttgart 1996.

DERS., Die antike Briefliteratur und das Neue Testament. Ein Lehr- und Arbeitsbuch, UTB 2022, Paderborn · München · Wien · Zürich 1998.

KLEINKNECHT, Karl Theodor, Johannes 13, die Synoptiker und die „Methode" der johanneischen Evangelienüberlieferung, in: ZThK 82, 1985, 363–388.

KLOFT, Hans, Die Wirtschaft der griechisch-römischen Welt. Eine Einführung, Die Altertumswissenschaft, Darmstadt 1992.

KNACKSTEDT, J., Die beiden Brotvermehrungen im Evangelium, in: NTS 10, 1963/64, 309–335.

KOCH, Dietrich-Alex, Die Bedeutung der Wundererzählungen für die Christologie des Markusevangeliums, BZNW 42, Berlin · New York 1975.

KÖRTNER, Ulrich H. J., Papias von Hierapolis. Ein Beitrag zur Geschichte des frühen Christentums, FRLANT 133, Göttingen 1983.

DERS., Das Fischmotiv im Speisungswunder, in: ZNW 75, 1984, 24–35.

KÖSTENBERGER, Andreas J., The Seventh Johannine Sign: A Study in John's Christology, in: Bulletin for Biblical Research 5, 1995, 87–103.

KOESTER, Craig R., Symbolism in the Fourth Gospel. Meaning, Mystery, Community, Minneapolis 1995.

KÖSTER, Helmut, Dialog und Spruchüberlieferung in den gnostischen Texten von Nag Hammadi, in: EvTh 39, 1979, 532–556.

DERS., Apocryphal and Canonical Gospels, in: HThR 73, 1980, 105–130 [zitiert als „Apocryphal Gospels"].

DERS., Einführung in das Neue Testament im Rahmen der Religionsgeschichte und Kulturgeschichte der hellenistischen und römischen Zeit, GLB, Berlin · New York 1980.

DERS., Gnostic Sayings and Controversy Traditions in John 8:12–59, in: Nag Hammadi Gnosticism and Early Christianity, ed. by Charles W. Hedrick/Robert Hodgson, Peabody (MA) 1986, 97–110.

DERS., Ancient Christian Gospels. Their History and Development, Cambridge (Massachusetts) 1990.

KOLENKOW, Anitra Bingham, Relationships between Miracle and Prophecy in the Greco-Roman World and Early Christianity, in: ANRW II 23.2, 1980, 1470–1506.

KOLLMANN, Bernd, Ursprung und Gestalten der frühchristlichen Mahlfeiern, GTA 43, Göttingen 1990.

DERS., Jesus und die Christen als Wundertäter. Studien zu Magie, Medizin und Schamanismus in Antike und Christentum, FRLANT 170, Göttingen 1996.

KONINGS, J, The Pre-Markan Sequence in *Jn.*, VI: A Critical Re-Examination, in: L'évangile selon Marc (s.o.), 147–178.

DERS., The Dialogue of Jesus, Philip and Andrew in John 6,5–9, in: John and the Synoptics (s.o.), 523–534.

KOSKENNIEMI, Erkki, Apollonius of Tyana: A Typical ΘΕΙΟΣ ΑΝΗΡ?, in: JBL 117, 1998, 455–467.

KOTILA, Markku, Umstrittener Zeuge. Studien zur Stellung des Gesetzes in der johanneischen Theologiegeschichte, AASF.DHL 48, Helsinki 1988.

KRATZ, Reinhard, Der Seewandel des Petrus (Mt 14,28–31), in: BiLe 15, 1974, 86–101.

DERS., Art. πλοῖον, in: EWNT^2 3, 1992, 269–272.

KRAUS, Wolfgang, Johannes und das Alte Testament. Überlegungen zum Umgang mit der Schrift im Johannesevangelium im Horizont Biblischer Theologie, in: ZNW 88, 1997, 1–23.

DERS., Die Bedeutung von Dtn 18,15–18 für das Verständnis Jesu als Prophet, in: ZNW 90, 1999, 153–176.

KRAYBILL, J. Nelson, Imperial Cult and Commerce in John's Apocalypse, JSNTS 132, Sheffield 1996.

KREMER, Jacob, Jesu Wandel auf dem See nach Markus 6,45–52. Auslegung und Meditation, in: BiLe 10, 1969, 221–232.

KREUZER, Siegfried, „Wo ich hingehe, dahin könnt ihr nicht kommen". Johannes 7,34; 8,21; 13,33 als Teil der Mosetypologie im Johannesevangelium, Die Kirche als historische und eschatologische Größe. Festschrift für Kurt Niederwimmer zum 65. Geburtstag. Hg. v. Wilhelm Pratscher u. Georg Sauer, Frankfurt a. M. · Berlin · Bern · New York · Paris · Wien 1994, 63–76.

KREYENBÜHL, J., Der älteste Auferstehungsbericht und seine Varianten, in: ZNW 9, 1908, 257–296.

KRIEGER, Klaus-Stefan, Die Zeichenpropheten – eine Hilfe zum Verständnis des Wirkens Jesu?, in: Von Jesus zum Christus. Christologische Studien. Festgabe für Paul Hoffmann zum 65. Geburtstag. Hg. v. Rudolf Hoppe u. Ulrich Busse, BZNW 93, Berlin · New York 1998, 175–188.

KRUSE, Heinz, Jesu Seefahrten und die Stellung von Joh. 6, in: NTS 30, 1984, 508–530.

KÜGLER, Joachim, Der Jünger, den Jesus liebte. Literarische, theologische und historische Untersuchungen zu einer Schlüsselgestalt johanneischer Theologie und Geschichte. Mit einem Exkurs über die Brotrede in Joh 6, SBB 16, Stuttgart 1988.

DERS., Der andere König. Religionsgeschichtliche Anmerkungen zum Jesusbild des Johannesevangeliums, in: ZNW 88, 1997, 223–241.

DERS., Der König als Brotspender. Religionsgeschichtliche Überlegungen zu JosAs 4,7; 25,5 und Joh 6,15, in: ZNW 89, 1998, 118–124.

KÜMMEL, Werner Georg, Einleitung in das Neue Testament, Heidelberg ^{21}1983.

KUHN, Hans-Jürgen, Christologie und Wunder. Untersuchungen zu Joh 1,35–51, BU 18, Regensburg 1988.

KUHN, Heinz Wolfgang, Ältere Sammlungen im Markusevangelium, StUNT 8, Göttingen 1971.

KYSAR, Robert, The Fourth Evangelist and His Gospel. An Examination of Contemporary Scholarship, Minneapolis (Minnesota) 1975.

LAATO, Antti, A Star Is Rising. The Historical Development of the Old Testament Royal Ideology and the Rise of the Messianic Expectations, International Studies in Formative Christianity and Judaism 5, Atlanta, Georgia, 1997.

LABAHN, Michael, Eine Spurensuche anhand von Joh 5.1–18. Bemerkungen zu Wachstum und Wandel der Heilung eines Lahmen, in: NTS 44, 1998, 159–179.

DERS., Jesus als Lebensspender. Untersuchungen zu einer Geschichte der johanneischen Tradition anhand ihrer Wundergeschichten, BZNW 98, Berlin · New York 1999.

DERS., Between Tradition and Literary Art. Observations on the Use of the Miracle Tradition by the Fourth Evangelist, in: Bib 80, 1999, 178–203.

DERS., Rez. Dietzfelbinger, C., Der Abschied des Kommenden (s.o.), erscheint in: ThLZ 125, 2000.

LAMPE, Peter, Das korinthische Herrenmahl im Schnittpunkt hellenistisch-römischer Mahlpraxis und paulinischer Theologia Crucis (1Kor 11,17–34), in: ZNW 82, 1991, 183–213.

LANG, Manfred, „Mein Herr und mein Gott" (Joh 20,28). Aufbau und Struktur von Joh 18,1–20,31 vor dem Hintergrund von Mk 14,43–16,8 und Lk 22,47–24,43, Diss. masch. Halle (Saale) 1997.

DERS., Johannes und die Synoptiker. Eine redaktionsgeschichtliche Analyse von Joh 18–20 vor dem markinischen und lukanischen Hintergrund, FRLANT 182, Göttingen 1999.

DERS., Rez. Peter Hofrichter, Modell und Vorlage der Synoptiker (s.o.), in: BZ.NF 43, 1999, 269–271.

LANGBRANDTNER, Wolfgang, Weltferner Gott oder Gott der Liebe. Der Ketzerstreit in der johanneischen Kirche. Eine exegetisch-religionsgeschichtliche Untersuchung mit Berücksichtigung der koptisch-gnostischen Texte aus Nag-Hammadi, BET 6, Frankfurt am Main · Bern · Las Vegas 1977.

LATTE, Kurt, Römische Religionsgeschichte, HAW V/4, München 1960.

LAWLER, Edwina G., David Friedrich Strauss and His Critics. The Life of Jesus Debate in Early Nineteenth-Century German Journals, AmUSt.TR 16, New York · Berne · Frankfurt am Main 1986.

LEE, Dorothy A., The Symbolic Narratives of the Fourth Gospel. The Interplay of Form and Meaning, JSNTS 95, Sheffield 1995.

LÉON-DUFOUR, Xavier, Abendmahl und Abschiedsrede im Neuen Testament, Stuttgart 1983.

LEROY, Herbert, Das vierte Evangelium. Theologische und sprachliche Hintergründe und ihre Interpretation, in: BiKi 30, 1975, 113–117.

LEVIN, Christoph, Erkenntnis Gottes durch Elija, in: ThZ 48, 1992, 329–342.

LICHTENBERGER, Hermann, Messianische Erwartungen und messianische Gestalten in der Zeit des Zweiten Tempels, in: Messias-Vorstellungen (s.u.), 9–20.

LIETZMANN, Hans, Neue Evangelienpapyri, in: ZNW 34, 1935, 285–293.

LINDARS, Barnabas, Essays on John. Ed. by Christopher M. Tuckett, SNTA 17, Leuven 1992. Daraus:
– Word and Sakrament in the Fourth Gospel, 51–65.
– Traditions behind the Fourth Gospel, 87–104.

DERS., John, New Testament Guides, ND Sheffield 1994.

LINDEMANN, Andreas, Die Erzählung der Machttaten Jesu in Markus 4,35–6,6a. Erwägungen zum formgeschichtlichen und zum hermeneutischen Problem, in: Anfänge der Christologie. Festschrift für Ferdinand Hahn zum 65. Geburtstag. Hg. v. Cilliers Breytenbach u. Henning Paulsen u. Mitwirkung v. Christine Gerber, Göttingen 1991, 185–207.

DERS., Mose und Jesus Christus. Zum Verständnis des Gesetzes im Johannesevangelium, in: Das Urchristentum in seiner literarischen Geschichte (s.u.), 309–334.

LÖVESTAM, Evald, Wunder und Symbolhandlung. Eine Studie über Matthäus 14,28–31, in: KuD 8, 1962, 124–135.

LOHMEYER, Ernst, „Und Jesus ging vorüber". Eine exegetische Betrachtung, in: ders., Urchristliche Mystik. Neutestamentliche Studien, Darmstadt 1955, 57–79.

LOHSE, Eduard, Art. Wunder III. Im Judentum, in: RGG³, 1962, 1834.

DERS., Wort und Sakrament im Johannesevangelium, in: ders., Die Einheit des Neuen Testaments. Studien zur Theologie des Neuen Testaments, Göttingen ²1976, 193–208.

DERS., Miracles in the Fourth Gospel, in: ders., Die Vielfalt des Neuen Testaments. Exegetische Studien zur Theologie des Neuen Testaments, Göttingen 1982, 45–56.

DERS., Die Entstehung des Neuen Testaments, ThW 4, Stuttgart · Berlin · Köln · Mainz ⁴1983.

LONGENECKER, Bruce W., The Unbroken Messiah: A Johannine Feature and Its Social Functions, in: NTS 41, 1995, 428–441.

VAN DER LOOS, H., The Miracles of Jesus, NT.S 9, Leiden 1965.

LÜHRMANN, Dieter, Das neue Fragment des P Egerton 2 (P Köln 255), in: The Four Gospels (s.o.), 2239–2255.

LÜTGEHETMANN, Walter, Die Hochzeit von Kana – Der Anfang der Zeichen Jesu, in: Theologie im Werden (s.u.), 177–197.

LUTZ, Hanns-Martin, Jahwe, Jerusalem und die Völker. Zur Vorgeschichte von Sach 12,1–8 und 14,1–5, WMANT 27, Neukirchen-Vluyn 1968.

MACGREGOR, G.H.C., The Eucharist in the Fourth Gospel, in: NTS 9, 1962/63, 111–119.

MACK, Burton L., A Myth of Innocence: Mark and Christian Origins, Paperback edition Philadelphia 1991.

MADDEN, Patrick J., Jesus' Walking on the Sea. An Investigation of the Origin of the Narrative Account, BZNW 81, Berlin · New York 1997.

MAIER, Johann, Zwischen den Testamenten. Geschichte und Religion in der Zeit des zweiten Tempels, NEB. Ergänzungsband zum Alten Testament 3, Würzburg 1990.

DERS., Der Lehrer der Gerechtigkeit, Franz-Delitzsch-Vorlesung 5, 1995, Münster 1996.

MALINA, Bruce J., Assessing the Historicity of Jesus' Walking on the Sea. Insights from Cross-Cultural Social Psychology, in: Authenticating the Activities of Jesus. Ed. by Bruce D. Chilton and Craig A. Evans, NTTS 28,2, Leiden · Boston · Köln 1999, 351–371.

DERS./NEYREY, Jerome H., Honor and Shame in Luke-Acts: Pivotal Values of the Mediterranean World, in: The Social World of Luke-Acts (s.u.), 25–65.

MARTIN, Ralph P., Worship in the Early Church, Reprinted Grand Rapids 1976.

MARTINEZ, Mathias/SCHEFFEL, Michael, Einführung in die Erzähltheorie, C.H. Beck Studium, München 1999.

MARTYN, J. Louis, History and Theology in the Fourth Gospel, New York · Evanston 1968.

DERS., The Gospel of John in Christian History. Essays for Interpreters, Theological Inquiries, New York · Ramsey · Toronto 1978. Daraus:
– "We Have Found Elijah". A View of Christ Formulated Very Early in the Life of the Johannine Community, 9–54.
– Glimpses into the History of the Johannine Community. From its Origin Through the Period of Its Life in Which The Fourth Gospel Was Composed, 90–121.

MASUDA, Sanae, The Good News of the Miracle of the Bread. The Tradition and its Markan Redaction, in: NTS 28, 1982, 191–219.

MAYEDA, Goro, Das Leben-Jesu-Fragment. Papyrus Egerton 2 und seine Stellung in der urchristlichen Literaturgeschichte, Bern 1946.

MAYER, Allan, Elijah and Elisha in John's Signs Source, in: ET 99, 1987/88, 171–173.

MCGINTY, Park, Dionysos's Revenge and the Validation of the Hellenic World-View, in: HThR 71, 1978, 77–94.

MEEKS, Wayne A., The Prophet-King. Moses Traditions and the Johannine Christology, NT. S 14, Leiden 1967.

MEIER, John P., A Marginal Jew. Rethinking the Historical Jesus. Volume Two: Mentor, Message, and Miracles, ABRL, New York · London · Toronto · Sydney · Auckland 1994.

MENDNER, S., Zum Problem ‚Johannes und die Synoptiker‘, in: NTS 4, 1957/58, 282–307.

MENKEN, Maarten J.J., Some Remarks on the Course of the Dialogue: John 6,25–34, in: Bijdr 48, 1987, 139–149.

DERS., De genezing van de Lamme en de omstreden christologie in Joh 5, in: Collationes 18, 1988, 418–435.

DERS., John 6,51c–58: Eucharist or Christology?, in: Critical Readings of John 6 (s.u.), 183–204.

DERS., Old Testaments Quotations in the Fourth Gospel. Studies in Textual Form, Contributions to Biblical Exegesis and Theology 15, Kampen 1996. Daraus:
– "He Gave Them Bread from Heaven to Eat" (John 6:31), 47–65.
– "Do Not Fear, Daughter Zion ..." (John 12:15), 79–97.

MERK, Otto, Das Reich Gottes in den lukanischen Schriften, in: Jesus und Paulus. Festschrift Werner Georg Kümmel. Hg. v. E. Earle Ellis u. Erich Gräßer, Göttingen 1975, 201–220.

van der MERWE, B.J., Pentateuchtradisies in de pediking van Deuterojesaja, Groningen · Djakarta 1956.

THE MESSIAH. Developments in Earliest Judaism and Christianity, ed. by James H. Charlesworth with J. Brownson, M.T. Davis, S.J. Kraftchick, and A.F. Sigal, Minneapolis 1992.

MESSIAS-VORSTELLUNGEN BEI JUDEN UND CHRISTEN, hg. v. Ekkehard Stegemann, Stuttgart · Berlin · Köln 1993.

METTINGER, Tryggve N.D., Fighting the Powers of Chaos and Hell – Towards the Biblical Portrait of God, in: StTh 39, 1985, 21–38.

METZGER, Bruce M., A Textual Commentary on the Greek New Testament. A Companian Volume to the United Bible Societas' Greek New Testament (Third Revised Edition), London · New York 1971.

DERS., Der Kanon des Neuen Testaments. Entstehung, Bedeutung, Entwicklung, Düsseldorf 1993.

DERS., A Textual Commentary on the Greek New Testament. A Companian Volume to the United Bible Societas' Greek New Testament (Fourth Revised Edition), Stuttgart ²1994.

METZNER, Rainer, Der Geheilte von Johannes 5 – Repräsentant des Unglaubens, in: ZNW 90, 1999, 177–193.

MEYER, Rudolf, Der Prophet aus Galiläa. Studien zum Jesusbild der drei ersten Evangelien, ND Darmstadt 1970.

MICHEL, Otto, Studien zu Josephus. Simon bar Giora, in: NTS 14, 1966/67, 402–408.

MIRANDA, Juan Peter, Der Vater, der mich gesandt hat. Religionsgeschichtliche Untersuchungen zu den johanneischen Sendungsformeln. Zugleich ein Beitrag zur johanneischen Christologie und Eschatologie, EHS.T 7, Bern / Frankfurt am Main 1972.

MOLONEY, Francis J., John 6 and the Celebration of the Eucharist, in: DR 93, 1975, 243–251.

DERS., The Johannine Son of Man, BSRel 14, Roma ²1978.

DERS., John 18:15–27: A Johannine View of the Church, in: DR 112, 1994, 231–248.

DERS., The Function of Prolepsis in the Interpretation of John 6, in: Critical Readings of John 6 (s.u.), 129–148.

MONTEFIORE, Hugh, Revolt in the Desert? (Marc VI.30ff.), in: NTS 8, 1961/1962, 135–141.

MORITZ, L.A., Art. Gerste, in: KP 2, ND 1979, 774f.

MÜLLER, Gerald, Johann Leonhard Hug (1765–1846). Seine Zeit, sein Leben und seine Bedeutung für die neutestamentliche Wissenschaft, Erlanger Studien 85, Erlangen 1990.

MUSSNER, Franz, Die Wunder Jesu. Eine Hinführung, SK 10, München 1967.

MYLLYKOSKI, Matti, Die letzten Tage Jesu. Markus und Johannes, ihre Traditionen und die historische Frage I, AASF.B 256, Helsinki 1991.

DERS., The Material Common to Luke and John. A Sketch, in: Luke – Acts. Scandinavian Perspectives, ed. by Petri Luomanen, SESJ 54, Helsinki/Göttingen 1991, 115– 156.

NEBE, Gottfried, Prophetische Züge im Bilde Jesu bei Lukas, BWANT 127, Stuttgart · Berlin · Köln 1989.

NEIRYNCK, Frans, John and the Synoptics, in: L'Évangile de Jean. Sources, rédaction, théologie par M. de Jonge, BEThL 44, Leuven 1977, 73–106 [zitiert als „John and the Synoptics"].

DERS., L'évangile de Marc (I). À propos de R. Pesch, Das Markusevangelium, 1. Teil, in: ders., Evangelica. Gospel Studies – Études d'évangile. Collected Essays. Ed. by F. van Segbroeck, BEThL 60, Leuven 1982, 491–519.

DERS., John and the Synoptics. Response to P. Borgen, in: The Interrelations (s.o.), 438–450. [zitiert als „John and the Synoptics. Response"]

DERS., Duality in Mark. Contributions to the Study of the Markan Redaction, BEThL 31, Leuven ²1988.

DERS., Evangelica II. 1982–1991. Collected Essays. Ed. by. F(rans) van Segbroeck, BEThL 99, Leuven 1991. Daraus:
– The Matthew-Luke Agreements in Mt 14,13–14/Lk 9,10–11 (par. Mk 6,30–34), 75–94.
– John 21, 601–616.
– John and the Synoptics. The Empty Tomb Stories, 571–600 [zitiert als „John and the Synoptics. The Empty Tomb Stories"].
– Papyrus Egerton 2 and the Healing of the Leper, 773–783.

DERS., The Minor Agreements (s.o. s.v. Quellen I.1)

DERS., John and the Synoptics: 1975–1990, John and the Synoptics (s.o.), 3–62. [zitiert als „John and the Synoptics 1975–1990"]

DERS., John and the Synoptics in Recent Commentaries, in: EThL 74, 1998, 386–397 [zitiert als „Commentaries"].

DERS. avec la collaboration de Joël Delobel, Thierry Snoy, Gilbert van Belle, Frans van Segbroek, Jean et les Synoptiques. Examen critique de l'exégèse de M.-É. Boismard, BEThL 49, Leuven 1979 [zitiert als „F. Neirynck et al."].

NESTLE, Eberhard, Der Name des Sees Tiberias, in: ZDPV 35, 1912, 48–50.

NEUFELD, Dietmar, „And When That One Comes": Aspects of Johannine Messianism, in: Eschatology, Messianism, and the Dead Sea Scrolls. Ed. by Craig A. Evans and Peter W. Flint, Studies in the Dead Sea Scrolls and Related Literature 1, Grand Rapids Michigan · Cambridge 1997, 120–140.

NEUGEBAUER, Fritz, Die wunderbare Speisung (Mk 6, 30–44 parr.) und Jesu Identität, in: KuD 32, 1986, 254–277.

NEYREY, Jerome H., Ceremonies in Luke-Acts: The Case of Meals and Table Fellowship, in: The Social World of Luke-Acts (s.u.), 361–387.

NICOL, W(illem), The Sēmeia in the Fourth Gospel. Tradition and Redaction, NT.S 32, Leiden 1972.

NIEBUHR, Karl-Wilhelm, Die Werke des eschatologischen Freudenboten (4Q521 und die Jesusüberlieferung), in: The Scriptures in the Gospels (s.u.), 637–646.

NOTH, Martin, Die Welt des Alten Testaments. Einführung in die Grenzgebiete der alttestamentlichen Wissenschaft, ST II/3, ⁴1962.

NÜTZEL, Johannes M., Elija- und Elischa-Traditionen im Neuen Testament, in: BiKi 41, 1986, 160–171.

OBERLEITNER, Wolfgang/GSCHWANTLER, Kurt/BERNHARD-WALCHER, Alfred/BAMMER, Anton, Funde aus Ephesos und Samothrake, Kunsthistorisches Museum Wien. Katalog der Antikensammlung II, Wien 1978.

OBERMANN, Andreas, Die christologische Erfüllung der Schrift im Johannesevangelium. Eine Untersuchung zur johanneischen Hermeneutik anhand der Schriftzitate, WUNT II/ 83, Tübingen 1996.

O'DAY, Gail R., John 6:15–21: Jesus Walking on Water as Narrative Embodiment of Johannine Christology, in: Critical Readings of John 6 (s.u.), 149–159.

ÖHLER, Markus, Elia im Neuen Testament. Untersuchungen zur Bedeutung des alttestamentlichen Propheten im frühen Christentum, BZNW 88, Berlin · New York 1997.

DERS., The Expectation of Eliah and the Presence of the Kingdom of God, in: JBL 118, 1999, 461–476.

ONG, Walter J., Oralität und Literalität. Die Technologisierung des Wortes, Opladen 1987.

PAINTER, John, Tradition and Interpretation in John 6, in: NTS 35, 1989, 421–450.

DERS., The Quest for the Messiah. The History, Literature and Theology of the Johannine Community, Edinburgh [2]1993 (zitiert als „Messiah").

DERS., Jesus and the Quest for Eternal Life, in: Critical Readings of John 6 (s.u.), 61–94.

PARK, Tae-Sik, ῾ΟΧΛΟΣ im Neuen Testament, Diss. theol. Göttingen 1994.

PARSONS, Mikeal C., A Neglected ΕΓΩ ΕΙΜΙ Saying in the Fourth Gospel? Another Look at John 9:9, in: Perspectives on John. Method and Interpretation in the Fourth Gospel, ed. by Robert B. Sloan and Mikeal C. Parsons, NABPR.SS 11, Lewiston · Queenston · Lampeter 1993, 145–180.

PATSCH, Hermann, Abendmahlsterminologie außerhalb der Herrenmahlberichte. Erwägungen zur Traditionsgeschichte der Abendmahlsworte, in: ZNW 62, 1971, 210–231.

DERS., Art. εὐχαριστέω, in: EWNT[2] 2, 1992, 219–221.

PAX, Elpidius, ΕΠΙΦΑΝΕΙΑ. Ein religionsgeschichtlicher Beitrag zur biblischen Theologie, MThS.H 10, München 1955.

PERRY, John M., The Evolution of the Johannine Eucharist, in: NTS 39, 1993, 22–35.

PERVO, Richard I., Panta Koina: The Feeding Stories in the Light of Economic Data and Social Practice, in: Religious Propaganda and Missionary Competition in the New Testament World (s.u.), 163–194.

PESCH, Rudolf, Der Besessene von Gerasa. Entstehung und Überlieferung einer Wundergeschichte, SBS 56, Stuttgart 1972.

DERS., Über das Wunder der Brotvermehrung oder Gibt es eine Lösung für den Hunger in der Welt?, Frankfurt am Main 1995.

PETZKE, Gerd, Die Traditionen über Apollonius von Tyana und das Neue Testament, SCHNT 1, Leiden 1970.

PHILONENKO, Marc, Jusqu'à se que se lève un prophète digne de confiance (1.Maccabées 14,41), in: Messiah and Christos. Studies in the Jewish Origins of Christianity. Presented to David Flusser on the Occasion of His Seventy-Fifth Birthday. Ed. by Ithamar Gruenwald, Shaul Shaked and Gedaliahu G. Stroumsa, TSAJ 32, Tübingen 1992, 94–98.

PIERSON, Parker, Two Editions of John, in: JBL 75, 1956, 303–314.

PILGAARD, Aage, The Gospel of John as Gospel Writing, Aspects on the Johannine Literature. Papers presented at a Conference of Scandinavian New Testament Exegetes at Uppsala. June 16–19, 1986, Ed. by Lars Hartman & Birger Olsson, CB.NT 18, Uppsala 1987, 44–55.

POKORNÝ, Petr, Theologie der lukanischen Schriften, FRLANT 174, Göttingen 1998.

POPKES, Wiard, Art. πειράζω κτλ., in: EWNT[2] 3, 1992, 155–158.

DE LA POTTERIE, Ignace, Die wunderbare Brotvermehrung. Ihr Sinn und ihre Bedeutung im Leben Jesu, in: IKaZ 18, 1989, 207–221.

PREISENDANZ, Karl, Art. Πάρεδρος, in: PRE 18/2, 1949, 1428–1453.

RELIGIOUS PROPAGANDA AND MISSIONARY COMPETITION IN THE NEW TESTAMENT WORLD. Essays Honoring Dieter Georgi. Ed. by Lukas Bormann, Kelly del Tredici, Angela Standhartinger, NT.S 74, Leiden · New York · Köln 1994.

PRYKE, E.J., Redactional Style in the Marcan Gospel. A Study of Syntax and Vocabulary as Guides to Redaction in Mark, MSSNTS 33, Cambridge · London · New York · Melbourne 1978.

PUECH, Émile, La croyance des esséniens en la vie future: immortalité, résurrection, vie éternelle? Histoire d'une croyance dans le Judaïsme ancienne, 2 Bde., EtB.NS 22, Paris 1993.

QUESNELL, Quentin, The Mind of Mark. Interpretation and Method through the Exegesis of Mk 6,52, AnBib 38, Rome 1969.

CRITICAL READINGS OF JOHN 6 ed. by R. Alan Culpepper, Biblical Interpretation Series 22, Leiden · New York · Köln 1997.

REEG, Gottfried, Die Ortsnamen Israels nach der rabbinischen Literatur, BTAVO.B 51, Wiesbaden 1989.

REICKE, Bo, Diakonie. Festfreude und Zelos in Verbindung mit den altkirchlichen Agapefeiern, UUÅ 1951:5, Uppsala · Wiesbaden 1951.

REIM, Günter, Studien zum alttestamentlichen Hintergrund des Johannesevangeliums, in: ders., Jochanan. Erweiterte Studien zum alttestamentlichen Hintergrund des Johannesevangeliums, Erlangen 1995, xi–315.

REIMARUS, Hermann Samuel, Apologie oder Schutzschrift für die vernünftigen Verehrer Gottes, ed. Gerhard Alexander, 2 Bde., Frankfurt am Main 1972.

REIN, Matthias, Die Heilung des Blindgeborenen (Joh 9). Tradition und Redaktion, WUNT II/73, Tübingen 1995.

REINBOLD, Wolfgang, Der älteste Bericht über den Tod Jesu. Literarische Analyse und historische Kritik der Passionsdarstellungen der Evangelien, BZNW 69, Berlin · New York 1994.

REISER, Marius, Syntax und Stil des Markusevangeliums im Licht der hellenistischen Volksliteratur, WUNT II/11, Tübingen 1984.

DERS., Die Wunder Jesu – eine Peinlichkeit?, in: EuA 73, 1997, 427–437.

REITZENSTEIN, Richard, Hellenistische Wundererzählungen, Leipzig 1906.

RENGSTORF, Karl Heinrich, Art. δώδεκα κτλ., in: ThWNT 2, ND 1967 (= 1935), 321–328.

REPLOH, Karl-Georg, Markus – Lehrer der Gemeinde. Eine redaktionsgeschichtliche Studie zu den Jüngerperikopen des Markus-Evangeliums, SBM 9, Stuttgart 1969.

REPO, Eero, Fünf Brote und zwei Fische, in: Probleme der Forschung, SNTU.A 3, 1979, 99–113.

REUSS, Eduard, Die Geschichte der Heiligen Schriften Neuen Testaments, Braunschweig ⁶1887.

Graf REVENTLOW, Henning, Rationalistische Exegese. Am Beispiel des Heinrich Eberhard Gottlob Paulus (1761–1851), in: Gottes Recht als Lebensraum, Festschrift für Hans Jochen Boecker. Hg. v. Peter Mommer, Werner H. Schmidt, Hans Strauß unter Mitarbeit von Eckhart Schwab, Neukirchen-Vluyn 1993, 211–225.

RICHTER, Georg, Rez. Schnackenburg, Rudolf, JE 1 (s.o. s.v. III. Kommentare), in: MThZ 18, 1967, 247–250.

DERS., Studien zum Johannesevangelium. Hg. v. Josef Hainz, BU 13, Regensburg 1977. Daraus:
– Zur Formgeschichte und literarischen Einheit von Joh 6,31–58, 88–119.
– Fleischwerdung des Logos im Johannesevangelium, 149–198.

– Die alttestamentlichen Zitate in der Rede vom Himmelsbrot Joh 6,26–51a, 199–265.
– Präsentische und futurische Eschatologie im 4. Evangelium, 346–382.

RIEDL, Hermann, Zeichen und Herrlichkeit. Die christologische Relevanz der Semeiaquelle in den Kanawundern Joh 2,1–11 und 4,46–54, RStTh 51, Frankfurt am Main · Berlin · Paris · New York · Wien 1997.

RINGGREN, Helmer, Art. יָם *jām*, in: ThWAT 3, 1982, 645–657.

RINIKER, Christian, Jean 6,1–21 et les évangiles synoptiques, in: La communauté Johannique et son histoire. La trajectoire de l'évangile de Jean aux deux premiers siècles, Ed. par Jean-Daniel Kaestli, Jean-Michel Poffet et Jean Zumstein, Le monde de la bible. Genève 1990, 41–67.

RITT, Hubert, Das Gebet zum Vater. Zur Interpretation von Joh 17, fzb 36, o. O. (Würzburg) 1979.

DERS., Der „Seewandel Jesu" (Mk 6,45–52 par). Literarische und theologische Aspekte, in: BZ.NF 23, 1979, 71–84.

ROBERGE, Michel, Le Discours sur le pain de vie Jean 6,22–59. Problèmes d'interprétation, in: LTP 38, 1982, 265–299.

ROBINSON, James M., Die johanneische Entwicklungslinie, in: Helmut Köster/James M. Robinson, Entwicklungslinien durch die Welt des frühen Christentums, Tübingen 1971, 216–250.

ROGGE, Joachim, Art. Brot, in: BHH I, 1962, 274.

ROLOFF, Jürgen, Das Kerygma und der irdische Jesus. Historische Motive in den Jesus-Erzählungen der Evangelien, Gütersloh 1970.

RUAGER, Søren, Johannes 6 og nadveren, in: TTK 50, 1979, 81–92.

RUCKSTUHL, Eugen, Wesen und Kraft der Eucharistie in der Sicht des Johannesevangeliums, in: Das Opfer der Kirche. Exegetische, dogmatische und pastoraltheologische Studien zum Verständnis der Messe, dargeboten von R. Erni et al., Luzerner Theologische Studien 1, Luzern 1954, 47–90.

DERS., Die literarische Einheit des Johannesevangeliums. Der gegenwärtige Stand der einschlägigen Forschungen, NTOA 5, Freiburg (Schweiz)/Göttingen 1987.

DERS., Die Speisung des Volkes durch Jesus und die Seeüberfahrt der Jünger nach Joh 6,1–25 im Vergleich zu den synoptischen Parallelen, in: The Four Gospels 1992 (s.o.), 2001–2019.

SÄNGER, Dieter, „Von mir hat er geschrieben" (Joh 5,46). Zur Funktion und Bedeutung Mose im Neuen Testament, in: KuD 41, 1995, 112–135.

DERS., „Auf Betreiben der Vornehmsten unseres Volkes" (Iosephus ant. Iud. XVIII 64). Zur Frage einer jüdischen Beteiligung an der Kreuzigung Jesu, in: Das Urchristentum in seiner literarischen Geschichte (s.u.), 1–25.

SCHÄFER, Peter, Geschichte der Juden in der Antike. Die Juden Palästinas von Alexander dem Großen bis zur arabischen Eroberung, Stuttgart/Neukirchen-Vluyn 1983.

SCHÄFERDIEK, Knut, Johannesakten, in: Neutestamentliche Apokryphen II (s.o. s.v. Quellen I.4), 138–190.

SCHENKE, Ludger, Die Wundererzählungen des Markusevangeliums, SBB, Stuttgart 1974.

DERS., Die formale und gedankliche Struktur von Joh 6, in: BZ.NF 24, 1980, 26–58.

DERS., Das Szenarium von Joh 6,1–25, in: TThZ 92, 1983, 191–203.

DERS., Die wunderbare Brotvermehrung. Die neutestamentlichen Erzählungen und ihre Bedeutung, Würzburg 1983.

DERS., Die literarische Vorgeschichte von Joh 6,26–58, in: BZ.NF 29, 1985, 68–89.

DERS., Die literarische Entstehungsgeschichte von Joh 1,19–51, in: BN 46, 1989, 24–57.

DERS., Joh 7–10: Eine dramatische Szene, in: ZNW 80, 1989, 172–192.

DERS., Die Urgemeinde. Geschichtliche und theologische Entwicklung, Stuttgart · Berlin · Köln 1990.

DERS., Das Johannesevangelium. Einführung – Text – dramatische Gestalt. Übersetzung aus dem Griechischen von Ludger Schenke, Reiner Feige und Johannes Neugebauer, UB 446, Stuttgart · Berlin · Köln 1992.

SCHIFFMAN, L.H., Messianic Figures and Ideas in the Qumran Scroll, in: The Messiah (s.o.), 116–129.

SCHLIER, Heinrich, Johannes 6 und das johanneische Verständnis der Eucharistie, in: ders., Das Ende der Zeit. Exegetische Aufsätze und Vorträge II, Freiburg im Breisgau 1971, 102–123.

SCHMAUCH, Werner, Orte der Offenbarung und der Offenbarungsort im Neuen Testament, Göttingen 1956.

SCHMIDT, Ernst Günther, Art. Einsiedler Gedichte, in: KP 2, ND 1979, 214.

SCHMIDT, Karl Ludwig, Der johanneische Charakter der Erzählung vom Hochzeitswunder in Kana, in: Harnack-Ehrung. Beiträge zur Kirchengeschichte ihrem Lehrer Adolf von Harnack dargebracht von einer Reihe seiner Schüler, Leipzig 1921, 32–43.

DERS., Der Rahmen der Geschichte Jesu. Literarkritische Untersuchungen zur ältesten Jesusüberlieferung, Darmstadt 1969 = Berlin 1919.

SCHMIEDEL, Paul Wilhelm, Das vierte Evangelium gegenüber den drei ersten. Johannesschriften des Neuen Testaments. H. 1 (= RV I.8/10), Halle a. S. 1906.

SCHMITHALS, Walter, Einleitung in die drei ersten Evangelien, GLB, Berlin · New York 1985.

DERS., Johannesevangelium und Johannesbriefe. Forschungsgeschichte und Analyse, BZNW 64, Berlin · New York 1992.

DERS., 7. Sonntag nach Trinitatis – 13.7.1997. Johannes 6,1–15, in: GPM 86, 1997, 325–330 [zitiert als „Johannes 6,1–15].

SCHMITT, Hans-Christoph, Elisa. Traditionsgeschichtliche Untersuchungen zur vorklassischen nordisraelitischen Prophetie, Gütersloh 1972.

SCHNACKENBURG, Rudolf, Die Erwartung des „Propheten" nach dem Neuen Testament und den Qumran-Texten, in: StEv 1 = TU 73, Berlin 1959, 622–639.

DERS., Zur Rede vom Brot aus dem Himmel: eine Beobachtung zu Joh 6,52, in: BZ.NF 12, 1968, 248–252.

DERS., Neuere Arbeiten zu den johanneischen Schriften (Fts.), in: BZ.NF 13, 1969, 134–145.

DERS., Jesus Christus im Spiegel der vier Evangelien, Akzente, Freiburg · Basel · Wien 1998 (= HThK.S 4, Freiburg · Basel · Wien 1993).

DERS., Tradition und Interpretation im Spruchgut des Johannesevangeliums, in: ders., Das Johannesevangelium IV. Teil. Ergänzende Auslegungen und Exkurs, HThK IV/4, Freiburg · Basel · Wien 1984, 72–89.

SCHNEEMELCHER, Wilhelm, Art. Bibel III. Die Entstehung des Kanons des Neuen Testaments und der christlichen Bibel, in: TRE 6, 1980 = ND 1993, 22–48.

SCHNEIDER, Gerhard, Art. ἀκολουθέω, in: EWNT[2] 1, 1992, 117–125.

SCHNELLE, Udo, Antidoketische Christologie im Johannesevangelium. Eine Untersuchung zur Stellung des vierten Evangeliums in der johanneischen Schule, FRLANT 144, Göttingen 1987.

DERS., Johannes und die Synoptiker, in: The Four Gospels 1992 (s.o.), 1799–1814.

DERS., Die johanneische Schule, in: Bilanz und Perspektiven gegenwärtiger Auslegung des Neuen Testaments. Symposion zum 65. Geburtstag von Georg Strecker, Hg.v. F.W. Horn, BZNW 75, Berlin · New York 1995, 198–217.

DERS., Die Tempelreinigung und die Christologie des Johannesevangeliums, in: NTS 42, 1996, 359–373.

DERS., Johannes als Geisttheologe, in: NT 40, 1998, 17–31.

DERS., Einleitung in das Neue Testament, UTB 1830, Göttingen [3]1999.

DERS., Die Juden im Johannesevangelium, in: Gedenkt an das Wort. Festschrift für Werner Vogler zum 65. Geburtstag. Hg.v. Christoph Kähler, Martina Böhm, Christfried Böttrich, Leipzig 1999, 217–230.

DERS., Ein neuer Blick. Tendenzen gegenwärtiger Johannesforschung, in: BThZ 16, 1999, 21–40.

SCHNIDER, Franz, Jesus der Prophet, OBO 2, Freiburg, Schweiz/Göttingen 1973.

DERS., Art. προφήτης, in: EWNT[2] 3, 1992, 442–448.

DERS./STENGER, Werner, Johannes und die Synoptiker. Vergleich ihrer Parallelen, BiH IX, München 1971.

SCHNIEWIND, Julius, Die Parallelperikopen bei Lukas und Johannes, Darmstadt [3]1970 = Leipzig 1914.

SCHOEDEL, William R., Papias, in: ANRW II 27.1, 1993, 235–270.

SCHÖLLGEN, Georg, Didache, in: Didache, Zwölf-Apostel-Lehre, übers. u. eingel. v. Georg Schöllgen. Traditio apostolica. Apostolische Überlieferung, übers. u. eingel. v. Wilhelm Geerlings, FC 1, Freiburg · Basel · Wien · Barcelona · Rom · New York 1991, 23–129.

SCHOLTISSEK, Klaus, Kinder Gottes und Freunde Jesu. Beobachtungen zur johanneischen Ekklesiologie, in: Ekklesiologie des Neuen Testaments (s.o.), 184–211.

DERS., „Mitten unter euch steht er, den ihr nicht kennt" (Joh 1,26). Die Messias-Regel des Täufers als johanneische Sinnlinie – aufgezeigt am Beispiel der relecture der Jüngerberufungen in der Begegnung zwischen Maria von Magdala und Jesus, in MThZ 48, 1997, 103–121.

DERS., Relecture – zu einem neu entdeckten Programmwort der Schriftauslegung (mit Blick auf das Johannesevangelium), in: BiLi 70, 1997, 309–315.

DERS., Johannine Studies: A Survey of Recent Research with Special Regard to German Contributions, in: CR:BS 6, 1998, 227–259.

DERS., Ironie und Rollenwechsel im Johannesevangelium, in: ZNW 89, 1998, 235–255.

DERS., Neue Wege in der Johannesauslegung. Ein Forschungsbericht I, in: ThGl 89, 1999, 263–295.

DERS., Antijudaismus im Johannesevangelium. Ein Gesprächsbeitrag, in: „Nun steht aber diese Sache im Evangelium…" Zur Frage nach den Anfängen des christlichen Antijudaismus, hg. v. Rainer Kampling, Paderborn 1999, 151–181.

DERS., Johannes auslegen I. Forschungsgeschichtliche und methodische Reflexionen, in: SNTU.A 24, 1999, 35–84.

SCHRAMM, Tim, Der Markus-Stoff bei Lukas. Eine literarkritische und redaktionsgeschichtliche Untersuchung, MSSNTS 14, Cambridge 1971.

SCHREIBER, Johannes, Theologie des Vertrauens. Eine redaktionsgeschichtliche Untersuchung des Markusevangeliums, Hamburg 1967.

SCHUCHARD, Bruce G., Scripture Within Scripture. The Interrelationship of Form and Function in the Explicit Old Testament Citations in the Gospel of John, SBL.DS 133, Atlanta, Georgia, 1992.

SCHÜRER, Emil, Über den gegenwärtigen Stand der johanneischen Frage, in: Johannes und sein Evangelium, hg. v. Karl Heinrich Rengstorf, WdF 82, Darmstadt 1973, 1–27.

DERS., The History of the Jewish People in the Age of Jesus Christ (175 B.C. – A.D. 135).
– Vol. I. A New English Version. Revised and ed. by Geza Vermes and Fergus Millar, Edinburgh 1973.
– Vol. II. A New English Version. Revised and ed. by Geza Vermes, Fergus Millar and Matthew Black, Edinburgh 1979.

SCHÜRMANN, Heinz, Jo 6,51c – Ein Schlüssel zur großen johanneischen Brotrede, in: ders., Ursprung und Gestalt. Erörterung und Besinnungen zum Neuen Testament, KBANT, Düsseldorf 1970, 151–166.

DERS., „Pro-Existenz" als christologischer Grundbegriff, in: ders., Jesus – Gestalt und Geheimnis. Gesammelte Beiträge. Hg.v. Klaus Scholtissek, Paderborn 1994, 286–315.

SCHULZ, Siegfried, Untersuchungen zur Menschensohn-Christologie im Johannesevangelium. Zugleich ein Beitrag zur Methodengeschichte der Auslegung des 4. Evangeliums, Göttingen 1957.

DERS., Komposition und Herkunft der Johanneischen Reden, BWANT 81, Stuttgart 1960.

SCHWANKL, Otto, Licht und Finsternis. Ein metaphorisches Paradigma in den johanneischen Schriften, HBS 5, Freiburg · Basel · Wien · Barcelona · Rom · New York 1995.

SCHWARTZ, Eduard, Aporien im vierten Evangelium, in: NGWG, 1907, 342–372. 1908, 115–148.149–188.497–560.

SCHWEITZER, Albert, Das Messianitäts- und Leidensgeheimnis. Eine Skizze des Lebens Jesu, Tübingen ³1956.

DERS., Geschichte der Leben-Jesu-Forschung, UTB 1302, Tübingen ⁹1984.

SCHWEMER, Anna Maria, Studien zu den frühjüdischen Prophetenlegenden. I. Die Viten der großen Propheten Jesaja, Jeremia, Ezechiel und Daniel. Einleitung, Übersetzung und Kommentar, TSAJ 49, Tübingen 1995.

SCRIBA, Albrecht, Die Geschichte des Motivkomplexes Theophanie. Seine Elemente, Einbindung in Geschehensabläufe und Verwendungsweisen in altisraelitischer, frühjüdischer und frühchristlicher Literatur, FRLANT 167, Göttingen 1995.

THE SCRIPTURES IN THE GOSPELS. Ed. by C.M. Tuckett, BEThL 131, Leuven 1997.

SEGALLA, Guiseppe, La complessa struttura letteraria di Giovanni 6, in: Teologia 15, 1990, 68–89.

SEGOVIA, Fernando F., The Farewell of the Word. The Johannine Call to Abide, Minneapolis 1991.

DERS., The Tradition History of the Fourth Gospel, in: Exploring the Gospel of John. In Honor of D. Moody Smith. Ed. by R. Alan Culpepper and C. Clifton Black, Louisville, Kentucky, 1996, 179–189.

SEVRIN, Jean-Marie, L'écriture du IVᵉ Évangile comme phénomène de réception. L'exemple de Jn 6, in: ders. (ed.), The New Testament in Early Christianity. La reception des écrits neotestamentaires dans le christianisme primitif, BEThL 86, Leuven 1989, 69–83.

SMALLEY, Stephen S., John: Evangelist and Interpreter, Exeter 1978.

SMEND, Rudolf, Das Wort Jahwes an Elia. Erwägungen zur Komposition von 1Kön 17–19, in: ders., Die Mitte des Alten Testaments. Gesammelte Studien 1, BEvTh 99, München 1986, 138–153.

SMITH, Dennis E., Table Fellowship and the Historical Jesus, in: Religious Propaganda and Missionary Competition in the New Testament World (s.o.), 135–162.

SMITH, D(wight) Moody, Johannine Christianity. Essays on its Setting, Sources, and Theology, Edinburgh 1987. Daraus:
– Johannine Christianity, 1–36.
– John and the Synoptics: Some Dimensions of the Problem, 145–172.

DERS., John Among the Gospels. The Relationship in Twentieth-Century Research, Minneapolis 1992.

DERS., Historical Issues and the Problem of John and the Synoptics, in: From Jesus to John. Essays on Jesus and New Testament Christology in Honour of Marinus de Jonge ed. by Martinus C. de Boer, JSNTS 84, Sheffield 1993, 252–267.

DERS., The Theology of the Gospel of John, New Testament Theology, Cambridge 1995.

DERS., Rez. Dunderberg, Ismo, Johannes (s.o.), in: JBL 115, 1996, 150–153.

SMITH III, Mahlon H., Collected Fragments: On the Priority of John 6 to Mark 6–8, in: SBL. SP 16/I, 1979, 105–108.

SNOY, Thierry, La rédaction marcienne de la marche sur les eaux (Mc., VI, 45–52), in: EThL 44, 1968, 205–241. 433–481.

DERS., Marc 6,48: „… et il voulait les dépasser". Proposition pour la solution d'une énigme, in: L'évangile selon Marc (s.o.), 347–363.

SÖDER, Rosa, Die apokryphen Apostelgeschichten und die romanhafte Literatur der Antike, Würzburger Studien zur Altertumswissenschaft 3, Stuttgart 1932.

SÖDING, Thomas, Die Macht der Wahrheit und das Reich der Freiheit. Zur johanneischen Deutung des Pilatus-Prozesses (Joh 18,28–19,16), in: ZThK 93, 1996, 35–58.

DERS., Wege der Schriftauslegung. Methodenbuch zum Neuen Testament. Unter Mitarbeit von Christian Münch, Freiburg · Basel · Wien 1998.

SPITTA, Friedrich, Das Johannesevangelium als Quelle der Geschichte Jesu, Göttingen 1910.

STADELMANN, Helge, Ben Sira als Schriftgelehrter. Eine Untersuchung zum Berufsbild des vor-makkabäischen Sofer unter Berücksichtigung seines Verhältnisses zum Priester-, Propheten- und Weiheitslehrertum, WUNT II/6, Tübingen 1980.

STAMBAUGH, John E./BALCH, David L., The New Testament in Its Social Environment, Library of Early Christianity 2, Philadelphia 1986.

STECK, Odil Hannes, Überlieferung und Zeitgeschichte in den Elia-Erzählungen, WMANT 26, Neukirchen-Vluyn 1968.

STEGEMANN, Ekkehard/STEGEMANN, Wolfgang, König Israels, nicht König der Juden? Jesus als König im Johannesevangelium, in: Messias-Vorstellungen (s.o.), 41–56.

DIES., Urchristliche Sozialgeschichte. Die Anfänge im Judentum und die Christusgemeinden in der mediterranen Welt, Stuttgart · Berlin · Köln [2]1997.

STEGEMANN, Hartmut, The 'Teacher of Righteousness' and Jesus: Two Types of Religious Leadership in Judaism at the Turn of the Era, in: Jewish Civilization in the Hellenistic-Roman Period. Ed. by Shemaryahu Talmon, JSPES 10, Sheffield 1991, 196–213.

DERS., Die Essener, Qumran, Johannes der Täufer und Jesus. Ein Sachbuch, Herder Spektrum 4128, Freiburg · Basel · Wien [2]1993.

STEGNER, William Richard, The Ancient Jewish Synagoge Homily, in: Greco-Roman Literature and the New Testament. Selected Forms and Genres. Ed. by David E. Aune, SBL. Sources for Biblical Study 21, Atlanta, Georgia 1988, 51–69.

STEMBERGER, Günter, Das klassische Judentum. Kultur und Geschichte der rabbinischen Zeit, Beck'sche Elementarbücher, München 1979.

DERS., Der Talmud. Einführung, Texte, Erläuterungen, München [2]1987.

DERS., Art. Messias/Messianische Bewegungen II. Judentum, in: TRE 22, 1992, 622–630.

STEUDEL, Annette, The Eternal Reign of the People of God – Collective Expectations in Qumran Text (*4Q246* and *1QM*), in: RdQ 17, 1996, 507–527.

STIMPFLE, Alois, Blinde sehen. Die Eschatologie im traditionsgeschichtlichen Prozeß des Johannesevangeliums, BZNW 57, Berlin · New York 1990.

STRACHAN, R.H., The Fourth Gospel. Its Significance and Environment, Reprinted London [3]1955.

STRACK, Hermann L./BILLERBECK, Paul, Kommentar zum Neuen Testament aus Talmud und Midrasch
Band 1. Das Evangelium nach Matthäus, München 1922.
Band 2. Das Evangelium nach Markus, Lukas und Johannes und die Apostelgeschichte, München 1924.
Band 4. Exkurse zu einzelnen Stellen des Neuen Testaments. Abhandlungen zur neutestamentlichen Theologie und Archäologie, 2 Bde., München 1928.

Band 5. Rabbinischer Index hg. v. Joachim Jeremias bearb. v. Kurt Adolph, München 1956.

STRACK, Hermann L./STEMBERGER, Günter, Einleitung in Talmud und Midrasch, Beck'sche Elementarbücher, München [7]1982.

STRAUSS, David Friedrich, Das Leben Jesu kritisch bearbeitet, 2 Bde., Tübingen 1835/36

STRECKER, Georg, Der Weg der Gerechtigkeit. Untersuchung zur Theologie des Matthäus, FRLANT 82, Göttingen [3]1971.

DERS., Eine Evangelienharmonie bei Justin und Pseudoklemens?, in: NTS 24, 1978, 297–316.

DERS., Zur Messiasgeheimnistheorie im Markusevangelium, in: ders., Eschaton und Historie. Aufsätze, Göttingen 1979, 33–51.

DERS., Die Bergpredigt. Ein exegetischer Kommentar, Göttingen [2]1985.

DERS., Die Anfänge der johanneischen Schule, in: NTS 32, 1986, 31–47.

DERS., Literaturgeschichte des Neuen Testaments, UTB 1682, Göttingen 1992.

DERS., Theologie des Neuen Testaments. Bearb., erg. u. hg. v. Friedrich-Wilhelm Horn, GLB, Berlin · New York 1995.

DERS./LABAHN, Michael, Der johanneische Schriftenkreis, in: ThR 59, 1994, 101–107.

STUHLMACHER, Peter, Das neutestamentliche Zeugnis vom Herrenmahl, in: ders., Jesus von Nazareth – Christus des Glaubens, Stuttgart 1988, 65–105.

SUHL, Alfred, Die Funktion der alttestamentlichen Zitate und Anspielungen im Markusevangelium, Gütersloh 1965.

DERS., Die Wunder Jesu. Ereignis und Überlieferung, in: Der Wunderbegriff im Neuen Testament. Hg. v. Alfred Suhl, WdF 295, Darmstadt 1980, 464–509.

TAGAWA, Kenzo, Miracles et évangile. La pensée personnelle de l'évangéliste Marc, EHPhR 62, Paris 1966.

TEEPLE, Howard M., The Literary Origin of the Gospel of John, Evanston 1974.

THEISSEN, Gerd, Urchristliche Wundergeschichten. Ein Beitrag zur formgeschichtlichen Erforschung der synoptischen Evangelien, StNT 8, Gütersloh [6]1990.

DERS./MERZ, Annette, Der historische Jesus. Ein Lehrbuch, Göttingen 1996.

THEOBALD, Michael, Gezogen von Gottes Liebe (Joh 6,44f). Beobachtungen zur Überlieferung eines johanneischen „Herrenwortes", in: Schrift und Tradition. Festschrift für Josef Ernst zum 70. Geburtstag. Hg. v. Knut Backhaus und Franz Georg Untergaßmair, Paderborn · München · Wien · Zürich 1996, 315–341.

DERS., Häresie von Anfang an? Strategien zur Bewältigung eines Skandals, in: Ekklesiologie des Neuen Testaments (s.o.), 212–246.

DERS., Schriftzitate im „Lebensbrot"-Dialog Jesu (Joh 6). Ein Paradigma für den Schriftgebrauch des vierten Evangelisten, in: The Scriptures in the Gospels (s.o.), 327–366.

DERS., „Spruchgut" im Johannesevangelium. Bestandsaufnahme und weiterführende Überlegungen zur Konzeption von J. Becker, in: Das Urchristentum in seiner literarischen Geschichte (s.u.), 335–367.

THEOLOGIE IM WERDEN. Studien zu den theologischen Konzeptionen im Neuen Testament. In Zusammenarbeit mit dem Collegium Biblicum München hg. v. Josef Hainz, Paderborn · München · Wien · Zürich 1992.

THIELMAN, Frank, The Style of the Fourth Gospel and Ancient Literary Concepts of Religious Discourse, in: Persuasive Artistry. Studies in New Testament Rhetoric in Honor of George A. Kennedy. Ed. by Duane F. Watson, JSNTS 50, Sheffield 1991, 169–183.

THOMPSON, Marianne Meye, Signs and Faith in the Fourth Gospel, in: Bulletin for Biblical Research 1, 1991, 89–108.

THYEN, Hartwig, Aus der Literatur zum Johannesevangelium, in: ThR 39, 1974, 1–69.222–
    252.289–330; 42, 1977, 211–270; 43, 1978, 328–359; 44, 1979, 97–134 [= ThR + Jahr-
    gang].

DERS., Art. Johannesevangelium, in: TRE 17, 1988 = ND 1993, 200–225.

DERS., Johannes und die Synoptiker. Auf der Suche nach einem neuen Paradigma zur Be-
    schreibung ihrer Beziehungen anhand von Beobachtungen an Passions- und Ostererzäh-
    lungen, in: John and the Synoptics (s.o.), 81–107.

DERS., Johannes 10 im Kontext des vierten Evangeliums, in: The Shepherd Discourse of
    John 10 and its Context. Studies by Members of the Johannine Writings Seminar. Ed.
    with Introduction by Johannes Beutler, SJ, and Robert T. Fortna, MSSNTS 67, Cam-
    bridge · New York · Port Chester · Melbourne · Sydney 1991, 116–134. 163–168.

DERS., Die Erzählung von den bethanischen Geschwistern (Joh 11,1–12,19) als „Palimp-
    sest" über synoptischen Texten, in: The Four Gospels 1992 (s.o.), 2021–2050.

DERS., Noch einmal: Johannes 21 und „der Jünger, den Jesus liebte", in: Texts and Contexts.
    Biblical Texts in Their Textual and Situational Contexts. Essays in Honor of Lars Hart-
    man edited by Tord Fornberg and David Hellholm assisted by Christer D. Hellholm, Oslo
    · Copenhagen · Stockholm · Boston 1995, 145–189.

VAN TILBORG, Sjef, Reading John in Ephesus, NT.S 83, Leiden · New York · Köln 1996.

TOLMIE, D.F., Jesus' Farewell to the Disciples. John 13:1–17:26 in Narratological Per-
    spective, Biblical Interpretation Series 12, Leiden · New York · Köln 1995.

TRILLING, Wolfgang, Das wahre Israel. Studien zur Theologie des Matthäus-Evangeliums,
    StANT 10, München [3]1964.

TROCMÉ, Etienne, The Formation of the Gospel According to Mark, Philadelphia 1975.

TUCKETT, Christopher M., Luke, New Testament Guides, Sheffield 1996.

DAS URCHRISTENTUM IN SEINER LITERARISCHEN GESCHICHTE. Festschrift für Jürgen Becker
    zum 65. Geburtstag. Hg. v. Ulrich Mell u. Ulrich B. Müller, BZNW 100, Berlin · New
    York 1999.

URO, Risto, „Secondary Orality" in the Gospel of Thomas? Logion 14 as a Test Case, in:
    Foundations & Facets Forum 9, 1993, 305–329.

VANDERKAM, James C., Mantic Wisdom in the Dead Sea Scrolls, in: DSD 4, 1997, 338–353.

VERHEYDEN, J., P. Gardner-Smith and "The Turn of the Tide", in: John and the Synoptics
    (s.o.), 423–452.

VERMES, Geza, Hanina ben Dosa. A controversial Galilean Saint from the First Century of
    the Christian Era, in: JJS 23, 1972, 28–50. 24, 1973, 51–64.

VIELHAUER, Philipp, Geschichte der urchristlichen Literatur. Einleitung in das Neue Testa-
    ment, die Apokryphen und die Apostolischen Väter, GLB, Berlin · New York 1985 =
    [2]1978.

VOLZ, Paul, Die Eschatologie der jüdischen Gemeinde im neutestamentlichen Zeitalter nach
    den Quellen der rabbinischen, apokalyptischen und apokryphen Literatur, Tübingen
    [2]1934.

VOUGA, François, Le quatrième évangile comme interpréte de la tradition synoptique: Jean
    6, in: Jean and the Synoptics (s.o.), 261–279.

DERS., Antijudaismus im Johannesevangelium, in: ThGl 83, 1993, 81–89.

WAGNER, Josef, Auferstehung und Leben. Joh 11,1–12,19 als Spiegel johanneischer Redak-
    tions- und Theologiegeschichte, BU 19, Regensburg 1988.

VON WAHLDE, Urban C., Literary Structure and Theological Argument in Three Discourses
    with the Jews in the Fourth Gospel, in: JBL 103, 1984, 575–584.

DERS., The Earliest Version of John's Gospel. Recovering the Gospel of Signs, Wilmington,
    Delaware 1989.

WALLIS, Gerhard, Art. רָאָה *ra'āh*, in: ThWAT 7, 1993, 566–576.

WALTER, Nikolaus, Die Auslegung überlieferter Wundererzählungen im Johannes-Evangelium, in: ThV 2, 1970, 93–107.

DERS., Art. σπλαγχνίζομαι, in: EWNT² 3, 1992, 633f.

WANKE, Joachim, Beobachtungen zum Eucharistieverständnis des Lukas aufgrund der lukanischen Mahlberichte, EThS 8, Leipzig 1973.

WEDER, Hans, Die „Rede der Reden". Eine Auslegung der Bergpredigt heute, Zürich 1985.

DERS., Die Menschwerdung Gottes. Überlegungen zur Auslegungsproblematik des Johannesevangeliums am Beispiel von Joh 6, in: ders., Einblicke ins Evangelium. Exegetische Beiträge zur neutestamentlichen Hermeneutik. Gesammelte Aufsätze aus den Jahren 1980–1991, Göttingen 1992, 363–400 (zuerst: ZThK 82, 1985, 325–360 [zitiert als „ZThK"]).

WEISER, Alfons, Was die Bibel Wunder nennt. Ein Sachbuch zu den Berichten der Evangelien, Stuttgart 1975.

WEISSE, Ch. Herrmann, Die evangelische Geschichte kritisch philosophisch bearbeitet, 2 Bde., Leipzig 1838.

WELCK, Christian, Erzählte Zeichen. Die Wundergeschichten des Johannesevangeliums literarisch untersucht. Mit einem Ausblick auf Joh 21, WUNT II/69, Tübingen 1994.

WELLHAUSEN, Julius, Erweiterungen und Änderungen im vierten Evangelium, Berlin 1907.

WENDLING, Emil, Die Entstehung des Marcus-Evangeliums. Philologische Untersuchungen, Tübingen 1908.

WERNLE, Paul, Die synoptische Frage, Freiburg i. B. · Leipzig · Tübingen 1899.

WETTER, Gillis P:son, „Der Sohn Gottes". Eine Untersuchung über den Charakter und die Tendenz des Johannes-Evangeliums. Zugleich ein Beitrag zur Kenntnis der Heilandsgestalten der Antike, FRLANT 26, Göttingen 1916.

WEFALD, Eric K., The Separate Gentile Mission in Mark: A Narrative Explanation of Markan Geography, the Two Feeding Accounts and Exorcisms, in: JSNT 60, 1995, 3–26.

WILCKENS, Ulrich, Der eucharistische Abschnitt der johanneischen Rede vom Lebensbrot (Joh 6,51c–58), in: Neues Testament und Kirche. Festschrift Rudolf Schnackenburg, hg. v. Joachim Gnilka, Freiburg · Basel · Wien 1974, 220–248.

WILKENS, Wilhelm, Die Entstehungsgeschichte des vierten Evangeliums, Zürich 1958.

DERS., Das Abendmahlszeugnis im vierten Evangelium, in: EvTh 18, 1958, 354–370.

DERS., Evangelist und Tradition im Johannesevangelium, in: ThZ 16, 1960, 81–90.

DERS., Zeichen und Werke. Ein Beitrag zur Theologie des 4. Evangeliums in Erzählungs- und Redestoff, AThANT 55, Zürich 1969.

WILLIAMS, Margaret H., The Meaning and Function of Ioudaios in Graeco-Roman Inscriptions, in: ZPE 116, 1997, 249–262.

WILLMES, Bernd, Die sogenannte Hirtenallegorie Ez 34. Studien zum Bild des Hirten im Alten Testament, BET 19, Frankfurt am Main · Bern · New York · Nancy 1984.

WINDISCH, Hans, Der Johanneische Erzählungsstil, in: ΕΥΧΑΡΙΣΤΗΡΙΟΝ. Studien zur Religion und Literatur des Alten und Neuen Testaments, Festschrift Hermann Gunkel, Hg. v. Hans Schmidt, II. Zur Religion und Literatur des Neuen Testaments, FRLANT 36, Göttingen 1923, 174–213.

DERS., Johannes und die Synoptiker. Wollte der vierte Evangelist die älteren Evangelien ergänzen oder ersetzen? UNT 12, Leipzig 1926.

DERS., John's Narrative Style, in: The Gospel of John as Literature. An Anthology of Twentieth-Century Perspectives. Selected and Introduced by Mark W.G. Stibbe, NTTS 17, Leiden · New York · Köln 1993, 25–64.

WINTER, Martin, Das Vermächtnis Jesu und die Abschiedsworte der Väter. Gattungsgeschichtliche Untersuchung der Vermächtnisrede im Blick auf Joh 13–17, FRLANT 161, Göttingen 1994.

WITHERINGTON III, Ben, The Jesus Quest. The Third Search for the Jew of Nazareth, Downers Grove, Illinois, 1995.

WITKAMP, L.Th., Some Specific Johannine Features in John 6.1–21, in: JSNT 40, 1990, 43–60.

WITT, Reginald Eldred, Isis in the Ancient World. Paperback Edition Baltimore · London 1997.

WÖLLNER, Heinz, Zeichenglaube und Zeichenbuch. Ein literarkritischer Beitrag zur Entstehungsgeschichte des Johannesevangeliums, Diss. masch. Leipzig 1988.

WOLTER, Michael, Inschriftliche Heilungsberichte und neutestamentliche Wundererzählungen. Überlieferungs- und formgeschichtliche Beobachtungen, in: Klaus Berger/François Vouga/Michael Wolter/Dieter Zeller, Studien und Texte zur Formgeschichte, TANZ 7, Tübingen · Basel 1992, 135–175.

THE SOCIAL WORLD OF LUKE-ACTS. Models for Interpretation. Ed. by Jerome H. Neyrey, Peabody, Massachussetts, 1991.

WYLLER, Egil A., In Solomon's Porch: A Henological Analysis of the Architectonic of the Fourth Gospel, in: StTh 42, 1988, 151–167.

ZANGENBERG, Jürgen, Frühes Christentum in Samarien. Topographische und traditionsgeschichtliche Studien zu den Samarientexten im Johannesevangelium, TANZ 27, Tübingen · Basel 1998.

ZARRELLA, Pietro, Gesù cammina sulle acque significato teologico di Giov. 6, 16–21, in: Scuola Cattolica 95, 1967, 146–160.

ZELLER, Dieter, Redaktionsprozesse und wechselnder „Sitz im Leben" beim Q-Material, in: Logia. Les paroles de Jésus – The Sayings of Jesus. Mémorial Joseph Coppens. Ed. by Joël Delobel, BEThL 54, Leuven 1982, 395–409.

DERS., Elija und Elischa im Frühjudentum, in: BiKi 41, 1986, 154–160.

ZIMMERMANN, Johannes, Messianische Texte aus Qumran. Königliche, priesterliche und prophetische Messiasvorstellungen in den Schriftfunden von Qumran, WUNT II/104, Tübingen 1998.

ZINTZEN, Clemens, Art. Mantik/Mantis, in: KP 3, ND 1979, 968–976.

DERS., Art. Paredros, in: KP 4, ND 1979, 510f.

ZUMSTEIN, Jean, Kreative Erinnerung. Relecture und Auslegung im Johannesevangelium, Zürich 1999. Daraus:
– Zur Geschichte des johanneischen Christentums, 1–14.
– Der Prozeß der relecture in der johanneischen Literatur, 15–30.
– Der irdische Jesus im Johannesevangelium, 62–77.
– Die Endredaktion des Johannesevangeliums (am Beispiel von Kapitel 21), 192–216.

Stellenregister

Haggai

2,6	201

Sacharja

3,14–16	249
3,14	249
9,9	249
10,2	120
11,4–17	121
13,7	122

Psalmen

18	222
22(LXX)	120; 158
22,2(LXX)	158
23	120
23,1	24
23,2	24; 130; 131
23,9	109
29,10	213
46,4	34
46,5	213
69	221; 222
74,12ff	213
74,14	204
77,20	204; 213
77,24(LXX)	62; 71; 197
78,24	73
89,10	34; 213
93,3f	34
93,3	213
106,4–7(LXX)	120
104,4	34
104,6f	213
107,25ff	34
107,25f	34
107,30	37
144	222

Hiob

9,8	213
9,8(LXX)	213
26,12f	213
38f	66
38,4–11	213
38,16	213

Sprüche

8,28f	213
30,17	176

Klagelieder

3,55–57	35

Nehemia

9,15	62

2Chronik

18,16(LXX)	120

II. Apokryphen und Pseudepigraphen des Alten Testaments

Judit

11,19f	120

Weisheit Salomos

10,18f	213
14,3f	213
16,20	62
16,21	26
17,2	33
17,[19]20	33
17,[20].21	34
19,12	133

Tobit

5,15	21

Sirach

24,5f	213
48,15	175
48,24f	91

1Makkabäer

1,22f	209
3,55	144
4,46	103
11,6	82

V. Neues Testament
(Verweise sind nur aufgenommen, soweit sie nicht aufgrund der Überschriften aufzufinden sind; auf die Aufnahme von Joh 6,1–25 wurde verzichtet, da hierzu die gesamte Arbeit zu vergleichen ist.)

VI. Neutestamentliche Apokryphen

XI. Antike Inschriften

XII. Papyri

Autorenregister

Sach- und Themenregister

Didaktische Funktion der Erzählung, 79;
　92; 280
Dionysos, Dionysosmythos, 200; 214;
　224; 229
Dioskuren, 202; 205
Doitheos, 106
Doketismus, 72; 195; 196; 280
Domitian, 21; 90; 108; 109
Doxa, 18; 53; 64; 277; 278
　göttliche, 52; 64; 91; 214
　und Wunder, 18; 52; 61; 86; 282; 283
δοξασθῆναι des Sohnes, 18
Drama, 11; 245
Dramatische Komposition, 2; 11; 42; 80
Dualismus, 33; 34

Ego-Eimi-Wort, 12; 35; 36; 55; 59; 63;
　66; 79; 283
Einheit
　der Gemeinde, 95
　mit Jesus, 50; 288
　von Vater und Sohn, 61; 65; 71; 89;
　　111; 112; 214; 282
Einheitlichkeit
　des JE, 3; 4; 45
　von Joh 6, 3; 4; 6; 7; 59; 70; 73; 281
Ekklesiologie, 55; 66; 68; 222; 273; 282;
　285; 286; 287
Elia, 103; 163; 164; 165; 166; 173; 174;
　175; 176; 178; 180; 181; 204
　Anfrage an den Täufer, 102
　als Bezeichnung Jesu, 118; 148; 175
　als Bezeichnung des Täufers, 175
　Eliachristologie, 175
　Prophet wie Elia, 105
　redivivus, 102; 103; 175
　als Vorläufer des Messias, 102; 175
　Wiederkehr des Elia, 105; 175
Elisa, 90; 101; 103; 156; 157; 158; 160;
　163; 166; 167; 173; 175; 181; 204
Epiphanie, 30; 32; 33; 35; 37; 163; 176;
　182; 196; 198; 199; 200; 201; 202;
　203; 212; 214; 216; 217; 218; 219;
　220; 221; 223; 224; 225; 226; 227;
　228; 229; 230; 232; 249; 250; 259; 273
　s.a. Epiphaniegeschichte
　s.a. Epiphaniewunder
　s.a. Seerettungsepiphanie
Epiphaniegeschichte, 198; 199; 202; 223;
　224; 228; 255; 256; 271

Epiphaniewunder, 182; 216; 217
Episode, 13; 52
Episodenstil, 44; 45; 286
ἔργα
　Gottes, 18; 55
　Jesu, 49; 55
　der Juden, 55
ἔργον
　Gottes, 53; 61
Erkenntnisdefizit der Zeugen des
　Wunders, 54; 60; 63; 79; 101; 110;
　111; 183; 184; 226; 268; 278; 284
　s.a. Mißverständnis
　s.a. Unglaube
Erscheinung des Auferstandenen, 34; 41;
　45; 152; 217; 219; 224; 228; 232
Erzählerkommentar, 19; 33; 90; 92; 172;
　270; 286
Eschatologie, 60; 103; 107; 149; 199;
　215; 220; 229
　futurische, 64
　eschatologischer Heilbringer, 114; 122
　präsentische, 64
　samaritanische, 106
Eschatologisches Freudenmahl, 133; 148;
　149; 150; 153
Eucharistische Deutung, 2; 40; 56; 59;
　66; 69; 71; 77; 95; 96; 97; 129; 132;
　133; 134; 135; 137; 138; 140; 148;
　192; 197; 198; 253; 261; 276; 284
Exodus, neuer, 10; 79
Exodustradition, 10; 30; 62; 103; 118;
　120; 149; 204; 211; 213

Festreisen, 10; 43; 52; 86; 87; 244; 279
Finsternis, 31; 32; 33; 34
Formgeschichte/formgeschichtlich, 4; 5;
　58; 100; 117; 140; 198; 231; 232; 234;
　240; 241
Füllhorn-Motiv, 165; 178; 179; 181

Galiläa, 42; 43; 83; 118; 128; 149; 190;
　244
Gebet, 5; 34; 39; 115; 134; 139; 159; 203;
　229; 252; 253; 256
　s.a. Dankgebet
　s.a. Tischgebet
Geist
　Salbung mit, 105; 106
Gericht s. Krisis

Petrus, 16; 22; 58; 88; 211; 214; 216; 219; 220; 221; 222; 223; 227; 229; 232; 252; 260; 279; 280; 281; 285; 286; 287
s.a. Bekentnis des Petrus
Pharisäer, 9; 42; 136; 141; 142; 144; 146; 147; 152; 165; 251
Philo, 25; 91; 100; 121; 122; 123; 174; 203
ploiaphesia, 203
Polemik, 65; 280
Pompeius, 210
Poseidon/Neptun, 205
Prädestination, 66
Präexistenz, 51; 56; 64; 65; 71; 89; 92
Prolog, 4; 63; 281
Prophet, 118; 148
   in den Berichten des Josephus, 103
   eschatologischer Prophet, 60; 98; 101; 103; 104; 105; 106; 107
   biblische Propheten, 91
   als christologischer Titel des joh. Jesus, 27; 90; 92; 97; 98; 99; 101; 102; 107; 109; 111; 113; 268; 269; 278
   als messianischer Titel, 102; 104; 105; 106
   prophetisches Wissen, 90; 91; 107
   Zeichenpropheten, 103; 149
Pythagoras, 90; 206

Qumran, 91; 104; 105; 106; 199

R. Hanina b. Dosa, 177
Relecture, 77; 276; 284; 288
Rettungswunder, 200; 217
Rezeptionsästhetik, 70; 240
Rhetorik, 49; 58; 85
Rückblende, 118
Rückkehr zum Vater, 44; 56; 61; 87
Rückverweise, 43; 44; 53; 58; 117; 254

Sabbat, 110; 235
Sabbatkonflikt, 43
Sabbatkonfliktgeschichte, 41; 107; 110
Sabbatwunder, 43
Sakramente, 70; 135; 149
Sammelbericht, 124
Sarapis, 203; 207
Schauwunder, 198

Schisma, joh., 12; 280; 285; 287
Schöpfungshandeln Jahwes, 213; 214
Schöpfungswunder, 182
Schrift = AT, 47; 62; 102; 105
Schriftgebrauch, christologischer, 47; 62; 63; 103
Seenot, 30; 107; 199; 202; 203; 212; 220; 230
Seenotrettungsepiphanie, 199
Selbstidentifikation, 35; 36; 60; 225; 228
Selbstoffenbarung Jesu, 3; 32; 50; 58; 102; 197; 277
Semeia-Quelle, 79; 81; 86; 88; 98; 101; 118; 175; 184; 187; 190; 192
Sendungschristologie, 5; 11; 20; 27; 31; 36; 37; 44; 50; 51; 52; 53; 55; 56; 57; 58; 60; 61; 63; 65; 66; 67; 68; 69; 87; 89; 92; 97; 98; 185; 280; 282; 283; 284; 285; 287
Sendungsformeln, 97; 99
Simon bar Giora, 108
Simon bar Kochba, 108
Simon, ein Thronprätendent, 108
,Sitz im Leben'
   der abgelehnten Akklamation, 185
   der Herrenwortüberlieferung der Brotrede, 65
   der Speisungsgeschichten, 150
Souveränität des joh. Jesus, 14; 20; 27; 78; 89; 90; 92; 157; 176; 184; 273; 275; 277; 281; 285
Sozialer Kontext der Speisung, 21; 23; 150; 151; 175; 278
Soziolekt, 100
Steigerung des Wundercharakters, 20; 21; 23; 25; 35; 92; 93; 127; 142; 146; 153; 159; 167; 168; 180; 181; 184; 188; 229; 264; 278
Strukturalistische Interpretation, 70
Summarium, 50; 85; 122; 135; 257; 262; 265
Symbolische Interpretation der Finsternis, 32
Symbolische Interpretation der Fische, 134
Symbolische Interpretation der Sammlung der Speisereste, 155
Symbolische Interpretation der Zahlen, 140
Symbolische Interpretation des Seewandels, 3; 32; 34; 188

Wissenschaftliche Untersuchungen zum Neuen Testament

Alphabetische Übersicht der ersten und zweiten Reihe

Appold, Mark L.: The Oneness Motif in the Fourth Gospel. 1976. *Band II/1.*

Arnold, Clinton E.: The Colossian Syncretism. 1995. *Band II/77.*

Avemarie, Friedrich und *Hermann Lichtenberger* (Hrsg.): Bund und Tora. 1996. *Band 92.*

Bachmann, Michael: Sünder oder Übertreter. 1992. *Band 59.*

Baker, William R.: Personal Speech-Ethics in the Epistle of James. 1995. *Band II/68.*

Balla, Peter: Challenges to New Testament Theology. 1997. *Band II/95.*

Bammel, Ernst: Judaica. Band I 1986. *Band 37* – Band II 1997. *Band 91.*

Bash, Anthony: Ambassadors for Christ. 1997. *Band II/92.*

Bauernfeind, Otto: Kommentar und Studien zur Apostelgeschichte. 1980. *Band 22.*

Bayer, Hans Friedrich: Jesus' Predictions of Vindication and Resurrection. 1986. *Band II/20.*

Bell, Richard H.: Provoked to Jealousy. 1994. *Band II/63.*

– No One Seeks for God. 1998. *Band 106.*

Bergman, Jan: siehe *Kieffer, René*

Bergmeier, Roland: Das Gesetz im Römerbrief und andere Studien zum Neuen Testament. 2000. *Band 121.*

Betz, Otto: Jesus, der Messias Israels. 1987. *Band 42.*

– Jesus, der Herr der Kirche. 1990. *Band 52.*

Beyschlag, Karlmann: Simon Magus und die christliche Gnosis. 1974. *Band 16.*

Bittner, Wolfgang J.: Jesu Zeichen im Johannesevangelium. 1987. *Band II/26.*

Bjerkelund, Carl J.: Tauta Egeneto. 1987. *Band 40.*

Blackburn, Barry Lee: Theios Aner and the Markan Miracle Traditions. 1991. *Band II/40.*

Bock, Darrell L.: Blasphemy and Exaltation in Judaism and the Final Examination of Jesus. 1998. *Band II/106.*

Bockmuehl, Markus N.A.: Revelation and Mystery in Ancient Judaism and Pauline Christianity. 1990. *Band II/36.*

Böhlig, Alexander: Gnosis und Synkretismus. Teil 1 1989. *Band 47* – Teil 2 1989. *Band 48.*

Böhm, Martina: Samarien und die Samaritai bei Lukas. 1999. *Band II/111.*

Böttrich, Christfried: Weltweisheit – Menschheitsethik – Urkult. 1992. *Band II/50.*

Bolyki, János: Jesu Tischgemeinschaften. 1997. *Band II/96.*

Büchli, Jörg: Der Poimandres – ein paganisiertes Evangelium. 1987. *Band II/27.*

Bühner, Jan A.: Der Gesandte und sein Weg im 4. Evangelium. 1977. *Band II/2.*

Burchard, Christoph: Untersuchungen zu Joseph und Aseneth. 1965. *Band 8.*

– Studien zur Theologie, Sprache und Umwelt des Neuen Testaments. Hrsg. von D. Sänger. 1998. *Band 107.*

Byrskog, Samuel: Story as History - History as Story. 2000. *Band 123.*

Cancik, Hubert (Hrsg.): Markus-Philologie. 1984. *Band 33.*

Capes, David B.: Old Testament Yaweh Texts in Paul's Christology. 1992. *Band II/47.*

Caragounis, Chrys C.: The Son of Man. 1986. *Band 38.*

– siehe *Fridrichsen, Anton.*

Carleton Paget, James: The Epistle of Barnabas. 1994. *Band II/64.*

Ciampa, Roy E.: The Presence and Function of Scripture in Galatians 1 and 2. 1998. *Band II/102.*

Crump, David: Jesus the Intercessor. 1992. *Band II/49.*

Deines, Roland: Jüdische Steingefäße und pharisäische Frömmigkeit. 1993. *Band II/52.*

– Die Pharisäer. 1997. *Band 101.*

Dietzfelbinger, Christian: Der Abschied des Kommenden. 1997. *Band 95.*

Dobbeler, Axel von: Glaube als Teilhabe. 1987. *Band II/22.*

Du Toit, David S.: Theios Anthropos. 1997. *Band II/91*

Dunn, James D.G. (Hrsg.): Jews and Christians. 1992. *Band 66.*

- Paul and the Mosaic Law. 1996. *Band 89.*

Ebertz, Michael N.: Das Charisma des Gekreuzigten. 1987. *Band 45.*

Eckstein, Hans-Joachim: Der Begriff Syneidesis bei Paulus. 1983. *Band II/10.*
- Verheißung und Gesetz. 1996. *Band 86.*

Ego, Beate: Im Himmel wie auf Erden. 1989. *Band II/34*

Ego, Beate und *Lange Armin* sowie *Pilhofer, Peter(Hrsg.):* Gemeinde ohne Tempel - Community without Temple. 1999. *Band 118.*

Eisen, Ute E.: siehe *Paulsen, Henning.*

Ellis, E. Earle: Prophecy and Hermeneutic in Early Christianity. 1978. *Band 18.*
- The Old Testament in Early Christianity. 1991. *Band 54.*

Ennulat, Andreas: Die ‚Minor Agreements‘. 1994. *Band II/62.*

Ensor, Peter W.: Jesus and His 'Works'. 1996. *Band II/85.*

Eskola, Timo: Theodicy and Predestination in Pauline Soteriology. 1998. *Band II/100.*

Feldmeier, Reinhard: Die Krisis des Gottessohnes. 1987. *Band II/21.*
- Die Christen als Fremde. 1992. *Band 64.*

Feldmeier, Reinhard und *Ulrich Heckel* (Hrsg.): Die Heiden. 1994. *Band 70.*

Fletcher-Louis, Crispin H. T.: Luke-Acts: Angels, Christology and Soteriology. 1997. *Band II/94.*

Förster, Niclas: Marcus Magus. 1999. *Band 114.*

Forbes, Christopher Brian: Prophecy and Inspired Speech in Early Christianity and its Hellenistic Environment. 1995. *Band II/75.*

Fornberg, Tord: siehe *Fridrichsen, Anton.*

Fossum, Jarl E.: The Name of God and the Angel of the Lord. 1985. *Band 36.*

Frenschkowski, Marco: Offenbarung und Epiphanie. Band 1 1995. *Band II/79 –* Band 2 1997. *Band II/80.*

Frey, Jörg: Eugen Drewermann und die biblische Exegese. 1995. *Band II/71.*
- Die johanneische Eschatologie. Band I. 1997. *Band 96.* – Band II. 1998. *Band 110.*
- Band III. 2000. *Volume 117.*

Fridrichsen, Anton: Exegetical Writings. Hrsg. von C.C. Caragounis und T. Fornberg. 1994. *Band 76.*

Garlington, Don B.: ‚The Obedience of Faith‘. 1991. *Band II/38.*

- Faith, Obedience, and Perseverance. 1994. *Band 79.*

Garnet, Paul: Salvation and Atonement in the Qumran Scrolls. 1977. *Band II/3.*

Gese, Michael: Das Vermächtnis des Apostels. 1997. *Band II/99.*

Gräßer, Erich: Der Alte Bund im Neuen. 1985. *Band 35.*

Green, Joel B.: The Death of Jesus. 1988. *Band II/33.*

Gundry Volf, Judith M.: Paul and Perseverance. 1990. *Band II/37.*

Hafemann, Scott J.: Suffering and the Spirit. 1986. *Band II/19.*
- Paul, Moses, and the History of Israel. 1995. *Band 81.*

Hannah, Darrel D.: Michael and Christ. 1999. *Band II/109.*

Hartman, Lars: Text-Centered New Testament Studies. Hrsg. von D. Hellholm. 1997. *Band 102.*

Heckel, Theo K.: Der Innere Mensch. 1993. *Band II/53.*
- Vom Evangelium des Markus zum viergestaltigen Evangelium. 1999. *Band 120.*

Heckel, Ulrich: Kraft in Schwachheit. 1993. *Band II/56.*
- siehe *Feldmeier, Reinhard.*
- siehe *Hengel, Martin.*

Heiligenthal, Roman: Werke als Zeichen. 1983. *Band II/9.*

Hellholm, D.: siehe *Hartman, Lars.*

Hemer, Colin J.: The Book of Acts in the Setting of Hellenistic History. 1989. *Band 49.*

Hengel, Martin: Judentum und Hellenismus. 1969, ³1988. *Band 10.*
- Die johanneische Frage. 1993. *Band 67.*
- Judaica et Hellenistica. Band 1. 1996. *Band 90.* – Band 2. 1999. *Band 109.*

Hengel, Martin und *Ulrich Heckel* (Hrsg.): Paulus und das antike Judentum. 1991. *Band 58.*

Hengel, Martin und *Hermut Löhr* (Hrsg.): Schriftauslegung im antiken Judentum und im Urchristentum. 1994. *Band 73.*

Hengel, Martin und *Anna Maria Schwemer:* Paulus zwischen Damaskus und Antiochien. 1998. *Band 108.*

Hengel, Martin und *Anna Maria Schwemer* (Hrsg.): Königsherrschaft Gottes und himmlischer Kult. 1991. *Band 55.*
- Die Septuaginta. 1994. *Band 72.*

Herrenbrück, Fritz: Jesus und die Zöllner. 1990. *Band II/41.*

Herzer, Jens: Paulus oder Petrus? 1998. *Band 103.*

Hoegen-Rohls, Christina: Der nachösterliche Johannes. 1996. *Band II/84.*

Hofius, Otfried: Katapausis. 1970. *Band 11.*
– Der Vorhang vor dem Thron Gottes. 1972. *Band 14.*
– Der Christushymnus Philipper 2,6-11. 1976, ²1991. *Band 17.*
– Paulusstudien. 1989, ²1994. *Band 51.*

Hofius, Otfried und *Hans-Christian Kammler:* Johannesstudien. 1996. *Band 88.*

Holtz, Traugott: Geschichte und Theologie des Urchristentums. 1991. *Band 57.*

Hommel, Hildebrecht: Sebasmata. Band 1 1983. *Band 31* – Band 2 1984. *Band 32.*

Hvalvik, Reidar: The Struggle for Scripture and Covenant. 1996. *Band II/82.*

Kähler, Christoph: Jesu Gleichnisse als Poesie und Therapie. 1995. *Band 78.*

Kammler, Hans-Christian: siehe *Hofius, Otfried.*

Kamlah, Ehrhard: Die Form der katalogischen Paränese im Neuen Testament. 1964. *Band 7.*

Kelhoffer, James A.: Miracle and Mission. 1999. *Band II/112.*

Kieffer, René und *Jan Bergman (Hrsg.):* La Main de Dieu / Die Hand Gottes. 1997. *Band 94.*

Kim, Seyoon: The Origin of Paul's Gospel. 1981, ²1984. *Band II/4.*
– „The ‚Son of Man'" as the Son of God. 1983. *Band 30.*

Kleinknecht, Karl Th.: Der leidende Gerechtfertigte. 1984, ²1988. *Band II/13.*

Klinghardt, Matthias: Gesetz und Volk Gottes. 1988. *Band II/32.*

Köhler, Wolf-Dietrich: Rezeption des Matthäusevangeliums in der Zeit vor Irenäus. 1987. *Band II/24.*

Korn, Manfred: Die Geschichte Jesu in veränderter Zeit. 1993. *Band II/51.*

Koskenniemi, Erkki: Apollonios von Tyana in der neutestamentlichen Exegese. 1994. *Band II/61.*

Kraus, Wolfgang: Das Volk Gottes. 1996. *Band 85.*
– siehe *Walter, Nikolaus.*

Kuhn, Karl G.: Achtzehngebet und Vaterunser und der Reim. 1950. *Band 1.*

Laansma, Jon: I Will Give You Rest. 1997. *Band II/98.*

Labahn, Michael: Offenbarung in Zeichen und Wort. 2000. *Band II/117.*

Lange, Armin: siehe *Ego, Beate.*

Lampe, Peter: Die stadtrömischen Christen in den ersten beiden Jahrhunderten. 1987, ²1989. *Band II/18.*

Landmesser, Christof: Wahrheit als Grundbegriff neutestamentlicher Wissenschaft. 1999. *Band 113.*

Lau, Andrew: Manifest in Flesh. 1996. *Band II/86.*

Lichtenberger, Hermann: siehe *Avemarie, Friedrich.*

Lieu, Samuel N.C.: Manichaeism in the Later Roman Empire and Medieval China. ²1992. *Band 63.*

Loader, William R.G.: Jesus' Attitude Towards the Law. 1997. *Band II/97.*

Löhr, Gebhard: Verherrlichung Gottes durch Philosophie. 1997. *Band 97.*

Löhr, Hermut: siehe *Hengel, Martin.*

Löhr, Winrich Alfried: Basilides und seine Schule. 1995. *Band 83.*

Luomanen, Petri: Entering the Kingdom of Heaven. 1998. *Band II/101.*

Maier, Gerhard: Mensch und freier Wille. 1971. *Band 12.*
– Die Johannesoffenbarung und die Kirche. 1981. *Band 25.*

Markschies, Christoph: Valentinus Gnosticus? 1992. *Band 65.*

Marshall, Peter: Enmity in Corinth: Social Conventions in Paul's Relations with the Corinthians. 1987. *Band II/23.*

McDonough, Sean M.: YHWH at Patmos: Rev. 1:4 in its Hellenistic and Early Jewish Setting. 1999. *Band II/107.*

Meade, David G.: Pseudonymity and Canon. 1986. *Band 39.*

Meadors, Edward P.: Jesus the Messianic Herald of Salvation. 1995. *Band II/72.*

Meißner, Stefan: Die Heimholung des Ketzers. 1996. *Band II/87.*

Mell, Ulrich: Die „anderen" Winzer. 1994. *Band 77.*

Mengel, Berthold: Studien zum Philipperbrief. 1982. *Band II/8.*

Merkel, Helmut: Die Widersprüche zwischen den Evangelien. 1971. *Band 13.*

Merklein, Helmut: Studien zu Jesus und Paulus. Band 1 1987. *Band 43.* – Band 2 1998. *Band 105.*

Metzler, Karin: Der griechische Begriff des Verzeihens. 1991. *Band II/44.*

Metzner, Rainer: Die Rezeption des Matthäusevangeliums im 1. Petrusbrief. 1995. *Band II/74.*

– Das Verständnis der Sünde im Johannesevangelium. 2000. *Band 122.*

Mittmann-Richert, Ulrike: Magnifikat und Benediktus. *1996. Band II/90.*

Mußner, Franz: Jesus von Nazareth im Umfeld Israels und der Urkirche. Hrsg. von M. Theobald. 1998. *Band 111.*

Niebuhr, Karl-Wilhelm: Gesetz und Paränese. 1987. *Band II/28.*

– Heidenapostel aus Israel. 1992. *Band 62.*

Nissen, Andreas: Gott und der Nächste im antiken Judentum. 1974. *Band 15.*

Noormann, Rolf: Irenäus als Paulusinterpret. 1994. *Band II/66.*

Obermann, Andreas: Die christologische Erfüllung der Schrift im Johannesevangelium. 1996. *Band II/83.*

Okure, Teresa: The Johannine Approach to Mission. 1988. *Band II/31.*

Oropeza, Brisio J.: Paul and Apostasy. 2000. *Band II/115.*

Paulsen, Henning: Studien zur Literatur und Geschichte des frühen Christentums. Hrsg. von Ute E. Eisen. 1997. *Band 99.*

Park, Eung Chun: The Mission Discourse in Matthew's Interpretation. 1995. *Band II/81.*

Philonenko, Marc (Hrsg.): Le Trône de Dieu. 1993. *Band 69.*

Pilhofer, Peter: Presbyteron Kreitton. 1990. *Band II/39.*

– Philippi. Band 1 1995. *Band 87.*

– siehe *Ego, Beate.*

Pöhlmann, Wolfgang: Der Verlorene Sohn und das Haus. 1993. *Band 68.*

Pokorný, Petr und *Josef B. Souček:* Bibelauslegung als Theologie. 1997. *Band 100.*

Porter, Stanley E.: The Paul of Acts. 1999. *Band 115.*

Prieur, Alexander: Die Verkündigung der Gottesherrschaft. 1996. *Band II/89.*

Probst, Hermann: Paulus und der Brief. 1991. *Band II/45.*

Räisänen, Heikki: Paul and the Law. 1983, ²1987. *Band 29.*

Rehkopf, Friedrich: Die lukanische Sonderquelle. 1959. *Band 5.*

Rein, Matthias: Die Heilung des Blindgeborenen (Joh 9). 1995. *Band II/73.*

Reinmuth, Eckart: Pseudo-Philo und Lukas. 1994. *Band 74.*

Reiser, Marius: Syntax und Stil des Markusevangeliums. 1984. *Band II/11.*

Richards, E. Randolph: The Secretary in the Letters of Paul. 1991. *Band II/42.*

Riesner, Rainer: Jesus als Lehrer. 1981, ³1988. *Band II/7.*

– Die Frühzeit des Apostels Paulus. 1994. *Band 71.*

Rissi, Mathias: Die Theologie des Hebräerbriefs. 1987. *Band 41.*

Röhser, Günter: Metaphorik und Personifikation der Sünde. 1987. *Band II/25.*

Rose, Christian: Die Wolke der Zeugen. 1994. *Band II/60.*

Rüger, Hans Peter: Die Weisheitsschrift aus der Kairoer Geniza. 1991. *Band 53.*

Sänger, Dieter: Antikes Judentum und die Mysterien. 1980. *Band II/5.*

– Die Verkündigung des Gekreuzigten und Israel. 1994. *Band 75.*

– siehe *Burchard, Chr.*

Salzmann, Jorg Christian: Lehren und Ermahnen. 1994. *Band II/59.*

Sandnes, Karl Olav: Paul – One of the Prophets? 1991. *Band II/43.*

Sato, Migaku: Q und Prophetie. 1988. *Band II/29.*

Schaper, Joachim: Eschatology in the Greek Psalter. 1995. *Band II/76.*

Schimanowski, Gottfried: Weisheit und Messias. 1985. *Band II/17.*

Schlichting, Günter: Ein jüdisches Leben Jesu. 1982. *Band 24.*

Schnabel, Eckhard J.: Law and Wisdom from Ben Sira to Paul. 1985. *Band II/16.*

Schutter, William L.: Hermeneutic and Composition in I Peter. 1989. *Band II/30.*

Schwartz, Daniel R.: Studies in the Jewish Background of Christianity. 1992. *Band 60.*

Schwemer, Anna Maria: siehe *Hengel, Martin*

Scott, James M.: Adoption as Sons of God. 1992. *Band II/48.*

– Paul and the Nations. 1995. *Band 84.*

Siegert, Folker: Drei hellenistisch-jüdische Predigten. Teil I 1980. *Band 20* – Teil II 1992. *Band 61.*

– Nag-Hammadi-Register. 1982. *Band 26.*

– Argumentation bei Paulus. 1985.
Band 34.
– Philon von Alexandrien. 1988. *Band 46.*
Simon, Marcel: Le christianisme antique et
son contexte religieux I/II. 1981. *Band 23.*
Snodgrass, Klyne: The Parable of the
Wicked Tenants. 1983. *Band 27.*
Söding, Thomas: Das Wort vom Kreuz. 1997.
Band 93.
– siehe *Thüsing, Wilhelm.*
Sommer, Urs: Die Passionsgeschichte des
Markusevangeliums. 1993. *Band II/58.*
Souček, Josef B.: siehe *Pokorný, Petr.*
Spangenberg, Volker: Herrlichkeit des
Neuen Bundes. 1993. *Band II/55.*
Spanje, T.E. van: Inconsistency in Paul?.
1999. *Band II/110.*
Speyer, Wolfgang: Frühes Christentum im
antiken Strahlungsfeld. Band I: 1989.
Band 50. – Band II: 1999. *Band 116.*
Stadelmann, Helge: Ben Sira als Schriftge-
lehrter. 1980. *Band II/6.*
Stenschke, Christoph W.: Luke's Portrait of
Gentiles Prior to Their Coming to Faith.
Band II/108.
Stettler, Hanna: Die Christologie der
Pastoralbriefe. 1998. *Band II/105.*
Strobel, August: Die Stunde der Wahrheit.
1980. *Band 21.*
Stroumsa, Guy G.: Barbarian Philosophy.
1999. *Band 112.*
Stuckenbruck, Loren T.: Angel Veneration
and Christology. 1995. *Band II/70.*
Stuhlmacher, Peter (Hrsg.): Das Evangelium
und die Evangelien. 1983. *Band 28.*
Sung, Chong-Hyon: Vergebung der Sünden.
1993. *Band II/57.*
Tajra, Harry W.: The Trial of St. Paul. 1989.
Band II/35.
– The Martyrdom of St.Paul. 1994.
Band II/67.
Theißen, Gerd: Studien zur Soziologie des
Urchristentums. 1979, ³1989. *Band 19.*

Theobald, Michael: siehe *Mußner, Franz.*
Thornton, Claus-Jürgen: Der Zeuge des
Zeugen. 1991. *Band 56.*
Thüsing, Wilhelm: Studien zur neutesta-
mentlichen Theologie. Hrsg. von Thomas
Söding. 1995. *Band 82.*
Thurén, Lauri: Derhethorizing Paul. 2000.
Band 124.
Treloar, Geoffrey R.: Lightfoot the Histori-
an. 1998. *Band II/103.*
Tsuji, Manabu: Glaube zwischen Vollkom-
menheit und Verweltlichung. 1997.
Band II/93
Twelftree, Graham H.: Jesus the Exorcist.
1993. *Band II/54.*
Visotzky, Burton L.: Fathers of the World.
1995. *Band 80.*
Wagener, Ulrike: Die Ordnung des „Hauses
Gottes". 1994. *Band II/65.*
Walter, Nikolaus: Praeparatio Evangelica.
Hrsg. von Wolfgang Kraus und Florian
Wilk. 1997. *Band 98.*
Wander, Bernd: Gottesfürchtige und
Sympathisanten. 1998. *Band 104.*
Watts, Rikki: Isaiah's New Exodus and
Mark. 1997. *Band II/88.*
Wedderburn, A.J.M.: Baptism and Resurrec-
tion. 1987. *Band 44.*
Wegner, Uwe: Der Hauptmann von
Kafarnaum. 1985. *Band II/14.*
Welck, Christian: Erzählte ‚Zeichen'. 1994.
Band II/69.
Wilk, Florian: siehe *Walter, Nikolaus.*
Williams, Catrin H.: „I am He". 2000.
Band II/113.
Wilson, Walter T.: Love without Pretense.
1991. *Band II/46.*
Zimmermann, Alfred E.: Die urchristlichen
Lehrer. 1984, ²1988. *Band II/12.*
Zimmermann, Johannes: Messianische Texte
aus Qumran. 1998. *Band II/104.*

*Einen Gesamtkatalog erhalten Sie gern vom
Mohr Siebeck Verlag, Postfach 2040, D–72010 Tübingen.
Neueste Informationen im Internet unter http://www.mohr.de*